中国教育统计年鉴

EDUCATIONAL STATISTICS YEARBOOK OF CHINA

2010

中华人民共和国
教育部发展规划司

DEPARTMENT OF DEVELOPMENT & PLANNING
MINISTRY OF EDUCATION
THE PEOPLE'S REPUBLIC OF CHINA

图书在版编目（CIP）数据

中国教育统计年鉴．2010/教育部发展规划司组编．—北京：人民教育出版社，2011.9
ISBN 978－7－107－24033－1

Ⅰ．①中…
Ⅱ．①教…
Ⅲ．①教育统计—统计资料—中国—2010—年鉴
Ⅳ．①G526.6－54

中国版本图书馆CIP数据核字（2011）第202998号

人民教育出版社 出版发行
网址：http：//www.pep.com.cn
河北新华第一印刷有限责任公司印装　全国新华书店经销
2011年9月第1版　2011年10月第1次印刷
开本：787毫米×1092毫米　1/16　印张：43.5
字数：918千字　印数：0 001～1 200册
定价：90.00元

《中国教育统计年鉴》
编辑委员会名单

说　　明

《中国教育统计年鉴》（2010）是一本全面反映中华人民共和国教育事业发展情况的资料性年鉴，是由教育部发展规划司根据全国各省、自治区、直辖市教育委员会、教育厅填报的学校基层报表数字整理汇编而成的。教育部教育管理信息中心承担了数据的计算机处理汇总工作。

本年鉴包括以下部分：综合部分、高等教育、中等教育、初等教育、幼儿教育、特殊教育、全国各级各类学校的分布情况、办学条件、科学研究等。

本年鉴是各有关部门研究教育改革和发展的必备资料工具书，是教育界各机关、学校指导部门制定教育计划、指导教育改革必不可少的依据。

本年鉴所列资料，暂缺台湾省、香港特别行政区和澳门特别行政区的数字；凡未注明年份的均为2010年的数字。

Notes from the Compiler

The Educational Statistics Yearbook of China for 2010 is an informational yearbook com- prehensively reflecting the development of the educational undertaking of the People's Republic of China, and it was compiled by the Department of Development and Planning of Ministry of Education, based on the synthetic statistical returns relating to schools of various types and levels completed by the Educational Commissions (or the Bureaus of Education) of the provincial governments and the goverments of various autonomous regions and municipalities directly under the State Council All data were processed and calculated using Computers by the Educational Management Information Center of Ministry of Education.

The yearbook is composed of the following parts: summary tables, higher education, secondary education, primary education, pre-primary education, special education, geographical distribution of schools by type and level, Physical Facilities, Scientific Research Activities.

The yearbook is a requisite reference for all departments concerned with the study of educational reform and development, and provides indispensable factual information to the educational community (circles), the state organs, and all supervisory bodies of education (schools) engaged in curricular development and the guidance of educational reform.

The yearbook lacks the data of Taiwan Province. Hong Kong Special Administrative Region and Macao Special Administrative Region. Data in tables are for 2010, unless otherwise notified.

2010 年全国教育事业发展统计公报

教 育 部

2010 年，党中央、国务院颁布了国家中长期教育改革和发展规划纲要，召开了新世纪第一次全国教育工作会议，中国教育改革和发展进入新的阶段。教育战线按照优先发展、育人为本、改革创新、促进公平、提高质量的要求，全面落实教育规划纲要，稳步实施国家重大教育发展项目和改革试点，着力促进教育公平、提高教育质量，深入推进教育事业科学发展，办好人民满意的教育，教育事业的改革发展取得了新进展。

义务教育

截止 2010 年底，全国 2856 个县（市、区）全部实现“两基”，全国“两基”人口覆盖率达到 100%。

由于学龄人口的逐年减少，小学校数、在校生数继续减少。全国共有小学 25.74 万所，比上年减少 2.28 万所；招生 1691.70 万人，比上年增加 53.9 万人；在校生 9940.70 万人，比上年减少 130.77 万人；小学毕业生 1739.64 万人，比上年减少 65.56 万人。小学学龄儿童净入学率达到 99.70%；其中男女童净入学率分别为 99.68% 和 99.73%，女童高于男童 0.05 个百分点。

小学教职工和专任教师略有减少，专任教师学历合格率继续提高。全国小学教职工 610.98 万人，比上年减少 2.57 万人；其中专任教师 561.71 万人，比上年减少 1.63 万人。小学专任教师学历合格率 99.52%，比上年提高 0.12 个百分点，小学生师比 17.70∶1，比上年的 17.88∶1 有所降低。

由于学龄人口的逐年减少，初中校数、招生数、在校生数和毕业生数略有减少，初中阶段毛入学率和初中毕业生升学率继续提高。全国共有初中学校 5.49 万所（其中职业初中 0.01 万所），比上年减少 0.14 万所。招生 1716.58 万人，比上年减少 71.87 万人；在校生 5279.33 万人，比上年减少 161.61 万人；毕业生 1750.35 万人，比上年减少 47.35 万人。初中阶段毛入学率 100.1%，比上年提高 1.1 个百分点。初中毕业生升学率 87.5%，比上年提高 1.9 个百分点。

全国初中专任教师 352.54 万人，比上年增加 0.74 万人。初中专任教师学历合格率 98.65%，比上年提高 0.37 个百分点。生师比 14.98∶1，比上年的 15.47∶1 有所降低。

全国普通中小学校舍建筑面积 141751.04 万平方米，比上年增加 3000.52 万平方米。小学体育运动场（馆）面积达标学校的比例为 55.48%，体育器械配备达标学校的比例为 52.19%，音乐器械配备达标学校的比例为 48.55%，美术器械配备达标学校的比例为 47.64%，数学自然实验仪器达标学校的比例为 54.62%，均比上年有所提高。普通初中体育运动场（馆）面积达标学校的比例为 69.53%，体育器械配备达标学校的比例为 68%，音乐器械配备达标学校的比例为 62.4%，美术器械配备达标学校的比例为 61.67%，理科实验仪器达标学校的比例为 74.55%，均比上年有所提高。

全国义务教育阶段学校寄宿生的规模达到3343.52万人，比上年增加14.56万人，占义务教育阶段在校生总数的21.97%。其中，小学寄宿生数为1038.08万人，比上年增加57.11万人，所占比例为10.44%；初中寄宿生数为2305.43万人，比上年减少42.54万人，所占比例为43.67%。

全国义务教育阶段在校生中进城务工人员随迁子女共1167.17万人，比上年增加170.07万人。其中，在小学就读的进城务工人员随迁子女864.30万人，比上年增加113.53万人，增长15.12%。在初中就读的进城务工人员随迁子女302.88万人，比上年增加56.54万人，增长22.95%。

全国义务教育阶段在校生中农村留守儿童共2271.51万人，比上年增加47.27万人。其中，在小学就读的农村留守儿童1461.79万人，比上年增加28.82万人，增长2.01%。在初中就读的农村留守儿童809.72万人，比上年增加18.45万人，增长2.33%。

学前教育与特殊教育

学前教育较快发展。幼儿园数、在园幼儿数、幼儿园园长和教师数均有增加。学前教育毛入园率有较大提高。全国共有幼儿园15.04万所，比上年增加1.22万所，在园幼儿（包括学前班）2976.67万人，比上年增加318.86万人。幼儿园园长和教师共130.53万人，比上年增加17.75万人。学前教育毛入园率达到56.6%，比上年提高5.7个百分点。

特殊教育稳步发展。全国共有特殊教育学校1706所，比上年增加34所；特殊教育学校共有专任教师3.97万人。全国共招收特殊教育学生6.49万人，比上年增加0.09万人；在校生42.56万人，比上年减少0.25万人，其中在盲人学校就读的学生4.91万人，在聋人学校就读的学生11.26万人，在弱智学校及辅读班就读的学生26.39万人。普通小学、初中随班就读和附设特教班招收的学生为3.97万人，在校生为25.96万人，分别占特殊教育招生总数和在校生总数的61.26%和60.99%。特殊教育毕业生人数5.89万人，比上年增加0.15万人。

高中阶段教育

全国高中阶段教育（包括普通高中、成人高中、中等职业学校）共有学校28584所，比上年减少1177所；招生1706.66万人，比上年增加7.80万人；在校学生4677.34万人，比上年增加36.43万人。高中阶段毛入学率82.5%，比上年提高3.3个百分点。其中：

全国普通高中14058所，比上年减少549所；招生836.24万人，比上年增加5.90万人，增长0.71%；在校生2427.34万人，比上年减少6.94万人，下降0.29%；毕业生794.43万人，比上年减少29.29万人，下降3.56%。

普通高中专任教师151.82万人，比上年增加2.49万人，生师比15.99:1，比上年的16.30:1有所降低；专任教师学历合格率94.81%，比上年提高1.2个百分点。

普通高中共有校舍建筑面积39821.83万平方米。普通高中设施设备配备达标学校的比例比上年有所提高，其中：体育运动场（馆）面积达标学校的比例为80.61%，体育器材配备达标学校的比例为81.14%，音乐器材配备达标学校的比例为76.95%，美术器材配备达标学校的比例为77.83%，理科实验仪器达标学校的比例为84.63%，建立校园网的学校的比例为76.74%。

全国成人高中654所，比上年减少99所；在校生11.50万人，比上年增加0.03万人；毕业生9.02万人，比上年减少0.78万人。成人高中教职工0.47万人，比上年减少0.14万人；其中专任教师 0.35 万人，比上年减少 0.08 万人。

全国中等职业教育（包括普通中等专业学校、职业高中、技工学校和成人中等专业学校）共有学校 13872 所，比上年减少 529 所；招生 870.42 万人，比上年增加 1.90 万人，占高中阶段教育招生总数的 50.94%；在校生 2238.50 万人，比上年增加 43.34 万人，占高中阶段教育在校生总数的 47.78%；专任教师 84.89 万人，比上年增加 0.61 万人。其中：

全国普通中等专业学校 3938 所，比上年增加 149 所；招生 316.61 万人，比上年增加 4.90 万人；在校生 877.71 万人，比上年增加 37.28 万人；毕业生 264.64 万人，比上年增加 23.12 万人。普通中等专业学校教职工 43.50 万人，比上年增加 2.37 万人；其中专任教师 29.50 万人，比上年增加 2.27 万人。

全国职业高中 5206 所，比上年减少 446 所；招生 278.67 万人，比上年减少 34.50 万人；在校生 726.33 万人，比上年减少 52.09 万人；毕业生 230.20 万人，比上年增加 1.05 万人。职业高中教职工 40.32 万人，比上年减少 2.24 万人；其中专任教师 30.70 万人，比上年减少 1.45 万人。

全国技工学校 3008 所，比上年减少 69 所；招生 159.02 万人，比上年增加 2.27 万人；在校生 422.05 万人，比上年增加 6.73 万人；毕业生 121.64 万人，比上年增加 6.11 万人。技工学校教职工 26.63 万人，比上年增加 0.66 万人；其中专任教师 19.05 万人，比上年增加 0.41 万人。

全国成人中等专业学校 1720 所，比上年减少 163 所；招生 116.11 万人，比上年增加 29.22 万人；在校生 212.40 万人，比上年增加 51.41 万人；毕业生 48.81 万人，比上年增加 9.82 万人。成人中等专业学校教职工 8.53 万人，比上年减少 0.89 万人；其中专任教师 5.70 万人，比上年减少 0.56 万人。

高等教育

高等教育稳步发展。全国各类高等教育总规模达到 3105 万人，高等教育毛入学率达到 26.5%。全国共有普通高等学校和成人高等学校 2723 所，比上年增加 34 所。其中，普通高等学校 2358 所（含独立学院 323 所），比上年增加 53 所，成人高等学校 365 所，比上年减少 19 所。普通高校中本科院校 1112 所，比上年增加 22 所；高职（专科）院校 1246 所，比上年增加 31 所。全国共有培养研究生单位 797 个，其中高等学校 481 个，科研机构 316 个。

高等教育招生数和在校生规模持续增加。全国招收研究生 53.82 万人，比上年增加 2.72 万人，增长 5.33%，其中招收博士生 6.38 万人，招收硕士生 47.44 万人。在学研究生 153.84 万人，比上年增加 13.35 万人，增长 9.50%，其中在学博士生 25.89 万人，在学硕士生 127.95 万人。毕业研究生 38.36 万人，比上年增加 1.23 万人，增长 3.31%，其中毕业博士生 4.90 万人，毕业硕士生 33.46 万人。

普通高等教育本专科共招生 661.76 万人，比上年增加 22.27 万人，增长 3.48%；在校生 2231.79 万人，比上年增加 87.13 万人，增长 4.06%；毕业生 575.42 万人，比上年增加 44.32 万人，增长 8.34%。

成人高等教育本专科共招生 208.43 万人，比上年增加 6.95 万人；在校生 536.04 万人，比上年减少 5.31 万人；毕业生 197.29 万人，比上年增加 2.90 万人。

全国高等教育自学考试学历教育报考 965 万人次，取得毕业证书 62 万人；非学历教育报考 1103 万人次。

普通高等学校本科、高职（专科）全日制在校生平均规模为 9298 人，其中，本科学校为

13100 人，高职（专科）学校为 5904 人。

普通高等学校教职工 215.66 万人，比上年增加 4.51 万人，其中专任教师 134.31 万人，比上年增加 4.79 万人。普通高校生师比为 17.33:1。成人高等学校教职工 7.71 万人，比上年减少 0.71 万人，其中专任教师 4.59 万人，比上年减少 0.45 万人。

普通高等学校校舍总建筑面积为 74604 万平方米（含非产权独立使用），比上年增加 2732 万平方米；教学科研仪器设备总值为 2279 亿元，比上年增加 233 亿元。

成人培训与扫盲教育

全国接受各种非学历高等教育的学生 332.89 万人次，当年已结业 712.56 万人次；接受各种非学历中等教育的学生达 5291.91 万人次，当年已结业 5986.37 万人次。

全国职业技术培训机构 12.94 万所，比上年减少 2.37 万所；教职工 47.31 万人，其中专任教师 24.23 万人。

成人初等学校 1.10 万所，比上年减少 0.31 万所；毕业生 98.04 万人，比上年减少 9.50 万人；在校生 86.58 万人，比上年减少 9.38 万人。教职工 1.54 万人，比上年减少 0.57 万人，其中专任教师 0.92 万人，比上年减少 0.32 万人。

全国共扫除文盲 90.26 万人，比上年减少 5.48 万人；另有 108.08 万人正在参加扫盲学习，比上年减少 6.78 万人。扫盲教育教职工 5.04 万人，比上年减少 1.12 万人；其中专任教师 1.95 万人，比上年减少 0.21 万人。

民办教育

民办教育持续发展。全国共有各级各类民办学校（教育机构）11.90 万所，比上年增加 1.25 万所；招生 1300.45 万人，比上年增加 143.68 万人；各类教育在校生达 3392.96 万人，比上年增加 327.57 万人。其中：

民办幼儿园 102289 所，比上年增加 12985 所；入园儿童 711.63 万人，比上年增加 136.94 万人；在园儿童 1399.47 万人，比上年增加 265.30 万人。

民办普通小学 5351 所，比上年减少 145 所；招生 94.72 万人，比上年增加 10.70 万人；在校生 537.63 万人，比上年增加 34.75 万人。

民办普通初中 4259 所，比上年减少 72 所；招生 153.21 万人，比上年增加 4.74 万人；在校生 442.11 万人，比上年增加 8.23 万人。

民办普通高中 2499 所，比上年减少 171 所；招生 80.95 万人，比上年减少 0.42 万人；在校生 230.07 万人，比上年减少 0.06 万人。

民办中等职业学校 3123 所，比上年减少 75 所；招生 113.19 万人。比上年减少 14.85 万人；在校生 306.99 万人，比上年减少 11.10 万人。另有非学历中等职业教育学生 35.97 万人。

民办高校 676 所（含独立学院 323 所），比上年增加 18 所；招生 146.74 万人，比上年增加 6.60 万人；在校生 476.68 万人，比上年增加 30.55 万人，其中本科在校生 280.99 万人，专科在校生 195.70 万人。另有自考助学班学生、预科生、进修及培训学生 20.61 万人；民办的非学历高等教育机构 836 所，各类注册学生 92.18 万人。

另外，还有其他民办培训机构 18341 所，929.78 万人次接受了培训。

目　　录

第一部分　教育事业发展

一、综合部分

二、高等教育

三、中等教育

(一)高中阶段教育

(二)初中阶段教育

四、初等教育(小学)

五、工读学校

六、特殊教育

七、幼儿教育

八、各级各类学校分布情况

第二部分　办学条件

一、教育经费

二、教育基本建设投资

第三部分　科学研究活动及其他

一、自然科学与技术

二、社会科学

附表：

CONTENTS

Part Ⅰ

THE DEVELOPMENT OF THE EDUCTIONAL UNDERTAKING

Summary Tables

Higher Education

Secondary Education

Senior Secondary Education

Junior Secondary Education

Primary Education (Primary Schools)

Correctional Work-study Schools

Special Education

Pre-primary Education

Geographical Distribution of Schools by Type and Level

Part Ⅱ

PHYSICAL FACILITIES

Public Expenditure on Education

Capital Construction Investment in the Educational Sector

Part Ⅲ

SCIENTIFIC RESEARCH ACTIVITES & OTHER

Natural Science and Technology

Social Science

Appendixes

第一部分
Part I

教育事业发展
THE DEVELOPMENT of THE EDUCATIONAL UNDERTAKING

一、综合部分
Summary Tables

各级各类学校校数、教职工、专任教师情况
Number of Schools of All Types and Levels of Staff and Fulltime Teachers

	学校数(所) Schools	教职工数(人) Staff & Workers	专任教师(人) Fulltime Teachers
一、高等教育 Higher Education			
(一)研究生培养机构(不计校数) Institutions Providing Postgraduate Programs	(797)		
1. 普通高校 Regular HEIs	(481)		
2. 科研机构 Research Institutes	(316)		
(二)普通高等学校 Regular HEIs	2358	2156601	1343127
1. 本科院校 HEIs Offering Degree Programs	1112	1548043	935493
其中:独立学院	323	175288	126720
2. 高职(专科)院校 Short - cycle HEIs	1246	603201	404098
3. 其他机构(点)(不计校数) Other Institutions	(56)	5357	3536
(三)成人高等学校 Adult HEIs	365	77108	45887
(四)民办的其他高等教育机构 Non - state/private HEIs	(836)	38140	17794
二、中等教育 Secondary Education	85063	7096276	5922960
(一)高中阶段教育 Senior Secondary Education	28584	7086834	2393232
1. 高中 Senior Secondary Schools	14712	5863935	1521736
普通高中 Regular Schools	14058	5859271	1518194
成人高中 Adult Schools	654	4664	3542
2. 中等职业教育 Secondary Vocational Schools	13872	1222899	871496
普通中专 Regular Specialized Sec. Schools	3938	435046	295029
成人中专 Adult SSSs	1720	85346	56979
职业高中 Vocational High Schools	5206	403233	306973
技工学校 Skilled Workers Schools	3008	266268	190542
其他机构(教学点)(不计校数) Other Institutions	(2012)	33006	21973
(二)初中阶段教育 Junior Secondary Education	56479	9442	3529728
1. 普通初中 Regular Junior Secondary Schools	54823		3523382
2. 职业初中 Vocational JSSs	67	2187	1975
3. 成人初中 Adult JSSs	1589	7255	4371
三、初等教育 Primary Education	290597	6175629	5645777
(一)普通小学 Regular Primary Schools	257410	6109847	5617091
(二)成人小学 Adult Primary Schools	33187	65782	28686
其中:扫盲班 of Which: Literacy Classes	22227	50355	19474
四、工读学校 Correctional Work - Study Schools	77	2576	1737
五、特殊教育 Special Education Schools	1706	49249	39650
六、学前教育 Pre - primary Education Institutions	150420	1849301	1144225

注:1. 普通高中的教职工数中包含普通初中的教职工数。
2. “( )”内数据为不计校数。

Note:1. Data on Staff and Workers in Regular Junior Secondary Schools are included in the data of Regular Schools.
2. The number in the " ( ) " is not considered as the number of schools.

各级各类学历教育学生情况

Number of Graduates, Entrants, Enrolment of Schools of All Types and Levels Providing Formal Programs

	毕业生数(人) Graduates	招生数(人) Entrants	在校生数(人) Enrolment
一、高等教育 Higher Education			
(一)研究生 Postgraduates	383600	538177	1538416
博士 Doctor's Degrees	48987	63762	258950
硕士 Master's Degrees	334613	474415	1279466
(二)普通本专科 Undergraduates in Regular HEIs	5754245	6617551	22317929
本科 Normal Courses	2590535	3512563	12656132
专科 Short-cycle Courses	3163710	3104988	9661797
(三)成人本专科 Undergraduates in Adult HEIs	1972873	2084259	5360388
本科 Normal Courses	803915	853319	2250457
专科 Short-cycle Courses	1168958	1230940	3109931
(四)其他各类高等学历教育 Students Enrolled in Other Formal Programs			
1. 在职人员攻读博士、硕士学位 Employed People Enrolled in Doctoral and Master's Degree Programs		124871	420294
2. 网络本专科生 Web-based Undergraduates	1105529	1663655	4531443
本科 Normal Courses	422543	555789	1640403
专科 Short-cycle Courses	682986	1107866	2891040
二、中等教育 Secondary Education	32818276	34232365	100196629
(一)高中阶段教育 Senior Secondary Education	14687477	17066550	46773297
1. 高中 Senior Secondary Schools	8034528	8362359	24388321
普通高中 Regular Schools	7944335	8362359	24273351
成人高中 Adult Schools	90193		114970
2. 中等职业教育 Secondary Vocational Schools	6652949	8704191	22384976
普通中专 Regular Specialized Sec. Schools	2646434	3166119	8777141
成人中专 Adult SSSs	488061	1161091	2123974
职业高中 Vocational High Schools	2302029	2786747	7263332
技工学校 Skilled Workers Schools	1216425	1590234	4220529
(二)初中阶段教育 Junior Secondary Education	18130799	17165815	53423332
1. 普通初中 Regular Junior Secondary Schools	17485714	17154930	52759127
2. 职业初中 Vocational JSSs	17794	10885	34173
3. 成人初中 Adult JSSs	627291		630032
三、初等教育 Primary Education	19279332	16917007	101353616
(一)普通小学 Regular Primary Schools	17396364	16917007	99407043
(二)成人小学 Adult Primary Schools	1882968		1946573
其中:扫盲班 of Which: Literacy Classes	902594		1080807
四、工读学校 Correctional Work-Study Schools	3894	4047	10735
五、特殊教育 Special Education Schools	58941	64869	425613
六、学前教育 Pre-primary Education Institutions	10575502	17003851	29766695

注:特殊教育学生数中包括普通中小学随班就读的学生。

Note: Number of the Students Followed in the Regular Primary and Middle School in the Special Education.

各级各类非学历教育学生情况

Data on Students Enrollment in Non-formal Programmes of All Types and Levels

	结业生数(人) Completers	注册生数(人) Enrolment
总　　计 Total	66989254	56248072
一、高等教育 Higher Education	7125550	3328944
(一)研究生课程进修班 Postgraduate Courses	48290	64978
(二)自考助学班 Classes runby Non-state/private HEIs for Students Preparing for State-administered Examinatims for Self-directed Learners	194889	595048
(三)普通预科生 College-preparatory Classes		31970
(四)进修及培训 In-service Training	6882371	2636948
其中:资格证书培训 for Certificates of Vocational Qualifications	1315510	410652
岗位证书培训 for Certificates of Job-related Qualifications	1069856	364497
二、中等职业教育 Secondary Vocational Education	59863704	52919128
其中:资格证书培训 for Certificates of Vocational Qualifications	5792588	4525384
岗位证书培训 for Certificates of Job-related Qualifications	6792619	5249313
(一)中等职业学校 Secondary Vocational Schools	7340783	3669083
其中:资格证书培训 for Certificates of Vocational Qualifications	2088540	1051545
岗位证书培训 for Certificates of Job-related Qualifications	1728991	832142
(二)职业技术培训机构 Other Vocational-technical Training Institutions	52522921	49250045
其中:资格证书培训 for Certificates of Vocational Qualifications	3704048	3473839
岗位证书培训 for Certificates of Job-related Qualifications	5063628	4417171

各级各类民办教育基本情况

Data on Non-state/Private Schools

	学校数(所) Schools	毕业生数(人) Graduates	招生数(人) Entrants	在校生数(人) Enrollment	教职工数(人) Staff & Workers	专任教师(人) Fulltime Teachers	另有其他学生数(人) Other
一、民办高等教育 Higher Education							
(一)民办高校 Regular HEIs	676	1096923	1467431	4766845	348857	236468	206078
本科学生 Normal Courses		506959	825884	2809884			
专科学生 Short-cycle Courses		589964	641547	1956961			
其中:独立学院	323	516168	754657	2603177	175288	126720	18736
本科学生 Normal Courses		443503	688383	2389774			
专科学生 Short-cycle Courses		72665	66274	213403			
(二)民办其他高等教育机构 Non-state/private HEIs	(836)				38140	17794	921841
二、民办中等教育 Secondary Education							
(一)高中阶段教育 Senior Secondary Education	5622	1709986	1941400	5370649	629281	447069	
1. 民办普通高中 Regular Schools	2499	742839	809462	2300706	463647	343620	
2. 民办中等职业教育 Secondary Vocational Schools	3123	967147	1131938	3069943	165634	103449	359683
(二)初中阶段教育 Junior Secondary Education	4259	1298601	1532080	4421129			
1. 民办普通初中 Regular Junior Secondary Schools	4259	1298201	1532080	4421129			
2. 民办职业初中 Vocational JSSs		400					
三、民办普通小学 Regular Primary Schools	5351	864287	947235	5376255	313927	229480	
四、民办幼儿园 Pre-primary Education	102289	3889350	7116312	13994694	1168429	680404	
另有:民办培训机构(不计校数) Other Vocational-technical Training Institutions	(18341)				218359	111304	9297762

注: 1.“另有其他学生数”包括:自考助学班学生、预科生、进修及培训学生数。
2. 民办普通高中的教职工数和专任教师数包含民办普通初中的教职工数和专任教师数。
3.“( )”内数据为不计校数。

Note:1. Number of the other students Followed in the Classes runby Non-state/Private HEIs for Students Preparing for State-administered Examinatims for Self-directed Learners, College-preparatory Classes, In-service Training.
2. Data on Staff and Workers in Junior Secondary Schools are included in the data of Regular Schools.
3. The number in the “( )” is not considered as the number of schools.

各级各类学校女学生数

Number of Female Students of Schools of All Levels & Types

单位：人

unit: person

	总计 Total	男 Male	女学生 Female Students 人数 Number	女学生 Female Students 占学生总数的比重(%) Percentage
一、高等教育 Higher Education				
(一)研究生 Postgraduates	1538416	802186	736230	47.86
博　士 Doctor's Degrees	258950	167063	91887	35.48
硕　士 Master's Degrees	1279466	635123	644343	50.36
(二)普通本专科 Undergraduates in Regular HEIs	22317929	10966948	11350981	50.86
本　科 Normal Courses	12656132	6369152	6286980	49.68
专　科 Short-cycle Courses	9661797	4597796	5064001	52.41
(三)成人本专科 Undergraduates in Adult HEIs	5360388	2512717	2847671	53.12
本　科 Normal Courses	2250457	1014973	1235484	54.90
专　科 Short-cycle Courses	3109931	1497744	1612187	51.84
(四)其他各类高等学历教育 Students Enrolled in Other Formal Programs				
1. 在职人员攻读博士、硕士学位 Employed People Enrolled in Doctoral and Master's Degree Programs	420294	266386	153908	36.62
2. 网络本专科生 Web-based Undergraduates	4531443	2348070	2183373	48.18
本　科 Normal Courses	1640403	807811	832592	50.76
专　科 Short-cycle Courses	2891040	1540259	1350781	46.72
二、中等教育 Secondary Education				
(一)高中阶段教育 Senior Secondary Education				
1. 高中 Senior Secondary Schools				
普通高中 Regular Schools	24273351	12471903	11801448	48.62
成人高中 Adult Schools	114970	60158	54812	47.68
2. 中等职业教育 Secondary Vocational Schools				
普通中专 Regular Specialized Sec. Schools	8777141	4154588	4622553	52.67
成人中专 Adult SSSs	2123974	1180593	943381	44.42
职业高中 Vocational High Schools	7263332	3859569	3403763	46.86
技工学校 Skilled Workers Schools	4220529	2998431	1222098	28.96
(二)初中阶段教育 Junior Secondary Education				
1. 普通初中 Regular Junior Secondary Schools	52759127	27850604	24908523	47.21
2. 职业初中 Vocational JSSs	34173	17900	16273	47.62
3. 成人初中 Adult JSSs	630032	330971	299061	47.47
三、初等教育 Primary Education				
(一)普通小学 Regular Primary Schools	99407043	53454347	45952696	46.23
(二)成人小学 Adult Primary Schools	1946573	913179	1033394	53.09
其中：扫盲班 of Which: Eliminate IlLiteracy Classes	1080807	515462	565345	52.31
四、工读学校 Correctional Work-Study Schools	10735	8845	1890	17.61
五、特殊教育 Special Education Schools	425613	278356	147257	34.60
六、学前教育 Pre-primary Education Institutions	29766695	16240664	13526031	45.44

各级各类学校女教师、教职工数

Number of Female Teachers, Staff & Workers of Schools of All Levels & Types

单位：人

unit: person

	教职工计 Teachers, Staff & Workers	其中:女教职工 Female Teachers, Staff & Workers		专任教师计 Full-time Teachers	其中:女专任教师 Female Full-time Teachers	
		人数 Number	占教职工总数的比重(%) Percentage		人数 Number	占专任教师总数的比重(%) Percentage
一、高等教育 Higher Education						
(一)研究生培养机构(不计校数) Institutions Providing Postgraduate Programs						
1. 普通高校 Regular HEIs						
2. 科研机构 Research Institutes						
(二)普通高等学校 Regular HEIs	2156601	980704	45.47	1343127	624341	46.48
1. 本科院校 HEIs Offering Degree Programs	1548043	690893	44.63	935493	421905	45.10
其中:独立学院	175288	84921	48.45	126720	61246	48.33
2. 高职(专科)院校 Short-cycle HEIs	603201	287179	47.61	404098	200613	49.64
3. 其他机构(点)(不计校数) Other Institutions	5357	2632	49.13	3536	1823	51.56
(三)成人高等学校 Adult HEIs	77108	36658	47.54	45887	23354	50.89
(四)民办的其他高等教育机构 Non-state/private HEIs	38140	19074	50.01	17794	8738	49.11
二、中等教育 Secondary Education						
(一)高中阶段教育 Senior Secondary Education						
1. 高中 Senior Secondary Schools						
普通高中 Regular Schools	5859271	2746558	46.88	1518194	723566	47.66
成人高中 Adult Schools						
2. 中等职业教育 Secondary Vocational Schools	1222899	553532	45.26	680954	336224	49.38
普通中专 Regular Specialized Sec. Schools	435046	200868	46.17	295029	145103	49.18
成人中专 Adult SSSs	85346	38856	45.53	56979	28090	49.30
职业高中 Vocational High Schools	403233	187373	46.47	306973	152206	49.58
技工学校 Skilled Workers Schools	266268	111226	41.77			
其他机构(教学点)(不计校数) Other Institutions	33006	15209	46.08	21973	10825	49.27
(二)初中阶段教育 Junior Secondary Education						
1. 普通初中 Regular Junior Secondary Schools				3523382	1743360	49.48
2. 职业初中 Vocational JSSs	2187	897	41.02	1975	863	43.70
3. 成人初中 Adult JSSs						
三、初等教育 Primary Education						
(一)普通小学 Regular Primary Schools	6109847	3433906	56.20	5617091	3254965	57.95
(二)成人小学 Adult Primary Schools						
其中:扫盲班 of Which: Eliminate IlLiteracy Classes						
四、工读学校 Correctional Work-Study Schools	2576	890	34.55	1737	681	39.21
五、特殊教育 Special Education Schools	49249	33328	67.67	39650	28660	72.28
六、学前教育 Pre-primary Education Institutions	1849301	1689346	91.35	1144225	1120836	97.96

注:普通高中的教职工数中包含普通初中的教职工数。

Note: Data on Staff and Workers in Regular Junior Secondary Schools are included in the data of Regular Schools.

各级各类学校少数民族学生数

Number of Minority Students of Schools of All Levels & Types

单位：人
unit：person

	总计 Total	少数民族学生 Minority Students 人数 Number	少数民族学生 Minority Students 占学生总数的比重(%) Percentage
一、高等教育 Higher Education			
(一)研究生 Postgraduates	1538416	76630	4.98
博　士 Doctor's Degrees	258950	12125	4.68
硕　士 Master's Degrees	1279466	64505	5.04
(二)普通本专科 Undergraduates in Regular HEIs	22317929	1508295	6.76
本　科 Normal Courses	12656132	929970	7.35
专　科 Short-cycle Courses	9661797	578325	5.99
(三)成人本专科 Undergraduates in Adult HEIs	5360388	331081	6.18
本　科 Normal Courses	2250457	145434	6.46
专　科 Short-cycle Courses	3109931	185647	5.97
(四)其他各类高等学历教育 Students Enrolled in Other Formal Programs			
1. 在职人员攻读博士、硕士学位 Employed People Enrolled in Doctoral and Master's Degree Programs			
2. 网络本专科生 Web-based Undergraduates	4531443	198172	4.37
本　科 Normal Courses	1640403	74120	4.52
专　科 Short-cycle Courses	2891040	124052	4.29
二、中等教育 Secondary Education			
(一)高中阶段教育 Senior Secondary Education			
1. 高中 Senior Secondary Schools			
普通高中 Regular Schools	24273351	1833393	7.55
成人高中 Adult Schools	745002	32272	4.33
2. 中等职业教育 Secondary Vocational Schools			
普通中专 Regular Specialized Sec. Schools	8777141	675599	7.70
成人中专 Adult SSSs	2123974	145249	6.84
职业高中 Vocational High Schools	7263332	379153	5.22
技工学校 Skilled Workers Schools			
(二)初中阶段教育 Junior Secondary Education			
1. 普通初中 Regular Junior Secondary Schools	52759127	4970029	9.42
2. 职业初中 Vocational JSSs	34173	11481	33.60
3. 成人初中 Adult JSSs			
三、初等教育 Primary Education			
(一)普通小学 Regular Primary Schools	99407043	10482369	10.54
(二)成人小学 Adult Primary Schools	1946573	295107	15.16
其中：扫盲班 of Which：Eliminate IlLiteracy Classes			
四、工读学校 Correctional Work-Study Schools			
五、特殊教育 Special Education Schools	425613	32407	7.61
六、学前教育 Pre-primary Education Institutions	29766695	2127237	7.15

注：成人高中数据包括成人初中数据。

Note：Number of minority Students of Adult JSSs are included in the data of the Adult Senior Secondary Schools.

各级各类学校少数民族教师、教职工数
Number of Minority Teachers, Staff & Workers of Schools of All Levels & Types

单位：人
unit: person

	教职工计 Teachers, Staff & Workers	少数民族教职工 Minority Teachers, Staff & Workers		专任教师计 Full-time Teachers	少数民族专任教师 Minority Full-time Teachers	
		人数 Number	占教职工总数的比重(%) Percentage		人数 Number	占专任教师总数的比重(%) Percentage
一、高等教育 Higher Education						
(一)研究生培养机构(不计校数) Institutions Providing Postgraduate Programs						
1. 普通高校 Regular HEIs						
2. 科研机构 Research Institutes						
(二)普通高等学校 Regular HEIs	2156601	105887	4. 91	1343127	64831	4. 83
1. 本科院校 HEIs Offering Degree Programs	1548043	78411	5. 07	935493	47396	5. 07
其中:独立学院	175288	6436	3. 67	126720	4324	3. 41
2. 高职(专科)院校 Short-cycle HEIs	603201	27213	4. 51	404098	17323	4. 29
3. 其他机构(点)(不计校数) Other Institutions	5357	263	4. 91	3536	112	3. 17
(三)成人高等学校 Adult HEIs	77108	4932	6. 40	45887	2664	5. 81
(四)民办的其他高等教育机构 Non-state/private HEIs	38140	500	1. 31	17794	210	1. 18
二、中等教育 Secondary Education						
(一)高中阶段教育 Senior Secondary Education						
1. 高中 Senior Secondary Schools						
普通高中 Regular Schools	5859271	464442	7. 93	1518194	103189	6. 80
成人高中 Adult Schools	11919	283	2. 37	7913	137	1. 73
2. 中等职业教育 Secondary Vocational Schools	956631	46554	4. 87	680954	33054	4. 85
普通中专 Regular Specialized Sec. Schools	435046	25560	5. 88	295029	17661	5. 99
成人中专 Adult SSSs	85346	4304	5. 04	56979	3073	5. 39
职业高中 Vocational High Schools	403233	15740	3. 90	306973	11714	3. 82
技工学校 Skilled Workers Schools						
其他机构(教学点)(不计校数) Other Institutions	33006	950	2. 88	21973	606	2. 76
(二)初中阶段教育 Junior Secondary Education						
1. 普通初中 Regular Junior Secondary Schools				3523382	302975	8. 60
2. 职业初中 Vocational JSSs	2187	383	17. 51	1975	358	18. 13
3. 成人初中 Adult JSSs						
三、初等教育 Primary Education						
(一)普通小学 Regular Primary Schools	6109847	630932	10. 33	5617091	583932	10. 40
(二)成人小学 Adult Primary Schools	65782	10745	16. 33	28686	3056	10. 65
其中:扫盲班 of Which: Eliminate IlLiteracy Classes						
四、工读学校 Correctional Work-Study Schools						
五、特殊教育 Special Education Schools	49249	2937	5. 96	39650	2450	6. 18
六、学前教育 Pre-primary Education Institutions	1849301	85523	4. 62	1144225	56574	4. 94

注： 1. 普通高中少数民族教职工数包括普通初中少数民族教职工数。
2. 成人高中少数民族教职工数包括成人初中少数民族教职工数。

Note: 1. The number of minority Teacher/Staff and Workers employed by Regular Junior Secondary Schools is included in that employed by Regular Senior Secondary Schools.
2. The number of minority Teacher/Staff and Workers empolyed by Adult JSSs is included in that employed by Adults Senior Secoudary Schools.

各级各类学校校数

Number of Schools of All Levels & Types

单位：所

unit：number of schools

	1949	1965	1978	1980	1985	2000	2005	2008	2009	2010
一、高等教育 Higher Education										
（一）研究生培养机构（不计校数） Institutions Providing Postgraduate Programs						738	766	796	796	797
1. 普通高校 Regular HEIs						415	450	479	481	481
2. 科研机构 Research Institutes						323	316	317	315	316
（二）普通高等学校 Regular HEIs	205	434	598	675	1016	1041	1792	2263	2305	2358
1. 本科院校 HEIs Offering Degree Programs						599	701	1079	1090	1112
2. 高职（专科）院校 Short-cycle HEIs						442	1091	1184	1215	1246
3. 分校、大专班（点）（不计校数） Branch Schools & SCHE Classes							428	77	74	56
（三）成人高等学校 Adult HEIs	1	964	10395	2775	1216	772	481	400	384	365
（四）民办的其他高等教育机构 Non-state/private HEIs							1077	866	812	836
二、中等教育 Secondary Education							96082	90121	87639	85063
（一）高中阶段教育 Senior Secondary Education							31532	30806	29761	28584
1. 高中 Senior Secondary Schools							17066	15959	15360	14712
普通高中 Regular Schools	1597	4112	49215	31300	17318	14564	16092	15206	14607	14058
成人高中 Adult Schools						1939	974	753	753	654
2. 中等职业教育 Secondary Vocational Schools							14466	14847	14401	13872
普通中专 Regular Specialized Sec. Schools	1171	1265	2760	3069	3557	3646	3207	3846	3789	3938
成人中专 Adult SSSs						4634	2582	1983	1883	1720
职业高中 Vocational High Schools						7655	5822	5915	5652	5206
技工学校 Skilled Workers Schools	3	281	2013	3305	3548	3792	2855	3103	3077	3008
其他机构（教学点）（不计校数） Other Institutions							2386	2483	(2390)	2012
（二）初中阶段教育 Junior Secondary Education							64550	59315	57878	56479
1. 普通初中 Regular Junior Secondary Schools	2448	13990	113130	87077	75903	62704	61885	57701	56167	54823
2. 职业初中 Vocational JSSs						1194	601	213	153	67
3. 成人初中 Adult JSSs						2001	2064	1401	1558	1589
三、初等教育 Primary Education							427697	349126	322094	290597
（一）普通小学 Regular Primary Schools	346769	1681939	949323	917316	832309	553622	366213	300854	280184	257410
（二）成人小学 Adult Primary Schools					100337	156839	61484	48272	41910	33187
其中：扫盲班 of Which：Eliminate Illiteracy Classes					176076	104863	43572	34213	27850	22227
四、工读学校 Correctional Work-Study Schools	–	–	–	…	98	74	77	74	72	77
五、特殊教育 Special Education Schools	…	266	292	292	375	1539	1593	1640	1672	1706
六、学前教育 Pre-primary Education Institutions	…	19226	163952	170419	172262	175836	124402	133722	138209	150420

各级各类学历教育学生数

Number of Enrolment of Schools of All Types and Levels Providing Formal Programs

单位：万人

unit：10 thousand

	1949	1965	1978	1980	1985	2000	2005	2008	2009	2010
一、高等教育 Higher Education										
（一）研究生（人） Postgraduates	629	4546	10934	21604	87331	301239	978610	1283046	1404942	1538416
（二）普通本专科 Undergraduates in Regular HEIs	11.65	67.44	85.63	114.37	170.31	556.09	1561.78	2021.02	2144.66	2231.79
（三）成人本专科 Undergraduates in Adult HEIs	0.01	41.30	140.80	155.40	172.50	353.64	436.07	548.29	541.35	536.04
（四）其他各类高等学历教育 Students Enrolled in Other Formal Programs										
1. 在职人员攻读博士、硕士学位 Employed People Enrolled in Doctoral and Master's Degree Programs							25.47	39.38	39.43	42.03
2. 网络本专科生 Web-based Undergraduates							265.27	355.90	417.27	453.14
3. 学历文凭考试 Students Preparing for Exams Awarding Formal Qualifications							20.35			
二、中等教育 Secondary Education							10297.15	10204.36	10130.64	10019.66
（一）高中阶段教育 Senior Secondary Education							4030.94	4576.07	4640.91	4677.33
1. 高中 Senior Secondary Schools							2430.90	2488.99	2445.75	2438.83
普通高中 Regular Schools	20.72	130.82	1553.08	969.79	741.13	1201.26	2409.09	2476.28	2434.28	2427.34
成人高中 Adult Schools				75.12	138.98	32.40	21.81	12.70	11.47	11.50
2. 中等职业教育 Secondary Vocational Schools							1600.04	2087.09	2195.17	2238.50
普通中专 Regular Specialized Sec. Schools	22.88	54.74	88.92	124.34	157.11	489.52	629.77	817.28	840.43	877.71
成人中专 Adult SSSs	0.01	351.80	123.90	449.40		169.26	112.55	120.65	160.99	212.40
职业高中 Vocational High Schools	–	77.50	…	31.92	184.34	414.56	582.43	750.32	778.42	726.33
技工学校 Skilled Workers Schools	0.27	10.10	38.20	70.04	74.17	140.10	275.30	398.85	415.32	422.05
（二）初中阶段教育 Junior Secondary Education							6266.21	5628.29	5489.73	5342.33
1. 普通初中 Regular Junior Secondary Schools	83.18	802.97	4995.17	4538.29	3964.83	6167.65	6171.81	5574.15	5433.64	5275.91
2. 职业初中 Vocational JSSs	–	365.84	…	13.45	45.23	88.64	43.14	10.82	7.30	3.42
3. 成人初中 Adult JSSs				302.57	273.30	18.77	51.27	43.32	48.79	63.00
三、初等教育 Primary Education							11171.83	10566.59	10282.29	10135.36
（一）普通小学 Regular Primary Schools	2439.10	11620.90	14624.00	14627.00	13370.20	13013.25	10864.07	10331.51	10071.47	9940.70
（二）成人小学 Adult Primary Schools	1326.80	823.70	6467.20	1646.10	303.23	480.88	307.76	235.08	210.82	194.66
其中：扫盲班 of Which：Eliminate Illiteracy Classes	1326.80		1806.70	1220.90	518.98	249.32	192.44	124.96	114.86	108.08
四、工读学校 Correctional Work-Study Schools	–	–	–	…	0.65	0.77	0.84	0.96	0.92	1.07
五、特殊教育 Special Education Schools	…	2.29	3.09	3.31	4.17	37.76	36.44	41.74	42.81	42.56
六、学前教育 Pre-primary Education Institutions	…	171.30	787.70	1150.80	1479.70	2244.18	2179.03	2474.96	2657.81	2976.67

各级各类学历教育招生数

Number of New Entrants of Schools of All Types and Levels Providing Formal Programs

单位：万人

unit：10 thousand

	1949	1965	1978	1980	1985	2000	2005	2008	2009	2010
一、高等教育 Higher Education										
(一)研究生(人) Postgraduates	242	1456	10708	3616	46871	128484	364831	446422	510953	538177
(二)普通本专科 Undergraduates in Regular HEIs	3. 06	16. 42	40. 15	28. 12	61. 92	220. 61	504. 46	607. 66	639. 49	661. 76
(三)成人本专科 Undergraduates in Adult HEIs					78. 78	156. 15	193. 03	202. 56	201. 48	208. 43
(四)其他各类高等学历教育 Students Enrolled in Other Formal Programs										
1. 在职人员攻读博士、硕士学位 Employed People Enrolled in Doctoral and Master's Degree Programs							10. 17	13. 34	11. 60	12. 49
2. 网络本专科生 Web-based Undergraduates							89. 10	147. 22	162. 57	166. 37
3. 学历文凭考试 Students Preparing for Exams Awarding Formal Qualifications										
二、中等教育 Secondary Education							3520. 98	3508. 71	3487. 31	3423. 24
(一)高中阶段教育 Senior Secondary Education							1533. 39	1649. 12	1698. 86	1706. 66
1. 高中 Senior Secondary Schools							877. 73	837. 01	830. 34	836. 24
普通高中 Regular Schools	7. 11	45. 89	692. 91	383. 40	257. 51	472. 69	877. 73	837. 01	830. 34	836. 24
成人高中 Adult Schools				50. 05	107. 61	30. 47				0. 00
2. 中等职业教育 Secondary Vocational Schools							655. 66	812. 11	868. 52	870. 42
普通中专 Regular Specialized Sec. Schools	9. 74	20. 85	44. 70	46. 76	66. 83	132. 59	241. 13	303. 78	311. 71	316. 61
成人中专 Adult SSSs				152. 22		53. 39	47. 95	55. 83	86. 89	116. 11
职业高中 Vocational High Schools	–	55. 67	…	24. 06	98. 49	150. 39	248. 21	290. 66	313. 17	278. 67
技工学校 Skilled Workers Schools	…	…	25. 70	33. 13	35. 54	50. 38	118. 37	161. 84	156. 75	159. 02
(二)初中阶段教育 Junior Secondary Education							1987. 58	1859. 60	1788. 45	1716. 58
1. 普通初中 Regular Junior Secondary Schools	34. 12	299. 89	2005. 98	1550. 91	1349. 40	2263. 3	1976. 52	1856. 17	1786. 39	1715. 49
2. 职业初中 Vocational JSSs	–	250. 81	…	6. 66	17. 61	32. 27	11. 06	3. 43	2. 06	1. 09
3. 成人初中 Adult JSSs				194. 81	237. 02	14. 67				
三、初等教育 Primary Education							1671. 74	1695. 72	1637. 80	1691. 70
(一)普通小学 Regular Primary Schools	680. 00	3296. 02	3315. 36	2942. 34	2298. 17	1946. 47	1671. 74	1695. 72	1637. 80	1691. 70
(二)成人小学 Adult Primary Schools				248. 29	194. 95	452. 52				
其中:扫盲班 of Which: Eliminate Illiteracy Classes				720. 48	326. 14	210. 61				
四、工读学校 Correctional Work-Study Schools	–	–	–	…	0. 32	0. 44	0. 35	0. 48	0. 39	0. 40
五、特殊教育 Special Education Schools	…	…	0. 59	0. 59	0. 92	5. 29	4. 93	6. 24	6. 40	6. 49
六、学前教育 Pre-primary Education Institutions	…					1531. 11	1356. 24	1482. 71	1546. 86	1700. 39

各级各类学校教职工数

Number of Staff and Workers of Schools of All Levels & Types

单位：万人

unit：10 thousand

	1949	1965	1978	1980	1985	2000	2005	2008	2009	2010
一、高等教育 Higher Education										
（一）研究生培养机构（不计校数） Institutions Providing Postgraduate Programs										
1. 普通高校 Regular HEIs										
2. 科研机构 Research Institutes										
（二）普通高等学校 Regular HEIs	4.60	33.30	51.80	63.20	87.06	111.28	174.21	205.10	211.15	215.66
1. 本科院校 HEIs Offering Degree Programs						92.69	119.78	147.39	151.21	154.80
2. 高职（专科）院校 Short-cycle HEIs						17.50	44.00	57.07	59.29	60.32
3. 分校、大专班（点）（不计校数） Branch Schools & SCHE Classes						1.08	10.43	0.65	0.64	0.54
（三）成人高等学校 Adult HEIs				6.45	14.34	18.70	14.89	8.99	8.42	7.71
（四）民办的其他高等教育机构 Non-state/private HEIs							4.81	4.03	3.81	3.81
二、中等教育 Secondary Education							685.77	705.99	709.36	709.63
（一）高中阶段教育 Senior Secondary Education							682.48	704.45	708.07	708.68
1. 高中 Senior Secondary Schools							573.16	582.23	585.15	586.39
普通高中 Regular Schools	10.40	67.70	391.70	389.70	355.69	491.1	572.02	581.57	584.54	585.93
成人高中 Adult Schools					5.65	2.17	1.13	0.65	0.61	0.47
2. 中等职业教育 Secondary Vocational Schools							109.32	122.22	122.92	122.29
普通中专 Regular Specialized Sec. Schools	2.40	12.20	23.70	29.80	40.32	48.81	33.48	40.28	41.13	43.50
成人中专 Adult SSSs				3.19		20.84	12.13	10.33	9.42	8.53
职业高中 Vocational High Schools	–	30.60	…	4.10	21.59	44.69	38.93	42.78	42.56	40.32
技工学校 Skilled Workers Schools	…	…	6.66	13.61	21.53	23.96	20.40	24.88	25.97	26.63
其他机构（教学点）（不计校数） Other Institutions							4.38	3.96	3.84	3.30
（二）初中阶段教育 Junior Secondary Education							3.29	1.54	1.28	0.94
1. 普通初中 Regular Junior Secondary Schools										
2. 职业初中 Vocational JSSs							2.40	0.76	0.52	0.22
3. 成人初中 Adult JSSs					7.29	0.79	0.89	0.78	0.76	0.73
三、初等教育 Primary Education							624.82	623.93	621.83	617.56
（一）普通小学 Regular Primary Schools	84.90	407.50	562.00	605.40	602.10	645.49	613.22	613.29	613.55	610.98
（二）成人小学 Adult Primary Schools				2.02		16.24	11.61	10.64	8.27	6.58
其中：扫盲班 of Which：Eliminate Illiteracy Classes				7.40		11.01	8.94	8.62	6.16	5.04
四、工读学校 Correctional Work-Study Schools	–	–	–	…	0.32	0.27	0.26	0.27	0.27	0.26
五、特殊教育 Special Education Schools	…	0.37	0.69	0.80	1.15	4.37	4.23	4.60	4.75	4.92
六、学前教育 Pre-primary Education Institutions	…	16.20	46.90	61.00	79.80	114.43	115.20	143.42	157.08	184.93

各级各类学校专任教师数

Number of Fulltime Teachers of Schools of All Levels & Types

单位：万人

unit：10 thousand

	1949	1965	1978	1980	1985	2000	2005	2008	2009	2010
一、高等教育 Higher Education										
（一）研究生培养机构（不计校数） Institutions Providing Postgraduate Programs										
1. 普通高校 Regular HEIs										
2. 科研机构 Research Institutes										
（二）普通高等学校 Regular HEIs	1.61	13.81	20.63	24.69	34.43	46.28	96.58	123.75	129.52	134.31
1. 本科院校 HEIs Offering Degree Programs						37.08	63.00	85.60	89.60	93.55
2. 高职（专科）院校 Short-cycle HEIs						8.66	26.79	37.71	39.50	40.41
3. 分校、大专班（点）（不计校数） Branch Schools & SCHE Classes						0.53	6.80	0.43	0.42	0.35
（三）成人高等学校 Adult HEIs				3.32	6.93	9.34	8.43	5.32	5.04	4.59
（四）民办的其他高等教育机构 Non-state/private HEIs							2.25	1.91	1.79	1.78
二、中等教育 Secondary Education							555.36	585.54	588.85	592.30
（一）高中阶段教育 Senior Secondary Education							205.64	237.49	236.63	239.32
1. 高中 Senior Secondary Schools							130.66	148.01	149.77	152.17
普通高中 Regular Schools	1.40	7.79	74.13	57.07	49.17	75.69	129.95	147.55	149.33	151.82
成人高中 Adult Schools					3.23	1.35	0.71	0.45	0.44	0.35
2. 中等职业教育 Secondary Vocational Schools							74.98	89.49	86.86	87.15
普通中专 Regular Specialized Sec. Schools	1.56	5.51	9.96	12.87	17.40	25.64	20.30	26.14	27.23	29.50
成人中专 Adult SSSs				1.78		11.83	7.50	6.66	6.26	5.70
职业高中 Vocational High Schools	–	5.29	…	1.65	11.58	28.18	28.25	31.97	32.15	30.70
技工学校 Skilled Workers Schools	…	…	2.80	6.14	8.89	14	16.11	22.07	18.64	19.05
其他机构（教学点）（不计校数） Other Institutions							2.82	2.65	2.58	2.20
（二）初中阶段教育 Junior Secondary Education							349.72	348.05	352.23	352.97
1. 普通初中 Regular Junior Secondary Schools	5.26	37.92	244.07	244.90	215.99	324.86	347.18	346.90	351.34	352.34
2. 职业初中 Vocational JSSs	–	14.42	…	0.67	2.49	3.83	2.02	0.66	0.46	0.20
3. 成人初中 Adult JSSs					5.00	0.43	0.51	0.50	0.42	0.44
三、初等教育 Primary Education							563.71	566.87	566.75	564.58
（一）普通小学 Regular Primary Schools	83.60	385.71	522.55	549.94	537.68	586.03	559.25	562.19	563.34	561.71
（二）成人小学 Adult Primary Schools				1.65	2.87	4.76	4.47	4.67	3.40	2.87
其中：扫盲班 of Which：Eliminate Illiteracy Classes				4.83	4.26	2.93	3.17	3.70	2.16	1.95
四、工读学校 Correctional Work-Study Schools	–	–	–	…	0.13	0.15	0.17	0.17	0.17	0.17
五、特殊教育 Special Education Schools	…	0.26	0.42	0.48	0.73	3.2	3.19	3.63	3.79	3.97
六、学前教育 Pre-primary Education Institutions	…	6.18	27.75	41.07	54.99	85.65	72.16	89.86	98.59	114.42

高中阶段教育学生数的构成

Composition of Students in Senior Sec. Schools

	合计 Total	普通高中 Senior General Secondary Schools	成人高中 Adult Secondary Schools	中等职业教育 Secondary Vocational Schools				
				小计 Subtotal	中等专业学校 Specialized Sec. Schools	成人中专 Adult SSSs	职业高中 Vocational High Schools	技工学校 Skilled Worker Schools
学生数(万人) No. of Students (10 thousand)								
1965	622.9	130.8		492.1	52.7	351.8	77.5	10.1
1980	1720.5	969.8	75.1	675.6	124.3	449.4	31.9	70.0
1985	1295.7	741.1	139.0	415.6	157.1		184.3	74.2
1990	1528.6	717.3	47.8	763.5	224.4	158.8	247.1	133.2
2000	2463.2	1201.3	32.4	1229.5	489.5	169.3	414.6	156.1
2001	2606.3	1405.0	31.0	1170.3	457.9	189.2	383.1	140.1
2002	2889.8	1683.8	33.5	1172.5	456.4	153.3	428.1	134.7
2003	3240.9	1964.8	21.5	1254.6	502.4	105.5	455.7	191.1
2004	3649.0	2220.4	19.4	1409.2	554.5	103.3	516.9	234.5
2005	4030.9	2409.1	21.8	1600.0	629.8	112.5	582.4	275.3
2006	4341.9	2514.5	17.5	1809.9	725.8	107.6	655.6	320.8
2007	4527.5	2522.4	18.1	1987.0	781.6	113.0	725.2	367.1
2008	4545.7	2476.3	12.7	2056.7	817.3	120.6	750.3	368.5
2009	4624.4	2434.3	11.5	2178.7	840.4	161.0	778.4	398.8
2010	4677.3	2427.3	11.5	2238.5	877.7	212.4	726.3	422.1
比重(%)Percentage								
1965	100	21.0		79.0	8.5	56.5	12.4	1.6
1980	100	56.4	4.4	39.3	7.2	26.1	1.9	4.1
1985	100	57.2	10.7	32.1	12.1		14.2	5.7
1990	100	46.9	3.1	49.9	14.7	10.4	16.2	8.7
2000	100	48.8	1.3	49.9	19.9	6.9	16.8	6.3
2001	100	53.9	1.2	44.9	17.6	7.3	14.7	5.4
2002	100	58.3	1.2	40.6	15.8	5.3	14.8	4.7
2003	100	60.6	0.7	38.7	15.5	3.3	14.1	5.9
2004	100	60.8	0.5	38.6	15.2	2.8	14.2	6.4
2005	100	59.8	0.5	39.7	15.6	2.8	14.4	6.8
2006	100	57.9	0.4	41.7	16.7	2.5	15.1	7.4
2007	100	55.7	0.4	43.9	17.3	2.5	16.0	8.1
2008	100	54.5	0.3	45.2	18.0	2.7	16.5	8.1
2009	100	52.6	0.2	47.1	18.2	3.5	16.8	8.6
2010	100	51.9	0.2	47.9	18.8	4.5	15.5	9.0

教育规模

Size of Education

单位：万人

unit: 10 thousand person

年 份 Year	学校数(万所) Schools (in 10 Thousand)	学生数 Enrolment	教职工数 Teachers Staff & Workers	教育人口 Educational Population	教育人口比重(%) Proportion of Education Population
1985	144	21753	1261	23014	22.0
1990	136	23654	1432	25086	22.2
1996	155	30401	1549	31950	26.2
1997	157	31076	1577	32653	26.7
1998	155	31809	1580	33389	27.0
1999	159	32672	1596	34268	27.5
2000	149	32093	1592	33685	26.8
2001	135	32135	1574	33709	26.6
2002	117	31873	1579	33452	26.2
2003	96	31989	1610	33599	26.2
2004	68	32558	1597	34155	26.4
2005	65	36904	1624	38528	29.6
2006	63	31860	1652	33512	25.6
2007	66	32187	1675	33862	25.8
2008	58	32099	1692	33791	25.6
2009	55	32098	1716	33814	25.5
2010	53	32217	1741	33958	25.4

小学学龄儿童入学率

Net Enrolment Ratio of School-age Children in Primary Schools

单位：万人

unit: 10 thousand

年　份 Year	学龄儿童入学率 Net Enrolment Ratio of School-age Children in various regions		
	全国学龄儿童数 Total No. of School-age Children	已入学学龄儿童数 No. of School-age Children Enrolled	入学率(%) Net Enrolment Ratio
1965	11603.2	9829.1	84.7
1980	12219.6	11478.2	93.0
1985	10362.3	9942.8	95.9
1990	9740.7	9529.7	97.8
1999	12991.4	12872.8	99.1
2000	12445.3	12333.9	99.1
2001	11766.4	11561.2	99.1
2002	11310.4	11150.0	98.6
2003	10908.3	10761.6	98.7
2004	10548.1	10437.1	98.9
2005	10207.0	10120.3	99.2
2006	10075.5	10001.5	99.3
2007	9947.9	9896.8	99.5
2008	9772.0	9727.1	99.5
2009	9606.6	9548.6	99.4
2010	9501.5	9473.3	99.7

*1991 年以前的入学率是按 7 – 11 周岁统一计算的。从 1991 年起入学率是按各地不同入学年龄和学制分别计算的。

Enrolment Ratio of school-age children before 1991 was calculated on the basis of primary school pupils aged 7 – 11 enroled. From 1991 onwards its calculation has taken account of the age of entry and the lenth of schooling prevailing.

各级教育毛入学率

Gross Enrolment Rate of Schools by Level

单位：%

unit: %

年　份 Year	小学 Primary 按各地相应学龄计算 According to provincial primary entrant age	初中阶段 Junior 12 – 14 周岁 the age of 12 – 14	高中阶段 Senior 15 – 17 周岁 the age of 15 – 17		高等教育 IHEs 18 – 22 周岁 the age of 18 – 22
			职前	全口径	
1991	109.5	69.7	23.9		3.5
1992	109.4	71.8	22.6	26.0	3.9
1993	107.3	73.1	24.1	28.4	5.0
1994	108.7	73.8	26.2	30.7	6.0
1995	106.6	78.4	28.8	33.6	7.2
1996	105.7	82.4	31.4	38.0	8.3
1997	104.9	87.1	33.8	40.6	9.1
1998	104.3	87.3	34.4	40.7	9.8
1999	104.3	88.6	35.8	41.0	10.5
2000	104.6	88.6	38.2	42.8	12.5
2001	104.5	88.7	38.6	42.8	13.3
2002	107.5	90.0	38.4	42.8	15.0
2003	107.2	92.7	42.1	43.8	17.0
2004	106.6	94.1	46.5	48.1	19.0
2005	106.4	95.0	50.9	52.7	21.0
2006	106.3	97.0	57.7	59.8	22.0
2007	106.2	98.0		66.0	23.0
2008	105.7	98.5		74.0	23.3
2009	104.8	99.0		79.2	24.2
2010	104.6	100.1		82.5	26.5

各级普通学校毕业生升学率

Promotion Rate of Graduates of Regular School of All Levels & Types

年　份 Year	小学升初中(%) Promotion Rate of Primary School Graduates	初中升高级中学(%) Promotion Rate of Junior Sec. School Graduates	高中升高等教育(%) Promotion Rate of Senior School Graduates
1990	74. 6	40. 6	27. 3
1991	77. 7	42. 6	28. 7
1992	79. 7	43. 6	34. 9
1993	81. 8	44. 1	43. 3
1994	86. 6	47. 8	46. 7
1995	90. 8	50. 3	49. 9
1996	92. 6	49. 8	51. 0
1997	93. 7	51. 5	48. 6
1998	94. 3	50. 7	46. 1
1999	94. 4	50. 0	63. 8
2000	94. 9	51. 2	73. 2
2001	95. 5	52. 9	78. 8
2002	97. 0	58. 3	83. 5
2003	97. 9	59. 6	83. 4
2004	98. 1	63. 8	82. 5
2005	98. 4	69. 7	76. 3
2006	100. 0	75. 7	75. 1
2007	99. 9	80. 5	70. 3
2008	99. 7	82. 1	72. 7
2009	99. 1	85. 6	77. 6
2010	98. 7	87. 5	83. 3

注:高中升学率为普通高校招生数(含电大普通班)与普通高中毕业生数之比。

Note: Promotion rate of senior secondary school graduates is the ratio of total number of new entrants admitted to HEIs to the total number of graduates of regular senior secondary schools of the current year.

每十万人口各级学校平均在校生数

Number of Students of Per 100,000 Inhabitants of All Levels

单位：人

unit: person

年　份 Year	高等学校 Higher Education	高中阶段 Senior	初中阶段 Junior	小　学 Primary	幼儿园 Kindergarten
1991	304	1355	3465	10502	1907
1992	313	1365	3518	10413	2072
1993	376	1448	3599	10656	2190
1994	433	1293	3681	10819	2219
1995	457	1610	3945	11010	2262
1996	470	1780	4180	11273	2208
1997	482	1905	4289	11435	2058
1998	519	1978	4408	11287	1944
1999	594	2032	4656	10855	1864
2000	723	2000	4969	10335	1782
2001	931	2021	5161	9937	1602
2002	1146	2283	5240	9525	1595
2003	1298	2523	5209	9100	1560
2004	1420	2824	5058	8725	1617
2005	1613	3070	4781	8358	1676
2006	1816	3321	4557	8192	1731
2007	1924	3409	4364	8037	1787
2008	2042	3463	4227	7819	1873
2009	2128	3495	4097	7584	2001
2010	2189	3504	3955	7448	2230

各级普通学校生师比

Pupil-Teacher Ratio of Regular Schools of All levels

年 份 Year	小 学 Primary	初 中 Junior	普通高中 Senior	中等职业学校 Secondary Vacational Schools	普通高校 Regular Inst. of Higher Educations		
					全 国 Total	本科院校 University	高职(专科)院校 Short-cycle HEIs
1993	22. 37	15. 65	14. 96	13. 42	8. 00	7. 82	8. 61
1994	22. 85	16. 07	12. 16	14. 26	9. 25	9. 00	10. 10
1995	23. 30	16. 73	12. 95	15. 98	9. 83	9. 71	10. 16
1996	23. 73	17. 18	13. 45	16. 42	10. 36	10. 32	10. 20
1997	24. 16	17. 33	14. 05	16. 92	10. 87	10. 80	10. 85
1998	23. 98	17. 56	14. 60	16. 36	11. 62	11. 63	11. 09
1999	23. 12	18. 17	15. 16	15. 68	13. 37	13. 67	12. 23
2000	22. 21	19. 03	15. 87	15. 24	16. 30	16. 04	17. 65
2001	21. 64	19. 24	16. 73	15. 04	18. 22	18. 47	17. 15
2002	21. 04	19. 25	17. 80	16. 58	19. 00	20. 60	14. 20
2003	20. 50	19. 13	18. 35	17. 63	17. 00	21. 07	14. 75
2004	19. 98	18. 65	18. 65	19. 15	16. 22	17. 44	13. 15
2005	19. 43	17. 80	18. 54	21. 34	16. 85	17. 75	14. 78
2006	19. 17	17. 15	18. 13	22. 65	17. 93	17. 77	18. 26
2007	18. 82	16. 52	17. 48	23. 13	17. 28	17. 31	17. 20
2008	18. 38	16. 07	16. 78	23. 32	17. 23	17. 21	17. 27
2009	17. 88	15. 47	16. 30	25. 27	17. 27	17. 23	17. 35
2010	17. 70	14. 98	15. 99	25. 69	17. 33	17. 38	17. 21

普通高等学校校均规模

Average Size of Regular Inst. of Higher Education

单位:人
unit: person

	1994	1995	1996	1997	1998	1999	2000	2001	2002	2003	2004	2005	2006	2007	2008	2009	2010
全国 Total	2591	2758	2927	3112	3335	3815	5289	5870	6471	7143	7704	7666	8148	8571	8679	9086	9298
本科院校 University	3418	3632	3857	4062	4418	5275	6916	8730	10454	11662	13561	13514	13937	14057	12097	12634	13100
专科院校 Non-university Tertiary	1338	1405	1466	1594	1701	1975	2282	2337	2523	2893	3209	3909	4515	5095	5564	5903	5904

全国各级自学考试基本情况

Basic Statistics of Applicants for State-administered Examination for Self-learners by Level

	2006		2007		2008		2009		2010	
	上半年 First half year	下半年 Second half year	上半年 First half year	下半年 Second half year	上半年 First half year	下半年 Second half year	上半年 First half year	下半年 Second half year	上半年 First half year	下半年 Second half year
毕业生人数 Gradutes	358830	323997	313301	268795	274449	277422	309921	310476	345668	341650
本科 Nonmal course	221993	190127	205688	168292	187677	185223	203559	199526	230802	230103
专科 Short-Cycle course	136837	133870	107613	100503	86772	92199	106362	110950	114866	111547
单科合格科次数 Passed Main-courses	4101499	3765151	4108139	4061883	4884112	4441008	5244892	4946679	4980013	4476856
本科 Nonmal course	2606941	2394294	2661123	2610244	3202166	2960187	3499720	3416760	3428805	2977456
专科 Short-Cycle course	1494558	1370857	1447016	1451639	1681946	1480821	1745172	1529919	1551208	1499400
报考人数 Applicants	4935070	4557321	4967159	4595587	5208544	4679628	5517385	4907514	5160123	4489937
本科 Nonmal course	2909852	2725281	2924483	2744651	3121358	2900792	3426273	3144203	3325005	2784408
专科 Short-Cycle course	2025218	1832040	2042676	1850936	2087186	1778836	2091112	1763311	1835118	1705529
首次报考人数 First Time	1118607	809467	1039306	729692	1150218	674658	1268590	640676	983545	600171
本科 Nonmal course	676983	485594	619337	440522	690709	424949	798761	432287	664099	388448
专科 Short-Cycle course	441624	323873	419969	289170	459509	249709	469829	208389	319446	211723
报考科次 Main-courses to be Examined	11287544	10360827	11460474	10812366	12249001	11179996	12870134	11842415	12144181	10883416
本科 Nonmal course	6632280	6144754	6668721	6408847	7222194	6921569	7584122	7605841	7813197	6892876
专科 Short-Cycle course	4655264	4216073	4791753	4403519	5026807	4258427	5286012	4236574	4330984	3990540
实考人数 Actural Examined	3812710	3441365	3780620	3468565	3896856	3599817	4318889	3754772	4026556	3460358
本科 Nonmal course	2270615	2085304	2240129	2099652	2385104	2269639	2737622	2452057	2640442	2180587
专科 Short-Cycle course	1542095	1356061	1540491	1368913	1511752	1330178	1581267	1302715	1386114	1279771
实考科次 Actural Main-courses Examined	8026382	7168122	8001314	7537852	8840627	8028150	9781330	8761276	9122514	8074603
本科 Nonmal course	4790371	4337753	4705393	4534034	5278441	5068821	6188572	5725407	5958059	5182160
专科 Short-Cycle course	3236011	2830369	3295921	3003818	3562186	2959329	3592758	3035869	3164455	2892443
在档考生人数 Exmainees on File	27678319	28190135	28916140	29377037	30252806	30650042	31608711	31938911	32714917	32973438
本科 Nonmal course	9440282	9750810	10164459	10436689	10939721	11179447	11774649	12007410	12440707	12599052
专科 Short-Cycle course	18238037	18439325	18751681	18940348	19313085	19470595	19834062	19931501	20136081	20236257
其中：新生数 of Which：Curent session	1118607	809467	1039306	729692	1150218	674658	1268590	640676	983545	600171
本科 Nonmal course	676983	485594	619337	440522	690709	424949	798761	432287	664099	388448
专科 Short-Cycle course	441624	323873	419969	289170	459509	249709	469829	208389	319446	211723

二、高等教育
Higher Education

高等教育学校(机构)数
Number of Higher Education Institutions

单位：所
unit：institutions

	计 Total	中央部委 HEIs under Central Ministries & Agencies			地方部门 HEIs under Local Auth.			民办 Non-state/Private
		计 Total	教育部 HEIs under MOE	其他部委 HEIs under Other Central Agencies	计 Total	教育部门 HEIs under MOE	非教育部门 Run by Non-ed. Dept.	
1. 研究生培养机构 Institutions Providing Postgraduate Programs	797	374	73	301	423	361	62	
普通高校 Regular HEIs	481	98	73	25	383	360	23	
科研机构 Research Institutes	316	276		276	40	1	39	
2. 普通高校 Regular HEIs	2358	111	73	38	1573	854	719	674
本科院校 HEIs Providing Degree-level Programs	1112	108	73	35	633	542	91	371
其中:独立学院	323							323
高职(专科)院校 Short-cycle HEIs	1246	3		3	940	312	628	303
3. 成人高等学校 HEIs for Adults	365	14	1	13	349	128	221	2
4. 民办的其他高等教育机构 Non-state/Private HEIs	836							836

普通高等学校校数

Number of Regular Higher Educational Institutions

单位:所

unit: institutions

	合 计 Total	大学、专门学院 Universities & Colleges	专科学校 Short-Cycle Colleges	其中:职业技术学院 of Which: Tertiary Vocational-technical Colleges
总计 Total	**2358**	**1112**	**1246**	**1113**
综合大学 Comprehensive University	568	261	307	303
理工院校 Natural Sciences & Technology	834	320	514	491
农业院校 Agriculture	81	41	40	38
林业院校 Forestry	18	7	11	11
医药院校 Medicine & Pharmacy	167	101	66	21
师范院校 Teacher Training	192	150	42	6
语文院校 Language & Literature	49	23	26	25
财经院校 Finance & Economics	249	111	138	125
政法院校 Political Science & Law	70	29	41	33
体育院校 Physical Culture	30	16	14	13
艺术院校 Art	82	39	43	43
民族院校 Ethnic Nationality	18	14	4	4
合计中民办高校 Of which:Regular HEIs	674	371	303	296

普通高等学校规模

Breakdown of Regular Higher Educational Institutions by Size of Enrolments

单位:所

unit: institutions

	学校数 Institutions	300 人及以下 300 and under	301－500 人 301 to 500	501－1000 人 501 to 1000	1001－1500 人 1001 to 1500	1501－2000 人 1501 to 2000	2001－3000 人 2001 to 3000	3001－4000 人 3001 to 4000	4001－5000 人 4001 to 5000	5001－10000 人 5001 to 10000	10001－20000 人 10001 to 20000	20001－30000 人 20001 to 30000	30001 人及以上 30001 and over
总计 Total	**2358**	**22**	**15**	**47**	**52**	**62**	**141**	**155**	**184**	**861**	**645**	**142**	**32**
综合大学 Comprehensive University	568	6	1	9	9	9	36	29	51	208	142	49	19
理工院校 Natural Sciences & Technology	834	6	9	11	16	24	38	57	48	324	244	49	8
农业院校 Agriculture	81		1			1	5	4	6	23	31	8	2
林业院校 Forestry	18						1		2	9	5	1	
医药院校 Medicine & Pharmacy	167		1	5	2	1	11	11	21	73	41	1	
师范院校 Teacher Training	192	1		2		1	7	8	8	53	84	25	3
语文院校 Language & Literature	49	1			3	2	2	7	7	18	8	1	
财经院校 Finance & Economics	249	4	1	3	5	5	14	17	21	104	69	6	
政法院校 Political Science & Law	70	1		5	3	4	11	10	12	18	6		
体育院校 Physical Culture	30	2	1	4	1	5	4		3	9	1		
艺术院校 Art	82	1	1	8	12	9	11	11	5	18	6		
民族院校 Ethnic Nationality	18				1	1	1	1		4	8	2	

普通高等学校设置专业数

Number of Specialities and Number of Educational Programmes Established by Field of Study in Regular Higher Educational Institutions

	合计 Total	哲学 Philosophy	经济 Economics	法学 Law	教育 Education	文学 Literature	历史 History	理学 Science	工学 Engineering	农学 Agriculture	医学 Medicine	管理学 Administration	其他 other
研究生													
种数 No. of Sp.	627	10	21	42	23	37	10	71	176	41	70	9	25
点数 No. of Ed. Prog.	32527	672	1612	2534	1058	2288	707	4371	9230	1323	3227	18	1980
普通高等教育													
种数 No. of Sp.	646	6	19	36	46	99	8	84	205	35	51	57	
点数 No. of Ed. Prog.	69863	89	3463	2194	2813	11762	298	5434	24392	1752	3190	14476	
成人高等教育													
种数 No. of Sp.	488	4	15	21	39	61	6	54	162	30	43	53	
点数 No. of Ed. Prog.	37604	33	1990	1564	2461	5205	174	1767	10568	838	2652	10352	

高等教育(机构)学生数

Data on Students in Higher Education

单位：人
unit：person

	毕(结)业生数 Graduates	授予学位数 Degree Awarded	招生数 Entrants 计 Total	其中 of Which 应届生 Autumn Session	其中 of Which 春季招生 Spring Session	在校学生数 Enrolment	预计毕业生数 Anticipated Graduates for Next Year
研究生 Postgraduates	383600	379992	538177	354237		1538416	522191
博　士 Doctor's Degrees	48987	47407	63762	24571		258950	125153
硕　士 Master's Degrees	334613	332585	474415	329666		1279466	397038
普通本科、专科生 Students Enrolled in Normal and Short-cycle Courses	5754245	2435867	6617551	6024192	13710	22317929	6190661
本　科 Normal Courses	2590535	2435867	3512563	3086493	993	12656132	2868211
专　科 Short-cycle Courses	3163710		3104988	2937699	12717	9661797	3322450
成人本科、专科生 Students Enrolled in Normal and Short-cycle Courses Provided by Adult HEIs	1972873	101028	2084259	348617		5360388	1927218
本　科 Normal Courses	803915	101028	853319	107809		2250457	760245
专　科 Short-cycle Courses	1168958		1230940	240808		3109931	1166973
网络本科、专科生 Students Enrolled in Normal and Short-cycle Courses Provided by Web-based Programs	1105529	25956	1663655		807660	4531443	
本　科 Normal Courses	422543	25956	555789		270994	1640403	
专　科 Short-cycle Courses	682986		1107866		536666	2891040	
研究生课程进修班 Postgraduates Courses	48290					64978	
在职人员攻读博士硕士学位 Advanced degree Programs for persons in Employment		102658	124871			420294	
电大注册视听生 Registered Viewers/auditors of Programs Provided by RTVUs							
自考助学班 Classes run by Non-state/private HEIs for Students Preparing for State-administered Examinations for Self-directed Learners	194889		188322			595048	
普通预科生 College-preparatory Classes						31970	
进修及培训 In-service Training	6882371					2636948	
留学生 Foreign Students	62071	11912	80846		21195	130637	

分部门、分计划
Number of Postgraduate Students

	学校(机构)数(所) No. of Inst.	毕业生数 Graduates			招生数 Entrants		
		计 Total	博士 Doctor's Degree	硕士 Master's Degree	计 Total	博士 Doctor's Degree	硕士 Master's Degree
总计 Total	**797**	**383600**	**48987**	**334613**	**538177**	**63762**	**474415**
国家任务 State-planned Programs		252908	36557	216351	384924	50198	334726
委托培养 Contractual Programs		21514	8268	13246	27306	10603	16703
自筹经费 Self-financed Programs		109178	4162	105016	125947	2961	122986
一、中央部委所属 Under Central Ministries& Agencies	**374**	**211493**	**40200**	**171293**	**292711**	**51203**	**241508**
1. 教育部 Under MOE	73	170305	29212	141093	236153	38783	197370
2. 其他部委 Under Other Central Agencies	301	41188	10988	30200	56558	12420	44138
二、地方所属 Under Local Auth.	**423**	**172107**	**8787**	**163320**	**245466**	**12559**	**232907**
1. 教育部门 Edu. Dept.	361	166099	8584	157515	236643	12280	224363
2. 其他部门 Run by Non-ed. Dept.	62	6008	203	5805	8823	279	8544

分部门、分计划
Number of Postgraduate Students

	学校(机构)数(所) No. of Inst.	毕业生数 Graduates			招生数 Entrants		
		计 Total	博士 Doctor's Degree	硕士 Master's Degree	计 Total	博士 Doctor's Degree	硕士 Master's Degree
总计 Total	**481**	**369827**	**43214**	**326613**	**519207**	**57392**	**461815**
国家任务 State-planned Programs		239502	30943	208559	367184	43984	323200
委托培养 Contractual Programs		21338	8128	13210	27132	10462	16670
自筹经费 Self-financed Programs		108987	4143	104844	124891	2946	121945
一、中央部委所属 Under Central Ministries& Agencies	**98**	**198552**	**34472**	**164080**	**274618**	**44886**	**229732**
1. 教育部 Under MOE	73	170305	29212	141093	236153	38783	197370
2. 其他部委 Under Other Central Agencies	25	28247	5260	22987	38465	6103	32362
二、地方所属 Under Local Auth.	**383**	**171275**	**8742**	**162533**	**244589**	**12506**	**232083**
1. 教育部门 Edu. Dept.	360	166085	8584	157501	236634	12280	224354
2. 其他部门 Run by Non-ed. Dept.	23	5190	158	5032	7955	226	7729

研究生数(总计)

by Sector and Program (Total)

单位：人
unit：person

在校学生数 Enrolment			预计毕业生数 Graduates for Next Year		
计 Total	博 士 Doctor's Degree	硕 士 Master's Degree	计 Total	博 士 Doctor's Degree	硕 士 Master's Degree
1538416	**258950**	**1279466**	**522191**	**125153**	**397038**
1080638	188952	891686	346639	83562	263077
101904	55012	46892	50577	32527	18050
355874	14986	340888	124975	9064	115911
854453	**211517**	**642936**	**305508**	**102870**	**202638**
690491	163774	526717	250705	81378	169327
163962	47743	116219	54803	21492	33311
683963	**47433**	**636530**	**216683**	**22283**	**194400**
660612	46566	614046	209555	21957	187598
23351	867	22484	7128	326	6802

研究生数(普通高校)

by Sector and Program (Regular HEIs)

单位：人
unit：person

在校学生数 Enrolment			预计毕业生数 Graduates for Next Year		
计 Total	博 士 Doctor's Degree	硕 士 Master's Degree	计 Total	博 士 Doctor's Degree	硕 士 Master's Degree
1482680	**236328**	**1246352**	**503534**	**115434**	**388100**
1027567	167066	860501	328588	74181	254407
101103	54324	46779	50205	32204	18001
354010	14938	339072	124741	9049	115692
801347	**189088**	**612259**	**287750**	**93240**	**194510**
690491	163774	526717	250705	81378	169327
110856	25314	85542	37045	11862	25183
681333	**47240**	**634093**	**215784**	**22194**	**193590**
660584	46566	614018	209546	21957	187589
20749	674	20075	6238	237	6001

分部门、分计划

Number of Postgraduate Students

	学校(机构)数(所) No. of Inst.	毕业生数 Graduates			招生数 Entrants		
		计 Total	博士 Doctor's Degree	硕士 Master's Degree	计 Total	博士 Doctor's Degree	硕士 Master's Degree
总　计 Total	**316**	**13773**	**5773**	**8000**	**18970**	**6370**	**12600**
国家任务 State-planned Programs		13406	5614	7792	17740	6214	11526
委托培养 Contractual Programs		176	140	36	174	141	33
自筹经费 Self-financed Programs		191	19	172	1056	15	1041
一、中央部委所属 Under Central Ministries& Agencies	**276**	**12941**	**5728**	**7213**	**18093**	**6317**	**11776**
1. 教育部 Under MOE							
2. 其他部委 Under Other Central Agencies	276	12941	5728	7213	18093	6317	11776
二、地方所属 Under Local Auth.	**40**	**832**	**45**	**787**	**877**	**53**	**824**
1. 教育部门 Edu. Dept.	1	14		14	9		9
2. 其他部门 Run by Non-ed. Dept.	39	818	45	773	868	53	815

分学科研

Number of Postgraduate

	毕业生数 Graduates			招生数 Entrants		
	计 Total	博士 Doctor's Degree	硕士 Master's Degree	计 Total	博士 Doctor's Degree	硕士 Master's Degree
总计 Total	**383600**	**48987**	**334613**	**538177**	**63762**	**474415**
其中:女 of Which: Female	182421	18008	164413	265869	23717	242152
学术型学位						
哲学 Philosophy	4620	703	3917	4874	838	4036
经济学 Economics	19110	2371	16739	20618	2781	17837
法学 Law	26165	2414	23751	29330	3529	25801
教育学 Education	13565	857	12708	15282	1153	14129
文学 Literature	33623	2129	31494	40635	2807	37828
历史学 History	4857	827	4030	5487	945	4542
理学 Science	43654	9638	34016	58388	12216	46172
工学 Engineering	128678	17428	111250	153704	23977	129727
农学 Agriculture	14079	1973	12106	14874	2831	12043
医学 Medicine	35582	5762	29820	40067	6524	33543
军事学 Military Science	213	23	190	233	26	207
管理学 Administrators	32703	3738	28965	35386	4629	30757
专业学位	26751	1124	25627	119299	1506	117793

研究生数(科研机构)

by Sector and Program (Research Institutes)

单位：人
unit：person

在校学生数 Enrolment			预计毕业生数 Graduates for Next Year		
计 Total	博士 Doctor's Degree	硕士 Master's Degree	计 Total	博士 Doctor's Degree	硕士 Master's Degree
55736	**22622**	**33114**	**18657**	**9719**	**8938**
53071	21886	31185	18051	9381	8670
801	688	113	372	323	49
1864	48	1816	234	15	219
53106	**22429**	**30677**	**17758**	**9630**	**8128**
53106	22429	30677	17758	9630	8128
2630	**193**	**2437**	**899**	**89**	**810**
28		28	9		9
2602	193	2409	890	89	801

究生数(总计)

Students by Academic Field (Total)

单位：人
unit：person

在校学生数 Enrolment			预计毕业生数 Graduates for Next Year		
计 Total	博士 Doctor's Degree	硕士 Master's Degree	计 Total	博士 Doctor's Degree	硕士 Master's Degree
1538416	**258950**	**1279466**	**522191**	**125153**	**397038**
736230	91887	644343	238005	42626	195379
16001	3532	12469	6206	1834	4372
62660	11768	50892	23649	6067	17582
90168	13152	77016	32062	5990	26072
48468	4256	44212	17024	1978	15046
120840	10758	110082	40918	5069	35849
17890	3913	13977	6759	2054	4705
177570	44108	133462	61421	19757	41664
490374	106458	383916	179375	53570	125805
45273	10739	34534	15756	5177	10579
128916	23262	105654	44661	9944	34717
762	146	616	297	89	208
117830	22640	95190	46027	12444	33583
221664	4218	217446	48036	1180	46856

分学科研
Number of Postgraduate Students

	毕业生数 Graduates			招生数 Entrants		
	计 Total	博 士 Doctor's Degree	硕 士 Master's Degree	计 Total	博 士 Doctor's Degree	硕 士 Master's Degree
总计 Total	**369827**	**43214**	**326613**	**519207**	**57392**	**461815**
其中:女 of Which: Female	177624	16143	161481	258782	21627	237155
学术型学位						
哲学 Philosophy	4447	638	3809	4686	766	3920
经济学 Economics	18629	2193	16436	20052	2537	17515
法学 Law	25625	2289	23336	28776	3391	25385
教育学 Education	13497	822	12675	15195	1110	14085
文学 Literature	33386	2057	31329	40357	2713	37644
历史学 History	4781	804	3977	5403	920	4483
理学 Science	38650	6624	32026	51474	9094	42380
工学 Engineering	123337	15701	107636	147202	21899	125303
农学 Agriculture	13420	1771	11649	14132	2593	11539
医学 Medicine	34914	5545	29369	39376	6367	33009
军事学 Military Science	211	23	188	232	26	206
管理学 Administrators	32225	3628	28597	34784	4473	30311
专业学位	26705	1119	25586	117538	1503	116035

分学科研
Number of Postgraduate Students

	毕业生数 Graduates			招生数 Entrants		
	计 Total	博 士 Doctor's Degree	硕 士 Master's Degree	计 Total	博 士 Doctor's Degree	硕 士 Master's Degree
总计 Total	**13773**	**5773**	**8000**	**18970**	**6370**	**12600**
其中:女 of Which: Female	4797	1865	2932	7087	2090	4997
学术型学位						
哲学 Philosophy	173	65	108	188	72	116
经济学 Economics	481	178	303	566	244	322
法学 Law	540	125	415	554	138	416
教育学 Education	68	35	33	87	43	44
文学 Literature	237	72	165	278	94	184
历史学 History	76	23	53	84	25	59
理学 Science	5004	3014	1990	6914	3122	3792
工学 Engineering	5341	1727	3614	6502	2078	4424
农学 Agriculture	659	202	457	742	238	504
医学 Medicine	668	217	451	691	157	534
军事学 Military Science	2		2	1		1
管理学 Administrators	478	110	368	602	156	446
专业学位	46	5	41	1761	3	1758

究生数(普通高校)

by Academic Field (Regular HEIs)

单位：人

unit: person

在校学生数 Enrolment			预计毕业生数 Graduates for Next Year		
计 Total	博士 Doctor's Degree	硕士 Master's Degree	计 Total	博士 Doctor's Degree	硕士 Master's Degree
1482680	**236328**	**1246352**	**503534**	**115434**	**388100**
716277	84609	631668	231629	39560	192069
15432	3295	12137	5997	1736	4261
60904	10968	49936	23016	5762	17254
88479	12718	75761	31487	5825	25662
48207	4126	44081	16935	1929	15006
120001	10481	109520	40650	4982	35668
17632	3833	13799	6665	2021	4644
156602	33284	123318	54216	15044	39172
469692	98682	371010	171999	50112	121887
43033	9950	33083	14984	4867	10117
126650	22550	104100	43923	9682	34241
758	146	612	295	89	206
116051	22084	93967	45431	12208	33223
219239	4211	215028	47936	1177	46759

究生数(科研机构)

by Academic Field (Research Institutes)

单位：人

unit: person

在校学生数 Enrolment			预计毕业生数 Graduates for Next Year		
计 Total	博士 Doctor's Degree	硕士 Master's Degree	计 Total	博士 Doctor's Degree	硕士 Master's Degree
55736	**22622**	**33114**	**18657**	**9719**	**8938**
19953	7278	12675	6376	3066	3310
569	237	332	209	98	111
1756	800	956	633	305	328
1689	434	1255	575	165	410
261	130	131	89	49	40
839	277	562	268	87	181
258	80	178	94	33	61
20968	10824	10144	7205	4713	2492
20682	7776	12906	7376	3458	3918
2240	789	1451	772	310	462
2266	712	1554	738	262	476
4		4	2		2
1779	556	1223	596	236	360
2425	7	2418	100	3	97

在职人员攻读博士、硕士学位分学科学生数

Number of Postgraduate Students Studying for Advanced Degrees Without Leaving Their Jobs

单位：人
unit: person

	授予学位数 Degree			招生数 Entrants			在校学生数 Enrolment		
	计 Total	博士 Doctor's Degree	硕士 Master's Degree	计 Total	博士 Doctor's Degree	硕士 Master's Degree	计 Total	博士 Doctor's Degree	硕士 Master's Degree
总计 Total	**102658**	**1035**	**101623**	**124871**	**980**	**123891**	**420294**	**3126**	**417168**
其中：女 of Which: Female	40546	350	40196	48138	324	47814	153908	1040	152868
学术型学位									
哲学 Philosophy	223	4	219	64	5	59	303	8	295
经济学 Economics	2428	53	2375	325	7	318	1501	14	1487
法学 Law	2190	25	2165	1431	21	1410	5052	58	4994
教育学 Education	2373	17	2356	864	1	863	4818	13	4805
文学 Literature	3374	100	3274	1312	74	1238	5488	293	5195
历史学 History	213	8	205	64	14	50	353	28	325
理学 Science	1242	93	1149	439	80	359	2308	356	1952
工学 Engineering	3136	242	2894	1496	240	1256	8143	998	7145
农学 Agriculture	85	4	81	63	2	61	262	3	259
医学 Medicine	3443	93	3350	1157	77	1080	5543	157	5386
军事学 Military Science	14	7	7	9	3	6	92	61	31
管理学 Administrators	3058	150	2908	1523	24	1499	6438	73	6365
专业学位	80879	239	80640	116124	432	115692	379993	1064	378929

普通高等教育工科分大类学生数

Breakdown of Engineering Students by Subfield of Study in Regular Higher Education

单位：人

unit：person

	毕业生数 Graduates	招　生　数 Entrants	在校学生数 Enrolment
总计 Total	**2120361**	**2412472**	**8031197**
地矿类 Applied Geology	41277	57092	181707
材料类 Materials Science	47129	64681	220626
机械类 Mechanical Engineering	389993	425735	1417685
仪器仪表类 Instrument & Meter	15541	19076	72603
能源动力类 Thermal & Nuclear Energy	21246	30586	103214
电气信息类 Electronics & Information	939728	968376	3313141
土建类 Civil Engineering & Architcture	225832	319334	991878
水利类 Hydraulics	18894	23281	74773
测绘类 Sruvey & Measure	15438	24281	71975
环境与安全类 Environment and Safety	37966	45075	154077
化工与制药类 Chemical Engineering & Pharmaceutics	93612	105527	354238
交通运输类 Transportation	130012	163451	497360
海洋工程类 Oceanic	2142	2997	11986
轻工纺织食品类 Light Industry, Textile and Food	92209	108158	364018
航空航天类 Aeronautics & Astronautics	3514	5683	20564
武器类 Weaponry	2837	2882	11915
工程力学类 Engineering Mechanics	3031	3996	14383
生物工程类 Biotechnology	29454	30313	108117
农业工程类 Agriculture Engineering	5227	6017	22963
林业工程类 Forestry Engineering	2404	3526	12034
公安技术类 Public Security Technology	2875	2405	11940

普通、成人本、专科
Number of Undergraduate Students

	毕业生数 Graduates			招生数 Entrants	
	合 计 Total	本 科 Normal Courses	专 科 Short-cycle Courses	合 计 Total	本 科 Normal Courses
普通本、专科总计 Total	**5754245**	**2590535**	**3163710**	**6617551**	**3512563**
中央部委所属院校 Inst. Under SEDC	409742	388096	21646	446581	427984
其中:教育部所属院校 of Which: Inst. Under MOE	317216	310242	6974	335439	331145
地方所属学校 Inst. Under Local Auth.	4278001	1696534	2581467	4742089	2260460
民办 Non-State/Private	1066502	505905	560597	1428881	824119
成人本、专科总计 Total	**1972873**	**803915**	**1168958**	**2084259**	**853319**
中央部委所属院校 Inst. Under SEDC	266517	160657	105860	298197	166636
其中:教育部所属院校 of Which: Inst. Under MOE	217068	131530	85538	246312	141152
地方所属学校 Inst. Under Local Auth.	1675935	642204	1033731	1747512	684918
民办 Non-State/Private	30421	1054	29367	38550	1765

普通本、专科分
Number of Undergraduate Students

	毕业生数 Graduates			招生数 Entrants	
	合 计 Total	本 科 Normal Courses	专 科 Short-cycle Courses	合 计 Total	本 科 Normal Courses
总计 Total	**5754245**	**2590535**	**3163710**	**6617551**	**3512563**
其中:女 of Which:Female	2913209	1256011	1657198	3474275	1764955
一、普通高等学校 Reg. Inst. of High Education	5655241	2587737	3067504	6548833	3510253
本科院校 University	3364200	2561338	802862	4063012	3481068
其中:独立学院	514665	443135	71530	752982	687862
高职(专科)院校 Non-university Tertiary	2233646	871	2232775	2447649	621
其他 Other	1985684		1985684	2181258	
综合大学 Comprehensive Universities	57395	25528	31867	38172	28564
理工院校 Natural Sciences & Tech.	1502679	708223	794456	1747159	953576
农业院校 Agriculture	2085847	824586	1261261	2413749	1117049
林业院校 Forestry	233598	130646	102952	264856	162901
医药院校 Medicine & Pharmacy	41163	21989	19174	49496	28643
师范院校 Teacher Training	319443	142446	176997	359680	194344
语文院校 Language & Literature	617981	389906	228075	714934	533078
财经院校 Finance & Economics	89693	34228	55465	97708	47058
政法院校 Political Science & Law	522843	210022	312821	629967	304213
体育院校 Physical Culture	97058	31757	65301	90078	39838
艺术院校 Art	24182	18765	5417	28874	23350
民族院校 Ethnic Minorities	76934	40367	36567	97344	56770
	43820	34802	9018	54988	49433
二、成人高等学校 Higher Educational Institutions for Adults	**99004**	**2798**	**96206**	**68718**	**2310**

分举办者学生数
by Type of Courses in Higher Education

单位:人
unit: person

专　科 Short-cycle Courses	在校学生数 Enrolment 合　计 Total	在校学生数 Enrolment 本　科 Normal Courses	在校学生数 Enrolment 专　科 Short-cycle Courses	毕业班学生数 Graduates for Next Year 合　计 Total	毕业班学生数 Graduates for Next Year 本　科 Normal Courses	毕业班学生数 Graduates for Next Year 专　科 Short-cycle Courses
3104988	**22317929**	**12656132**	**9661797**	**6190661**	**2868211**	**3322450**
18597	1749651	1691376	58275	435033	413626	21407
4294	1341955	1326832	15123	332499	325815	6684
2481629	15903747	8159806	7743941	4541153	1867405	2673748
604762	4664531	2804950	1859581	1214475	587180	627295
1230940	**5360388**	**2250457**	**3109931**	**1927218**	**760245**	**1166973**
131561	757496	444095	313401	278999	155932	123067
105160	631522	377362	254160	230408	129971	100437
1062594	4500578	1801428	2699150	1613858	603261	1010597
36785	102314	4934	97380	34361	1052	33309

性质类别学生数
by Type of Courses in Regular Higher Education

单位: 人
unit: person

专　科 Short-cycle Courses	在校学生数 Enrolment 合　计 Total	在校学生数 Enrolment 本　科 Normal Courses	在校学生数 Enrolment 专　科 Short-cycle Courses	毕业班学生数 Graduates for Next Year 合　计 Total	毕业班学生数 Graduates for Next Year 本　科 Normal Courses	毕业班学生数 Graduates for Next Year 专　科 Short-cycle Courses
3104988	**22317929**	**12656132**	**9661797**	**6190661**	**2868211**	**3322450**
1709320	11350981	6286980	5064001	3099818	1372821	1726997
3038580	22077870	12648975	9428895	6091869	2865331	3226538
581944	14566747	12542362	2024385	3601974	2834535	767439
65120	2597420	2388111	209309	581229	507171	74058
2447028	7356819	3037	7353782	2431974	857	2431117
2181258	6570023		6570023	2172024		2172024
9608	154304	103576	50728	57921	29939	27982
793583	5942611	3458944	2483667	1636704	786403	850301
1296700	7974321	4012148	3962173	2256888	919501	1337387
101955	915793	598385	317408	248865	141206	107659
20853	169313	107819	61494	46016	25752	20264
165336	1277334	770318	507016	323505	150155	173350
181856	2473906	1865337	608569	651113	427945	223168
50650	331142	167438	163704	94131	37158	56973
325754	2041169	1055454	985715	563838	234500	329338
50240	322087	147352	174735	107013	39262	67751
5524	107564	87822	19742	27465	20263	7202
40574	324748	202074	122674	88092	44467	43625
5555	197882	175884	21998	48239	38719	9520
66408	**240059**	**7157**	**232902**	**98792**	**2880**	**95912**

成人本、专科分
Number of Students by type of Schools in

	毕业生数 Graduates			招生数 Entrants	
	合计 Total	本科 Normal Courses	专科 Short-cycle Courses	合计 Total	本科 Normal Courses
总计 Total	**1972873**	**803915**	**1168958**	**2084259**	**853319**
其中:女 of Which:Female	1018467	426273	592194	1118669	473727
一、成人高等学校 Adult Higher Educational Institutions	**199901**	**30558**	**169343**	**183532**	**20580**
其中:全脱产 of Which:Full-time	87140	4807	82333	89487	5553
职工高等学校 Workers' Colleges	76981	1972	75009	67014	2391
农民高等学校 Peasants' Colleges	865		865	864	
管理干部学院 Institutes for Administration	18992	3872	15120	24080	3511
教育学院 Educational Colleges	41078	23040	18038	32699	12993
独立函授学院 Independent Correspondence Colleges					
广播电视大学 Radio/TV Universities	60564	1674	58890	58450	1685
其他机构 Other Institutions	1421		1421	425	
二、普通高等学校办 Run by Regular HEIs	**1772972**	**773357**	**999615**	**1900727**	**832739**
函授 Divisions of Correspondence	1003004	477592	525412	1072119	489146
业余 Sparetime Schools	608052	229653	378399	825426	342997
脱产 Shrot-cycle Courses for Adults	161916	66112	95804	3182	596

普通本、专科分
Number of Students in Regular

	毕业生数 Graduates			招生数 Entrants	
	合计 Total	本科 Normal Courses	专科 Short-cycle Courses	合计 Total	本科 Normal Courses
总计 Total	**5754245**	**2590535**	**3163710**	**6617551**	**3512563**
其中: 女 of Which: Female	2913209	1256011	1657198	3474275	1764955
哲学 Philosophy	1952	1952		2516	2516
经济学 Economics	278995	158286	120709	321278	208121
法学 Law	195518	114588	80930	192978	133630
教育学 Education	333270	90327	242943	290861	124405
文学 Literature	834983	487520	347463	973538	667431
其中:外语 of Which:Foreign Language	343999	172377	171622	324112	207716
其中:艺术 of Which:Art	326878	186888	139990	451362	294411
历史学 History	13713	13713		18057	18057
理学 Science	270456	269053	1403	347246	344921
工学 Engineering	2120361	813218	1307143	2412472	1108832
农学 Agriculture	102477	48442	54035	118451	62322
医学 Medicine	444586	162401	282185	492394	219549
管理学 Administrators	1157934	431035	726899	1447760	622779
总计中:师范生 of Total:Students Enrolled in Teacher Training Institutions	521637	293421	228216	517409	358821

性质类别学生数
all Adult Higher Education

单位：人
unit：person

	在校学生数 Enrolment			毕业班学生数 Anticipated Graduatstes for Next Year		
专　科 Short-cycle Courses	合　计 Total	本　科 Normal Courses	专　科 Short-cycle Courses	合　计 Total	本　科 Normal Courses	专　科 Short-cycle Courses
1230940	**5360388**	**2250457**	**3109931**	**1927218**	**760245**	**1166973**
644942	2847671	1235484	1612187	985673	399442	586231
162952	466418	51853	414565	197834	20922	176912
83934	216563	11160	205403	103760	4635	99125
64623	163662	4776	158886	68304	1739	66565
864	1614		1614	740		740
20569	61011	9385	51626	23065	3409	19656
19706	78071	33808	44263	31625	13987	17638
56765	159687	3884	155803	72634	1787	70847
425	2373		2373	1466		1466
1067988	**4893970**	**2198604**	**2695366**	**1729384**	**739323**	**990061**
582973	2743336	1267715	1475621	994113	451927	542186
482429	2056395	868485	1187910	671498	250481	421017
2586	94239	62404	31835	63773	36915	26858

学科学生数
HEIs by Field of Study

单位：人
unit：person

	在校学生数 Enrolment			预计毕业生数 Anticipated Graduates for Next Year		
专　科 Short-cycle Courses	合　计 Total	本　科 Normal Courses	专　科 Short-cycle Courses	合　计 Total	本　科 Normal Courses	专　科 Short-cycle Courses
3104988	**22317929**	**12656132**	**9661797**	**6190661**	**2868211**	**3322450**
1709320	11350981	6286980	5064001	3099818	1372821	1726997
	9001	9001		2212	2212	
113157	1119348	759948	359400	305203	177020	128183
59348	696745	486750	209995	200667	119248	81419
166456	1036301	436683	599618	323634	97735	225899
306107	3389649	2388028	1001621	907548	546696	360852
116396	1213966	783068	430898	358165	188644	169521
156951	1478409	1014672	463737	375274	221080	154194
	64907	64907		14568	14568	
2325	1257980	1251280	6700	290274	288501	1773
1303640	8031197	3995779	4035418	2307146	917308	1389838
56129	399634	226030	173604	111181	52136	59045
272845	1730196	883847	846349	455868	170966	284902
824981	4582971	2153879	2429092	1272360	481821	790539
158588	1864171	1297515	566656	522903	311438	211465

成人本、专科
Number of Students by Field of

	毕业生数 Graduates			招生数 Entrants	
	合计 Total	本科 Normal Courses	专科 Short-cycle Courses	合计 Total	本科 Normal Courses
总计 Total	**1972873**	**803915**	**1168958**	**2084259**	**853319**
其中:女 of Which: Female	1018467	426273	592194	1118669	473727
成人高等学校办 Adult Higher Educations	**199901**	**30558**	**169343**	**183532**	**20580**
哲学 Philosophy				88	
经济学 Economics	8495	392	8103	8700	542
法学 Law	6557	2573	3984	6117	2028
教育学 Education	17358	6528	10830	19150	5068
文学 Literature	31396	13951	17445	21695	6573
其中:外语 of Which:Foreign Language	8465	4332	4133	4924	1644
其中:艺术 of Which:Art	7722	938	6784	8056	532
历史学 History	276	274	2	108	52
理学 Science	3143	2377	766	1869	962
工学 Engineering	49895	960	48935	45487	896
农学 Agriculture	831	35	796	927	65
医学 Medicine	18117	1298	16819	17545	1654
管理学 Administrators	63833	2170	61663	61846	2740
总计中:师范 of the Total: Teacher Training	32106	20029	12077	20830	10259
普通高等学校办 Run by Regular HEIs	**1772972**	**773357**	**999615**	**1900727**	**832739**
哲学 Philosophy	758	79	679	824	97
经济学 Economics	84853	27233	57620	79102	30373
法学 Law	76825	56231	20594	63995	48799
教育学 Education	104418	46037	58381	116296	41890
文学 Literature	241808	160703	81105	200104	128618
其中:外语 of Which:Foreign Language	73555	47880	25675	57820	34768
其中:艺术 of Which:Art	46005	21791	24214	46153	18917
历史学 History	3666	3308	358	2405	2220
理学 Science	49986	41228	8758	37364	27032
工学 Engineering	471874	157468	314406	532148	191388
农学 Agriculture	28852	14460	14392	29593	12850
医学 Medicine	247510	107672	139838	307502	149950
管理学 Administrators	462422	158938	303484	531394	199522
总计中:师范 of Total:Students Enrolled in Teacher Training Institutions	237826	170521	67305	200289	132672
独立学院	1503	368	1135	1675	521

分学科学生数
Study in Adult Higher Education

单位：人
unit：person

	在校学生数 Enrolment			预计毕业生数 Anticipated Graduates for Next Year		
专　科 Short-cycle Courses	合　计 Total	本　科 Normal Courses	专　科 Short-cycle Courses	合　计 Total	本　科 Normal Courses	专　科 Short-cycle Courses
1230940	**5360388**	**2250457**	**3109931**	**1927218**	**760245**	**1166973**
644942	2847671	1235484	1612187	985673	399442	586231
162952	**466418**	**51853**	**414565**	**197834**	**20922**	**176912**
88	88		88			
8158	21186	1446	19740	8762	562	8200
4089	14078	4678	9400	6797	2265	4532
14082	46200	13961	32239	17107	5240	11867
15122	54225	16793	37432	25838	7728	18110
3280	13713	4557	9156	6887	2021	4866
7524	18012	1279	16733	7838	507	7331
56	305	198	107	159	108	51
907	4873	2420	2453	1861	934	927
44591	131298	2480	128818	54513	991	53522
862	1753	167	1586	629	40	589
15891	40772	3260	37512	14976	1081	13895
59106	151640	6450	145190	67192	1973	65219
10571	54071	27538	26533	23613	11827	11786
1067988	**4893970**	**2198604**	**2695366**	**1729384**	**739323**	**990061**
727	1628	257	1371	580	77	503
48729	218847	85308	133539	80981	27435	53546
15196	168275	128798	39477	65758	48656	17102
74406	278134	115024	163110	100713	43494	57219
71486	547437	367965	179472	221238	145655	75583
23052	168689	107840	60849	69712	42838	26874
27236	116684	54830	61854	44065	19932	24133
185	7276	6523	753	3348	2856	492
10332	103333	76819	26514	41421	31975	9446
340760	1402242	503263	898979	487889	163115	324774
16743	69907	32269	37638	26120	11932	14188
157552	754465	362991	391474	228971	100169	128802
331872	1342426	519387	823039	472365	163959	308406
67617	527533	368612	158921	213504	150326	63178
1154	5757	1663	4094	1971	498	1473

网络本、专科

Number of Students in Web-based

	毕业生数 Graduates		
	合计 Total	本科 Normal Courses	专科 Short-cycle Courses
总计 Total	**1105529**	**422543**	**682986**
其中：女 of Which：Female	520035	211654	308381
哲学 Philosophy	62	62	
经济学 Economics	43177	23957	19220
法学 Law	126930	58946	67984
教育学 Education	39954	13269	26685
文学 Literature	103927	68726	35201
其中：外语 of Which：Foreign Language	23171	13998	9173
历史学 History	739	736	3
理学 Science	11126	10465	661
工学 Engineering	152168	57540	94628
农学 Agriculture	14719	1974	12745
医学 Medicine	43832	20049	23783
管理学 Administrators	568895	166819	402076
总计中：师范生 of Total：Students Enrolled in Teacher Training Institutions	47433	38094	9339

高等教育学生

Changes in Enrolment of

	上学年初报表在校学生数 Total enrolment at beginning of previous academic year	增加学生数 Factors of Increase					
		计 Total	招生 No. of Students Admitted	复学 Students Resuming Studies	转入 Transfers from Other Inst.	其他 Others	计 Total
博士生 Doctor's Degrees	246319	67564	63762	983	163	2656	54933
硕士生 Master's Degrees	1157770	482306	474415	2020	2666	3205	360610
普通本科生 Students Enrolled in Normal Courses	11792335	3583929	3512563	22800	14871	33695	2720132
普通专科生 Students Enrolled in short-cycle Courses	9646266	3354592	3296806	10477	13929	33380	3339061
成人本科生 Students Enrolled in Normal Courses Provided by Adult HEIs	2254246	881226	853319	6279	5687	15941	885015
成人专科生 Students Enrolled in short-cycle Courses Provided by Adult HEIs	3153961	1283616	1230940	8149	15436	29091	1327646
网络本科生 Students Enrolled in Normal Courses Provided by Web-based Programs	1572642	629773	555789	3034	11634	59316	562012
网络专科生 Students Enrolled in short-cycle Courses Provided by Web-based Programs	2600079	1253325	1107866	7283	19728	118448	962364

分学科学生数
Programs HEIs by Field of Study

单位：人
unit：person

招生数 Entrants			在校学生数 Enrolment		
合计 Total	本科 Normal Courses	专科 Short-cycle Courses	合计 Total	本科 Normal Courses	专科 Short-cycle Courses
1663655	**555789**	**1107866**	**4531443**	**1640403**	**2891040**
785717	279734	505983	2183373	832592	1350781
450	411	39	450	411	39
69380	34157	35223	200013	107417	92596
147238	62220	85018	450573	206221	244352
67565	15943	51622	173969	43679	130290
100734	57012	43722	334571	204075	130496
22685	11959	10726	86229	49641	36588
582	582		1453	1451	2
9198	7787	1411	25923	23199	2724
281888	95745	186143	689710	243318	446392
20534	3541	16993	58498	8511	49987
98618	41869	56749	231438	99264	132174
867468	236522	630946	2364845	702857	1661988
56755	37629	19126	129254	93409	35845

数变动情况
Higher Education

单位：人
unit：person

减少学生数 Factors of Decrease								本学年初报表在校学生数 Total enrolment at beginning of current academic year
毕业 Graduates	结业 Completers of Courses without formal awards	休学 Suspended	退学 Quitting	开除 Expelled	死亡 Death	转出 Transfers to Other Inst.	其他 Others	
48987	479	1056	1995	16	35	284	2081	258950
334613	461	2247	4910	91	88	2277	15923	1279466
2590535	26695	35787	34727	1869	1017	7104	22398	12656132
3163710	20690	25020	46632	1782	566	20345	60316	9661797
803915	6492	8815	30922	547	44	3537	30743	2250457
1168958	12195	15703	51794	646	79	14547	63724	3109931
422543	3055	18852	35598	20	28	16788	65128	1640403
682986	9205	27585	49635	433	42	21755	170723	2891040

高等教育非学历教育学生情况

Data on Students Enrolled in Non-formal Programmes of HEIS

单位：人

unit：person

	结业生数 Completers		注册学生数 Total Enrolment	
	计 Total	其中:女 of Which：Female	计 Total	其中:女 of Which：Female
研究生课程进修班 Postgraduate Courses	48290	23127	64978	32006
自考助学班 Classes run by Non-state/Private HEIs for Students Preparing for State-administered Examinations for Self-directed Learners	194889	101371	595048	299366
普通预科生 College-preparatory Classes			31970	17015
进修及培训：总 计 In-service Training：Total	6882371	3097223	2636948	1288154
一周至一个月以内 one week to a months under	4016891	1778580	1537237	767885
一个月至半年以内 one months to half year under	2335335	1078785	629012	306727
半年至一年以内 half year to one year under	399395	182317	280449	131420
一年及以上 one year and over	130750	57541	190250	82122
总计中：资格证书培训 Total：for Certificates of Vocational Qualifications	1315510	580151	410652	182233
岗位证书培训 for Gertilicates of Job-related Qualifications	1069856	399470	364497	162897
总计中：外语 Total：Foreign lauguage	310064	164327	194786	110336
会计 Accountant	295035	195894	123344	84568
计算机 Computer	393809	168902	158722	70600

高等教育学生中其他情况

Data on Other Students Enrolled of HEIs

单位：人

unit：person

	共产党员 Member of C. P. A	共青团员 Member of C. Y. L	华侨 Overseas Chinese	港澳台 From H. K., Macao and Taiwan	少数民族 Minorities	残疾人 Disabled
总 计	**3049347**	**22828721**	**18751**	**3205**	**26074**	**2114178**
博士生 Doctor's Degree	111999	47271	1971	47	2812	12125
硕士生 Master's Degree	512450	564097	1189	127	3665	64505
研究生班学生 Postgraduate Courses						
普通本科生 Students Enrolled in Normal Courses	1159971	10511154	1094	1498	15962	929970
普通专科生 Students Enrolled in short-cycle Courses	303295	8221997	353	211	218	578325
成人本科生 Students Enrolled in Normal Courses Provided by Adult HEIs	254769	771932	3745	620	2815	145434
成人专科生 Students Enrolled in short-cycle Courses Provided by Adult HEIs	170694	1347546	2471	313	371	185647
网络本科生 Students Enrolled in Normal and Short-cycle Courses Provided by Web-based Programs	259882	483547	3721	154	77	74120
网络专科生 Students Enrolled in short-cycle Courses Provided by Web-based Programs	276287	881177	4207	235	154	124052

外 国 留 学
Information on

	毕(结)业生 数 Graduates	授予学位数 Degree Awarded	招生数 Entrants	
			计 Total	其中:春季招生 of Which: Spring term
总计 Total	**62071**	**11912**	**80846**	**21195**
其中:女 of Which:Female	29508	5021	38345	10663
分层次 By level of training				
博士 Doctor's Degree	689	637	1835	76
硕士 Master's Degree	2711	2465	6912	720
本科 Normal Courses	10218	8810	15765	1632
专科 Short-cycle Courses	161		316	46
培训 In-service Training	48292		56018	18721
分大洲 By continent				
亚洲 Asia	38305	9913	49495	13690
非洲 Africa	3542	919	6015	956
欧洲 Europe	11581	571	15116	3796
北美洲 North America	6557	318	7801	2229
南美洲 South America	1152	113	1223	285
大洋洲 Oceania	934	78	1196	239
分经费来源 By Sources of Support				
国际组织资助 Aided by IGOs	98	49	190	26
中国政府资助 Aided by Chinese government	7863	1969	13591	1490
本国政府资助 Aided by home government	716	240	1345	228
学校间交换 Aided by inter-institutional exchanges	7211	300	8834	3060
自费 Self-supporting	46183	9354	56886	16391

生 情 况

International Students

单位：人、人次

unit：person

在校学生数 Enrolment					
计 Total	第一年 1st year	第二年 2nd year	第三年 3rd year	第四年 4th year	第五年 5th year
130637	**68910**	**24232**	**15968**	**12657**	**8870**
56352	31991	10202	6446	4730	2983
4998	1771	1284	1055	525	363
14691	6981	4657	2442	431	180
59372	15162	13361	11578	11279	7992
577	323	165	65	23	1
50999	44673	4765	828	399	334
90609	42418	17187	12437	10542	8025
11390	5390	2835	1647	1141	377
16863	12648	2488	1059	489	179
8506	6410	1129	533	269	165
1956	1157	423	188	126	62
1313	887	170	104	90	62
272	152	69	27	20	4
23670	12204	6251	3284	1460	471
1991	700	534	425	206	126
8130	6892	805	292	123	18
96574	48962	16573	11940	10848	8251

高等教育学校(机构)
Data on Staff

	计 Total	校本部 Teacher, Staff & Workers 计 Total	专任教师 计 Total	正高级 Senior	副高级 Sub-senior
总 计 Total	**2271849**	**2133342**	**1406808**	**152115**	**394299**
其中:女 of Which: Female	1036436	977456	656433	40842	169272
普通高校 Regular HEIs	2156601	2020497	1343127	148552	377225
成人高校 Adult HEIs	77108	75520	45887	1734	13115
民办的其他高等教育机构 Non-state/Private HEIs	38140	37325	17794	1829	3959

高等教育学校(机构)
Data on Staff

	计 Total	校本部 Teacher, Staff & Workers 计 Total	专任教师 计 Total	正高级 Senior	副高级 Sub-senior
总 计 Total	**2156601**	**2020497**	**1343127**	**148552**	**377225**
其中:女 of Which: Female	980704	922852	624341	39638	161332
分类型:本科院校 HEIs Offering Degree Programs	1548043	1427991	935493	133731	275262
其中:独立学院	175288	174192	126720	13792	32844
高职(专科)院校 Short-cycle HEIs	603201	587171	404098	14655	101133
其他机构 Other	534718	522912	359074	12293	88899
分举办者:1. 中央部委所属 By Providers: Central	5357	5335	3536	166	830
Ministries & Agencies	369972	308552	175206	41152	59106
教育部 MOE	292255	245316	139852	33928	47676
其他部委 Other Coutral Agencies	77717	63236	35354	7224	11430
2. 地方所属 Local Authorities	1437941	1367033	931547	85061	262785
教育部门 Ed. Dept.	1044352	985135	664861	73849	191380
其他部门 Non-Ed. Dept.	393589	381898	266686	11212	71405
3. 民办 Non-state/Private	348688	344912	236374	22339	55334

教职工情况(总计)
and Workers in HEIs

单位：人
unit：person

教职工数 Teacher, Staff & Workers								
教职工 in College or Uni. Proper						科研机构人员 Personnel in Affiliated Research Org.	校办企业职工 Employees in School-run Factories & Farms	其他附设机构人员 Personnel in Others Subsidiary Units
Full-time Teachers			行政人员 Adm. Personnel	教辅人员 Supporting Staff	工勤人员 Workers			
中级 Middle	初级 Junior	无职称 No Rank						
542174	**244238**	**73982**	**321663**	**217625**	**187246**	**32721**	**37741**	**68045**
272499	134228	39592	145334	116464	59225	12121	11612	35247
516938	231099	69313	297715	203345	176310	32464	36995	66645
19053	9917	2068	13989	8825	6819	241	404	943
6183	3222	2601	9959	5455	4117	16	342	457

教职工情况(普通高校)
and Workers in Regular HEIs

单位：人
unit：person

教职工数 Teacher, Staff & Workers								
教职工 in College or Uni. Proper						科研机构人员 Personnel in Affiliated Research Org.	校办企业职工 Employees in School-run Factories & Farms	其他附设机构人员 Personnel in Others Subsidiary Units
Full-time Teachers			行政人员 Adm. Personnel	教辅人员 Supporting Staff	工勤人员 Workers			
中级 Middle	初级 Junior	无职称 No Rank						
516938	**231099**	**69313**	**297715**	**203345**	**176310**	**32464**	**36995**	**66645**
259583	126801	36987	134280	108979	55252	12000	11230	34622
368043	124632	33825	213461	152407	126630	31035	30574	58443
45440	26068	8576	22444	11558	13470	37	480	579
147332	105691	35287	83329	50470	49274	1419	6415	8196
130636	94654	32592	74150	45524	44164	1303	6288	4215
1563	776	201	925	468	406	10	6	6
62772	8720	3456	53765	45121	34460	20788	14268	26364
49656	5976	2616	42867	34660	27937	16436	12526	17977
13116	2744	840	10898	10461	6523	4352	1742	8387
374820	166691	42190	194014	130027	111445	11176	20908	38824
272398	102037	25197	141218	96986	82070	10050	17247	31920
102422	64654	16993	52796	33041	29375	1126	3661	6904
79346	55688	23667	49936	28197	30405	500	1819	1457

高等教育学校(机构)
Data on Staff and

	合计 Total	校本部 Teachers, Staff & Workers			
		计 Subtotal	专任教师		
			小计 Subtotal	正高级 Senior	副高级 Sub-senior
总计 Total	**77108**	**75520**	**45887**	**1734**	**13115**
其中:女 of Which: Female	36658	35971	23354	645	6205
分类型:职工高等学校 By type:Workers' Colleges	24754	24369	14976	402	4550
农民高等学校 Peasants' College	177	177	128		24
管理干部学院 Institutes for Administration	11742	11578	7094	499	2178
教育学院 Educational College	13777	13501	9198	489	2905
独立函授学院 Independent Correspondence Colleges					
广播电视大学 Radio/Tv Universities	26119	25356	14227	341	3396
其他机构 Other Institutions	539	539	264	3	62
分举办者:By Provider:1. 中央部委所属 Under Central Ministries & Agencies	1195	1183	561	50	197
教育部 MOE	480	473	151	16	63
其他部委 Other Central Agencies	715	710	410	34	134
2. 地方所属 Local Auth.	75744	74168	45232	1681	12887
教育部门 Ed. Dept.	43431	42363	25766	881	6999
其他部门 Non-ed. Dept.	32313	31805	19466	800	5888
3. 民办 Non-state/Private	169	169	94	3	31

教职工情况(成人高校)

Workers in Adult HEIs

单位：人
unit：person

教职工数 Teachers, Staff & Workers								
教职工 in College or Uni. Proper						科研机构人员 Personnel in Affiliated Research Org.	校办企业职工 Employees in School-run	其他附设机构人员 Personnel in Others Subsidiary Units
Full-time Teachers			行政人员 Adm. Personnel	教辅人员 Supporting Staff	工勤人员 Workers			
中级 Middle	初级 Junior	无职称 No Rank						
19053	**9917**	**2068**	**13989**	**8825**	**6819**	**241**	**404**	**943**
9842	5531	1131	6038	4473	2106	116	152	419
6708	2834	482	4339	2580	2474	5	243	137
57	47		25	14	10			
2708	1405	304	2025	1310	1149	68	42	54
3225	2147	432	2024	1149	1130	135	1	140
6242	3399	849	5419	3695	2015	33	118	612
113	85	1	157	77	41			
261	40	13	231	274	117	7	2	3
54	7	11	100	184	38	7		
207	33	2	131	90	79		2	3
18749	9863	2052	13715	8536	6685	234	402	940
10686	5898	1302	8251	5007	3339	157	154	757
8063	3965	750	5464	3529	3346	77	248	183
43	14	3	43	15	17			

研究生指导
Data on Supervisors

	计 Total	30 岁及以下 30 and under	31—35 岁 31 to 35	36—40 岁 36 to 40
总 计 Total	**260465**	**2336**	**20607**	**45537**
其中:女 of Which: Female	68665	715	6227	14733
分职称: By Rank:				
正高级 Senior	132763	86	1662	9160
副高级 Sub-senior	120233	1018	15340	34729
中　级 Middle	7469	1232	3605	1648
分指导关系: By Level of Programs Supervised:				
博士导师 Supervisors of doctoral Programs	16204	10	169	873
其中:女 of Which: Female	2072	1	18	126
硕士导师 Supervisors of Master's Degree Programs	201174	2275	19571	40863
其中:女 of Which: Female	60250	703	6075	13925
博士、硕士导师 Supervisors of Doc. & Mas. Degree Programs	43087	51	867	3801
其中:女 of Which: Female	6343	11	134	682

研究生指导教
Data on Supervisors of Postgraduate

	计 Total	30 岁及以下 30 and under	31—35 岁 31 to 35	36—40 岁 36 to 40
总 计 Total	**240023**	**2258**	**19110**	**41758**
其中:女 of Which: Female	65326	703	5883	13970
分职称: By Rank:				
正高级 Senior	118592	79	1427	7670
副高级 Sub-senior	114022	978	14095	32450
中　级 Middle	7409	1201	3588	1638
分指导关系: By Level of Programs Supervised:				
博士导师 Supervisors of doctoral Programs	12460	8	124	653
其中:女 of Which: Female	1673	1	13	103
硕士导师 Supervisors of Master's Degree Programs	188596	2202	18249	37873
其中:女 of Which: Female	57794	694	5756	13265
博士、硕士导师 Supervisors of Doc. & Mas. Degree Programs	38967	48	737	3232
其中:女 of Which: Female	5859	8	114	602

教师情况(总计)
of Postgraduate Programs

单位：人
unit: person

41—45岁 41 to 45	46—50岁 46 to 50	51—55岁 51 to 55	56—60岁 56 to 60	61—65岁 61 to 65	66岁及以上 66 and over
62670	**63774**	**34984**	**17535**	**7212**	**5810**
17923	15792	8099	3543	1014	619
29079	41343	25961	13713	6356	5403
33070	22121	8950	3760	842	403
521	310	73	62	14	4
2724	4168	2843	1817	1485	2115
407	534	433	232	154	167
50363	46750	24593	11718	3436	1605
15935	13461	6609	2716	567	259
9583	12856	7548	4000	2291	2090
1581	1797	1057	595	293	193

师情况(普通高校)
Programs (Regular HEIs)

单位：人
unit: person

41—45岁 41 to 45	46—50岁 46 to 50	51—55岁 51 to 55	56—60岁 56 to 60	61—65岁 61 to 65	66岁及以上 66 and over
57194	**58875**	**32688**	**16413**	**6666**	**5061**
17031	15080	7723	3391	960	585
25091	37240	23906	12691	5828	4660
31582	21325	8710	3661	824	397
521	310	72	61	14	4
1994	3069	2222	1474	1219	1697
326	412	349	187	132	150
46748	44064	23458	11165	3316	1521
15270	12979	6380	2637	555	258
8452	11742	7008	3774	2131	1843
1435	1689	994	567	273	177

分学科专任教师数(总计)

Number of Full-time Teachers by Field of Study (Total)

单位:人
unit: person

	计 Total	正高级 Senior	副高级 Sub-Senior	中级 Middle	初级 Junior	无职称 No Rank
总计 Total	**1406808**	**152115**	**394299**	**542174**	**244238**	**73982**
其中:女 of Which: Female	656433	40842	169272	272499	134228	39592
哲学 Philosophy	42680	5171	13519	15752	6330	1908
经济学 Economics	85956	8975	24549	33993	13802	4637
法学 Law	61874	6289	16763	25548	10362	2912
教育学 Education	119744	8328	33370	46358	24728	6960
其中:体育 of Which:Sport	58327	3557	17348	22874	11822	2726
文学 Literature	298664	21293	70190	122289	65498	19394
其中:外语 of Which:Foreign Language	131786	6608	29319	58143	29683	8033
其中:艺术 of Which:Art	87133	6217	17028	34355	22957	6576
历史学 History	16392	2793	4935	5943	2100	621
理学 Science	167021	23055	53125	61027	23077	6737
工学 Engineering	378708	44107	110208	146622	59603	18168
其中:计算机 of Which:Computer	93623	5981	21930	41071	19862	4779
农学 Agriculture	34785	5628	10999	12244	4394	1520
其中:林学 of Which:Forestry	6009	758	1901	2191	924	235
医学 Medicine	97034	16380	28712	31976	15944	4022
管理学 Administrators	103950	10096	27929	40422	18400	7103

分学科专任教师数(普通高校)

Number of Full-time Teachers by Field of Study in Regular Higher Educational Institutions

单位：人

unit：person

	计 Total	正高级 Senior	副高级 Sub-Senior	中级 Middle	初级 Junior	无职称 No Rank
总计 Total	**1343127**	**148552**	**377225**	**516938**	**231099**	**69313**
其中:女 of Which：Female	624341	39638	161332	259583	126801	36987
哲学 Philosophy	40006	4934	12638	14734	5900	1800
经济学 Economics	79789	8487	22751	31428	12743	4380
法学 Law	58417	6085	15828	24113	9649	2742
教育学 Education	114286	8099	31953	44266	23412	6556
其中:体育 of Which:Sport	56525	3513	16966	22166	11299	2581
文学 Literature	283567	20499	66616	116447	62114	17891
其中:外语 of Which:Foreign Language	125597	6384	28053	55642	28236	7282
其中:艺术 of Which:Art	83626	5985	16361	33024	22045	6211
历史学 History	15409	2710	4574	5598	1941	586
理学 Science	160107	22711	50922	58344	21790	6340
工学 Engineering	364646	43630	106788	140761	56536	16931
其中:计算机 of Which:Computer	87658	5782	20679	38433	18439	4325
农学 Agriculture	34178	5612	10847	12011	4224	1484
其中:林学 of Which:Forestry	5953	756	1887	2167	913	230
医学 Medicine	94421	16081	27825	31023	15534	3958
管理学 Administrators	98301	9704	26483	38213	17256	6645

分学科专任教师数(成人高校)
Number of Full-time Teachers by Field of Study in Adult Higher Educational Institutions

单位:人
unit: person

	计 Total	正高级 Senior	副高级 Sub-Senior	中级 Middle	初级 Junior	无职称 No Rank
总计 Total	**45887**	**1734**	**13115**	**19053**	**9917**	**2068**
其中:女 of Which: Female	23354	645	6205	9842	5531	1131
哲学 Philosophy	2005	119	691	798	343	54
经济学 Economics	4342	206	1285	1922	781	148
法学 Law	2835	137	763	1201	615	119
教育学 Education	4312	147	1202	1714	1053	196
其中:体育 of Which:Sport	1469	33	355	609	416	56
文学 Literature	9828	324	2532	4096	2388	488
其中:外语 of Which:Foreign Language	3676	80	843	1647	928	178
其中:艺术 of Which:Art	1949	57	370	791	608	123
历史学 History	858	62	329	316	134	17
理学 Science	5302	185	1836	2124	977	180
工学 Engineering	10220	194	2704	4416	2314	592
其中:计算机 of Which:Computer	4082	81	933	1872	1031	165
农学 Agriculture	531	13	133	201	158	26
其中:林学 of Which:Forestry	47	1	12	21	11	2
医学 Medicine	1811	160	612	680	326	33
管理学 Administrators	3843	187	1028	1585	828	215

分学科专任教师数(民办的其他高等教育机构)

Number of Full-time Teachers by Field of Study in Non-state/Private HEIs

单位：人
unit：person

	计 Total	正高级 Senior	副高级 Sub-Senior	中级 Middle	初级 Junior	无职称 No Rank
总计 Total	**17794**	**1829**	**3959**	**6183**	**3222**	**2601**
其中:女 of Which：Female	8738	559	1735	3074	1896	1474
哲学 Philosophy	669	118	190	220	87	54
经济学 Economics	1825	282	513	643	278	109
法学 Law	622	67	172	234	98	51
教育学 Education	1146	82	215	378	263	208
其中:体育 of Which:Sport	333	11	27	99	107	89
文学 Literature	5269	470	1042	1746	996	1015
其中:外语 of Which:Foreign Language	2513	144	423	854	519	573
其中:艺术 of Which:Art	1558	175	297	540	304	242
历史学 History	125	21	32	29	25	18
理学 Science	1612	159	367	559	310	217
工学 Engineering	3842	283	716	1445	753	645
其中:计算机 of Which:Computer	1883	118	318	766	392	289
农学 Agriculture	76	3	19	32	12	10
其中:林学 of Which:Forestry	9	1	2	3		3
医学 Medicine	802	139	275	273	84	31
管理学 Administrators	1806	205	418	624	316	243

专任教师、聘请校外教师学历情况(总计)
Data on Academic Qualifications of Full-time and Part-time Teachers in HEIs

单位：人
unit：person

	计 Total	博士 Doctor's Degree	硕士 Master's Degree	本科 Normal Courses	专科及以下 Short-cycle Courses and Under
1. 专任教师 Full-time Teachers	1406808	201815	475367	702944	26682
其中:女 of Which：Female	656433	63478	244694	338480	9781
正高级 Senior	152115	62106	33062	55167	1780
副高级 Sub-senior	394299	74327	94810	218854	6308
中　级 Middle	542174	59389	224223	248664	9898
初　级 Junior	244238	1695	91922	145324	5297
无职称 No Rank	73982	4298	31350	34935	3399
2. 聘请校外教师 Part-time Teachers	413970	47574	128632	216559	21205
其中:女 of Which：Female	156481	11412	53029	85334	6706
正高级 Senior	70936	23974	21608	24438	916
副高级 Sub-senior	132638	14496	40836	73471	3835
中　级 Middle	136299	7281	44519	76678	7821
初　级 Junior	40714	522	13083	23929	3180
无职称 No Rank	33383	1301	8586	18043	5453
聘请校外教师中:外教 Foreign Teachers Among Part-time Teachers	11567	2885	3353	5241	88

专任教师、聘请校外教师学历情况(普通高校)
Data on Academic Qualifications of Full-time and Part-time Teachers in Regular HEIs

单位：人
unit：person

	计 Total	博士 Doctor's Degree	硕士 Master's Degree	本科 Normal Courses	专科及以下 Short-cycle Courses and Under
1. 专任教师 Full-time Teachers	1343127	200337	463401	656991	22398
其中:女 of Which：Female	624341	62939	238294	315134	7974
正高级 Senior	148552	61638	32150	53062	1702
副高级 Sub-senior	377225	73750	91636	206021	5818
中　级 Middle	516938	59009	219302	230484	8143
初　级 Junior	231099	1676	89844	135545	4034
无职称 No Rank	69313	4264	30469	31879	2701
2. 聘请校外教师 Part-time Teachers	348134	45012	115108	169536	18478
其中:女 of Which：Female	127574	10642	46976	64368	5588
正高级 Senior	65724	23029	19923	21927	845
副高级 Sub-senior	111762	13521	36151	58581	3509
中　级 Middle	108431	6775	39353	55740	6563
初　级 Junior	32083	454	11974	17208	2447
无职称 No Rank	30134	1233	7707	16080	5114
聘请校外教师中:外教 Foreign Teachers Among Part-time Teachers	11287	2849	3262	5094	82

专任教师、聘请校外教师学历情况(成人高校)

Data on Academic Qualifications of Full-time and Part-time Teachers in Higher Educational Institutions for Adults

单位:人
unit: person

	计 Total	博 士 Doctor's Degree	硕 士 Master's Degree	本 科 Normal Courses	专科及以下 Short-cycle Courses and Under
1. 专任教师 Full-time Teachers	45887	770	8324	34169	2624
其中:女 of Which:Female	23354	308	4616	17393	1037
正高级 Senior	1734	205	420	1091	18
副高级 Sub-senior	13115	316	2160	10326	313
中 级 Middle	19053	220	3396	14139	1298
初 级 Junior	9917	8	1810	7308	791
无职称 No Rank	2068	21	538	1305	204
2. 聘请校外教师 Part-time Teachers	46058	864	7549	35764	1881
其中:女 of Which:Female	20293	243	3315	16023	712
正高级 Senior	2163	237	707	1188	31
副高级 Sub-senior	14100	363	2570	10964	203
中 级 Middle	21070	207	3141	16816	906
初 级 Junior	6984	32	726	5670	556
无职称 No Rank	1741	25	405	1126	185
聘请校外教师中外教 Foreign Teachers Among Part-time Teachers	108	3	40	64	1

专任教师、聘请校外教师学历情况(民办的其他高等教育机构)

Data on Academic Qualifications of Full-time and Part-time Teachers in Non-state/Private HEIs

单位:人
unit: person

	计 Total	博 士 Doctor's Degree	硕 士 Master's Degree	本 科 Normal Courses	专科及以下 Short-cycle Courses and Under
1. 专任教师 Full-time Teachers	17794	708	3642	11784	1660
其中:女 of Which: Female	8738	231	1784	5953	770
正高级 Senior	1829	263	492	1014	60
副高级 Sub-senior	3959	261	1014	2507	177
中 级 Middle	6183	160	1525	4041	457
初 级 Junior	3222	11	268	2471	472
无职称 No Rank	2601	13	343	1751	494
2. 聘请校外教师 Part-time Teachers	19778	1698	5975	11259	846
其中:女 of Which: Female	8614	527	2738	4943	406
正高级 Senior	3049	708	978	1323	40
副高级 Sub-senior	6776	612	2115	3926	123
中 级 Middle	6798	299	2025	4122	352
初 级 Junior	1647	36	383	1051	177
无职称 No Rank	1508	43	474	837	154
聘请校外教师中:外教 Foreign Teachers Among Part-time Teachers	172	33	51	83	5

专任教师年龄情况(总计)
Breakdown of Full-time Teachers by Age (Total)

单位:人
unit: person

	计 Total	30岁及以下 30 and under	31—35岁 31 to 35	36—40岁 36 to 40	41—45岁 41 to 45	46—50岁 46 to 50	51—55岁 51 to 55	56—60岁 56 to 60	61—65岁 61 to 65	66岁及以上 66 and over
总　计 Total	**1406808**	**352322**	**296185**	**233013**	**202456**	**165069**	**87750**	**46880**	**15454**	**7679**
其中:女 of Which: Female	656433	204818	150945	107898	85944	61846	29375	11203	3235	1169
正高级 Senior	152115	31	1105	8770	32421	47074	31431	18339	8416	4528
副高级 Sub-senior	394299	1548	30531	92588	110027	86364	42389	22020	5942	2890
中级 Middle	542174	116077	207184	116626	54544	28452	12381	5665	1020	225
初级 Junior	244238	176038	47692	12135	4358	2415	1066	512	19	3
无职称 No Rank	73982	58628	9673	2894	1106	764	483	344	57	33

专任教师年龄情况(普通高校)
Breakdown of Full-time Teachers by Age (Regular HEIs)

单位:人
unit: person

	计 Total	30岁及以下 30 and under	31—35岁 31 to 35	36—40岁 36 to 40	41—45岁 41 to 45	46—50岁 46 to 50	51—55岁 51 to 55	56—60岁 56 to 60	61—65岁 61 to 65	66岁及以上 66 and over
总　计 Total	**1343127**	**336402**	**284343**	**222533**	**192994**	**157506**	**82999**	**44318**	**14644**	**7388**
其中:女 of Which: Female	624341	195347	144550	102542	81316	58406	27505	10544	3024	1107
正高级 Senior	148552	31	1090	8597	31824	46263	30603	17715	8075	4354
副高级 Sub-senior	377225	1523	29631	89440	105474	82226	39838	20718	5577	2798
中级 Middle	516938	112187	199779	110574	50767	26168	11193	5123	934	213
初级 Junior	231099	167547	44904	11177	3919	2162	934	438	15	3
无职称 No Rank	69313	55114	8939	2745	1010	687	431	324	43	20

专任教师年龄情况(成人高校)
Breakdown of Full-time Teachers by Age (Adult HEIs)

单位：人
unit：person

	计 Total	30岁及以下 30 and under	31—35岁 31 to 35	36—40岁 36 to 40	41—45岁 41 to 45	46—50岁 46 to 50	51—55岁 51 to 55	56—60岁 56 to 60	61—65岁 61 to 65	66岁及以上 66 and over
总　计 Total	**45887**	**10594**	**8380**	**8092**	**7526**	**5987**	**3575**	**1597**	**118**	**18**
其中:女 of Which: Female	23354	6369	4577	4211	3693	2800	1403	288	13	
正高级 Senior	1734		6	61	369	482	497	273	37	9
副高级 Sub-senior	13115	18	553	2489	3743	3415	1963	863	62	9
中级 Middle	19053	2506	5559	4753	3008	1847	975	386	19	
初级 Junior	9917	6415	2042	729	349	204	115	63		
无职称 No Rank	2068	1655	220	60	57	39	25	12		

专任教师年龄情况(民办的其他高等教育机构)
Breakdown of Full-time Teachers by Age (Non-state/Private HEIs)

单位：人
unit：person

	计 Total	30岁及以下 30 and under	31—35岁 31 to 35	36—40岁 36 to 40	41—45岁 41 to 45	46—50岁 46 to 50	51—55岁 51 to 55	56—60岁 56 to 60	61—65岁 61 to 65	66岁及以上 66 and over
总　计 Total	**17794**	**5326**	**3462**	**2388**	**1936**	**1576**	**1176**	**965**	**692**	**273**
其中:女 of Which: Female	8738	3102	1818	1145	935	640	467	371	198	62
正高级 Senior	1829		9	112	228	329	331	351	304	165
副高级 Sub-senior	3959	7	347	659	810	723	588	439	303	83
中级 Middle	6183	1384	1846	1299	769	437	213	156	67	12
初级 Junior	3222	2076	746	229	90	49	17	11	4	
无职称 No Rank	2601	1859	514	89	39	38	27	8	14	13

专任教师、聘请校外教

Data on Academic Qualification of Full-time and Invited from Other Institutions

	专任教师中按授课内容分 Full-time Teachers classified by Teaching Content			
	计 Total	公共课基础课 Common Required Course	专业课 Special Subjects	
			计 Total	其中：双师型 Double-teacher Type
总　计 Total	**1371351**	**379694**	**991657**	**176753**
其中：女 of Which：Female	641268	195550	445718	77607
正高级 Senior	148799	27230	121569	13383
副高级 Sub-senior	385293	102295	282998	70909
中级 Middle	526774	151337	375437	92461
初级 Junior	238043	77287	160756	
无职称 No Rank	72442	21545	50897	
普通高校 Regular HEIs	**1308327**	**359420**	**948907**	**167902**
其中：女 of Which：Female	609508	184977	424531	73455
正高级 Senior	145290	26286	119004	12690
副高级 Sub-senior	368424	96913	271511	67403
中级 Middle	501751	143194	358557	87809
初级 Junior	225045	72841	152204	
无职称 No Rank	67817	20186	47631	
成人高校 Adult HEIs	**45333**	**14143**	**31190**	**7020**
其中：女 of Which：Female	23061	7512	15549	3392
正高级 Senior	1708	380	1328	400
副高级 Sub-senior	12922	3897	9025	2914
中级 Middle	18864	5839	13025	3706
初级 Junior	9790	3393	6397	
无职称 No Rank	2049	634	1415	
民办的其他高等教育机构 Non-state/Private HEIs	**17691**	**6131**	**11560**	**1831**
其中：女 of Which：Female	8699	3061	5638	760
正高级 Senior	1801	564	1237	293
副高级 Sub-senior	3947	1485	2462	592
中级 Middle	6159	2304	3855	946
初级 Junior	3208	1053	2155	
无职称 No Rank	2576	725	1851	

师岗位分类情况

Invited Teachers Classified by Teaching Content

单位：人
unit：person

聘请校外教师按授课内容分 Invited Teachers Classified by Teaching Content				专任教师中不任课人数 Full-time Teacher by Nonteaching				
计 Total	公共课 基础课 Common Required Course	专业课 Special Subjects		计 Total	进修 In-service training	科研 Research	病休 Sick Leave	其他 Others
		计 Total	其中：双师型 Double-teacher Type					
413970	**91779**	**322191**	**57982**	**35457**	**19381**	**4995**	**1388**	**9693**
156481	40339	116142	18894	15165	8516	1624	804	4221
70936	11506	59430	7521	3316	1392	1015	72	837
132638	28075	104563	25072	9006	5017	1655	319	2015
136299	32973	103326	25389	15400	9236	1830	708	3626
40714	12040	28674		6195	3384	410	250	2151
33383	7185	26198		1540	352	85	39	1064
348134	**71304**	**276830**	**50451**	**34800**	**19278**	**4699**	**1354**	**9469**
127574	30854	96720	16060	14833	8451	1464	779	4139
65724	10048	55676	6727	3262	1384	987	72	819
111762	21880	89882	21815	8801	5000	1519	315	1967
108431	24350	84081	21909	15187	9196	1743	695	3553
32083	8727	23356		6054	3355	367	234	2098
30134	6299	23835		1496	343	83	38	1032
46058	**14547**	**31511**	**5468**	**554**	**85**	**287**	**28**	**154**
20293	6798	13495	2032	293	55	158	20	60
2163	515	1648	377	26	3	23		
14100	4172	9928	2270	193	13	135	4	41
21070	6493	14577	2821	189	37	85	10	57
6984	2744	4240		127	27	42	14	44
1741	623	1118		19	5	2		12
19778	**5928**	**13850**	**2063**	**103**	**18**	**9**	**6**	**70**
8614	2687	5927	802	39	10	2	5	22
3049	943	2106	417	28	5	5		18
6776	2023	4753	987	12	4	1		7
6798	2130	4668	659	24	3	2	3	16
1647	569	1078		14	2	1	2	9
1508	263	1245		25	4		1	20

高等学校专任

Changes of Full-time Teachers in

	上学年初报表专任教师数 Total number of full-time teachers at beginning of previous academic year	增加专任 Factors of			
		合计 Total	录用毕业生 New recruits from current year graduates		
			计 Total	其中:of Which:	
				研究生 completing doc. & mas. deg. Prog.	本 科 completing 1st degree courses
总计 Total	**1362464**	**104592**	**56698**	**46652**	**4966**
其中:女 of Which: Female	628850	52211	29806	23167	2171
普通高校 Regular HEIs	**1297694**	**98438**	**55021**	**45730**	**4871**
其中:女 of Which: Female	596410	49090	28855	22694	2136
成人高校 Adult HEIs	**47080**	**2798**	**1028**	**614**	**82**
其中:女 of Which: Female	23700	1477	597	331	33
民办的其他高等教育机构 Non-state/Private HEIs	**17690**	**3356**	**649**	**308**	**13**
其中:女 of Which: Female	8740	1644	354	142	2

资产

Condition of Fixed Assets

	学校占地面积(平方米) Area of School Sites (m^2)			图书音像资料 Audio-visual ed.	
				一般图书(万册) Books & Magazines in Libraries(10,000 Volume)	
	计 Total	其中:绿化用地面积 of Which: Green Areas	其中:运动场地面积 of Which: Sports Areas	计 Total	当年新增 Added in Current Year
总计 Total					
学校产权 Owned by HEIs	**1565354148**	**473863168**	**117748829**	**194250.58**	**12064.37**
非学校产权中独立使用 Not Owned by HEIs	221436260	56665853	17436922	8313.10	272.98
普通高校 Regular HEIs					
学校产权 Owned by HEIs	**1520557239**	**462671440**	**113335442**	**186425.70**	**11680.78**
非学校产权中独立使用 Not Owned by HEIs	180671358	47049898	12799234	2675.07	111.69
成人高校 Adult HEIs					
学校产权 Owned by HEIs	**34973264**	**8700629**	**3360366**	**4991.47**	**245.67**
非学校产权中独立使用 Not Owned by HEIs	28143816	6493206	3360876	3183.13	148.49
民办的其他高等教育机构 Non-state/private HEIs					
学校产权 Owned by HEIs	**9823645**	**2491099**	**1053021**	**2833.41**	**137.92**
非学校产权中独立使用 Not Owned by HEIs	12621086	3122749	1276812	2454.90	12.80

教师变动情况

Regular Higher Educational Institutions

单位：人

unit：person

教师数 Increase				减少专任教师数 Factors of Decrease				本学年初报表专任教师数 Total number of full-time teachers at beginning of current academic year
外单位教师调入 Teachers recruited from other units		校内、外非教师调入 Non-teaching personnel changed into teachers		合　计 Total	自然减员 Retired from their posts during previous academic year	调离教师岗位 Transferred from teaching to non-teaching posts	其　他 Others	
计 Total	其中：高校调入 of Which：from reg. HEIs	计 Total	其中：本校调整 of Which：with change of status in their own institutions					
27758	**13444**	**20136**	**11415**	**60248**	**20785**	**13680**	**25783**	**1406808**
12911	5760	9494	5055	24628	8500	5266	10862	656433
24950	**12839**	**18467**	**10761**	**53005**	**18902**	**12685**	**21418**	**1343127**
11617	5531	8618	4736	21159	7621	4851	8687	624341
912	**225**	**858**	**517**	**3991**	**772**	**606**	**2613**	**45887**
397	98	483	259	1823	362	218	1243	23354
1896	**380**	**811**	**137**	**3252**	**1111**	**389**	**1752**	**17794**
897	131	393	60	1646	517	197	932	8738

情况

and Teaching Resources

情况 Resources					固定资产值（万元） Fixed Assets（10,000 yuan）		
电子图书（GB） Electronic Books & Magazines in Libraries	拥有教学用计算机（台） No. of Computers Used for Instruction	语音实验室座位数（个） No. of Seats in Audio-Labs	多媒体教室座位数（个） No. of Seats in Multi-media Class rooms	上网课程数（门） No. of Web-Based Courses	合　计 Total	其中：教学、科研仪器设备资产 of Which：Teaching Equipment & Instruments	
						计 Total	当年新增 Added in Current Year
8519279. 11	**5926239**	**1444909**	**18529422**	**179373**	**115468799. 76**	**23233238. 65**	**2769166. 52**
	231913	64677	542276		3585132. 62	496232. 14	42352. 43
8136813. 48	**5668684**	**1365970**	**17957186**	**160182**	**112766043. 99**	**22639612. 68**	**2715322. 17**
	48827	13445	164033		2157663. 23	151013. 49	15661. 08
235583. 22	**166155**	**47262**	**415686**	**15557**	**2031654. 46**	**451661. 25**	**39563. 47**
	175625	46348	356496		1322351. 66	335917. 20	26190. 34
146882. 41	**91400**	**31677**	**156550**	**3634**	**671101. 31**	**141964. 72**	**14280. 88**
	7461	4884	21747		105117. 73	9301. 45	501. 01

校舍情况(总计)

Conditions of School Buildings (Total)

单位：平方米

unit：m^2

	学校产权建筑面积 Floor Area of School Building Owned by HEIs				正在施工面积 Floor Area Under Construction	独立使用非学校产权建筑面积 Floor Area of School Building Not Owned by HEIs
	计 Subtotal	其中:危房 of Which: Dilapidated Buildings	其中:当年新增 of Which: Added in Current Year	其中:被外单位借用 of Which: Floor Space Hired by Other Schools or Units		
总计 Total	**683259614**	**1396481**	**30004213**	**801304**	**43452217**	**104537596**
一、教学及辅助用房 Buildings for Instraction and Ancillary Uses	**299442340**	**567463**	**13006279**	**293226**	**22628051**	**45671961**
教室 Classroom	121750969	225533	5105059	142051	7469369	23406327
图书馆 Library	36648149	41128	1556101	22755	3993778	4878060
实验室、实习场所 Lab. And Practice Facilities	116525536	282903	5153306	114381	8767917	13291640
体育馆 Gymnasium	17970741	4813	949077	10270	1824649	2733614
会堂 Hall	6546945	13086	242736	3769	572338	1362320
二、行政办公用房 Administritive	**40825676**	**92141**	**1887386**	**53885**	**2237464**	**5984798**
三、生活用房 Residential Buildings	**253917023**	**352462**	**11843588**	**422550**	**13884706**	**52880837**
学生宿舍(公寓) Students' Dormitories	184213255	165639	8728784	292002	9684699	42151794
学生食堂 Students' Dining Halls	27466035	13986	1343062	41318	1588384	5373675
教工单身宿舍 Apartments for Single	8292710	46131	461129	1647	432873	2146715
教工食堂 Dining Halls for Staff and Workers	1477568	6126	56506	600	114271	287377
生活福利及其他用房 Residential, Welfare and Anxiliary Buildings	32467455	120580	1254107	86983	2064479	2921276
四、教工住宅 Residential Quarters for Staff and Workers	**89074575**	**384415**	**3266960**	**31643**	**4701996**	

校舍情况(普通高校)
Conditions of School Buildings (Regular HEIs)

单位:平方米

unit: m^2

	学校产权建筑面积 Floor Area of School Building Owned by HEIs				正在施工面积 Floor Area Under Construction	独立使用非学校产权建筑面积 Floor Area of School Building Not Owned by HEIs
	计 Subtotal	其中:危房 of Which: Dilapidated Buildings	其中:当年新增 of Which: Added in Current Year	其中:被外单位借用 of Which: Floor Space Hired by Other Schools or Units		
总计 Total	**660300330**	**1332247**	**28578695**	**652120**	**42460416**	**85738139**
一、教学及辅助用房 Buildings for Instraction and Ancillary Uses	**289241006**	**563894**	**12464711**	**209125**	**22190371**	**35713745**
教室 Classroom	115990841	222886	4798941	84960	7216392	17567142
图书馆 Library	35602837	41128	1490634	20335	3923282	4200508
实验室、实习场所 Lab. And Practice Facilities	114179670	281981	5027831	96191	8706044	11111052
体育馆 Gymnasium	17333539	4813	920634	6270	1780597	1821221
会堂 Hall	6134119	13086	226671	1369	564056	1013822
二、行政办公用房 Administritive	**38492176**	**90993**	**1640661**	**43615**	**2171289**	**4283969**
三、生活用房 Residential Buildings	**246083103**	**320972**	**11322477**	**367737**	**13474733**	**45740425**
学生宿舍(公寓) Students' Dormitories	178833310	140825	8351648	253420	9402436	36975099
学生食堂 Students' Dining Halls	26401935	13248	1268428	35108	1529035	4469369
教工单身宿舍 Apartments for Single	8038898	45946	446233	1647	397336	1849419
教工食堂 Dining Halls for Staff and Workers	1372551	5854	53546	300	105172	183313
生活福利及其他用房 Residential, Welfare and Anxiliary Buildings	31436409	115099	1202622	77262	2040754	2263225
四、教工住宅 Residential Quarters for Staff and Workers	**86484045**	**356388**	**3150846**	**31643**	**4624023**	

校舍情况(成人高校)
Conditions of School Buildings(HEIs for Adult)

单位：平方米
unit：m²

	学校产权建筑面积 Floor Area of School Building Owned by HEIs				正在施工面积 Floor Area Under Construction	独立使用非学校产权建筑面积 Floor Area of School Building Not Owned by HEIs
	计 Subtotal	其中:危房 of Which: Dilapidated Buildings	其中:当年新增 of Which: Added in Current Year	其中:被外单位借用 of Which: Floor Space Hired by Other Schools or Units		
总计 Total	**18779344**	**64234**	**866561**	**40134**	**646731**	**13535373**
一、教学及辅助用房 Buildings for Instraction and Ancillary Uses	**8295103**	**3569**	**302511**	**14151**	**232300**	**7505583**
教室 Classroom	4484340	2647	163654	8791	115721	4137800
图书馆 Library	884825		32505	420	42664	519344
实验室、实习场所 Lab. And Practice Facilities	2083549	922	75314	640	43449	1804484
体育馆 Gymnasium	514514		19743	3500	28472	791007
会堂 Hall	327875		11295	800	1994	252948
二、行政办公用房 Administritive	**1905825**	**1148**	**160822**	**1270**	**38795**	**1359058**
三、生活用房 Residential Buildings	**6145652**	**31490**	**299964**	**24713**	**308479**	**4670732**
学生宿舍(公寓) Students' Dormitories	4153105	24814	218380	11382	206331	3236711
学生食堂 Students' Dining Halls	834484	738	40813	3810	53781	660250
教工单身宿舍 Apartments for Single	150269	185	8840		21021	173966
教工食堂 Dining Halls for Staff and Workers	84233	272	2960	300	8249	83272
生活福利及其他用房 Residential, Welfare and Anxiliary Buildings	923561	5481	28971	9221	19097	516533
四、教工住宅 Residential Quarters for Staff and Workers	**2432764**	**28027**	**103264**		**67157**	

校舍情况(民办的其他高等教育机构)

Conditions of School Buildings (Non-State/Private HEIs)

单位：平方米

unit：m^2

	学校产权建筑面积 Floor Area of School Building Owned by HEIs				正在施工面积 Floor Area Under Construction	独立使用非学校产权建筑面积 Floor Area of School Building Not Owned by HEIs
	计 Subtotal	其中:危房 of Which: Dilapidated Buildings	其中:当年新增 of Which: Added in Current Year	其中:被外单位借用 of Which: Floor Space Hired by Other Schools or Units		
总计 Total	**4179940**		**558957**	**109050**	**345070**	**5264084**
一、教学及辅助用房 Buildings for Instraction and Ancillary Uses	**1906231**		**239057**	**69950**	**205380**	**2452633**
教室 Classroom	1275788		142464	48300	137256	1701385
图书馆 Library	160487		32962	2000	27832	158208
实验室、实习场所 Lab. And Practice Facilities	262317		50161	17550	18424	376104
体育馆 Gymnasium	122688		8700	500	15580	121386
会堂 Hall	84951		4770	1600	6288	95550
二、行政办公用房 Administritive	**427675**		**85903**	**9000**	**27380**	**341771**
三、生活用房 Residential Buildings	**1688268**		**221147**	**30100**	**101494**	**2469680**
学生宿舍(公寓) Students' Dormitories	1226840		158756	27200	75932	1939984
学生食堂 Students' Dining Halls	229616		33821	2400	5568	244056
教工单身宿舍 Apartments for Single	103543		6056		14516	123330
教工食堂 Dining Halls for Staff and Workers	20784				850	20792
生活福利及其他用房 Residential, Welfare and Anxiliary Buildings	107485		22514	500	4628	141518
四、教工住宅 Residential Quarters for Staff and Workers	**157766**		**12850**		**10816**	

三、中等教育
Secondary Education

（一）高中阶段教育
Senior Secondary Education

普通高中校数、班数

Number of Senior Secondary Schools and Classes

	学校数(所) Schools			班数(个) Classes
	合　计 Total	高级中学 Senior Sec. Schools	完全中学 Complete Sec. Schools	
总计 Total	**14058**	**6461**	**7597**	**428941**
教育部门和集体办 Run by Ed. Dept. & Communities	11334	5574	5760	381216
民办 Non-state/private	2499	814	1685	43540
其他部门办 Run by Non-ed. Dept.	225	73	152	4185
城市 Urban	5494	2342	3152	161467
教育部门和集体办 Run by Ed. Dept. & Communities	4102	1872	2230	139234
民办 Non-state/private	1287	442	845	20201
其他部门办 Run by Non-ed. Dept.	105	28	77	2032
县镇 Counties & Towns	7136	3539	3597	238378
教育部门和集体办 Run by Ed. Dept. & Communities	6091	3197	2894	217575
民办 Non-state/private	986	317	669	19725
其他部门办 Run by Non-ed. Dept.	59	25	34	1078
农村 Rural	1428	580	848	29096
教育部门和集体办 Run by Ed. Dept. & Communities	1141	505	636	24407
民办 Non-state/private	226	55	171	3614
其他部门办 Run by Non-ed. Dept.	61	20	41	1075
总计中:其他学校附设初中班 Junior Sec. Classes Attached to Others Schools				3491
独立设置少数民族学校 Inde. Sec. Schools for Minorities	1926			8731

普通高中班额情况

Size of Senior Secondary Schools Classes

单位：个

unit：classes

	计 Subtotal	一年级 Grade 1	二年级 Grade 2	三年级 Grade 3
合　计 Total	**428941**	**144571**	**140675**	**143695**
城市:25 人及以下 Umban:under 25 persons	2422	538	791	1093
26－35 人 between 26－35	8776	2481	2969	3326
36－45 人 between 26－35	23317	7183	7494	8640
46－55 人 between 26－35	61204	20496	20533	20175
56－65 人 between 26－35	46521	16366	15460	14695
66 人及以上 over 66 years	19227	7121	6245	5861
县镇:25 人及以下 Countries & Town:under 25 persons	1479	248	450	781
26－35 人 between 26－35	4663	971	1513	2179
36－45 人 between 26－35	19151	4749	6399	8003
46－55 人 between 26－35	73917	24152	24384	25381
56－65 人 between 26－35	78204	27338	25847	25019
66 人及以上 over 66 years	60964	23085	19114	18765
农村:25 人及以下 Rural:under 25 persons	535	102	156	277
26－35 人 between 26－35	1160	240	396	524
36－45 人 between 26－35	3539	880	1215	1444
46－55 人 between 26－35	9225	3099	2987	3139
56－65 人 between 26－35	8877	3416	2857	2604
66 人及以上 over 66 years	5760	2106	1865	1789

普通高中学生数

Number of Students in Senior Secondary Schools

单位：人

unit：person

	毕业生数 Graduates	招生数 Students Admitted	在校学生数 Enrolment 合 计 Total	其中：女 of Which：Female	一年级 Grade 1	二年级 Grade 2	三年级 Grade 3
总 计 Total	**7944335**	**8362359**	**24273351**	**11801448**	**8373897**	**7946667**	**7952787**
其中：女 of Which：Female	3808849	4081666	11801448		4085076	3867314	3849058
教育部门和集体办 Run by Ed. Dept. & Communities	7128151	7480928	21757660	10666741	7490536	7121162	7145962
民办 Non-state/private	742839	809462	2300706	1024998	811340	753144	736222
其他部门办 Run by Non-ed. Dept.	73345	71969	214985	109709	72021	72361	70603
城市 Urban	2773848	2930927	8582032	4271112	2934216	2839427	2808389
教育部门和集体办 Run by Ed. Dept. & Communities	2431311	2545689	7484529	3769186	2548576	2476087	2459866
民办 Non-state/private	306562	349994	992665	449148	350394	329051	313220
其他部门办 Run by Non-ed. Dept.	35975	35244	104838	52778	35246	34289	35303
县镇 Counties & Towns	4607848	4864291	14062284	6755212	4871505	4575857	4614922
教育部门和集体办 Run by Ed. Dept. & Communities	4220823	4455047	12890695	6232403	4460939	4193815	4235941
民办 Non-state/private	367111	390276	1113842	493272	391548	361543	360751
其他部门办 Run by Non-ed. Dept.	19914	18968	57747	29537	19018	20499	18230
农村 Rural	562639	567141	1629035	775124	568176	531383	529476
教育部门和集体办 Run by Ed. Dept. & Communities	476017	480192	1382436	665152	481021	451260	450155
民办 Non-state/private	69166	69192	194199	82578	69398	62550	62251
其他部门办 Run by Non-ed. Dept.	17456	17757	52400	27394	17757	17573	17070
总计中：其他学校附设初中班 Classes Attached to Others Schools	99301	55879	176693	86840	55884	54776	66033
重读生 Repeaters			88056	35497	11538	6114	70404
重读中女 of Which：Female			35497		3410	2372	29715
少数民族学生 Minority Students	560794	665335	1833393	888012	667164	589592	576637
独立设置少数民族学校 Inde. Sec. Schools for Minorities	138378	167344	448634	235881	168311	140337	139986
残疾人			13725	5241	4729	4318	4678

普通中学教职工数

Number of Teachers, Staff & Workers in General Secondary Schools

单位：人

unit：person

	教职工数 Teachers, Staff & Workers						代课教师 Substitute Teachers	兼任教师 Part-time Teachers
	合　计 Total	专任教师 Full-time Teachers	行政人员 Adm. Personnel	教辅人员 Supporting Staff	工勤人员 Workers	校办工厂、农(林)场职工 Employees in School-run Factories & Farms		
总　计 Total	**5859271**	**5041576**	**253451**	**265277**	**294081**	**4886**	**92804**	**17572**
其中：女 of Which：Female	2746558	2466926	56837	121035	100171	1589	50548	6885
少数民族 Minority	464442	406164	18707	17906	21513	152	6181	1275
教育部门和集体办 Run by Ed. Dept. & Communities	5340200	4654600	222284	238688	220618	4010	68855	11899
民办 Non-state/private	463647	343620	27377	23768	68136	746	22227	5418
其他部门办 Run by Non-ed. Dept.	55424	43356	3790	2821	5327	130	1722	255
城市 Urban	1534526	1272483	91486	85505	83179	1873	31069	7529
教育部门和集体办 Run by Ed. Dept. & Communities	1313124	1107170	76017	73037	55419	1481	23469	4602
民办 Non-state/private	203588	151012	14120	11393	26689	374	6823	2704
其他部门办 Run by Non-ed. Dept.	17814	14301	1349	1075	1071	18	777	223
县镇 Counties & Towns	2768679	2392173	96775	131725	145539	2467	37381	6196
教育部门和集体办 Run by Ed. Dept. & Communities	2558516	2234371	86220	121455	114296	2174	25691	4091
民办 Non-state/private	198221	148263	9909	9704	30081	264	11244	2098
其他部门办	11942	9539	646	566	1162	29	446	7
农村 Rural	1556066	1376920	65190	48047	65363	546	24354	3847
教育部门和集体办 Run by Ed. Dept. & Communities	1468560	1313059	60047	44196	50903	355	19695	3206
民办 Non-state/private	61838	44345	3348	2671	11366	108	4160	616
其他部门办 Run by Non-ed. Dept.	25668	19516	1795	1180	3094	83	499	25

普通高中分课程专
Number of Full-time Senior Secondary School Teachers

	总计 Total	其中:女 of Which: Female	思想品德(政治) Politics	语文 Chinese	数学 Mathe-matics	外语 Foreign Languages				科学 Scoemce	物理 Physics
						计 Total	英语 English	日语 Japanese	俄语 Russian		
合计 Total	**1518194**	**723566**	**94353**	**242350**	**238956**	**231885**	**230822**	**473**	**534**	**3**	**135543**
研究生毕业 Graduate	55151	30315	4071	10032	8420	8048	8008	23	15		4453
本科毕业 Under-graduate	1384203	665750	86006	222972	221103	213085	212134	396	501	2	124773
专科毕业 Associate Bachelor	77116	27012	4211	9221	9326	10620	10549	53	18	1	6246
高中阶段毕业 High School Graduate	1646	454	64	118	103	128	127	1			66
高中阶段毕业以下 Below High School Graduate	78	35	1	7	4	4	4				5
合计中:女 of Total:Female	723566		45717	133432	94118	162338	161311	340	369		41210
少数民族 Minorities	103189	48957	7083	16962	15318	13783	13571	165	30		8981
城市 Urban	566527	304051	34346	88775	88229	86997	86520	266	172		50718
县镇 County & Towns	846289	374519	53341	136602	134086	129116	128565	188	347	3	75613
农村 Rural	105378	44996	6666	16973	16641	15772	15737	19	15		9212

普通高中专任教师专业技术
Full-time Teachers in Senior Secondary

	合计 Total	其中:女 of the Total: Female	25岁及以下 25 Years and Under	26-30	31-35
总计 Total	**1518194**	**723566**	**121306**	**369358**	**322829**
中学高级 Senior	370354	135570		483	9306
中学一级 1st Grade	531067	243519	1160	49786	183692
中学二级 2nd Grade	501925	276771	56681	277101	123900
中学三级 3rd Grade	16875	8404	5636	7692	2242
未评职称 Rank Undecided	97973	59302	57829	34296	3689
总计中:女 of Which: Female	723566		76216	214330	164175
少数民族 Minorities	103189	48957	7054	23550	21978
城市 Urban	566527	304051	34911	131968	117129
县镇 County & Towns	846289	374519	76804	211232	180269
农村 Rural	105378	44996	9591	26158	25431

任教师学历情况

by Subject Taught & Educational Attainment

单位：人

unit：person

化学 Cherni-stry	生物 Biology	历史与社会 History and Soliety	地理 Geogr-aphy	历史 History	信息技术 Infor Techn-iqice	通用技术 Common Techno-logy	体育与健康 Physical	艺术 Art	音乐 Music	美术 Arts	综合实践活动			其他 Others	当年不任课 No Teaching Load in Current Year
											计 Total	信息技术 Information Technique	劳动与技术 Skills Teaching		
130117	**84558**	**2**	**76856**	**85022**	**38106**	**9493**	**73321**	**1910**	**24726**	**26774**	**2086**	**6**		**9972**	**12161**
5041	4521		2542	4506	931	165	964	11	307	477	27			382	253
119356	76344	2	69860	76566	34408	8453	65181	1631	21913	23773	1761	6		7574	9440
5661	3651		4406	3906	2724	846	6823	258	2446	2468	274			1777	2251
55	41		46	43	43	28	345	10	59	55	22			209	211
4	1		2	1		1	8		1	1	2			30	6
57599	42361	1	34078	40048	15651	2607	13954	1072	16458	11553	713	3		5284	5372
8712	5403		5188	5887	2644	416	5117	120	1756	1592	102			2642	1483
48814	31390		28580	31447	14282	4029	28667	650	9568	10361	695	3		4014	4965
72473	47265	2	42808	47403	21153	4643	39826	1133	13564	14611	1203	3		5218	6226
8830	5903		5468	6172	2671	821	4828	127	1594	1802	188			740	970

职称、年龄结构情况

Schools Broken Down by Rank and Age

单位：人

unit：person

36－40	41－45	46－50	51－55	56－60	61岁及以上 61 Years and Over
272313	**239616**	**122215**	**48639**	**19804**	**2114**
71182	142633	91907	37339	15630	1874
168430	87239	26963	9620	3988	189
30891	8836	2934	1464	116	2
740	331	142	86	6	
1070	577	269	130	64	49
122953	93641	38635	12993	394	229
20063	18001	8622	2927	939	55
101770	95983	54300	21193	8025	1248
151466	129393	61509	24531	10367	718
19077	14240	6406	2915	1412	148

普通高中专任
Changes of Full-time Teachers in

	上学年初报表专任教师数 Total Number of Full-time Teachers at Beginning of Previous Academic Year	增加教师 Factors of Increase				
		计 Total	录用毕业生 New Recruits from Current Year Graduates	调入 Teachers Recruited from Other Units	校内调整 of Which With Change of Status in Their Own Institutions	其他 Others
合　计 Total	**1493313**	**130120**	**43211**	**54945**	**23288**	**8676**
其中:女 of Which: Female	699960	68687	27448	26125	10793	4321
城市 Urban	553413	49863	14645	21127	9747	4344
其中:女 of Which: Female	293898	28041	9704	10988	4978	2371
县镇 Counties & Towns	831187	70499	25319	29460	11965	3755
其中:女 of Which: Female	360649	35794	15724	13173	5204	1693
农村 Rural	108713	9758	3247	4358	1576	577
其中:女 of Which: Female	45413	4852	2020	1964	611	257

普通高中学生、教职工
Supplementary Information on Students and Full-time

	在校学生中 of Total Students		
	共产党员 Member of C. P. C.	共青团员 Member of C. Y. L.	华侨 Overseas Chinese
合　计 Total	**8360**	**17117226**	**1033**
其中:女 of Which: Female	3365	8549121	490
城市 Urban	2335	6130559	539
其中:女 of Which: Female	1025	3153705	249
县镇 Counties & Towns	5761	9857757	479
其中:女 of Which: Female	2253	4847267	235
农村 Rural	264	1128910	15
其中:女 of Which: Female	87	548149	6

教师变动情况

General Secondary Schools

单位：人

unit：person

减少教师 Factors of Decrease					本学年初报表专任教师数 Total Number of Full-time Teachers at Beginning of Current Academic Year
计 Total	自然减员 Retired from their posts during previous academic Year	调出 Transferred from Teaching to Non-Teaching Posts	校内调整 of Which with Change of Status in their own Institutions	其他 Others	
105239	**10761**	**52393**	**28512**	**13573**	**1518194**
45081	4223	23229	11754	5875	723566
36749	5231	15611	10388	5519	566527
17888	2447	7849	5001	2591	304051
55397	4789	28304	15663	6641	846289
21924	1565	11832	5852	2675	374519
13093	741	8478	2461	1413	105378
5269	211	3548	901	609	44996

政治面貌及其他

Teachers of Senior Secondary Schools

单位：人

unit：person

专任教师中 of Total Full-time Teachers			
共产党员 Member of C. P. C.	共青团员 Member of C. Y. L.	民主党派 Member of Non-Communist Part	华侨 Overseas Chinese
452981	**174613**	**25185**	**155**
176837	98761	10855	82
194031	61601	18721	125
92094	37840	8877	63
232304	99823	5919	30
76728	54013	1821	19
26646	13189	545	
8015	6908	157	

普通高中

Condition of School Buildings in

	学校占地面积 Areas Occupied	校舍建筑面积 Floor Space	教学及辅 Teaching & Assistant			
			计 Total	其中		
				普通教室 Classroom	实验室 Laboratory	图书室 Library
合计 Total	**903418393**	**398218259**	**153212287**	**94500874**	**23229041**	**11615555**
城市 Urban	317901081	162470736	65617364	37243957	10404306	5675239
县镇 County Seats & Towns	504954775	206930380	77549412	50478926	11466261	5369074
农村 Rural	80562537	28817143	10045511	6777991	1358474	571242

普通高中

Condition of School Buildings in

	体育运动场(馆)面积(平方米) Sports Areas (m^2)	计算机(台) PC (Set)	图书藏量(册) Books & Magazines in Libraries (Volume)	电子图书藏量(GB) Electronic Books & Magazines in Libraries (GB)
合计 Total	**196686238**	**2652586**	**627067721**	**14082068.96**
城市 Urban	74582998	1268866	267648302	7124805.98
县镇 County Seats & Towns	104771719	1220277	317770935	6131310.27
农村 Rural	17331521	163443	41648484	825952.71

办学条件(一)

Senior Secondary Schools (1)

单位：平方米

unit：m^2

助用房 Buildings		行政办公用房 Administrative		生活用房 Residential and Welfare	其他用房 Rooms for Other Purposes	校舍面积中 of the Floor Space	
of Which							
微机室 PC-room	语音室 Linguistic	计 Total	其中:教师办公室 of Which：for Teachers			危房面积 Floor Space of Dilapidated Buildings	当年新增 Added in Current Year
5921921	**2551878**	**34302250**	**21757498**	**177922581**	**32781141**	**21542293**	**11038469**
2614426	1074692	15981150	9609387	62242075	18630147	5120690	3398899
2939436	1308505	16107183	10698567	100983142	12290643	14294361	6627552
368059	168681	2213917	1449544	14697364	1860351	2127242	1012018

办学条件(二)

Senior Secondary Schools (2)

固定资产总值(万元) Total Value of Fixed Asset (10 thousand yuan)			
计 Total	其中:仪器设备总值(万元) of Which：Total Value of Equip & Instru. (10,000 yuan)		
	计 Subtotal	专业实验设备 for Profession	专业实习设备 for Practice
43699751. 46	**3893110. 97**	**2213444. 20**	**348667. 88**
20462658. 30	1990933. 84	1109114. 12	137542. 73
20671808. 58	1667636. 09	977589. 87	187332. 49
2565284. 58	234541. 04	126740. 21	23792. 66

普通高中办学条件(三)
Condition of School Buildings in Senior Secondary Schools (3)

单位：所
unit：school

	体育运动场(馆)面积达标校数 Schools No：Sports Areas Reached Standard	体育器械配备达标校数 Schools No：Sports Equip. Reached Standard	音乐器械配备达标校数 Schools No：Musical Instru. Reached Standard	美术器械配备达标校数 Schools No：Fine Arts Instru. Reached Standard	理科实验仪器达标校数 Schools No：Equip. of Natural Sci. Reached Standard	建立校园网校数 Schools No：Campus Networks Set
合　计 Total	**11332**	**11407**	**10818**	**10942**	**11897**	**10788**
城市 Urban	4467	4703	4555	4605	4855	4693
县镇 County Seats & Towns	5775	5698	5352	5402	5949	5218
农村 Rural	1090	1006	911	935	1093	877

成人高中
Basic Statistics of

	学校数(所) Schools	教学班(点)(个) External Teaching Sites	毕(结)业生数 Graduates	
			计 Total	其中:女 of Which:Female
合　计 Total	**654**	**2105**	**90193**	**44154**
职工高中 Senior Sec. Schools for Staff & workers	143	973	40308	20654
农民高中 Senior Sec. Shools for Peasants	511	1132	49885	23500

中等职业学校(机构)数
Number of Secondary Vocational Schools

单位:所
unit: School

	计 Total	中央部门 HEIs under Central Ministries & Agencies	地方部门 HEIs under Local Auth.			民办 Non-state/ private
			计 Total	教育部门 Run by Ed. Dept.	非教育部门 Run by Non-ed. Dept.	
中等职业学校 Secondary Vocational Schools	10864	41	7700	5777	1923	3123
其中:普通中等专业学校 of Which: Reg. Specialized Sec. Schools	3938	29	2846	1641	1205	1063
成人中等专业学校 Specialized Sec. Schools for Adults	1720	9	1547	1193	354	164
职业高中学校 Vocational High Schools	5206	3	3307	2943	364	1896
其他机构(教学点)(不计校数) Other Institutions	2012	5	1628	1113	515	379

注:未含技工学校数据(以后中等职业学校有关表均同)。
Note: Data on Skilled Workers are not included. (Same as the Foallowings).

基本情况
Adult Schools

单位:人
unit: person

注册学生数 Enrolment		教职工数 Teachers, Staff & Workers		聘请校外教师 Part-time Teachers
计 Total	其中:女 of Which: Female	计 Total	其中:专任教师 of Which: Full-time Teacher	
114970	**54812**	**4664**	**3542**	**4329**
57876	28692	1954	1504	1193
57094	26120	2710	2038	3136

中等职业学校分办学类型及
Data on Students and Staff and Workers

	计 Total			中职全日制学生 Fulltime Students of SVSs		
	毕业生数 Graduates	招生数 Entrants	在校学生数 Enrolment	毕业生数 Graduates	招生数 Entrants	在校学生数 Enrolment
总　计 Total	**5436524**	**7113957**	**18164447**	**5224165**	**6273502**	**16846757**
其中:女 of Which: Female	2671882	3439992	8969697	2593225	3077333	8397537
分办学类型:By Types						
普通中专学校 Reg. Specialized Sec. Schools	2366078	3348899	8528935	2306321	2751065	7657922
成人中专学校 Specialized Sec. Schools for Adults	327972	392663	910540	225811	281118	697951
职业高中学校 Vocational High Schools	2175211	2841102	7266693	2154354	2735642	7111563
其他机构 Other Institutions	567263	531293	1458279	537679	505677	1379321
分举办者By Providers						
1. 中央部门 Under Central Ministries & Agencies	17442	15843	45330	15302	13247	37967
2. 地方部门 Under Local Authorities	4451935	5966176	15049174	4262347	5240636	13912188
教育部门 Under Ed. Dept	3192065	4517941	11148298	3110942	3942655	10329778
非教育部门 Run by Non-ed. Dept	1259870	1448235	3900876	1151405	1297981	3582410
3. 民办 Non-state/private	967147	1131938	3069943	946516	1019619	2896602

注:SVSs = 中等职业学校。下同。

Note: SVSs = Secondary Vocational School. (Same as the Following.)

举办者的中职学生及教职工情况
of Secondary Vocational Schools by Types and Providers of Schools

单位：人
unit：person

中职非全日制学生 Parttime Students of SVSs			教职工数 Teachers, Staff & Workers							聘请校外教师 Part-time Teachers
				其中：专任教师 of Which：Full-time Teachers						
毕业生数 Graduates	招生数 Entrants	在校学生数 Enrolment	计 Total	计 Total	正高级 Senior	副高级 Sub-senior	中级 Middle	初级 Junior	无职称 No Rank	
212359	**840455**	**1317690**	**956631**	**680954**	**4642**	**139673**	**275077**	**201973**	**59589**	**101752**
78657	362659	572160	442306	336224	1640	60981	136729	106107	30767	41605
59757	597834	871013	435046	295029	2127	66883	114002	83774	28243	46107
102161	111545	212589	85346	56979	413	14237	26807	13016	2506	23749
20857	105460	155130	403233	306973	1883	53547	125095	99290	27158	27695
29584	25616	78958	33006	21973	219	5006	9173	5893	1682	4201
2140	2596	7363	5197	2620	16	574	1209	688	133	1607
189588	725540	1136986	785800	574885	1401	126866	236605	174208	35805	82369
81123	575286	818520	580998	448623	669	95035	186692	139908	26319	42561
108465	150254	318466	204802	126262	732	31831	49913	34300	9486	39808
20631	112319	173341	165634	103449	3225	12233	37263	27077	23651	17776

中等职业学校

Number of students in Secondary

	毕业生数 Graduates		招生数 Entrants		
	计 Total	其中:获得职业资格证书 of Which: Recipients of Vocational qualifications	计 Total	其中:初中毕业 of Which: Junior Sec. School Graduates 计 Total	应届毕业生 Autumn Session
合　计 Total	**5436524**	**3420318**	**7113957**	**6272645**	**5387353**
其中:中职全日制学生 of Which: Fulltime students	5224165	3360297	6273502	5721894	5148985
中职非全日制学生 Part-time students	212359	60021	840455	550751	238368
1. 普通中专学生 Students of Regular SSSs	2646434	1627970	3166119	2895545	2638529
2. 成人中专学生 Students of Adult SSSs	488061	175334	1161091	798696	409455
3. 职业高中学生 Students of Vocational High Schools	2302029	1617014	2786747	2578404	2339369
二、培训学生 Traning students	7340783				
三、外国留学生 Foreign Students	928				

注:SSSs = 中等专业学校

Note: SSSs = Specialized Secondary Schools

中等职业学校

Number of Female students in Secondary

	毕业生数 Graduates		招生数 Entrants		
	计 Total	其中:获得职业资格证书 of Which: Recipients of Vocational qualifications	计 Total	其中:初中毕业 of Which: Junior Sec. School Graduates 计 Total	应届毕业生 Autumn Session
合　计 Total	**2671882**	**1638272**	**3439992**	**3070121**	**2668874**
其中:中职全日制学生 of Which: Fulltime students	2593225	1613667	3077333	2833824	2566936
中职非全日制学生 Part-time students	78657	24605	362659	236297	101938
1. 普通中专学生 Students of Regular SSSs	1364063	793740	1643615	1520619	1395254
2. 成人中专学生 Students of Adult SSSs	207916	78739	507805	350357	184824
3. 职业高中学生 Students of Vocational High Schools	1099903	765793	1288572	1199145	1088796
二、培训学生 Traning students	3299483				
三、外国留学生 Foreign Students	386				

注:SSSs = 中等专业学校

Note: SSSs = Specialized Secondary Schools

(机构)各类学生数
Vocational Schools (Institutions)

单位：人
unit: person

在校学生数 Enrolment 计 Total	一年级 Grade 1	二年级 Grade 2	三年级 Grade 3	四年级及以上 Over Grade 4	预计毕业生数 Graduates for Next Year
18164447	**7125990**	**6099360**	**4826686**	**112411**	**5632128**
16846757	6281947	5703031	4750007	111772	5295275
1317690	844043	396329	76679	639	336853
8777141	3169896	2932689	2574489	100067	2751484
2123974	1165082	710121	247329	1442	623181
7263332	2791012	2456550	2004868	10902	2257463
3669083					
1627					

(机构)各类女学生数
Vocational Schools (Institutions)

单位：人
unit: person

在校学生数 Enrolment 计 Total	一年级 Grade 1	二年级 Grade 2	三年级 Grade 3	四年级及以上 Over Grade 4	预计毕业生数 Graduates for Next Year
8969697	**3450108**	**3015711**	**2433989**	**69889**	**2693402**
8397537	3085586	2840406	2402228	69317	2569236
572160	364522	175305	31761	572	124166
4622553	1648244	1547873	1363417	63019	1391910
943381	509996	318632	113768	985	248420
3403763	1291868	1149206	956804	5885	1053072
1659298					
700					

中等职业学校(机构)学生分科类情况(总计)
Data on Secondary Vocational Schools by Field of Study (Total)

单位：人
unit: person

	毕业生数 Graduates		招生数 Entrants			在校学生数 Enrolment	预计毕业生数 Graduates for Next Year
	计 Total	其中:获得职业资格证书 of Which: Recipients of Vocational Qualifications	计 Total	其中:初中毕业 of Which: Junior Sec. School Graduates			
				计 Total	应届毕业生 Autumn Session		
总　计 Total	**5436524**	**3420318**	**7113957**	**6272645**	**5387353**	**18164447**	**5632128**
其中:女 of Which: Female	2671882	1638272	3439992	3070121	2668874	8969697	2693402
农林牧渔类	254803	124565	1104259	870615	544663	1945251	336501
资源与环境类 Resources & Environment	60199	27987	53118	28019	23585	117013	57441
能源类 Energy	37684	22830	34418	26879	24764	99929	37677
土木水利工程类 Civil & Hydraulic Engineering	146612	90821	212009	190495	168268	516368	152192
加工制造类 Manufacturing	1308244	925115	1164369	1063049	960120	3410804	1234500
石油化工类	54447	33865	50857	42739	39301	150680	58590
轻纺食品类	103456	61715	118539	106830	94158	320846	110167
交通运输类 Commu. & Transpor.	223541	152335	388745	337804	300888	922995	256988
信息技术类 Infor. Technologies	1288833	870967	1383590	1237692	1080984	3757587	1273455
医药卫生类 Medicine & Health	435870	161472	582799	529217	488289	1683865	504665
休闲保健类	10902	6716	34160	31382	28628	71353	14463
财经商贸类	606217	392009	716875	656154	579255	1937373	626840
旅游服务类	187585	128738	299931	274324	242163	758065	225236
文化艺术类	280384	173439	348621	313591	289390	941092	286628
体育与健身	34786	19521	44413	41808	40456	120897	35635
教育类	218216	132573	355991	324884	309601	859991	236096
司法服务类	34545	11079	29428	25143	22372	82666	29613
公共管理与服务类	84782	51836	97997	89358	72168	264664	93168
其他 Other	65418	32735	93838	82662	78300	203008	62273

中等职业学校(机构)学生分科类情况(全日制学生)

Data on Secondary Vocational Schools by Field of Study (full-time students)

单位：人

unit：person

	毕业生数 Graduates		招生数 Entrants			在校学生数 Enrolment	预计毕业生数 Graduates for Next Year
				其中:初中毕业 of Which:Junior Sec. School Graduates			
	计 Total	其中:获得职业资格证书 of Which: Recipients of Vocational Qualifications	计 Total	计 Total	应届毕业生 Autumn Session		
总　计 Total	**5224165**	**3360297**	**6273502**	**5721894**	**5148985**	**16846757**	**5295275**
其中:女 of Which: Female	2593225	1613667	3077333	2833824	2566936	8397537	2569236
农林牧渔类	203107	120872	951327	788711	518584	1655818	259298
资源与环境类 Resources & Environment	38977	21947	37128	27743	23335	97640	39756
能源类 Energy	33578	22432	32902	25925	24161	92947	33029
土木水利工程类 Civil & Hydraulic Engineering	140896	89287	201046	182056	166443	495618	145714
加工制造类 Manufacturing	1290812	919275	1058013	983660	930509	3252604	1208959
石油化工类	53812	33494	48450	40612	37999	146673	58112
轻纺食品类	99096	60838	106379	98295	90136	296098	101071
交通运输类 Commu. & Transpor.	218884	150850	351072	310773	293717	871564	248435
信息技术类 Infor. Technologies	1255289	854808	1141799	1069367	1000730	3416596	1204950
医药卫生类 Medicine & Health	424448	160420	572477	525876	486949	1653422	489728
休闲保健类	10830	6644	33568	31092	28510	70242	14118
财经商贸类	578736	382486	610072	579902	543123	1776123	584275
旅游服务类	184595	127684	263248	250743	233229	706390	211486
文化艺术类	274405	169087	311118	286103	272924	889319	278624
体育与健身	34607	19414	43801	41196	40363	120173	35530
教育类	207997	128165	325768	310255	298750	815435	219707
司法服务类	29290	10204	26923	23460	21616	75257	25774
公共管理与服务类	81812	50517	71789	67624	61835	222336	77272
其他 Other	62994	31873	86622	78501	76072	192502	59437

中等职业学校（机构）学生分科类情况（普通中专）
Data on Secondary Vocational Schools by Field of Study（Specialized Secondary Schools）

单位：人
unit：person

	毕业生数 Graduates		招生数 Entrants			在校学生数 Enrolment	预计毕业生数 Graduates for Next Year
	计 Total	其中：获得职业资格证书 of Which：Recipients of Vocational Qualifications	计 Total	其中：初中毕业 of Which：Junior Sec. School Graduates			
				计 Total	应届毕业生 Autumn Session		
总 计 Total	**2646434**	**1627970**	**3166119**	**2895545**	**2638529**	**8777141**	**2751484**
其中：女 of Which：Female	1364063	793740	1643615	1520619	1395254	4622553	1391910
农林牧渔类	52332	35663	335219	284424	197312	573980	79974
资源与环境类 Resources & Environment	20386	11831	18773	14290	11743	53732	22566
能源类 Energy	23509	16363	22841	17272	16208	63420	22690
土木水利工程类 Civil & Hydraulic Engineering	91283	53682	131697	117388	106841	322956	93469
加工制造类 Manufacturing	642827	448446	492137	456321	429656	1570936	595357
石油化工类	36406	23174	29047	24727	22855	88140	35689
轻纺食品类	34638	19523	35240	33163	30421	103254	35689
交通运输类 Commu. & Transpor.	122288	82799	194674	170044	159884	492670	139782
信息技术类 Infor. Technologies	511465	350862	461562	432129	402402	1445860	505931
医药卫生类 Medicine & Health	352809	124399	496124	457081	423346	1444656	427487
休闲保健类	3820	2367	13821	13063	11751	29052	5918
财经商贸类	340560	220136	369630	349715	327106	1065963	343288
旅游服务类	73703	45898	116214	109254	101615	312037	94057
文化艺术类	110695	63484	131560	120071	114128	388696	114021
体育与健身	23828	11776	26306	24300	23662	79705	24906
教育类	135024	80417	214352	203244	195877	541547	145235
司法服务类	15340	5891	12407	11222	10383	37945	13232
公共管理与服务类	33240	19144	29840	28120	25552	92774	32559
其他 Other	22281	12115	34675	29717	27787	69818	19634

中等职业学校(机构)学生分科类情况(成人中专)

Data on Secondary Vocational Schools by Field of Study (Adult Specialized Secondary Schools)

单位：人
unit：person

	毕业生数 Graduates		招生数 Entrants			在校学生数 Enrolment	预计毕业生数 Graduates for Next Year
	计 Total	其中：获得职业资格证书 of Which：Recipients of Vocational Qualifications	计 Total	其中：初中毕业 of Which：Junior Sec. School Graduates			
				计 Total	应届毕业生 Autumn Session		
总　计 Total	**488061**	**175334**	**1161091**	**798696**	**409455**	**2123974**	**623181**
其中：女 of Which：Female	207916	78739	507805	350357	184824	943381	248420
农林牧渔类	80262	8313	273366	168566	59538	504763	122382
资源与环境类 Resources & Environment	26544	7017	18964	1917	687	26205	21116
能源类 Energy	5993	1109	2605	1831	1418	11031	6672
土木水利工程类 Civil & Hydraulic Engineering	12330	6146	19539	15831	7892	40823	13467
加工制造类 Manufacturing	79295	40040	148948	112695	57725	296286	86710
石油化工类	1455	864	2901	2565	1729	5900	1383
轻纺食品类	10446	2470	15037	10610	5705	33593	12345
交通运输类 Commu. & Transpor.	15006	6895	51556	38600	17076	84214	19390
信息技术类 Infor. Technologies	113725	49044	297946	214520	120871	521664	150035
医药卫生类 Medicine & Health	26174	6193	23427	13473	10360	66925	26126
休闲保健类	319	136	1614	1013	532	3379	790
财经商贸类	49232	19648	125869	92320	48731	219876	65053
旅游服务类	9449	4081	43728	29791	14670	71450	20680
文化艺术类	13848	8807	47882	34239	22114	76614	16369
体育与健身	547	323	1094	1094	557	1702	402
教育类	22068	8806	41922	25250	20628	73991	27456
司法服务类	10395	1324	5175	3346	2337	13678	7900
公共管理与服务类	7607	3075	29264	24505	12377	54258	20003
其他 Other	3366	1043	10254	6530	4508	17622	4902

中等职业学校(机构)学生分科类情况(职业高中)

Data on Secondary Vocational Schools by Field of Study (Vocational High Schools)

单位：人
unit: person

	毕业生数 Graduates		招生数 Entrants			在校学生数 Enrolment	预计毕业生数 Graduates for Next Year
	计 Total	其中:获得职业资格证书 of Which: Recipients of Vocational Qualifications	计 Total	其中:初中毕业 of Which: Junior Sec. School Graduates 计 Total	其中:初中毕业 of Which: Junior Sec. School Graduates 应届毕业生 Autumn Session		
总计 Total	**2302029**	**1617014**	**2786747**	**2578404**	**2339369**	**7263332**	**2257463**
其中:女 of Which: Female	1099903	765793	1288572	1199145	1088796	3403763	1053072
农林牧渔类	122209	80589	495674	417625	287813	866508	134145
资源与环境类 Resources & Environment	13269	9139	15381	11812	11155	37076	13759
能源类 Energy	8182	5358	8972	7776	7138	25478	8315
土木水利工程类 Civil & Hydraulic Engineering	42999	30993	60773	57276	53535	152589	45256
加工制造类 Manufacturing	586122	436629	523284	494033	472739	1543582	552433
石油化工类	16586	9827	18909	15447	14717	56640	21518
轻纺食品类	58372	39722	68262	63057	58032	183999	62133
交通运输类 Commu. & Transpor.	86247	62641	142515	129160	123928	346111	97816
信息技术类 Infor. Technologies	663643	471061	624082	591043	557711	1790063	617489
医药卫生类 Medicine & Health	56887	30880	63248	58663	54583	172284	51052
休闲保健类	6763	4213	18725	17306	16345	38922	7755
财经商贸类	216425	152225	221376	214119	203418	651534	218499
旅游服务类	104433	78759	139989	135279	125878	374578	110499
文化艺术类	155841	101148	169179	159281	153148	475782	156238
体育与健身	10411	7422	17013	16414	16237	39490	10327
教育类	61124	43350	99717	96390	93096	244453	63405
司法服务类	8810	3864	11846	10575	9652	31043	8481
公共管理与服务类	43935	29617	38893	36733	34239	117632	40606
其他 Other	39771	19577	48909	46415	46005	115568	37737

中等职业学校(机构)分年龄学生数

Number of Students by age in Secondary Vocational Schools (Institutions)

单位：人

unit: person

	计 Total	14 岁及以下 14 years and under	15 岁 15 years	16 岁 16 years	17 岁 17 years	18 岁 18 years	19 岁 19 years	20 岁 20 years	21 岁 21 years	22 岁及以上 22 years and over
合　计 Total	**18164447**	**223176**	**2065366**	**4122908**	**4353811**	**3104951**	**1485967**	**720267**	**423991**	**1664010**
其中:中职全日制学生 of Which: Full-time students	16846757	208341	2019536	3988881	4224627	2992109	1387842	625919	334807	1064695
中职非全日制学生 Part-time students	1317690	14835	45830	134027	129184	112842	98125	94348	89184	599315
1. 普通中专学生 Students of Regular SSSs	8777141	122351	1009195	2027643	2196994	1600058	797489	361510	180452	481449
2. 成人中专学生 Students of Adult SSSs	2123974	19639	113254	280329	284012	228610	175676	143352	124316	754786
3. 职业高中学生 Students of Vocational High Schools	7263332	81186	942917	1814936	1872805	1276283	512802	215405	119223	427775

中等职业学校(机构)分年龄女学生数

Number of Female Students by age in Secondary Vocational Schools (Institutions)

单位：人

unit: person

	计 Total	14 岁及以下 14 years and under	15 岁 15 years	16 岁 16 years	17 岁 17 years	18 岁 18 years	19 岁 19 years	20 岁 20 years	21 岁 21 years	22 岁及以上 22 years and over
合　计 Total	**8969697**	**118685**	**1062984**	**2095480**	**2200845**	**1548576**	**715623**	**334046**	**187979**	**705479**
其中:中职全日制学生 of Which: Full-time students	8397537	111495	1041938	2034079	2144502	1498633	671819	290871	150212	453988
中职非全日制学生 Part-time students	572160	7190	21046	61401	56343	49943	43804	43175	37767	251491
1. 普通中专学生 Students of Regular SSSs	4622553	70229	562138	1099131	1183605	843368	404734	176632	84488	198228
2. 成人中专学生 Students of Adult SSSs	943381	9671	55288	132627	130824	103699	77322	62951	53201	317798
3. 职业高中学生 Students of Vocational High Schools	3403763	38785	445558	863722	886416	601509	233567	94463	50290	189453

中等职业学校(机构)
Changes in Enrolment of Secondary

	上学年初报表在校学生数 Total Enrolment at Beginning of Previous Academic year	增加学生数 Factors of Increase				
		计 Total	招生 No. of Students Admitted	复学 Students Resuming Studies	转入 Transfers from Other Inst.	其他 Others
合 计 Total	**17798473**	**8257038**	**7113957**	**17264**	**749262**	**376555**
其中:中职全日制学生 of Which: Full-time students	17097895	7323742	6273502	17048	700876	332316
中职非全日制学生 Part-time students	700578	933296	840455	216	48386	44239
1. 普通中专学生 Students of Regular SSSs	8463786	3933541	3166119	8064	516164	243194
2. 成人中专学生 Students of Adult SSSs	1600848	1308829	1161091	525	88874	58339
3. 职业高中学生 Students of Vocational High Schools	7733839	3014668	2786747	8675	144224	75022

中等职业学校(机构)
Changes in Female Enrolment of

	上学年初报表在校学生数 Total Enrolment at Beginning of Previous Academic year	增加学生数 Factors of Increase				
		计 Total	招生 No. of Students Admitted	复学 Students Resuming Studies	转入 Transfers from Other Inst.	其他 Others
合 计 Total	**8794952**	**3954241**	**3439992**	**7115**	**350327**	**156807**
其中:中职全日制学生 of Which: Full-time students	8503039	3553320	3077333	7003	331410	137574
中职非全日制学生 Part-time students	291913	400921	362659	112	18917	19233
1. 普通中专学生 Students of Regular SSSs	4454717	1997109	1643615	3057	252164	98273
2. 成人中专学生 Students of Adult SSSs	705588	570339	507805	213	36832	25489
3. 职业高中学生 Students of Vocational High Schools	3634647	1386793	1288572	3845	61331	33045

学生变动情况

Vocational Schools (Institutions)

单位：人
unit: person

减少学生数 Factors of Decrease									本学年初报表在校学生数 Total Enrolment at beginning of current academic year
计 Total	毕业 Graduates	结业 Completers of Courses without formal awards	休学 Suspended	退学 Quitting	开除 Expelled	死亡 Death	转出 Transfers to Other Inst.	其他 Others	
7891064	**5436524**	**164659**	**39667**	**478912**	**10902**	**646**	**1123687**	**636067**	**18164447**
7574880	5224165	149688	38472	454837	10900	646	1104515	591657	16846757
316184	212359	14971	1195	24075	2		19172	44410	1317690
3620186	2646434	41247	20688	213929	6129	233	409524	282002	8777141
785703	488061	26261	2408	58647	152	16	124005	86153	2123974
3485175	2302029	97151	16571	206336	4621	397	590158	267912	7263332

女学生变动情况

Secondary Vocational Schools (Institutions)

单位：人
unit: person

减少学生数 Factors of Decrease									本学年初报表在校学生数 Total Enrolment at beginning of current academic year
计 Total	毕业 Graduates	结业 Completers of Courses without formal awards	休学 Suspended	退学 Quitting	开除 Expelled	死亡 Death	转出 Transfers to Other Inst.	其他 Others	
3779496	**2671882**	**71991**	**18070**	**210126**	**2916**	**109**	**528699**	**275703**	**8969697**
3658822	2593225	65574	17660	200373	2916	109	519861	259104	8397537
120674	78657	6417	410	9753			8838	16599	572160
1829273	1364063	17297	9243	96537	1688	84	213413	126948	4622553
332546	207916	12124	1145	24122	44	4	53383	33808	943381
1617677	1099903	42570	7682	89467	1184	21	261903	114947	3403763

中等职业学校(机构)其他学生情况

Other Students in Secondary Vocational Schools (Institutions)

单位：人

unit: persons

	共产党员 Member of C. P. A	共青团员 Member of C. Y. L	华侨 Overseas Chinese	港澳台 From H. K., Macao and Taiwan	少数民族 Minorities	残疾人 Disabled
合计 Total	**65831**	**11647874**	**552**	**1013**	**1200001**	**17013**
其中:女 of Which: Female	19396	5972100	299	489	586291	6203
中职全日制学生 Full-time students	35005	11231909	539	823	1090763	16677
中职非全日制学生 Part-time students	30826	415965	13	190	109238	336
1. 普通中专学生 Students of Regular SSSs	14971	5783435	499	571	675599	8756
2. 成人中专学生 Students of Adult SSSs	40136	796555	14	217	145249	836
3. 职业高中学生 Students of Vocational High Schools	10724	5067884	39	225	379153	7421

中等职业学校(机构)培训学生情况

Training Students in Secondary Vocational Schools (Institutions)

单位：人次

unit: persons

	结业生数 Graduates		注册学生数 Enrolment	
	计 Total	其中:女 of Which: Female	计 Total	其中:女 of Which: Female
总计 Total	**7340783**	**3299483**	**3669083**	**1659298**
其中:少数民族 of Which: Minority	481461	199812	265814	107908
一周至一个月以下 a week to one month under	4069711	1773164	1520751	638135
一个月至半年以下 one month to half year under	2237240	1072356	1122534	539070
半年以上 half year and over	1033832	453963	1025798	482093
总计中:of Which:资格证书培训 for Certificates of Vocational Qualifications	2088540	927395	1051545	501360
岗位证书培训 for Certificates of Job-related Qualifications	1728991	740919	832142	358662
总计中:of Which:外语 Foreign language	164683	94521	106748	61258
会计 Accountant	504511	344090	181496	128011
计算机 Computer	992349	499540	602538	302412
农业技术 Agriculture Technology	1258910	461545	536249	148781

中等职业学校(机构)外国留学生情况
Information on International Students in Secondary Vocational Schools (Institutions)

单位：人
unit：persons

	结业生数 Graduates		注册学生数 Enrolment	
	计 Total	其中:女 of Which: Female	计 Total	其中:女 of Which: Female
总　　计 Total	**928**	**386**	**1627**	**700**
分时间:By Time				
一周至一个月以下 a week to one month under	563	192	699	243
一个月至半年以下 one month to half year under	28	21	45	24
半年以上 half year and over	337	173	883	433
分地区：By Continent				
亚洲:Asia	608	251	1178	526
非洲 Africa	18	3	55	13
欧洲 Europe	258	113	319	133
北美洲 North America	29	10	48	19
南美洲 South America	2		5	1
大洋洲 Oceania	13	9	22	8

中等职业学校

Number of Teachers, Staff & Workers in

	教职工数 Teachers,		
	计 Total	校本部 Teacher, Staff & Workers in	
		计 Total	专任教师 Full-time Teachers
总　计 Total	**956631**	**940070**	**680954**
其中:女　of Which: Female	442306	434664	336224
正高级 Senior	6400	6319	4642
副高级 Sub-senior	171292	170765	139673
中　级 Middle	335759	333271	275077
初　级 Junior	254735	251692	201973
无职称 No Rank	188445	178023	59589
总计中聘任制: of Which: Part-time	145287	142487	101446
其中:女 of Which: Female	66261	64857	48352
正高级 Senior	1763	1729	1326
副高级 Sub-senior	18742	18706	15822
中　级 Middle	44252	43986	37192
初　级 Junior	38835	38229	30753
无职称 No Rank	41695	39837	16353

中等职业学校(机构)

Number of Teachers, Staff & Workers in

	教职工数 Teachers,		
	计 Total	校本部 Teacher, Staff & Workers in	
		计 Total	专任教师 Full-time Teachers
总　计 Total	**435046**	**425606**	**295029**
其中:女 of Which: Female	200868	196245	145103
正高级 Senior	2874	2832	2127
副高级 Sub-senior	80204	79900	66883
中　级 Middle	142311	140804	114002
初　级 Junior	110115	108267	83774
无职称 No Rank	99542	93803	28243
总计中聘任制: of Which: Part-time	66420	65430	44068
其中:女 of Which: Female	30030	29574	20773
正高级 Senior	801	785	627
副高级 Sub-senior	7655	7627	6469
中　级 Middle	18223	18101	15223
初　级 Junior	17736	17496	13626
无职称 No Rank	22005	21421	8123

(机构)教职工数(总计)

Secondary Vocational Schools (Total)

单位：人
unit：person

Staff & Workers					
教 职 工 College or Uni. Proper			校办企业职工 Employees in School-run Factories & Farms	其他附设机构人员 Personnel in Others Subsidiary Units	聘请校外教师 Part-time Teachers
行政人员 Adm. Personnel	教辅人员 Supporting Staff	工勤人员 Workers			
103473	**68124**	**87519**	**8305**	**8256**	**101752**
35899	33594	28947	3546	4096	41605
1481	147	49	34	47	3634
24145	5164	1783	143	384	22763
30810	21797	5587	797	1691	40825
19160	22631	7928	1107	1936	16629
27877	18385	72172	6224	4198	17901
15038	10832	15171	1567	1233	
5557	5067	5881	755	649	
368	27	8	15	19	
2353	418	113	17	19	
3867	2380	547	137	129	
3137	3307	1032	343	263	
5313	4700	13471	1055	803	

教职工数(普通中专)

Secondary Vocational Schools (Institutions) (SSSs)

单位：人
unit：person

Staff & Workers					
教 职 工 College or Uni. Proper			校办企业职工 Employees in School-run Factories & Farms	其他附设机构人员 Personnel in Others Subsidiary Units	聘请校外教师 Part-time Teachers
行政人员 Adm. Personnel	教辅人员 Supporting Staff	工勤人员 Workers			
54289	**31257**	**45031**	**4166**	**5274**	**46107**
20308	16246	14588	1748	2875	20024
615	54	36	11	31	1707
10149	1990	878	72	232	10299
15145	9477	2180	355	1152	17531
10970	10154	3369	449	1399	8210
17410	9582	38568	3279	2460	8360
7548	5706	8108	380	610	
2952	2637	3212	124	332	
143	9	6	1	15	
972	163	23	11	17	
1710	991	177	44	78	
1644	1707	519	58	182	
3079	2836	7383	266	318	

中等职业学校(机构)

Number of Teachers, Staff & Workers in

	教职工数 Teachers,		
	计 Total	校本部 Teacher, Staff & Workers in	
		计 Total	专任教师 Full-time Teachers
总 计 Total	**85346**	**84361**	**56979**
其中:女 of Which: Female	38856	38430	28090
正高级 Senior	566	562	413
副高级 Sub-senior	17891	17867	14237
中 级 Middle	34305	34172	26807
初 级 Junior	18863	18634	13016
无职称 No Rank	13721	13126	2506
总计中聘任制: of Which: Part-time	12540	12179	8377
其中:女 of Which: Female	5839	5596	4023
正高级 Senior	143	139	109
副高级 Sub-senior	2133	2130	1775
中 级 Middle	4582	4563	3656
初 级 Junior	2966	2903	2108
无职称 No Rank	2716	2444	729

中等职业学校(机构)

Number of Teachers, Staff & Workers in

	教职工数 Teachers,		
	计 Total	校本部 Teacher, Staff & Workers in	
		计 Total	专任教师 Full-time Teachers
总 计 Total	**403233**	**397743**	**306973**
其中:女 of Which: Female	187373	185108	152206
正高级 Senior	2609	2581	1883
副高级 Sub-senior	66655	66482	53547
中 级 Middle	147259	146505	125095
初 级 Junior	117527	116699	99290
无职称 No Rank	69183	65476	27158
总计中聘任制: of Which: Part-time	60867	59650	45206
其中:女 of Which: Female	27840	27305	21739
正高级 Senior	762	754	550
副高级 Sub-senior	8084	8079	6837
中 级 Middle	19811	19704	16964
初 级 Junior	16552	16348	13902
无职称 No Rank	15658	14765	6953

教职工数(成人中专)

Secondary Vocational Schools (Institutions) (Adult SSSs)

单位：人
unit: person

Staff & Workers 教职工 College or Uni. Proper			校办企业职工 Employees in School-run Factories & Farms	其他附设机构人员 Personnel in Others Subsidiary Units	聘请校外教师 Part-time Teachers
行政人员 Adm. Personnel	教辅人员 Supporting Staff	工勤人员 Workers			
11135	**8521**	**7726**	**465**	**520**	**23749**
3598	4171	2571	221	205	8394
137	12		3	1	835
2799	683	148	5	19	7025
3552	3250	563	50	83	12465
2088	2751	779	117	112	2475
2559	1825	6236	290	305	949
1469	1302	1031	204	157	
520	667	386	153	90	
29	1		3	1	
256	66	33	3		
432	433	42	14	5	
321	412	62	52	11	
431	390	894	132	140	

教职工数(职业高中)

Secondary Vocational Schools (Institutions) (Vocational High Schools)

单位：人
unit: person

Staff & Workers 教职工 College or Uni. Proper			校办企业职工 Employees in School-run Factories & Farms	其他附设机构人员 Personnel in Others Subsidiary Units	聘请校外教师 Part-time Teachers
行政人员 Adm. Personnel	教辅人员 Supporting Staff	工勤人员 Workers			
33577	**25253**	**31940**	**3324**	**2166**	**27695**
10415	11646	10841	1385	880	11285
633	58	7	13	15	938
10070	2149	716	61	112	4308
10707	8067	2636	362	392	9227
5236	8683	3490	440	388	5177
6931	6296	25091	2448	1259	8045
5322	3474	5648	774	443	
1817	1607	2142	317	218	
186	17	1	5	3	
1034	161	47	3	2	
1570	862	308	61	46	
920	1098	428	138	66	
1612	1336	4864	567	326	

中等职业学校(机构)

Number of Teachers, Staff & Workers in Secondary

	教职工数 Teachers,		
	计 Total	校本部 Teacher, Staff & Workers in	
		计 Total	专任教师 Full-time Teachers
总 计 Total	**33006**	**32360**	**21973**
其中:女 of Which: Female	15209	14881	10825
正高级 Senior	351	344	219
副高级 Sub-senior	6542	6516	5006
中 级 Middle	11884	11790	9173
初 级 Junior	8230	8092	5893
无职称 No Rank	5999	5618	1682
总计中聘任制: of Which: Part-time	5460	5228	3795
其中:女 of Which: Female	2552	2382	1817
正高级 Senior	57	51	40
副高级 Sub-senior	870	870	741
中 级 Middle	1636	1618	1349
初 级 Junior	1581	1482	1117
无职称 No Rank	1316	1207	548

教职工数(其他机构)

Vocational Schools (Institutions) (Other Institutions)

单位：人

unit：person

Staff & Workers					
教 职 工 College or Uni. Proper			校办企业职工 Employees in School-run Factories & Farms	其他附设机构人员 Personnel in Others Subsidiary Units	聘请校外教师 Part-time Teachers
行政人员 Adm. Personnel	教辅人员 Supporting Staff	工勤人员 Workers			
4472	**3093**	**2822**	**350**	**296**	**4201**
1578	1531	947	192	136	1902
96	23	6	7		154
1127	342	41	5	21	1131
1406	1003	208	30	64	1602
866	1043	290	101	37	767
977	682	2277	207	174	547
699	350	384	209	23	
268	156	141	161	9	
10		1	6		
91	28	10			
155	94	20	18		
252	90	23	95	4	
191	138	330	90	19	

中等职业学校(机构)分科专任教师数(总计)

Number of Full-time Teachers by Field of Study in Secondary Vocational Schools (Institutions) (Total)

单位：人

unit: person

	计 Total	其中:女 of Which: Female	正高级 Senior	副高级 Sub-Senior	中 级 Middle	初 级 Junior	无职称 No Rank
总 计 Total	**680954**	**336224**	**4642**	**139673**	**275077**	**201973**	**59589**
其中:女 of Which: Female	336224		1640	60981	136729	106107	30767
文化基础课 Common Required Subject	296951	157212	1385	67342	123383	85645	19196
专业课:小 计 Specialized subject	360283	171399	3130	69612	142374	108665	36502
农林牧渔类	20623	8188	158	5087	9365	4980	1033
资源环境类 Resources & Environment	2157	866	12	591	792	552	210
能源与新能源类	3474	1406	39	982	1376	761	316
土木水利工程类 Civil & Hydraulic Engineering	9127	3826	44	2200	3644	2466	773
加工制造类 Manufacturing	52570	18526	482	10472	20543	15169	5904
石油化工类	2138	920	37	488	822	564	227
轻纺食品类	4257	2100	52	747	1699	1266	493
交通运输类 Commu. & Transpor.	12835	3621	183	2093	5091	3639	1829
信息技术类 Infor. Technologies	70461	32827	456	10251	28708	23757	7289
医药卫生类 Medicine & Health	26608	15879	547	7228	9918	6829	2086
休闲保健类	1898	952	21	315	828	515	219
财经商贸类	36203	21923	189	7452	14816	10428	3318
旅游服务类	15991	10093	80	2714	6132	5198	1867
文化艺术类	32875	18370	433	4797	12181	11499	3965
体育与健身	11806	3414	43	2175	4466	3943	1179
教育类	28602	15437	153	6861	11379	8232	1977
司法服务类	943	397	4	184	365	241	149
公共管理与服务类	5254	2504	32	872	2006	1702	642
其他 Other	22461	10150	165	4103	8243	6924	3026
实习指导课 Practice Course	23720	7613	127	2719	9320	7663	3891

中等职业学校(机构)分科专任教师数(普通中专)

Number of Full-time Teachers by Field of Study in Secondary Vocational Schools (SSSs)

单位：人
unit: person

	计 Total	其中:女 of Which: Female	正高级 Senior	副高级 Sub- Senior	中 级 Middle	初 级 Junior	无职称 No Rank
总 计 Total	**295029**	**145103**	**2127**	**66883**	**114002**	**83774**	**28243**
其中:女 of Which: Female	145103		770	30443	55715	43857	14318
文化基础课 Common Required Subject	110826	59094	499	27613	44061	30746	7907
专业课:小 计 Specialized subject	171503	81969	1580	37842	65262	48916	17903
农林牧渔类	6774	2588	56	2172	2843	1297	406
资源环境类 Resources & Environment	1323	533	8	390	465	329	131
能源与新能源类	2047	832	15	682	804	362	184
土木水利工程类	5156	2361	15	1447	1980	1267	447
Civil & Hydraulic Engineering							
加工制造类 Manufacturing	25294	8865	241	5558	9626	6869	3000
石油化工类	1038	479	17	292	376	269	84
轻纺食品类	1859	910	32	391	696	508	232
交通运输类 Commu. & Transpor.	6144	1710	89	1050	2366	1720	919
信息技术类 Infor. Technologies	29934	13578	163	4814	12129	9664	3164
医药卫生类 Medicine & Health	19540	11868	406	5817	6988	4825	1504
休闲保健类	836	403	10	165	315	232	114
财经商贸类	18837	11509	73	4566	7298	5107	1793
旅游服务类	6115	3718	31	1126	2306	1874	778
文化艺术类	16265	8917	240	2629	5850	5586	1960
体育与健身	6714	1921	35	1469	2552	2069	589
教育类	12382	6595	78	3081	4637	3579	1007
司法服务类	511	259	1	111	197	121	81
公共管理与服务类	2324	1055	10	390	837	748	339
其他 Other	8410	3868	60	1692	2997	2490	1171
实习指导课 Practice Course	12700	4040	48	1428	4679	4112	2433

中等职业学校(机构)分科专任教师数(成人中专)

Number of Full-time Teachers by Field of Study in Secondary Vocational Schools (Adult SSSs)

单位：人

unit: person

	计 Total	其中:女 of Which: Female	正高级 Senior	副高级 Sub-Senior	中 级 Middle	初 级 Junior	无职称 No Rank
总　计 Total	**56979**	**28090**	**413**	**14237**	**26807**	**13016**	**2506**
其中:女 of Which: Female	28090		139	6055	13958	6706	1232
文化基础课 Common Required Subject	29428	15291	123	8253	13912	6130	1010
专业课:小　计 Specialized subject	25864	12178	267	5766	12018	6478	1335
农林牧渔类	3969	1668	55	918	2014	873	109
资源环境类 Resources & Environment	200	80	3	67	84	40	6
能源与新能源类	349	116	7	95	174	58	15
土木水利工程类 Civil & Hydraulic Engineering	639	272	4	161	277	167	30
加工制造类 Manufacturing	1815	595	33	437	743	470	132
石油化工类	80	25	1	5	31	27	16
轻纺食品类	257	79	2	55	122	68	10
交通运输类 Commu. & Transpor.	555	185	17	126	247	130	35
信息技术类 Infor. Technologies	3260	1532	32	435	1510	989	294
医药卫生类 Medicine & Health	1447	795	50	382	561	368	86
休闲保健类	68	38	1	12	38	16	1
财经商贸类	2793	1436	22	489	1490	675	117
旅游服务类	756	423	3	130	344	231	48
文化艺术类	1006	552	17	155	430	294	110
体育与健身	323	111		39	139	113	32
教育类	6451	3401	14	1856	2977	1470	134
司法服务类	90	36		28	33	23	6
公共管理与服务类	269	135	2	42	105	86	34
其他 Other	1537	699	4	334	699	380	120
实习指导课 Practice Course	1687	621	23	218	877	408	161

中等职业学校(机构)分科专任教师数(职业高中)

Number of Full-time Teachers by Field of Study in Secondary Vocational Schools (Vocational High Schools)

单位:人
unit: person

	计 Total	其中:女 of Which: Female	正高级 Senior	副高级 Sub-Senior	中 级 Middle	初 级 Junior	无职称 No Rank
总　　计 Total	**306973**	**152206**	**1883**	**53547**	**125095**	**99290**	**27158**
其中:女 of Which: Female	152206		626	22217	62581	52470	14312
文化基础课 Common Required Subject	146485	77578	701	28933	61045	46096	9710
专业课:小　　计 Specialized subject	151763	71849	1128	23616	60523	50240	16256
农林牧渔类	9537	3799	38	1914	4370	2711	504
资源环境类 Resources & Environment	606	244	1	126	227	182	70
能源与新能源类	1026	438	17	196	377	323	113
土木水利工程类 Civil & Hydraulic Engineering	3193	1142	21	567	1338	983	284
加工制造类 Manufacturing	24131	8546	183	4156	9633	7519	2640
石油化工类	917	358	15	165	352	258	127
轻纺食品类	2050	1070	13	270	846	672	249
交通运输类 Commu. & Transpor.	5829	1608	77	845	2356	1706	845
信息技术类 Infor. Technologies	35385	16889	238	4728	14295	12465	3659
医药卫生类 Medicine & Health	4358	2481	48	720	1839	1344	407
休闲保健类	944	489	10	125	457	251	101
财经商贸类	13670	8486	84	2252	5659	4379	1296
旅游服务类	8784	5750	44	1405	3359	2987	989
文化艺术类	14480	8262	166	1831	5418	5288	1777
体育与健身	4367	1252	7	575	1618	1659	508
教育类	8142	4567	50	1474	3144	2734	740
司法服务类	292	92	3	39	125	90	35
公共管理与服务类	2549	1267	20	416	1027	831	255
其他 Other	11503	5109	93	1812	4083	3858	1657
实习指导课 Practice Course	8725	2779	54	998	3527	2954	1192

中等职业学校(机构)分科专任教师数(其他机构)

Number of Full-time Teachers by Field of Study in Secondary Vocational Schools (Other Institutions)

单位：人

unit：person

	计 Total	其中:女 of Which: Female	正高级 Senior	副高级 Sub- Senior	中　级 Middle	初　级 Junior	无职称 No Rank
总　　计 Total	**21973**	**10825**	**219**	**5006**	**9173**	**5893**	**1682**
其中:女 of Which: Female	10825		105	2266	4475	3074	905
文化基础课 Common Required Subject	10212	5249	62	2543	4365	2673	569
专业课:小　　计 Specialized subject	11153	5403	155	2388	4571	3031	1008
农林牧渔类	343	133	9	83	138	99	14
资源环境类 Resources & Environment	28	9		8	16	1	3
能源与新能源类	52	20		9	21	18	4
土木水利工程类 Civil & Hydraulic Engineering	139	51	4	25	49	49	12
加工制造类 Manufacturing	1330	520	25	321	541	311	132
石油化工类	103	58	4	26	63	10	
轻纺食品类	91	41	5	31	35	18	2
交通运输类 Commu. & Transpor.	307	118		72	122	83	30
信息技术类 Infor. Technologies	1882	828	23	274	774	639	172
医药卫生类 Medicine & Health	1263	735	43	309	530	292	89
休闲保健类	50	22		13	18	16	3
财经商贸类	903	492	10	145	369	267	112
旅游服务类	336	202	2	53	123	106	52
文化艺术类	1124	639	10	182	483	331	118
体育与健身	402	130	1	92	157	102	50
教育类	1627	874	11	450	621	449	96
司法服务类	50	10		6	10	7	27
公共管理与服务类	112	47		24	37	37	14
其他 Other	1011	474	8	265	464	196	78
实习指导课 Practice Course	608	173	2	75	237	189	105

中等职业学校(机构)专任教师、聘请校外教师学历情况(总计)

Data on Academic Qualifications of Full-time and Part-time Teachers in Secondary Vocational Schools (Total)

单位:人
unit: person

	计 Total	博 士 Doctor's Degree	硕 士 Master's Degree	本 科 Normal Courses	专 科 Short-cycle Courses	高中阶段及以下 Below High School Graduate
1. 专任教师 Full-time Teacher	680954	534	26807	539839	108218	5556
其中:女 of Which: Female	336224	186	14889	273770	45713	1666
正高级 Senior	4642	111	665	3357	484	25
副高级 Sub-senior	139673	199	8490	119236	11470	278
中 级 Middle	275077	112	9996	221810	41271	1888
初 级 Junior	201973	81	4618	157631	37600	2043
无职称 No Rank	59589	31	3038	37805	17393	1322
其中:实习指导课教师 of Which:Practice Course Teacher	23720	40	385	13962	8532	801
2. 聘请校外教师 Part-time Teacher	101752	586	6922	69755	22889	1600
其中:女 of Which: Female	41605	200	2947	29769	8306	383
正高级 Senior	3634	238	776	2329	254	37
副高级 Sub-senior	22763	215	2340	17812	2298	98
中 级 Middle	40825	117	2225	29005	9093	385
初 级 Junior	16629	9	806	10619	4961	234
无职称 No Rank	17901	7	775	9990	6283	846
其中:实习指导课教师 of Which:Practice Course Teacher	9428	29	332	5877	2857	333
聘请校外教师中:外教 Foreign Teachers Among Part-time Teachers	237	5	65	149	18	

中等职业学校(机构)专任教师、聘请校外教师学历情况(普通中专学校)

Data on Academic Qualifications of Full-time and Part-time Teachers in Secondary Vocational Schools (SSSs)

单位：人
unit: person

	计 Total	博 士 Doctor's Degree	硕 士 Master's Degree	本 科 Normal Courses	专 科 Short-cycle Courses	高中阶段及以下 Below High School Graduate
1. 专任教师 Full-time Teacher	295029	307	17273	233777	40737	2935
其中:女 of Which: Female	145103	116	9739	117995	16422	831
正高级 Senior	2127	47	312	1501	244	23
副高级 Sub-senior	66883	125	5597	56406	4557	198
中 级 Middle	114002	72	6394	91487	15097	952
初 级 Junior	83774	38	2960	66686	13083	1007
无职称 No Rank	28243	25	2010	17697	7756	755
其中:实习指导课教师 of Which: Practice Course Teacher	12700	5	214	6928	4937	616
2. 聘请校外教师 Part-time Teacher	46107	306	4058	32995	8178	570
其中:女 of Which: Female	20024	108	1878	14739	3111	188
正高级 Senior	1707	139	351	1048	134	35
副高级 Sub-senior	10299	121	1104	8052	957	65
中 级 Middle	17531	37	1445	12889	3030	130
初 级 Junior	8210	6	624	5719	1793	68
无职称 No Rank	8360	3	534	5287	2264	272
其中:实习指导课教师 of Which: Practice Course Teacher	3906	23	214	2419	1119	131
聘请校外教师中:外教 Foreign Teachers Among Part-time Teachers	133	5	38	83	7	

中等职业学校(机构)专任教师、聘请校外教师学历情况(成人中专学校)

Data on Academic Qualifications of Full-time and Part-time Teachers in Secondary Vocational Schools (Adult SSSs)

单位：人

unit：person

	计 Total	博士 Doctor's Degree	硕士 Master's Degree	本科 Normal Courses	专科 Short-cycle Courses	高中阶段及以下 Below High School Graduate
1. 专任教师 Full-time Teacher	56979	29	1353	41482	13537	578
其中:女 of Which: Female	28090	4	644	20622	6595	225
正高级 Senior	413	13	75	307	18	
副高级 Sub-senior	14237	10	519	11942	1736	30
中 级 Middle	26807	4	482	19602	6422	297
初 级 Junior	13016	2	154	8197	4499	164
无职称 No Rank	2506		123	1434	862	87
其中:实习指导课教师 of Which:Practice Course Teacher	1687		9	1064	586	28
2. 聘请校外教师 Part-time Teacher	23749	77	1126	16411	5750	385
其中:女 of Which: Female	8394	12	307	6143	1845	87
正高级 Senior	835	40	185	577	33	
副高级 Sub-senior	7025	28	608	5637	731	21
中 级 Middle	12465	5	239	8601	3449	171
初 级 Junior	2475	1	54	1262	1080	78
无职称 No Rank	949	3	40	334	457	115
其中:实习指导课教师 of Which:Practice Course Teacher	2414	1	34	1782	515	82
聘请校外教师中:外教 Foreign Teachers Among Part-time Teachers	26		16	8	2	

中等职业学校(机构)专任教师、聘请校外教师学历情况(职业高中)

Data on Academic Qualifications of Full-time and Part-time Teachers in Secondary Vocational Schools (Vocational High Schools)

单位：人

unit: person

	计 Total	博　士 Doctor's Degree	硕　士 Master's Degree	本　科 Normal Courses	专　科 Short-cycle Courses	高中阶段及以下 Below High School Graduate
1. 专任教师 Full-time Teacher	306973	182	6520	247224	51117	1930
其中:女 of Which: Female	152206	61	3544	126511	21518	572
正高级 Senior	1883	46	232	1398	205	2
副高级 Sub-senior	53547	58	1880	46691	4881	37
中 级 Middle	125095	32	2449	103375	18648	591
初 级 Junior	99290	40	1254	78117	19041	838
无职称 No Rank	27158	6	705	17643	8342	462
其中:实习指导课教师 of Which: Practice Course Teacher	8725	34	144	5578	2829	140
2. 聘请校外教师 Part-time Teacher	27695	184	1288	17508	8094	621
其中:女 of Which: Female	11285	74	581	7588	2945	97
正高级 Senior	938	57	189	613	77	2
副高级 Sub-senior	4308	53	466	3253	524	12
中 级 Middle	9227	71	368	6422	2293	73
初 级 Junior	5177	2	90	3156	1846	83
无职称 No Rank	8045	1	175	4064	3354	451
其中:实习指导课教师 of Which: Practice Course Teacher	2932	3	65	1567	1182	115
聘请校外教师中:外教 Foreign Teachers Among Part-time Teachers	71		11	51	9	

中等职业学校(机构)专任教师、聘请校外教师学历情况(其他机构)

Data on Academic Qualifications of Full-time and Part-time Teachers in Secondary Vocational Schools (Other Institutions)

单位:人
unit: person

	计 Total	博士 Doctor's Degree	硕士 Master's Degree	本科 Normal Courses	专科 Short-cycle Courses	高中阶段及以下 Below High School Graduate
1. 专任教师 Full-time Teacher	21973	16	1661	17356	2827	113
其中:女 of Which: Female	10825	5	962	8642	1178	38
正高级 Senior	219	5	46	151	17	
副高级 Sub-senior	5006	6	494	4197	296	13
中级 Middle	9173	4	671	7346	1104	48
初级 Junior	5893	1	250	4631	977	34
无职称 No Rank	1682		200	1031	433	18
其中:实习指导课教师 of Which: Practice Course Teacher	608	1	18	392	180	17
2. 聘请校外教师 Part-time Teacher	4201	19	450	2841	867	24
其中:女 of Which: Female	1902	6	181	1299	405	11
正高级 Senior	154	2	51	91	10	
副高级 Sub-senior	1131	13	162	870	86	
中级 Middle	1602	4	173	1093	321	11
初级 Junior	767		38	482	242	5
无职称 No Rank	547		26	305	208	8
其中:实习指导课教师 of Which: Practice Course Teacher	176	2	19	109	41	5
聘请校外教师中:外教 Foreign Teachers Among Part-time Teachers	7			7		

中等职业学校(机构)

Breakdown of Full-time Teachers by Age in Secondary

	计 Total	30 岁及以下 30 and under	31—35 岁 31 to 35	36—40 岁 36 to 40
总　计 Total	**680954**	**176435**	**135695**	**132137**
其中:女 of Which: Female	336224	103247	73114	65864
正高级 Senior	4642		1	510
副高级 Sub-senior	139673	2	3912	24027
中　级 Middle	275077	23666	71126	81998
初　级 Junior	201973	106280	54166	22872
无职称 No Rank	59589	46487	6490	2730
普通中专学校 SSSs	295029	81050	54061	54195
其中:女 of Which: Female	145103	47357	28636	26507
正高级 Senior	2127		1	210
副高级 Sub-senior	66883	2	1787	11533
中　级 Middle	114002	11068	29192	32697
初　级 Junior	83774	48083	20109	8415
无职称 No Rank	28243	21897	2972	1340
成人中专学校 Adult SSSs	56979	8410	10226	11340
其中:女 of Which: Female	28090	4698	5670	6155
正高级 Senior	413			32
副高级 Sub-senior	14237		330	1683
中　级 Middle	26807	1547	5688	7460
初　级 Junior	13016	5033	3920	2004
无职称 No Rank	2506	1830	288	161
职业高中学校 Vocational High Schools	306973	81499	66888	62511
其中:女 of Which: Female	152206	47992	36447	31178
正高级 Senior	1883			262
副高级 Sub-senior	53547		1690	9987
中　级 Middle	125095	10234	33640	39121
初　级 Junior	99290	49781	28542	11989
无职称 No Rank	27158	21484	3016	1152
其他机构 Other Institutions	21973	5476	4520	4091
其中:女 of Which: Female	10825	3200	2361	2024
正高级 Senior	219			6
副高级 Sub-senior	5006		105	824
中　级 Middle	9173	817	2606	2720
初　级 Junior	5893	3383	1595	464
无职称 No Rank	1682	1276	214	77

专任教师分年龄情况

Vocational Schools (Institutions)

单位：人

unit: person

41—45 岁 41 to 45	46—50 岁 46 to 50	51—55 岁 51 to 55	56—60 岁 56 to 60	61 岁及以上 66 and over
111745	**68332**	**38308**	**16272**	**2030**
51129	27785	13000	1680	405
885	960	1072	748	466
46199	35482	20403	8671	977
52947	26070	13532	5389	349
10152	4771	2588	1053	91
1562	1049	713	411	147
48340	31294	17538	7580	971
22191	13127	6249	861	175
348	435	537	362	234
21900	17301	9769	4134	457
21452	11159	5885	2403	146
3866	1835	977	435	54
774	564	370	246	80
11453	8367	5073	1930	180
5770	3725	1855	170	47
83	110	92	57	39
4239	4112	2671	1114	88
5989	3519	1933	624	47
1052	554	340	111	2
90	72	37	24	4
48349	26347	14403	6170	806
21479	9935	4439	566	170
407	350	387	301	176
18398	12798	7220	3067	387
23881	10586	5299	2184	150
5012	2233	1210	488	35
651	380	287	130	58
3603	2324	1294	592	73
1689	998	457	83	13
47	65	56	28	17
1662	1271	743	356	45
1625	806	415	178	6
222	149	61	19	
47	33	19	11	5

中等职业学校(机构)专任教师、

Data on the Numbers by Teaching Course of Full-time and

	专任教师中按授课内容分 Full-time Teacher by Teaching Content			
	计 Total	文化基础课 Common Required Subject	专业课、实习指导课 Specialized Subject, Practice Course	
			计 Total	其中:双师型 Double-teacher Type
总　计 Total	**678201**	**295696**	**382505**	**145385**
其中:女 of Which: Female	335003	156649	178354	61590
正高级 Senior	4606	1382	3224	1369
副高级 Sub-senior	138994	66979	72015	34515
中　级 Middle	274026	122914	151112	69908
初　级 Junior	201148	85263	115885	34611
无职称 No Rank	59427	19158	40269	4982
普通中专学校 SSSs	294168	110508	183660	73977
其中:女 of Which: Female	144726	58955	85771	31734
正高级 Senior	2098	498	1600	760
副高级 Sub-senior	66702	27536	39166	20453
中　级 Middle	113664	43930	69734	35499
初　级 Junior	83530	30652	52878	15057
无职称 No Rank	28174	7892	20282	2208
成人中专学校 Adult SSSs	56641	29245	27396	6096
其中:女 of Which: Female	27915	15212	12703	2446
正高级 Senior	412	123	289	60
副高级 Sub-senior	14126	8190	5936	1564
中　级 Middle	26671	13845	12826	3148
初　级 Junior	12940	6080	6860	1131
无职称 No Rank	2492	1007	1485	193
职业高中学校 Vocational High Schools	305446	145740	159706	61618
其中:女 of Which: Female	151547	77238	74309	25898
正高级 Senior	1878	699	1179	474
副高级 Sub-senior	53165	28711	24454	11559
中　级 Middle	124532	60780	63752	29402
初　级 Junior	98789	45860	52929	17704
无职称 No Rank	27082	9690	17392	2479
其他机构 Other Institutions	21946	10203	11743	3694
其中:女 of Which: Female	10815	5244	5571	1512
正高级 Senior	218	62	156	75
副高级 Sub-senior	5001	2542	2459	939
中　级 Middle	9159	4359	4800	1859
初　级 Junior	5889	2671	3218	719
无职称 No Rank	1679	569	1110	102

聘请校外教师岗位分类情况

Part-time Teachers in Secondary Vocational Schools

单位：人

unit：person

聘请校外教师按授课内容分 Part-time Teacher by Teaching Content				专任教师中不任课人数 Full-time Teacher by Non-teaching			
计 Total	文化基础课 Common Required Subject	专业课、实习指导课 Specialized Subject, Practice Course		计 Total	进修 In-service	病休 Sick Leave	其他 Others
		计 Total	其中：双师型 Double-teacher Type				
101752	**27501**	**74251**	**22125**	**2753**	**245**	**421**	**2087**
41605	13634	27971	7548	1221	130	211	880
3634	803	2831	1103	36	1	1	34
22763	5757	17006	6824	679	47	72	560
40825	10366	30459	10349	1051	110	168	773
16629	5413	11216	2482	825	74	160	591
17901	5162	12739	1367	162	13	20	129
46107	12419	33688	10118	861	88	135	638
20024	6419	13605	3470	377	49	78	250
1707	323	1384	499	29	1		28
10299	2378	7921	3308	181	7	28	146
17531	4573	12958	4503	338	44	58	236
8210	2657	5553	1221	244	33	38	173
8360	2488	5872	587	69	3	11	55
23749	6190	17559	5806	338	83	24	231
8394	2665	5729	2234	175	55	9	111
835	198	637	238	1			1
7025	1984	5041	1852	111	30	6	75
12465	2861	9604	3248	136	43	13	80
2475	872	1603	407	76	4	4	68
949	275	674	61	14	6	1	7
27695	7658	20037	5444	1527	69	254	1204
11285	3933	7352	1570	659	25	119	515
938	250	688	311	5		1	4
4308	1116	3192	1392	382	9	36	337
9227	2455	6772	2271	563	19	94	450
5177	1636	3541	791	501	37	115	349
8045	2201	5844	679	76	4	8	64
4201	1234	2967	757	27	5	8	14
1902	617	1285	274	10	1	5	4
154	32	122	55	1			1
1131	279	852	272	5	1	2	2
1602	477	1125	327	14	4	3	7
767	248	519	63	4		3	1
547	198	349	40	3			3

	上学年初报表专任教师数 Total number of full-time teachers at beginning of previous academic year	增加专任 Factors of				
		合 计 Total	录用毕业生 New recruits from current year graduates			外单位 Teachers from other
			计 Total	研究生 Completing doc, & mas. deg. Prog.	本科生 Completing 1st degree courses	计 Total
总 计 Total	**682151**	**68203**	**16350**	**1646**	**12847**	**26832**
其中:女 of Which: Female	334693	33411	9144	1087	6993	12793
普通中专学校 SSSs	289318	29325	7810	1115	5885	9968
其中:女 of Which: Female	141157	14457	4377	734	3201	4716
成人中专学校 Adult SSSs	58385	4460	453	42	314	2375
其中:女 of Which: Female	28874	2119	213	23	162	1199
职业高中学校 Vocational High Schools	302953	31055	7649	399	6321	13907
其中:女 of Which: Female	149517	15119	4276	265	3449	6601
其他机构 Other Institutions	31495	3363	438	90	327	582
其中:女 of Which: Female	15145	1716	278	65	181	277

专任教师变动情况

Vocational Schools（Institutions）

单位：人

unit：person

教师数 Increase				减少专任教师数 Factors of Decrease				本学年初报表专任教师数 Total number of full-time teachers at beginning of current academic year
教师调入 Recruited units	非教师调入 Non-teaching personnel changed into teachers		其 他 Others	合 计 Total	自然减员 Retired from their posts during previous academic year	调离教师岗位人员 Transferred from teaching to non-teaching posts	其 他 Others	
其中:中职学校调入 of Which: from other SVSs	计 Total	其中:本校调整 of Which: with change of status in their own institutions						
10117	**10490**	**7445**	**14531**	**69400**	**12627**	**13737**	**43036**	**680954**
4817	4797	3292	6677	31880	5796	6217	19867	336224
4376	4960	3265	6587	23614	5444	4911	13259	295029
2012	2301	1440	3063	10511	2522	2050	5939	145103
817	569	382	1063	5866	1288	1005	3573	56979
393	279	186	428	2903	555	438	1910	28090
4745	4414	3422	5085	27035	5262	6467	15306	306973
2308	1957	1485	2285	12430	2437	3150	6843	152206
179	547	376	1796	12885	633	1354	10898	21973
104	260	181	901	6036	282	579	5175	10825

	学校占地面积(平方米) Area of School Sites (m^2)			图书藏量 Audio-visual	
				一般图书(册) Books & Magazines in Libraries	
	计 Total	其中:绿化用地面积 of Which: Green Areas	其中:运动场地面积 of Which: Sports Areas	计 Total	当年新增 Added in Current Year
总　计 Total					
学校产权 Owned by HEIs	515133818	110658172	76596498	343022910	22132275
非学校产权中独立使用 Not Owned by HEIs	51893306	10232071	8352188	7077093	644445
普通中专学校 SSSs					
学校产权 Owned by HEIs	251146927	56186548	35153378	180090541	10557301
非学校产权中独立使用 Not Owned by HEIs	26125543	4458811	3903857	2996431	164014
成人中专学校 Adult SSSs					
学校产权 Owned by HEIs	25247848	4617363	3713393	24611332	1257300
非学校产权中独立使用 Not Owned by HEIs	4045041	723462	787083	993345	145295
职业高中学校 Vocational High Schools					
学校产权 Owned by HEIs	222123468	46077957	35458705	122737368	9632954
非学校产权中独立使用 Not Owned by HEIs	19863949	4280673	3430956	2888682	334326
其他机构 Other Institutions					
学校产权 Owned by HEIs	16615575	3776304	2271022	15583669	684720
非学校产权中独立使用 Not Owned by HEIs	1858773	769125	230292	198635	810

(机构)资产情况
Secondary Vocational Schools (Institutions)

资料情况 ed. Resources					固定资产值(万元) Fixed Assets (10,000 yuan)		
电子图书(册) Electronic Books & Magazines in Libraries	拥有教学用计算机(台) No. of Computers Used for Instruction	语音实验室座位数(个) No. of Seats in Audio-Labs	多媒体教室座位数(个) No. of Seats in Multi-media Class-rooms	上网课程数(门) No. of Web-Based Courses	合计 Total	其中:教学、科研仪器设备资产 of Which: Teaching Equipment & Instruments 计 Total	其中:教学、科研仪器设备资产 当年新增 Added in Current Year
8678273.60	2322847	532021	3371941	74744	21585342.05	4076383.55	627142.58
	71694	20510	75072		669041.74	157996.36	19344.26
4652354.78	1148210	251751	1862809	31112	11612322.09	2255519.27	324653.73
	23746	6976	31027		315251.65	39469.52	9893.67
420068.49	150079	45974	218394	10391	1078761.67	186230.81	23582.47
	17106	2932	16255		91376.90	15087.88	3012.95
3535021.23	955001	213303	1138189	30622	8034033.16	1499701.74	255533.30
	29240	10256	26511		243654.19	31943.13	6317.64
70829.10	69557	20993	152549	2619	860225.13	134931.73	23373.08
	1602	346	1279		18759.00	71495.83	120.00

中等职业学校(机构)教职工中其他情况

Other Teachers, Staff & Workers in Secondary Vocational Schools (Institutions)

单位：人
unit: persons

	共产党员 Member of C. P. A	共青团员 Member of C. Y. L	民主党派 Non-Communist Parties	华侨 Overseas Chinese	港澳台 From H. K., Macao and Taiwan	少数民族 Minorities
总计 Total						
教职工 Teachers, Staff & Workers	305767	94240	12544	121	26	46554
其中:女 of Which: Female	114231	49641	6147	53	16	21416
专任教师 Full-time Teachers	212912	76809	9947	83	18	33054
其中:女 of Which: Female	87690	41905	5210	37	13	15871
普通中专学校 SSSs						
教职工 Teachers, Staff & Workers	147821	43792	7261	89	13	25560
其中:女 of Which: Female	57654	23252	3658	39	6	11814
专任教师 Full-time Teachers	97773	34716	5771	59	8	17661
其中:女 of Which: Female	42630	19098	3102	26	4	8392
成人中专学校 Adult SSSs						
教职工 Teachers, Staff & Workers	32547	5217	807	4		4304
其中:女 of Which: Female	11694	2573	364	2		1974
专任教师 Full-time Teachers	22587	3765	589	2		3073
其中:女 of Which: Female	8845	1894	270	2		1465
职业高中学校 Vocational High Schools						
教职工 Teachers, Staff & Workers	113801	41935	3927	20	13	15740
其中:女 of Which: Female	40657	22023	1858	8	10	7190
专任教师 Full-time Teachers	85151	35647	3174	16	10	11714
其中:女 of Which: Female	33235	19432	1626	7	9	5710
其他机构 other Institutions						
教职工 Teachers, Staff & Workers	11598	3296	549	8		950
其中:女 of Which: Female	4226	1793	267	4		438
专任教师 Full-time Teachers	7401	2681	413	6		606
其中:女 of Which: Female	2980	1481	212	2		304

中等职业学校(机构)校舍情况(总计)

Conditions of School Buidings in Secondary Vocational Schools (Institutions) (Total)

单位：平方米

unit：m^2

	学校产权建筑面积 Floor Area of School Building Owned by HEIs				正在施工面积 Floor Area Under Construction	独立使用非学校产权建筑面积 Floor Area of School Building Not Owned by HEIs
	计 Subtotal	其中：危房 of Which：Dilapidated Buildings	其中：当年新增 of Which：Added in Current Year	其中：被外单位借用 of Which：Floor Space Hired by Other Schools or Units		
总　计 Total	**196506862**	**6335297**	**8373438**	**432324**	**7701785**	**20793423**
一、教学及辅助用房 Buildings for Instraction and Ancillary Uses	90006920	2664276	4457667	176415	4276008	9993831
教室 Classroom	47628075	1742651	1786381	115846	1604831	5748164
图书馆 Library	5859479	125485	256892	7251	316256	550023
实验室、实习场所 Lab. And Practice Facilities	28679333	660363	2117244	29347	1973559	2512934
体育馆 Gymnasium	4855089	44066	185817	13217	298478	707349
会堂 Hall	2984944	91711	111333	10754	82884	475361
二、行政办公用房 Administritive	14438272	509772	502645	38392	500690	1403768
三、生活用房 Residential Buildings	75665560	2843317	3189794	209668	2611554	9395824
学生宿舍(公寓) Students' Dormitories	48635445	1726072	2226375	125446	1822667	6270087
学生食堂 Students' Dining Halls	11635546	331099	564820	13482	515662	1183775
教工单身宿舍 Apartments for Single	4083725	309136	99467	7894	68285	694312
教工食堂 Dining Halls for Staff and Workers	1114002	22287	27482	653	21269	139849
生活福利及其他用房 Residential, Welfare and Anxiliary Buildings	10196842	454723	271650	62193	183671	1107801
四、教工住宅 Residential Quarters for staff & Workers	16396110	317932	223332	7849	313533	

中等职业学校(机构)校舍情况(普通中专学校)

Conditions of School Buildings in Secondary Vocational Schools (SSSs)

单位：平方米
unit：m^2

	学校产权建筑面积 Floor Area of School Building Owned by HEIs				正在施工面积 Floor Area Under Construction	独立使用非学校产权建筑面积 Floor Area of School Building Not Owned by HEIs
	计 Subtotal	其中:危房 of Which: Dilapidated Buildings	其中:当年新增 of Which: Added in Current Year	其中:被外单位借用 of Which: Floor Space Hired by Other Schools or Units		
总计 Total	**102736474**	**2910735**	**4325074**	**159399**	**4724417**	**9797147**
一、教学及辅助用房 Buildings for Instruction and Ancillary Uses	46566153	1224873	2255887	67391	2499880	4659141
教室 Classroom	23212472	733986	791924	38064	1028273	2560198
图书馆 Library	3430480	76178	143310	2075	225412	220636
实验室、实习场所 Lab. And Practice Facilities	15417930	336864	1134753	10497	1041472	1320051
体育馆 Gymnasium	2995272	26610	137651	12117	161608	345471
会堂 Hall	1509999	51235	48249	4638	43115	212785
二、行政办公用房 Administrative	6682976	222042	216428	16350	277367	527257
三、生活用房 Residential Buildings	39489048	1315760	1705671	71956	1714382	4610749
学生宿舍(公寓) Students' Dormitories	26206712	868369	1216985	35648	1208943	3136523
学生食堂 Students' Dining Halls	5886603	151567	276924	4499	325122	506226
教工单身宿舍 Apartments for Single	1707582	102435	50218	3460	28719	343894
教工食堂 Dining Halls for Staff and Workers	566605	6311	8969	60	12217	70227
生活福利及其他用房 Residential, Welfare and Ancillary Buildings	5121546	187078	152575	28289	139381	553879
四、教工住宅 Residential Quarters for Staff & Workers	9998297	148060	147088	3702	232788	

中等职业学校(机构)校舍情况(成人中专学校)
Conditions of School Buildings in Secondary Vocational Schools (Adult SSSs)

单位：平方米
unit：m^2

	学校产权建筑面积 Floor Area of School Building Owned by HEIs				正在施工面积 Floor Area Under Construction	独立使用非学校产权建筑面积 Floor Area of School Building Not Owned by HEIs
	计 Subtotal	其中:危房 of Which: Dilapidated Buildings	其中:当年新增 of Which: Added in Current Year	其中:被外单位借用 of Which: Floor Space Hired by Other Schools or Units		
总　计 Total	**11576971**	**389445**	**194281**	**56880**	**166714**	**2095998**
一、教学及辅助用房 Buildings for Instraction and Ancillary Uses	5011786	152969	99976	22146	103238	1069587
教室 Classroom	3182447	118198	58550	21220	36150	679662
图书馆 Library	288896	5398	9159	646	18448	73337
实验室、实习场所 Lab. And Practice Facilities	1171854	17710	30901	80	36680	204198
体育馆 Gymnasium	157131	2415			8084	60622
会堂 Hall	211458	9248	1366	200	3876	51768
二、行政办公用房 Administritive	1532400	50686	62298	8876	13454	219877
三、生活用房 Residential Buildings	3944995	160336	32007	25858	49022	806534
学生宿舍(公寓) Students' Dormitories	2339258	77735	18237	17032	21330	579804
学生食堂 Students' Dining Halls	550337	19475	4243	2363	17005	88575
教工单身宿舍 Apartments for Single	224580	20739	1806	172	8286	51490
教工食堂 Dining Halls for Staff and Workers	86120	2449	1255		953	10176
生活福利及其他用房 Residential, Welfare and Anxiliary Buildings	744700	39938	6466	6291	1448	76489
四、教工住宅 Residential Quarters for Staff and Workers	1087790	25454			1000	

中等职业学校(机构)校舍情况(职业高中学校)

Conditions of School Buildings in Secondary Vocational Schools (Vocational High Schools)

单位：平方米

unit：m^2

	学校产权建筑面积 Floor Area of School Building Owned by HEIs				正在施工面积 Floor Area Under Construction	独立使用非学校产权建筑面积 Floor Area of School Building Not Owned by HEIs
	计 Subtotal	其中:危房 of Which: Dilapidated Buildings	其中:当年新增 of Which: Added in Current Year	其中:被外单位借用 of Which: Floor Space Hired by Other Schools or Units		
总　计 Total	**74764617**	**2962538**	**3767894**	**203521**	**2738383**	**8280628**
一、教学及辅助用房 Buildings for Instraction and Ancillary Uses	35133412	1259538	2060016	76210	1633621	3987175
教室 Classroom	19447540	872465	914843	51894	522954	2372021
图书馆 Library	1897114	41554	103602	4530	61969	228817
实验室、实习场所 Lab. And Practice Facilities	11145582	301382	937374	17770	890739	913159
体育馆 Gymnasium	1514553	14260	47236	1100	122426	276352
会堂 Hall	1128623	29877	56961	916	35533	196826
二、行政办公用房 Administritive	5660739	230770	220489	13008	200799	618104
三、生活用房 Residential Buildings	29358098	1329517	1411145	110156	826218	3675349
学生宿舍(公寓) Students' Dormitories	18180998	757641	968254	72766	575334	2333655
学生食堂 Students' Dining Halls	4760152	157136	277033	5427	170335	552058
教工单身宿舍 Apartments for Single	2004890	178687	44775	4262	31120	286015
教工食堂 Dining Halls for Staff and Workers	400857	13065	14508	593	6899	56000
生活福利及其他用房 Residential, Welfare and Anxiliary Buildings	4011201	222988	106575	27108	42530	447621
四、教工住宅 Residential Quarters for Staff & Workers	4612368	142713	76244	4147	77745	

中等职业学校(机构)校舍情况(其他机构)

Conditions of School Buildings in Secondary Vocational Schools (Other Institutions)

单位：平方米
unit：m²

	学校产权建筑面积 Floor Area of School Building Owned by HEIs				正在施工面积 Floor Area Under Construction	独立使用非学校产权建筑面积 Floor Area of School Building Not Owned by HEIs
	计 Subtotal	其中:危房 of Which: Dilapidated Buildings	其中:当年新增 of Which: Added in Current Year	其中:被外单位借用 of Which: Floor Space Hired by Other Schools or Units		
总　计 Total	**7428800**	**72579**	**86189**	**12524**	**72271**	**619650**
一、教学及辅助用房 Buildings for Instruction and Ancillary Uses	3295569	26896	41788	10668	39269	277928
教室 Classroom	1785616	18002	21064	4668	17454	136283
图书馆 Library	242989	2355	821		10427	27233
实验室、实习场所 Lab. And Practice Facilities	943967	4407	14216	1000	4668	75526
体育馆 Gymnasium	188133	781	930		6360	24904
会堂 Hall	134864	1351	4757	5000	360	13982
二、行政办公用房 Administrative	562157	6274	3430	158	9070	38530
三、生活用房 Residential Buildings	2873419	37704	40971	1698	21932	303192
学生宿舍(公寓) Students' Dormitories	1908477	22327	22899		17060	220105
学生食堂 Students' Dining Halls	438454	2921	6620	1193	3200	36916
教工单身宿舍 Apartments for Single	146673	7275	2668		160	12913
教工食堂 Dining Halls for Staff and Workers	60420	462	2750		1200	3446
生活福利及其他用房 Residential, Welfare and Ancillary Buildings	319395	4719	6034	505	312	29812
四、教工住宅 Residential Quarters for Staff and Workers	697655	1705			2000	

职业技术培训
Basic Statistics of Vocational-Technical

	学校数（所）Schools	教学班（点）（个）External Teaching Sites (Classes)	结业生数 计 Total
总　计 Total	**129447**	**532983**	**52522921**
职工技术培训学校（机构）Vocational-Technical Training Schools	2543	39315	3067011
教育部门和集体办 Run by Ed. Dept. & Collectives	904	16096	1483101
其他部门办 Run by Non-Ed. Dept.	736	18657	1288757
民办 Non-state/private	903	4562	295153
农村成人文化技术培训学校（机构）Technical Training Schools for Peasants	106689	314563	38130624
教育部门和集体办 Run by Ed. Dept. & Collectives	104394	305499	37117096
其中：县办 of Which：County-run	1717	16773	2628363
乡办 of Which：Township-run	17252	118214	18298556
村办 of Which：Village-run	85425	170512	16190177
其他部门办 Run by Non-Ed. Dept.	1926	8023	918546
民办 Non-state/private	369	1041	94982
其他培训机构（含社会培训机构）Others	20215	179105	11325286
教育部门和集体办 Run by Ed. Dept. & Collectives	1006	7723	916663
其他部门办 Run by Non-Ed. Dept.	2140	10945	2080117
民办 Non-state/private	17069	160437	8328506
总计中：少数民族 Total of：Minority			3696177
培训时间：Length of training：			
一周至一个月以下 1 week to less than 1 month			35669770
一个月至半年以下 1 month to less than 6 months			12988597
半年以上 More than 6 months			3864554
培训形式：Mode of training：			
资格证书培训 for Certificates of Vocational qualifications			3704048
岗位证书培训 for Certificates of Job-related qualifications			5063628
培训科目：Subjects of training：			
外语 Foreign language			1929767
会计 Accounting			818492
计算机 Computer			1853502
农业技术 Agricultural techniques			21667354

机构基本情况
Training Institutions

单位：人次
unit：person

Graduates	注册学生数 Enrolment		教职工数 Teachers, Staff & Workers		聘请校外教师 Part-time Teachers
其中：女 of Which：Female	计 Total	其中：女 of Which：Female	计 Total	其中：专任教师 of Which：Full-time Teacher	
24648799	**49250045**	**23237839**	**473108**	**242299**	**323258**
1377558	3082107	1369461	46924	30896	16898
760172	1477691	730276	26910	18909	7796
474723	1326533	500001	12131	6981	6365
142663	277883	139184	7883	5006	2737
17618209	34242222	15894425	190160	91966	196711
17106150	33420863	15495221	183029	87970	186696
1186730	2835373	1251485	16173	10186	12026
8356407	16181684	7399323	70711	36049	76514
7563013	14403806	6844413	96145	41735	98156
464603	734965	358721	4907	2349	9614
47456	86394	40483	2224	1647	401
5653032	11925716	5973953	236024	119437	109649
492023	965624	516111	11352	6669	5962
990046	2026607	950346	16420	8117	14097
4170963	8933485	4507496	208252	104651	89590
1702932	3505894	1664874	11476	2873	9084
16638160	32192132	14995688			
6110468	12724869	6055324			
1900171	4333044	2186827			
1607236	3473839	1630180			
2318080	4417171	2099447			
1031601	2158428	1179018			
530189	767482	497667			
950191	1684026	854853			
9860038	18640022	8779604			

职业技术培训机构资产情况
Condition of Fixed Assets and Teaching Resources in Vocational-Technical Training Institutions

	总计 Total	职工技术培训学校(机构) Vocational-Technical Training Institutions	农村成人文化技术培训学校(机构) Technical Training Schools for Peasants	其他培训机构(含社会培训机构) Others
占地面积(平方米) Area of School Sites (m^2)	130628061	13379563	89283798	27964700
教学行政用房建筑面积(平方米) Administrative (m^2)	44831151	4726228	26087263	14017660
图书藏量(册) Books (Volume)	111190493	12608189	43175104	55407200
教学用计算机(台) No. of Computers Used for Instruction	668915	90768	201158	376989
语音实验室座位数(个) No. of Seats in Audio-Labs	341045	31791	102577	206677
多媒体教室座位数(个) No. of Seats in Multimedia Class rooms	1008835	116200	385128	507507
固定资产总值(万元) Fixed Assets (in 10000 yuan)	4327494. 50	693622. 37	1089513. 36	2544358. 77
其中:教学、实习仪器设备资产值 of Which: Teaching Equipment & Instruments	1703041. 99	155201. 28	183340. 37	1364500. 34

(二)初中阶段教育
Junior Secondary Education

初中阶段校数、班数

Number of Schools, Classes Admitted in Junior Schools

	学校数(所) Schools	班数(个) Classes				
		计 Total	一年级 Grade 1	二年级 Grade 2	三年级 Grade 3	四年级 Grade 4
总　计 Total	**54890**	**997975**	**329019**	**330830**	**326720**	**11406**
教育部门和集体办 Run by Ed. Dept. &Communities	50077	905181	296989	300242	297836	10114
民办 Non-state/private	4259	84743	29461	28026	26343	913
其他部门办 Run by Non-ed. Dept.	554	8051	2569	2562	2541	379
城市 Urban	7283	209567	69211	68435	67040	4881
教育部门和集体办 Run by Ed. Dept. &Communities	5712	171862	56424	55970	55306	4162
民办 Non-state/private	1443	35493	12070	11731	11006	686
其他部门办 Run by Non-ed. Dept.	128	2212	717	734	728	33
县镇 Counties & Towns	18900	440317	146032	146042	144462	3781
教育部门和集体办 Run by Ed. Dept. &Communities	17189	402611	132692	133634	132703	3582
民办 Non-state/private	1625	36241	12857	11916	11295	173
其他部门办 Run by Non-ed. Dept.	86	1465	483	492	464	26
农村 Rural	28707	348091	113776	116353	115218	2744
教育部门和集体办 Run by Ed. Dept. &Communities	27176	330708	107873	110638	109827	2370
民办 Non-state/private	1191	13009	4534	4379	4042	54
其他部门办 Run by Non-ed. Dept.	340	4374	1369	1336	1349	320
总计中:四年制初中 of the Total:4-Year Junior Sec. School		44069	10581	11066	11016	11406
其他学校附设初中班 Junior Sec. Classes Attached to Others Schools		8746	2789	2968	2932	57
其他单位(学校)办班 Classes run by Other Unit(Schools)		75	31	13	31	
独立设置少数民族学校 Inde. Sec. Schools for Minorities	1929	26037	8858	8614	8463	102

注:初中阶段含普通初中和职业初中。

Note:Junior Secondary Education include Regular Junior Secondary Schools and Vocational JSSs.

普通初中校数、班数
Number of Junior Schools and Classes

	学校数(所) Schools			班数(个) Classes				
	合 计 Total	初级中学 Junior Sec. Schools	九年一贯制学校 9-Year Sec. Schools	计 Total	一年级 Grade 1	二年级 Grade 2	三年级 Grade 3	四年级 Grade 4
总 计 Total	**54823**	**42121**	**12702**	**997272**	**328787**	**330621**	**326464**	**11400**
教育部门和集体办 Run by Ed. Dept. &Communities	50011	40236	9775	904484	296759	300035	297582	10108
民办 Non-state/private	4259	1676	2583	84743	29461	28026	26343	913
其他部门办 Run by Non-ed. Dept.	553	209	344	8045	2567	2560	2539	379
城市 Urban	7279	5010	2269	209542	69203	68428	67030	4881
教育部门和集体办 Run by Ed. Dept. &Communities	5709	4434	1275	171843	56418	55965	55298	4162
民办 Non-state/private	1443	523	920	35493	12070	11731	11006	686
其他部门办 Run by Non-ed. Dept.	127	53	74	2206	715	732	726	33
县镇 Counties & Towns	18874	15800	3074	440061	145947	145968	144365	3781
教育部门和集体办 Run by Ed. Dept. &Communities	17163	15071	2092	402355	132607	133560	132606	3582
民办 Non-state/private	1625	675	950	36241	12857	11916	11295	173
其他部门办 Run by Non-ed. Dept.	86	54	32	1465	483	492	464	26
农村 Rural	28670	21311	7359	347669	113637	116225	115069	2738
教育部门和集体办 Run by Ed. Dept. &Communities	27139	20731	6408	330286	107734	110510	109678	2364
民办 Non-state/private	1191	478	713	13009	4534	4379	4042	54
其他部门办 Run by Non-ed. Dept.	340	102	238	4374	1369	1336	1349	320
总计中:四年制初中 of the Total:4-Year Junior Sec. School				44021	10567	11053	11001	11400
其他学校附设初中班 Junior Sec. Classes Attached to Others Schools				8659	2768	2949	2885	57
独立设置少数民族学校 Inde. Sec. Schools for Minorities				26025	8854	8610	8459	102

职业初中校数、班数

Number of Schools, Classes Admitted in Vocational Junior Secondary Schools

	学校数(所) Schools	班数(个) Classes				
		计 Total	一年级 Grade 1	二年级 Grade 2	三年级 Grade 3	四年级 Grade 4
总计 Total	**67**	**703**	**232**	**209**	**256**	**6**
教育部门和集体办	66	697	230	207	254	6
Run by Ed. Dept. & Communities						
民办						
Non-state/private						
其他部门办 Run by Non-ed. Dept.	1	6	2	2	2	
城市 Urban	4	25	8	7	10	
教育部门和集体办	3	19	6	5	8	
Run by Ed. Dept. & Communities						
民办 Non-state/private						
其他部门办 Run by Non-ed. Dept.						
县镇 Counties & Towns	1	6	2	2	2	
教育部门和集体办	26	256	85	74	97	
Run by Ed. Dept. & Communities						
民办 Non-state/private	26	256	85	74	97	
其他部门办 Run by Non-ed. Dept.						
农村 Rural						
教育部门和集体办	37	422	139	128	149	6
Run by Ed. Dept. & Communities						
民办 Non-state/private	37	422	139	128	149	6
其他部门办 Run by Non-ed. Dept.						
总计中:四年制 of the Total:4-Year						
普通中学附设班		48	14	13	15	6
Classes Attached to General Sec. School						
其他单位(学校)办班		87	21	19	47	
Classes run by Other Unit (Schools)						
独立设置少数民族学校		75	31	13	31	
Inde. Sec. Schools for Minorities	3	12	4	4	4	

普通初中班额情况

Size of Junior Secondary Schools Classes

单位：个
unit：class

	计 Total	一年级 Grade 1	二年级 Grade 2	三年级 Grade 3	四年级 Grade 4
合　计 Total	**997272**	**328787**	**330621**	**326464**	**11400**
城市：Urban：					
25 人及以下	4782	1473	1343	1532	434
26－35 人	19075	6301	5891	6003	880
36－45 人	48018	15798	15445	15410	1365
46－55 人	72657	24423	24014	23129	1091
56－65 人	42053	13927	13968	13348	810
66 人及以上	22957	7281	7767	7608	301
县镇：Counties & Towns：					
25 人及以下	3987	1352	1209	1215	211
26－35 人	20223	6985	6233	6212	793
36－45 人	72380	24663	23388	23342	987
46－55 人	153673	50748	50887	50918	1120
56－65 人	106551	35091	35840	35089	531
66 人及以上	83247	27108	28411	27589	139
农村：Rural：					
25 人及以下	6730	2351	2093	2236	50
26－35 人	28072	9972	8905	8759	436
36－45 人	80010	26600	26791	25757	862
46－55 人	122823	39830	41534	40520	939
56－65 人	68980	21900	23271	23414	395
66 人及以上	41054	12984	13631	14383	56

职业初中班额情况

Size of Vocational Junior Secondary Schools Classes

单位：个
unit：class

	计 Total	一年级 Grade 1	二年级 Grade 2	三年级 Grade 3	四年级 Grade 4
合　计 Total	**703**	**232**	**209**	**256**	**6**
城市：Urban：					
25 人及以下	18	6	4	8	
26－35 人	3	1	2		
36－45 人	2	1	1		
46－55 人	1			1	
56－65 人					
66 人及以上	1			1	
县镇：Counties & Towns：					
25 人及以下	5	2	2	1	
26－35 人	9	2		7	
36－45 人	53	19	19	15	
46－55 人	86	35	30	21	
56－65 人	60	19	14	27	
66 人及以上	43	8	9	26	
农村：Rural：					
25 人及以下	12	1	1	10	
26－35 人	47	15	13	13	6
36－45 人	67	34	16	17	
46－55 人	197	60	62	75	
56－65 人	86	25	32	29	
66 人及以上	13	4	4	5	

初中阶段
Number of Students in

	毕业生数 Graduates	招生数 Students Admitted		
			合 计 Total	其中:女 of Which: Female
总　　计 Total	**17503508**	**17165815**	**52793300**	**24924796**
其中:女 of Which: Female	8364168	8055479	24924796	
教育部门和集体办 Run by Ed. Dept. & Communities	16086439	15519285	48011675	22931462
民办 Non-state/private	1298601	1532080	4421129	1823692
其他部门办 Run by Non-ed. Dept.	118468	114450	360496	169642
城市 Urban	3327026	3481401	10590766	4943594
教育部门和集体办 Run by Ed. Dept. & Communities	2782897	2854799	8746764	4140641
民办 Non-state/private	507554	591247	1734893	752832
其他部门办 Run by Non-ed. Dept.	36575	35355	109109	50121
县镇 Counties & Towns	7997387	7966997	24337317	11466341
教育部门和集体办 Run by Ed. Dept. & Communities	7389513	7240503	22270599	10635544
民办 Non-state/private	584458	703972	1998788	800103
其他部门办 Run by Non-ed. Dept.	23416	22522	67930	30694
农村 Rural	6179095	5717417	17865217	8514861
教育部门和集体办 Run by Ed. Dept. & Communities	5914029	5423983	16994312	8155277
民办 Non-state/private	206589	236861	687448	270757
其他部门办 Run by Non-ed. Dept.	58477	56573	183457	88827
总计中:四年制 of the Total:4-Year			1976556	935148
九年一贯制学校 9-Year Sec. Schools	1683645	1812098	5396300	2467071
其他单位(学校)办班 Classes Run by Other Unit(or Schools)	238038	140751	443368	203931
重读生 Repeaters			47919	18695
重读中女 of Which: Female			18695	
少数民族学生 Minority Students	1585150	1709333	4981510	2329371
独立设置少数民族学校 Inde. Sec. Schools for Minorities	407177	412771	1211781	587573

注:初中阶段含普通初中和职业初中。

Note:Junior Secondary Education include Regular Junior Secondary Schools and Vocational JSSs.

学生数
Junior Schools

单位：人
unit：person

在校学生数 Enrolment				毕业班学生数 Graduates for Next Year
一年级 Grade 1	二年级 Grade 2	三年级 Grade 3	四年级 Grade 4	
17202342	**17580458**	**17493789**	**516711**	**17514759**
8069932	8292740	8311828	250296	8204683
15553484	15995574	16000282	462335	16016359
1534367	1467768	1380227	38767	1381142
114491	117116	113280	15609	117258
3483460	3484729	3403263	219314	3399648
2856311	2870234	2832033	188186	2827568
591792	577668	535626	29807	535837
35357	36827	35604	1321	36243
7984458	8109378	8073213	170268	8084313
7256904	7428043	7422736	162916	7433399
705030	658405	628820	6533	629143
22524	22930	21657	819	21771
5734424	5986351	6017313	127129	6030798
5440269	5697297	5745513	111233	5755392
237545	231695	215781	2427	216162
56610	57359	56019	13469	59244
466186	498120	495640	516610	516610
1815753	1802007	1713326	65214	1713108
140984	149408	150413	2563	151892
36527	6116	5275	1	
14453	2054	2188		
1716912	1672286	1581663	10649	1551649
413803	402763	391581	3634	393670

普通初中

Number of Students in

	毕业生数 Graduates	招生数 Students Admitted	合 计 Total	其中:女 of Which: Female
总 计 Total	**17485714**	**17154930**	**52759127**	**24908523**
其中:女 of Which: Female	8355714	8050374	24908523	
教育部门和集体办 Run by Ed. Dept. & Communities	16069107	15508419	47977638	22915245
民办 Non-state/private	1298201	1532080	4421129	1823692
其他部门办 Run by Non-ed. Dept.	118406	114431	360360	169586
城市 Urban	3326336	3481265	10590217	4943380
教育部门和集体办 Run by Ed. Dept. & Communities	2782257	2854682	8746351	4140483
民办 Non-state/private	507554	591247	1734893	752832
其他部门办 Run by Non-ed. Dept.	36525	35336	108973	50065
县镇 Counties & Towns	7989595	7962857	24324161	11459949
教育部门和集体办 Run by Ed. Dept. & Communities	7381996	7236363	22257443	10629152
民办 Non-state/private	584183	703972	1998788	800103
其他部门办 Run by Non-ed. Dept.	23416	22522	67930	30694
农村 Rural	6169783	5710808	17844749	8505194
教育部门和集体办 Run by Ed. Dept. & Communities	5904854	5417374	16973844	8145610
民办 Non-state/private	206464	236861	687448	270757
其他部门办 Run by Non-ed. Dept.	58465	56573	183457	88827
总计中:四年制 of the Total:4-Year			1974712	934258
九年一贯制学校 9-Year Sec. Schools	1679223	1810983	5392004	2465073
其他学校附设初中班 Junior Sec. Classes Attached to Others Schools	234247	139610	440346	202470
重读生 Repeaters			47895	18686
重读中女 of Which: Female			18686	
少数民族学生 Minority Students	1581134	1705355	4970029	2324207
独立设置少数民族学校 Inde. Sec. Schools for Minorities	406955	412541	1211100	587265

学生数

Junior Secondary Schools

单位：人

unit：person

在校学生数 Enrolment				毕业班学生数 Graduates for Next Year
一年级 Grade 1	二年级 Grade 2	三年级 Grade 3	四年级 Grade 4	
17191451	**17570301**	**17480852**	**516523**	**17502357**
8064825	8287885	8305608	250205	8198715
15542612	15985463	15987416	462147	16004028
1534367	1467768	1380227	38767	1381142
114472	117070	113209	15609	117187
3483324	3484595	3402984	219314	3399369
2856194	2870146	2831825	188186	2827360
591792	577668	535626	29807	535837
35338	36781	35533	1321	36172
7980318	8105762	8067813	170268	8078913
7252764	7424427	7417336	162916	7427999
705030	658405	628820	6533	629143
22524	22930	21657	819	21771
5727809	5979944	6010055	126941	6024075
5433654	5690890	5738255	111045	5748669
237545	231695	215781	2427	216162
56610	57359	56019	13469	59244
465752	497621	494917	516422	516422
1814638	1801106	1711046	65214	1710828
139843	148925	149015	2563	150494
36521	6098	5275	1	
14451	2047	2188		
1712933	1669329	1577118	10649	1547149
413573	402549	391344	3634	393433

职业初中

Number of Students in Vocational

	毕业生数 Graduates	招生数 Students Admitted		
			合计 Total	其中:女 of Which: Female
总　　计 Total	**17794**	**10885**	**34173**	**16273**
其中:女 of Which: Female	8454	5105	16273	
教育部门和集体办 Run by Ed. Dept. & Communities	17332	10866	34037	16217
民办 Non-state/private	400			
其他部门办 Run by Non-ed. Dept.	62	19	136	56
城市 Urban	690	136	549	214
教育部门和集体办 Run by Ed. Dept. & Communities	640	117	413	158
民办 Non-state/private				
其他部门办 Run by Non-ed. Dept.	50	19	136	56
县镇 Counties & Towns	7792	4140	13156	6392
教育部门和集体办 Run by Ed. Dept. & Communities	7517	4140	13156	6392
民办 Non-state/private	275			
其他部门办 Run by Non-ed. Dept.				
农村 Rural	9312	6609	20468	9667
教育部门和集体办 Run by Ed. Dept. & Communities	9175	6609	20468	9667
民办 Non-state/private	125			
其他部门办 Run by Non-ed. Dept.	12			
总计中:四年制 of the Total:4-Year			1844	890
普通中学附设班 Classes Attached to General Sec. Schools	4422	1115	4296	1998
其他单位(学校)办班 Classes Run by Other Unit(or Schools)	3791	1141	3022	1461
重读生 Repeaters			24	9
重读中女 of Which: Female			9	
少数民族学生 Minority Students	4016	3978	11481	5164
独立设置少数民族学校 Inde. Sec. Schools for Minorities	222	230	681	308

学生数

Junior Secondary Schools

单位：人

unit：person

在校学生数 Enrolment				毕业班学生数 Graduates for Next Year
一年级 Grade 1	二年级 Grade 2	三年级 Grade 3	四年级 Grade 4	
10891	**10157**	**12937**	**188**	**12402**
5107	4855	6220	91	5968
10872	10111	12866	188	12331
19	46	71		71
136	134	279		279
117	88	208		208
19	46	71		71
4140	3616	5400		5400
4140	3616	5400		5400
6615	6407	7258	188	6723
6615	6407	7258	188	6723
434	499	723	188	188
1115	901	2280		2280
1141	483	1398		1398
6	18			
2	7			
3979	2957	4545		4500
230	214	237		237

初中阶段学龄人口及在校学生情况
Number of School-age Population and Enrolment of Junior Schools

单位：人
unit: person

	在校学龄人口数 School-age Population		在校学生数 Enrolment					
	计 Total	其中:女 of Which: Female	计 Total	其中:女 of Which: Female	一年级 Grade 1	二年级 Grade 2	三年级 Grade 3	四年级 Grade 4
合计 Total	**46253875**	**21913040**	**52793300**	**24924796**	**17202342**	**17580458**	**17493789**	**516711**
10 岁及以下 Under 10 years			15079	7877	15010	59	10	
11 岁	265115	128528	788970	390964	763387	25523	60	
12 岁	8844119	4215648	9804431	4693319	8896369	872001	36060	1
13 岁	15984977	7578487	15987092	7579516	6181044	8891251	906538	8259
14 岁	16522941	7790813	16550072	7803064	1080316	6368728	8832184	268844
15 岁	4636349	2199380	8006139	3735202	216491	1177456	6404359	207833
16 岁	374	184	1361262	597429	38144	200963	1094694	27461
17 岁			232140	97068	8509	34622	185232	3777
18 岁及以上 Over 18 years			48115	20357	3072	9855	34652	536
城市 Urban	9128436	4279202	10590766	4943594	3483460	3484729	3403263	219314
10 岁及以下 Under 10 years			5832	3107	5809	20	3	
11 岁	142574	69329	297271	149536	286952	10293	26	
12 岁	2185591	1040318	2363585	1131114	2033384	317893	12307	1
13 岁	3234517	1518751	3234517	1518751	960403	1958180	311217	4717
14 岁	3170551	1468251	3179902	1472317	166326	993740	1879948	139888
15 岁	395068	182504	1262049	567098	25311	176000	997006	63732
16 岁	135	49	216952	90374	4100	24541	178802	9509
17 岁			26117	9728	845	3103	20855	1314
18 岁及以上 Over 18 years			4541	1569	330	959	3099	153

注:初中阶段含普通初中和职业初中。

Note: Junior Secondary Education include Regular Junior Secondary Schools and Vocational JSSs.

初中阶段学龄人口及在校学生情况(续)

Number of School-age Population and Enrolment of Junior Schools

单位：人

unit：person

	在校学龄人口数 School-age Population		在校学生数 Enrolment					
	计 Total	其中:女 of Which: Female	计 Total	其中:女 of Which: Female	一年级 Grade 1	二年级 Grade 2	三年级 Grade 3	四年级 Grade 4
县镇 Counties & Towns	21403977	10114166	24337317	11466341	7984458	8109378	8073213	170268
10 岁及以下 Under 10 years			6332	3286	6296	30	6	
11 岁	88202	42257	314636	155141	304117	10490	29	
12 岁	3775007	1782629	4273771	2031540	3909379	348866	15526	
13 岁	7379980	3490180	7381490	3490919	3112744	3898215	367898	2633
14 岁	7675892	3616785	7684039	3620441	522855	3165835	3907393	87956
15 岁	2484874	1182305	3910122	1830178	105106	567711	3169292	68013
16 岁	22	10	633578	278820	18480	96516	508727	9855
17 岁			111025	46549	4091	17255	88143	1536
18 岁及以上 Over 18 years			22324	9467	1390	4460	16199	275
农村 Rural	15721462	7519672	17865217	8514861	5734424	5986351	6017313	127129
10 岁及以下 Under 10 years			2915	1484	2905	9	1	
11 岁	34339	16942	177063	86287	172318	4740	5	
12 岁	2883521	1392701	3167075	1530665	2953606	205242	8227	
13 岁	5370480	2569556	5371085	2569846	2107897	3034856	227423	909
14 岁	5676498	2705777	5686131	2710306	391135	2209153	3044843	41000
15 岁	1756407	834571	2833968	1337926	86074	433745	2238061	76088
16 岁	217	125	510732	228235	15564	79906	407165	8097
17 岁			94998	40791	3573	14264	76234	927
18 岁及以上 Over 18 years			21250	9321	1352	4436	15354	108

	教职工数 Teachers, Staff & Workers		
	合计 Total	专任教师 Full-time Teachers	行政人员 Adm. Personnel
总计 Total	**2187**	**1975**	**111**
其中:女 of Which: Female	897	863	13
少数民族 Minority	383	358	12
教育部门和集体办 Run by Ed. Dept. & Communities	2159	1958	108
民办 Non-state/private			
其他部门办 Run by Non-ed. Dept.	28	17	3
城市 Urban	110	82	17
教育部门和集体办 Run by Ed. Dept. & Communities	82	65	14
民办 Non-state/private			
其他部门办 Run by Non-ed. Dept.	28	17	3
县镇 Counties & Towns	810	731	37
教育部门和集体办 Run by Ed. Dept. & Communities	810	731	37
民办 Non-state/private			
其他部门办 Run by Non-ed. Dept.			
农村 Rural	1267	1162	57
教育部门和集体办 Run by Ed. Dept. & Communities	1267	1162	57
民办 Non-state/private			
其他部门办 Run by Non-ed. Dept.			

教职工数

in Vocational Junior Secondary Schools

单位：人

unit：person

			代课教师 Substitute Teachers	兼任教师 Part-time Teachers
教辅人员 Supporting Staff	工勤人员 Workers	校办工厂、农（林）场职工 Employees in School-run Factories & Farms		
68	**33**		**24**	**108**
14	7		15	38
5	8		6	61
61	32		24	108
7	1			
7	4			
	3			
7	1			
28	14		6	30
28	14		6	30
33	15		18	78
33	15		18	78

普通初中分课程专
Number of Full-time Junior Secondary School Teachers

	总计 Total	其中:女 of Which: Female	思想品德(政治) Politics	语文 Chinese	数学 Mathematics	外语 Foreign Languages 计 Total	英语 English	日语 Japanese	俄语 Russian	科学 Scoemce	物理 Physics
合计 Total	**3523382**	**1743360**	**233739**	**647989**	**620436**	**552159**	**551205**	**421**	**373**	**31550**	**240273**
研究生毕业 Graduate	22681	14622	1795	4571	3663	3629	3610	9	8	372	1390
本科毕业 Under-graduate	2234092	1213656	147148	455294	408461	377841	377203	300	241	22532	152553
专科毕业 Associate Bachelor	1219068	504243	81538	184109	203641	167944	167651	111	122	8246	84570
高中阶段毕业 High School Graduate	46577	10675	3219	3958	4621	2708	2704	1	2	398	1744
高中阶段毕业以下 Below High School Graduate	964	164	39	57	50	37	37			2	16
合计中:女 of Total:Female	1743360		106614	369429	280165	406961	405875	348	278	12801	75442
少数民族 Minorities	302975	142163	22267	57232	51499	38217	37927	211	34	618	21405
城市 Urban	705956	454691	42947	124443	122297	119928	119613	186	94	9481	47087
县镇 County & Towns	1545884	746400	104020	284296	272597	243596	243293	142	91	15314	104176
农村 Rural	1271542	542269	86772	239250	225542	188635	188299	93	188	6755	89010

职业初中分课程专任
Number of Full-time Vocational Schools Teachers

	总计 Total	其中:女 of Which: Female	思想品德(政治) Politics	语文 Chinese	数学 Mathematics	外语 Foreign Languages 计 Total	英语 English	日语 Japanese	俄语 Russian	科学 Scoemce	物理 Physics
合　计 Total	**1975**	**863**	**126**	**358**	**319**	**271**	**271**			**22**	**130**
研究生毕业 Graduate	6	1		2	1	2	2				
本科毕业 Under-graduate	1011	519	59	180	160	154	154			13	77
专科毕业 Associate Bachelor	933	340	67	172	158	114	114			9	49
高中阶段毕业 High School Graduate	25	3		4		1	1				4
高中阶段毕业以下 Below High School Graduate											
合计中:女 of Total:Female	863		46	159	134	182	182			14	46
少数民族 Minorities	358	123	25	74	63	42	42				18

任教师学历情况

by Subject Taught & Educational Attainment

单位：人

unit：person

化学 Chemistry	生物 Biology	历史与社会 History and Soliety	地理 Geography	历史 History	信息技术 Infor Techniqice	通用技术 Common Technology	体育与健康 Physical	艺术 Art	音乐 Music	美术 Arts	综合实践活动 计 Total	综合实践活动 信息技术 Information Technique	综合实践活动 劳动与技术 Skills Teaching	其他 Others	当年不任课 No Teaching Load in Current Year
151272	**138130**	**30186**	**131871**	**168983**	**35**	**11**	**175962**	**5457**	**84589**	**80109**	**129574**	**88253**	**39821**	**43707**	**57350**
1140	1055	347	727	1322	1		774	10	313	332	610	525	76	323	307
99129	77206	17885	69188	98464	18	2	103832	2336	46944	44286	68513	53721	14031	19714	22746
50095	57068	11326	58865	66206	16	8	67061	2978	35622	33679	56017	32975	22370	20780	29299
901	2766	613	3048	2944		1	4188	124	1682	1779	4312	1009	3247	2780	4791
7	35	15	43	47			107	9	28	33	122	23	97	110	207
62235	67304	12890	57285	76764	13	2	32349	2635	58630	37424	43602	31136	11435	18973	21842
13617	11944	1235	10964	14229	4	2	16295	293	7701	6592	10312	7223	2859	12331	6218
29968	25594	6647	23429	31711	5	1	41272	620	18217	16816	24870	18651	5900	6914	13709
65121	60599	13622	58476	75069	12	2	76581	2478	36760	34803	55825	37671	17585	18982	23555
56183	51937	9917	49966	62203	18	8	58109	2359	29612	28490	48879	31931	16336	17811	20086

教师学历情况

by Subject Taught & Educational Attainment

单位：人

unit：person

化学 Chemistry	生物 Biology	历史与社会 History and Soliety	地理 Geography	历史 History	体育与健康 Physical	艺术 Art	音乐 Music	美术 Arts	综合实践活动 计 Total	综合实践活动 信息技术 Information Technique	综合实践活动 劳动与技术 Skills Teaching	其他 Others	当年不任课 No Teaching Load in Current Year
90	**85**	**13**	**79**	**97**	**100**	**3**	**47**	**40**	**127**	**71**	**54**	**57**	**11**
1													
46	42	5	33	50	49		31	21	61	36	25	28	2
43	40	8	39	46	50	3	16	18	63	35	26	29	9
	3		7	1	1			1	3		3		
37	37	7	24	35	24	1	33	16	35	17	18	27	6
18	15	4	15	12	15	1	7	8	32	10	21	7	2

普通初中专任教师专业技术
Full-time Teachers in Junior Secondary

	合 计 Total	其中:女 of the Total: Female	25岁及以下 25 Years and Under	26－30	31－35
总 计 Total	**3523382**	**1743360**	**257956**	**675980**	**800472**
中学高级 Senior	439621	190192		385	6559
中学一级 1st Grade	1491067	679977	1897	64776	357877
中学二级 2nd Grade	1247776	667455	82891	484039	410486
中学三级 3rd Grade	111222	59698	34930	53355	14333
未评职称 Rank Undecided	233696	146038	138238	73425	11217
总计中:女 of Which: Female	1743360		172207	400488	426956
少数民族 Minorities	302975	142163	20798	65474	74446
城市 Urban	705956	454691	43460	124349	147426
县镇 Counties City & Towns	1545884	746400	108589	283755	358023
农村 Rural	1271542	542269	105907	267876	295023

职业初中专任教师专业技术
Full-time Teachers in Vocational Secondary

	合 计 Total	其中:女 of the Total: Female	25岁及以下 25 Years and Under	26－30	31－35
总 计 Total	**1975**	**863**	**153**	**356**	**502**
中学高级 Senior	74	30			
中学一级 1st Grade	626	222		13	117
中学二级 2nd Grade	1057	492	41	256	369
中学三级 3rd Grade	126	60	50	61	14
未评职称 Rank Undecided	92	59	62	26	2
总计中:女 of Which: Female	863		89	164	264
少数民族 Minorities	358	123	51	111	81

职称、年龄结构情况

Schools Broken Down by Rank and Age

单位：人

unit：person

36－40	41－45	46－50	51－55	56－60	61 岁及以上 61 Years and Over
685223	**537754**	**294964**	**189440**	**80342**	**1251**
70516	152222	109694	72599	26930	716
443974	318611	158000	99996	45517	419
161412	61817	24727	15257	7099	48
4124	2134	1126	824	389	7
5197	2970	1417	764	407	61
336038	240594	110130	55943	770	234
59880	44721	21784	11395	4410	67
145316	123307	67762	40607	13189	540
311668	245026	127929	77537	32935	422
228239	169421	99273	71296	34218	289

职称、年龄结构情况

Schools Broken Down by Rank and Age

单位：人

unit：person

36－40	41－45	46－50	51－55	56－60	61 岁及以上 61 Years and Over
385	**262**	**153**	**120**	**44**	
13	21	18	19	3	
158	146	93	67	32	
214	93	42	33	9	
			1		
	2				
165	92	56	33		
58	28	14	14	1	

普通初中专任

Changes of Full-time Teachers in

	上学年初报表专任教师数 Total Number of Full-time Teachers at Beginning of Previous Academic Year	增加教师 Factors of Increase				
		计 Total	录用毕业生 New from Current Year Graduates	调　入 Teachers Recruited from Other Units	校内调整 of Which with change of status in their own institutions	其　他 Others
合　计 Total	**3513819**	**314587**	**80836**	**161478**	**52168**	**20105**
其中：女 of Which：Female	1715091	166953	53604	81847	21285	10217
城市 Urban	695514	68439	14450	34923	12506	6560
其中：女 of Which：Female	446265	42295	10418	21527	6541	3809
县镇 Counties & Towns	1523169	143134	32768	78724	23558	8084
其中：女 of Which：Female	727047	72657	21135	38743	8977	3802
农村 Rural	1295136	103014	33618	47831	16104	5461
其中：女 of Which：Female	541779	52001	22051	21577	5767	2606

职业初中专任

Changes of Full-time Teachers in

	上学年初报表专任教师数 Total Number of Full-time Teachers at Beginning of Previous Academic Year	增加教师 Factors of Increase				
		计 Total	录用毕业生 New Recruits from Current Year Graduates	调　入 Teachers Recruited from Other Units	校内调整 of Which with change of status in their own institutions	其　他 Others
合　计 Total	**4190**	**133**	**53**	**50**	**29**	**1**
其中：女 of Which：Female	1743	66	39	20	7	
城市 Urban	312	5			5	
其中：女 of Which：Female	170	1			1	
县镇 Counties & Towns	1502	47	20	14	13	
其中：女 of Which：Female	670	22	16	3	3	
农村 Rural	2376	81	33	36	11	1
其中：女 of Which：Female	903	43	23	17	3	

教师变动情况
Junior Secondary Schools

单位：人
unit：person

减少教师 Factors of Decrease					本学年初报表专任教师数 Total Number of Full-time Teachers at Beginning of Current Academic Year
计 Total	自然减员 Retired from their posts during previcus academic year	调出 Transferred from teaching to Non-Teaching posts	校内调整 of Which with change of status in their own institutions	其 他 Others	
305024	**36339**	**182240**	**57837**	**28608**	**3523382**
138684	15419	86520	23537	13208	1743360
57997	11027	26619	12286	8065	705956
33869	7096	15780	6600	4393	454691
120419	13733	72433	24667	9586	1545884
53304	5092	34211	9736	4265	746400
126608	11579	83188	20884	10957	1271542
51511	3231	36529	7201	4550	542269

教师变动情况
Vocational Junior Secondary Schools

单位：人
unit：person

减少教师 Factors of Decrease					本学年初报表专任教师数 Total Number of Full-time Teachers at Beginning of Current Academic Year
计 Total	自然减员 Retired from their posts during previcus academic year	调出 Transferred from teaching to Non-Teaching posts	校内调整 of Which with change of status in their own institutions	其 他 Others	
2348	**24**	**1520**	**210**	**594**	**1975**
946	7	613	74	252	863
235	1	216	2	16	82
118		105	2	11	53
818	7	379	97	335	731
374	4	181	43	146	318
1295	16	925	111	243	1162
454	3	327	29	95	492

普通初中学生、教职工政治面貌及其他
Supplementary Information on Students and Full-time Teachers of Junior Secondary Schools

单位：人
unit：person

	在校学生中 of Total Students			专任教师中 of Total Full-time Teachers			
	共产党员 Member of C. P. C.	共青团员 Member of C. Y. L.	华侨 Overseas Chinese	共产党员 Member of C. P. C.	共青团员 Member of C. Y. L.	民主党派 Non-Communist Parties	华侨 Overseas Chinese
合　计 Total		**14560129**	**2486**	**921734**	**341664**	**19699**	**152**
其中：女 of Which：Female		7417635	1175	313227	199900	11220	91
城市 Urban		2140068	1044	210003	68843	13799	85
其中：女 of Which：Female		1135707	522	116170	46908	8559	60
县镇 Counties & Towns		6979706	1146	393474	142709	4163	44
其中：女 of Which：Female		3536010	518	120467	81230	1962	21
农村 Rural		5440355	296	318257	130112	1737	23
其中：女 of Which：Female		2745918	135	76590	71762	699	10

职业初中学生、教职工政治面貌及其他

Supplementary Information on Students and Full-time Teachers of Vocational Junior Secondary Schools

单位：人
unit：person

	在校学生中 of Total Students			专任教师中 of Total Full-time Teachers			
	共产党员 Member of C. P. C.	共青团员 Member of C. Y. L.	华侨 Overseas Chinese	共产党员 Member of C. P. C.	共青团员 Member of C. Y. L.	民主党派 Non-Communist Parties	华侨 Overseas Chinese
合　计 Total		**7131**		**461**	**158**	**2**	
其中：女 of Which：Female		3599		112	88		
城市 Urban		39		10	1	1	
其中：女 of Which：Female		20		8			
县镇 Counties & Towns		3442		183	43	1	
其中：女 of Which：Female		1680		53	21		
农村 Rural		3650		268	114		
其中：女 of Which：Female		1899		51	67		

普通初中

Condition of School Buildings in

	学校占地面积 Areas Occupied	校舍建筑面积 Floor Space	教学及辅助用房 Teaching & Assistant Buildings				
			计 Total	其中 of Which			
				普通教室 Classroom	实验室 Laboratory	图书室 Library	微机室 PC-room
合　计 Total	**1451095997**	**433185486**	**184698339**	**125281619**	**24119549**	**8262311**	**7879376**
城市 Urban	178554741	80686575	38749167	23432229	5461171	2099552	1549342
县镇 County City & Towns	596487124	186428370	76577492	52647468	9930471	3302664	3108810
农村 Rural	676054132	166070541	69371680	49201922	8727907	2860095	3221224

普通初中

Condition of School Buildings in

	体育运动场(馆)面积(平方米) Sports Areas (m^2)	计算机(台) PC (Set)	图书藏量(册) Books & Magazines in Libraries (Volume)
合　计 Total	**381515755**	**3350241**	**987003030**
城市 Urban	54141589	824831	175759924
县镇 County City & Towns	150724208	1310165	414759070
农村 Rural	176649958	1215245	396484036

普通初中

Condition of School Buildings

	体育运动场(馆)面积达标校数 Schools No:Sports Areas Reached Standard	体育器械配备达标校数 Schools No:Sports Equip. Reached Standard
合　计 Total	**38118**	**37280**
城市 Urban	5233	5625
县镇 County City & Towns	13965	13777
农村 Rural	18920	17878

办学条件(一)
Junior Secondary Schools (1)

单位：平方米
unit：m^2

	行政办公用房 Administrative		生活用房 Residential and Welfare	其他用房 Rooms for Other Purposes	校舍面积中 of the Floor Space	
语言室 Linguistic	计 Total	其中:教师办公室 of Which: for Teachers			危房面积 Floor Space of Dilapidated Buildings	当年新增 Added in Current Year
2826693	**41084743**	**28357351**	**172564284**	**34838120**	**44736767**	**15044304**
641062	9885098	6140944	19636992	12415318	2843609	2153330
1180762	16109746	11074121	81207523	12533609	18496180	7222369
1004869	15089899	11142286	71719769	9889193	23396978	5668605

办学条件(二)
Junior Secondary Schools (2)

电子图书藏量(GB) Electronic Books & Magazines in Libraries(GB)	固定资产总值(万元) Total Value of Fixed Asset (10,000 yuan)			
	计 Total	其中:仪器设备总值(万元) of Which: Total Value of Equip & Instru. (10,000 yuan)		
		计 Subtotal	专业实验设备 for Prefession	专业实习设备 for Practice
9472465.77	**35915890.51**	**3183281.80**	**1828402.62**	**302483.56**
2535360.86	9203980.69	955357.40	529290.89	64147.41
3347735.95	15742044.93	1301135.10	751139.13	132739.81
3589368.96	10969864.89	926789.30	547972.60	105596.34

办学条件(三)
in Junior Secondary Schools(3)

单位：所
unit：school

音乐器械配备达标校数 Schools No:Musical Instru. Reached Standard	美术器械配备达标校数 Schools No:Fine Arts Instru. Reached Standard	理科实验仪器达标校数 Schools No:Equip. of Natural Sci. Reached Standard	建立校园网校数 Schools No:Campus Networks Set
34210	**33809**	**40869**	**25451**
5439	5368	5938	5206
12726	12607	14892	9792
16045	15834	20039	10453

职业初中
Condition of School Buildings in

	学校占地面积 Areas Occupied	校舍建筑面积 Floor Space	教学及辅助用房 Teaching & Assistant Buildings				
			计 Total	其中 of Which			
				普通教室 Classroom	实验室 Laboratory	图书室 Library	微机室 PC-room
合计 Total	**1131936**	**229417**	**97352**	**70672**	**12599**	**3905**	**3827**
城市 Urban	35690	14434	3649	2927	324	348	50
县镇 County City & Towns	438708	81051	36342	23618	4905	1356	1402
农村 Rural	657538	133932	57361	44127	7370	2201	2375

职业初中
Condition of School Buildings in

	体育运动场(馆)面积(平方米) Sports Areas (m^2)	计算机(台) PC (Set)	图书藏量(册) Books & Magazines in Libraries (Volume)	电子图书藏量(GB) Electronic Books & Magazines in Libraries(GB)
合计 Total	**231211**	**1440**	**520919**	**404.00**
城市 Urban	20210	36	668	
县镇 County City & Towns	83631	404	202686	168.00
农村 Rural	127370	1000	317565	236.00

办学条件(一)
Vocational Junior Secondary Schools (1)

单位：平方米
unit：m^2

	行政办公用房 Administrative		生活用房 Residential and Welfare	其他用房 Rooms for Other Purposes	校舍面积中 of the Floor Space		
语音室 Linguistic	计 Total	其中：教师办公室 of Which：for Teachers			危房面积 Floor Space of Dilapidated Buildings	当年新增 Added in Current Year	实习工厂(农场)面积
1307	**14524**	**12400**	**108965**	**8576**	**26363**	**7550**	**221**
	2576	2492	6812	1397	259		
868	4630	3284	37035	3044	10198	2000	
439	7318	6624	65118	4135	15906	5550	221

办学条件(二)
Vocational Junior Secondary Schools (2)

固定资产总值(万元) Total Value of Fixed Asset (10,000 yuan)			
计 Total	其中：仪器设备总值(万元) of Which：Total Value of Equip & Instru. (10,000 yuan)		
	计 Subtotal	专业实验设备 for Prefession	专业实习设备 for Practice
12326.78	**1185.23**	**635.18**	**121.77**
229.04	59.54		2.34
4036.09	366.74	159.11	86.63
8061.65	758.95	476.07	32.80

职业初中办学条件(三)
Condition of School Buildings in Vocational Junior Secondary Schools(3)

单位：所
unit：school

	体育运动场(馆)面积达标校数 Schools No：Sports Areas Reached Standard	体育器械配备达标校数 Schools No：Sports Equip. Reached Standard	音乐器械配备达标校数 Schools No：Musical Instru. Reached Standard	美术器械配备达标校数 Schools No：Fine Arts Instru. Reached Standard	教学实验仪器达标校数 Schools No：Equip. of Natural Sci. Reached Standard	建立校园网校数 Schools No：Campus Networks Set
合计 Total	**35**	**37**	**32**	**32**	**37**	**14**
城市 Urban	2	2				
县镇 County City & Towns	10	10	9	9	12	5
农村 Rural	23	25	23	23	25	9

成人初中基本情况
Basic Statistics of Adult Schools

单位：人(人次)
unit：person

	学校数(所) Schools	教学班(点)(个) External Teaching Sites	毕(结)业生数 Graduates		注册学生数 Enrolment		教职工数 Teachers, Staff & Workers		聘请校外教师 Part-time Teachers
			计 Total	其中：女 of Which：Female	计 Total	其中：女 of Which：Female	计 Total	其中：专任教师 of Which：Full-time Teacher	
合　计 Total	**1589**	**6741**	**627291**	**273548**	**630032**	**299061**	**7255**	**4371**	**4934**
职工初中 Junior Sec. Schools for Staff & workers	115	308	78751	15549	78302	24368	483	321	412
农民初中 Junior Sec. Schools for Peasants	1474	6433	548540	257999	551730	274693	6772	4050	4522

四、初等教育（小学）

Primary Education
(Primary Schools)

小学校数、教学点数及班数

Number of Schools, External Teaching Sites & Classes in Primary Schools

	学校数(所) Schools	教学点数(个) External Teaching sites	班数(个) Classes
总　　计 Total	**257410**	**66941**	**2616407**
教育部门和集体办 Run by Ed. Dept. & Communities	251423	66443	2480147
民办 Non-state/private	5351	451	121654
其他部门办 Run by Non-ed. Dept.	636	47	14606
城市 Urban	16400	205	381666
教育部门和集体办 Run by Ed. Dept. & Communities	14769	176	330254
民办 Non-state/private	1467	28	47807
其他部门办 Run by Non-ed. Dept.	164	1	3605
县镇 Counties & Towns	30116	1289	566749
教育部门和集体办 Run by Ed. Dept. & Communities	28506	1264	522886
民办 Non-state/private	1479	24	41556
其他部门办 Run by Non-ed. Dept.	131	1	2307
农村 Rural	210894	65447	1667992
教育部门和集体办 Run by Ed. Dept. & Communities	208148	65003	1627007
民办 Non-state/private	2405	399	32291
其他部门办 Run by Non-ed. Dept.	341	45	8694
总计中:六年制 of the Total:6-Year			2556260
一贯制学校小学部 Primary Schools for 6-Year			174453
其他学校附设 Other Primary Schools Attached			9129
独立设置的少数民族学校 Inde. Sec. Schools for Minorities	8100		65162

小学班额情况
Size of Primary Classes

单位：个
unit：class

	合计 Total	一年级 Grade 1	二年级 Grade 2	三年级 Grade 3	四年级 Grade 4	五年级 Grade 5	六年级 Grade 6	复式班 Multiple-grade Classes
合计 Total	**2616407**	**473836**	**448904**	**434407**	**426636**	**413768**	**392942**	**25914**
城市：Urban：								
25 人及以下	17954	3121	3674	3025	2913	2763	2432	26
26－35 人	49667	9069	9446	8420	8128	8025	6578	1
36－45 人	101240	19287	18394	16975	16008	15783	14793	
46－55 人	114315	20682	18744	19272	19448	18817	17352	
56－65 人	63455	10428	8737	10578	11379	11939	10394	
66 人及以上	35035	4712	4146	6012	6728	7062	6375	
县镇：Counties & Town：								
25 人及以下	34237	6748	6961	5842	5161	4764	4423	338
26－35 人	65537	11767	11760	10697	10608	10559	10133	13
36－45 人	141199	24557	24084	23072	23175	23025	23278	8
46－55 人	157739	26769	25274	25307	26171	27091	27126	1
56－65 人	94921	16002	14288	15487	16044	16569	16531	
66 人及以上	73116	11668	9486	11844	13167	13632	13315	4
农村：Rural：								
25 人及以下	618086	130458	128138	105781	90398	76360	64866	22085
26－35 人	392808	70997	67449	66841	64934	62166	58207	2214
36－45 人	338628	56695	53091	55464	57735	57668	57161	814
46－55 人	202861	32236	29749	31931	34703	36343	37646	253
56－65 人	81917	13324	11181	12688	14208	14854	15558	104
66 人及以上	33692	5316	4302	5171	5728	6348	6774	53

小　　学
Number of Students

	毕业生数 Graduates	招生数 Entrants			
		计 Total	其中：受过学前教育 of Which：received the pre-school education	合计 Total	其中：女 of Which：Female
总　计 Total	**17396364**	**16917007**	**15537706**	**99407043**	**45952696**
其中：女 of Which：Female	8105082	7847717	7148928	45952696	
教育部门和集体办 Run by Ed. Dept. & Communities	16420921	15881893	14575900	93462251	43516601
民办 Non-state/private	864287	947235	881342	5376255	2168472
其他部门办 Run by Non-ed. Dept.	111156	87879	80464	568537	267623
城市 Urban	3044307	3139526	3033503	18204675	8318520
教育部门和集体办 Run by Ed. Dept. & Communities	2691909	2738997	2657854	15986038	7379478
民办 Non-state/private	321913	375984	353234	2056888	863586
其他部门办 Run by Non-ed. Dept.	30485	24545	22415	161749	75456
县镇 Counties & Towns	4924676	4625978	4451694	27700170	12602041
教育部门和集体办 Run by Ed. Dept. & Communities	4587999	4293030	4136469	25713044	11832960
民办 Non-state/private	318956	319466	302679	1901449	728446
其他部门办 Run by Non-ed. Dept.	17721	13482	12546	85677	40635
农村 Rural	9427381	9151503	8052509	53502198	25032135
教育部门和集体办 Run by Ed. Dept. & Communities	9141013	8849866	7781577	51763169	24304163
民办 Non-state/private	223418	251785	225429	1417918	576440
其他部门办 Run by Non-ed. Dept.	62950	49852	45503	321111	151532
总计中：五年制 of the Total：5-Year		445749	440361	2215619	1041735
一贯制学校小学部 Primary Schools for 6-Year	1428349	1231087	1144294	7542999	3373754
其他学校附设 Other Primary Schools Attached	233698	42658	40132	404404	175441
少数民族 Minorities	1710554	1773930	1320687	10482369	4887937
重读生 Repeaters				257442	107225
重读中女 of Which：Female				107225	
小学教学点 External Teaching Sites	328942	921428	751981	3446541	1617604
复式班 Morning & Afternoon Shift Classes		110512	75477	427786	202275

学 生 数
in Primary Schools

单位：人
unit：person

在校学生数 Enrolment						毕业班学生数 Graduates for Next Year
一年级 Grade 1	二年级 Grade 2	三年级 Grade 3	四年级 Grade 4	五年级 Grade 5	六年级 Grade 6	
17145249	**16110621**	**16466550**	**16779493**	**16743091**	**16162039**	**16607108**
7944172	7408268	7596280	7747543	7755386	7501047	7712462
16103577	15170513	15500382	15782018	15724312	15181449	15595793
953482	852615	871482	898519	915916	884241	907512
88190	87493	94686	98956	102863	96349	103803
3146567	2886617	3067994	3131696	3139610	2832191	3028285
2743097	2531552	2704344	2758481	2766126	2482438	2665993
378854	331201	337121	345384	343567	320761	332741
24616	23864	26529	27831	29917	28992	29551
4665188	4344035	4508443	4677151	4780015	4725338	4855025
4329907	4040360	4188689	4342257	4429152	4382679	4500931
321682	291384	305665	319890	335301	327527	338176
13599	12291	14089	15004	15562	15132	15918
9333494	8879969	8890113	8970646	8823466	8604510	8723798
9030573	8598601	8607349	8681280	8529034	8316332	8428869
252946	230030	228696	233245	237048	235953	236595
49975	51338	54068	56121	57384	52225	58334
449623	423429	446969	450539	445059		441309
1243107	1143412	1213112	1272992	1331233	1339143	1391487
42688	41078	43178	50401	68164	158895	162255
1840029	1744010	1757334	1759561	1709176	1672259	1678688
228242	13083	6966	4626	3568	957	
96455	5071	2526	1630	1243	300	
946754	852517	626829	466098	310628	243715	245378
131202	137386	73611	48480	23107	14000	14120

小学学龄人口入学

Number on School-age Population

	在校学龄人口数 School-age Population		招生数 Entrants		
	计 Total	其中:女 of Which: Female	计 Total	其中:受过学前教育 of Which:received the pre-school education	计 Total
合　计 Total	**94732667**	**43839187**	**16917007**	**15537706**	**99407043**
5 岁及以下 Under 5 years			363756	328486	373757
6 岁	11093825	5164100	12011462	11338773	12495517
7 岁	15639254	7226745	4280453	3685586	15639763
8 岁	15952241	7376686	214272	157146	15952288
9 岁	16262880	7518791	33025	20339	16262880
10 岁	16360598	7577541	8578	4620	16360598
11 岁	15281690	7055268	2849	1404	15340390
12 岁	4142173	1920054	2088	1097	5987360
13 岁	6	2	305	141	754450
14 岁			136	76	176183
15 岁及以上 Over 15 years			83	38	63857
城市 Urban	17439784	7981440	3139526	3033503	18204675
5 岁及以下 Under 5 years			60227	57339	60458
6 岁	2473452	1148629	2599283	2518827	2675608
7 岁	2810095	1281601	450874	430999	2810095
8 岁	3005794	1377272	25014	22836	3005794
9 岁	3063705	1401630	2987	2604	3063705
10 岁	3126939	1431731	772	614	3126939
11 岁	2697634	1223537	260	194	2721379
12 岁	262165	117040	81	72	645904
13 岁			21	12	78077
14 岁			1	1	13120
15 岁及以上 Over 15 years			6	5	3596

及在校生情况
of Primary Schools

单位：人
unit：person

在校学生数 Enrolment						
其中:女 of Which: Female	一年级 Grade 1	二年级 Grade 2	三年级 Grade 3	四年级 Grade 4	五年级 Grade 5	六年级 Grade 6
45952696	**17145249**	**16110621**	**16466550**	**16779493**	**16743091**	**16162039**
184504	370747	3006	4			
5835752	12112111	378684	4692	30		
7226970	4371174	10835987	425955	6628	19	
7376706	237849	4464076	10778385	464325	7638	15
7518791	37631	342747	4694738	10684247	493572	9945
7577541	9861	62249	446200	4936814	10397574	507900
7080910	3103	15123	82538	525738	5048344	9665544
2722941	2221	5849	23405	118936	624297	5212652
324086	322	2036	7270	29294	125022	590506
76155	143	537	2379	8771	32994	131359
28340	87	327	984	4710	13631	44118
8318520	3146567	2886617	3067994	3131696	3139610	2832191
32490	60229	228	1			
1247476	2605003	70051	554			
1281601	452034	2268569	88628	864		
1377272	25145	503997	2375039	100351	1260	2
1401630	3013	37117	541962	2367997	112138	1478
1431731	774	5083	52416	590178	2361621	116867
1233795	260	1095	7016	60257	584364	2068387
275903	81	331	1635	9429	67081	567347
30394	21	110	523	1926	10403	65094
4980	1	23	117	488	2057	10434
1248	6	13	103	206	686	2582

小学学龄人口入学
Number on School-age Population

	在校学龄人口数 School-age Population		招生数 Entrants		
	计 Total	其中:女 of Which: Female	计 Total	其中:受过学前教育 of Which: received the pre-school education	计 Total
县镇 Counties & Towns	**26305454**	**11977996**	**4625978**	**4451694**	**27700170**
5 岁及以下 Under 5 years			101897	97479	103238
6 岁	3002015	1381586	3325956	3232148	3469704
7 岁	4259558	1941833	1136530	1070640	4259797
8 岁	4359675	1985219	51891	44354	4359675
9 岁	4514522	2051990	7191	5438	4514522
10 岁	4642465	2113461	1701	1067	4642465
11 岁	4396000	1992126	445	286	4418463
12 岁	1131219	511781	315	255	1682994
13 岁			35	21	196711
14 岁			10	3	40921
15 岁及以上 Over 15 years			7	3	11680
农村 Rural	50987429	23879751	9151503	8052509	53502198
5 岁及以下 Under 5 years			201632	173668	210061
6 岁	5618358	2633885	6086223	5587798	6350205
7 岁	8569601	4003311	2693049	2183947	8569871
8 岁	8586772	4014195	137367	89956	8586819
9 岁	8684653	4065171	22847	12297	8684653
10 岁	8591194	4032349	6105	2939	8591194
11 岁	8188056	3839605	2144	924	8200548
12 岁	2748789	1291233	1692	770	3658462
13 岁	6	2	249	108	479662
14 岁			125	72	122142
15 岁及以上 Over 15 years			70	30	48581

及在校生情况(续)

of Primary Schools

单位：人
unit：person

在校学生数 Enrolment						
其中:女 of Which: Female	一年级 Grade 1	二年级 Grade 2	三年级 Grade 3	四年级 Grade 4	五年级 Grade 5	六年级 Grade 6
12602041	**4665188**	**4344035**	**4508443**	**4677151**	**4780015**	**4725338**
51819	102461	777				
1605719	3346986	121312	1392	14		
1941940	1149936	2968327	139321	2204	9	
1985219	54958	1153854	2994436	154048	2372	7
2051990	7998	81393	1236504	3015024	170058	3545
2113461	2000	13620	111625	1334227	3005633	175360
2001880	466	2844	18309	134834	1401474	2860536
746706	328	1245	4681	27435	161319	1487986
81415	36	500	1501	6628	29478	158568
16878	11	89	530	1950	7040	31301
5014	8	74	144	787	2632	8035
25032135	9333494	8879969	8890113	8970646	8823466	8604510
100195	208057	2001	3			
2982557	6160122	187321	2746	16		
4003429	2769204	5599091	198006	3560	10	
4014215	157746	2806225	5408910	209926	4006	6
4065171	26620	224237	2916272	5301226	211376	4922
4032349	7087	43546	282159	3012409	5030320	215673
3845235	2377	11184	57213	330647	3062506	4736621
1700332	1812	4273	17089	82072	395897	3157319
212277	265	1426	5246	20740	85141	366844
54297	131	425	1732	6333	23897	89624
22078	73	240	737	3717	10313	33501

	教 职 Teachers,			
	合 计 Total	专任教师 Full-time Teachers	行政人员 Adm. Personnel	教辅人员 Teaching Auxiliary
总 计 Total	**6109847**	**5617091**	**227198**	**107901**
其中:女 of Which: Female	3433906	3254965	62291	49470
少数民族 Minorities	630932	583932	21306	8854
教育部门和集体办 Run by Ed. Dept. & Communities	5749492	5348780	207835	92076
民办 Non-state/private	313927	229480	17025	14359
其他部门办 Run by Non-ed. Dept.	46428	38831	2338	1466
城市 Urban	1065400	947337	53465	24656
教育部门和集体办 Run by Ed. Dept. & Communities	923950	842763	45572	17303
民办 Non-state/private	131970	96186	7357	7109
其他部门办 Run by Non-ed. Dept.	9480	8388	536	244
县镇 Counties & Towns	1637381	1479228	65224	38328
教育部门和集体办 Run by Ed. Dept. & Communities	1515748	1390593	58746	32943
民办 Non-state/private	111706	80547	5932	4998
其他部门办 Run by Non-ed. Dept.	9927	8088	546	387
农村 Rural	3407066	3190526	108509	44917
教育部门和集体办 Run by Ed. Dept. & Communities	3309794	3115424	103517	41830
民办 Non-state/private	70251	52747	3736	2252
其他部门办 Run by Non-ed. Dept.	27021	22355	1256	835

职工数

Workers in Primary Schools

单位：人

unit：person

工　　数 Staff & Workers		代课教师 Substitute Teachers	兼任教师 Part-time Teachers
工勤人员 Workers	校办工厂、农场职工 Employees in School-run Factories & Farms		
155778	**1879**	**203802**	**16084**
66547	633	138958	9222
16691	149	26212	1158
99372	1429	185441	12960
52651	412	16810	3003
3755	38	1551	121
39524	418	28513	4332
18030	282	23743	2645
21186	132	4046	1600
308	4	724	87
53888	713	28603	3238
32987	479	23527	2570
20002	227	4998	649
899	7	78	19
62366	748	146686	8514
48355	668	138171	7745
11463	53	7766	754
2548	27	749	15

小学分课程专任教师
Breakdown of Full-time Primary School

	总 计 Total	其中:女 of Which: Female	品德与生活(社会) Moral Edu.	语 文 Chinese	数 学 Mathematics	外语 Foreign		
						计 Total	英语 English	日语 Japanese
合计 Total	**5617091**	**3254965**	**195891**	**2182002**	**1733449**	**333575**	**333144**	**221**
研究生毕业 Graduate	6407	4753	338	2220	1227	935	931	4
本科毕业 Under-graduate	1325247	964881	32921	543430	354531	135816	135703	67
专科毕业 Associate Bachelor	3065721	1852579	99692	1213926	977442	177577	177302	124
高中阶段毕业 High School Graduate	1192735	426928	61564	412768	391570	19015	18978	24
高中阶段毕业以下 Below High School Graduate	26981	5824	1376	9658	8679	232	230	2
合计中:女 of Total:Female	3254965		86077	1435363	926921	265375	264864	167
少数民族 Minorities	583932	301941	20306	233900	180798	20107	19916	125

小学专任教师专业
Full-time Teachers in Primary Schools

	合 计 Total	其中:女 of Which Female	25岁及以下 25 Years and Under	26－30 26 to 30	31－35 31 to 35
合 计 Total	**5617091**	**3254965**	**385911**	**957165**	**1033312**
中学高级 Senior Secondary	64653	33263		215	1405
小学高级 Senior Primary	2917267	1557837	665	94548	421824
小学一级 1st Grade Primary	2030389	1245463	104035	664600	552835
小学二级 2ed Grade Primary	218075	136997	67489	89932	28266
小学三级 3rd Grade Primary	17953	11623	6310	4962	2442
未评职称 Rank Undecided	368754	269782	207412	102908	26540
总计中:女 of the Total:Female	3254965		295799	684990	705688
少数民族 Minorities	583932	301941	39388	107544	113355

学历情况

Teachers by Educational Attainment

单位：人

unit：person

Languages 俄语 Russian	体育 Physical Culture	科学 Scoemce	艺术 Arts	音乐 Music	美术 Arts	综合实践活动 计 Total	信息技术 Information Technique	劳动与技术 Skills Teaching	其他 Others	当年不任课 No Teaching Load in Current Year
59	**231390**	**166140**	**19309**	**163542**	**148800**	**164380**	**108320**	**52427**	**174761**	**103852**
	330	236	13	265	225	257	215	34	194	167
22	59562	28849	2713	48907	41001	39656	32426	6589	24628	13233
34	117552	88418	11652	85150	74639	88815	60855	26141	89913	40945
3	52770	47855	4841	28760	32300	34901	14621	19146	58187	48204
	1176	782	90	460	635	751	203	517	1839	1303
38	48318	65512	11221	121868	83259	61580	37220	21322	102934	46537
14	21704	15607	1525	15582	13024	14243	8664	4922	34486	12650

技术职称、年龄结构情况

Broken Down by Rank and Age

单位：人

unit：person

36－40 36 to 40	41－45 41 to 45	46－50 46 to 50	51－55 51 to 55	56－60 56 to 60	61岁及以上 61 Years And Over
836200	**714591**	**679139**	**703252**	**305741**	**1780**
10050	17638	16864	13409	4936	136
537284	515586	523787	573905	248426	1242
259678	164119	128379	108360	48117	266
13047	7384	4978	4296	2649	34
1389	847	748	763	490	2
14752	9017	4383	2519	1123	100
547010	423744	341891	254853	742	248
94344	80598	66892	57025	24558	228

小学专任教
Changes of Full-time

	上学年初报表专任教师数 Total Number of Full-time Teachers at Beginning of Previous Academic Year	增加教师 Factors of Increase				
		计 Total	录用毕业生 New Recruits from Current Year Graduates	调入 Teachers Recruited from Other Units	校内调整 of Which With Change of Status in Their Own Institutions	其他 Others
合　计 Total	**5633447**	**622041**	**107791**	**351293**	**128035**	**34922**
其中:女 of Which: Female	3217054	357134	80424	198817	55611	22282
城市 Urban	935502	87329	18498	51808	8991	8032
其中:女 of Which: Female	740396	65753	14900	39179	5934	5740
县镇 Counties & Towns	1443392	162724	23017	99567	30244	9896
其中:女 of Which: Female	979867	103937	18037	64255	15007	6638
农村 Rural	3254553	371988	66276	199918	88800	16994
其中:女 of Which: Female	1496791	187444	47487	95383	34670	9904

小学学生、教职工
Supplementary Information on Students and

	在校学生中 of Total Students		教职 of Total Staff	
	共青团员 Member of C. Y. L.	华侨 Overseas Chinese	共产党员 Member of C. P. C.	共青团员 Member of C. Y. L.
合　计 Total	**1281**	**9784**	**1458311**	**443493**
其中:女 of Which: Female	704	4367	587283	325444
城市 Urban	300	879	297297	131204
其中:女 of Which: Female	157	453	204798	105846
县镇 Counties & Towns	206	7527	399514	128265
其中:女 of Which: Female	121	3311	182994	98134
农村 Rural	775	1378	761500	184024
其中:女 of Which: Female	426	603	199491	121464

师变动情况

Teachers in Primary Schools

单位：人
unit：person

减少教师 Factors of Decrease					本学年初报表专任教师数 Total Number of Full-time Teachers at Beginning of Current Academic Year
计 Total	自然减员 Retired from their posts during previous academic year	调出 Transferred from teaching to Non-Teaching Posts	校内调整 of Which With Change of Status in Their Own Institutions	其 他 Others	
638397	**120672**	**337529**	**132182**	**48014**	**5617091**
319223	55429	180806	57199	25789	3254965
75494	17909	37870	9511	10204	947337
54685	13845	27473	6205	7162	751464
126888	27292	64074	24230	11292	1479228
75369	15861	40267	12569	6672	1008435
436015	75471	235585	98441	26518	3190526
189169	25723	113066	38425	11955	1495066

政治面貌及其他

Staff & Workers of Primary Schools

单位：人
unit：person

工 中 & Workers		专任教师中 of Total Full-time Teachers			
民主党派 Non-Communist Parties	华 侨 Overseas Chinese	共产党员 Member of C. P. C.	共青团员 Member of C. Y. L.	民主党派 Non-Communist Parties	华 侨 Overseas Chinese
13585	**391**	**1285321**	**433031**	**12313**	**330**
8792	203	541888	319736	8192	179
7354	98	255479	126585	6595	89
5416	74	182067	102976	5006	68
2824	95	347371	124943	2564	79
1863	47	170527	96347	1755	42
3407	198	682471	181503	3154	162
1513	82	189294	120413	1431	69

小学办学
Condition of School Buildings

	学校占地面积 Areas Occupied	校舍建筑面积 Floor Space	教学及辅 Teaching & Assistant				
			计 Total	其中			
				普通教室 Classroom	实验室 Laboratory	图书室 Library	微机室 PC-room
合　计 Total	**2364213407**	**586106625**	**339503934**	**272764147**	**14303630**	**12913383**	**10565365**
城市 Urban	204458032	100771427	55372470	39122246	2605110	2179206	2097272
县镇 County City & Towns	448079131	143547953	79637708	62563559	3276604	2784875	2700455
农村 Rural	1711676244	341787245	204493756	171078342	8421916	7949302	5767638

小　学　办
Condition of School Buildings

	体育运动场(馆)面积(平方米) Sports Areas (m^2)	计算机(台) PC (Set)	图书藏量(册) Books & Magazines in Libraries (Volume)
合　计 Total	**684345038**	**4110713**	**1507410628**
城市 Urban	68251819	1308478	317834093
县镇 County City & Towns	131133756	1226036	415352431
农村 Rural	484959463	1576199	774224104

条件(一)
in Primary Schools (1)

单位：平方米
unit：m^2

助用房 Buildings of Which 语音室 Linguistic	行政办公用房 Administrative 计 Total	其中:教师办公室 of Which: for Teachers	生活用房 Residential and Welfare	其他用房 Rooms for Other Purposes	校舍面积中 of the Floor Space 危房面积 Floor Space of Dilapidated Buildings	当年新增 Added in Current Year
2931024	**58449842**	**44270842**	**131138330**	**57014519**	**82886954**	**22859402**
750380	11362808	7404155	15668234	18367915	4069859	3291048
988120	14539894	10323043	34740859	14629492	14793406	7129794
1192524	32547140	26543644	80729237	24017112	64023689	12438560

学条件(二)
in Primary Schools (2)

电子图书藏量(GB) Electronic Books & Magazines in Libraries (GB)	固定资产总值(万元) Total Value of Fixed Asset (10,000 yuan) 计 Total	其中:仪器设备总值(万元) of Which：Total Value of Equip & Instru. (10,000 yuan) 计 Subtotal	专业实验设备 for Prefession	专业实习设备 for Practice
18174231	**49314058.77**	**3820749.63**	**1901061.78**	**285678.66**
5613501.88	11517861.38	1346097.17	633008.96	78211.75
3870178.5	14355671.64	1153125.56	571446.95	97982.82
8690550.62	23440525.75	1321526.90	696605.87	109484.09

小学办学条件(三)

Condition of School Buildings in Primary Schools (3)

单位：所

unit：school

	体育运动场(馆)面积达标校数 Schools No：Sports Areas Reached Standard	体育器械配备达标校数 Schools No：Sports Equip. Reached Standard	音乐器械配备达标校数 Schools No：Musical Instru. Reached Standard	美术器械配备达标校数 Schools No：Fine Arts Instru. Reached Standard	教学自然实验仪器达标校数 Schools No：Equip. of Natural Sci. Reached Standard	建立校园网校数 Schools No：Campus Networks Set
合计 Total	**142799**	**134347**	**124969**	**122628**	**140587**	**41005**
城市 Urban	11162	12863	12734	12473	12890	10614
县镇 County City & Towns	20106	20640	19584	19133	21337	10820
农村 Rural	111531	100844	92651	91022	106360	19571

成人小学基本情况

Basic Statistics of Adult Primary Schools

单位：人(人次)

unit：person

	学校数(所) Schools	教学班(点)(个) External Teaching Sites	毕(结)业生数 Graduates		注册学生数 enrolment		教职工数 Teachers, Staff & Workers		聘请校外教师 Part-time Teachers
			计 Total	其中：女 of Which：Female	计 Total	其中：女 of Which：Female	计 Total	其中：专任教师 of which：Full-time Teachers	
合计 Total	**33187**	**64263**	**1882968**	**980883**	**1946573**	**1033394**	**65782**	**28686**	**44460**
其中：少数民族 of Which：Minority	1783	4738	252867	120067	295107	147759	10745	3056	7354
职工小学 General Primary Schools for Staff & workers	1435	1264	77939	43863	40979	19640	682	448	1570
农民小学 General Primary Schools for Peasants	31752	62999	1805029	937020	1905594	1013754	65100	28238	42890
小学班 Primary Classes	9525	17234	902435	463029	824787	448409	14745	8764	9759
扫盲班 Eliminate Illiteracy Classes	22227	45765	902594	473991	1080807	565345	50355	19474	33131

五、工读学校
Correctional Work-study Schools

工读学校基本情况

Basic Statistics of Correctional Work-study Schools

单位：人
unit：person

	学校数（所）Schools	班　数（个）Classes	离校人数 School Leavers	入校人数 No. of persons Entered	在校生数 Enrolment	教职工数 Teachers, Staff & Workers	
						计 Total	其中:专任教师 of Which: Full-time Teachers
合　计 Total	**77**	**445**	**3894**	**4047**	**10735**	**2576**	**1737**
其中:女 of Which:Female			582	740	1890	890	681

六、特殊教育
Special Education

特殊教育

Basic Statistics of

	学校数（所） Schools	班 数（个） Classes	毕业生数 Graduates	招生数 Entrants	合 计 Total	小学 一年级 Grade 1	二年级 Grade 2
总计 Total	**1706**	**16263**	**58941**	**64869**	**425613**	**48570**	**48388**
其中：女 of Which Female			20982	22495	147257	16683	16257
视力残疾	33	990			49124	3745	3901
听力残疾	478	8525			112553	13250	11835
智力残疾	396	6748			209014	26782	27372
其他残疾	799				54922	4793	5280
特殊教育学校 Schools for Special Edu.		15647	16567	25132	166012	25666	20561
视力残疾		979			9213	1187	962
听力残疾		8466			88202	11016	9052
智力残疾		6202			67093	12926	10249
其他残疾					1504	537	298
小学附设特教班 Classes Attached to Primary Schools		592	578	491	3731	620	508
视力残疾		11			78	10	4
听力残疾		59			371	80	75
智力残疾		522			3206	516	412
其他残疾					76	14	17
小学随班就读 Followers in Primary Schools			19949	18580	180538	22284	27319
视力残疾					20287	2548	2935
听力残疾					17189	2154	2708
智力残疾					111146	13340	16711
其他残疾					31916	4242	4965
普通（职业）初中附设特教班 Special Classes Attached to Junior High (Vocational) Schools		24	56	56	208		
视力残疾							
听力残疾							
智力残疾		24			207		
其他残疾					1		
普通（职业）初中随班就读 Followers in Junior High (Vocational) Schools			21791	20610	75124		
视力残疾					19546		
听力残疾					6791		
智力残疾					27362		
其他残疾					21425		
合计中：of the Total：							
城市 Urban	750	8974	18139	19329	130981	15067	13531
县镇 County & Towns	867	6621	22321	23984	146377	17340	16055
农村 Rural	89	668	18481	21556	148255	16163	18802

基本情况

Special Education

单位：人

unit：person

在校学生数 Enrolment										
阶段				初中阶段				高中阶段		
三年级 Grade 3	四年级 Grade 4	五年级 Grade 5	六年级 Grade 6	一年级 Grade 1	二年级 Grade 2	三年级 Grade 3	四年级 Grade 4	一年级 Grade 1	二年级 Grade 2	三年级 Grade 3
51008	**51936**	**51731**	**49165**	**36632**	**38553**	**37430**	**2579**	**3681**	**2951**	**2989**
17251	17406	17499	16702	13075	13649	13720	1069	1503	1154	1289
4390	4582	4626	4807	6387	7427	7707	113	362	449	628
12528	12575	12609	12403	10488	10172	9378	679	2495	2083	2058
28478	28695	28486	26392	13146	13539	12882	1702	821	416	303
5612	6084	6010	5563	6611	7415	7463	85	3	3	
19790	17974	16869	15669	13717	12789	11461	1895	3681	2951	2989
1037	997	742	761	741	734	539	74	362	449	628
9445	9339	9365	9423	8352	7812	7105	657	2495	2083	2058
9107	7503	6653	5415	4534	4211	3794	1161	821	416	303
201	135	109	70	90	32	23	3	3	3	
668	674	590	671							
18	9	20	17							
69	80	20	47							
566	579	539	594							
15	6	11	13							
30550	33288	34272	32825							
3335	3576	3864	4029							
3014	3156	3224	2933							
18805	20613	21294	20383							
5396	5943	5890	5480							
				82	79	41	6			
				81	79	41	6			
				1						
				22833	25685	25928	678			
				5646	6693	7168	39			
				2136	2360	2273	22			
				8531	9249	9047	535			
				6520	7383	7440	82			
14242	14058	13918	13581	12137	12184	11844	1718	3330	2625	2746
16403	16589	16355	15645	14928	15913	15559	769	302	288	231
20363	21289	21458	19939	9567	10456	10027	92	49	38	12

特殊教育在校学生中职业技术
Condition of Minorities and Vocational &

	合 计 Total	其中:女 of Which Female	小学阶段				
			一年级 Grade 1	二年级 Grade 2	三年级 Grade 3	四年级 Grade 4	五年级 Grade 5
职业技术班 Voca. & Skill Class	4900	1557	15	13	63	92	142
少数民族 Minorities	32407	2	4213	4048	4150	4102	4036

特殊教育学
Number of Teachers, Staff and Workers

	教 职 Teachers, Staff		
	合 计 Total	专任教师 Full-time Teachers	行政人员 Adm. Personnel
合 计 Total	**49249**	**39650**	**3474**
其中:女 of Which: Female	33328	28660	1671
少数民族 Minorities	2937	2450	184

班学生及少数民族学生情况
Skill Students in Special Education Schools

单位：人
unit：person

	初中阶段				高中阶段		
六年级 Grade 6	一年级 Grade 1	二年级 Grade 2	三年级 Grade 3	四年级 Grade 4	一年级 Grade 1	二年级 Grade 2	三年级 Grade 3
147	349	455	506	327	989	884	918
3874	2680	2539	2343	41	145	121	115

校教职工数
in Special Education Schools

单位：人
unit：person

工 数 & Workers		代课教师 Substitute Teachers	兼任教师 Part-time Teachers
教辅人员 Teaching Auxiliary	工勤人员 Workers		
2282	**3843**	**1037**	**298**
1339	1658	724	171
102	201	50	18

特殊教育学校专任
Full-time Teachers in Special Education

	合 计 Total	按学历分 Broken down by Educational Attainment				
		研究生毕业 Graduate	本科毕业 Under-graduate	专科毕业 Associate Bachelor	高中阶段毕业 High School Graduate	高中阶段毕业以下 Below High School Graduate
合 计 Total	**39650**	**405**	**17479**	**17612**	**4029**	**125**
其中:女 of Which:Female	28660	322	12795	12853	2612	78
受过特教专业培训 Trainea in Special Education	22056	241	10227	9699	1838	51

特殊教育专任
Changes of Full-time Teachers in

	上学年初报表专任教师数 Total Number of Full-time Teachers at Beginning of Previous Academic Year	增 加 教 师 Factors of Increase				
		计 Total	录用毕业生 New Recruits from Current Year Graduates	调 入 Teachers Recruited from Other Units	校内调整 of Which With Change of Status in Their Own Institutions	其 他 Others
合 计 Total	**37927**	**3810**	**1038**	**1875**	**560**	**337**
其中:女 of Which: Female	27409	2649	801	1282	322	244

特殊教育学
Condition of School Buildings

	学校占地面 积 Areas Occupied	校舍建筑面 积 Floor Space	教学及辅助用房 Teaching & Assistant Buildings					
			计 Total	其中 of Which				
				普通教室 Classroom	实验室 Laboratory	图书室 Library	微机室 PC-room	专用教室 Classroom Only
合计 Total	**12572031**	**5376985**	**2419332**	**1389466**	**97643**	**100159**	**95960**	**520525**

教师学历、职称情况
Schools Broken Down by Rank and Age

单位：人
unit：person

按职称分 Broken down by Rank					
中学高级 Senior Secondary	小学高级 Senior Primary	小学一级 1st Grade Primary	小学二级 2nd Grade Primary	小学三级 3rd Grade Primary	未评职称 Rank Undecided
2628	**20421**	**12424**	**1274**	**58**	**2845**
1544	14756	9131	975	45	2209
1202	10801	7531	814	34	1674

教师变动情况
Special Education Schools

单位：人
unit：person

减少教师 Factors of Decrease					本学年初报表专任教师数 Total Number of Full-time Teachers at Beginning of Current Academic Year
计 Total	自然减员 Retired from their posts during previous academic year	调出 Transferred from Teaching to Non-Teaching Posts	校内调整 of Which With Change of Status in Their Own Institutions	其他 Others	
2087	**641**	**685**	**401**	**360**	**39650**
1398	460	450	253	235	28660

校办学条件
in Special Education Schools

单位：平方米
unit：m^2

行政办公用房 Administrative		生活用房 Residential and Welfare	其他用房 Rooms for Other Purposes	校舍面积中 of the Floor Space		图书（册） Books & Magazines in Libraries（Volume）	教学用录像录音带（盘） Video and Tape（disc） for Teaching
计 Total	其中：教师办公室 of Which：for Teachers			危房面积 Floor Space of Dilapidated Buildings	当年新增 Added in Current Year		
617514	**380279**	**1493928**	**846211**	**283501**	**207662**	**4824100**	**106531**

七、幼儿教育
Pre-primary Education

幼儿园园数、班数

Number of Kindergartens, Classes in Pre-primary Education

	园数(所) Kindergartens		班数(个) Classes	
	计 Total	其中:少数民族幼儿园 of Which: Minorities	计 Total	其中:学前班 of Which: Pre-primary
总　计 Total	**150420**	**2270**	**971525**	**139832**
教育部门 Run by Ed. Dept.	29257	1857	383067	133983
集体办 Run by Communities	15077	68	68473	400
民办 Non-state/private	102289	343	486564	5026
其他部门办 Run by Non-ed. Dept.	3797	2	33421	423
城市 Urban	35845	121	254172	4488
教育部门 Run by Ed. Dept.	4299	64	49972	3403
集体办 Run by Communities	2345	9	16545	38
民办 Non-state/private	26289	46	161005	999
其他部门办 Run by Non-ed. Dept.	2912	2	26650	48
县镇 Counties & Towns	42987	357	297586	19638
教育部门 Run by Ed. Dept.	8816	219	111217	18391
集体办 Run by Communities	2974	6	19217	65
民办 Non-state/private	30688	132	162847	1106
其他部门办 Run by Non-ed. Dept.	509		4305	76
农村 Rural	71588	1792	419767	115706
教育部门 Run by Ed. Dept.	16142	1574	221878	112189
集体办 Run by Communities	9758	53	32711	297
民办 Non-state/private	45312	165	162712	2921
其他部门办 Run by Non-ed. Dept.	376		2466	299
合计中:独立设置幼儿园、小学附设幼儿园、独立设置学前班 of Total: Inde. Kinder., Kinder. Attached to Primary School and Inde. Pre-primary Classes			771276	5388
小学附设幼儿班、学前班 Kinder. And Pre-primary Classes Attached to Primary School			200249	134444

幼儿教育分年龄学生数

Number of Pre-primary Education by Ages

单位：人

unit：person

	入园(班)人数 Enrollment		在园(班)人数 Retained		离园(班)人数 Leavers	
	计 Total	其中:学前班 of Which: Pre-primary	计 Total	其中:学前班 of Which: Pre-primary	计 Total	其中:学前班 of Which: Pre-primary
总　计 Total	**17003851**	**4189063**	**29766695**	**4366957**	**10575502**	**2998954**
其中:女 of Which:Female	7680325	1884186	13526031	1965683	4701478	1359942
少数民族 Minorities	1566209	731242	2127237	757948	825088	449772
教育部门办 Run by Ed. Dept.	8612339	4009094	12585459	4161921	5643071	2873233
3 岁以下 3 and under	340490	3117	370949	3443	5980	485
3－5 岁 3－5 years	4818669	1478315	7662281	1545675	634065	275106
5 岁以上 5 and over	3453180	2527662	4552229	2612803	5003026	2597642
集体办 Run by Communities	846613	6624	2090799	11927	703056	4735
3 岁以下 3 and under	88548	8	104219	8	1462	
3－5 岁 3－5 years	642216	4333	1564703	8088	68766	297
5 岁以上 5 and over	115849	2283	421877	3831	632828	4438
民办 Non-state/private	7116312	158219	13994694	177315	3889350	104341
3 岁以下 3 and under	1219792	110	1478851	134	38003	11
3－5 岁 3－5 years	4497484	55790	9280611	67070	601944	11113
5 岁以上 5 and over	1399036	102319	3235232	110111	3249403	93217
其他部门办 Run by Non-ed. Dept.	428587	15126	1095743	15794	340025	16645
3 岁以下 3 and under	97741		110526		1524	
3－5 岁 3－5 years	265528	3245	707496	3348	34721	1283
5 岁以上 5 and over	65318	11881	277721	12446	303780	15362
城市 Urban	3151663	187695	7525759	195282	2229902	126658
其中:女 of Which:Female	1425165	84204	3428748	87655	978743	58330
少数民族 Minorities	135251	26400	252617	27714	73593	16113
教育部门办 Run by Ed. Dept.	825923	147924	1771961	152330	618391	102696
3 岁以下 3 and under	102759	55	111529	55	2085	51
3－5 岁 3－5 years	517153	37277	1196064	38470	66977	8695
5 岁以上 5 and over	206011	110592	464368	113805	549329	93950
集体办 Run by Communities	196509	1024	532467	1869	167153	1074
3 岁以下 3 and under	36642		44394		885	
3－5 岁 3－5 years	133548	313	367423	699	16429	12
5 岁以上 5 and over	26319	711	120650	1170	149839	1062
民办 Non-state/private	1814792	36489	4358052	38825	1194874	21226
3 岁以下 3 and under	412645	3	524608	11	14365	
3－5 岁 3－5 years	1077830	10088	2809099	10358	159085	3108
5 岁以上 5 and over	324317	26398	1024345	28456	1021424	18118
其他部门办 Run by Non-ed. Dept.	314439	2258	863279	2258	249484	1662
3 岁以下 3 and under	81992		92079		1252	
3－5 岁 3－5 years	198332	415	561465	415	23765	138
5 岁以上 5 and over	34115	1843	209735	1843	224467	1524

幼儿教育分年龄学生数(续)

Number of Pre-primary Education by Ages

单位：人

unit：person

	入园(班)人数 Enrollment		在园(班)人数 Retained		离园(班)人数 Leavers	
	计 Total	其中：学前班 of Which：Pre-primary	计 Total	其中：学前班 of Which：Pre-primary	计 Total	其中：学前班 of Which：Pre-primary
县镇 Counties & Towns	**5594599**	**842450**	**10100646**	**881021**	**3495206**	**646916**
其中：女 of Which：Female	2518943	377133	4570359	393856	1538168	292673
少数民族 Minorities	487524	142336	742619	147942	259265	97961
教育部门办 Run by Ed. Dept.	2639596	799757	4351394	833297	1818003	619620
3 岁以下 3 and under	150869	424	165757	573	2774	70
3－5 岁 3－5 years	1521402	220633	2767053	232039	206602	52659
5 岁以上 5 and over	967325	578700	1418584	600685	1608627	566891
集体办 Run by Communities	271949	1190	666193	2120	224653	491
3 岁以下 3 and under	26332		29855		414	
3－5 岁 3－5 years	206875	601	509683	1244	23007	21
5 岁以上 5 and over	38742	589	126655	876	201232	470
民办 Non-state/private	2616180	38919	4932952	42820	1401683	23149
3 岁以下 3 and under	438832	21	524423	33	16027	10
3－5 岁 3－5 years	1630723	11318	3249107	13175	233003	1711
5 岁以上 5 and over	546625	27580	1159422	29612	1152653	21428
其他部门办 Run by Non-ed. Dept.	66874	2584	150107	2784	50867	3656
3 岁以下 3 and under	11650		12860		200	
3－5 岁 3－5 years	44493	893	102912	903	6365	392
5 岁以上 5 and over	10731	1691	34335	1881	44302	3264
农村 Rural	8257589	3158918	12140290	3290654	4850394	2225380
其中：女 of Which：Female	3736217	1422849	5526924	1484172	2184567	1008939
少数民族 Minorities	943434	562506	1132001	582292	492230	335698
教育部门办 Run by Ed. Dept.	5146820	3061413	6462104	3176294	3206677	2150917
3 岁以下 3 and under	86862	2638	93663	2815	1121	364
3－5 岁 3－5 years	2780114	1220405	3699164	1275166	360486	213752
5 岁以上 5 and over	2279844	1838370	2669277	1898313	2845070	1936801
集体办 Run by Communities	378155	4410	892139	7938	311250	3170
3 岁以下 3 and under	25574	8	29970	8	163	
3－5 岁 3－5 years	301793	3419	687597	6145	29330	264
5 岁以上 5 and over	50788	983	174572	1785	281757	2906
民办 Non-state/private	2685340	82811	4703690	95670	1292793	59966
3 岁以下 3 and under	368315	86	429820	90	7611	1
3－5 岁 3－5 years	1788931	34384	3222405	43537	209856	6294
5 岁以上 5 and over	528094	48341	1051465	52043	1075326	53671
其他部门办 Run by Non-ed. Dept.	47274	10284	82357	10752	39674	11327
3 岁以下 3 and under	4099		5587		72	
3－5 岁 3－5 years	22703	1937	43119	2030	4591	753
5 岁以上 5 and over	20472	8347	33651	8722	35011	10574

幼儿园教
Number of Teachers, Staff

	教职 Teachers, Staff	
	合计 Total	园长 Kindergarten Heads
总计 Total	**1849301**	**161086**
教育部门 Run by Ed. Dept.	410971	29506
集体办 Run by Communities	143631	11829
民办 Non-state/private	1168429	112827
其他部门办 Run by Non-ed. Dept.	126270	6924
城市 Urban	796127	53129
教育部门 Run by Ed. Dept.	143350	7767
集体办 Run by Communities	50625	3289
民办 Non-state/private	495601	36397
其他部门办 Run by Non-ed. Dept.	106551	5676
县镇 Counties & Towns	620669	50416
教育部门 Run by Ed. Dept.	181860	11307
集体办 Run by Communities	44600	2953
民办 Non-state/private	380069	35303
其他部门办 Run by Non-ed. Dept.	14140	853
农村 Rural	432505	57541
教育部门 Run by Ed. Dept.	85761	10432
集体办 Run by Communities	48406	5587
民办 Non-state/private	292759	41127
其他部门办 Run by Non-ed. Dept.	5579	395
其中:女 of Which: Female	1689346	146302
幼教专业毕业 Graduates of Pre-primary Education Programmes	955054	94087
少数民族 Minorities	85523	8955

职工数

& Workers in Kindergarten

单位：人

unit: person

工　数 & Workers			代课教师 Substitute Teachers	兼任教师 Part-time Teachers
专任教师 Full-time Teachers	保健员 Health Nurses	其　他 Other		
1144225	**160330**	**383660**	**125348**	**16227**
299437	21327	60701	59627	5900
94291	7523	29988	13563	1031
680404	123511	251687	46768	8619
70093	7969	41284	5390	677
462844	67188	212966	28713	5041
95203	7998	32382	11600	1156
29880	3064	14392	2739	140
279522	49564	130118	10241	3181
58239	6562	36074	4133	564
405535	53871	110847	47935	5684
139257	8508	22788	26714	2480
29873	2383	9391	3708	464
227883	41992	74891	16649	2652
8522	988	3777	864	88
275846	39271	59847	48700	5502
64977	4821	5531	21313	2264
34538	2076	6205	7116	427
172999	31955	46678	19878	2786
3332	419	1433	393	25
1120836	150236	271972	114309	12472
819614	17915	23438	56423	4656
56574	6509	13485	7776	1080

幼儿园园长、专任教师
Breakdown of Kindergarten Heads and Teachers

	合　计 Total	按学历分 Broken down by Educational Attainment				
		研究生毕业 Graduate	本科毕业 Under-graduate	专科毕业 Associate Bachelor	高中阶段毕业 High School Graduate	高中阶段以下毕业 Below High School Graduate
合　计 Total	**1305311**	**2472**	**167371**	**632554**	**459356**	**43558**
园长 Kindergarten Heads	161086	1321	31450	79674	44809	3832
专任教师 Teachers	1144225	1151	135921	552880	414547	39726
城市 Urban	515973	1915	90094	283456	132764	7744
园长 Kindergarten Heads	53129	1035	16064	27447	8063	520
专任教师 Teachers	462844	880	74030	256009	124701	7224
县镇 Counties & Towns	455951	457	58287	221316	163344	12547
园长 Kindergarten Heads	50416	227	9755	26236	13357	841
专任教师 Teachers	405535	230	48532	195080	149987	11706
农村 Rural	333387	100	18990	127782	163248	23267
园长 Kindergarten Heads	57541	59	5631	25991	23389	2471
专任教师 Teachers	275846	41	13359	101791	139859	20796

幼儿园教职工
Supplementary Information

	教职工中 of Total Staff & Workers		
	共产党员 Member of C. P. C.	共青团员 Member of C. Y. L.	民主党派 Member of Non-Communist. Parties
合　计 Total	**147722**	**493612**	**3817**
其中:女 of Which: Female	127284	471412	3337
城市 Urban	70909	245420	2395
其中:女 of Which: Female	63667	235084	2120
县镇 Counties & Towns	51773	159920	916
其中:女 of Which: Female	45456	153222	774
农村 Rural	25040	88272	506
其中:女 of Which: Female	18161	83106	443

学历、职称情况
by Educational Attainment and Rank

单位：人
unit：person

按职称分 Broken down by Rank					
中学高级 Senior Secondary	小学高级 Senior Primary	小学一级 1st Grade Primary	小学二级 2nd Grade Primary	小学三级 3rd Grade Primary	未评职称 Rank Undecided
9478	**183089**	**196423**	**64632**	**12974**	**838715**
5269	36035	18330	4774	1033	95645
4209	147054	178093	59858	11941	743070
5147	79348	81959	31993	7044	310482
2936	15227	7164	1933	368	25501
2211	64121	74795	30060	6676	284981
3042	72719	76127	21938	3651	278474
1574	11968	5321	1330	305	29918
1468	60751	70806	20608	3346	248556
1289	31022	38337	10701	2279	249759
759	8840	5845	1511	360	40226
530	22182	32492	9190	1919	209533

政治面貌及其他
on Staff & Workers of Kindergarten

单位：人
unit：person

	专任教师中 of Total Full-time Teachers			
华　侨 Overseas Chinese	共产党员 Member of C. P. C.	共青团员 Member of C. Y. L.	民主党派 Member of Non-Communist Parties	华　侨 Overseas Chinese
209	**87095**	**425206**	**1942**	**97**
163	81343	413813	1851	82
98	39326	214621	1086	37
67	37903	208769	1032	26
90	34163	137716	553	49
81	32141	134328	526	48
21	13606	72869	303	11
15	11299	70716	293	8

幼儿园校舍
Statistics of Kindergarten

	学校占地面积 Areas Occupied	校舍建筑面积 Floor Space	教学及辅助用房 Teaching & Assistant Buildings				
			计 Total	其中 of Which			
				活动室 Recreational	睡眠室 Bedroom	保健室 Health Care Room	图书室 Reading Room
合计 Total	**254173324**	**133858419**	**88837227**	**52198658**	**23919020**	**3163521**	**3377548**
城市 Urban	77132973	52849344	34332095	19990011	10259053	880444	1102455
县镇 County City & Towns	83168086	47192046	31598865	18470157	8522143	1123956	1169759
农村 Rural	93872265	33817029	22906267	13738490	5137824	1159121	1105334

及其他情况
Buildings and Others

单位：平方米
unit：m^2

行政办公用房 Administrative		生活用房 Residential and Welfare	其他用房 for Other Purposes	校舍面积中 of Floor Space：		幼儿园中户外活动场 Areas for Out Door Activities	图　书（册） Picture Books	教学用录像录音带（盘） Video & Tapes for Teaching
计 Total	其中：教师办公室 of Which：Office			危房面积 Floor Space of Dilapidated Buildings	当年新增 Added in Current Year			
10638910	**6627858**	**14735570**	**19646712**	**1547160**	**4177352**	**100002348**	**115060623**	**16073543**
3872339	2013995	5656676	8988234	248848	1027453	31159412	48088124	7166456
3655058	2327265	5294679	6643444	758122	1828784	31897958	39438799	5198170
3111513	2286598	3784215	4015034	540190	1321115	36944978	27533700	3708917

八、各级各类学校分布情况

Geographical Distribution of Schools by Type and Level

高等教育学校(机构)数

Number of Higher Education Institutions

单位:所

Unit: Institutions

地　区 Region	普通高校 Regular HEIs 计 Total	其中:中央部委 of which: HEIs under Central Ministries & Agencies	本科院校 HEIs Providing Degree-level	高职(专科)院校 Short-cycle HEIs	成人高等学校 HEIs for Adults 计 Total	其中:中央部委 of which: HEIs under Central Ministries & Agencies	民办的其他高等教育机构 Non-state/Private HEIs
总　计 Total	**2358**	**111**	**1112**	**1246**	**365**	**14**	**836**
北　京 Beijing	87	34	62	25	26	8	62
天　津 Tianjin	55	3	29	26	15		
河　北 Hebei	110	4	52	58	13		30
山　西 Shanxi	73		26	47	14		50
内蒙古 Inner Mongolia	44		14	30	3		
辽　宁 Liaoning	112	5	63	49	25	2	76
吉　林 Jilin	56	2	37	19	18		14
黑龙江 Heilongjiang	79	3	35	44	26	1	36
上　海 Shanghai	67	9	36	31	19	1	255
江　苏 Jiangsu	150	10	71	79	14	1	
浙　江 Zhejiang	101	2	55	46	10		22
安　徽 Anhui	111	2	42	69	6		7
福　建 Fujian	84	2	31	53	4		
江　西 Jiangxi	85		35	50	10		23
山　东 Shandong	132	2	60	72	18		98
河　南 Henan	107	1	45	62	15		41
湖　北 Hubei	120	8	66	54	14		4
湖　南 Hunan	117	3	46	71	16		20
广　东 Guangdong	131	4	55	76	16		31
广　西 Guangxi	70		29	41	6		
海　南 Hainan	17		6	11	1		
重　庆 Chongqing	53	2	22	31	5		8
四　川 Sichuan	92	6	44	48	26	1	15
贵　州 Guizhou	47		25	22	4		3
云　南 Yunnan	61		26	35	2		
西　藏 Tibet	6		3	3			
陕　西 Shaanxi	90	6	51	39	19		10
甘　肃 Gansu	40	2	19	21	9		31
青　海 Qinghai	9		4	5	2		
宁　夏 Ningxia	15	1	7	8	1		
新　疆 Xinjiang	37		16	21	8		

地区 Region	毕(结)业生数 Graduates				授予学位数 Degree Awarded	招生数	
	计 Total	其中:女 of which: Female	博士 Doctor's Degree	硕士 Master's Degree		计 Total	其中:女 of Which: Female
总计 Total	**383600**	**182421**	**48987**	**334613**	**379992**	**538177**	**265869**
北京 Beijing	59818	27905	12855	46963	59068	80972	39191
天津 Tianjin	11447	6054	1679	9768	11387	15213	8175
河北 Hebei	7895	4457	358	7537	7850	11326	6353
山西 Shanxi	5929	3244	251	5678	5911	8074	4391
内蒙古 Inner Mongolia	3384	1893	145	3239	3348	5168	2862
辽宁 Liaoning	21676	11343	1976	19700	21453	29031	15836
吉林 Jilin	12340	6747	2135	10205	12345	17624	9761
黑龙江 Heilongjiang	15468	6889	2210	13258	15440	18369	9107
上海 Shanghai	28207	13457	4749	23458	28037	38643	18235
江苏 Jiangsu	29919	13498	3992	25927	29368	42459	20046
浙江 Zhejiang	11156	4966	1256	9900	11097	16575	7865
安徽 Anhui	9302	3584	1078	8224	8824	14047	5917
福建 Fujian	8159	3995	823	7336	8549	10313	5414
江西 Jiangxi	4568	2046	163	4405	4504	7983	3957
山东 Shandong	15559	8312	1362	14197	15516	23431	12644
河南 Henan	7750	3826	187	7563	7668	10704	5743
湖北 Hubei	22832	10738	3710	19122	22892	36116	17429
湖南 Hunan	13145	6354	1463	11682	12876	18270	8760
广东 Guangdong	17862	8123	2436	15426	17603	25798	12480
广西 Guangxi	5396	2475	93	5303	5455	7720	3888
海南 Hainan	662	313	14	648	655	1136	636
重庆 Chongqing	10347	4933	779	9568	10430	14851	7552
四川 Sichuan	18845	8117	2048	16797	18188	26024	11564
贵州 Guizhou	2910	1269	67	2843	2897	4246	2206
云南 Yunnan	5975	2951	301	5674	5996	9267	4733
西藏 Tibet	162	72	1	161	162	299	152
陕西 Shaanxi	21709	9708	1987	19722	21593	28806	13065
甘肃 Gansu	6523	2896	669	5854	6455	9098	4162
青海 Qinghai	500	222	32	468	467	841	442
宁夏 Ningxia	795	321	10	785	785	1178	747
新疆 Xinjiang	3360	1713	158	3202	3173	4595	2556

构)研究生数(总计)
Higher Education Institutions (Total)

单位:人
unit: person

Entrants		在校学生数 Enrolment				预计毕业生数 Anticipated Graduates for Next Year			
博士 Doctor's Degree	硕士 Master's Degree	计 Total	其中:女 of Which: Female	博士 Doctor's Degree	硕士 Master's Degree	计 Total	其中:女 of Which: Female	博士 Doctor's Degree	硕士 Master's Degree
63762	**474415**	**1538416**	**736230**	**258950**	**1279466**	**522191**	**238005**	**125153**	**397038**
16081	64891	227126	105167	62315	164811	77586	34784	27398	50188
1981	13232	41022	21945	7523	33499	13084	7073	3645	9439
517	10809	31452	18053	1950	29502	9609	5430	934	8675
442	7632	23555	12817	1839	21716	7572	4014	979	6593
215	4953	13964	7797	900	13064	4239	2261	409	3830
2756	26275	82019	43463	12406	69613	28167	14599	5151	23016
2336	15288	51624	27630	8815	42809	17868	8985	4083	13785
2249	16120	54467	26047	9419	45048	19267	8519	5039	14228
6217	32426	111717	51162	24450	87267	38812	16820	12065	26747
5233	37226	125450	57641	22124	103326	42968	18968	10985	31983
1941	14634	47991	21783	8329	39662	15692	6153	4497	11195
1319	12728	38991	15815	4322	34669	12201	4683	1725	10476
1092	9221	30933	15404	4424	26509	10210	4855	2164	8046
183	7800	21313	9950	677	20636	6335	2730	319	6016
1920	21511	65034	34825	7487	57547	20759	11036	3616	17143
328	10376	29021	15426	1142	27879	9450	4813	506	8944
4751	31365	103140	46864	19958	83182	37797	16296	10528	27269
1912	16358	56221	26688	9251	46970	21778	9922	5476	16302
3307	22491	72455	34092	12341	60114	26149	11320	5890	20259
183	7537	20823	10564	661	20162	6528	3166	308	6220
30	1106	3002	1533	123	2879	960	446	66	894
1175	13676	43149	20783	5024	38125	13653	6355	1485	12168
2721	23303	77534	32776	12181	65353	26627	10487	6057	20570
66	4180	11406	5622	282	11124	3395	1545	152	3243
496	8771	25325	12789	2099	23226	7765	3658	1114	6651
3	296	718	335	8	710	201	74	2	199
3147	25659	85328	37920	14701	70627	29900	12700	8666	21234
888	8210	25609	11483	3335	22274	8203	3502	1557	6646
31	810	2143	1062	94	2049	577	267	30	547
22	1156	3209	1949	57	3152	975	551	14	961
220	4375	12675	6845	713	11962	3864	1993	293	3571

普通高校
Data on Postgraduates in

地 区 Region	毕(结)业生数 Graduates				授予学位数 Degrees Awarded	招生数	
	计 Total	其中:女 of Which: Female	博 士 Doctor's Degree	硕 士 Master's Degree		计 Total	其中:女 of Which: Female
总 计 Total	**369827**	**177624**	**43214**	**326613**	**366564**	**519207**	**258782**
北 京 Beijing	52365	25230	9599	42766	51767	70275	35044
天 津 Tianjin	11447	6054	1679	9768	11387	15213	8175
河 北 Hebei	7868	4451	358	7510	7823	11296	6344
山 西 Shanxi	5876	3222	251	5625	5858	8026	4361
内蒙古 Inner Mongolia	3377	1892	145	3232	3341	5163	2862
辽 宁 Liaoning	21213	11187	1727	19486	20998	28271	15569
吉 林 Jilin	11941	6617	1875	10066	11942	17176	9592
黑龙江 Heilongjiang	15316	6828	2194	13122	15288	18184	9042
上 海 Shanghai	26843	13011	4031	22812	26784	36619	17527
江 苏 Jiangsu	29553	13378	3898	25655	29001	42070	19911
浙 江 Zhejiang	11085	4940	1256	9829	11028	16502	7838
安 徽 Anhui	8987	3523	943	8044	8509	13697	5826
福 建 Fujian	8067	3962	781	7286	8456	10163	5362
江 西 Jiangxi	4568	2046	163	4405	4504	7983	3957
山 东 Shandong	15376	8237	1278	14098	15345	23193	12523
河 南 Henan	7677	3804	187	7490	7596	10637	5731
湖 北 Hubei	22228	10528	3516	18712	22302	35341	17151
湖 南 Hunan	13091	6337	1452	11639	12822	18200	8743
广 东 Guangdong	17446	7959	2288	15158	17216	25252	12238
广 西 Guangxi	5396	2475	93	5303	5455	7720	3888
海 南 Hainan	662	313	14	648	655	1136	636
重 庆 Chongqing	10323	4926	779	9544	10406	14830	7548
四 川 Sichuan	18349	7952	1909	16440	17699	25378	11349
贵 州 Guizhou	2849	1253	26	2823	2836	4199	2192
云 南 Yunnan	5770	2857	204	5566	5764	8979	4606
西 藏 Tibet	162	72	1	161	162	299	152
陕 西 Shaanxi	21312	9591	1918	19394	21202	28312	12930
甘 肃 Gansu	6208	2790	511	5697	6167	8714	4038
青 海 Qinghai	430	195	2	428	397	764	405
宁 夏 Ningxia	795	321	10	785	785	1178	747
新 疆 Xinjiang	3247	1673	126	3121	3069	4437	2495

研究生数

Regular Higher Education Institutions

单位：人

unit：person

Entrants		在校学生数 Enrolment				预计毕业生数 Anticipated Graduates for Next Year			
博 士 Doctor's Degree	硕 士 Master's Degree	计 Total	其中:女 of Which: Female	博 士 Doctor's Degree	硕 士 Master's Degree	计 Total	其中:女 of Which: Female	博 士 Doctor's Degree	硕 士 Master's Degree
57392	**461815**	**1482680**	**716277**	**236328**	**1246352**	**503534**	**231629**	**115434**	**388100**
12237	58038	196262	93771	48930	147332	67305	31207	21756	45549
1981	13232	41022	21945	7523	33499	13084	7073	3645	9439
517	10779	31363	18030	1950	29413	9581	5423	934	8647
442	7584	23419	12758	1839	21580	7523	4000	979	6544
215	4948	13947	7797	900	13047	4232	2261	409	3823
2454	25817	79684	42648	11223	68461	27350	14317	4588	22762
2191	14985	50187	27070	8176	42011	17335	8785	3731	13604
2230	15954	53857	25839	9311	44546	19033	8447	4971	14062
5541	31078	105711	49072	21913	83798	36895	16144	10955	25940
5127	36943	124209	57225	21715	102494	42539	18832	10813	31726
1940	14562	47771	21716	8323	39448	15619	6131	4497	11122
1182	12515	37936	15520	3911	34025	11846	4571	1584	10262
1048	9115	30551	15281	4289	26262	10117	4827	2118	7999
183	7800	21313	9950	677	20636	6335	2730	319	6016
1844	21349	64381	34535	7275	57106	20522	10937	3519	17003
325	10312	28812	15385	1130	27682	9381	4795	506	8875
4551	30790	100841	46104	19232	81609	37040	16057	10213	26827
1897	16303	56026	26630	9207	46819	21718	9901	5461	16257
3117	22135	70865	33419	11706	59159	25600	11106	5619	19981
183	7537	20823	10564	661	20162	6528	3166	308	6220
30	1106	3002	1533	123	2879	960	446	66	894
1175	13655	43087	20766	5024	38063	13633	6348	1485	12148
2555	22823	75685	32197	11626	64059	26025	10317	5832	20193
66	4133	11257	5572	244	11013	3343	1525	114	3229
394	8585	24436	12403	1739	22697	7454	3538	971	6483
3	296	718	335	8	710	201	74	2	199
3038	25274	83818	37503	14289	69529	29373	12555	8471	20902
721	7993	24406	11129	2739	21667	7797	3391	1316	6481
6	758	1893	963	17	1876	495	242	4	491
22	1156	3209	1949	57	3152	975	551	14	961
177	4260	12189	6668	571	11618	3695	1932	234	3461

地区 Region	毕(结)业生数 Graduates				授予学位数 Degrees Awarded	招生数	
	计 Total	其中:女 of Which: Female	博士 Doctor's Degree	硕士 Master's Degree		计 Total	其中:女 of Which: Female
总计 Total	**13773**	**4797**	**5773**	**8000**	**13428**	**18970**	**7087**
北京 Beijing	7453	2675	3256	4197	7301	10697	4147
天津 Tianjin							
河北 Hebei	27	6		27	27	30	9
山西 Shanxi	53	22		53	53	48	30
内蒙古 Inner Mongolia	7	1		7	7	5	
辽宁 Liaoning	463	156	249	214	455	760	267
吉林 Jilin	399	130	260	139	403	448	169
黑龙江 Heilongjiang	152	61	16	136	152	185	65
上海 Shanghai	1364	446	718	646	1253	2024	708
江苏 Jiangsu	366	120	94	272	367	389	135
浙江 Zhejiang	71	26		71	69	73	27
安徽 Anhui	315	61	135	180	315	350	91
福建 Fujian	92	33	42	50	93	150	52
江西 Jiangxi							
山东 Shandong	183	75	84	99	171	238	121
河南 Henan	73	22		73	72	67	12
湖北 Hubei	604	210	194	410	590	775	278
湖南 Hunan	54	17	11	43	54	70	17
广东 Guangdong	416	164	148	268	387	546	242
广西 Guangxi							
海南 Hainan							
重庆 Chongqing	24	7		24	24	21	4
四川 Sichuan	496	165	139	357	489	646	215
贵州 Guizhou	61	16	41	20	61	47	14
云南 Yunnan	205	94	97	108	232	288	127
西藏 Tibet							
陕西 Shaanxi	397	117	69	328	391	494	135
甘肃 Gansu	315	106	158	157	288	384	124
青海 Qinghai	70	27	30	40	70	77	37
宁夏 Ningxia							
新疆 Xinjiang	113	40	32	81	104	158	61

研究生数
Research Institutions

单位：人
unit：person

Entrants		在校学生数 Enrolment				预计毕业生数 Anticipated Graduates for Next Year			
博士 Doctor's Degree	硕士 Master's Degree	计 Total	其中：女 of Which: Female	博士 Doctor's Degree	硕士 Master's Degree	计 Total	其中：女 of Which: Female	博士 Doctor's Degree	硕士 Master's Degree
6370	**12600**	**55736**	**19953**	**22622**	**33114**	**18657**	**6376**	**9719**	**8938**
3844	6853	30864	11396	13385	17479	10281	3577	5642	4639
	30	89	23		89	28	7		28
	48	136	59		136	49	14		49
	5	17			17	7			7
302	458	2335	815	1183	1152	817	282	563	254
145	303	1437	560	639	798	533	200	352	181
19	166	610	208	108	502	234	72	68	166
676	1348	6006	2090	2537	3469	1917	676	1110	807
106	283	1241	416	409	832	429	136	172	257
1	72	220	67	6	214	73	22		73
137	213	1055	295	411	644	355	112	141	214
44	106	382	123	135	247	93	28	46	47
76	162	653	290	212	441	237	99	97	140
3	64	209	41	12	197	69	18		69
200	575	2299	760	726	1573	757	239	315	442
15	55	195	58	44	151	60	21	15	45
190	356	1590	673	635	955	549	214	271	278
	21	62	17		62	20	7		20
166	480	1849	579	555	1294	602	170	225	377
	47	149	50	38	111	52	20	38	14
102	186	889	386	360	529	311	120	143	168
109	385	1510	417	412	1098	527	145	195	332
167	217	1203	354	596	607	406	111	241	165
25	52	250	99	77	173	82	25	26	56
43	115	486	177	142	344	169	61	59	110

地　区 Region	毕(结)业生数 Graduates				授予学位数 Degrees Awarded	招生数	
	计 Total	其中:女 of Which: Female	本　科 Normal Courses	专　科 Short-cycle Courses		计 Total	其中:女 of Which: Female
总　计 Total	**7727118**	**3931676**	**3394450**	**4332668**	**2536895**	**8701810**	**4592944**
北　京 Beijing	262420	140165	165450	96970	121575	264427	142734
天　津 Tianjin	137178	71145	70095	67083	53825	158182	83474
河　北 Hebei	359891	196411	128866	231025	106701	428926	242977
山　西 Shanxi	203989	106645	78017	125972	55909	235314	128962
内蒙古 Inner Mongolia	121091	61341	48721	72370	34670	143611	76941
辽　宁 Liaoning	319140	156990	171454	147686	132446	328246	171047
吉　林 Jilin	208640	102435	118401	90239	76184	215921	115695
黑龙江 Heilongjiang	240937	120270	127242	113695	94780	258529	134416
上　海 Shanghai	202536	107761	118122	84414	83477	210006	110252
江　苏 Jiangsu	587378	299940	251619	335759	198317	596910	326640
浙　江 Zhejiang	350749	196654	150044	200705	108987	360143	204102
安　徽 Anhui	306080	149011	121946	184134	83722	360692	184840
福　建 Fujian	188148	99779	89372	98776	68419	234771	125369
江　西 Jiangxi	262999	123312	97596	165403	79796	290408	137210
山　东 Shandong	554350	286764	226124	328226	178166	608403	326848
河　南 Henan	505807	256589	185006	320801	135216	564362	307512
湖　北 Hubei	435866	205092	193768	242098	144557	489010	236754
湖　南 Hunan	390173	194938	146038	244135	110205	404322	206817
广　东 Guangdong	478614	249244	199866	278748	150955	599031	313038
广　西 Guangxi	190515	104135	70997	119518	51873	252788	138828
海　南 Hainan	46851	24629	16897	29954	13051	54826	30271
重　庆 Chongqing	177920	88415	85901	92019	62523	213865	107005
四　川 Sichuan	404578	202233	162366	242212	123203	458913	238428
贵　州 Guizhou	99142	47771	44303	54839	29793	125900	64264
云　南 Yunnan	151723	77490	70992	80731	46238	196741	105255
西　藏 Tibet	9969	4412	5744	4225	4759	12088	6302
陕　西 Shaanxi	286756	138217	135051	151705	109155	340722	177511
甘　肃 Gansu	122575	55708	60223	62352	42085	145655	68075
青　海 Qinghai	15103	7449	7988	7115	5505	18457	9626
宁　夏 Ningxia	25935	13000	11084	14851	5436	37823	19854
新　疆 Xinjiang	80065	43731	35157	44908	25367	92818	51897

本科、专科学生数
Short-cycle Courses in Higher Education

单位：人
unit：person

Entrants		在校学生数 Enrolment				预计毕业生数 Anticipated Graduates for Next Year			
本 科 Normal Courses	专 科 Short-cycle Courses	计 Total	其中：女 of Which：Female	本 科 Normal Courses	专 科 Short-cycle Courses	计 Total	其中：女 of Which：Female	本 科 Normal Courses	专 科 Short-cycle Courses
4365882	**4335928**	**27678317**	**14198652**	**14906589**	**12771728**	**8117879**	**4085491**	**3628456**	**4489423**
179686	84741	860336	452811	620200	240136	256245	131339	164775	91470
89576	68606	500883	260417	306707	194176	143635	75011	74042	69593
197070	231856	1340668	743458	656985	683683	382000	212452	151367	230633
110318	124996	707128	386669	360851	346277	196131	104606	85644	110487
69164	74447	442363	231347	228921	213442	128510	62211	55248	73262
186051	142195	1071377	547866	679064	392313	324148	160320	176931	147217
133962	81959	692546	357518	468026	224520	209015	106491	118491	90524
155320	103209	881652	453310	543861	337791	275282	134545	141107	134175
135541	74465	714242	379466	489050	225192	205257	106776	128520	76737
321947	274963	2052362	1024282	1136959	915403	611165	306951	287638	323527
174353	185790	1135865	615212	603380	532485	343056	184539	151670	191386
163530	197162	1089891	524925	541558	548333	321529	149335	132199	189330
120141	114630	746812	393290	411834	334978	210531	107935	97879	112652
135135	155273	936832	433764	453001	483831	266291	125195	100705	165586
284199	324204	2020114	1049126	995818	1024296	619924	315187	243255	376669
253508	310854	1715658	890411	789661	925997	539955	273319	196898	343057
237157	251853	1559020	747039	814056	744964	456036	213168	193489	262547
184372	219950	1257614	632293	621512	636102	370587	180803	148081	222506
274178	324853	1890611	992211	940164	950447	519245	273074	212795	306450
101821	150967	722346	390242	321757	400589	217989	117085	82805	135184
28586	26240	172924	92652	91077	81847	49963	26312	20310	29653
109059	104806	646787	319634	360482	286305	184399	86553	84374	100025
215129	243784	1387452	695187	727963	659489	422661	205520	174000	248661
68300	57600	409923	203747	232891	177032	114785	55555	54728	60057
104759	91982	610694	324959	336379	274315	159277	81783	71513	87764
6769	5319	39100	20586	25112	13988	10888	5820	6790	4098
178607	162115	1124905	562028	619027	505878	319636	157784	147147	172489
78401	67254	470468	216926	274582	195886	127243	56635	63730	63513
10520	7937	60207	30175	37336	22871	20779	9813	10912	9867
18392	19431	113548	59084	61173	52375	30129	15748	13651	16478
40331	52487	303989	168017	157202	146787	81588	43626	37762	43826

Data on Students Enrolled in Normal and

地 区 Region	毕(结)业生数 Graduates				授予学位数 Degrees Awarded	招生数	
	计 Total	其中:女 of Which: Female	本 科 Normal Courses	专 科 Short-cycle Courses		计 Total	其中:女 of Which: Female
总 计 Total	**5754245**	**2913209**	**2590535**	**3163710**	**2435867**	**6617551**	**3474275**
北 京 Beijing	152659	78270	110081	42578	103720	155137	81114
天 津 Tianjin	105354	54899	55698	49656	53464	128608	67351
河 北 Hebei	297092	167862	108034	189058	104153	339149	192852
山 西 Shanxi	165545	84959	60516	105029	54484	180748	99579
内蒙古 Inner Mongolia	94704	48947	36201	58503	34398	112546	61321
辽 宁 Liaoning	219564	112075	132522	87042	129467	247451	130034
吉 林 Jilin	135951	69301	86118	49833	73599	151106	79620
黑龙江 Heilongjiang	180982	92155	98437	82545	90965	192665	98724
上 海 Shanghai	133716	72085	78331	55385	74674	144649	75030
江 苏 Jiangsu	478868	240537	198903	279965	184363	448562	249673
浙 江 Zhejiang	233741	124016	108865	124876	104227	253562	140348
安 徽 Anhui	232225	114772	90398	141827	81841	287585	145629
福 建 Fujian	153449	79210	71708	81741	67014	198746	104330
江 西 Jiangxi	225943	104760	81573	144370	76482	248494	113236
山 东 Shandong	444003	223629	182722	261281	176377	475212	252634
河 南 Henan	382486	192585	137571	244915	127749	457122	251317
湖 北 Hubei	331303	156959	148906	182397	138420	387612	188056
湖 南 Hunan	276082	141806	109394	166688	106817	302650	157743
广 东 Guangdong	334187	160511	152893	181294	146295	437274	217252
广 西 Guangxi	138089	73813	47914	90175	46082	182635	94570
海 南 Hainan	36791	19507	13765	23026	12962	47573	26160
重 庆 Chongqing	122811	62593	66490	56321	62358	164137	85383
四 川 Sichuan	278577	140391	126069	152508	122319	332104	172341
贵 州 Guizhou	74777	36415	33280	41497	29227	99320	51255
云 南 Yunnan	95379	50106	46727	48652	45261	140966	76556
西 藏 Tibet	8266	3567	4645	3621	4021	9213	4751
陕 西 Shaanxi	235507	115734	113140	122367	107328	267108	144455
甘 肃 Gansu	92226	41948	45747	46479	41963	114064	53076
青 海 Qinghai	11207	5743	5784	5423	5151	12969	6791
宁 夏 Ningxia	19218	9668	9201	10017	5436	25008	12946
新 疆 Xinjiang	63543	34386	28902	34641	25250	73576	40148

普通本科、专科学生数
Short-cycle Courses in Higher Education

单位：人
unit：person

Entrants		在校学生数 Enrolment				预计毕业生数 Anticipated Graduates for Next Year			
本 科 Normal Courses	专 科 Short-cycle Courses	计 Total	其中：女 of Which：Female	本 科 Normal Courses	专 科 Short-cycle Courses	计 Total	其中：女 of Which：Female	本 科 Normal Courses	专 科 Short-cycle Courses
3512563	**3104988**	**22317929**	**11350981**	**12656132**	**9661797**	**6190661**	**3099818**	**2868211**	**3322450**
119821	35316	587106	297162	467973	119133	159042	78210	115950	43092
76379	52229	429224	220779	273616	155608	112133	57766	60090	52043
156388	182761	1105118	616346	552202	552916	313995	176941	122466	191529
85161	95587	562924	305430	292607	270317	153886	81163	65192	88694
55663	56883	371388	196576	197649	173739	98310	49589	42600	55710
155215	92236	880247	449876	602201	278046	242607	121566	145186	97421
107472	43634	544392	281233	404872	139520	142741	72883	92654	50087
124116	68549	719117	372238	474038	245079	199078	101954	109616	89462
91154	53495	515661	269836	354940	160721	144592	75547	88673	55919
253057	195505	1649430	814601	944090	705340	488363	242284	232469	255894
138886	114676	884867	466079	522172	362695	245408	126069	121403	124005
135461	152124	938954	448053	482387	456567	258712	121255	107316	151396
103865	94881	647774	334400	365516	282258	178637	89682	82609	96028
115635	132859	816484	368791	398888	417596	232477	107437	87077	145400
220622	254590	1631373	830479	807484	823889	477435	236644	182070	295365
211337	245785	1456730	755532	687181	769549	427752	213883	154976	272776
202498	185114	1296920	622485	716184	580736	366247	173530	158915	207332
153108	149542	1047241	532142	557232	490009	288205	144423	121979	166226
217048	220226	1426624	713782	778595	648029	369334	183402	168536	200798
73853	108782	567516	296564	261369	306147	154769	80518	58324	96445
25020	22553	150806	80651	80296	70510	40498	21497	16525	23973
96434	67703	522719	266236	328741	193978	134359	66368	71991	62368
180340	151764	1086215	543727	643225	442990	298631	145338	143775	154856
53636	45684	323293	163824	184389	138904	84772	42105	38470	46302
77755	63211	439042	236030	255788	183254	110967	58891	51629	59338
5023	4190	31109	16156	19681	11428	8013	4172	4618	3395
154904	112204	927769	477256	545712	382057	260454	131860	122600	137854
65994	48070	381526	175252	238412	143114	100217	43952	51995	48222
7609	5360	44994	22452	28119	16875	13020	6009	6209	6811
14815	10193	80206	40942	51219	28987	20036	10445	10332	9704
34294	39282	251160	136071	139354	111806	65971	34435	31966	34005

Data on Students Enrolled in Normal and Short-cycle Courses

地　区 Region	毕(结)业生数 Graduates				授予学位数 Degrees Awarded	招生数	
	计 Total	其中:女 of Which: Female	本　科 Normal Courses	专　科 Short-cycle Courses		计 Total	其中:女 of Which: Female
总　计 Total	**1972873**	**1018467**	**803915**	**1168958**	**101028**	**2084259**	**1118669**
北　京 Beijing	109761	61895	55369	54392	17855	109290	61620
天　津 Tianjin	31824	16246	14397	17427	361	29574	16123
河　北 Hebei	62799	28549	20832	41967	2548	89777	50125
山　西 Shanxi	38444	21686	17501	20943	1425	54566	29383
内蒙古 Inner Mongolia	26387	12394	12520	13867	272	31065	15620
辽　宁 Liaoning	99576	44915	38932	60644	2979	80795	41013
吉　林 Jilin	72689	33134	32283	40406	2585	64815	36075
黑龙江 Heilongjiang	59955	28115	28805	31150	3815	65864	35692
上　海 Shanghai	68820	35676	39791	29029	8803	65357	35222
江　苏 Jiangsu	108510	59403	52716	55794	13954	148348	76967
浙　江 Zhejiang	117008	72638	41179	75829	4760	106581	63754
安　徽 Anhui	73855	34239	31548	42307	1881	73107	39211
福　建 Fujian	34699	20569	17664	17035	1405	36025	21039
江　西 Jiangxi	37056	18552	16023	21033	3314	41914	23974
山　东 Shandong	110347	63135	43402	66945	1789	133191	74214
河　南 Henan	123321	64004	47435	75886	7467	107240	56195
湖　北 Hubei	104563	48133	44862	59701	6137	101398	48698
湖　南 Hunan	114091	53132	36644	77447	3388	101672	49074
广　东 Guangdong	144427	88733	46973	97454	4660	161757	95786
广　西 Guangxi	52426	30322	23083	29343	5791	70153	44258
海　南 Hainan	10060	5122	3132	6928	89	7253	4111
重　庆 Chongqing	55109	25822	19411	35698	165	49728	21622
四　川 Sichuan	126001	61842	36297	89704	884	126809	66087
贵　州 Guizhou	24365	11356	11023	13342	566	26580	13009
云　南 Yunnan	56344	27384	24265	32079	977	55775	28699
西　藏 Tibet	1703	845	1099	604	738	2875	1551
陕　西 Shaanxi	51249	22483	21911	29338	1827	73614	33056
甘　肃 Gansu	30349	13760	14476	15873	122	31591	14999
青　海 Qinghai	3896	1706	2204	1692	354	5488	2835
宁　夏 Ningxia	6717	3332	1883	4834		12815	6908
新　疆 Xinjiang	16522	9345	6255	10267	117	19242	11749

成人本科、专科学生数

Provided by Adult HEIs in Higher Education

单位：人

unit：person

Entrants		在校学生数 Enrolment				预计毕业生数 Anticipated Graduates for Next Year			
本 科 Normal Courses	专 科 Short-cycle Courses	计 Total	其中：女 of Which：Female	本 科 Normal Courses	专 科 Short-cycle Courses	计 Total	其中：女 of Which：Female	本 科 Normal Courses	专 科 Short-cycle Courses
853319	**1230940**	**5360388**	**2847671**	**2250457**	**3109931**	**1927218**	**985673**	**760245**	**1166973**
59865	49425	273230	155649	152227	121003	97203	53129	48825	48378
13197	16377	71659	39638	33091	38568	31502	17245	13952	17550
40682	49095	235550	127112	104783	130767	68005	35511	28901	39104
25157	29409	144204	81239	68244	75960	42245	23443	20452	21793
13501	17564	70975	34771	31272	39703	30200	12622	12648	17552
30836	49959	191130	97990	76863	114267	81541	38754	31745	49796
26490	38325	148154	76285	63154	85000	66274	33608	25837	40437
31204	34660	162535	81072	69823	92712	76204	32591	31491	44713
44387	20970	198581	109630	134110	64471	60665	31229	39847	20818
68890	79458	402932	209681	192869	210063	122802	64667	55169	67633
35467	71114	250998	149133	81208	169790	97648	58470	30267	67381
28069	45038	150937	76872	59171	91766	62817	28080	24883	37934
16276	19749	99038	58890	46318	52720	31894	18253	15270	16624
19500	22414	120348	64973	54113	66235	33814	17758	13628	20186
63577	69614	388741	218647	188334	200407	142489	78543	61185	81304
42171	65069	258928	134879	102480	156448	112203	59436	41922	70281
34659	66739	262100	124554	97872	164228	89789	39638	34574	55215
31264	70408	210373	100151	64280	146093	82382	36380	26102	56280
57130	104627	463987	278429	161569	302418	149911	89672	44259	105652
27968	42185	154830	93678	60388	94442	63220	36567	24481	38739
3566	3687	22118	12001	10781	11337	9465	4815	3785	5680
12625	37103	124068	53398	31741	92327	50040	20185	12383	37657
34789	92020	301237	151460	84738	216499	124030	60182	30225	93805
14664	11916	86630	39923	48502	38128	30013	13450	16258	13755
27004	28771	171652	88929	80591	91061	48310	22892	19884	28426
1746	1129	7991	4430	5431	2560	2875	1648	2172	703
23703	49911	197136	84772	73315	123821	59182	25924	24547	34635
12407	19184	88942	41674	36170	52772	27026	12683	11735	15291
2911	2577	15213	7723	9217	5996	7759	3804	4703	3056
3577	9238	33342	18142	9954	23388	10093	5303	3319	6774
6037	13205	52829	31946	17848	34981	15617	9191	5796	9821

地 区 Region	毕(结)业生数 Graduates				授予学位数 Degrees Awarded	招生
	计 Total	其中:女 of Which: Female	本 科 Normal Courses	专 科 Short-cycle Courses		计 Total
总 计 Total	**1105529**	**520035**	**422543**	**682986**	**25956**	**1663655**
北 京 Beijing	740899	345979	247122	493777	14011	1080235
天 津 Tianjin	3972	2123	1976	1996	253	18049
河 北 Hebei						
山 西 Shanxi						
内蒙古 Inner Mongolia						
辽 宁 Liaoning	39044	18941	18059	20985	918	60421
吉 林 Jilin	11565	7213	8280	3285	594	30105
黑龙江 Heilongjiang	15493	6451	5041	10452	525	23964
上 海 Shanghai	50315	27229	14873	35442	1685	53438
江 苏 Jiangsu	7664	3833	3741	3923	1158	15117
浙 江 Zhejiang	11427	6685	10715	712	1444	15492
安 徽 Anhui	742	319	314	428		586
福 建 Fujian	10369	5681	7467	2902	139	20029
江 西 Jiangxi						
山 东 Shandong	23122	10881	11003	12119	306	35260
河 南 Henan	18483	9414	8526	9957	347	13273
湖 北 Hubei	30639	10324	12314	18325	1478	49114
湖 南 Hunan	9418	5483	4133	5285	121	11327
广 东 Guangdong	18435	11247	10545	7890	594	26638
广 西 Guangxi						
海 南 Hainan						
重 庆 Chongqing	31759	15111	17080	14679	315	50707
四 川 Sichuan	52702	17633	22685	30017	1183	100635
贵 州 Guizhou						
云 南 Yunnan						
西 藏 Tibet						
陕 西 Shaanxi	26449	13812	16589	9860	885	48478
甘 肃 Gansu	3032	1676	2080	952		10787
青 海 Qinghai						
宁 夏 Ningxia						
新 疆 Xinjiang						

生学生数

Provided by Web-based Programs in Higher Education

单位：人

unit：person

数 Entrants			在校学生数 Enrolment			
其中：女 of Which: Female	本 科 Normal Courses	专 科 Short-cycle Courses	计 Total	其中：女 of Which: Female	本 科 Normal Courses	专 科 Short-cycle Courses
785717	**555789**	**1107866**	**4531443**	**2183373**	**1640403**	**2891040**
507573	310388	769847	3196451	1541229	1019826	2176625
8576	7237	10812	34227	18097	16637	17590
27901	29285	31136	136288	63911	71927	64361
17719	12078	18027	49443	30396	25994	23449
9111	6496	17468	48032	18593	15645	32387
29800	13735	39703	151609	72851	43727	107882
7766	8112	7005	35333	17397	21302	14031
9166	13599	1893	43051	25143	39745	3306
221	164	422	3204	931	1027	2177
11461	11435	8594	36810	21423	21996	14814
15001	15512	19748	82239	43120	36315	45924
7232	5598	7675	51293	28526	23906	27387
17545	16989	32125	112945	45359	42103	70842
5892	3718	7609	50306	27414	18782	31524
15890	11830	14808	66875	34366	34263	32612
21870	23246	27461	103937	47196	52237	51700
42486	36562	64073	205443	82928	86648	118795
24352	23853	24625	100338	51940	53085	47253
6155	5952	4835	23619	12553	15238	8381

地区 Region	毕(结)业生数 Graduates			招生数 Entrants		
	计 Total	本科 Normal Courses	专科 Short-cycle Courses	计 Total	本科 Normal Courses	专科 Short-cycle Courses
总　计 Total	**1502679**	**708223**	**794456**	**1747159**	**953576**	**793583**
北　京 Beijing	20440	13802	6638	20155	16022	4133
天　津 Tianjin	30822	8503	22319	34121	11914	22207
河　北 Hebei	51397	17852	33545	56425	25093	31332
山　西 Shanxi	48401	13988	34413	48749	24077	24672
内蒙古 Inner Mongolia	37848	16872	20976	48140	28232	19908
辽　宁 Liaoning	44034	20993	23041	42812	21335	21477
吉　林 Jilin	28043	24243	3800	30681	28207	2474
黑龙江 Heilongjiang	52774	25892	26882	55307	30914	24393
上　海 Shanghai	16318	14050	2268	14457	12872	1585
江　苏 Jiangsu	66470	57230	9240	77273	68662	8611
浙　江 Zhejiang	86294	29063	57231	90261	36541	53720
安　徽 Anhui	22696	13710	8986	28369	21506	6863
福　建 Fujian	51335	30210	21125	70609	42599	28010
江　西 Jiangxi	81437	23037	58400	90663	34108	56555
山　东 Shandong	206677	73821	132856	217814	91838	125976
河　南 Henan	36457	25506	10951	45590	32318	13272
湖　北 Hubei	39434	32230	7204	44736	40386	4350
湖　南 Hunan	117401	57368	60033	129182	73138	56044
广　东 Guangdong	158259	59307	98952	205160	89206	115954
广　西 Guangxi	38006	15910	22096	51327	27100	24227
海　南 Hainan	19494	9505	9989	26285	19303	6982
重　庆 Chongqing	37682	23468	14214	50334	28927	21407
四　川 Sichuan	77648	30435	47213	96373	45158	51215
贵　州 Guizhou	26084	12268	13816	33879	16994	16885
云　南 Yunnan	20298	10157	10141	28760	18093	10667
西　藏 Tibet	2861	1529	1332	4222	1972	2250
陕　西 Shaanxi	39196	19761	19435	53313	31394	21919
甘　肃 Gansu	18245	9251	8994	22572	14559	8013
青　海 Qinghai	2951	2490	461	4099	3600	499
宁　夏 Ningxia	6763	4801	1962	6979	4987	1992
新　疆 Xinjiang	16914	10971	5943	18512	12521	5991

学生数
Universities

单位：人
unit：person

在校学生数 Enrolment			预计毕业生数 Anticipated Graduates for Next Year		
计 Total	本　科 Normal Courses	专　科 Short-cycle Courses	计 Total	本　科 Normal Courses	专　科 Short-cycle Courses
5942611	**3458944**	**2483667**	**1636704**	**786403**	**850301**
73763	57618	16145	21916	15145	6771
112686	42793	69893	33385	9253	24132
182018	90577	91441	49156	19938	29218
155644	76143	79501	44320	16232	28088
160330	98300	62030	40895	19883	21012
153979	86265	67714	45779	21940	23839
118395	108666	9729	29819	25655	4164
203912	121154	82758	57741	29085	28656
60900	55874	5026	17626	15438	2188
294266	260294	33972	71858	64397	7461
308365	137885	170480	90352	32710	57642
96063	73683	22380	25882	17277	8605
232665	154022	78643	60738	35322	25416
287943	114426	173517	83449	24355	59094
748758	330747	418011	226278	73375	152903
160871	122884	37987	43147	29281	13866
166008	147967	18041	43558	34098	9460
457202	273714	183488	123885	62049	61836
663852	317472	346380	176983	67257	109726
171361	96947	74414	46977	20996	25981
84500	60207	24293	20677	11789	8888
160730	104453	56277	41686	24474	17212
309548	160297	149251	89611	35745	53866
108882	60544	48338	28423	14205	14218
94058	58742	35316	23377	11291	12086
13564	7594	5970	3188	1697	1491
180923	105574	75349	49320	22887	26433
74442	51236	23206	19227	11026	8201
14362	12876	1486	3176	2682	494
25605	19492	6113	6712	4617	2095
67016	50498	16518	17563	12304	5259

高等理工院校本科、
Data on Students of of Institutions

地　区 Region	毕(结)业生数 Graduates			招生数	
	计 Total	本　科 Normal Courses	专　科 Short-cycle Courses	计 Total	本　科 Normal Courses
总　计 Total	**2085847**	**824586**	**1261261**	**2413749**	**1117049**
北　京 Beijing	63551	46959	16592	64308	50591
天　津 Tianjin	38993	21206	17787	50139	30210
河　北 Hebei	114917	43180	71737	132978	59435
山　西 Shanxi	48634	20294	28340	56863	26788
内蒙古 Inner Mongolia	27627	4794	22833	30820	5483
辽　宁 Liaoning	93846	65191	28655	111641	77250
吉　林 Jilin	46452	23988	22464	54191	30424
黑龙江 Heilongjiang	47216	29409	17807	54962	38338
上　海 Shanghai	55192	31223	23969	61453	38622
江　苏 Jiangsu	273885	79376	194509	243784	108003
浙　江 Zhejiang	64084	33778	30306	71027	44175
安　徽 Anhui	104588	29579	75009	131354	43858
福　建 Fujian	43632	15789	27843	58745	28368
江　西 Jiangxi	68170	27558	40612	81059	40979
山　东 Shandong	102542	43688	58854	115306	51440
河　南 Henan	174302	45586	128716	212375	73300
湖　北 Hubei	202148	71166	130982	238873	98829
湖　南 Hunan	76904	25727	51177	87959	39110
广　东 Guangdong	74780	25033	49747	100680	34830
广　西 Guangxi	39422	12048	27374	54382	17460
海　南 Hainan	3744		3744	6374	
重　庆 Chongqing	39941	14466	25475	55124	23484
四　川 Sichuan	95198	42973	52225	113531	58913
贵　州 Guizhou	8492		8492	10507	
云　南 Yunnan	19337	5908	13429	29005	9128
西　藏 Tibet					
陕　西 Shaanxi	107824	53550	54274	120010	68992
甘　肃 Gansu	29591	11442	18149	36480	15556
青　海 Qinghai	2207		2207	2720	
宁　夏 Ningxia	3694	675	3019	7152	3483
新　疆 Xinjiang	14934		14934	19947	

专科生学生数

of Science & Technology

单位：人

unit: person

Entrants	在校学生数 Enrolment			预计毕业生数 Anticipated Graduates for Next Year		
专 科 Short-cycle Courses	计 Total	本 科 Normal Courses	专 科 Short-cycle Courses	计 Total	本 科 Normal Courses	专 科 Short-cycle Courses
1296700	**7974321**	**4012148**	**3962173**	**2256888**	**919501**	**1337387**
13717	246774	199282	47492	66137	49529	16608
19929	162014	105309	56705	42090	23169	18921
73543	434286	213675	220611	123029	47506	75523
30075	169006	91979	77027	43690	20924	22766
25337	97161	21999	75162	28811	5650	23161
34391	397698	297891	99807	107305	73363	33942
23767	185283	113996	71287	51160	25939	25221
16624	201039	144342	56697	53474	33574	19900
22831	216276	147393	68883	59997	36208	23789
135781	888342	396494	491848	274271	96518	177753
26852	249108	166067	83041	66625	37790	28835
87496	411170	153751	257419	117736	33819	83917
30377	182536	90812	91724	49717	18326	31391
40080	261979	137817	124162	72598	29308	43290
63866	396104	193982	202122	116627	45516	71111
139075	660434	229425	431009	199554	51287	148267
140044	773095	343873	429222	223403	75370	148033
48849	288494	137391	151103	78472	29161	49311
65850	308700	123887	184813	81707	27334	54373
36922	159937	62954	96983	43058	15080	27978
6374	15801		15801	4266		4266
31640	165095	76674	88421	44452	16524	27928
54618	363210	207304	155906	102641	48920	53721
10507	31387		31387	9710		9710
19877	86675	32139	54536	23454	6723	16731
51018	419561	253736	165825	116431	57288	59143
20924	122440	60435	62005	33879	13653	20226
2720	7601		7601	2608		2608
3669	19125	9541	9584	4180	1022	3158
19947	53990		53990	15806		15806

高等农业院校本科、

Data on Students of Institutions

地　　区 Region	毕(结)业生数 Graduates			招生数	
	计 Total	本　科 Normal Courses	专　科 Short-cycle Courses	计 Total	本　科 Normal Courses
总　计 Total	**233598**	**130646**	**102952**	**264856**	**162901**
北　京 Beijing	7547	5379	2168	6305	4849
天　津 Tianjin	2653	1911	742	3286	2573
河　北 Hebei	10536	6223	4313	12099	8323
山　西 Shanxi	6134	4738	1396	7767	7031
内蒙古 Inner Mongolia	6852	5684	1168	8663	7543
辽　宁 Liaoning	10392	5231	5161	12523	6017
吉　林 Jilin	9601	6585	3016	10815	8118
黑龙江 Heilongjiang	18189	8034	10155	18870	10268
上　海 Shanghai	4272	2776	1496	4876	3216
江　苏 Jiangsu	21779	3900	17879	18088	4250
浙　江 Zhejiang	3824	3034	790	4433	3347
安　徽 Anhui	4510	4356	154	4624	4471
福　建 Fujian	9655	5232	4423	11890	6284
江　西 Jiangxi	6689	3502	3187	7314	4525
山　东 Shandong	14515	11216	3299	16425	13035
河　南 Henan	17040	6149	10891	21368	8097
湖　北 Hubei	3892	3892		4600	4600
湖　南 Hunan	11562	5401	6161	12045	6165
广　东 Guangdong	14651	14075	576	20825	19832
广　西 Guangxi	6146		6146	6207	
海　南 Hainan					
重　庆 Chongqing					
四　川 Sichuan	9423	5533	3890	12048	8386
贵　州 Guizhou					
云　南 Yunnan	6238	2880	3358	7809	3582
西　藏 Tibet	1085	747	338	1619	1265
陕　西 Shaanxi	10115	4957	5158	9843	5405
甘　肃 Gansu	5794	3118	2676	8105	4012
青　海 Qinghai	851		851	703	
宁　夏 Ningxia					
新　疆 Xinjiang	9653	6093	3560	11706	7707

专科生学生数
of Agriculture

单位：人
unit：person

Entrants	在校学生数 Enrolment			预计毕业生数 Anticipated Graduates for Next Year		
专科 Short-cycle Courses	计 Total	本科 Normal Courses	专科 Short-cycle Courses	计 Total	本科 Normal Courses	专科 Short-cycle Courses
101955	**915793**	**598385**	**317408**	**248865**	**141206**	**107659**
1456	24951	19465	5486	6809	4738	2071
713	10658	8369	2289	2845	2027	818
3776	41802	29535	12267	11588	6976	4612
736	23701	21589	2112	5753	5080	673
1120	29604	26363	3241	6954	6010	944
6506	41602	22441	19161	12025	5526	6499
2697	42356	31935	10421	11382	7824	3558
8602	70408	39159	31249	20997	9225	11772
1660	17093	12340	4753	4664	3105	1559
13838	59668	16553	43115	18755	3978	14777
1086	15857	13251	2606	3735	3172	563
153	18178	17767	411	4762	4600	162
5606	39058	22302	16756	11306	5758	5548
2789	25587	16694	8893	6991	3880	3111
3390	60528	49953	10575	15982	12391	3591
13271	66197	27088	39109	18925	6164	12761
	18239	18239		4390	4390	
5880	44146	24621	19525	12732	6143	6589
993	73351	69996	3355	16446	15706	740
6207	18554		18554	6234		6234
3662	40199	29727	10472	9968	6258	3710
4227	24150	11604	12546	6393	2573	3820
354	4311	3306	1005	962	619	343
4438	36526	21792	14734	10742	5308	5434
4093	24741	14530	10211	5632	2966	2666
703	2827		2827	1274		1274
3999	41501	29766	11735	10619	6789	3830

高等林业院校本科、
Data on Students of

地　区 Region	毕(结)业生数 Graduates			招生数	
	计 Total	本　科 Normal Courses	专　科 Short-cycle Courses	计 Total	本　科 Normal Courses
总　计 Total	**41163**	**21989**	**19174**	**49496**	**28643**
北　京 Beijing	3064	3064		3398	3398
天　津 Tianjin					
河　北 Hebei					
山　西 Shanxi	1563		1563	1752	
内蒙古 Inner Mongolia					
辽　宁 Liaoning	1245		1245	1465	
吉　林 Jilin					
黑龙江 Heilongjiang	8055	4112	3943	8229	4647
上　海 Shanghai					
江　苏 Jiangsu	3654	3654		6472	6472
浙　江 Zhejiang	4396	4396		5021	5021
安　徽 Anhui	550		550	1075	
福　建 Fujian	1135		1135	1513	
江　西 Jiangxi	1215		1215	1961	
山　东 Shandong					
河　南 Henan	1421		1421		
湖　北 Hubei	1461		1461	2051	
湖　南 Hunan	5551	4362	1189	6150	5394
广　东 Guangdong					
广　西 Guangxi	1570		1570	1981	
海　南 Hainan					
重　庆 Chongqing					
四　川 Sichuan					
贵　州 Guizhou					
云　南 Yunnan	3909	2401	1508	5761	3711
西　藏 Tibet					
陕　西 Shaanxi					
甘　肃 Gansu	2374		2374	2667	
青　海 Qinghai					
宁　夏 Ningxia					
新　疆 Xinjiang					

专科生学生数
Institutions of Forestry

单位：人
unit: person

Entrants	在校学生数 Enrolment			预计毕业生数 Anticipated Graduates for Next Year		
专 科 Short-cycle Courses	计 Total	本 科 Normal Courses	专 科 Short-cycle Courses	计 Total	本 科 Normal Courses	专 科 Short-cycle Courses
20853	**169313**	**107819**	**61494**	**46016**	**25752**	**20264**
	13079	13079		3099	3099	
1752	5034		5034	1369		1369
1465	4268		4268	1488		1488
3582	30591	18503	12088	8356	4176	4180
	23999	23999		5927	5927	
	19485	19485		4750	4750	
1075	2236		2236	526		526
1513	4385		4385	1334		1334
1961	5661		5661	1936		1936
	1176		1176	1176		1176
2051	5721		5721	1774		1774
756	22785	20513	2272	5695	5132	563
1981	5705		5705	1885		1885
2050	17469	12240	5229	4107	2668	1439
2667	7719		7719	2594		2594

高等医药院校本科、
Data on Students of Institutions

地　区 Region	毕(结)业生数 Graduates			招生数	
	计 Total	本　科 Normal Courses	专　科 Short-cycle Courses	计 Total	本　科 Normal Courses
总　计 Total	**319443**	**142446**	**176997**	**359680**	**194344**
北　京 Beijing	2997	1721	1276	2737	1767
天　津 Tianjin	6750	3792	2958	7596	4046
河　北 Hebei	20713	6769	13944	28290	10628
山　西 Shanxi	12241	5257	6984	10534	6847
内蒙古 Inner Mongolia	3933	1490	2443	3784	2258
辽　宁 Liaoning	14731	10004	4727	17041	12547
吉　林 Jilin	7375	2439	4936	7626	3673
黑龙江 Heilongjiang	12472	6432	6040	12968	8386
上　海 Shanghai	2537	787	1750	2952	776
江　苏 Jiangsu	16024	8993	7031	16692	10708
浙　江 Zhejiang	11659	5409	6250	11894	6134
安　徽 Anhui	19293	7535	11758	19607	10555
福　建 Fujian	8365	3755	4610	10847	4816
江　西 Jiangxi	11434	4212	7222	11229	6252
山　东 Shandong	34083	17187	16896	37372	18569
河　南 Henan	26364	5851	20513	21227	9191
湖　北 Hubei	10031	4150	5881	10979	6204
湖　南 Hunan	10542	2963	7579	16388	7290
广　东 Guangdong	17661	14490	3171	21813	17241
广　西 Guangxi	10632	4942	5690	16000	7136
海　南 Hainan	1623	1201	422	2526	1635
重　庆 Chongqing	6446	2317	4129	10064	4099
四　川 Sichuan	18630	6857	11773	14441	10206
贵　州 Guizhou	10350	5953	4397	14057	7815
云　南 Yunnan	6131	2362	3769	9900	5136
西　藏 Tibet	268	162	106	262	157
陕　西 Shaanxi	5154	2298	2856	7901	5189
甘　肃 Gansu	4134	891	3243	5821	1679
青　海 Qinghai	588		588	832	
宁　夏 Ningxia	1253	698	555	1538	1165
新　疆 Xinjiang	5029	1529	3500	4762	2239

专科生学生数
of Medicine & Pharmacy

单位：人
unit：person

Entrants	在校学生数 Enrolment			预计毕业生数 Anticipated Graduates for Next Year		
专　科 Short-cycle Courses	计 Total	本　科 Normal Courses	专　科 Short-cycle Courses	计 Total	本　科 Normal Courses	专　科 Short-cycle Courses
165336	**1277334**	**770318**	**507016**	**323505**	**150155**	**173350**
970	12772	9556	3216	3363	1907	1456
3550	26251	16300	9951	6363	3256	3107
17662	90794	41790	49004	23496	7475	16021
3687	39997	27043	12954	11198	5650	5548
1526	13196	9067	4129	2868	1699	1169
4494	65941	52225	13716	15807	10548	5259
3953	25196	14176	11020	5358	2474	2884
4582	50371	34967	15404	12862	6395	6467
2176	9694	3838	5856	2631	813	1818
5984	62028	43354	18674	15900	9632	6268
5760	44780	26253	18527	11808	5497	6311
9052	74181	44491	29690	18110	8036	10074
6031	38678	20864	17814	10750	4266	6484
4977	37989	22810	15179	9384	4419	4965
18803	128148	69881	58267	34056	14421	19635
12036	78855	32143	46712	25425	6724	18701
4775	38173	22642	15531	10561	4275	6286
9098	56209	28968	27241	13288	4659	8629
4572	85000	72321	12679	19461	15815	3646
8864	47544	26513	21031	10219	4940	5279
891	8049	5524	2525	1795	1258	537
5965	32922	15865	17057	8158	2974	5184
4235	60968	44908	16060	14361	8173	6188
6242	47966	31544	16422	11183	5961	5222
4764	29350	16506	12844	7158	2698	4460
105	868	657	211	159	159	
2712	26461	15971	10490	6133	2555	3578
4142	17019	5323	11696	4814	854	3960
832	2442		2442	1025		1025
373	5411	4329	1082	1191	840	351
2523	20081	10489	9592	4620	1782	2838

高等师范院校本科、
Data on Students of

地　区 Region	毕(结)业生数 Graduates			招生数	
	计 Total	本　科 Normal Courses	专　科 Short-cycle Courses	计 Total	本　科 Normal Courses
总　计 Total	**617981**	**389906**	**228075**	**714934**	**533078**
北　京 Beijing	4486	4486		4763	4763
天　津 Tianjin	7957	7129	828	9736	9087
河　北 Hebei	47877	20502	27375	53800	31691
山　西 Shanxi	17251	9048	8203	20737	12135
内蒙古 Inner Mongolia	10051	4697	5354	11144	7731
辽　宁 Liaoning	20139	11217	8922	19480	12085
吉　林 Jilin	22660	17195	5465	22658	19990
黑龙江 Heilongjiang	21311	16185	5126	21160	18144
上　海 Shanghai	8579	7830	749	9795	9163
江　苏 Jiangsu	39495	26255	13240	41163	33794
浙　江 Zhejiang	24048	19767	4281	25102	22858
安　徽 Anhui	41914	28504	13410	51221	44609
福　建 Fujian	17499	13208	4291	21774	16980
江　西 Jiangxi	25789	16209	9580	25687	20651
山　东 Shandong	26847	17629	9218	29726	21821
河　南 Henan	64011	40401	23610	89312	65490
湖　北 Hubei	18007	9811	8196	24018	14408
湖　南 Hunan	19134	10067	9067	17453	14207
广　东 Guangdong	19881	16104	3777	26030	20231
广　西 Guangxi	15300	8284	7016	21105	12526
海　南 Hainan	6420	3059	3361	6449	4082
重　庆 Chongqing	9836	7735	2101	11411	10604
四　川 Sichuan	36559	22471	14088	41465	29845
贵　州 Guizhou	19119	10016	9103	26651	19467
云　南 Yunnan	17083	8533	8550	24122	14136
西　藏 Tibet	860		860	928	
陕　西 Shaanxi	25070	15300	9770	27141	20545
甘　肃 Gansu	16985	9713	7272	16222	11730
青　海 Qinghai	2129	1678	451	2123	2033
宁　夏 Ningxia	1698	580	1118	1570	1080
新　疆 Xinjiang	9986	6293	3693	10988	7192

专科生学生数

Institutions of Teachers

单位：人

unit: person

Entrants	在校学生数 Enrolment			预计毕业生数 Anticipated Graduates for Next Year		
专 科 Short-cycle Courses	计 Total	本 科 Normal Courses	专 科 Short-cycle Courses	计 Total	本 科 Normal Courses	专 科 Short-cycle Courses
181856	**2473906**	**1865337**	**608569**	**651113**	**427945**	**223168**
	18897	18897		4730	4730	
649	38406	36489	1917	8871	8189	682
22109	171051	101731	69320	49130	23375	25755
8602	65921	43836	22085	16569	9706	6863
3413	37807	26302	11505	9658	5839	3819
7395	69691	45402	24289	20618	11203	9415
2668	85189	75635	9554	21904	17907	3997
3016	84145	71019	13126	22273	17185	5088
632	38464	36520	1944	9768	9084	684
7369	156046	123327	32719	44771	30764	14007
2244	96917	88560	8357	24883	21964	2919
6612	187798	158978	28820	48667	36522	12145
4794	76031	59686	16345	20887	14721	6166
5036	93768	74363	19405	24894	17171	7723
7905	99180	72825	26355	23963	14934	9029
23822	278308	205412	72896	72408	45690	26718
9610	78905	49566	29339	20986	10885	10101
3246	65238	51026	14212	15967	10591	5376
5799	91120	70941	20179	22670	16429	6241
8579	64083	41063	23020	16555	9416	7139
2367	23196	14565	8631	7029	3478	3551
807	37482	33800	3682	8973	7589	1384
11620	137669	104470	33199	33168	23483	9685
7184	87967	59821	28146	23347	11967	11380
9986	77618	47871	29747	19559	9658	9901
928	2423		2423	713		713
6596	95924	68803	27121	27113	16215	10898
4492	58813	42715	16098	16707	9950	6757
90	8426	7579	847	2518	1761	757
490	5860	3787	2073	1647	853	794
3796	41563	30348	11215	10167	6686	3481

高等语文院校本科、
Data on Students of Institutions

地　区 Region	毕(结)业生数 Graduates			招生数	
	计 Total	本　科 Normal Courses	专　科 Short-cycle Courses	计 Total	本　科 Normal Courses
总　计 Total	**89693**	**34228**	**55465**	**97708**	**47058**
北　京 Beijing	11195	7957	3238	11362	8332
天　津 Tianjin	4185	2837	1348	4783	3507
河　北 Hebei	7169		7169	6622	
山　西 Shanxi	3077		3077	4288	
内蒙古 Inner Mongolia				45	
辽　宁 Liaoning	4033	2859	1174	4181	3339
吉　林 Jilin	1455	1455		1970	1970
黑龙江 Heilongjiang					
上　海 Shanghai	5700	1562	4138	5464	1560
江　苏 Jiangsu					
浙　江 Zhejiang	5351	1698	3653	7990	6186
安　徽 Anhui	3040		3040	3988	
福　建 Fujian	1696		1696	2374	
江　西 Jiangxi					
山　东 Shandong	1002		1002	1796	
河　南 Henan					
湖　北 Hubei					
湖　南 Hunan	10645		10645	9949	1104
广　东 Guangdong	6852	5862	990	7037	7037
广　西 Guangxi	2715		2715	2520	
海　南 Hainan	1375		1375	2048	
重　庆 Chongqing	4711	3338	1373	6480	5512
四　川 Sichuan	2374	1804	570	3538	2710
贵　州 Guizhou					
云　南 Yunnan					
西　藏 Tibet					
陕　西 Shaanxi	11107	4856	6251	8973	5801
甘　肃 Gansu	2011		2011	2300	
青　海 Qinghai					
宁　夏 Ningxia					
新　疆 Xinjiang					

专科生学生数
of Language & Literature

单位：人
unit：person

Entrants	在校学生数 Enrolment			预计毕业生数 Anticipated Graduates for Next Year		
专科 Short-cycle Courses	计 Total	本科 Normal Courses	专科 Short-cycle Courses	计 Total	本科 Normal Courses	专科 Short-cycle Courses
50650	**331142**	**167438**	**163704**	**94131**	**37158**	**56973**
3030	41894	32976	8918	11145	7905	3240
1276	16194	13033	3161	3854	3077	777
6622	22652		22652	8446		8446
4288	11248		11248	3304		3304
45	45		45			
842	15246	12601	2645	3897	2891	1006
	7749	7749		1788	1788	
3904	18165	6121	12044	5655	1545	4110
1804	24409	15429	8980	6164	2167	3997
3988	11367		11367	3711		3711
2374	6514		6514	1853		1853
1796	4319		4319	1388		1388
8845	30750	1104	29646	10190		10190
	28637	28158	479	7074	6595	479
2520	8391		8391	2612		2612
2048	5987		5987	2072		2072
968	22356	18500	3856	5397	3773	1624
828	11706	10281	1425	2315	2312	3
3172	35394	21486	13908	10736	5105	5631
2300	8119		8119	2530		2530

高等财经院校本科、

Data on Students of Institutions

地 区 Region	毕(结)业生数 Graduates 计 Total	 本 科 Normal Courses	 专 科 Short-cycle Courses	招生数 计 Total	 本 科 Normal Courses
总 计 Total	**522843**	**210022**	**312821**	**629967**	**304213**
北 京 Beijing	21785	11873	9912	23522	14704
天 津 Tianjin	9364	7703	1661	13535	11679
河 北 Hebei	20809	9937	10872	24528	14909
山 西 Shanxi	17608	7191	10417	20597	8283
内蒙古 Inner Mongolia	7375	2664	4711	9440	4416
辽 宁 Liaoning	14132	6011	8121	17978	8467
吉 林 Jilin	10869	5662	5207	12569	8851
黑龙江 Heilongjiang	15003	7285	7718	16623	12029
上 海 Shanghai	31177	13314	17863	33383	17020
江 苏 Jiangsu	30060	9390	20670	29518	11025
浙 江 Zhejiang	27632	10145	17487	30544	12180
安 徽 Anhui	28310	6714	21596	41017	10462
福 建 Fujian	16110	3514	12596	16893	3719
江 西 Jiangxi	22170	7055	15115	22153	8557
山 东 Shandong	31575	13081	18494	35134	16359
河 南 Henan	46412	14078	32334	51242	22366
湖 北 Hubei	30366	13996	16370	37315	19775
湖 南 Hunan	14812	3506	11306	16043	6102
广 东 Guangdong	32911	13495	19416	46382	23651
广 西 Guangxi	12402	2845	9557	15478	3431
海 南 Hainan	2908		2908	2510	
重 庆 Chongqing	15208	10297	4911	22200	17410
四 川 Sichuan	12992	4514	8478	16742	5460
贵 州 Guizhou	5962	2593	3369	7519	4226
云 南 Yunnan	12456	9320	3136	24599	15095
西 藏 Tibet					
陕 西 Shaanxi	21489	5554	15935	25857	9846
甘 肃 Gansu	5518	5053	465	10342	10342
青 海 Qinghai					
宁 夏 Ningxia	2196		2196	2455	
新 疆 Xinjiang	3232	3232		3849	3849

专科生学生数
of Finance & Economics

单位：人
unit：person

Entrants 专科 Short-cycle Courses	在校学生数 Enrolment 计 Total	在校学生数 Enrolment 本科 Normal Courses	在校学生数 Enrolment 专科 Short-cycle Courses	预计毕业生数 Anticipated Graduates for Next Year 计 Total	预计毕业生数 Anticipated Graduates for Next Year 本科 Normal Courses	预计毕业生数 Anticipated Graduates for Next Year 专科 Short-cycle Courses
325754	**2041169**	**1055454**	**985715**	**563838**	**234500**	**329338**
8818	85599	56107	29492	23588	13174	10414
1856	45014	39465	5549	10339	8610	1729
9619	81923	52869	29054	22249	12275	9974
12314	65810	32017	33793	17980	7600	10380
5024	30855	15618	15237	8325	3519	4806
9511	57982	29908	28074	15925	6564	9361
3718	43666	30890	12776	10992	6153	4839
4594	60147	39540	20607	17013	8760	8253
16363	113430	62251	51179	32426	14620	17806
18493	99400	44157	55243	29217	10839	18378
18364	100847	45434	55413	29288	10936	18352
30555	117132	33717	83415	32173	7062	25111
13174	52959	14459	38500	17071	3605	13466
13596	76593	32215	44378	23840	7944	15896
18775	117180	59467	57713	32479	13519	18960
28876	159873	69654	90219	47244	15830	31414
17540	123204	69532	53672	33320	15159	18161
9941	52914	19297	33617	16103	4244	11859
22731	140546	76095	64451	34776	14520	20256
12047	46016	12327	33689	13669	3323	10346
2510	9143		9143	3239		3239
4790	72135	56299	15836	16279	11184	5095
11282	53374	20613	32761	16476	4760	11716
3293	25553	15715	9838	7536	3800	3736
9504	71036	48599	22437	15138	10045	5093
16011	83294	30107	53187	25023	6258	18765
	34146	34146		6539	6539	
2455	6442		6442	1933		1933
	14956	14956		3658	3658	

地　区 Region	毕(结)业生数 Graduates			招生数	
	计 Total	本　科 Normal Courses	专　科 Short-cycle Courses	计 Total	本　科 Normal Courses
总　计 Total	**97058**	**31757**	**65301**	**90078**	**39838**
北　京 Beijing	8771	6643	2128	9303	6722
天　津 Tianjin	1072		1072	701	
河　北 Hebei	8755	2321	6434	7962	1930
山　西 Shanxi	3421		3421	2482	
内蒙古 Inner Mongolia	601		601	294	
辽　宁 Liaoning	3399	2179	1220	2535	1674
吉　林 Jilin	2100		2100	2385	461
黑龙江 Heilongjiang	1561		1561	801	
上　海 Shanghai	5477	4438	1039	7235	5196
江　苏 Jiangsu	3661	1388	2273	2625	1968
浙　江 Zhejiang	2458		2458	2257	752
安　徽 Anhui	2646		2646	2622	
福　建 Fujian	1794		1794	1403	1099
江　西 Jiangxi	3321		3321	3649	563
山　东 Shandong	3295	1210	2085	4796	2686
河　南 Henan	7122		7122	6644	575
湖　北 Hubei	4157	622	3535	2877	359
湖　南 Hunan	3719		3719	2665	598
广　东 Guangdong	3819	1479	2340	2542	1365
广　西 Guangxi	1659		1659	667	
海　南 Hainan	1227		1227	1381	
重　庆 Chongqing	4602	3517	1085	4852	4852
四　川 Sichuan	2975	678	2297	2941	1719
贵　州 Guizhou	1778		1778	1351	
云　南 Yunnan	2442	1615	827	2193	1372
西　藏 Tibet	588		588	201	
陕　西 Shaanxi	5017	3165	1852	5127	3331
甘　肃 Gansu	3078	2502	576	3286	2616
青　海 Qinghai	460		460	252	
宁　夏 Ningxia	577		577	562	
新　疆 Xinjiang	1506		1506	1487	

专科生学生数
of Political Science & Law

单位：人
unit：person

Entrants	在校学生数 Enrolment			预计毕业生数 Anticipated Graduates for Next Year		
专 科 Short-cycle Courses	计 Total	本 科 Normal Courses	专 科 Short-cycle Courses	计 Total	本 科 Normal Courses	专 科 Short-cycle Courses
50240	**322087**	**147352**	**174735**	**107013**	**39262**	**67751**
2581	33963	26800	7163	9493	7419	2074
701	2594		2594	839		839
6032	27974	9386	18588	9589	2800	6789
2482	7055		7055	2229		2229
294	574		574			
861	12203	9230	2973	4418	2913	1505
1924	7731	461	7270	2643		2643
801	3373		3373	1123		1123
2039	23876	19639	4237	6728	5086	1642
657	11240	6694	4546	3826	1677	2149
1505	8880	3239	5641	3382	840	2542
2622	9420		9420	3194		3194
304	5731	3371	2360	1731	611	1120
3086	10571	563	10008	3484		3484
2110	17741	10642	7099	5651	3004	2647
6069	20286	575	19711	6830		6830
2518	11698	1755	9943	4820	521	4299
2067	10311	598	9713	4577		4577
1177	10735	5272	5463	4184	1813	2371
667	3199		3199	1566		1566
1381	4130		4130	1420		1420
	17710	16591	1119	4497	3735	762
1222	11393	5300	6093	4543	1453	3090
1351	4219		4219	1846		1846
821	7833	5107	2726	2943	1773	1170
201	869		869	469		469
1796	17374	11935	5439	5054	3121	1933
670	12240	10194	2046	3202	2496	706
252	749		749	345		345
562	1860		1860	787		787
1487	4555		4555	1600		1600

高等体育院校本科、
Data on Students of Institutions

地 区 Region	毕(结)业生数 Graduates			招生数	
	计 Total	本 科 Normal Courses	专 科 Short-cycle Courses	计 Total	本 科 Normal Courses
总 计 Total	**24182**	**18765**	**5417**	**28874**	**23350**
北 京 Beijing	2453	2453		2699	2615
天 津 Tianjin	1272	1150	122	1890	1663
河 北 Hebei	1018	789	229	1368	1277
山 西 Shanxi	670		670	737	
内蒙古 Inner Mongolia	308		308	115	
辽 宁 Liaoning	1875	1685	190	1934	1934
吉 林 Jilin	1476	1476		1578	1578
黑龙江 Heilongjiang	1088	1088		1390	1390
上 海 Shanghai	914	914		1189	1042
江 苏 Jiangsu	594	514	80	690	605
浙 江 Zhejiang	233		233	124	
安 徽 Anhui	519		519	548	
福 建 Fujian	233		233	270	
江 西 Jiangxi					
山 东 Shandong	1994	1651	343	1605	1605
河 南 Henan	150		150	489	
湖 北 Hubei	2855	2549	306	4298	3952
湖 南 Hunan	586		586	517	
广 东 Guangdong	1575	941	634	2316	1440
广 西 Guangxi	228		228	639	
海 南 Hainan					
重 庆 Chongqing					
四 川 Sichuan	1793	1793		2184	2184
贵 州 Guizhou					
云 南 Yunnan	536		536	229	
西 藏 Tibet					
陕 西 Shaanxi	1812	1762	50	2065	2065
甘 肃 Gansu					
青 海 Qinghai					
宁 夏 Ningxia					
新 疆 Xinjiang					

专科生学生数
of Physical Culture

单位：人
unit: person

Entrants	在校学生数 Enrolment			预计毕业生数 Anticipated Graduates for Next Year		
专 科 Short-cycle Courses	计 Total	本 科 Normal Courses	专 科 Short-cycle Courses	计 Total	本 科 Normal Courses	专 科 Short-cycle Courses
5524	**107564**	**87822**	**19742**	**27465**	**20263**	**7202**
84	10533	10323	210	2583	2583	
227	6023	5615	408	1337	1204	133
91	4783	4525	258	1109	957	152
737	1577		1577	840		840
115	776		776	361		361
	7699	7663	36	1907	1871	36
	6682	6682		1665	1665	
	5354	5354		1216	1216	
147	4447	4008	439	1144	1002	142
85	2176	1967	209	540	479	61
124	588		588	254		254
548	1846		1846	710		710
270	742		742	65		65
	6893	6466	427	1882	1579	303
489	2477		2477	1090		1090
346	14826	13681	1145	3365	2939	426
517	2116		2116	817		817
876	9280	5629	3651	2023	1008	1015
639	1634		1634	319		319
	8404	8404		1988	1988	
229	1203		1203	478		478
	7505	7505		1772	1772	

高等艺术院校本科、
Data on Students of

地　区 Region	毕(结)业生数 Graduates			招生数	
	计 Total	本　科 Normal Courses	专　科 Short-cycle Courses	计 Total	本　科 Normal Courses
总　计 Total	**76934**	**40367**	**36567**	**97344**	**56770**
北　京 Beijing	3574	2948	626	3773	3246
天　津 Tianjin	2034	1467	567	2821	1700
河　北 Hebei	4539	461	4078	5725	3102
山　西 Shanxi	957		957	1058	
内蒙古 Inner Mongolia	109		109	101	
辽　宁 Liaoning	7294	4309	2985	10600	6766
吉　林 Jilin	3204	3075	129	4272	4200
黑龙江 Heilongjiang	470		470	474	
上　海 Shanghai	3521	1437	2084	3845	1687
江　苏 Jiangsu	8839	5405	3434	8040	5260
浙　江 Zhejiang	2813	1575	1238	3929	1692
安　徽 Anhui	833		833	526	
福　建 Fujian	713		713	1305	
江　西 Jiangxi	1501		1501	2301	
山　东 Shandong	3920	3239	681	4094	3269
河　南 Henan	1100		1100	1566	
湖　北 Hubei	6898	3220	3678	8000	4748
湖　南 Hunan	2390		2390	2309	
广　东 Guangdong	3798	2107	1691	4489	2215
广　西 Guangxi	2102	911	1191	3920	2483
海　南 Hainan					
重　庆 Chongqing	1509	1352	157	1718	1546
四　川 Sichuan	9386	4746	4640	15496	8901
贵　州 Guizhou					
云　南 Yunnan	2493	1394	1099	3721	2833
西　藏 Tibet					
陕　西 Shaanxi	2153	1937	216	2475	2336
甘　肃 Gansu					
青　海 Qinghai					
宁　夏 Ningxia					
新　疆 Xinjiang	784	784		786	786

专科生学生数
Institutions of Art

单位：人
unit：person

Entrants	在校学生数 Enrolment			预计毕业生数 Anticipated Graduates for Next Year		
专科 Short-cycle Courses	计 Total	本科 Normal Courses	专科 Short-cycle Courses	计 Total	本科 Normal Courses	专科 Short-cycle Courses
40574	**324748**	**202074**	**122674**	**88092**	**44467**	**43625**
527	13645	12634	1011	3399	2941	458
1121	8732	6243	2489	1862	1305	557
2623	18222	8114	10108	6032	1164	4868
1058	3036		3036	1128		1128
101	1040		1040	438		438
3834	36219	24692	11527	9149	5325	3824
72	14833	14682	151	3328	3249	79
474	2016		2016	874		874
2158	13316	6956	6360	3953	1772	2181
2780	29231	20094	9137	8509	5378	3131
2237	12706	6569	6137	3211	1577	1634
526	1986		1986	768		768
1305	3778		3778	1306		1306
2301	7303		7303	2424		2424
825	15122	13521	1601	4106	3331	775
1566	2916		2916	1350		1350
3252	26179	15616	10563	7140	3410	3730
2309	7702		7702	2711		2711
2274	15403	8824	6579	4010	2059	1951
1437	11902	7808	4094	2713	1249	1464
172	6900	6559	341	1907	1738	169
6595	47588	28983	18605	11476	5469	6007
888	12276	8679	3597	3210	1662	1548
139	9400	8803	597	2341	2091	250
	3297	3297		747	747	

民族院校本科、
Data on Students of

地 区 Region	毕(结)业生数 Graduates			招生数	
	计 Total	本 科 Normal Courses	专 科 Short-cycle Courses	计 Total	本 科 Normal Courses
总 计 Total	**43820**	**34802**	**9018**	**54988**	**49433**
北 京 Beijing	2796	2796		2812	2812
天 津 Tianjin					
河 北 Hebei					
山 西 Shanxi					
内蒙古 Inner Mongolia					
辽 宁 Liaoning	2843	2843		3801	3801
吉 林 Jilin					
黑龙江 Heilongjiang	340		340	354	
上 海 Shanghai					
江 苏 Jiangsu					
浙 江 Zhejiang					
安 徽 Anhui					
福 建 Fujian					
江 西 Jiangxi					
山 东 Shandong					
河 南 Henan	763		763		
湖 北 Hubei	7959	7270	689	9237	9237
湖 南 Hunan	2039		2039	1272	
广 东 Guangdong					
广 西 Guangxi	3601	2974	627	4228	3717
海 南 Hainan					
重 庆 Chongqing					
四 川 Sichuan	6611	4265	2346	8588	6858
贵 州 Guizhou	2923	2450	473	5356	5134
云 南 Yunnan	2506	2157	349	4867	4669
西 藏 Tibet	2604	2207	397	1981	1629
陕 西 Shaanxi					
甘 肃 Gansu	3777	3777		5500	5500
青 海 Qinghai	2021	1616	405	2240	1976
宁 夏 Ningxia	3037	2447	590	4752	4100
新 疆 Xinjiang					

专科生学生数
Nationalities Institutions

单位：人
unit：person

Entrants	在校学生数 Enrolment			预计毕业生数 Anticipated Graduates for Next Year		
专 科 Short-cycle Courses	计 Total	本 科 Normal Courses	专 科 Short-cycle Courses	计 Total	本 科 Normal Courses	专 科 Short-cycle Courses
5555	**197882**	**175884**	**21998**	**48239**	**38719**	**9520**
	11236	11236		2780	2780	
	13883	13883		3042	3042	
354	1448		1448	347		347
	746		746	746		746
	34195	33313	882	8655	7868	787
1272	6443		6443	2692		2692
511	15237	13757	1480	3880	3320	560
1730	28784	22938	5846	7707	5214	2493
222	17319	16765	554	2727	2537	190
198	15194	14301	893	2970	2538	432
352	9074	8124	950	2522	2143	379
	19833	19833		4511	4511	
264	8587	7664	923	2074	1766	308
652	15903	14070	1833	3586	3000	586

职业技术学院本科、
Data on Students of Short-cycle

地　区 Region	毕(结)业生数 Graduates			招生数	
	计 Total	本 科 Normal Courses	专 科 Short-cycle Courses	计 Total	本 科 Normal Courses
总　计 Total	**1985684**		**1985684**	**2181258**	
北　京 Beijing	25964		25964	22481	
天　津 Tianjin	42571		42571	45437	
河　北 Hebei	96925		96925	106269	
山　西 Shanxi	53973		53973	65204	
内蒙古 Inner Mongolia	40692		40692	44871	
辽　宁 Liaoning	45716		45716	54121	
吉　林 Jilin	18091		18091	21462	
黑龙江 Heilongjiang	53907		53907	53123	
上　海 Shanghai	34489		34489	33437	
江　苏 Jiangsu	243074		243074	181205	
浙　江 Zhejiang	94032		94032	94718	
安　徽 Anhui	98501		98501	124281	
福　建 Fujian	53773		53773	69109	
江　西 Jiangxi	79966		79966	83208	
山　东 Shandong	162729		162729	167623	
河　南 Henan	115691		115691	147130	
湖　北 Hubei	109299		109299	124383	
湖　南 Hunan	124797		124797	124740	
广　东 Guangdong	142011		142011	181231	
广　西 Guangxi	57731		57731	70331	
海　南 Hainan	12144		12144	15074	
重　庆 Chongqing	29774		29774	49958	
四　川 Sichuan	81774		81774	93930	
贵　州 Guizhou	19208		19208	28030	
云　南 Yunnan	24377		24377	39010	
西　藏 Tibet	667		667	1590	
陕　西 Shaanxi	61600		61600	65192	
甘　肃 Gansu	28377		28377	34858	
青　海 Qinghai	4106		4106	4507	
宁　夏 Ningxia	7671		7671	8418	
新　疆 Xinjiang	22054		22054	26327	

专科生学生数
Vocational Colleges

单位：人
unit：person

Entrants	在校学生数 Enrolment			预计毕业生数 Anticipated Graduates for Next Year		
专科 Short-cycle Courses	计 Total	本科 Normal Courses	专科 Short-cycle Courses	计 Total	本科 Normal Courses	专科 Short-cycle Courses
2181258	**6570023**		**6570023**	**2172024**		**2172024**
22481	77621		77621	26969		26969
45437	133988		133988	44323		44323
106269	315593		315593	106044		106044
65204	168267		168267	48057		48057
44871	134861		134861	42642		42642
54121	155975		155975	51706		51706
21462	66351		66351	22672		22672
53123	181796		181796	61493		61493
33437	102183		102183	35173		35173
181205	635784		635784	223007		223007
94718	292628		292628	97478		97478
124281	356404		356404	113627		113627
69109	198251		198251	63874		63874
83208	248370		248370	82479		82479
167623	553375		553375	198232		198232
147130	419535		419535	135846		135846
124383	373249		373249	126518		126518
124740	392350		392350	129338		129338
181231	517663		517663	156247		156247
70331	199345		199345	64302		64302
15074	44001		44001	14272		14272
49958	126426		126426	36926		36926
93930	267329		267329	94471		94471
28030	79458		79458	23577		23577
39010	107268		107268	31374		31374
1590	4202		4202	1104		1104
65192	209899		209899	74063		74063
34858	98619		98619	31661		31661
4507	13619		13619	5252		5252
8418	23287		23287	7666		7666
26327	72326		72326	21631		21631

广播电视大学本科、

Data on Students of Radio

地区 Region	毕业生数 Graduates			招生数	
	合计 Total	本科 Normal Courses	专科 Short-cycle Courses	合计 Total	本科 Normal Courses
合计 Total	**60564**	**1674**	**58890**	**58450**	**1685**
北京 Beijing	464		464	672	
天津 Tianjin	237		237	455	
河北 Hebei	765		765	1153	
山西 Shanxi	705		705	664	
内蒙古 Inner Mongolia	490		490	932	
辽宁 Liaoning	1874		1874	2061	
吉林 Jilin	3441		3441	1461	
黑龙江 Heilongjiang	1714		1714	1572	
上海 Shanghai	9		9		
江苏 Jiangsu	1907		1907	3741	430
浙江 Zhejiang	5447		5447	4820	
安徽 Anhui	630	12	618	911	81
福建 Fujian	390		390	1855	
江西 Jiangxi	141		141	499	
山东 Shandong	284		284	466	
河南 Henan	3618	55	3563	1719	15
湖北 Hubei	3952	595	3357	1715	130
湖南 Hunan	3569		3569	2809	
广东 Guangdong	2835		2835	4327	
广西 Guangxi	131	17	114	414	201
海南 Hainan	1611		1611	532	
重庆 Chongqing	6606		6606	5063	
四川 Sichuan	11981	995	10986	9580	823
贵州 Guizhou	1298		1298	1654	
云南 Yunnan	182		182	994	5
西藏 Tibet					
陕西 Shaanxi	2759		2759	2853	
甘肃 Gansu	1348		1348	2814	
青海 Qinghai	35		35	347	
宁夏 Ningxia	1496		1496	1388	
新疆 Xinjiang	645		645	979	

专科学生数
& TV Universities

单位：人
unit：person

Entrants	在校学生数 Enrolment			毕业班学生数 Graduates for Next Year		
专 科 Short-cycle Courses	合 计 Total	本 科 Normal Courses	专 科 Short-cycle Courses	合 计 Total	本 科 Normal Courses	专 科 Short-cycle Courses
56765	**159687**	**3884**	**155803**	**72634**	**1787**	**70847**
672	1959		1959	1000		1000
455	1110		1110	394		394
1153	1914		1914	660		660
664	1884		1884	926		926
932	1900		1900	738		738
2061	4784		4784	2723		2723
1461	3863		3863	2402		2402
1572	4263		4263	2148		2148
3311	9216	1150	8066	3379	371	3008
4820	14015		14015	5604		5604
830	2577	114	2463	1666	33	1633
1855	4132		4132	1141		1141
499	1411		1411	158		158
466	1283		1283	604		604
1704	7186	33	7153	5467	18	5449
1585	5362	472	4890	3301	279	3022
2809	9208		9208	4773		4773
4327	10980		10980	4187		4187
213	673	237	436	178	36	142
532	717		717	152		152
5063	16087		16087	8284		8284
8757	28315	1873	26442	13707	1050	12657
1654	3932		3932	1700		1700
989	1956	5	1951	136		136
2853	6853		6853	1730		1730
2814	7590		7590	2767		2767
347	482		482	71		71
1388	3514		3514	1670		1670
979	2521		2521	968		968

职工高等学校本科、
Number of Students in

地　区 Region	毕业生数 Graduates			招生数	
	合　计 Total	本　科 Normal Courses	专　科 Short-cycle Courses	合　计 Total	本　科 Normal Courses
合　计 Total	**76981**	**1972**	**75009**	**67014**	**2391**
北　京 Beijing	6152	305	5847	5968	424
天　津 Tianjin	3598		3598	5810	
河　北 Hebei	157		157	199	
山　西 Shanxi	2915	871	2044	3722	957
内蒙古 Inner Mongolia					
辽　宁 Liaoning	10261	222	10039	7230	143
吉　林 Jilin	4708	415	4293	2594	694
黑龙江 Heilongjiang	3597		3597	3114	
上　海 Shanghai	6504		6504	4588	
江　苏 Jiangsu	613		613	977	
浙　江 Zhejiang	3075		3075	2691	
安　徽 Anhui	2134		2134	856	
福　建 Fujian					
江　西 Jiangxi	629		629	723	
山　东 Shandong	359		359	1123	
河　南 Henan	8908		8908	7995	
湖　北 Hubei	319	28	291	24	
湖　南 Hunan	5247	89	5158	4344	117
广　东 Guangdong	2321		2321	2197	
广　西 Guangxi	936		936	278	
海　南 Hainan					
重　庆 Chongqing	1279		1279	507	
四　川 Sichuan	6482	18	6464	4826	51
贵　州 Guizhou	717		717	691	
云　南 Yunnan	22		22		
西　藏 Tibet					
陕　西 Shaanxi	5111	24	5087	5278	5
甘　肃 Gansu	408		408	513	
青　海 Qinghai	498		498	669	
宁　夏 Ningxia					
新　疆 Xinjiang	31		31	97	

专科学生数
Workers' Colleges

单位：人
unit: person

Entrants	在校学生数 Enrolment			毕业班学生数 Graduates for Next Year		
专科 Short-cycle Courses	合计 Total	本科 Normal Courses	专科 Short-cycle Courses	合计 Total	本科 Normal Courses	专科 Short-cycle Courses
64623	**163662**	**4776**	**158886**	**68304**	**1739**	**66565**
5544	12992	640	12352	5853	280	5573
5810	11722		11722	5631		5631
199	570		570	215		215
2765	9142	2201	6941	3443	719	2724
7087	15728	469	15259	6709	276	6433
1900	5092	1047	4045	1967	353	1614
3114	9689		9689	3799		3799
4588	11440		11440	2423		2423
977	2973		2973	1710		1710
2691	5517		5517	2717		2717
856	1187		1187	131		131
723	1586		1586	710		710
1123	2112		2112	754		754
7995	19942		19942	9332		9332
24	387		387	341		341
4227	9516	301	9215	4149	59	4090
2197	6344		6344	2257		2257
278	543		543	295		295
507	2065		2065	1110		1110
4775	15483	85	15398	6817	34	6783
691	1895		1895	1017		1017
	125		125	86		86
5273	14932	33	14899	5830	18	5812
513	1237		1237	436		436
669	1234		1234	498		498
97	209		209	74		74

地区 Region	毕业生数 Graduates			招生数	
	合计 Total	本科 Normal Courses	专科 Short-cycle Courses	合计 Total	本科 Normal Courses
合计 Total	**41078**	**23040**	**18038**	**32699**	**12993**
北京 Beijing	2527	1375	1152	2060	740
天津 Tianjin					
河北 Hebei	15		15		
山西 Shanxi	304		304	241	
内蒙古 Inner Mongolia					
辽宁 Liaoning	3765	1654	2111	2019	837
吉林 Jilin	1329	999	330	1001	642
黑龙江 Heilongjiang	2747	1915	832	2417	774
上海 Shanghai					
江苏 Jiangsu	5092	4305	787	3518	1992
浙江 Zhejiang	1276	799	477	2010	901
安徽 Anhui					
福建 Fujian	2953	2452	501	2935	1519
江西 Jiangxi	1735	544	1191	3726	1631
山东 Shandong	710		710	1296	
河南 Henan	7074	4095	2979	3399	2028
湖北 Hubei	1607		1607	1111	
湖南 Hunan	690		690	602	
广东 Guangdong	68		68	168	
广西 Guangxi	2170	1388	782	1224	937
海南 Hainan					
重庆 Chongqing	2905	1940	965	968	286
四川 Sichuan	2672	1005	1667	2028	391
贵州 Guizhou					
云南 Yunnan					
西藏 Tibet					
陕西 Shaanxi	630	440	190	908	115
甘肃 Gansu					
青海 Qinghai					
宁夏 Ningxia					
新疆 Xinjiang	809	129	680	1068	200

专科学生数
Educational Colleges

单位：人
unit: person

Entrants	在校学生数 Enrolment			毕业班学生数 Graduates for Next Year		
专科 Short-cycle Courses	合计 Total	本科 Normal Courses	专科 Short-cycle Courses	合计 Total	本科 Normal Courses	专科 Short-cycle Courses
19706	**78071**	**33808**	**44263**	**31625**	**13987**	**17638**
1320	5808	2519	3289	2441	1133	1308
	25		25	15		15
241	606		606	335		335
1182	4131	1335	2796	2112	498	1614
359	2660	2008	652	1424	1131	293
1643	5631	1986	3645	2718	1114	1604
1526	11576	7759	3817	4069	3076	993
1109	4582	2109	2473	1425	594	831
1416	6193	4223	1970	1931	1635	296
2095	7240	3174	4066	1881	616	1265
1296	2228		2228	673		673
1371	8828	4149	4679	5067	1984	3083
1111	3711		3711	1446		1446
602	1133		1133	468		468
168	303		303	63		63
287	2200	1505	695	976	568	408
682	1953	567	1386	1061	327	734
1637	4558	1517	3041	1300	717	583
793	1931	520	1411	873	381	492
868	2774	437	2337	1347	213	1134

管理干部学院本科、

Number of Students in Institutes for

地　区 Region	毕业生数 Graduates			招生数	
	合　计 Total	本　科 Normal Courses	专　科 Short-cycle Courses	合　计 Total	本　科 Normal Courses
合　计 Total	**18992**	**3872**	**15120**	**24080**	**3511**
北　京 Beijing	1538	593	945	2718	269
天　津 Tianjin	771		771	1269	
河　北 Hebei	280		280	109	
山　西 Shanxi	1676		1676	2900	
内蒙古 Inner Mongolia					
辽　宁 Liaoning	338	287	51	240	156
吉　林 Jilin	734	158	576	560	150
黑龙江 Heilongjiang	2073	371	1702	2592	307
上　海 Shanghai	1204		1204	541	
江　苏 Jiangsu	1132		1132	2580	178
浙　江 Zhejiang					
安　徽 Anhui	238		238	256	
福　建 Fujian					
江　西 Jiangxi	469	287	182	1021	469
山　东 Shandong	3770	1272	2498	4569	1344
河　南 Henan					
湖　北 Hubei	2205	651	1554	1214	310
湖　南 Hunan					
广　东 Guangdong	1200		1200	1461	
广　西 Guangxi	865	253	612	939	328
海　南 Hainan					
重　庆 Chongqing					
四　川 Sichuan	355		355	873	
贵　州 Guizhou					
云　南 Yunnan					
西　藏 Tibet					
陕　西 Shaanxi	144		144	238	
甘　肃 Gansu					
青　海 Qinghai					
宁　夏 Ningxia					
新　疆 Xinjiang					

专科学生数
Administration

单位：人
unit：person

Entrants	在校学生数 Enrolment			毕业班学生数 Graduates for Next Year		
专 科 Short-cycle Courses	合 计 Total	本 科 Normal Courses	专 科 Short-cycle Courses	合 计 Total	本 科 Normal Courses	专 科 Short-cycle Courses
20569	**61011**	**9385**	**51626**	**23065**	**3409**	**19656**
2449	7758	862	6896	3893	593	3300
1269	2446		2446	1115		1115
109	295		295	186		186
2900	6449		6449	1711		1711
84	496	369	127	206	163	43
410	1137	294	843	577	144	433
2285	5643	625	5018	2916	318	2598
541	2675		2675	1088		1088
2402	5641	435	5206	2007	24	1983
256	890		890	427		427
552	2537	1045	1492	1400	464	936
3225	13138	4021	9117	4593	1541	3052
904	3502	860	2642	214		214
1461	4398		4398	1257		1257
611	2257	874	1383	861	162	699
873	1243		1243	370		370
238	506		506	244		244

其他机构本科、
Number of Students in

地　区 Region	毕业生数 Graduates			招生数	
	合　计 Total	本　科 Normal Courses	专　科 Short-cycle Courses	合　计 Total	本　科 Normal Courses
合　计 Total	**1421**		**1421**	**425**	
北　京 Beijing					
天　津 Tianjin					
河　北 Hebei					
山　西 Shanxi					
内蒙古 Inner Mongolia					
辽　宁 Liaoning	563		563	248	
吉　林 Jilin					
黑龙江 Heilongjiang					
上　海 Shanghai					
江　苏 Jiangsu					
浙　江 Zhejiang	8		8	41	
安　徽 Anhui					
福　建 Fujian					
江　西 Jiangxi					
山　东 Shandong					
河　南 Henan	796		796	108	
湖　北 Hubei					
湖　南 Hunan	54		54	28	
广　东 Guangdong					
广　西 Guangxi					
海　南 Hainan					
重　庆 Chongqing					
四　川 Sichuan					
贵　州 Guizhou					
云　南 Yunnan					
西　藏 Tibet					
陕　西 Shaanxi					
甘　肃 Gansu					
青　海 Qinghai					
宁　夏 Ningxia					
新　疆 Xinjiang					

专科学生数
Other Institutes

单位：人
unit：person

Entrants	在校学生数 Enrolment			毕业班学生数 Graduates for Next Year		
专 科 Short-cycle Courses	合 计 Total	本 科 Normal Courses	专 科 Short-cycle Courses	合 计 Total	本 科 Normal Courses	专 科 Short-cycle Courses
425	**2373**		**2373**	**1466**		**1466**
248	472		472	224		224
41	63		63	8		8
108	1717		1717	1189		1189
28	121		121	45		45

普通高等学校举办函授、业余、

Number of Students in Correspondence

Courses for Adults run by Regular Institu

地区 Region	函授、业余 Divisions of Correspondence and Sparetime Schools							
	毕业生数 Graduates			招生数 Entrants			在校学生 Enrolm	
	合计 Total	本科 Normal Courses	专科 Short-cycle Courses	合计 Total	本科 Normal Courses	专科 Short-cycle Courses	合计 Total	本科 Normal Courses
合计 Total	**1611056**	**707245**	**903811**	**1897545**	**832143**	**1065402**	**4799731**	**2136200**
北京 Beijing	90383	47433	42950	97872	58432	39440	239638	143253
天津 Tianjin	25399	13769	11630	22040	13197	8843	55830	32688
河北 Hebei	53294	17367	35927	88316	40682	47634	227995	101435
山西 Shanxi	30064	15072	14992	47039	24200	22839	125929	65939
内蒙古 Inner Mongolia	22642	10867	11775	30133	13501	16632	66968	30544
辽宁 Liaoning	74586	32892	41694	68997	29700	39297	160649	70835
吉林 Jilin	59341	29295	30046	58335	25004	33331	132821	58958
黑龙江 Heilongjiang	44616	23547	21069	56169	30123	26046	135319	65590
上海 Shanghai	58822	38318	20504	60225	44387	15838	181663	131637
江苏 Jiangsu	85718	43326	42392	137532	66290	71242	365714	175993
浙江 Zhejiang	97695	38673	59022	97019	34566	62453	221143	75593
安徽 Anhui	65345	29149	36196	71084	27988	43096	144486	57310
福建 Fujian	29510	14875	14635	30917	14757	16160	87399	41758
江西 Jiangxi	27191	12661	14530	35945	17400	18545	104222	48576
山东 Shandong	94347	40312	54035	125363	62114	63249	364147	183097
河南 Henan	92811	39985	52826	93323	40065	53258	217235	96654
湖北 Hubei	86989	38208	48781	97334	34219	63115	243432	91805
湖南 Hunan	100954	34845	66109	93889	31147	62742	188491	62697
广东 Guangdong	133985	46036	87949	152954	56716	96238	439474	160278
广西 Guangxi	45040	20087	24953	67298	26502	40796	146456	56728
海南 Hainan	7911	2925	4986	6721	3566	3155	21096	10558
重庆 Chongqing	35838	14996	20842	42189	12339	29850	94737	27694
四川 Sichuan	95776	29726	66050	109502	33524	75978	244679	75460
贵州 Guizhou	19212	9637	9575	24235	14664	9571	78666	46759
云南 Yunnan	49126	21445	27681	54781	26999	27782	164611	76713
西藏 Tibet	1632	1099	533	2875	1746	1129	7926	5366
陕西 Shaanxi	37021	18236	18785	64337	23583	40754	170122	70340
甘肃 Gansu	26023	13522	12501	28124	12407	15717	79132	35774
青海 Qinghai	3127	2051	1076	4472	2911	1561	13497	9217
宁夏 Ningxia	4695	1705	2990	11427	3577	7850	29734	9867
新疆 Xinjiang	11963	5186	6777	17098	5837	11261	46520	17084

脱产分本专科学生数

divisions、Sparetime Schools & Short-cycle tions of Higher Education

单位：人

unit：person

数 ent	脱产 Short-cycle courses for Adults								
	毕业生数 Graduates			招生数 Entrants			在校学生数 Enrolment		
专科 Short-cycle Courses	合计 Total	本科 Normal Courses	专科 Short-cycle Courses	合计 Total	本科 Normal Courses	专科 Short-cycle Courses	合计 Total	本科 Normal Courses	专科 Short-cycle Courses
2663531	**161916**	**66112**	**95804**	**3182**	**596**	**2586**	**94239**	**62404**	**31835**
96385	8697	5663	3034				5075	4953	122
23142	1819	628	1191				551	403	148
126560	8288	3465	4823				4751	3348	1403
59990	2780	1558	1222				194	104	90
36424	3255	1653	1602				2107	728	1379
89814	8189	3877	4312				4870	3855	1015
73863	2271	1416	855				967	847	120
69729	5208	2972	2236				1990	1622	368
50026	2281	1473	808	3		3	2803	2473	330
189721	14048	5085	8963				7812	7532	280
145550	9507	1707	7800				5678	3506	2172
87176	5508	2387	3121				1797	1747	50
45641	1846	337	1509	318		318	1314	337	977
55646	6891	2531	4360				3352	1318	2034
181050	10877	1818	9059	374	119	255	5833	1216	4617
120581	10114	3300	6814	696	63	633	4020	1644	2376
151627	9491	5380	4111				5706	4735	971
125794	3577	1710	1867				1904	1282	622
279196	4018	937	3081	650	414	236	2488	1291	1197
89728	3284	1338	1946				2701	1044	1657
10538	538	207	331				305	223	82
67043	8481	2475	6006	1001		1001	9226	3480	5746
169219	8735	4553	4182				6959	5803	1156
31907	3138	1386	1752				2137	1743	394
87898	7014	2820	4194				4960	3873	1087
2560	71		71				65	65	
99782	5584	3211	2373				2792	2422	370
43358	2570	954	1616	140		140	983	396	587
4280	236	153	83						
19867	526	178	348				94	87	7
29436	3074	940	2134				805	327	478

在职人员攻读博士、硕士

Number of Postgraduate Students Studying for Advanced

	授予学位数 Degree Awarded		
	计 Total	博士 Doctor's Degree	硕士 Master's Degree
合 计 Total	**102658**	**1035**	**101623**
北 京 Beijing	14258	154	14104
天 津 Tianjin	3357	88	3269
河 北 Hebei	2526		2526
山 西 Shanxi	1462		1462
内蒙古 Inner Mongolia	1317		1317
辽 宁 Liaoning	4992	5	4987
吉 林 Jilin	2947		2947
黑龙江 Heilongjiang	3326	29	3297
上 海 Shanghai	8835	68	8767
江 苏 Jiangsu	9453	53	9400
浙 江 Zhejiang	3373	37	3336
安 徽 Anhui	2799	60	2739
福 建 Fujian	2325		2325
江 西 Jiangxi	2387	24	2363
山 东 Shandong	6336		6336
河 南 Henan	2437		2437
湖 北 Hubei	8372	298	8074
湖 南 Hunan	2621		2621
广 东 Guangdong	4719	26	4693
广 西 Guangxi	816		816
海 南 Hainan	309		309
重 庆 Chongqing	2390	3	2387
四 川 Sichuan	3706	2	3704
贵 州 Guizhou	713		713
云 南 Yunnan	1787	1	1786
西 藏 Tibet			
陕 西 Shaanxi	3333	153	3180
甘 肃 Gansu	1050	34	1016
青 海 Qinghai			
宁 夏 Ningxia	151		151
新 疆 Xinjiang	561		561

学位学生情况

Degrees Without Leaving Their Jobs

单位：人

unit：person

招生数 Entrants			在校学生数 Enrolment		
计 Total	博　士 Doctor's Degree	硕　士 Master's Degree	计 Total	博　士 Doctor's Degree	硕　士 Master's Degree
124871	**980**	**123891**	**420294**	**3126**	**417168**
15069	102	14967	51697	540	51157
4861	60	4801	12714	104	12610
2125		2125	6150		6150
1319		1319	3901		3901
1213		1213	5482		5482
4899	7	4892	16657	41	16616
4238	10	4228	12752	48	12704
3474	3	3471	13056	18	13038
9737		9737	34185		34185
12334	194	12140	40253	355	39898
4046	18	4028	16568	53	16515
3005	96	2909	8447	258	8189
3193		3193	11572		11572
1791	47	1744	5995	128	5867
6770		6770	19895		19895
1865		1865	5640		5640
10902	22	10880	36991	163	36828
3332		3332	16346		16346
4995	96	4899	18576	206	18370
2134		2134	7091		7091
347		347	1133		1133
3792	102	3690	11418	110	11308
7617	8	7609	26103	23	26080
848		848	2386		2386
3603	5	3598	9929	15	9914
15		15	26		26
4519	186	4333	16588	944	15644
1528	24	1504	4699	120	4579
164		164	480		480
388		388	763		763
748		748	2801		2801

高等教育非学历

Data on Students Enrolled in Non-formal

	毕(结)业生数 Graduates								
	研究生课程进修班 Postgraduate Courses	自考助学班 Classes Run by Non-state/private HEIs for Students Preparing for State-administared Examinations for Self-directed learners	普通预科生 College-preparatory Classes	进修及培训 In-service Training					
				总计 Total	一周至一个月以内 a week to 1 months under	一个月至半年以内 1 months to half year under	半年至一年以内 half year to one year under	一年及以上 One year and over	其中：资格证书培训 for Certificates of Vocational Qualifications
合　计 Total	**48290**	**194889**		**6882371**	**4016891**	**2335335**	**399395**	**130750**	**1315510**
北　京 Beijing	13966	32959		515557	321482	108338	45538	40199	87700
天　津 Tianjin	101	2496		88823	49013	32396	5196	2218	26852
河　北 Hebei	828	5696		67218	43880	17661	3057	2620	29171
山　西 Shanxi	20	1630		45650	32947	8523	3466	714	12198
内蒙古 Inner Mongolia	31			56061	44738	9358	1843	122	19147
辽　宁 Liaoning	1053	15325		210201	74829	114023	20287	1062	47868
吉　林 Jilin	4192	2658		89790	74642	12302	2652	194	11924
黑龙江 Heilongjiang		2282		65028	51775	12455	336	462	8964
上　海 Shanghai	3872	7392		1309835	1028063	218851	51649	11272	96968
江　苏 Jiangsu	2065	12359		348135	248443	76142	10638	12912	95625
浙　江 Zhejiang	1120	13709		402577	296743	83070	18977	3787	114115
安　徽 Anhui	649	1565		212087	104092	16914	84980	6101	43235
福　建 Fujian	484	7879		86244	48670	21302	14516	1756	8931
江　西 Jiangxi	307	15986		47937	28731	14425	2229	2552	18907
山　东 Shandong	2350	6739		169604	102485	50005	14022	3092	61876
河　南 Henan	1931	15595		402461	365130	31874	3295	2162	245571
湖　北 Hubei	2490	13596		187520	138746	32331	12621	3822	69614
湖　南 Hunan	120	7779		153113	112409	29165	6053	5486	58654
广　东 Guangdong	2243	4976		994836	106586	839032	45224	3994	40812
广　西 Guangxi	1811	3389		97422	79238	16488	820	876	33058
海　南 Hainan				3400	1654	1622		124	316
重　庆 Chongqing	1339	5976		476410	43580	427594	4444	792	20706
四　川 Sichuan	5352	5135		299278	201562	87793	7630	2293	56897
贵　州 Guizhou	140	602		46255	27734	17836	685		9990
云　南 Yunnan	878			67625	54668	6958	5247	752	25199
西　藏 Tibet	84			3375	2206	1169			2197
陕　西 Shaanxi	444	5155		101197	51214	13694	20378	15911	26590
甘　肃 Gansu	326	3820		207240	186412	11677	5950	3201	20110
青　海 Qinghai		191		14289	10665	3609		15	804
宁　夏 Ningxia	94			27542	19761	3062	4719		2826
新　疆 Xinjiang				85661	64793	15666	2943	2259	18685

教育学生情况(总计)

Programmes of HEIs (Total)

单位：人

unit: person

	注册学生数 Total Enrolment									
		自考助学班 Classes Run by Non-state/private HEIs for Students Preparing for State-administrated Examinations for Self-directed Learners		进修及培训 In-service Training						
其中：岗位证书培训 for Certificates of Job-related Qualifications	研究生课程进修班 Postgraduate Courses		普通预科生 College-preparatory Classes	总计 Total	一周至一个月以内 a week to 1 months under	一个月至半年以内 1 months to half year under	半年至一年以内 half year to one year under	一年及以上 One year and over	其中：资格证书培训 for Certificates of Vocational Qualifications	其中：岗位证书培训 for Certificates of Job-related Qualifications
1069856	**64978**	**595048**	**31970**	**2636948**	**1537237**	**629012**	**280449**	**190250**	**410652**	**364497**
70103	22176	107230	2320	285297	119882	77026	33177	55212	43270	22102
25061	64	6847	10	30677	12205	15392	2137	943	10161	11645
11854	460	13738	697	7468	776	1483	2703	2506	1222	2185
17044	150	4697		14809	4383	4709	4421	1296	5991	2008
14728	47		1576	2960	2925			35	2925	
28572	1330	35287	901	8100	2215	3912	1929	44	2171	2567
26215	252	5702	571	3689	2054	602	115	918	754	181
14552		5570	180	7230	4788	1119	953	370	290	4285
107594	5936	21147		1144357	806950	239771	35904	61732	61365	99969
140534	2507	29200	86	57954	27600	25601	1689	3064	23022	15004
111681	3991	40164	49	226781	166751	41907	13372	4751	82063	36072
28731	1349	5106	232	121323	1066	155	112605	7497	1216	8662
15091	739	11825	384	41942	21306	1510	18111	1015	376	4084
5763	235	57722	836	25677	10099	11189	394	3995	5417	1972
43107	2366	33720	145	67024	38354	16524	7072	5074	30441	6432
44300	2686	32090	2344	60368	50061	7130	1346	1831	12973	12271
39559	2079	59900	2596	57521	42923	8293	6020	285	21021	14578
20776	425	23960	1365	17271	13967	2177	894	233	4793	997
30138	5266	16280	962	134719	36791	82175	8538	7215	21155	4569
17435	5930	8626	1098	49355	35648	11364	494	1849	18615	11639
129		4301	119	2062	1218	837		7		
8099	2290	15952	1916	20682	7903	8226	4534	19	4715	6432
95952	2287	21433	2019	68619	11434	41399	6276	9510	20397	31482
5028	307	3859	2047	25018	18824	5509	685		7809	5028
18828	1258		1222	32780	14305	2417	853	15205	5566	11742
182				1280	311	969			375	165
30879	111	19257	417	32818	23891	4308	2887	1732	11641	14472
50375	203	9714	1823	26758	17588	3628	2753	2789	2727	5243
8165		782	1167	4021	4021				2080	
23054	266		3561	29792	19820	4073	5899		3345	26394
16327	268	939	1327	28596	17178	5607	4688	1123	2756	2317

	毕(结)业生数 Graduates								
				进修及培训 In-service Training					
	研究生课程进修班 Postgraduate Courses	自考助学班 Classes Run by Non-state/private HEIs for Students Preparing for State-administrated Examinations for Self-directed Learners	普通预科生 College-preparatory Classes	总计 Total	一周至一个月以内 a week to 1 months under	一个月至半年以内 1 months to half year under	半年至一年以内 half year to one year under	一年及以上 One year and over	其中：资格证书培训 for Certificates of Vocational Qualifications
合　计 Total	**47899**	**98031**		**2801627**	**1849200**	**770721**	**132005**	**49701**	**738435**
北　京 Beijing	13575	8076		309230	208599	58041	26819	15771	66034
天　津 Tianjin	101	2496		42958	28019	12351	2373	215	14318
河　北 Hebei	828	229		44176	39382	3849	45	900	14987
山　西 Shanxi	20			16472	10872	4237	1047	316	724
内蒙古 Inner Mongolia	31			55936	44613	9358	1843	122	19147
辽　宁 Liaoning	1053	2574		62902	42590	15790	3939	583	19926
吉　林 Jilin	4192	1838		36342	25276	9705	1307	54	8574
黑龙江 Heilongjiang		82		44923	40185	4386	336	16	2319
上　海 Shanghai	3872	2362		138820	87678	38988	11225	929	29494
江　苏 Jiangsu	2065	12359		215154	135825	64465	6011	8853	73364
浙　江 Zhejiang	1120	4541		357348	268767	74779	11933	1869	107397
安　徽 Anhui	649			75387	48792	15772	9793	1030	22608
福　建 Fujian	484	7879		39939	27255	9233	1695	1756	7576
江　西 Jiangxi	307	14033		35524	24380	9747	1241	156	17172
山　东 Shandong	2350	1841		121514	78572	36287	6175	480	48609
河　南 Henan	1931			78260	58224	17167	2718	151	19565
湖　北 Hubei	2490	13156		177557	129749	31577	12621	3610	65367
湖　南 Hunan	120	4710		102801	70344	25294	2237	4926	43725
广　东 Guangdong	2243	2824		326669	76928	239500	7723	2518	31549
广　西 Guangxi	1811	3389		86070	68246	16274	674	876	27621
海　南 Hainan				2833	1373	1336		124	180
重　庆 Chongqing	1339	3874		25652	15903	7186	1771	792	4829
四　川 Sichuan	5352	4737		156414	121234	30523	3401	1256	35210
贵　州 Guizhou	140	448		24634	17240	6709	685		8090
云　南 Yunnan	878			66928	54668	6958	5247	55	25199
西　藏 Tibet	84			3375	2206	1169			2197
陕　西 Shaanxi	444	2912		43791	39105	2993	1624	69	3869
甘　肃 Gansu	326	3480		19966	16682	3012	272		6353
青　海 Qinghai		191		14289	10665	3609		15	804
宁　夏 Ningxia	94			26735	18954	3062	4719		2826
新　疆 Xinjiang				49028	36874	7364	2531	2259	8802

教育学生情况(普通高校)

Programmes of HEIs (Regular HEIs)

单位：人

unit: person

	注册学生数 Total Enrolment									
				进修及培训 In-service Training						
其中：岗位证书培训 for Certificates of Job-related Qualifications	研究生课程进修班 Postgraduate Courses	自考助学班 Classes Run by Non-state/private HEIs for Students Preparing for State-administrated Examinations for Self-directed Learners	普通预科生 College-preparatory Classes	总计 Total	一周至一个月以内 a week to 1 months under	一个月至半年以内 1 months to half year under	半年至一年以内 half year to one year under	一年及以上 One year and over	其中：资格证书培训 for Certificates of Vocational Qualifications	其中：岗位证书培训 for Certificates of Job-related Qualifications
575746	64457	286730	31970	1030723	601490	301223	88118	39892	277248	191800
41717	21655	22580	2320	177979	77130	54068	26228	20553	31417	8789
14244	64	6747	10	12198	7332	3955	688	223	6441	4490
8394	460	682	697	898	197	110		591		
3337	150			3915		739	2495	681		365
14728	47		1576	2960	2925			35	2925	
10114	1330	4639	901	7400	2215	3392	1749	44	2171	2147
417	252	1923	571	2455	1772	567	95	21	754	181
7654		378	180	5831	3704	1119	953	55	290	3414
25733	5936	1484		51516	26055	18766	5163	1532	6577	1648
45278	2507	29200	86	50784	22572	23726	1422	3064	21402	11580
105166	3991	14051	49	209779	162201	39374	5809	2395	78431	32858
25715	1349	140	232	5852	780		5072		232	5620
12165	739	11825	384	16526	10281	1262	3968	1015	119	3671
5231	235	49427	836	13173	7671	5228	3	271	4256	1868
26674	2366	7294	145	50005	30903	12821	5395	886	22654	5051
17841	2686		2344	35547	33693	904	639	311	2082	10571
35143	2079	54298	2596	51116	37272	7539	6020	285	16986	12208
17726	425	10944	1365	15691	13805	1808		78	3907	959
20802	5266	7150	962	101965	19045	74408	5757	2755	12900	3976
14880	5930	8626	1098	49355	35648	11364	494	1849	18615	11639
		3000	119	2062	1218	837		7		
5178	2290	10594	1916	17115	7903	6911	2282	19	3401	5643
34903	2287	20224	2019	24280	7654	13234	1413	1979	13479	4257
5028	307	3038	2047	22018	15824	5509	685		6809	5028
18828	1258		1222	17575	14305	2417	853		5566	11742
182				1280	311	969			375	165
14696	111	7746	417	22201	20716	628	737	120	5805	11371
4726	203	9019	1823	11986	9545	2418	23		1943	4318
8165		782	1167	4021	4021				2080	
23054	266		3561	29792	19820	4073	5899		3345	26394
8027	268	939	1327	13448	4972	3077	4276	1123	2286	1847

高等教育非学历

Data on Students Enrolled in Non-formal

	毕(结)业生数 Graduates								
	研究生课程进修班 Postgraduate Courses	自考助学班 Classes Run by Non-state/private HEIs for Students Preparing for State-administrated Examinations for Self-directed Learners	普通预科生 College-preparatory Classes	进修及培训 In-service Training					
				总计 Total	一周至一个月以内 a week to 1 months under	一个月至半年以内 1 months to half year under	半年至一年以内 half year to one year under	一年及以上 One year and over	其中:资格证书培训 for Certificates of Vocational Qualifications
合　计 Total		**1004**		**3399524**	**1824925**	**1344031**	**193995**	**36573**	**488782**
北　京 Beijing		236		158671	90050	47584	11320	9717	14368
天　津 Tianjin				45865	20994	20045	2823	2003	12534
河　北 Hebei				16849	4002	12847			13537
山　西 Shanxi				18264	17276	450	538		5626
内蒙古 Inner Mongolia				125	125				
辽　宁 Liaoning				147299	32239	98233	16348	479	27942
吉　林 Jilin				53368	49336	2577	1325	130	3350
黑龙江 Heilongjiang				19659	11590	8069			6645
上　海 Shanghai				707569	672950	30418	3709	492	26896
江　苏 Jiangsu				132981	112618	11677	4627	4059	22261
浙　江 Zhejiang				31501	25106	4029	1465	901	1735
安　徽 Anhui				129738	54906	643	74123	66	18915
福　建 Fujian				46305	21415	12069	12821		1355
江　西 Jiangxi		330		5026	3543	862	621		120
山　东 Shandong				11709	10109	670	930		5076
河　南 Henan				315290	301415	13766	109		225524
湖　北 Hubei				3346	3346				
湖　南 Hunan				49618	42065	3755	3756	42	14813
广　东 Guangdong				641281	15131	592106	34044		3594
广　西 Guangxi				11352	10992	214	146		5437
海　南 Hainan				567	281	286			136
重　庆 Chongqing				447020	27677	419193	150		14279
四　川 Sichuan		284		111533	77615	29664	3903	351	19411
贵　州 Guizhou		154		21621	10494	11127			1900
云　南 Yunnan				697				697	
西　藏 Tibet									
陕　西 Shaanxi				53203	11259	8723	18224	14997	20461
甘　肃 Gansu				181627	169665	6722	2601	2639	12984
青　海 Qinghai									
宁　夏 Ningxia				807	807				
新　疆 Xinjiang				36633	27919	8302	412		9883

教育学生情况(成人高校)
Programmes of HEIs (HEIs for Adults)

单位：人
unit: person

其中：岗位证书培训 for Certificates of Job-related Qualifications	注册学生数 Total Enrolment 研究生课程进修班 Postgraduate Courses	自考助学班 Classes Run by Non-state/private HEIs for Students Preparing for State-administrated Examinations for Self-directed Learners	普通预科生 College-preparatory Classes	进修及培训 In-service Training 总计 Total	一周至一个月以内 a week to 1 months under	一个月至半年以内 1 months to half year under	半年至一年以内 half year to one year under	一年及以上 One year and over	其中：资格证书培训 for Certificates of Vocational Qualifications	其中：岗位证书培训 for Certificates of Job-related Qualifications
365642		**6527**		**986175**	**730671**	**75243**	**133833**	**46428**	**48731**	**55901**
24839		369		46693	19234	19926	549	6984	4150	9793
10817		100		18479	4873	11437	1449	720	3720	7155
702										
11650				76			76			
18458				700		520	180			420
25798				1134	237			897		
6898				1084	1084					871
15593		1457		693677	638296	29679	3881	21821	17005	30235
95256				7170	5028	1875	267		1620	3424
566		64		2552	1666	777	109		674	
755				106568			106568			
2926				25416	11025	248	14143		257	413
434		1872		2124	2124					
5530				4977	4870	107			4877	100
26399				20027	15276	4636	115		10551	1250
2046										
3050				1185		351	834		706	38
7747										
2555										
129		1301								
2241										
33904		543		6113	1495	512	3950	156	254	80
		821		3000	3000				1000	
				15205				15205		
14356				5815	2535	1980	1300		3122	1652
44693				9032	7722	665		645	325	
8300				15148	12206	2530	412		470	470

高等教育非学历

Data on Students Enrolled in Non-formal

	毕(结)业生数 Graduates								
				进修及培训 In-service Training					
	研究生课程进修班 Postgraduate Courses	自考助学班 Classes Run by Non-state/private HEIs for Students Preparing for State-administrated Examinations for Self-directed Learners	普通预科生 College-preparatory Classes	总计 Total	一周至一个月以内 a week to 1 months under	一个月至半年以内 1 months to half year under	半年至一年以内 half year to one year under	一年及以上 One year and over	其中：资格证书培训 for Certificates of Vocational Qualifications
合　计 Total		**95854**		**681220**	**342766**	**220583**	**73395**	**44476**	**88293**
北　京 Beijing		24647		47656	22833	2713	7399	14711	7298
天　津 Tianjin									
河　北 Hebei		5467		6193	496	965	3012	1720	647
山　西 Shanxi		1630		10914	4799	3836	1881	398	5848
内蒙古 Inner Mongolia									
辽　宁 Liaoning		12751							
吉　林 Jilin		820		80	30	20	20	10	
黑龙江 Heilongjiang		2200		446				446	
上　海 Shanghai		5030		463446	267435	149445	36715	9851	40578
江　苏 Jiangsu									
浙　江 Zhejiang		9168		13728	2870	4262	5579	1017	4983
安　徽 Anhui		1565		6962	394	499	1064	5005	1712
福　建 Fujian									
江　西 Jiangxi		1623		7387	808	3816	367	2396	1615
山　东 Shandong		4898		36381	13804	13048	6917	2612	8191
河　南 Henan		15595		8911	5491	941	468	2011	482
湖　北 Hubei		440		6617	5651	754		212	4247
湖　南 Hunan		3069		694		116	60	518	116
广　东 Guangdong		2152		26886	14527	7426	3457	1476	5669
广　西 Guangxi									
海　南 Hainan									
重　庆 Chongqing		2102		3738		1215	2523		1598
四　川 Sichuan		114		31331	2713	27606	326	686	2276
贵　州 Guizhou									
云　南 Yunnan									
西　藏 Tibet									
陕　西 Shaanxi		2243		4203	850	1978	530	845	2260
甘　肃 Gansu		340		5647	65	1943	3077	562	773
青　海 Qinghai									
宁　夏 Ningxia									
新　疆 Xinjiang									

教育学生情况(民办的其他高等教育机构)

Programmes of HEIs (Non-state/private HEIs)

单位: 人

unit: person

注册学生数 Total Enrolment										
				进修及培训 In-service Training						
其中:岗位证书培训 for Certificates of Job-related Qualifications	研究生课程进修班 Postgraduate Courses	自考助学班 Classes Run by Non-state/private HEIs for Students Preparing for State-administrated Examinations for Self-directed Learners	普通预科生 College-preparatory Classes	总计 Total	一周至一个月以内 a week to 1 months under	一个月至半年以内 1 months to half year under	半年至一年以内 half year to one year under	一年及以上 One year and over	其中:资格证书培训 for Certificates of Vocational Qualifications	其中:岗位证书培训 for Certificates of Job-related Qualifications
128468		**301791**		**620050**	**205076**	**252546**	**58498**	**103930**	**84673**	**116796**
3547		84281		60625	23518	3032	6400	27675	7703	3520
2758		13056		6570	579	1373	2703	1915	1222	2185
2057		4697		10818	4383	3970	1850	615	5991	1643
		30648								
		3779		100	45	35	20			
		5192		315				315		
66268		18206		399164	142599	191326	26860	38379	37783	68086
5949		26049		14450	2884	1756	7454	2356	2958	3214
2261		4966		8903	286	155	965	7497	984	3042
98		6423		10380	304	5961	391	3724	1161	104
10903		26426		12042	2581	3596	1677	4188	2910	1281
60		32090		4794	1092	1590	592	1520	340	450
2370		5602		6405	5651	754			4035	2370
		13016		395	162	18	60	155	180	
1589		9130		32754	17746	7767	2781	4460	8255	593
680		5358		3567		1315	2252		1314	789
27145		666		38226	2285	27653	913	7375	6664	27145
1827		11511		4802	640	1700	850	1612	2714	1449
956		695		5740	321	545	2730	2144	459	925

	毕(结)业生数 Graduates	授予学位数 Degree Awarded	招生数 Entrants	
			计 Total	其中:春季招生 of Which:Spring term
合 计 Total	**62071**	**11912**	**80846**	**21195**
北 京 Beijing	19518	3140	25460	4397
天 津 Tianjin	2746	600	2723	980
河 北 Hebei	581	151	716	247
山 西 Shanxi	108	2	61	31
内蒙古 Inner Mongolia	133	86	357	25
辽 宁 Liaoning	1919	618	2809	805
吉 林 Jilin	1834	388	2587	782
黑龙江 Heilongjiang	2221	503	2887	1308
上 海 Shanghai	6994	1646	9064	2336
江 苏 Jiangsu	4533	672	5711	1681
浙 江 Zhejiang	3293	207	3625	1427
安 徽 Anhui	340	50	516	148
福 建 Fujian	1195	286	1487	373
江 西 Jiangxi	206	11	335	48
山 东 Shandong	2638	419	3573	1572
河 南 Henan	322	253	375	19
湖 北 Hubei	1983	762	2616	493
湖 南 Hunan	867	97	1461	245
广 东 Guangdong	2081	556	3020	725
广 西 Guangxi	1305	384	1805	373
海 南 Hainan	380	11	253	105
重 庆 Chongqing	1371	187	1786	392
四 川 Sichuan	922	196	1068	391
贵 州 Guizhou	83	1	209	64
云 南 Yunnan	2068	330	2746	1001
西 藏 Tibet	20		20	
陕 西 Shaanxi	1146	158	1630	524
甘 肃 Gansu	22	1	448	93
青 海 Qinghai	114		127	74
宁 夏 Ningxia	153	16	188	134
新 疆 Xinjiang	975	181	1183	402

学生情况

International Students

单位:人

unit: person

在校学生数 Enrolment					
计 Total	第一年 1st year	第二年 2nd year	第三年 3rd year	第四年 4th year	第五年 5th year
130637	**68910**	**24232**	**15968**	**12657**	**8870**
33617	19974	5858	3884	2666	1235
5541	2620	1101	755	509	556
1725	695	335	214	253	228
147	130	13	3		1
1332	506	308	258	184	76
5617	2257	1311	695	664	690
4526	2327	940	506	397	356
3950	2145	671	515	436	183
17340	8952	3492	2288	1618	990
10172	5990	1236	993	898	1055
5543	3299	801	616	570	257
700	515	82	61	25	17
2078	985	470	293	187	143
1341	318	235	134	470	184
4799	2650	967	531	444	207
1329	349	246	228	280	226
5539	2314	1161	716	585	763
1715	744	419	324	210	18
5486	2472	1082	833	580	519
3196	1418	716	541	418	103
391	223	66	3	98	1
2079	988	458	206	234	193
1846	849	320	174	189	314
154	87	38	25	4	
3564	2113	518	486	315	132
20	20				
3432	2040	607	409	211	165
736	374	246	114	2	
257	127	75	33	13	9
298	188	25	3	12	70
2167	1241	435	127	185	179

	教职 Teacher, Staff					
	计 Total	校本部 Teacher, Staff & Workers				
		计 Total	专任教师 Full-time Teachers			
			计 Total	正高级 Senior	副高级 Sub-senior	中级 Middle
合　计 Total	**2271849**	**2133342**	**1406808**	**152115**	**394299**	**542174**
北　京 Beijing	145205	126122	63939	12444	20957	23916
天　津 Tianjin	47534	45495	29362	4039	9741	10616
河　北 Hebei	97794	93423	62737	7539	17507	22999
山　西 Shanxi	62210	58781	39566	2820	10367	14017
内蒙古 Inner Mongolia	37129	35957	23615	1987	7143	8060
辽　宁 Liaoning	100367	95551	61529	7600	19239	23467
吉　林 Jilin	63667	60667	36407	5127	11220	12819
黑龙江 Heilongjiang	79871	75090	46706	6410	14034	17385
上　海 Shanghai	81501	72893	41694	6380	12019	17468
江　苏 Jiangsu	161443	150781	103656	10585	29810	43046
浙　江 Zhejiang	83746	78229	52888	6269	15225	22954
安　徽 Anhui	73772	70965	50764	3677	13044	19489
福　建 Fujian	59753	56727	38341	3583	9890	13780
江　西 Jiangxi	73668	70381	50811	4751	13656	18392
山　东 Shandong	149370	142876	98008	9640	26370	38434
河　南 Henan	117119	112552	81513	6065	20783	31743
湖　北 Hubei	125641	116791	76003	8719	22478	26543
湖　南 Hunan	97351	91011	60998	6383	17337	23692
广　东 Guangdong	132717	125190	85430	8887	21749	34030
广　西 Guangxi	52639	46497	32616	2785	8333	12722
海　南 Hainan	12478	12131	7855	733	1689	2621
重　庆 Chongqing	50799	48332	32475	3280	9278	13158
四　川 Sichuan	105006	98486	67595	6394	17545	26611
贵　州 Guizhou	30266	29695	20647	1801	5913	8403
云　南 Yunnan	41567	40138	27444	2740	7594	10797
西　藏 Tibet	3312	3286	2195	88	535	856
陕　西 Shaanxi	103174	97109	60863	7021	16140	24097
甘　肃 Gansu	34288	31589	21603	2001	6118	8100
青　海 Qinghai	6946	6237	3893	569	1371	1179
宁　夏 Ningxia	9283	8799	5931	763	1716	2051
新　疆 Xinjiang	32233	31561	19724	1035	5498	8729

教职工情况(总计)

and Workers in HEIs (Total)

单位：人

unit: person

工　数 & Workers							
教职工 in College or Uni. Proper					科研机构人员 Personnel in Affiliated Research Org.	校办企业职工 Employees in School-run Factories & Farms	其他附设机构人员 Personnel in Others Subsidiary Units
		行政人员 Adm. Personnel	教辅人员 Supporting Staff	工勤人员 Workers			
初　级 Junior	无职称 No Rank						
244238	**73982**	**321663**	**217625**	**187246**	**32721**	**37741**	**68045**
4013	2609	25432	19028	17723	7362	1826	9895
4123	843	7244	4702	4187	1048	658	333
10734	3958	13826	8214	8646	325	1121	2925
9156	3206	8417	5967	4831	692	882	1855
4612	1813	5570	3912	2860	89	287	796
9447	1776	15203	9594	9225	939	1539	2338
6533	708	9531	6836	7893	623	717	1660
6964	1913	11381	7728	9275	1430	1314	2037
3803	2024	13473	10147	7579	2773	3041	2794
16806	3409	22014	14461	10650	2426	2502	5734
5952	2488	13100	7817	4424	1760	1153	2604
11413	3141	8228	6512	5461	615	501	1691
8942	2146	9014	5625	3747	709	1638	679
11353	2659	8937	5666	4967	531	1788	968
19814	3750	19884	13526	11458	1315	3358	1821
18692	4230	12755	9039	9245	396	1150	3021
13963	4300	17662	12454	10672	2153	3218	3479
10512	3074	13800	9829	6384	730	1957	3653
12328	8436	19940	12661	7159	1641	1876	4010
5693	3083	6359	3933	3589	141	729	5272
1950	862	1738	1296	1242	108	30	209
5208	1551	7792	4351	3714	369	648	1450
13758	3287	12861	9253	8777	946	1957	3617
3288	1242	4489	2719	1840	270	203	98
4652	1661	5663	3808	3223	413	526	490
404	312	500	286	305	21		5
11101	2504	15332	10588	10326	1739	2040	2286
4088	1296	4361	2969	2656	575	606	1518
576	198	804	857	683	386	296	27
1064	337	1420	789	659	117	10	357
3296	1166	4933	3058	3846	79	170	423

	教职 Teacher, Staff					
	计 Total	校本部 Teacher, Staff & Workers				
		计 Total	专任教师 Full-time Teachers			
			计 Total	正高级 Senior	副高级 Sub-senior	中级 Middle
合 计 Total	**1036436**	**977456**	**656433**	**40842**	**169272**	**272499**
北 京 Beijing	72177	62568	30392	3124	10085	13366
天 津 Tianjin	22171	21488	14583	1269	4660	5802
河 北 Hebei	48654	46959	33950	2977	9031	12969
山 西 Shanxi	30428	28954	20751	1070	5214	7435
内蒙古 Inner Mongolia	18536	18079	12758	764	3787	4492
辽 宁 Liaoning	47885	46185	32068	2637	9816	13286
吉 林 Jilin	29714	28611	18960	1831	5834	7081
黑龙江 Heilongjiang	37653	35729	24115	2400	6996	9532
上 海 Shanghai	36809	33741	19113	1074	5005	9646
江 苏 Jiangsu	71731	67163	46262	2080	11504	21351
浙 江 Zhejiang	37915	35956	23664	1355	5983	11868
安 徽 Anhui	29798	28734	20596	714	4388	8211
福 建 Fujian	27191	26055	17711	823	3895	6833
江 西 Jiangxi	30060	28711	20855	1235	5066	7663
山 东 Shandong	67715	65118	46715	2760	11316	19568
河 南 Henan	52095	49869	37335	1760	8535	14595
湖 北 Hubei	54065	50386	32214	1852	8436	12318
湖 南 Hunan	43828	41391	27336	1432	6977	11494
广 东 Guangdong	61621	57762	38423	1965	8885	16736
广 西 Guangxi	25289	21549	14918	747	3511	6129
海 南 Hainan	6040	5839	3763	185	581	1293
重 庆 Chongqing	22067	21224	14339	674	3419	6442
四 川 Sichuan	46630	43911	30482	1553	7023	12765
贵 州 Guizhou	14192	13974	9869	621	2927	4164
云 南 Yunnan	20211	19519	13539	870	3496	5687
西 藏 Tibet	1477	1464	1046	17	228	414
陕 西 Shaanxi	43569	41306	26446	1641	6269	11409
甘 肃 Gansu	13978	13005	9164	487	2254	3556
青 海 Qinghai	3143	2881	1953	241	697	600
宁 夏 Ningxia	4394	4243	2985	294	829	1090
新 疆 Xinjiang	15400	15082	10128	390	2625	4704

女教职工情况(总计)

and Workers in HEIs (Total)

单位：人

unit：person

工 数 & Workers							
教职工 in College or Uni. Proper					科研机构人员 Personnel in Affiliated Research Org.	校办企业职工 Employees in School-run Factories & Farms	其他附设机构人员 Personnel in Others Subsidiary Units
初 级 Junior	无职称 No Rank	行政人员 Adm. Personnel	教辅人员 Supporting Staff	工勤人员 Workers			
134228	**39592**	**145334**	**116464**	**59225**	**12121**	**11612**	**35247**
2323	1494	14051	11630	6495	3141	546	5922
2416	436	3495	2307	1103	374	135	174
6437	2536	5705	4503	2801	112	318	1265
5189	1843	3493	3336	1374	217	367	890
2680	1035	2386	2136	799	38	86	333
5367	962	6778	5218	2121	340	356	1004
3824	390	3891	3732	2028	259	168	676
4006	1181	4801	4200	2613	623	450	851
2251	1137	7000	5362	2266	1151	895	1022
9575	1752	10009	7458	3434	739	669	3160
3214	1244	6573	4333	1386	562	336	1061
5752	1531	3246	3279	1613	148	134	782
5005	1155	4171	2942	1231	230	527	379
5660	1231	3582	2523	1751	156	689	504
11123	1948	7525	7245	3633	583	922	1092
10156	2289	5234	4727	2573	129	297	1800
7378	2230	8070	6545	3557	731	1258	1690
5830	1603	6447	5429	2179	246	590	1601
6458	4379	9785	6728	2826	584	648	2627
2991	1540	2987	2131	1513	56	191	3493
1166	538	831	740	505	46	6	149
2943	861	3617	2245	1023	105	167	571
7554	1587	5927	4511	2991	311	761	1647
1587	570	2061	1568	476	106	51	61
2595	891	2585	2119	1276	186	155	351
203	184	170	130	118	9		4
5667	1460	6268	5243	3349	560	592	1111
2226	641	1600	1447	794	152	143	678
311	104	258	485	185	141	109	12
600	172	605	485	168	45		106
1741	668	2183	1727	1044	41	46	231

	教职 Teacher, Staff					
	计 Total	校本部 Teacher, Staff & Workers				
		计 Total	专任教师 Full-time Teachers			
			计 Total	正高级 Senior	副高级 Sub-senior	中级 Middle
合　计 Total	**2156601**	**2020497**	**1343127**	**148552**	**377225**	**516938**
北　京 Beijing	133874	114886	59248	11869	19663	22151
天　津 Tianjin	45194	43155	28094	3990	9190	10126
河　北 Hebei	94548	90191	60769	7383	16970	22322
山　西 Shanxi	56909	53752	36492	2635	9387	12851
内蒙古 Inner Mongolia	36439	35267	23332	1983	7012	7955
辽　宁 Liaoning	93183	88410	57404	7412	17754	21982
吉　林 Jilin	59535	56551	33982	4861	10463	11917
黑龙江 Heilongjiang	75741	70991	44198	6256	13056	16469
上　海 Shanghai	74161	65610	39170	6191	11479	16332
江　苏 Jiangsu	158647	148025	102010	10420	29297	42324
浙　江 Zhejiang	79785	74290	50969	6219	14831	22124
安　徽 Anhui	71264	68524	49298	3562	12708	18912
福　建 Fujian	58660	55668	37733	3571	9683	13573
江　西 Jiangxi	70753	67491	49028	4587	13124	17807
山　东 Shandong	139100	132851	91413	9206	24924	36231
河　南 Henan	110427	106073	77471	5830	19737	30264
湖　北 Hubei	123491	114670	74685	8674	22047	26077
湖　南 Hunan	94871	88556	59557	6320	16943	23061
广　东 Guangdong	121363	114018	78569	8787	20585	30802
广　西 Guangxi	50701	45025	31650	2736	8077	12303
海　南 Hainan	12360	12013	7798	729	1680	2593
重　庆 Chongqing	48356	45968	31070	3217	8933	12466
四　川 Sichuan	100503	94096	64991	6311	16872	25663
贵　州 Guizhou	29721	29150	20351	1785	5835	8264
云　南 Yunnan	39676	38269	26498	2729	7391	10370
西　藏 Tibet	3312	3286	2195	88	535	856
陕　西 Shaanxi	98536	92579	58288	6907	15534	22964
甘　肃 Gansu	32865	30216	20761	1956	5856	7753
青　海 Qinghai	6682	5973	3731	566	1336	1096
宁　夏 Ningxia	9174	8690	5866	761	1681	2027
新　疆 Xinjiang	26770	26253	16506	1011	4642	7303

教职工情况(普通高校)

in HEIs (Regular HEIs)

单位：人

unit: person

工　数 & Workers							
教职工 in College or Uni. Proper					科研机构人员 Personnel in Affiliated Research Org.	校办企业职工 Employees in School-run Factories & Farms	其他附设机构人员 Personnel in Others Subsidiary Units
		行政人员 Adm. Personnel	教辅人员 Supporting Staff	工勤人员 Workers			
初　级 Junior	无职称 No Rank						
231099	**69313**	**297715**	**203345**	**176310**	**32464**	**36995**	**66645**
3394	2171	22232	16967	16439	7353	1816	9819
3957	831	6739	4354	3968	1048	658	333
10334	3760	13246	7870	8306	321	1119	2917
8584	3035	7493	5407	4360	684	681	1792
4569	1813	5338	3818	2779	89	287	796
8645	1611	13764	8727	8515	939	1496	2338
6095	646	8835	6371	7363	607	717	1660
6586	1831	10673	7341	8779	1430	1283	2037
3488	1680	10969	8482	6989	2773	3016	2762
16594	3375	21488	14060	10467	2390	2501	5731
5586	2209	12128	7231	3962	1758	1149	2588
11142	2974	7785	6211	5230	615	485	1640
8809	2097	8748	5499	3688	675	1638	679
10932	2578	8437	5427	4599	510	1788	964
18172	2880	18054	12714	10670	1300	3212	1737
17556	4084	11495	8335	8772	394	1125	2835
13656	4231	17228	12248	10509	2124	3218	3479
10233	3000	13241	9619	6139	730	1934	3651
10671	7724	17880	11432	6137	1620	1805	3920
5491	3043	6151	3772	3452	137	729	4810
1934	862	1697	1289	1229	108	30	209
4943	1511	7303	4067	3528	351	608	1429
13032	3113	11970	8870	8265	919	1953	3535
3255	1212	4403	2606	1790	270	203	98
4433	1575	5321	3392	3058	413	520	474
404	312	500	286	305	21		5
10493	2390	14396	10089	9806	1734	2005	2218
3943	1253	4026	2858	2571	575	571	1503
548	185	761	817	664	386	296	27
1060	337	1391	783	650	117	10	357
2560	990	4023	2403	3321	73	142	302

高等学校(机构)
Data on Female Staff

	教职 Teacher, staff					
	计 Total	校本部 Teacher, staff & Workers				
		计 Total	专任教师 Full-time Teachers			
			计 Total	正高级 Senior	副高级 Sub-senior	中级 Middle
合 计 Total	**980704**	**922852**	**624341**	**39638**	**161332**	**259583**
北 京 Beijing	66303	56733	27887	2955	9438	12321
天 津 Tianjin	20982	20299	13809	1249	4352	5486
河 北 Hebei	46973	45289	32834	2910	8761	12574
山 西 Shanxi	27754	26430	19122	993	4735	6773
内蒙古 Inner Mongolia	18204	17747	12588	763	3705	4433
辽 宁 Liaoning	44292	42605	29804	2547	9045	12482
吉 林 Jilin	27555	26464	17584	1707	5458	6527
黑龙江 Heilongjiang	35651	33740	22783	2339	6511	9056
上 海 Shanghai	32910	29862	17879	1040	4798	9072
江 苏 Jiangsu	70419	65867	45462	2040	11256	20976
浙 江 Zhejiang	35834	33887	22637	1340	5801	11417
安 徽 Anhui	28796	27761	19996	691	4285	7995
福 建 Fujian	26669	25554	17399	818	3820	6695
江 西 Jiangxi	28835	27493	20091	1176	4859	7407
山 东 Shandong	62772	60348	43426	2615	10655	18488
河 南 Henan	48880	46738	35264	1676	8058	13831
湖 北 Hubei	53051	49384	31562	1839	8248	12067
湖 南 Hunan	42712	40283	26654	1404	6800	11221
广 东 Guangdong	56511	52743	35337	1942	8409	15301
广 西 Guangxi	24378	20873	14458	729	3388	5935
海 南 Hainan	5982	5781	3735	184	576	1276
重 庆 Chongqing	21019	20199	13700	659	3295	6111
四 川 Sichuan	44636	41972	29297	1530	6732	12351
贵 州 Guizhou	13917	13699	9712	611	2883	4095
云 南 Yunnan	19372	18686	13116	870	3420	5494
西 藏 Tibet	1477	1464	1046	17	228	414
陕 西 Shaanxi	41405	39167	25199	1601	6007	10834
甘 肃 Gansu	13355	12398	8760	478	2140	3387
青 海 Qinghai	3039	2777	1881	239	678	563
宁 夏 Ningxia	4346	4195	2957	293	816	1078
新 疆 Xinjiang	12675	12414	8362	383	2175	3923

女教职工情况(普通高校)

and Workers in HEIs (Regular HEIs)

单位：人

unit：person

工　数

& Workers

教职工 in College or Uni. Proper					科研机构人员 Personnel in Affiliated Research Org.	校办企业职工 Employees in School-run Factories & Farms	其他附设机构人员 Personnel in Others Subsidiary Units
初　级 Junior	无职称 No Rank	行政人员 Adm. Personnel	教辅人员 Supporting Staff	工勤人员 Workers			
126801	**36987**	**134280**	**108979**	**55252**	**12000**	**11230**	**34622**
1943	1230	12397	10497	5952	3136	541	5893
2295	427	3281	2142	1067	374	135	174
6176	2413	5443	4318	2694	109	318	1257
4878	1743	3107	3054	1147	211	247	866
2652	1035	2286	2095	778	38	86	333
4864	866	6136	4766	1899	340	343	1004
3536	356	3558	3467	1855	247	168	676
3749	1128	4481	4010	2466	623	437	851
2060	909	5619	4340	2024	1151	882	1015
9455	1735	9761	7255	3389	725	669	3158
2993	1086	6097	3985	1168	561	334	1052
5577	1448	3066	3157	1542	148	125	762
4942	1124	4064	2882	1209	209	527	379
5457	1192	3374	2408	1620	149	689	504
10199	1469	6701	6867	3354	578	810	1036
9490	2209	4700	4362	2412	129	290	1723
7211	2197	7879	6440	3503	719	1258	1690
5670	1559	6196	5333	2100	246	582	1601
5648	4037	8928	6091	2387	577	603	2588
2887	1519	2897	2049	1469	55	191	3259
1161	538	807	738	501	46	6	149
2791	844	3415	2105	979	96	163	561
7184	1500	5550	4326	2799	299	760	1605
1571	552	2028	1505	454	106	51	61
2487	845	2445	1938	1187	186	154	346
203	184	170	130	118	9		4
5357	1400	5814	4989	3165	559	583	1096
2141	614	1470	1400	768	152	128	677
299	102	249	468	179	141	109	12
598	172	589	483	166	45		106
1327	554	1772	1379	901	36	41	184

	教职 Teacher, staff					
	计 Total	校本部 Teacher, Staff & Workers				
		计 Total	专任教师 Full-time Teachers			
			计 Total	正高级 Senior	副高级 Sub-senior	中级 Middle
合　计 Total	**77108**	**75520**	**45887**	**1734**	**13115**	**19053**
北　京 Beijing	3491	3446	1569	93	472	776
天　津 Tianjin	2340	2340	1268	49	551	490
河　北 Hebei	2065	2057	1307	73	351	455
山　西 Shanxi	3330	3243	2013	66	707	766
内蒙古 Inner Mongolia	690	690	283	4	131	105
辽　宁 Liaoning	4944	4901	2881	84	1088	1019
吉　林 Jilin	2755	2739	1653	106	595	573
黑龙江 Heilongjiang	3449	3418	2113	128	899	752
上　海 Shanghai	2037	1991	1051	26	218	613
江　苏 Jiangsu	2796	2756	1646	165	513	722
浙　江 Zhejiang	1595	1579	1013	31	293	531
安　徽 Anhui	1355	1317	743	9	198	318
福　建 Fujian	1093	1059	608	12	207	207
江　西 Jiangxi	2302	2281	1445	135	449	440
山　东 Shandong	4225	4174	2946	177	812	1091
河　南 Henan	4571	4546	3055	134	807	1135
湖　北 Hubei	1806	1777	1175	32	398	443
湖　南 Hunan	1670	1645	1055	27	312	466
广　东 Guangdong	10003	9831	6115	64	1034	2900
广　西 Guangxi	1938	1472	966	49	256	419
海　南 Hainan	118	118	57	4	9	28
重　庆 Chongqing	1784	1731	1077	52	256	541
四　川 Sichuan	3747	3711	2271	65	625	861
贵　州 Guizhou	511	511	296	16	78	139
云　南 Yunnan	1891	1869	946	11	203	427
西　藏 Tibet						
陕　西 Shaanxi	3813	3714	2262	87	535	1004
甘　肃 Gansu	953	923	628	6	192	299
青　海 Qinghai	264	264	162	3	35	83
宁　夏 Ningxia	109	109	65	2	35	24
新　疆 Xinjiang	5463	5308	3218	24	856	1426

教职工情况(成人高校)

and Workers in HEIs (HEIs for Adults)

单位：人

unit：person

工　数

& Workers

教职工 in College or Uni. Proper: 初　级 Junior	无职称 No Rank	行政人员 Adm. Personnel	教辅人员 Supporting Staff	工勤人员 Workers	科研机构人员 Personnel in Affiliated Research Org.	校办企业职工 Employees in School-Run Factories & Farms	其他附设机构人员 Personnel in Others Subsidiary Units
9917	**2068**	**13989**	**8825**	**6819**	**241**	**404**	**943**
183	45	974	597	306	7	6	32
166	12	505	348	219			
305	123	342	188	220	4	2	2
394	80	561	372	297	6	29	52
43		232	94	81			
616	74	855	627	538		43	
328	51	472	331	283	16		
286	48	572	331	402		31	
178	16	370	362	208		25	21
212	34	526	401	183	36	1	3
118	40	304	183	79	2		14
176	42	271	175	128			38
133	49	266	126	59	34		
358	63	367	178	291	21		
745	121	591	328	309	10	30	11
961	18	786	436	269		25	
256	46	332	171	99	29		
212	38	331	106	153		23	2
1527	590	1737	1093	886	21	66	85
202	40	208	161	137	4		462
16		41	7	13			
196	32	317	215	122	18	22	13
620	100	747	338	355	27	4	5
33	30	77	100	38			
219	86	342	416	165		6	16
561	75	689	379	384		35	64
105	26	192	61	42		28	2
28	13	43	40	19			
4		29	6	9			
736	176	910	655	525	6	28	121

高等学校(机构)
Data on Female Staff

	教职 Teacher, Staff					
		校本部 Teacher, Staff & Workers				
			专任教师 Full-time Teachers			
	计 Total	计 Total	计 Total	正高级 Senior	副高级 Sub-senior	中级 Middle
合　计 Total	**36658**	**35971**	**23354**	**645**	**6205**	**9842**
北　京 Beijing	1980	1957	1019	42	292	538
天　津 Tianjin	1189	1189	774	20	308	316
河　北 Hebei	1059	1054	739	31	192	248
山　西 Shanxi	1695	1666	1083	22	352	438
内蒙古 Inner Mongolia	332	332	170	1	82	59
辽　宁 Liaoning	2530	2517	1664	43	593	602
吉　林 Jilin	1396	1384	931	70	294	327
黑龙江 Heilongjiang	1554	1541	1072	51	432	368
上　海 Shanghai	1002	984	558	8	78	348
江　苏 Jiangsu	1312	1296	800	40	248	375
浙　江 Zhejiang	727	719	498	8	129	274
安　徽 Anhui	573	558	328	2	73	130
福　建 Fujian	522	501	312	5	75	138
江　西 Jiangxi	960	953	623	52	180	181
山　东 Shandong	2005	1975	1468	68	361	540
河　南 Henan	2203	2196	1574	49	365	593
湖　北 Hubei	838	826	578	8	175	239
湖　南 Hunan	693	685	475	10	132	187
广　东 Guangdong	4556	4469	2822	16	442	1335
广　西 Guangxi	911	676	460	18	123	194
海　南 Hainan	58	58	28	1	5	17
重　庆 Chongqing	764	749	500	10	95	261
四　川 Sichuan	1635	1622	1014	19	276	372
贵　州 Guizhou	262	262	157	10	44	69
云　南 Yunnan	839	833	423		76	193
西　藏 Tibet						
陕　西 Shaanxi	1768	1745	1122	30	227	521
甘　肃 Gansu	418	404	296	1	74	149
青　海 Qinghai	104	104	72	2	19	37
宁　夏 Ningxia	48	48	28	1	13	12
新　疆 Xinjiang	2725	2668	1766	7	450	781

女教职工情况(成人高校)

and Workers in HEIs (HEIs for Adults)

单位：人

unit: person

工　数 & Workers							
教职工 in College or Uni. Proper					科研机构人员 Personnel in Affiliated Research Org.	校办企业职工 Employees in School-run Factories & Farms	其他附设机构人员 Personnel in Others Subsidiary Units
初　级 Junior	无职称 No Rank	行政人员 Adm. Personnel	教辅人员 Supporting Staff	工勤人员 Workers			
5531	**1131**	**6038**	**4473**	**2106**	**116**	**152**	**419**
114	33	522	333	83	3	3	17
121	9	214	165	36			
191	77	154	109	52	3		2
218	53	221	199	163	5	5	19
28		100	41	21			
386	40	391	329	133		13	
215	25	207	195	51	12		
190	31	230	147	92		13	
116	8	202	178	46		13	5
120	17	248	203	45	14		2
62	25	104	84	33	1		7
100	23	107	85	38			15
63	31	107	60	22	21		
180	30	144	91	95	7		
429	70	238	164	105	4	18	8
556	11	313	229	80		7	
139	17	135	85	28	12		
121	25	144	28	38		8	
744	285	695	568	384	7	43	37
104	21	90	82	44	1		234
5		24	2	4			
119	15	128	109	12	9		6
308	39	328	163	117	12	1	
16	18	32	55	18			
108	46	140	181	89		1	5
292	52	317	194	112		9	14
58	14	67	27	14		13	1
12	2	9	17	6			
2		16	2	2			
414	114	411	348	143	5	5	47

高等学校(机构)教职工
Data on Staff and

	教职 Teacher, Staff					
	计 Total	校本部 Teacher, Staff & Workers				
		计 Total	专任教师 Full-time Teachers			
			计 Total	正高级 Senior	副高级 Sub-senior	中级 Middle
合　计 Total	**38140**	**37325**	**17794**	**1829**	**3959**	**6183**
北　京 Beijing	7840	7790	3122	482	822	989
天　津 Tianjin						
河　北 Hebei	1181	1175	661	83	186	222
山　西 Shanxi	1971	1786	1061	119	273	400
内蒙古 Inner Mongolia						
辽　宁 Liaoning	2240	2240	1244	104	397	466
吉　林 Jilin	1377	1377	772	160	162	329
黑龙江 Heilongjiang	681	681	395	26	79	164
上　海 Shanghai	5303	5292	1473	163	322	523
江　苏 Jiangsu						
浙　江 Zhejiang	2366	2360	906	19	101	299
安　徽 Anhui	1153	1124	723	106	138	259
福　建 Fujian						
江　西 Jiangxi	613	609	338	29	83	145
山　东 Shandong	6045	5851	3649	257	634	1112
河　南 Henan	2121	1933	987	101	239	344
湖　北 Hubei	344	344	143	13	33	23
湖　南 Hunan	810	810	386	36	82	165
广　东 Guangdong	1351	1341	746	36	130	328
广　西 Guangxi						
海　南 Hainan						
重　庆 Chongqing	659	633	328	11	89	151
四　川 Sichuan	756	679	333	18	48	87
贵　州 Guizhou	34	34				
云　南 Yunnan						
西　藏 Tibet						
陕　西 Shaanxi	825	816	313	27	71	129
甘　肃 Gansu	470	450	214	39	70	48
青　海 Qinghai						
宁　夏 Ningxia						
新　疆 Xinjiang						

情况(民办的其他高等教育机构)

Workers in HEIs(Non-state/private HEIs)

单位：人
unit: person

工 数 & Workers							
教职工 in College or Uni. Proper					科研机构人员 Personnel in Affiliated Research Org.	校办企业职工 Employees in School-run Factories & Farms	其他附设机构人员 Personnel in Others Subsidiary Units
		行政人员 Adm. Personnel	教辅人员 Supporting Staff	工勤人员 Workers			
初 级 Junior	无职称 No Rank						
3222	**2601**	**9959**	**5455**	**4117**	**16**	**342**	**457**
436	393	2226	1464	978	2	4	44
95	75	238	156	120			6
178	91	363	188	174	2	172	11
186	91	584	240	172			
110	11	224	134	247			
92	34	136	56	94			
137	328	2134	1303	382			11
248	239	668	403	383		4	2
95	125	172	126	103		16	13
63	18	133	61	77			4
897	749	1239	484	479	5	116	73
175	128	474	268	204	2		186
51	23	102	35	64			
67	36	228	104	92			
130	122	323	136	136		5	5
69	8	172	69	64		18	8
106	74	144	45	157			77
		9	13	12			
47	39	247	120	136	5		4
40	17	143	50	43		7	13

高等学校(机构)

Data on Female Staff

	教职 Teacher, Staff					
	计 Total	校本部 Teacher, Staff & Workers				
		计 Total	专任教师 Full-time Teachers			
			计 Total	正高级 Senior	副高级 Sub-senior	中级 Middle
合　计 Total	**19074**	**18633**	**8738**	**559**	**1735**	**3074**
北　京 Beijing	3894	3878	1486	127	355	507
天　津 Tianjin						
河　北 Hebei	622	616	377	36	78	147
山　西 Shanxi	979	858	546	55	127	224
内蒙古 Inner Mongolia						
辽　宁 Liaoning	1063	1063	600	47	178	202
吉　林 Jilin	763	763	445	54	82	227
黑龙江 Heilongjiang	448	448	260	10	53	108
上　海 Shanghai	2897	2895	676	26	129	226
江　苏 Jiangsu						
浙　江 Zhejiang	1354	1350	529	7	53	177
安　徽 Anhui	429	415	272	21	30	86
福　建 Fujian						
江　西 Jiangxi	265	265	141	7	27	75
山　东 Shandong	2938	2795	1821	77	300	540
河　南 Henan	1012	935	497	35	112	171
湖　北 Hubei	176	176	74	5	13	12
湖　南 Hunan	423	423	207	18	45	86
广　东 Guangdong	554	550	264	7	34	100
广　西 Guangxi						
海　南 Hainan						
重　庆 Chongqing	284	276	139	5	29	70
四　川 Sichuan	359	317	171	4	15	42
贵　州 Guizhou	13	13				
云　南 Yunnan						
西　藏 Tibet						
陕　西 Shaanxi	396	394	125	10	35	54
甘　肃 Gansu	205	203	108	8	40	20
青　海 Qinghai						
宁　夏 Ningxia						
新　疆 Xinjiang						

女教职工情况(民办的其他高等教育机构)

and Workers in HEIs(Non-state/private HEIs)

单位：人

unit：person

工　数 & Workers							
教职工 in College or Uni. Proper					科研机构人员 Personnel in Affiliated Research Org.	校办企业职工 Employees in School-run Factories & Farms	其他附设机构人员 Personnel in Others Subsidiary Units
		行政人员 Adm. Personnel	教辅人员 Supporting Staff	工勤人员 Workers			
初　级 Junior	无职称 No Rank						
1896	**1474**	**5016**	**3012**	**1867**	**5**	**230**	**206**
266	231	1132	800	460	2	2	12
70	46	108	76	55			6
93	47	165	83	64	1	115	5
117	56	251	123	89			
73	9	126	70	122			
67	22	90	43	55			
75	220	1179	844	196			2
159	133	372	264	185		2	2
75	60	73	37	33		9	5
23	9	64	24	36			
495	409	586	214	174	1	94	48
110	69	221	136	81			77
28	16	56	20	26			
39	19	107	68	41			
66	57	162	69	55		2	2
33	2	74	31	32		4	4
62	48	49	22	75			42
		1	8	4			
18	8	137	60	72	1		1
27	13	63	20	12		2	

专任教师学历、职称情况(总计)

Data on Academic Qualifications, Rank of Full-time Teacher (Total)

单位：人

unit: person

	计 Total	按学历分 By Educational Attainment				按职称分 By Rank				
		博 士 Doctor's Degree	硕 士 Master's Degree	本 科 Normal Courses	专科及以下 Short-cycle Courses and Under	正高级 Senior	副高级 Sub-Senior	中 级 Middle	初 级 Junior	无职称 No Rank
合 计 Total	**1406808**	**201815**	**475367**	**702944**	**26682**	**152115**	**394299**	**542174**	**244238**	**73982**
北 京 Beijing	63939	25813	19978	17153	995	12444	20957	23916	4013	2609
天 津 Tianjin	29362	6899	9635	12441	387	4039	9741	10616	4123	843
河 北 Hebei	62737	5282	19868	36390	1197	7539	17507	22999	10734	3958
山 西 Shanxi	39566	2610	12119	23543	1294	2820	10367	14017	9156	3206
内蒙古 Inner Mongolia	23615	1590	7751	13529	745	1987	7143	8060	4612	1813
辽 宁 Liaoning	61529	9076	21533	29898	1022	7600	19239	23467	9447	1776
吉 林 Jilin	36407	5286	13399	17166	556	5127	11220	12819	6533	708
黑龙江 Heilongjiang	46706	6667	13987	25577	475	6410	14034	17385	6964	1913
上 海 Shanghai	41694	14522	14059	12155	958	6380	12019	17468	3803	2024
江 苏 Jiangsu	103656	18215	34249	50033	1159	10585	29810	43046	16806	3409
浙 江 Zhejiang	52888	9824	17990	24357	717	6269	15225	22954	5952	2488
安 徽 Anhui	50764	4673	19668	25536	887	3677	13044	19489	11413	3141
福 建 Fujian	38341	4891	12898	19964	588	3583	9890	13780	8942	2146
江 西 Jiangxi	50811	3724	14681	31351	1055	4751	13656	18392	11353	2659
山 东 Shandong	98008	10961	33757	51394	1896	9640	26370	38434	19814	3750
河 南 Henan	81513	7102	27502	45622	1287	6065	20783	31743	18692	4230
湖 北 Hubei	76003	12332	26863	35526	1282	8719	22478	26543	13963	4300
湖 南 Hunan	60998	6916	18560	34319	1203	6383	17337	23692	10512	3074
广 东 Guangdong	85430	13798	30662	39094	1876	8887	21749	34030	12328	8436
广 西 Guangxi	32616	2581	12736	16743	556	2785	8333	12722	5693	3083
海 南 Hainan	7855	588	2854	4312	101	733	1689	2621	1950	862
重 庆 Chongqing	32475	4203	11857	15654	761	3280	9278	13158	5208	1551
四 川 Sichuan	67595	7805	24553	32787	2450	6394	17545	26611	13758	3287
贵 州 Guizhou	20647	1057	6244	12756	590	1801	5913	8403	3288	1242
云 南 Yunnan	27444	2633	9114	15117	580	2740	7594	10797	4652	1661
西 藏 Tibet	2195	83	809	1236	67	88	535	856	404	312
陕 西 Shaanxi	60863	8935	22035	29270	623	7021	16140	24097	11101	2504
甘 肃 Gansu	21603	2042	7668	11551	342	2001	6118	8100	4088	1296
青 海 Qinghai	3893	171	867	2637	218	569	1371	1179	576	198
宁 夏 Ningxia	5931	416	1633	3717	165	763	1716	2051	1064	337
新 疆 Xinjiang	19724	1120	5838	12116	650	1035	5498	8729	3296	1166

专任教师学历、职称情况（普通高校）

Data on Academic Qualifications, Rank of Full-time Teacher (Regular HEIs)

单位：人

unit: person

	计 Total	按学历分 By Educational Attainment				按职称分 By Rank				
		博士 Doctor's Degree	硕士 Master's Degree	本科 Normal Courses	专科及以下 Short-cycle Courses and Under	正高级 Senior	副高级 Sub-Senior	中级 Middle	初级 Junior	无职称 No Rank
合计 Total	**1343127**	**200337**	**463401**	**656991**	**22398**	**148552**	**377225**	**516938**	**231099**	**69313**
北京 Beijing	59248	25422	18579	14406	841	11869	19663	22151	3394	2171
天津 Tianjin	28094	6862	9472	11432	328	3990	9190	10126	3957	831
河北 Hebei	60769	5257	19517	34977	1018	7383	16970	22322	10334	3760
山西 Shanxi	36492	2557	11604	21236	1095	2635	9387	12851	8584	3035
内蒙古 Inner Mongolia	23332	1590	7728	13276	738	1983	7012	7955	4569	1813
辽宁 Liaoning	57404	8992	20875	26868	669	7412	17754	21982	8645	1611
吉林 Jilin	33982	5188	12707	15617	470	4861	10463	11917	6095	646
黑龙江 Heilongjiang	44198	6657	13785	23452	304	6256	13056	16469	6586	1831
上海 Shanghai	39170	14424	13414	10506	826	6191	11479	16332	3488	1680
江苏 Jiangsu	102010	18107	33747	49040	1116	10420	29297	42324	16594	3375
浙江 Zhejiang	50969	9773	17615	22946	635	6219	14831	22124	5586	2209
安徽 Anhui	49298	4663	19422	24503	710	3562	12708	18912	11142	2974
福建 Fujian	37733	4878	12728	19553	574	3571	9683	13573	8809	2097
江西 Jiangxi	49028	3688	14362	29972	1006	4587	13124	17807	10932	2578
山东 Shandong	91413	10881	32459	46639	1434	9206	24924	36231	18172	2880
河南 Henan	77471	7044	26775	42644	1008	5830	19737	30264	17556	4084
湖北 Hubei	74685	12324	26553	34564	1244	8674	22047	26077	13656	4231
湖南 Hunan	59557	6851	18355	33301	1050	6320	16943	23061	10233	3000
广东 Guangdong	78569	13732	29725	33761	1351	8787	20585	30802	10671	7724
广西 Guangxi	31650	2554	12518	16043	535	2736	8077	12303	5491	3043
海南 Hainan	7798	588	2847	4262	101	729	1680	2593	1934	862
重庆 Chongqing	31070	4161	11483	14816	610	3217	8933	12466	4943	1511
四川 Sichuan	64991	7755	24128	31075	2033	6311	16872	25663	13032	3113
贵州 Guizhou	20351	1055	6202	12533	561	1785	5835	8264	3255	1212
云南 Yunnan	26498	2625	9043	14303	527	2729	7391	10370	4433	1575
西藏 Tibet	2195	83	809	1236	67	88	535	856	404	312
陕西 Shaanxi	58288	8897	21361	27517	513	6907	15534	22964	10493	2390
甘肃 Gansu	20761	2037	7554	10926	244	1956	5856	7753	3943	1253
青海 Qinghai	3731	171	848	2537	175	566	1336	1096	548	185
宁夏 Ningxia	5866	416	1633	3655	162	761	1681	2027	1060	337
新疆 Xinjiang	16506	1105	5553	9395	453	1011	4642	7303	2560	990

专任教师学历、职称情况（成人高校）

Data on Academic Qualifications, Rank of Full-time Teacher (HEIs for Adults)

单位：人

unit: person

	计 Total	按学历分 By Educational Attainment				按职称分 By Rank				
		博士 Doctor's Degree	硕士 Master's Degree	本科 Normal Courses	专科及以下 Short-cycle Courses and Under	正高级 Senior	副高级 Sub-Senior	中级 Middle	初级 Junior	无职称 No Rank
合　计 Total	**45887**	**770**	**8324**	**34169**	**2624**	**1734**	**13115**	**19053**	**9917**	**2068**
北　京 Beijing	1569	167	551	825	26	93	472	776	183	45
天　津 Tianjin	1268	37	163	1009	59	49	551	490	166	12
河　北 Hebei	1307	7	258	980	62	73	351	455	305	123
山　西 Shanxi	2013	5	258	1639	111	66	707	766	394	80
内蒙古 Inner Mongolia	283		23	253	7	4	131	105	43	
辽　宁 Liaoning	2881	14	328	2283	256	84	1088	1019	616	74
吉　林 Jilin	1653	29	363	1211	50	106	595	573	328	51
黑龙江 Heilongjiang	2113	10	181	1816	106	128	899	752	286	48
上　海 Shanghai	1051	20	282	726	23	26	218	613	178	16
江　苏 Jiangsu	1646	108	502	993	43	165	513	722	212	34
浙　江 Zhejiang	1013	44	209	718	42	31	293	531	118	40
安　徽 Anhui	743	3	143	572	25	9	198	318	176	42
福　建 Fujian	608	13	170	411	14	12	207	207	133	49
江　西 Jiangxi	1445	24	257	1146	18	135	449	440	358	63
山　东 Shandong	2946	28	853	2023	42	177	812	1091	745	121
河　南 Henan	3055	44	568	2335	108	134	807	1135	961	18
湖　北 Hubei	1175	6	292	848	29	32	398	443	256	46
湖　南 Hunan	1055	7	100	836	112	27	312	466	212	38
广　东 Guangdong	6115	45	807	4809	454	64	1034	2900	1527	590
广　西 Guangxi	966	27	218	700	21	49	256	419	202	40
海　南 Hainan	57		7	50		4	9	28	16	
重　庆 Chongqing	1077	42	361	544	130	52	256	541	196	32
四　川 Sichuan	2271	48	407	1423	393	65	625	861	620	100
贵　州 Guizhou	296	2	42	223	29	16	78	139	33	30
云　南 Yunnan	946	8	71	814	53	11	203	427	219	86
西　藏 Tibet										
陕　西 Shaanxi	2262	16	529	1624	93	87	535	1004	561	75
甘　肃 Gansu	628	1	77	475	75	6	192	299	105	26
青　海 Qinghai	162		19	100	43	3	35	83	28	13
宁　夏 Ningxia	65			62	3	2	35	24	4	
新　疆 Xinjiang	3218	15	285	2721	197	24	856	1426	736	176

专任教师学历、职称情况(民办的其他高等教育机构)

Data on Academic Qualifications, Rank of Full-time Teacher (Non-state/private HEIs)

单位：人

unit: person

	计 Total	按学历分 By Educational Attainment				按职称分 By Rank				
		博士 Doctor's Degree	硕士 Master's Degree	本科 Normal Courses	专科及以下 Short-cycle Courses and Under	正高级 Senior	副高级 Sub-Senior	中级 Middle	初级 Junior	无职称 No Rank
合　计 Total	**17794**	**708**	**3642**	**11784**	**1660**	**1829**	**3959**	**6183**	**3222**	**2601**
北　京 Beijing	3122	224	848	1922	128	482	822	989	436	393
天　津 Tianjin										
河　北 Hebei	661	18	93	433	117	83	186	222	95	75
山　西 Shanxi	1061	48	257	668	88	119	273	400	178	91
内蒙古 Inner Mongolia										
辽　宁 Liaoning	1244	70	330	747	97	104	397	466	186	91
吉　林 Jilin	772	69	329	338	36	160	162	329	110	11
黑龙江 Heilongjiang	395		21	309	65	26	79	164	92	34
上　海 Shanghai	1473	78	363	923	109	163	322	523	137	328
江　苏 Jiangsu										
浙　江 Zhejiang	906	7	166	693	40	19	101	299	248	239
安　徽 Anhui	723	7	103	461	152	106	138	259	95	125
福　建 Fujian										
江　西 Jiangxi	338	12	62	233	31	29	83	145	63	18
山　东 Shandong	3649	52	445	2732	420	257	634	1112	897	749
河　南 Henan	987	14	159	643	171	101	239	344	175	128
湖　北 Hubei	143	2	18	114	9	13	33	23	51	23
湖　南 Hunan	386	58	105	182	41	36	82	165	67	36
广　东 Guangdong	746	21	130	524	71	36	130	328	130	122
广　西 Guangxi										
海　南 Hainan										
重　庆 Chongqing	328		13	294	21	11	89	151	69	8
四　川 Sichuan	333	2	18	289	24	18	48	87	106	74
贵　州 Guizhou										
云　南 Yunnan										
西　藏 Tibet										
陕　西 Shaanxi	313	22	145	129	17	27	71	129	47	39
甘　肃 Gansu	214	4	37	150	23	39	70	48	40	17
青　海 Qinghai										
宁　夏 Ningxia										
新　疆 Xinjiang										

聘请校外教师学历情况(总计)

Data on Academic Qualifications of Part-time Teachers in HEIs(Total)

单位：人

unit: person

	计 Total	博士 Doctor's Degree	硕士 Master's Degree	本科 Normal Courses	专科及以下 Short-cycle Courses and Under
合　计 Total	**413970**	**47574**	**128632**	**216559**	**21205**
北　京 Beijing	19060	4567	6486	7155	852
天　津 Tianjin	8796	739	2474	5121	462
河　北 Hebei	14902	1338	4830	8100	634
山　西 Shanxi	7738	558	1947	4856	377
内蒙古 Inner Mongolia	7057	388	1886	4605	178
辽　宁 Liaoning	14132	1726	5104	6968	334
吉　林 Jilin	8166	1008	2475	4217	466
黑龙江 Heilongjiang	13938	2543	3984	7104	307
上　海 Shanghai	19364	3556	6393	8710	705
江　苏 Jiangsu	34406	4273	10943	17351	1839
浙　江 Zhejiang	22122	1873	5448	13123	1678
安　徽 Anhui	14932	1761	5932	6957	282
福　建 Fujian	10270	1340	2621	5805	504
江　西 Jiangxi	11616	896	3559	6622	539
山　东 Shandong	33086	3105	9273	18435	2273
河　南 Henan	22146	1410	7867	12354	515
湖　北 Hubei	23982	3546	9154	10242	1040
湖　南 Hunan	19061	2232	6018	9752	1059
广　东 Guangdong	23383	1541	6120	12889	2833
广　西 Guangxi	8948	688	2510	5065	685
海　南 Hainan	2158	298	637	1081	142
重　庆 Chongqing	9589	1195	3519	4600	275
四　川 Sichuan	20841	2252	5830	11377	1382
贵　州 Guizhou	4661	293	1038	3087	243
云　南 Yunnan	6509	681	2185	3221	422
西　藏 Tibet	276	71	74	109	22
陕　西 Shaanxi	18194	2307	6800	8789	298
甘　肃 Gansu	7452	938	1933	4203	378
青　海 Qinghai	301	14	28	189	70
宁　夏 Ningxia	1109	8	211	850	40
新　疆 Xinjiang	5775	429	1353	3622	371

聘请校外教师学历情况(普通高校)

Data on Academic Qualifications of Part-time Teachers in Regular HEIs

单位：人

unit: person

	计 Total	博 士 Doctor's Degree	硕 士 Master's Degree	本 科 Normal Courses	专科及以下 Short-cycle Courses and Under
合 计 Total	**348134**	**45012**	**115108**	**169536**	**18478**
北 京 Beijing	15204	4170	5293	5082	659
天 津 Tianjin	6175	717	2180	2849	429
河 北 Hebei	13071	1315	4422	6794	540
山 西 Shanxi	5216	478	1596	2910	232
内蒙古 Inner Mongolia	6944	388	1864	4514	178
辽 宁 Liaoning	11744	1602	4405	5416	321
吉 林 Jilin	6236	954	2240	2661	381
黑龙江 Heilongjiang	12045	2524	3826	5481	214
上 海 Shanghai	12606	2976	4570	4632	428
江 苏 Jiangsu	30432	4183	10436	14059	1754
浙 江 Zhejiang	17520	1796	4558	9601	1565
安 徽 Anhui	14298	1709	5690	6619	280
福 建 Fujian	8420	1299	2387	4294	440
江 西 Jiangxi	11111	869	3435	6284	523
山 东 Shandong	30073	2944	8384	16697	2048
河 南 Henan	17960	1253	7001	9362	344
湖 北 Hubei	23458	3493	8898	10034	1033
湖 南 Hunan	16729	2187	5562	7985	995
广 东 Guangdong	20063	1456	5304	10554	2749
广 西 Guangxi	8334	686	2432	4539	677
海 南 Hainan	2130	296	630	1062	142
重 庆 Chongqing	9044	1189	3328	4254	273
四 川 Sichuan	14850	2069	4772	6979	1030
贵 州 Guizhou	4098	293	1003	2645	157
云 南 Yunnan	6173	679	2122	3059	313
西 藏 Tibet	276	71	74	109	22
陕 西 Shaanxi	13548	2110	5615	5680	143
甘 肃 Gansu	4642	912	1674	1873	183
青 海 Qinghai	261	14	28	167	52
宁 夏 Ningxia	1011	7	208	756	40
新 疆 Xinjiang	4462	373	1171	2585	333

聘请校外教师学历情况(成人高校)
Data on Academic Qualifications of Part-time Teachers (HEIs for Adults)

单位：人
unit：person

	计 Total	博士 Doctor's Degree	硕士 Master's Degree	本科 Normal Courses	专科及以下 Short-cycle Courses and Under
合计 Total	**46058**	**864**	**7549**	**35764**	**1881**
北京 Beijing	752	57	216	452	27
天津 Tianjin	2621	22	294	2272	33
河北 Hebei	1380	16	245	1040	79
山西 Shanxi	1744	12	155	1476	101
内蒙古 Inner Mongolia	113		22	91	
辽宁 Liaoning	1556	27	386	1132	11
吉林 Jilin	1541	10	101	1356	74
黑龙江 Heilongjiang	1692	19	126	1466	81
上海 Shanghai	528	35	218	274	1
江苏 Jiangsu	3974	90	507	3292	85
浙江 Zhejiang	3817	43	605	3079	90
安徽 Anhui	268	8	113	147	
福建 Fujian	1850	41	234	1511	64
江西 Jiangxi	226	1	27	198	
山东 Shandong	1148	20	334	732	62
河南 Henan	2299	42	348	1833	76
湖北 Hubei	234	14	98	116	6
湖南 Hunan	1826	15	217	1531	63
广东 Guangdong	2862	43	693	2042	84
广西 Guangxi	614	2	78	526	8
海南 Hainan	28	2	7	19	
重庆 Chongqing	350	4	138	208	
四川 Sichuan	5765	169	979	4269	348
贵州 Guizhou	491		32	373	86
云南 Yunnan	336	2	63	162	109
西藏 Tibet					
陕西 Shaanxi	4114	107	989	2867	151
甘肃 Gansu	2478	6	139	2147	186
青海 Qinghai	40			22	18
宁夏 Ningxia	98	1	3	94	
新疆 Xinjiang	1313	56	182	1037	38

聘请校外教师学历情况(民办的其他高等教育机构)

Data on Academic Qualifications of Part-time Teachers (Non-state/private HEIs)

单位：人
unit: person

	计 Total	博　士 Doctor's Degree	硕　士 Master's Degree	本　科 Normal Courses	专科及以下 Short-cycle Courses and Under
合　计 Total	**19778**	**1698**	**5975**	**11259**	**846**
北　京 Beijing	3104	340	977	1621	166
天　津 Tianjin					
河　北 Hebei	451	7	163	266	15
山　西 Shanxi	778	68	196	470	44
内蒙古 Inner Mongolia					
辽　宁 Liaoning	832	97	313	420	2
吉　林 Jilin	389	44	134	200	11
黑龙江 Heilongjiang	201		32	157	12
上　海 Shanghai	6230	545	1605	3804	276
江　苏 Jiangsu					
浙　江 Zhejiang	785	34	285	443	23
安　徽 Anhui	366	44	129	191	2
福　建 Fujian					
江　西 Jiangxi	279	26	97	140	16
山　东 Shandong	1865	141	555	1006	163
河　南 Henan	1887	115	518	1159	95
湖　北 Hubei	290	39	158	92	1
湖　南 Hunan	506	30	239	236	1
广　东 Guangdong	458	42	123	293	
广　西 Guangxi					
海　南 Hainan					
重　庆 Chongqing	195	2	53	138	2
四　川 Sichuan	226	14	79	129	4
贵　州 Guizhou	72		3	69	
云　南 Yunnan					
西　藏 Tibet					
陕　西 Shaanxi	532	90	196	242	4
甘　肃 Gansu	332	20	120	183	9
青　海 Qinghai					
宁　夏 Ningxia					
新　疆 Xinjiang					

资产情况(学校
Condition of Fixed Assets and Teaching

	学校占地面积(平方米) Area of School Sites (m^2)			图书音像 Audio-visual	
				一般图书(万册) Books & Magazines in Libraries(10 Thouand Volume)	
	计 Total	其中:绿化用地面积 of Which: Green Areas	其中:运动场地面积 of Which: Sports Areas	计 Total	当年新增 Added in Current Year
合 计 Total	**1565354148**	**473863168**	**117748829**	**194250. 58**	**12064. 37**
北 京 Beijing	43546785	12500077	3598689	9828. 97	458. 87
天 津 Tianjin	32609981	7858217	2313855	4249. 99	216. 17
河 北 Hebei	63667560	16736430	5694681	8063. 32	463. 62
山 西 Shanxi	28206158	6617280	2811366	4807. 66	211. 23
内蒙古 Inner Mongolia	32451734	6635511	2521309	2859. 23	202. 78
辽 宁 Liaoning	60769046	16983682	5086600	7487. 01	352. 77
吉 林 Jilin	38007568	9772991	2997008	5072. 44	219. 54
黑龙江 Heilongjiang	57878003	13946621	4356170	6271. 09	398. 12
上 海 Shanghai	33876875	11846619	2706579	7792. 60	283. 93
江 苏 Jiangsu	121912900	42997882	8441995	13974. 74	826. 32
浙 江 Zhejiang	51195468	16399888	4728295	7935. 24	556. 09
安 徽 Anhui	60487905	18070355	4882589	6789. 38	506. 06
福 建 Fujian	45370238	14826488	3602773	5334. 45	460. 76
江 西 Jiangxi	66286411	24172386	5160416	7279. 89	397. 39
山 东 Shandong	128347351	39016147	9282501	14053. 64	937. 97
河 南 Henan	97058027	25168966	6787049	11524. 19	917. 01
湖 北 Hubei	83366102	28566966	6154781	10519. 74	585. 50
湖 南 Hunan	68013449	22126190	4910768	8788. 58	451. 57
广 东 Guangdong	89959189	27888914	5972250	11374. 50	880. 84
广 西 Guangxi	38038988	10987922	3112144	4407. 02	368. 03
海 南 Hainan	12370168	4835163	764898	1079. 06	114. 00
重 庆 Chongqing	44402443	15909259	2663998	4458. 73	320. 50
四 川 Sichuan	79603864	22695176	5293654	8761. 58	602. 29
贵 州 Guizhou	23782458	8431386	1678102	2764. 52	169. 61
云 南 Yunnan	35450704	9610187	2783137	3737. 74	367. 27
西 藏 Tibet	2916247	785599	233423	271. 51	17. 46
陕 西 Shaanxi	55964401	13747340	4463359	8544. 64	416. 12
甘 肃 Gansu	22899472	8606563	1804857	2597. 77	162. 94
青 海 Qinghai	4080143	1287484	339563	447. 75	17. 72
宁 夏 Ningxia	10159580	3123096	688437	712. 79	36. 99
新 疆 Xinjiang	32674930	11712383	1913583	2460. 81	144. 90

产权)(总计)

Resources (Owned by HEIs)(Total)

资料情况 ed. Resources 电子图书(GB) Electronic Books & Magazines in Libraries (GB)	拥有教学用计算机(台) No. of Computers Used for Instruction	语音实验室座位数(个) No. of Seats in Audio-Labs	多媒体教室座位数(个) No. of Seats in Multi-media Class rooms	上网课程数(门) No. of Web-Based Courses	固定资产值(万元) Fixed Assets (10,000 yuan) 合计 Total	其中:教学、科研仪器设备资产 of Which: Teaching Equipment & Instruments 计 Total	当年新增 Added in Current Year
8519279.11	**5926239**	**1444909**	**18529422**	**179373**	**115468799.76**	**23233238.65**	**2769166.52**
365984.17	347261	53425	980319	26365	8792689.25	2478999.15	418299.08
444143.83	122558	27210	335887	3583	2372483.87	581388.92	67781.47
382769.54	237603	74285	816588	3459	3922683.46	759565.76	72688.96
94081.14	112996	35765	342480	1639	1904398.70	416748.40	38010.78
159934.64	82960	16861	267705	1214	1661543.34	290187.21	35435.15
199914.63	255509	66303	657552	6113	4623496.35	842476.68	87815.03
114101.95	120987	31236	379302	2283	2793880.31	568513.06	58209.65
218505.66	191320	44089	521553	4463	4137208.00	818368.95	99941.85
253454.34	249243	38617	631769	9087	4888668.69	1285430.88	166806.98
698278.11	579364	107542	1772502	21507	10890346.32	1965523.46	232891.15
433793.01	299308	58464	973211	12790	5635664.51	1152196.12	159072.56
235311.98	181578	54649	596352	2605	3301284.54	690538.18	86666.00
302424.39	178448	49997	596846	4920	3482751.72	637599.32	86099.11
290215.52	214931	68639	574910	5440	3525829.96	580674.21	51813.30
465098.16	408895	101226	1299594	10127	8109967.86	1445545.22	152303.27
247860.44	295219	91012	998465	5993	4771002.19	904532.80	90107.25
817595.54	329242	70987	1092365	7608	6179826.48	1286714.11	121059.46
338436.72	249502	66997	745035	3577	4343145.77	828454.14	79749.69
657945.82	369125	82546	1444905	13679	7413003.96	1413493.38	157671.06
348910.79	130192	34029	379376	2630	1794834.42	418058.92	56407.30
43258.70	27741	11009	123303	743	620097.37	105107.19	19815.52
210995.45	133866	34911	496094	3268	3289078.86	448544.06	56505.71
428686.97	242544	61484	913156	8923	5088007.78	1068200.99	117248.74
130737.33	68523	23939	208089	890	886650.49	217809.27	20621.88
113524.21	98375	33757	339318	575	2496409.64	313625.33	32596.10
4946.82	7162	1930	27052	202	271097.59	32403.77	1566.99
315931.80	221180	60956	589552	6229	5233468.38	1056161.95	133661.90
136144.64	71384	16940	168314	2389	1380900.64	272043.92	19886.11
2786.05	11534	2810	24104	814	136509.83	39323.39	4862.30
20111.60	24016	5170	58590	2059	392708.61	75376.51	10395.23
43395.16	63673	18124	175134	4199	1129160.87	239633.40	33176.94

资产情况(学校
Condition of Fixed Assets and

	学校占地面积(平方米) Area of School Sites (m²)			图书音像 Audio-visual	
				一般图书(万册) Books & Magazines in Libraries(10,000 Volume)	
	计 Total	其中:绿化用地面积 of Which:Green Areas	其中:运动场地面积 of Which:Sports Areas	计 Total	当年新增 Added in Current Year
合　计 Total	**1520557239**	**462671440**	**113335442**	**186425.70**	**11680.78**
北　京 Beijing	40339159	11566821	3453549	9332.39	442.62
天　津 Tianjin	31948017	7730648	2206308	4066.67	212.24
河　北 Hebei	62603242	16379154	5599184	7850.85	430.47
山　西 Shanxi	26677418	6336060	2571647	4496.11	204.34
内蒙古 Inner Mongolia	32154324	6593301	2467509	2813.58	195.47
辽　宁 Liaoning	59109178	16681959	4863166	7190.39	335.67
吉　林 Jilin	36530879	9403224	2837440	4815.70	210.70
黑龙江 Heilongjiang	56773262	13738528	4212268	6021.90	393.53
上　海 Shanghai	32847522	11695394	2627981	6249.35	274.17
江　苏 Jiangsu	120582008	42679901	8254585	13720.94	818.72
浙　江 Zhejiang	50374215	16155145	4642794	7759.94	552.36
安　徽 Anhui	59386173	17860333	4788228	6631.26	470.82
福　建 Fujian	45174276	14773353	3585651	5263.42	456.95
江　西 Jiangxi	63619055	23321849	4844697	6919.04	379.83
山　东 Shandong	120772240	37172526	8746837	13377.16	908.61
河　南 Henan	93520362	24430023	6412558	11038.59	876.13
湖　北 Hubei	82194885	28228395	6055559	10332.42	579.8
湖　南 Hunan	67297210	21931584	4837606	8614.58	411.42
广　东 Guangdong	88307277	27448611	5869838	11156.67	871.29
广　西 Guangxi	37610878	10862163	3054672	4269.05	348.4
海　南 Hainan	12297800	4802598	762378	1071.06	114
重　庆 Chongqing	42653943	15278309	2472322	4279.34	302.25
四　川 Sichuan	76985208	21914432	4910170	8421.65	594.23
贵　州 Guizhou	23602068	8401861	1644850	2720.61	169.2
云　南 Yunnan	35126126	9470432	2779514	3646.69	366.77
西　藏 Tibet	2916247	785599	233423	271.51	17.46
陕　西 Shaanxi	53523495	13208302	4165668	8226.55	407.08
甘　肃 Gansu	22263285	8449123	1771259	2524.71	160.96
青　海 Qinghai	3997175	1271190	319454	436.01	17.62
宁　夏 Ningxia	10137103	3116296	687817	709.59	36.99
新　疆 Xinjiang	29233209	10984326	1656510	2197.97	120.68

产权)(普通高校)
Teaching Resources (Owned by HEIs) (Regular HEIs)

资料情况 ed. Resources	拥有教学用计算机(台) No. of Computers Used for Instruction	语音实验室座位数(个) No. of Seats in Audio-Labs	多媒体教室座位数(个) No. of Seats in Multi-media Class rooms	上网课程数(门) No. of Web-Based Courses	固定资产值(万元) Fixed Assets (10,000 yuan)		
电子图书(GB) Electronic Books & Magazines in Libraries (GB)					合 计 Total	其中:教学、科研仪器设备资产 of Which: Teaching Equipment & Instruments	
						计 Total	当年新增 Added in Current Year
8136813.48	**5668684**	**1365970**	**17957186**	**160182**	**112766043.99**	**22639612.68**	**2715322.17**
313470.72	321273	47518	907842	24112	8407273.71	2425289.54	412185.91
401018.72	116810	26196	323660	3046	2327359.53	565380.62	66958.64
373622.28	230950	71216	786564	2845	3863219.08	744134.22	71706.09
91005.90	101929	32000	325963	1334	1802150.09	393130.64	36355.02
158506.90	81067	16485	265697	1135	1649202.04	287121.21	35289.35
188419.25	241809	63154	635830	5855	4505194.68	814680.15	85003.51
111415.29	113079	29329	361553	1674	2701912.43	548950.11	56573.55
216762.74	184431	42313	510719	4318	4079432.45	804683.32	99609.64
250198.61	229765	34657	594413	8447	4744636.39	1247974.32	163177.06
684557.04	566975	104850	1736658	20886	10736586.13	1942469.79	230744.87
425136.30	288662	56394	944429	9979	5549855.42	1132142.81	157623.15
230148.85	171485	53067	585726	2344	3252574.4	677666.15	86070.09
301044.39	176508	49351	587224	4803	3449777.86	627724.93	84782.69
272224.90	206245	63619	553496	5218	3422821.15	559766.14	50732.41
454901.49	382887	91641	1250900	9658	7806287.38	1388955.82	147738.78
239532.11	281776	86741	957085	5740	4606275.68	865786.55	85519.37
815516.54	324987	69509	1078521	7440	6106850.69	1274201.98	120456.1
328799.42	242211	64699	735078	3474	4291440.12	813518.67	78720.34
552320.59	354137	78004	1410425	11334	7303557.95	1378411.22	156047.77
347829.79	126515	33414	367296	2550	1769887.88	406376.46	53010.91
43258.70	27511	10961	122603	713	617062.5	103550.45	19701.8
195312.05	127113	32423	480625	3147	3189650.8	431238.83	55623.56
421947.37	233343	58114	889478	8171	4929472.91	1037701.37	115586.36
129857.33	67287	23717	205105	882	874636.74	213831.9	20523.71
112360.58	95618	29517	335558	516	2472264.3	305620.29	32596.1
4946.82	7162	1930	27052	202	271097.59	32403.77	1566.99
273644.08	211807	57010	570926	5856	5113376.12	1026655.62	130753.5
134770.57	68691	16415	166013	2287	1360463.26	265337.49	19275.09
2786.05	10624	2718	23498	119	132779.83	37870.39	4856.74
19951.60	23369	5025	57754	1168	390476.42	74833.15	10346.09
41546.50	52658	13983	159495	929	1038468.46	212204.77	26186.98

	学校占地面积(平方米) Area of School Sites (m^2)			图书音像 Audio-visual	
				一般图书(万册) Books & Magazines in Libraries(10,000 Volume)	
	计 Total	其中:绿化用地面积 of Which: Green Areas	其中:运动场地面积 of Which: Sports Areas	计 Total	当年新增 Added in Current Year
合　计 Total	**34973264**	**8700629**	**3360366**	**4991.47**	**245.67**
北　京 Beijing	1257223	276979	87777	208.94	3.88
天　津 Tianjin	661964	127569	107547	183.32	3.93
河　北 Hebei	789556	277410	54666	156.59	30.24
山　西 Shanxi	950206	182549	147893	218.57	3.73
内蒙古 Inner Mongolia	297410	42210	53800	45.65	7.31
辽　宁 Liaoning	1459325	261102	193934	268.72	11.38
吉　林 Jilin	1272334	280867	150948	184.34	4.44
黑龙江 Heilongjiang	1081699	206093	138902	233.33	3.17
上　海 Shanghai	817384	104545	53898	173.47	1.04
江　苏 Jiangsu	1330892	317981	187410	253.80	7.60
浙　江 Zhejiang	534326	153585	63716	122.20	2.43
安　徽 Anhui	709055	116157	81817	87.75	1.08
福　建 Fujian	195962	53135	17122	71.03	3.81
江　西 Jiangxi	1892594	669568	167548	229.31	9.42
山　东 Shandong	4555562	1186309	206928	377.72	11.24
河　南 Henan	2885478	583890	270511	374.52	21.54
湖　北 Hubei	988934	284044	82150	171.82	5.40
湖　南 Hunan	716239	194606	73162	151.05	37.80
广　东 Guangdong	1317151	382959	69052	134.77	4.75
广　西 Guangxi	428110	125759	57472	137.97	19.63
海　南 Hainan	72368	32565	2520	8.00	
重　庆 Chongqing	1415027	534759	125493	132.78	9.64
四　川 Sichuan	2441458	734879	349884	318.33	7.76
贵　州 Guizhou	180390	29525	33252	37.86	0.41
云　南 Yunnan	324578	139755	3623	91.05	0.50
西　藏 Tibet					
陕　西 Shaanxi	2214906	493238	267941	274.48	8.02
甘　肃 Gansu	635967	157440	33598	66.32	1.20
青　海 Qinghai	82968	16294	20109	11.74	0.10
宁　夏 Ningxia	22477	6800	620	3.20	
新　疆 Xinjiang	3441721	728057	257073	262.84	24.22

产权）（成人高校）

Resources（Owned by HEIs）（HEIs for Adults）

资料情况 ed. Resources	拥有教学用计算机（台） No. of Computers Used for Instruction	语音实验室座位数（个） No. of Seats in Audio-Labs	多媒体教室座位数（个） No. of Seats in Multi-media Class rooms	上网课程数（门） No. of Web-Based Courses	固定资产值（万元） Fixed Assets（10,000 yuan）		
电子图书（GB） Electronic Books & Magazines in Libraries（GB）					合　计 Total	其中：教学、科研仪器设备资产 of Which：Teaching Equipment & Instruments 计 Total	当年新增 Added in Current Year
235583. 22	**166155**	**47262**	**415686**	**15557**	**2031654. 46**	**451661. 25**	**39563. 47**
31293. 91	9017	1504	26956	1333	233360. 85	30792. 66	2760. 45
43125. 11	5748	1014	12227	537	45124. 34	16008. 30	822. 83
4125. 54	4311	1532	24114	97	46364. 15	12615. 58	869. 37
1507. 80	6314	1906	9918	153	64125. 05	16893. 01	710. 97
1427. 74	1893	376	2008	79	12341. 30	3066. 00	145. 80
11480. 38	12444	2547	21096	256	96713. 77	20525. 53	1971. 32
2343. 16	4179	1207	9974	607	66723. 24	14348. 11	1101. 45
958. 84	5648	1307	9719	117	55506. 55	12932. 83	254. 36
2886. 52	10311	1691	21677	528	118244. 27	28736. 20	2776. 41
13721. 07	12389	2692	35844	621	153760. 19	23053. 67	2146. 28
7297. 61	4500	1047	19140	2674	48279. 00	10624. 90	385. 66
5048. 75	2564	446	6266	92	33673. 08	6199. 89	235. 46
1380. 00	1940	646	9622	117	32973. 86	9874. 39	1316. 42
11628. 57	5369	3148	17738	149	82080. 35	15036. 01	689. 29
8511. 54	9557	2287	31671	206	159330. 40	29030. 85	2352. 48
4459. 63	9018	2915	30785	54	128241. 27	28368. 81	3115. 90
1830. 00	3484	1142	10563	160	42842. 11	11071. 75	564. 21
7337. 30	5738	1142	6981	88	49086. 00	13597. 87	646. 55
4283. 83	9238	1957	25244	1458	71691. 39	25869. 61	1456. 29
1081. 00	3677	615	12080	80	24946. 54	11682. 46	3396. 39
	230	48	700	30	3034. 87	1556. 74	113. 72
15564. 40	4146	1382	12167	91	68114. 81	11626. 66	538. 97
6729. 30	7972	2966	20825	740	147989. 24	27771. 19	1607. 28
880. 00	1182	174	2454	8	11435. 75	3865. 37	98. 17
1163. 63	2757	4240	3760	59	24145. 34	8005. 04	
42214. 92	7638	2628	13124	329	95785. 90	22844. 96	1902. 74
1294. 01	2319	325	1952	38	19086. 24	6237. 87	540. 04
	910	92	606	695	3730. 00	1453. 00	5. 56
160. 00	647	145	836	891	2232. 19	543. 36	49. 14
1848. 66	11015	4141	15639	3270	90692. 41	27428. 63	6989. 96

资产情况(学校产权)
Condition of Fixed Assets and Teaching Resources (Owned by HEIs)

	学校占地面积(平方米) Area of School Sites (m^2)			图书音像 Audio-visual	
				一般图书(万册) Books & Magazines in Libraries(10,000 Volume)	
	计 Total	其中:绿化用地面积 of Which: Green Areas	其中:运动场地面积 of Which: Sports Areas	计 Total	当年新增 Added in Current Year
合　计 Total	**9823645**	**2491099**	**1053021**	**2833.41**	**137.92**
北　京 Beijing	1950403	656277	57363	287.64	12.37
天　津 Tianjin					
河　北 Hebei	274762	79866	40831	55.88	2.91
山　西 Shanxi	578534	98671	91826	92.98	3.16
内蒙古 Inner Mongolia					
辽　宁 Liaoning	200543	40621	29500	27.90	5.72
吉　林 Jilin	204355	88900	8620	72.40	4.40
黑龙江 Heilongjiang	23042	2000	5000	15.86	1.42
上　海 Shanghai	211969	46680	24700	1369.78	8.72
江　苏 Jiangsu					
浙　江 Zhejiang	286927	91158	21785	53.10	1.30
安　徽 Anhui	392677	93865	12544	70.37	34.16
福　建 Fujian					
江　西 Jiangxi	774762	180969	148171	131.54	8.14
山　东 Shandong	3019549	657312	328736	298.76	18.12
河　南 Henan	652187	155053	103980	111.08	19.34
湖　北 Hubei	182283	54527	17072	15.50	0.30
湖　南 Hunan				22.95	2.35
广　东 Guangdong	334761	57344	33360	83.06	4.80
广　西 Guangxi					
海　南 Hainan					
重　庆 Chongqing	333473	96191	66183	46.61	8.61
四　川 Sichuan	177198	45865	33600	21.60	0.30
贵　州 Guizhou				6.05	
云　南 Yunnan					
西　藏 Tibet					
陕　西 Shaanxi	226000	45800	29750	43.61	1.02
甘　肃 Gansu	220			6.74	0.78
青　海 Qinghai					
宁　夏 Ningxia					
新　疆 Xinjiang					

(民办的其他高等教育机构)

(Non-state/private HEIs)

资料情况 ed. Resources					固定资产值(万元) Fixed Assets (10,000 yuan)		
电子图书 (GB) Electronic Books & Magazines in Libraries (GB)	拥有教学用计算机(台) No. of Computers Used for Instruction	语音实验室座位数(个) No. of Seats in Audio-Labs	多媒体教室座位数(个) No. of Seats in Multi-media Class rooms	上网课程数(门) No. of Web-Based Courses	合　计 Total	其中:教学、科研仪器设备资产 of Which: Teaching Equipment & Instruments 计 Total	当年新增 Added in Current Year
146882.41	**91400**	**31677**	**156550**	**3634**	**671101.31**	**141964.72**	**14280.88**
21219.54	16971	4403	45521	920	152054.69	22916.95	3352.72
5021.72	2342	1537	5910	517	13100.23	2815.96	113.50
1567.44	4753	1859	6599	152	38123.56	6724.75	944.79
15.00	1256	602	626	2	21587.90	7271.00	840.20
343.50	3729	700	7775	2	25244.64	5214.84	534.65
784.08	1241	469	1115	28	2269.00	752.80	77.85
369.21	9167	2269	15679	112	25788.03	8720.36	853.51
1359.10	6146	1023	9642	137	37530.09	9428.41	1063.75
114.38	7529	1136	4360	169	15037.06	6672.14	360.45
6362.05	3317	1872	3676	73	20928.46	5872.06	391.60
1685.13	16451	7298	17023	263	144350.08	27558.55	2212.01
3868.70	4425	1356	10595	199	36485.24	10377.44	1471.98
249.00	771	336	3281	8	30133.68	1440.38	39.15
2300.00	1553	1156	2976	15	2619.65	1337.60	382.80
101341.40	5750	2585	9236	887	37754.62	9212.55	167.00
119.00	2607	1106	3302	30	31313.25	5678.57	343.18
10.30	1229	404	2853	12	10545.63	2728.43	55.10
	54	48	530		578.00	112.00	
72.80	1735	1318	5502	44	24306.36	6661.37	1005.66
80.06	374	200	349	64	1351.14	468.56	70.98

资产情况
Condition of Fixed Assets and Teaching Resources

	学校占地面积(平方米) Area of School Sites (m^2)			图书音像 Audio-visual	
				一般图书(万册) Books & Magazines in Libraries(10,000 Volume)	
	计 Total	其中:绿化用地面积 of Which: Green Areas	其中:运动场地面积 of Which: Sports Areas	计 Total	当年新增 Added in Current Year
合　计 Total	**221436260**	**56665853**	**17436922**	**8313. 10**	**272. 98**
北　京 Beijing	10347553	2714386	1026094	131. 92	2. 55
天　津 Tianjin	1792147	361297	297422	208. 73	9. 65
河　北 Hebei	6564106	1289789	452361	254. 76	24. 28
山　西 Shanxi	10231425	1635876	887830	2304. 96	5. 23
内蒙古 Inner Mongolia	1564701	165692	67460	178. 34	28. 02
辽　宁 Liaoning	6424752	1371876	597026	91. 15	3. 50
吉　林 Jilin	6859261	1268944	283331	147. 16	3. 30
黑龙江 Heilongjiang	6321775	1129744	675866	137. 15	0. 44
上　海 Shanghai	6161270	2380220	501424	68. 88	1. 84
江　苏 Jiangsu	18211360	6658559	1548635	439. 33	39. 40
浙　江 Zhejiang	10350930	2575278	961554	334. 31	16. 76
安　徽 Anhui	4905453	812687	268530	247. 87	7. 95
福　建 Fujian	7753883	2413996	943987	218. 01	7. 38
江　西 Jiangxi	6520123	2222792	638256	188. 71	1. 40
山　东 Shandong	15663620	3766425	1139028	318. 41	10. 44
河　南 Henan	8050216	1902639	604982	299. 09	1. 70
湖　北 Hubei	8930671	2037438	649419	281. 25	14. 52
湖　南 Hunan	8997035	1824252	329140	201. 85	1. 83
广　东 Guangdong	30275651	7910978	2044371	719. 34	21. 36
广　西 Guangxi	6214475	1810920	301032	344. 59	9. 63
海　南 Hainan	1903249	459090	39800		
重　庆 Chongqing	4068386	1459021	174035	98. 36	2. 01
四　川 Sichuan	11785895	2926537	1129017	181. 26	6. 66
贵　州 Guizhou	1072605	320701	56300	368. 00	10. 42
云　南 Yunnan	4132868	818319	194728	47. 25	1. 60
西　藏 Tibet					
陕　西 Shaanxi	12736130	3740164	1222796	232. 00	5. 84
甘　肃 Gansu	3012926	593872	328907	177. 08	35. 27
青　海 Qinghai	11020				
宁　夏 Ningxia	31621		12491	58. 64	
新　疆 Xinjiang	541153	94361	61100	34. 70	

(非学校产权)(总计)
(Not Owned by HEIs)(Total)

资料情况 ed. Resources					固定资产值(万元) Fixed Assets (10,000 yuan)		
电子图书 (GB) Electronic Books & Magazines in Libraries (GB)	拥有教学用计算机(台) No. of Computers Used for Instruction	语音实验室座位数(个) No. of Seats in Audio-Labs	多媒体教室座位数(个) No. of Seats in Multi-media Class rooms	上网课程数(门) No. of Web-Based Courses	合 计 Total	其中:教学、科研仪器设备资产 of Which: Teaching Equipment & Instruments	
						计 Total	当年新增 Added in Current Year
	231913	**64677**	**542276**		**3585132.62**	**496232.14**	**42352.43**
	7803	1725	23549		181349.47	17779.73	1078.90
	9356	1804	13584		66504.78	21525.37	1024.45
	8449	2116	19718		100914.00	21869.60	1554.00
	11320	2904	20928		92629.80	17672.36	649.47
	1393	330	1314		5315.50	1249.70	30.10
	4611	1155	9538		250818.03	13982.06	2168.35
	4082	1231	2751		87209.29	9950.89	526.80
	6486	2063	10102		64529.76	17138.43	1366.12
	6105	2619	31061		494425.15	11244.06	1419.50
	21588	5886	47796		424443.84	51719.78	4717.56
	19993	6278	88181		264818.63	48023.42	4419.24
	8191	3214	23666		85899.93	21552.75	1069.79
	9505	2934	19600		59800.88	19488.25	2304.73
	712	175	897		14944.97	4271.67	146.97
	6261	2597	13860		193937.63	17240.73	1095.23
	8427	2780	20012		94550.33	21808.16	1200.71
	7880	3014	13117		155016.18	16507.88	3052.88
	4004	1258	4328		28616.20	6535.05	690.00
	39757	9595	123365		528576.56	86845.49	4204.08
	1837	178	1108		85520.28	14931.14	2579.71
	12167	1063	7744		50294.80	9418.51	951.53
	10568	2967	18081		108934.06	18313.04	434.33
	100	360	830		25870.33	3310.05	127.60
	762	346	989		27817.40	3669.20	217.03
	7313	3315	8934		26513.03	3261.89	94.70
	11384	2296	16198		65071.79	16574.93	5223.65
	1467	272	714		530.00	263.00	
	392	202	311		280.00	85.00	5.00

	学校占地面积(平方米) Area of School Sites (m^2)			图书音像 Audio-visual	
				一般图书(万册) Books & Magazines in Libraries(10 Thouand Volume)	
	计 Total	其中:绿化用地面积 of Which: Green Areas	其中:运动场地面积 of Which: Sports Areas	计 Total	当年新增 Added in Current Year
合　计 Total	**180671358**	**47049898**	**12799234**	**2675.07**	**111.69**
北　京 Beijing	7064638	2075743	637342	5.36	0.04
天　津 Tianjin	878013	201882	161248	11.00	3.00
河　北 Hebei	5375423	1026802	335302	131.41	19.59
山　西 Shanxi	8529653	1424745	746544	193.79	2.00
内蒙古 Inner Mongolia	1564701	165692	67460	178.34	28.02
辽　宁 Liaoning	6020445	1221714	476747	11.00	0.30
吉　林 Jilin	5128711	1175244	158555	9.10	
黑龙江 Heilongjiang	5206131	898056	514871	22.56	
上　海 Shanghai	5803896	2249140	449948	35.30	1.83
江　苏 Jiangsu	14111677	5356766	918167	65.00	0.50
浙　江 Zhejiang	6486235	1608768	494541	8.31	0.50
安　徽 Anhui	2871476	518356	147476	150.33	5.8
福　建 Fujian	7235357	2301688	897863	134.01	1.06
江　西 Jiangxi	5754975	1722473	585804	80.71	0.9
山　东 Shandong	13620481	3000089	843810	266.09	9.13
河　南 Henan	5350375	1174168	396078	27.16	0.7
湖　北 Hubei	7182077	1619211	476526	10	5
湖　南 Hunan	6394228	1634917	260023	112	
广　东 Guangdong	26198373	6772165	1397394	208.25	9.36
广　西 Guangxi	6168568	1798870	296182	344.59	9.63
海　南 Hainan	1903249	459090	39800		
重　庆 Chongqing	3638630	1300932	118806	93.36	1.91
四　川 Sichuan	10470869	2678834	983524	58.49	0.4
贵　州 Guizhou	1040435	317701	48300	368	10.42
云　南 Yunnan	4074511	813475	191422	44.4	1.6
西　藏 Tibet					
陕　西 Shaanxi	11062541	3258541	1021262	36.61	
甘　肃 Gansu	960659	180624	60648		
青　海 Qinghai	11020				
宁　夏 Ningxia	31621		12491	35.2	
新　疆 Xinjiang	532390	94212	61100	34.7	

(非学校产权)(普通高校)
(Not Owned by HEIs)(HEIs)

资料情况 ed. Resources 电子图书(GB) Electronic Books & Magazines in Libraries (GB)	拥有教学用计算机(台) No. of Computers Used for Instruction	语音实验室座位数(个) No. of Seats in Audio-Labs	多媒体教室座位数(个) No. of Seats in Multi-media Class rooms	上网课程数(门) No. of Web-Based Courses	固定资产值(万元) Fixed Assets (10,000 yuan) 合计 Total	其中:教学、科研仪器设备资产 of Which: Teaching Equipment & Instruments 计 Total	当年新增 Added in Current Year
	48827	**13445**	**164033**		**2157663.23**	**151013.49**	**15661.08**
	276		1215		119413.38		
	280	192	1700		31558.00		
	1236	539	6924		43551.00	9263.60	832.00
	4737	1290	14642		51519.66	10013.00	100.00
	1393	330	1314		5315.50	1249.70	30.10
	922	320	4527		211078.46	5144.20	1647.30
					48155.00	1100.00	
	2189	262	5896		37647.65	9690.50	1356.00
	4288	1136	23339		458485.72	10480.23	1408.34
	1724	404	19229		201041.64	8331.88	100.00
	143	1045	24528		83673.30	354.10	81.00
	1801	1194	5980		29306.53	9654.53	486.2
	3269	1046	5970		19612.27	9896.37	1679.42
	678	147	749		14907.77	1894.47	146.97
	5185	1385	10277		163154.33	16883.64	1066.63
	1142	210	840		17930	1456.6	70
					86635.46	1338.46	1338.46
	1732	434	1110		19102.2	4337	600
	856	460	16724		253818.39	12353.63	1036.79
	1837	178	1108		84420.28	14931.14	2579.71
	11442	1007	5658		47408.2	8764.21	780.13
	2160	664	9804		63221.29	7394.73	100
	100	360	830		16000		
	467	226	579		23512.9	3180.2	217.03
	223	392	840		22455	1729.3	
					3929.3	1224	
	467	104			530	263	
	280	120	250		280	85	5

资产情况

Condition of Fixed Assets and Teaching Resources

	学校占地面积(平方米) Area of School Sites (m^2)			图书音像 Audio-visual	
				一般图书(万册) Books & Magazines in Libraries(10,000 Volume)	
	计 Total	其中:绿化用地面积 of Which: Green Areas	其中:运动场地面积 of Which: Sports Areas	计 Total	当年新增 Added in Current Year
合　计 Total	**28143816**	**6493206**	**3360876**	**3183. 13**	**148. 49**
北　京 Beijing	426203	62496	57160	115. 45	2. 50
天　津 Tianjin	914134	159415	136174	197. 73	6. 65
河　北 Hebei	693699	186087	63054	113. 60	2. 99
山　西 Shanxi	610091	124747	85216	59. 66	
内蒙古 Inner Mongolia					
辽　宁 Liaoning	363801	143032	110679	74. 65	1. 70
吉　林 Jilin	657606	59180	92986	92. 96	0. 90
黑龙江 Heilongjiang	775457	102690	129829	104. 59	0. 44
上　海 Shanghai	14780	500	300		
江　苏 Jiangsu	4099683	1301793	630468	374. 33	38. 90
浙　江 Zhejiang	3414590	851118	414938	316. 99	16. 25
安　徽 Anhui	1690111	221219	100604	89. 84	2. 05
福　建 Fujian	518526	112308	46124	84. 00	6. 32
江　西 Jiangxi	37800	4300	17800		
山　东 Shandong	139332	139332			
河　南 Henan	1721162	485610	123620	246. 53	
湖　北 Hubei	1703496	411527	168593	271. 25	9. 52
湖　南 Hunan	2250733	112617	49577	10. 85	0. 80
广　东 Guangdong	3677489	1078020	589601	509. 07	12. 00
广　西 Guangxi	45907	12050	4850		
海　南 Hainan					
重　庆 Chongqing	42252	8140	6179	5. 00	0. 10
四　川 Sichuan	1003283	148020	115093	119. 77	6. 26
贵　州 Guizhou					
云　南 Yunnan	58357	4844	3306	2. 85	
西　藏 Tibet					
陕　西 Shaanxi	1257552	356542	153536	193. 49	5. 84
甘　肃 Gansu	2019009	407470	261189	177. 08	35. 27
青　海 Qinghai					
宁　夏 Ningxia				23. 44	
新　疆 Xinjiang	8763	149			

(非学校产权)(成人高校)

(Not Owned by HEIs)(HEIs for Adults)

资料情况 ed. Resources 电子图书(GB) Electronic Books & Magazines in Libraries (GB)	拥有教学用计算机(台) No. of Computers Used for Instruction	语音实验室座位数(个) No. of Seats in Audio-Labs	多媒体教室座位数(个) No. of Seats in Multi-media Class rooms	上网课程数(门) No. of Web-Based Courses	固定资产值(万元) Fixed Assets (10,000 yuan) 合计 Total	其中:教学、科研仪器设备资产 of Which: Teaching Equipment & Instruments 计 Total	当年新增 Added in Current Year
	175625	**46348**	**356496**		**1322351.66**	**335917.20**	**26190.34**
	6600	1590	21479		56764.09	17610.73	1078.90
	9076	1612	11884		34946.78	21525.37	1024.45
	6590	1255	12034		56953.00	12485.00	686.00
	6156	1550	5892		32531.92	7418.36	528.97
	3689	835	5011		35753.57	7750.86	521.05
	3732	1111	2411		37073.99	8062.49	526.80
	4215	1681	4098		26759.11	7324.93	10.12
	19864	5482	28567		223402.20	43387.90	4617.56
	19745	5063	63153		179240.73	47043.27	4305.09
	6390	1520	15226		56593.40	11898.22	583.59
	6236	1888	13630		40188.61	9591.88	625.31
	7107	2328	16845		73897.75	19858.56	800.95
	7880	3014	13117		68380.72	15169.42	1714.42
	1768	696	2878		3484.00	1298.05	90.00
	38173	8927	105761		270848.17	73376.38	3127.29
					1100.00		
	725	56	2086		2886.60	654.30	171.40
	8248	2297	7977		45700.93	10906.47	332.49
					7528.33	3310.05	127.60
	295	120	410		4304.50	489.00	
	6884	2827	7414		3162.03	1413.59	94.70
	11140	2246	15848		60851.23	15342.37	5223.65
	1000	168	714				
	112	82	61				

	学校占地面积(平方米) Area of School Sites (m^2)			图书音像 Audio-visual	
				一般图书(万册) Books & Magazines in Libraries(10,000 Volume)	
	计 Total	其中:绿化用地面积 of Which: Green Areas	其中:运动场地面积 of Which: Sports Areas	计 Total	当年新增 Added in Current Year
合　计 Total	**12621086**	**3122749**	**1276812**	**2454. 90**	**12. 80**
北　京 Beijing	2856712	576147	331592	11. 11	0. 01
天　津 Tianjin					
河　北 Hebei	494984	76900	54005	9. 75	1. 70
山　西 Shanxi	1091681	86384	56070	2051. 51	3. 23
内蒙古 Inner Mongolia					
辽　宁 Liaoning	40506	7130	9600	5. 50	1. 50
吉　林 Jilin	1072944	34520	31790	45. 10	2. 40
黑龙江 Heilongjiang	340187	128998	31166	10. 00	
上　海 Shanghai	342594	130580	51176	33. 58	0. 01
江　苏 Jiangsu					
浙　江 Zhejiang	450105	115392	52075	9. 01	0. 01
安　徽 Anhui	343866	73112	20450	7. 70	0. 10
福　建 Fujian					
江　西 Jiangxi	727348	496019	34652	108. 00	0. 50
山　东 Shandong	1903807	627004	295218	52. 32	1. 31
河　南 Henan	978679	242861	85284	25. 40	1. 00
湖　北 Hubei	45098	6700	4300		
湖　南 Hunan	352074	76718	19540	79. 00	1. 03
广　东 Guangdong	399789	60793	57376	2. 02	
广　西 Guangxi					
海　南 Hainan					
重　庆 Chongqing	387504	149949	49050		
四　川 Sichuan	311743	99683	30400	3. 00	
贵　州 Guizhou	32170	3000	8000		
云　南 Yunnan					
西　藏 Tibet					
陕　西 Shaanxi	416037	125081	47998	1. 90	
甘　肃 Gansu	33258	5778	7070		
青　海 Qinghai					
宁　夏 Ningxia					
新　疆 Xinjiang					

(非学校产权)(民办的其他高等教育机构)
(Not Owned by HEIs)(Non-state/private HEIs)

资料情况 ed. Resources 电子图书(GB) Electronic Books & Magazines in Libraries (GB)	拥有教学用计算机(台) No. of Computers Used for Instruction	语音实验室座位数(个) No. of Seats in Audio-Labs	多媒体教室座位数(个) No. of Seats in Multi-media Class rooms	上网课程数(门) No. of Web-Based Courses	固定资产值(万元) Fixed Assets (10,000 yuan) 合 计 Total	其中:教学、科研仪器设备资产 of Which: Teaching Equipment & Instruments 计 Total	当年新增 Added in Current Year
	7461	**4884**	**21747**		**105117.73**	**9301.45**	**501.01**
	927	135	855		5172.00	169.00	
	623	322	760		410.00	121.00	36.00
	427	64	394		8578.22	241.00	20.50
					3986.00	1087.00	
	350	120	340		1980.30	788.40	
	82	120	108		123.00	123.00	
	1817	1483	7722		35939.43	763.83	11.16
	105	170	500		1904.60	626.05	33.15
		500	2460				
	34	28	148		37.20	2377.20	
	1076	1212	3583		30783.30	357.09	28.60
	178	242	2327		2722.58	493.00	329.76
	504	128	340		6030.00	900.00	
	728	208	880		3910.00	1115.48	40.00
	160	6	300		11.84	11.84	1.84
					2342.00		
	206	96	680		896.00	119.00	
	244	50	350		291.26	8.56	

校舍情况(总计)

Conditions of School Buildings (Total)

单位：平方米

unit：m^2

	学校产权建筑面积 Floor Area of School Building Owned by HEIs				正在施工面积 Floor Area Under Construction	独立使用非学校产权建筑面积 Floor Area of School Building Not Owned by HEIs
	计 Total	其中：危房 of Which：Dilapidated Buildings	其中：当年新增 of Which：Added in Current Year	其中：被外单位借用 of Which：Floor Space Hired by Other Schools or Units		
合　计 Total	**683259614**	**1396481**	**30004213**	**801304**	**43452217**	**104537596**
北　京 Beijing	31833389	91565	771052	58137	2131042	4407260
天　津 Tianjin	14277718	4643	567717		1108054	1330216
河　北 Hebei	29850943		1013329		1287040	3077715
山　西 Shanxi	16564567	30708	537883	13590	1193408	2927120
内蒙古 Inner Mongolia	11752983	14804	711077	42801	689756	809302
辽　宁 Liaoning	24719431	23421	844453	1390	2432678	3302887
吉　林 Jilin	17482950	4804	559615	1024	728528	2036063
黑龙江 Heilongjiang	24142163	74631	1127338	17955	826560	1711111
上　海 Shanghai	17297228		701062	41839	928470	4736145
江　苏 Jiangsu	49033519	143290	1572082	231584	3038845	9673614
浙　江 Zhejiang	24558793	4571	1200401	131201	1652229	7662634
安　徽 Anhui	26631048	151673	1666625	32550	1728225	2010572
福　建 Fujian	16466802	14095	938501		1365877	4859389
江　西 Jiangxi	29249162	15098	431879	13381	1335281	1880964
山　东 Shandong	52005116	44240	1981792	57874	1670075	6945050
河　南 Henan	44271913	20789	3956771	8954	1759362	4259634
湖　北 Hubei	42032349	43791	1315460	5353	1087601	6764468
湖　南 Hunan	30989449	93510	820586		1060849	4255447
广　东 Guangdong	34379002	22119	1366602	43688	2656812	11783771
广　西 Guangxi	14472004	105344	1146440	14623	1241027	3638830
海　南 Hainan	3277759	4443	229422		743276	1309136
重　庆 Chongqing	17955362	85079	1888787	36050	1238645	1126114
四　川 Sichuan	31658846	83495	1194692		2827483	4578026
贵　州 Guizhou	9540022	7603	258761	19001	988666	493614
云　南 Yunnan	11805889	50852	1451165	20984	3494833	1748615
西　藏 Tibet	1010494	14403	17077		9625	
陕　西 Shaanxi	31001202	60501	773787		2484157	5596908
甘　肃 Gansu	10382458	95829	515200		994493	1453271
青　海 Qinghai	1547523	19418	76596		18229	6240
宁　夏 Ningxia	2758385		134881		288552	12491
新　疆 Xinjiang	10311145	71762	233180	9325	442539	140989

校舍情况(普通高校)

Conditions of School Buildings (Regular HEIs)

单位:平方米

unit: m^2

	学校产权建筑面积 Floor Area of School Building Owned by HEIs				正在施工面积 Floor Area Under Construction	独立使用非学校产权建筑面积 Floor Area of School Building Not Owned by HEIs
	计 Total	其中:危房 of Which: Dilapidated Buildings	其中:当年新增 of Which: Added in Current Year	其中:被外单位借用 of Which: Floor Space Hired by Other Schools or Units		
合　计 Total	**660300330**	**1332247**	**28578695**	**652120**	**42460416**	**85738139**
北　京 Beijing	30282034	91565	472070	58137	2123797	3086660
天　津 Tianjin	13922814		563483		1108054	738129
河　北 Hebei	29081718		989180		1139421	2266362
山　西 Shanxi	15414127	30708	455377	13590	1179998	2489188
内蒙古 Inner Mongolia	11644505	14804	704590	42801	689756	809302
辽　宁 Liaoning	23663616	23421	844453		2422302	3006879
吉　林 Jilin	16652527	3307	528614	1024	728528	1440870
黑龙江 Heilongjiang	23427501	74631	1127338	3240	818560	1313241
上　海 Shanghai	16593701		684158	34417	927514	4179301
江　苏 Jiangsu	48177962	143290	1572082	227569	3025045	7567791
浙　江 Zhejiang	24045802	73	1169600	131201	1652229	5500654
安　徽 Anhui	26068097	151673	1620690	32550	1728225	1390880
福　建 Fujian	16294685	14095	908214		1355650	4576404
江　西 Jiangxi	28061982	15098	385141	13381	1314876	1769621
山　东 Shandong	49476643	44240	1746263	7874	1549757	6256818
河　南 Henan	42372056	20789	3763782	8354	1639980	2514421
湖　北 Hubei	41432819	43791	1315460	1153	1087601	5907877
湖　南 Hunan	30490476	93510	820586		819806	3840329
广　东 Guangdong	33620378	22119	1316469	6688	2656812	9621080
广　西 Guangxi	14051775	69056	1114764	10381	1164270	3561546
海　南 Hainan	3243619	4443	216773		743276	1309136
重　庆 Chongqing	17059280	85079	1655268	14000	1238645	928995
四　川 Sichuan	30151919	77043	1194692		2679923	3971453
贵　州 Guizhou	9391098	7603	258761	19001	985666	493614
云　南 Yunnan	11685499	48901	1451165	20984	3486352	1580683
西　藏 Tibet	1010494	14403	17077		9625	
陕　西 Shaanxi	29565149	60501	756970		2480557	4725338
甘　肃 Gansu	10155584	95829	509310		981993	738787
青　海 Qinghai	1515068	19418	76596		18229	6240
宁　夏 Ningxia	2729514		134881		288552	12491
新　疆 Xinjiang	9017888	62857	204888	5775	415417	134049

校舍情况(成人高校)
Conditions of School Buildings (HEIs for Adults)

单位:平方米
unit: m^2

	学校产权建筑面积 Floor Area of School Building Owned by HEIs				正在施工面积 Floor Area Under Construction	独立使用非学校产权建筑面积 Floor Area of School Building Not Owned by HEIs
	计 Total	其中:危房 of Which: Dilapidated Buildings	其中:当年新增 of Which: Added in Current Year	其中:被外单位借用 of Which: Floor Space Hired by Other Schools or Units		
合　计 Total	**18779344**	**64234**	**866561**	**40134**	**646731**	**13535373**
北　京 Beijing	854741		44607		7245	328897
天　津 Tianjin	354904	4643	4234			592087
河　北 Hebei	567949		24149		27203	484895
山　西 Shanxi	855399		57411			254700
内蒙古 Inner Mongolia	108478		6487			
辽　宁 Liaoning	747683			1390	10376	253270
吉　林 Jilin	730749	1497	10951			372476
黑龙江 Heilongjiang	703711			14715	8000	312766
上　海 Shanghai	636932		16222	7422	956	65009
江　苏 Jiangsu	855557			4015	13800	2105823
浙　江 Zhejiang	322613	4498	30801			1609099
安　徽 Anhui	376924		13315			433682
福　建 Fujian	172117		30287		10227	282985
江　西 Jiangxi	896725		46671		13900	27230
山　东 Shandong	1611199		61717		30518	
河　南 Henan	1602695		158360	600	8043	1429808
湖　北 Hubei	505489			4200		830920
湖　南 Hunan	498973				241043	221933
广　东 Guangdong	551347		50133			1888621
广　西 Guangxi	420229	36288	31676	4242	76757	77284
海　南 Hainan	34140		12649			
重　庆 Chongqing	708133		216192			55335
四　川 Sichuan	1426777	6452			147560	460304
贵　州 Guizhou	148924				3000	
云　南 Yunnan	120390	1951			8481	167932
西　藏 Tibet						
陕　西 Shaanxi	1390069		16817			600087
甘　肃 Gansu	221914		5590		12500	673290
青　海 Qinghai	32455					
宁　夏 Ningxia	28871					
新　疆 Xinjiang	1293257	8905	28292	3550	27122	6940

校舍情况(民办的其他高等教育机构)
Conditions of School Buildings (Non-state/private HEIs)

单位:平方米
unit: m^2

	学校产权建筑面积 Floor Area of School Building Owned by HEIs				正在施工面积 Floor Area Under Construction	独立使用非学校产权建筑面积 Floor Area of School Building Not Owned by HEIs
	计 Total	其中:危房 of Which: Dilapidated Buildings	其中:当年新增 of Which: Added in Current Year	其中:被外单位借用 of Which: Floor Space Hired by Other Schools or Units		
合　计 Total	**4179940**		**558957**	**109050**	**345070**	**5264084**
北　京 Beijing	696614		254375			991703
天　津 Tianjin						
河　北 Hebei	201276				120416	326458
山　西 Shanxi	295041		25095		13410	183232
内蒙古 Inner Mongolia						
辽　宁 Liaoning	308132					42738
吉　林 Jilin	99674		20050			222717
黑龙江 Heilongjiang	10951					85104
上　海 Shanghai	66595		682			491835
江　苏 Jiangsu						
浙　江 Zhejiang	190378					552881
安　徽 Anhui	186027		32620			186010
福　建 Fujian						
江　西 Jiangxi	290455		67		6505	84113
山　东 Shandong	917274		173812	50000	89800	688232
河　南 Henan	297162		34629		111339	315405
湖　北 Hubei	94041					25671
湖　南 Hunan						193185
广　东 Guangdong	207277			37000		274070
广　西 Guangxi						
海　南 Hainan						
重　庆 Chongqing	187949		17327	22050		141784
四　川 Sichuan	80150					146269
贵　州 Guizhou						
云　南 Yunnan						
西　藏 Tibet						
陕　西 Shaanxi	45984				3600	271483
甘　肃 Gansu	4960		300			41194
青　海 Qinghai						
宁　夏 Ningxia						
新　疆 Xinjiang						

普通高中校数、班数(总计)

Number of Senior Secondary Schools and Classes (Regional Aggregates)

	学校数(所) Schools			班数(个) Classes			
	合计 Total	高级中学 Senior Sec. Schools	完全中学 Complete Sec. Schools	计 Total	一年级 Grade 1	二年级 Grade 2	三年级 Grade 3
合　计 Total	**14058**	**6461**	**7597**	**428941**	**144571**	**140675**	**143695**
北　京 Beijing	289	48	241	5546	1792	1853	1901
天　津 Tianjin	214	77	137	4035	1310	1355	1370
河　北 Hebei	615	362	253	21483	6870	7229	7384
山　西 Shanxi	534	243	291	14947	5056	4970	4921
内蒙古 Inner Mongolia	289	147	142	9068	2944	2996	3128
辽　宁 Liaoning	419	331	88	13504	4546	4513	4445
吉　林 Jilin	257	172	85	8367	2798	2740	2829
黑龙江 Heilongjiang	416	272	144	11204	3660	3746	3798
上　海 Shanghai	261	131	130	4760	1532	1563	1665
江　苏 Jiangsu	653	350	303	26170	8519	8714	8937
浙　江 Zhejiang	569	439	130	17988	6111	6112	5765
安　徽 Anhui	743	229	514	21795	7388	7179	7228
福　建 Fujian	575	112	463	14226	4829	4704	4693
江　西 Jiangxi	452	141	311	13442	4491	4202	4749
山　东 Shandong	592	432	160	27582	9452	8880	9250
河　南 Henan	825	597	228	28654	9355	9174	10125
湖　北 Hubei	603	442	161	19761	6258	6499	7004
湖　南 Hunan	622	318	304	17903	6103	5783	6017
广　东 Guangdong	1026	329	697	36358	12929	12107	11322
广　西 Guangxi	463	233	230	12308	4246	3958	4104
海　南 Hainan	107	9	98	2711	939	900	872
重　庆 Chongqing	268	13	255	10483	3659	3427	3397
四　川 Sichuan	747	137	610	24070	8233	7835	8002
贵　州 Guizhou	444	153	291	10387	3793	3303	3291
云　南 Yunnan	451	130	321	11416	3952	3766	3698
西　藏 Tibet	29	20	9	778	288	243	247
陕　西 Shaanxi	569	267	302	15956	5407	5149	5400
甘　肃 Gansu	452	158	294	10825	3591	3475	3759
青　海 Qinghai	119	35	84	2113	691	691	731
宁　夏 Ningxia	70	39	31	2530	841	820	869
新　疆 Xinjiang	385	95	290	8571	2988	2789	2794

普通高中校数、班数（城市）
Number of Senior Secondary Schools and Classes (Urban)

	学校数（所）Schools			班数（个）Classes			
	合 计 Total	高级中学 Senior Sec. Schools	完全中学 Complete Sec. Schools	计 Total	一年级 Grade 1	二年级 Grade 2	三年级 Grade 3
合 计 Total	**5494**	**2342**	**3152**	**161467**	**54185**	**53492**	**53790**
北 京 Beijing	243	36	207	4661	1488	1558	1615
天 津 Tianjin	128	27	101	2130	674	729	727
河 北 Hebei	190	61	129	5633	1847	1856	1930
山 西 Shanxi	266	86	180	6737	2299	2254	2184
内蒙古 Inner Mongolia	146	68	78	4492	1460	1486	1546
辽 宁 Liaoning	304	233	71	9537	3189	3203	3145
吉 林 Jilin	85	56	29	2883	960	946	977
黑龙江 Heilongjiang	182	115	67	4862	1568	1635	1659
上 海 Shanghai	153	83	70	2801	899	910	992
江 苏 Jiangsu	246	128	118	9199	2979	3088	3132
浙 江 Zhejiang	274	191	83	8737	2954	2949	2834
安 徽 Anhui	242	68	174	6922	2381	2280	2261
福 建 Fujian	206	47	159	5659	1913	1903	1843
江 西 Jiangxi	110	18	92	2722	886	863	973
山 东 Shandong	273	193	80	13087	4580	4248	4259
河 南 Henan	316	187	129	9400	3080	3067	3253
湖 北 Hubei	243	159	84	7515	2414	2508	2593
湖 南 Hunan	167	55	112	4706	1555	1554	1597
广 东 Guangdong	384	131	253	13382	4617	4453	4312
广 西 Guangxi	152	74	78	4068	1409	1321	1338
海 南 Hainan	34	4	30	976	337	333	306
重 庆 Chongqing	71		71	2510	835	832	843
四 川 Sichuan	213	37	176	7755	2651	2539	2565
贵 州 Guizhou	122	51	71	2982	1055	971	956
云 南 Yunnan	108	33	75	2807	971	945	891
西 藏 Tibet	14	9	5	368	132	121	115
陕 西 Shaanxi	234	58	176	5039	1713	1687	1639
甘 肃 Gansu	145	52	93	3322	1093	1094	1135
青 海 Qinghai	37	14	23	578	193	185	200
宁 夏 Ningxia	35	22	13	1362	462	450	450
新 疆 Xinjiang	171	46	125	4635	1591	1524	1520

普通高中校数、班数(县镇)

Number of Senior Secondary Schools and Classes(County City & Towns)

	学校数(所) Schools			班数(个) Classes			
	合 计 Total	高级中学 Senior Sec. Schools	完全中学 Complete Sec. Schools	计 Total	一年级 Grade 1	二年级 Grade 2	三年级 Grade 3
合 计 Total	**7136**	**3539**	**3597**	**238378**	**80543**	**77707**	**80128**
北 京 Beijing	27	9	18	551	189	182	180
天 津 Tianjin	67	32	35	1418	475	468	475
河 北 Hebei	358	267	91	14482	4606	4896	4980
山 西 Shanxi	212	131	81	7184	2434	2381	2369
内蒙古 Inner Mongolia	133	79	54	4489	1453	1482	1554
辽 宁 Liaoning	83	71	12	3168	1077	1049	1042
吉 林 Jilin	159	110	49	5327	1794	1740	1793
黑龙江 Heilongjiang	193	135	58	5456	1806	1817	1833
上 海 Shanghai	107	48	59	1949	630	649	670
江 苏 Jiangsu	336	187	149	14781	4847	4903	5031
浙 江 Zhejiang	282	240	42	8875	3026	3037	2812
安 徽 Anhui	383	129	254	12696	4285	4167	4244
福 建 Fujian	321	62	259	7730	2621	2532	2577
江 西 Jiangxi	267	115	152	9468	3180	2952	3336
山 东 Shandong	286	219	67	13724	4606	4389	4729
河 南 Henan	438	358	80	17884	5806	5683	6395
湖 北 Hubei	278	212	66	9582	2970	3114	3498
湖 南 Hunan	357	194	163	11186	3812	3603	3771
广 东 Guangdong	536	174	362	20423	7391	6777	6255
广 西 Guangxi	302	156	146	8113	2796	2596	2721
海 南 Hainan	64	4	60	1594	553	520	521
重 庆 Chongqing	184	13	171	7521	2654	2448	2419
四 川 Sichuan	506	86	420	15732	5385	5109	5238
贵 州 Guizhou	276	97	179	6992	2574	2213	2205
云 南 Yunnan	317	94	223	8207	2847	2691	2669
西 藏 Tibet	15	11	4	410	156	122	132
陕 西 Shaanxi	165	121	44	6980	2365	2209	2406
甘 肃 Gansu	253	101	152	6793	2259	2158	2376
青 海 Qinghai	70	21	49	1338	433	439	466
宁 夏 Ningxia	34	17	17	1151	374	364	413
新 疆 Xinjiang	127	46	81	3174	1139	1017	1018

普通高中校数、班数(农村)
Number of Senior Secondary Schools and Classes (Rural)

	学校数(所) Schools			班数(个) Classes			
	合计 Total	高级中学 Senior Sec. Schools	完全中学 Complete Sec. Schools	计 Total	一年级 Grade 1	二年级 Grade 2	三年级 Grade 3
合计 Total	**1428**	**580**	**848**	**29096**	**9843**	**9476**	**9777**
北京 Beijing	19	3	16	334	115	113	106
天津 Tianjin	19	18	1	487	161	158	168
河北 Hebei	67	34	33	1368	417	477	474
山西 Shanxi	56	26	30	1026	323	335	368
内蒙古 Inner Mongolia	10		10	87	31	28	28
辽宁 Liaoning	32	27	5	799	280	261	258
吉林 Jilin	13	6	7	157	44	54	59
黑龙江 Heilongjiang	41	22	19	886	286	294	306
上海 Shanghai	1		1	10	3	4	3
江苏 Jiangsu	71	35	36	2190	693	723	774
浙江 Zhejiang	13	8	5	376	131	126	119
安徽 Anhui	118	32	86	2177	722	732	723
福建 Fujian	48	3	45	837	295	269	273
江西 Jiangxi	75	8	67	1252	425	387	440
山东 Shandong	33	20	13	771	266	243	262
河南 Henan	71	52	19	1370	469	424	477
湖北 Hubei	82	71	11	2664	874	877	913
湖南 Hunan	98	69	29	2011	736	626	649
广东 Guangdong	106	24	82	2553	921	877	755
广西 Guangxi	9	3	6	127	41	41	45
海南 Hainan	9	1	8	141	49	47	45
重庆 Chongqing	13		13	452	170	147	135
四川 Sichuan	28	14	14	583	197	187	199
贵州 Guizhou	46	5	41	413	164	119	130
云南 Yunnan	26	3	23	402	134	130	138
西藏 Tibet							
陕西 Shaanxi	170	88	82	3937	1329	1253	1355
甘肃 Gansu	54	5	49	710	239	223	248
青海 Qinghai	12		12	197	65	67	65
宁夏 Ningxia	1		1	17	5	6	6
新疆 Xinjiang	87	3	84	762	258	248	256

普通高中学生数(总计)

Number of Students in Senior Secondary Schools (Regional Aggregates)

单位:人

unit: person

	毕业生数 Graduates	招生数 Students Admitted	在校学生数 Enrolment					毕业班学生数 Graduates for Next Year
			合　计 Total	其中:女 of Which: Female	一年级 Grade 1	二年级 Grade 2	三年级 Grade 3	
合　计 Total	**7944335**	**8362359**	**24273351**	**11801448**	**8373897**	**7946667**	**7952787**	**7952787**
北　京 Beijing	62305	65649	198415	103564	65886	65944	66585	66585
天　津 Tianjin	65951	62061	185153	96635	62166	62637	60350	60350
河　北 Hebei	426568	420199	1275146	669369	420291	429061	425794	425794
山　西 Shanxi	259381	280984	822925	414454	281016	275150	266759	266759
内蒙古 Inner Mongolia	174815	166364	499280	256281	166497	164509	168274	168274
辽　宁 Liaoning	226130	240387	715443	368177	240519	239569	235355	235355
吉　林 Jilin	152201	162999	470946	241261	163143	153790	154013	154013
黑龙江 Heilongjiang	195518	207452	616885	317426	207523	204616	204746	204746
上　海 Shanghai	62375	53853	168899	88578	54207	55750	58942	58942
江　苏 Jiangsu	486363	440338	1356550	626394	440792	451414	464344	464344
浙　江 Zhejiang	273680	300941	880194	443889	301269	300218	278707	278707
安　徽 Anhui	443812	424086	1275968	567039	426500	422697	426771	426771
福　建 Fujian	240300	243076	706369	343170	243285	232074	231010	231010
江　西 Jiangxi	262464	256536	739649	303993	257096	228892	253661	253661
山　东 Shandong	546851	528217	1525122	736169	528241	491026	505855	505855
河　南 Henan	704309	628486	1921573	926651	629103	618720	673750	673750
湖　北 Hubei	434549	395471	1237362	560535	395874	408216	433272	433272
湖　南 Hunan	361786	370508	1019039	488629	370981	322891	325167	325167
广　东 Guangdong	567648	755881	2089462	1008192	756069	699873	633520	633520
广　西 Guangxi	238971	270720	753981	389721	270876	240162	242943	242943
海　南 Hainan	50598	56045	160461	71756	56128	53385	50948	50948
重　庆 Chongqing	169522	227567	626434	316528	227636	202669	196129	196129
四　川 Sichuan	449991	525495	1462250	724940	526874	477762	457614	457614
贵　州 Guizhou	171704	240208	620221	290983	240499	195233	184489	184489
云　南 Yunnan	184415	228997	632812	324303	229575	207407	195830	195830
西　藏 Tibet	12177	15057	40728	21913	15081	12361	13286	13286
陕　西 Shaanxi	310262	338378	955861	455759	338474	306991	310396	310396
甘　肃 Gansu	195045	219614	646975	292322	219896	208809	218270	218270
青　海 Qinghai	34080	36153	107715	53431	36483	34510	36722	36722
宁　夏 Ningxia	44858	47399	142392	72130	47433	46143	48816	48816
新　疆 Xinjiang	135706	153238	419141	227256	154484	134188	130469	130469

普通高中学生数(城市)

Number of Students in Senior Secondary Schools (Urban)

单位:人

unit: person

	毕业生数 Graduates	招生数 Students Admitted	在校学生数 Enrolment					毕业班学生数 Graduates for Next Year
			合计 Total	其中:女 of Which: Female	一年级 Grade 1	二年级 Grade 2	三年级 Grade 3	
合计 Total	**2773848**	**2930927**	**8582032**	**4271112**	**2934216**	**2839427**	**2808389**	**2808389**
北京 Beijing	53229	53943	165081	86398	54159	54784	56138	56138
天津 Tianjin	32836	28241	86977	44974	28272	29559	29146	29146
河北 Hebei	97634	106253	314723	164765	106256	104923	103544	103544
山西 Shanxi	113697	126087	367247	184934	126096	122941	118210	118210
内蒙古 Inner Mongolia	85692	82101	249456	127856	82137	82311	85008	85008
辽宁 Liaoning	155016	162960	490023	252281	163010	165307	161706	161706
吉林 Jilin	49956	55828	161506	83191	55841	52847	52818	52818
黑龙江 Heilongjiang	79697	85567	254652	131762	85586	84418	84648	84648
上海 Shanghai	35537	30670	95019	49575	30822	31146	33051	33051
江苏 Jiangsu	154922	143612	445889	213675	143770	149765	152354	152354
浙江 Zhejiang	133995	143566	422899	214279	143639	143126	136134	136134
安徽 Anhui	129675	134304	388988	178659	134442	127044	127502	127502
福建 Fujian	90102	95111	277608	139505	95149	92932	89527	89527
江西 Jiangxi	47803	48837	146196	64595	48917	45700	51579	51579
山东 Shandong	240046	249129	699149	347744	249145	226408	223596	223596
河南 Henan	204081	189893	574722	281212	189922	187519	197281	197281
湖北 Hubei	147307	138260	427334	199917	138300	142535	146499	146499
湖南 Hunan	90421	91534	259759	127174	91746	83885	84128	84128
广东 Guangdong	208105	247109	707016	353322	247174	236793	223049	223049
广西 Guangxi	73598	84082	239225	122567	84147	77934	77144	77144
海南 Hainan	17173	19208	54417	25018	19213	18382	16822	16822
重庆 Chongqing	38136	46308	136021	71282	46316	45023	44682	44682
四川 Sichuan	140740	164601	465237	232719	164815	153563	146859	146859
贵州 Guizhou	49085	62073	170844	82359	62128	55602	53114	53114
云南 Yunnan	43757	54992	156039	82944	55085	52656	48298	48298
西藏 Tibet	6157	6982	19684	10672	7000	6232	6452	6452
陕西 Shaanxi	91261	98059	280555	136141	98075	93676	88804	88804
甘肃 Gansu	57517	63431	187010	85761	63495	62027	61488	61488
青海 Qinghai	8583	9781	29066	14685	9955	9130	9981	9981
宁夏 Ningxia	22112	25812	75430	38110	25815	24887	24728	24728
新疆 Xinjiang	75978	82593	234260	123036	83789	76372	74099	74099

普通高中学生数(县镇)

Number of Students in Senior Secondary Schools (County City & Towns)

单位:人

unit: person

	毕业生数 Graduates	招生数 Students Admitted	在校学生数 Enrolment 合计 Total	其中:女 of Which: Female	一年级 Grade 1	二年级 Grade 2	三年级 Grade 3	毕业班学生数 Graduates for Next Year
合　计 Total	**4607848**	**4864291**	**14062284**	**6755212**	**4871505**	**4575857**	**4614922**	**4614922**
北　京 Beijing	5890	7806	22015	11722	7821	7373	6821	6821
天　津 Tianjin	23865	25340	73429	38765	25414	24716	23299	23299
河　北 Hebei	298168	289228	881230	462402	289305	297593	294332	294332
山　西 Shanxi	126605	137519	401630	203805	137542	133669	130419	130419
内蒙古 Inner Mongolia	87759	82635	245749	126302	82732	80862	82155	82155
辽　宁 Liaoning	58270	62113	182136	93402	62187	60122	59827	59827
吉　林 Jilin	100136	104998	302236	154340	105129	98384	98723	98723
黑龙江 Heilongjiang	100782	106977	316692	161646	107029	104835	104828	104828
上　海 Shanghai	26730	23064	73479	38784	23265	24447	25767	25767
江　苏 Jiangsu	283993	258139	790778	357669	258403	262133	270242	270242
浙　江 Zhejiang	134417	151165	439686	220925	151406	151223	137057	137057
安　徽 Anhui	262754	247268	757257	330233	249010	251072	257175	257175
福　建 Fujian	136347	133702	389050	186242	133873	126685	128492	128492
江　西 Jiangxi	190169	186159	531942	213522	186460	164464	181018	181018
山　东 Shandong	292033	265046	785903	369096	265054	252004	268845	268845
河　南 Henan	460393	410666	1262707	604149	411122	404166	447419	447419
湖　北 Hubei	228146	199177	633319	282500	199524	207220	226575	226575
湖　南 Hunan	230285	235420	650832	310343	235681	206034	209117	209117
广　东 Guangdong	322043	452236	1230708	583133	452359	410333	368016	368016
广　西 Guangxi	163352	184322	508568	264009	184406	160389	163773	163773
海　南 Hainan	31035	34057	98115	43276	34135	32250	31730	31730
重　庆 Chongqing	125022	171116	464655	232059	171177	149395	144083	144083
四　川 Sichuan	299333	348718	962228	474786	349877	312516	299835	299835
贵　州 Guizhou	117165	168894	428065	198371	169130	133482	125453	125453
云　南 Yunnan	133668	166385	455163	230277	166870	147833	140460	140460
西　藏 Tibet	6020	8075	21044	11241	8081	6129	6834	6834
陕　西 Shaanxi	143629	159039	446528	210240	159093	141867	145568	145568
甘　肃 Gansu	124696	141094	416855	187358	141312	133143	142400	142400
青　海 Qinghai	22854	23419	70106	34312	23526	22521	24059	24059
宁　夏 Ningxia	22594	21306	66017	33524	21337	20910	23770	23770
新　疆 Xinjiang	49695	59208	154162	86779	59245	48087	46830	46830

普通高中学生数(农村)

Number of Students in Senior Secondary Schools (Rural)

单位:人

unit: person

	毕业生数 Graduates	招生数 Students Admitted	在校学生数 Enrolment					毕业班学生数 Graduates for Next Year
			合　计 Total	其中:女 of Which: Female	一年级 Grade 1	二年级 Grade 2	三年级 Grade 3	
合　计 Total	**562639**	**567141**	**1629035**	**775124**	**568176**	**531383**	**529476**	**529476**
北　京 Beijing	3186	3900	11319	5444	3906	3787	3626	3626
天　津 Tianjin	9250	8480	24747	12896	8480	8362	7905	7905
河　北 Hebei	30766	24718	79193	42202	24730	26545	27918	27918
山　西 Shanxi	19079	17378	54048	25715	17378	18540	18130	18130
内蒙古 Inner Mongolia	1364	1628	4075	2123	1628	1336	1111	1111
辽　宁 Liaoning	12844	15314	43284	22494	15322	14140	13822	13822
吉　林 Jilin	2109	2173	7204	3730	2173	2559	2472	2472
黑龙江 Heilongjiang	15039	14908	45541	24018	14908	15363	15270	15270
上　海 Shanghai	108	119	401	219	120	157	124	124
江　苏 Jiangsu	47448	38587	119883	55050	38619	39516	41748	41748
浙　江 Zhejiang	5268	6210	17609	8685	6224	5869	5516	5516
安　徽 Anhui	51383	42514	129723	58147	43048	44581	42094	42094
福　建 Fujian	13851	14263	39711	17423	14263	12457	12991	12991
江　西 Jiangxi	24492	21540	61511	25876	21719	18728	21064	21064
山　东 Shandong	14772	14042	40070	19329	14042	12614	13414	13414
河　南 Henan	39835	27927	84144	41290	28059	27035	29050	29050
湖　北 Hubei	59096	58034	176709	78118	58050	58461	60198	60198
湖　南 Hunan	41080	43554	108448	51112	43554	32972	31922	31922
广　东 Guangdong	37500	56536	151738	71737	56536	52747	42455	42455
广　西 Guangxi	2021	2316	6188	3145	2323	1839	2026	2026
海　南 Hainan	2390	2780	7929	3462	2780	2753	2396	2396
重　庆 Chongqing	6364	10143	25758	13187	10143	8251	7364	7364
四　川 Sichuan	9918	12176	34785	17435	12182	11683	10920	10920
贵　州 Guizhou	5454	9241	21312	10253	9241	6149	5922	5922
云　南 Yunnan	6990	7620	21610	11082	7620	6918	7072	7072
西　藏 Tibet								
陕　西 Shaanxi	75372	81280	228778	109378	81306	71448	76024	76024
甘　肃 Gansu	12832	15089	43110	19203	15089	13639	14382	14382
青　海 Qinghai	2643	2953	8543	4434	3002	2859	2682	2682
宁　夏 Ningxia	152	281	945	496	281	346	318	318
新　疆 Xinjiang	10033	11437	30719	17441	11450	9729	9540	9540

普通高中女学生数

Number of Female Students in Senior Secondary Schools

单位:人
unit: person

	毕业生数 Graduates	招生数 Students Admitted	在校学生数 Enrolment				毕业班学生数 Graduates for Next Year
			合计 Total	一年级 Grade 1	二年级 Grade 2	三年级 Grade 3	
合　计 Total	**3808849**	**4081666**	**11801448**	**4085076**	**3867314**	**3849058**	**3849058**
北　京 Beijing	33454	34444	103564	34524	34404	34636	34636
天　津 Tianjin	35017	32407	96635	32462	32624	31549	31549
河　北 Hebei	224131	220355	669369	220402	224474	224493	224493
山　西 Shanxi	129042	140941	414454	140956	139406	134092	134092
内蒙古 Inner Mongolia	89285	84817	256281	84843	84933	86505	86505
辽　宁 Liaoning	115103	122611	368177	122660	123679	121838	121838
吉　林 Jilin	78480	84042	241261	84099	78718	78444	78444
黑龙江 Heilongjiang	100503	107597	317426	107609	105059	104758	104758
上　海 Shanghai	32502	28132	88578	28257	29581	30740	30740
江　苏 Jiangsu	221747	204036	626394	204178	208456	213760	213760
浙　江 Zhejiang	135100	152364	443889	152471	150938	140480	140480
安　徽 Anhui	193019	191226	567039	191988	186713	188338	188338
福　建 Fujian	116673	118592	343170	118630	112825	111715	111715
江　西 Jiangxi	105398	105311	303993	105423	94354	104216	104216
山　东 Shandong	252555	259177	736169	259184	236024	240961	240961
河　南 Henan	335318	304042	926651	304154	296054	326443	326443
湖　北 Hubei	197453	177996	560535	178070	186026	196439	196439
湖　南 Hunan	173300	176538	488629	176649	155348	156632	156632
广　东 Guangdong	270354	368454	1008192	368501	337667	302024	302024
广　西 Guangxi	121256	140192	389721	140238	124445	125038	125038
海　南 Hainan	22717	25354	71756	25359	23859	22538	22538
重　庆 Chongqing	83674	115246	316528	115268	102803	98457	98457
四　川 Sichuan	217050	261279	724940	261463	238548	224929	224929
贵　州 Guizhou	78420	113578	290983	113643	91956	85384	85384
云　南 Yunnan	91960	118306	324303	118506	106282	99515	99515
西　藏 Tibet	6300	8213	21913	8226	6564	7123	7123
陕　西 Shaanxi	149266	159838	455759	159871	147098	148790	148790
甘　肃 Gansu	86102	101432	292322	101506	94761	96055	96055
青　海 Qinghai	16815	17656	53431	17785	17317	18329	18329
宁　夏 Ningxia	22567	24320	72130	24331	23582	24217	24217
新　疆 Xinjiang	74288	83170	227256	83820	72816	70620	70620

普通中学教职工数(总计)

Number of Teachers, Staff & Workers in General Secondary Schools (Regional Aggregates)

单位:人
unit: person

	教职工数 Teachers, Staff & Workers						代课教师 Substitute Teachers	兼任教师 Part-time Teachers
	合计 Total	专任教师 Full-time Teachers	行政人员 Adm. Personnel	教辅人员 Supporting Staff	工勤人员 Workers	校办工厂、农(林)场职工 School-run by Factories & Farms		
合计 Total	**5859271**	**5041576**	**253451**	**265277**	**294081**	**4886**	**92804**	**17572**
北京 Beijing	70418	49873	8524	7812	4062	147	463	615
天津 Tianjin	51778	40718	5140	3570	2256	94	113	610
河北 Hebei	305324	260675	12099	17798	14392	360	9555	359
山西 Shanxi	204549	172793	6456	10817	13669	814	13387	1125
内蒙古 Inner Mongolia	123092	95570	8022	9957	9259	284	2897	308
辽宁 Liaoning	180343	145358	24645	3763	6518	59	624	290
吉林 Jilin	121071	94666	10124	10842	5255	184	1462	261
黑龙江 Heilongjiang	171212	142156	10181	9316	9424	135	1143	1066
上海 Shanghai	67277	50741	5203	6498	4709	126	700	382
江苏 Jiangsu	335609	284594	11290	18690	20825	210	1859	335
浙江 Zhejiang	208249	182865	6990	8093	10129	172		1164
安徽 Anhui	262588	230052	9346	7644	15512	34	7537	984
福建 Fujian	172158	151469	6843	6216	7509	121	992	509
江西 Jiangxi	184385	167285	3863	4435	8740	62	1941	723
山东 Shandong	438787	372082	17052	29630	19689	334	4594	501
河南 Henan	431419	380984	16831	15375	18028	201	10049	1085
湖北 Hubei	263055	227962	8409	12106	14214	364	8016	302
湖南 Hunan	281722	240494	11384	14392	15127	325	1936	673
广东 Guangdong	445335	391514	19649	15091	18758	323	5658	989
广西 Guangxi	190125	160840	7846	9447	11931	61	1917	1149
海南 Hainan	40694	34564	1080	1309	3700	41	1229	102
重庆 Chongqing	124404	109303	4981	4107	5956	57	648	602
四川 Sichuan	321813	284962	10468	8792	17473	118	3333	1113
贵州 Guizhou	155346	142508	4289	3444	5092	13	1087	422
云南 Yunnan	179480	160984	3001	4650	10798	47	569	188
西藏 Tibet	12773	12044	181	60	488			23
陕西 Shaanxi	198543	170482	10809	9606	7528	118	3308	457
甘肃 Gansu	132676	120689	3666	4166	4122	33	2103	669
青海 Qinghai	23923	21875	525	591	926	6	1896	9
宁夏 Ningxia	30496	27484	507	1361	1130	14	1090	103
新疆 Xinjiang	130627	113990	4047	5699	6862	29	2698	454

普通中学教职工数(城市)

Number of Teachers, Staff & Workers in General Secondary Schools (Urban)

单位:人
unit: person

	教职工数 Teachers, Staff & Workers						代课教师 Substitute Teachers	兼任教师 Part-time Teachers
	合计 Total	专任教师 Full-time Teachers	行政人员 Adm. Personnel	教辅人员 Supporting Staff	工勤人员 Workers	校办工厂、农(林)场职工 Employees in School-run by Factories & Farms		
合　计 Total	**1534526**	**1272483**	**91486**	**85505**	**83179**	**1873**	**31069**	**7529**
北　京 Beijing	51667	37212	6652	4844	2817	142	460	566
天　津 Tianjin	22960	17306	2658	1680	1255	61	107	583
河　北 Hebei	55068	45974	2874	3363	2620	237	2921	76
山　西 Shanxi	65107	52370	3047	4475	4992	223	4665	565
内蒙古 Inner Mongolia	43473	34135	4179	3034	2104	21	1815	233
辽　宁 Liaoning	88078	72683	10943	1392	3036	24	75	142
吉　林 Jilin	29596	23860	2362	2295	1079		689	120
黑龙江 Heilongjiang	55881	46217	3379	3510	2748	27	461	651
上　海 Shanghai	35982	26412	2908	4201	2383	78	594	178
江　苏 Jiangsu	95668	81158	4012	5348	5066	84	527	176
浙　江 Zhejiang	80029	68470	3008	3698	4736	117		493
安　徽 Anhui	55381	47576	2370	2318	3106	11	2786	477
福　建 Fujian	55426	47798	2266	2210	3069	83	425	217
江　西 Jiangxi	26033	23126	1137	595	1148	27	343	301
山　东 Shandong	129767	107722	6345	9691	5892	117	420	269
河　南 Henan	89025	74346	5994	4359	4275	51	2837	229
湖　北 Hubei	68468	57292	3504	3854	3708	110	2445	164
湖　南 Hunan	45680	36974	2272	2988	3378	68	677	171
广　东 Guangdong	136654	115146	6826	6986	7496	200	3531	474
广　西 Guangxi	31089	25600	1696	1835	1908	50	415	144
海　南 Hainan	9955	8033	395	438	1089		286	38
重　庆 Chongqing	22845	19299	1148	1087	1281	30	86	125
四　川 Sichuan	67349	56900	2781	3052	4569	47	807	367
贵　州 Guizhou	24428	21353	918	781	1373	3	167	142
云　南 Yunnan	21961	18561	730	1226	1441	3	2	51
西　藏 Tibet	2953	2664	96	27	166			23
陕　西 Shaanxi	40725	33136	3495	2053	2007	34	958	227
甘　肃 Gansu	26133	22275	1336	1145	1376	1	388	129
青　海 Qinghai	5520	4935	179	120	285	1	196	
宁　夏 Ningxia	10873	9720	178	531	431	13	950	41
新　疆 Xinjiang	40752	34230	1798	2369	2345	10	1036	157

普通中学教职工数(县镇)

Number of Teachers, Staff & Workers in General Secondary Schools (County City & Towns)

单位:人
unit: person

	教职工数 Teachers, Staff & Workers						代课教师 Substitute Teachers	兼任教师 Part-time Teachers
	合计 Total	专任教师 Full-time Teachers	行政人员 Adm. Personnel	教辅人员 Supporting Staff	工勤人员 Workers	校办工厂、农(林)场职工 Employees in School-run by Factories & Farms		
合　计 Total	**2768679**	**2392173**	**96775**	**131725**	**145539**	**2467**	**37381**	**6196**
北　京 Beijing	9813	6557	974	1729	548	5	3	24
天　津 Tianjin	17938	13979	1463	1712	753	31	1	17
河　北 Hebei	171765	145112	5885	11713	8951	104	3502	154
山　西 Shanxi	79493	67073	1914	4763	5206	537	5341	339
内蒙古 Inner Mongolia	65161	50332	3014	5832	5762	221	689	66
辽　宁 Liaoning	26905	21445	3286	684	1476	14	243	11
吉　林 Jilin	63402	48546	5033	6288	3369	166	601	109
黑龙江 Heilongjiang	59065	49272	3286	3151	3319	37	230	66
上　海 Shanghai	31168	24232	2285	2290	2313	48	106	204
江　苏 Jiangsu	163894	139822	4812	8483	10669	108	1107	76
浙　江 Zhejiang	111138	98900	3383	3997	4815	43		533
安　徽 Anhui	117195	101688	3792	3854	7838	23	3380	260
福　建 Fujian	84249	74535	3128	3233	3328	25	358	186
江　西 Jiangxi	82573	73863	1678	2758	4249	25	705	267
山　东 Shandong	205279	174915	7578	13362	9257	167	2926	167
河　南 Henan	190171	166744	6328	7971	9030	98	5403	416
湖　北 Hubei	107371	94105	2482	4693	5876	215	2747	97
湖　南 Hunan	143970	121054	5418	8994	8288	216	749	392
广　东 Guangdong	238751	214616	8843	6819	8388	85	1208	335
广　西 Guangxi	131676	111815	4808	6606	8440	7	1273	733
海　南 Hainan	23204	20200	424	692	1847	41	847	43
重　庆 Chongqing	83340	73391	3154	2725	4044	26	458	298
四　川 Sichuan	188883	167731	5217	5305	10560	70	1723	489
贵　州 Guizhou	84751	77303	2177	2270	2991	10	533	210
云　南 Yunnan	104615	93339	1526	2926	6791	33	193	134
西　藏 Tibet	9762	9322	85	33	322			
陕　西 Shaanxi	55599	47085	2183	3803	2455	73	610	54
甘　肃 Gansu	59849	54026	1405	2480	1907	31	899	266
青　海 Qinghai	12176	10924	288	414	546	4	1029	9
宁　夏 Ningxia	13208	11727	278	657	545	1	80	48
新　疆 Xinjiang	32315	28520	648	1488	1656	3	437	193

普通中学教职工数(农村)

Number of Teachers, Staff & Workers in General Secondary Schools (Rural)

单位:人

unit: person

	教职工数 Teachers, Staff & Workers						代课教师 Substitute Teachers	兼任教师 Part-time Teachers
	合计 Total	专任教师 Full-time Teachers	行政人员 Adm. Personnel	教辅人员 Supporting Staff	工勤人员 Workers	校办工厂、农(林)场职工 Employees in School-run by Factories & Farms		
合　计 Total	**1556066**	**1376920**	**65190**	**48047**	**65363**	**546**	**24354**	**3847**
北　京 Beijing	8938	6104	898	1239	697			25
天　津 Tianjin	10880	9433	1019	178	248	2	5	10
河　北 Hebei	78491	69589	3340	2722	2821	19	3132	129
山　西 Shanxi	59949	53350	1495	1579	3471	54	3381	221
内蒙古 Inner Mongolia	14458	11103	829	1091	1393	42	393	9
辽　宁 Liaoning	65360	51230	10416	1687	2006	21	306	137
吉　林 Jilin	28073	22260	2729	2259	807	18	172	32
黑龙江 Heilongjiang	56266	46667	3516	2655	3357	71	452	349
上　海 Shanghai	127	97	10	7	13			
江　苏 Jiangsu	76047	63614	2466	4859	5090	18	225	83
浙　江 Zhejiang	17082	15495	599	398	578	12		138
安　徽 Anhui	90012	80788	3184	1472	4568		1371	247
福　建 Fujian	32483	29136	1449	773	1112	13	209	106
江　西 Jiangxi	75779	70296	1048	1082	3343	10	893	155
山　东 Shandong	103741	89445	3129	6577	4540	50	1248	65
河　南 Henan	152223	139894	4509	3045	4723	52	1809	440
湖　北 Hubei	87216	76565	2423	3559	4630	39	2824	41
湖　南 Hunan	92072	82466	3694	2410	3461	41	510	110
广　东 Guangdong	69930	61752	3980	1286	2874	38	919	180
广　西 Guangxi	27360	23425	1342	1006	1583	4	229	272
海　南 Hainan	7535	6331	261	179	764		96	21
重　庆 Chongqing	18219	16613	679	295	631	1	104	179
四　川 Sichuan	65581	60331	2470	435	2344	1	803	257
贵　州 Guizhou	46167	43852	1194	393	728		387	70
云　南 Yunnan	52904	49084	745	498	2566	11	374	3
西　藏 Tibet	58	58						
陕　西 Shaanxi	102219	90261	5131	3750	3066	11	1740	176
甘　肃 Gansu	46694	44388	925	541	839	1	816	274
青　海 Qinghai	6227	6016	58	57	95	1	671	
宁　夏 Ningxia	6415	6037	51	173	154		60	14
新　疆 Xinjiang	57560	51240	1601	1842	2861	16	1225	104

普通中学女教职工数
Number of Female Teachers, Staff & Workers in General Secondary Schools

单位:人
unit: person

	教职工数 Teachers, Staff & Workers						代课教师 Substitute Teachers	兼任教师 Part-time Teachers
	合　计 Total	专任教师 Full-time Teachers	行政人员 Adm. Personnel	教辅人员 Supporting Staff	工勤人员 Workers	校办工厂、农(林)场职工 Employees in School-run by Factories & Farms		
合　计 Total	**2746558**	**2466926**	**56837**	**121035**	**100171**	**1589**	**50548**	**6885**
北　京 Beijing	46269	36363	4135	4489	1228	54	307	416
天　津 Tianjin	31320	26807	1886	2010	593	24	72	269
河　北 Hebei	178644	163033	2219	8731	4518	143	6384	150
山　西 Shanxi	117424	104811	1581	5339	5419	274	7796	509
内蒙古 Inner Mongolia	66629	57103	2310	4616	2523	77	1684	117
辽　宁 Liaoning	106143	94186	8413	2065	1472	7	396	146
吉　林 Jilin	68878	59416	2666	5169	1548	79	990	89
黑龙江 Heilongjiang	98574	87561	3300	4293	3355	65	827	418
上　海 Shanghai	42579	34551	2422	4115	1460	31	350	197
江　苏 Jiangsu	149147	133456	1715	7157	6771	48	801	140
浙　江 Zhejiang	106125	96014	1522	4051	4495	43		603
安　徽 Anhui	89092	79115	1220	3125	5626	6	3580	284
福　建 Fujian	73372	65944	1284	3113	2999	32	491	106
江　西 Jiangxi	64637	59223	649	1718	3033	14	941	149
山　东 Shandong	197115	179169	2723	10925	4162	136	1992	146
河　南 Henan	207978	192547	3398	6715	5251	67	4977	517
湖　北 Hubei	94835	84009	1373	4590	4759	104	4156	86
湖　南 Hunan	111738	100003	1113	5735	4780	107	985	179
广　东 Guangdong	220566	199667	3289	8759	8758	93	2876	235
广　西 Guangxi	85695	75069	1203	4226	5156	41	1125	592
海　南 Hainan	17847	15073	267	764	1728	15	670	12
重　庆 Chongqing	52585	48638	842	1740	1359	6	347	242
四　川 Sichuan	131347	120391	1898	4160	4855	43	1712	361
贵　州 Guizhou	56178	51868	708	1452	2147	3	502	123
云　南 Yunnan	80331	72461	542	2168	5144	16	308	81
西　藏 Tibet	5791	5502	66	30	193			14
陕　西 Shaanxi	96857	88081	2236	4100	2404	36	1954	211
甘　肃 Gansu	48753	45457	426	1578	1283	9	913	214
青　海 Qinghai	11351	10588	122	274	367		1095	7
宁　夏 Ningxia	13934	12919	74	567	368	6	614	42
新　疆 Xinjiang	74824	67901	1235	3261	2417	10	1703	230

普通中学教职工总数中

Number of General Secondary Schools Teachers,

	教职工数 Teachers, Staff & Workers		
	合 计 Total	专任教师 Full-time Teachers	行政人员 Adm. Personnel
合 计 Total	**463647**	**343620**	**27377**
北 京 Beijing	3869	2402	577
天 津 Tianjin	2496	1461	320
河 北 Hebei	22049	16364	1203
山 西 Shanxi	32135	23140	1336
内蒙古 Inner Mongolia	3538	2526	415
辽 宁 Liaoning	6162	5173	723
吉 林 Jilin	5614	4189	351
黑龙江 Heilongjiang	8551	6650	621
上 海 Shanghai	6376	4583	487
江 苏 Jiangsu	40110	31568	1376
浙 江 Zhejiang	29696	22351	1292
安 徽 Anhui	36941	26426	2090
福 建 Fujian	17230	12917	1071
江 西 Jiangxi	18257	12608	1074
山 东 Shandong	22027	17069	1405
河 南 Henan	41574	32700	2416
湖 北 Hubei	19187	13698	1050
湖 南 Hunan	18959	13629	1026
广 东 Guangdong	49418	36712	3145
广 西 Guangxi	9293	6671	694
海 南 Hainan	4153	2686	264
重 庆 Chongqing	5859	4255	314
四 川 Sichuan	20822	15130	1287
贵 州 Guizhou	9719	6811	581
云 南 Yunnan	6160	4758	330
西 藏 Tibet	35	32	1
陕 西 Shaanxi	16117	11861	1441
甘 肃 Gansu	3319	2490	223
青 海 Qinghai	311	211	21
宁 夏 Ningxia	922	758	35
新 疆 Xinjiang	2748	1791	208

民办教职工数

Staff & Workers Maintained by Communities

单位:人

unit: person

教辅人员 Supporting Staff	工勤人员 Workers	校办工厂、农(林)场职工 Employees in School-run by Factories & Farms	代课教师 Substitute Teachers	兼任教师 Part-time Teachers
23768	**68136**	**746**	**22227**	**5418**
440	450			40
431	284		85	202
1229	3235	18	774	179
1821	5810	28	4067	608
176	420	1	347	84
152	114		17	42
277	797		82	18
298	971	11	145	96
655	650	1	350	242
1887	5247	32	672	92
1673	4374	6		790
1777	6648		2709	407
784	2396	62	170	104
891	3672	12	226	322
1109	2376	68	1865	60
1540	4818	100	5698	185
887	3548	4	531	75
1156	3100	48	288	279
2680	6657	224	1420	332
480	1398	50	582	321
189	1011	3	248	30
218	1067	5	50	19
1210	3136	59	428	276
285	2040	2	281	156
257	813	2	9	102
	2			
888	1926	1	831	208
147	459		218	75
8	70	1	2	
29	92	8	39	9
194	555		93	65

普通高中专任教师

Breakdown of Senior Secondary Schools Full-time

	合 计 Total	其中:女 of Which: Female	按学历分 By Educational Attainment			
			研究生毕业 Graduate	本科毕业 Under-graduate	专科毕业 Associate Bachelor	高中阶段毕业 High School Graduate
合 计 Total	**1518194**	**723566**	**55151**	**1384203**	**77116**	**1646**
北 京 Beijing	19618	13802	2453	16952	208	5
天 津 Tianjin	14819	10022	1115	13349	337	18
河 北 Hebei	82982	49984	2092	76230	4592	66
山 西 Shanxi	53572	30681	1575	48802	3150	43
内蒙古 Inner Mongolia	31587	17863	1124	28624	1789	50
辽 宁 Liaoning	44684	29254	2253	41378	992	59
吉 林 Jilin	27628	17076	1368	25584	664	12
黑龙江 Heilongjiang	40726	24902	1024	37854	1735	113
上 海 Shanghai	16729	10620	1385	15283	61	
江 苏 Jiangsu	98197	45185	5458	90285	2423	30
浙 江 Zhejiang	62344	30376	2471	58964	885	24
安 徽 Anhui	66879	23105	2307	60793	3738	41
福 建 Fujian	52136	23320	1481	47857	2729	68
江 西 Jiangxi	46860	16235	1588	39783	5426	61
山 东 Shandong	111401	52811	2867	105088	3377	69
河 南 Henan	104334	48509	4704	94404	5171	54
湖 北 Hubei	71126	25631	2969	63475	4442	218
湖 南 Hunan	67830	25772	1022	64108	2655	45
广 东 Guangdong	125069	61494	6431	111610	6932	93
广 西 Guangxi	42120	19718	1608	37750	2671	64
海 南 Hainan	9503	4460	193	8546	748	16
重 庆 Chongqing	32214	13799	745	29978	1451	40
四 川 Sichuan	80318	32636	1435	73691	5004	185
贵 州 Guizhou	33072	12618	351	30311	2372	36
云 南 Yunnan	41166	18693	892	38682	1566	24
西 藏 Tibet	3171	1385	85	2928	148	8
陕 西 Shaanxi	53950	26234	2446	48044	3399	61
甘 肃 Gansu	37517	13034	696	32752	4004	64
青 海 Qinghai	7550	3529	172	6405	950	22
宁 夏 Ningxia	8861	4087	478	8064	313	6
新 疆 Xinjiang	30231	16731	363	26629	3184	51

学历、职称情况(总计)

Teachers by Educational Attainment (Regional Aggregates)

单位:人

unit: person

	按职称分 By Rank				
高中阶段毕业以下 Below High School Graduate	中学高级 Senior Secondary	中学一级 1st Grade	中学二级 2nd Grade	中学三级 3rd Grade	未评职称 Rank Undecided
78	**370354**	**531067**	**501925**	**16875**	**97973**
	6339	6612	5399	58	1210
	5343	5603	3480	19	374
2	15804	30990	29481	1335	5372
2	9479	14856	21112	1563	6562
	9739	9777	9605	312	2154
2	14859	14140	11410	306	3969
	6841	11413	7736	235	1403
	12515	13672	11785	677	2077
	5297	7533	3531	16	352
1	26181	35052	32243	260	4461
	16989	23952	17696	224	3483
	18057	20765	21064	1340	5653
1	12962	19330	18000	318	1526
2	15046	16242	12687	685	2200
	22729	36510	46511	858	4793
1	19931	32630	42498	3090	6185
22	20397	26383	19594	1100	3652
	18437	29197	18079	427	1690
3	25138	48376	36913	637	14005
27	7810	17709	13930	431	2240
	2433	2837	3389	41	803
	7239	10717	11151	182	2925
3	21742	28601	25528	247	4200
2	7586	10958	11804	472	2252
2	10337	12240	15748	235	2606
2	259	1047	1410	22	433
	10999	17081	20842	804	4224
1	6308	11912	15726	538	3033
1	2545	2839	1692	91	383
	2595	2820	2442	82	922
4	8418	9273	9439	270	2831

普通高中专任教师

Breakdown of Senior Secondary Schools Full-time

	合 计 Total	其中:女 of Which: Female	按学历分 By Educational Attainment			
			研究生毕业 Graduate	本科毕业 Under-graduate	专科毕业 Associate Bachelor	高中阶段毕业 High School Graduate
合 计 Total	**566527**	**304051**	**33841**	**515598**	**16572**	**481**
北 京 Beijing	16334	11612	2141	14014	174	5
天 津 Tianjin	7796	5642	830	6819	141	6
河 北 Hebei	19550	12441	868	18103	570	9
山 西 Shanxi	23607	14188	1030	21516	1047	14
内蒙古 Inner Mongolia	14957	8930	790	13479	676	12
辽 宁 Liaoning	31732	21456	1984	29202	520	26
吉 林 Jilin	9634	6237	977	8475	177	5
黑龙江 Heilongjiang	18152	11669	776	16733	552	91
上 海 Shanghai	9687	6321	861	8795	31	
江 苏 Jiangsu	34818	17587	2676	31591	529	21
浙 江 Zhejiang	30314	15272	1684	28318	303	9
安 徽 Anhui	20838	8771	915	19170	744	9
福 建 Fujian	20936	11092	1007	19222	677	29
江 西 Jiangxi	9722	4389	564	8339	810	8
山 东 Shandong	53255	27687	1780	50388	1057	30
河 南 Henan	32554	16349	2233	29459	856	6
湖 北 Hubei	26883	11537	2091	23860	866	66
湖 南 Hunan	17428	7677	502	16473	448	5
广 东 Guangdong	46295	24913	4892	40446	943	14
广 西 Guangxi	13045	6779	925	11484	598	11
海 南 Hainan	3501	1899	93	3275	133	
重 庆 Chongqing	8193	3931	363	7645	185	
四 川 Sichuan	26198	11564	678	24302	1180	38
贵 州 Guizhou	9772	4811	180	9149	435	6
云 南 Yunnan	9662	4886	486	8990	185	1
西 藏 Tibet	1512	702	40	1410	57	3
陕 西 Shaanxi	15893	8367	1305	13969	605	14
甘 肃 Gansu	11340	4719	444	10235	652	8
青 海 Qinghai	2125	1127	53	1791	267	14
宁 夏 Ningxia	4758	2331	390	4230	136	2
新 疆 Xinjiang	16036	9165	283	14716	1018	19

学历、职称情况（城市）

Teachers by Educational Attainment (Urban)

单位：人

unit: person

	按职称分 By Rank				
高中阶段毕业以下 Below High School Graduate	中学高级 Senior Secondary	中学一级 1st Grade	中学二级 2nd Grade	中学三级 3rd Grade	未评职称 Rank Undecided
35	**175579**	**196334**	**159858**	**3302**	**31454**
	5516	5680	4201	31	906
	2949	2885	1748	9	205
	5480	7571	5473	118	908
	5146	6625	8242	523	3071
	5405	4489	3996	104	963
	10845	10179	7774	140	2794
	2931	3785	2638	31	249
	6591	5899	4811	214	637
	3309	4609	1608	7	154
1	11979	12333	9386	37	1083
	9617	11190	7708	86	1713
	6295	6454	6032	230	1827
1	6269	7072	6808	100	687
1	3884	3358	2082	45	353
	12235	17898	20678	271	2173
	8505	10517	11778	339	1415
	10062	8823	6552	200	1246
	6327	7565	3155	53	328
	13874	17354	11597	82	3388
27	3584	5197	3470	147	647
	1076	1092	1100	20	213
	2601	2708	2269	7	608
	8776	9669	6526	82	1145
2	3220	3124	2840	49	539
	3456	3091	2582	13	520
2	169	502	590	10	241
	4822	5503	4617	119	832
1	3190	3900	3533	29	688
	828	773	325	72	127
	1615	1481	1114	12	536
	5023	5008	4625	122	1258

普通高中专任教师

Breakdown of Senior Secondary Schools Full-time Teachers

	合 计 Total	其中:女 of Which: Female	按学历分 By Educational Attainment			
			研究生毕业 Graduate	本科毕业 Under-graduate	专科毕业 Associate Bachelor	高中阶段毕业 High School Graduate
合 计 Total	**846289**	**374519**	**19134**	**774355**	**51867**	**909**
北 京 Beijing	2124	1411	175	1921	28	
天 津 Tianjin	5225	3351	189	4859	165	12
河 北 Hebei	57300	34110	1127	52666	3453	52
山 西 Shanxi	26427	14726	509	24226	1669	21
内蒙古 Inner Mongolia	16327	8792	323	14884	1084	36
辽 宁 Liaoning	10116	6200	242	9433	412	27
吉 林 Jilin	17329	10478	386	16482	455	6
黑龙江 Heilongjiang	19318	11316	214	17978	1104	22
上 海 Shanghai	7002	4282	524	6449	29	
江 苏 Jiangsu	54899	23879	2499	50883	1510	7
浙 江 Zhejiang	30727	14559	773	29389	551	14
安 徽 Anhui	39426	12488	1177	35727	2491	31
福 建 Fujian	28213	11113	446	25905	1824	38
江 西 Jiangxi	33069	10790	913	28409	3698	48
山 东 Shandong	54869	23776	1025	51602	2209	33
河 南 Henan	64945	29241	2354	58791	3762	37
湖 北 Hubei	35091	11231	690	31663	2633	102
湖 南 Hunan	42359	15044	464	40070	1799	26
广 东 Guangdong	70813	32725	1289	64368	5090	63
广 西 Guangxi	28550	12694	678	25772	2048	52
海 南 Hainan	5547	2390	98	4884	549	16
重 庆 Chongqing	22837	9374	365	21235	1201	36
四 川 Sichuan	52257	20368	735	47782	3671	66
贵 州 Guizhou	22159	7394	160	20161	1809	29
云 南 Yunnan	30009	13177	401	28282	1301	23
西 藏 Tibet	1659	683	45	1518	91	5
陕 西 Shaanxi	23700	11175	833	21100	1748	19
甘 肃 Gansu	23655	7598	237	20372	2995	51
青 海 Qinghai	4703	2080	105	3983	607	7
宁 夏 Ningxia	4059	1746	88	3792	175	4
新 疆 Xinjiang	11575	6328	70	9769	1706	26

学历、职称情况(县镇)

by Educational Attainment (County City & Towns)

单位:人

unit: person

高中阶段毕业以下 Below High School Graduate	按职称分 By Rank				
	中学高级 Senior Secondary	中学一级 1st Grade	中学二级 2nd Grade	中学三级 3rd Grade	未评职称 Rank Undecided
24	**177440**	**296960**	**302399**	**11462**	**58028**
	582	611	728	8	195
	1895	1885	1284	6	155
2	9529	20986	21496	1149	4140
2	4002	7431	11512	717	2765
	4222	5186	5540	204	1175
2	3006	2937	2977	148	1048
	3819	7274	4953	182	1101
	5072	6748	5940	388	1170
	1981	2906	1909	9	197
	12789	19374	19608	194	2934
	7132	12268	9517	123	1687
	10461	12255	12811	894	3005
	6238	11178	9891	175	731
1	10175	11489	9300	492	1613
	9932	17280	24537	567	2553
1	10732	19459	27780	2502	4472
3	8741	13883	9958	675	1834
	10706	17956	12196	306	1195
3	10481	27926	22694	459	9253
	4190	12300	10217	281	1562
	1254	1593	2128	15	557
	4441	7658	8383	170	2185
3	12631	18185	18360	155	2926
	4091	7501	8566	392	1609
2	6680	8738	12420	213	1958
	90	545	820	12	192
	4220	7587	9720	369	1804
	2918	7280	10938	443	2076
1	1599	1805	1045	19	235
	970	1312	1321	70	386
4	2861	3424	3850	125	1315

普通高中专任教师

Breakdown of Senior Secondary Schools Full-time

	合 计 Total	其中:女 of Which: Female	按学历分 By Educational Attainment			
			研究生毕业 Graduate	本科毕业 Under-graduate	专科毕业 Associate Bachelor	高中阶段毕业 High School Graduate
合 计 Total	**105378**	**44996**	**2176**	**94250**	**8677**	**256**
北 京 Beijing	1160	779	137	1017	6	
天 津 Tianjin	1798	1029	96	1671	31	
河 北 Hebei	6132	3433	97	5461	569	5
山 西 Shanxi	3538	1767	36	3060	434	8
内蒙古 Inner Mongolia	303	141	11	261	29	2
辽 宁 Liaoning	2836	1598	27	2743	60	6
吉 林 Jilin	665	361	5	627	32	1
黑龙江 Heilongjiang	3256	1917	34	3143	79	
上 海 Shanghai	40	17		39	1	
江 苏 Jiangsu	8480	3719	283	7811	384	2
浙 江 Zhejiang	1303	545	14	1257	31	1
安 徽 Anhui	6615	1846	215	5896	503	1
福 建 Fujian	2987	1115	28	2730	228	1
江 西 Jiangxi	4069	1056	111	3035	918	5
山 东 Shandong	3277	1348	62	3098	111	6
河 南 Henan	6835	2919	117	6154	553	11
湖 北 Hubei	9152	2863	188	7952	943	50
湖 南 Hunan	8043	3051	56	7565	408	14
广 东 Guangdong	7961	3856	250	6796	899	16
广 西 Guangxi	525	245	5	494	25	1
海 南 Hainan	455	171	2	387	66	
重 庆 Chongqing	1184	494	17	1098	65	4
四 川 Sichuan	1863	704	22	1607	153	81
贵 州 Guizhou	1141	413	11	1001	128	1
云 南 Yunnan	1495	630	5	1410	80	
西 藏 Tibet						
陕 西 Shaanxi	14357	6692	308	12975	1046	28
甘 肃 Gansu	2522	717	15	2145	357	5
青 海 Qinghai	722	322	14	631	76	1
宁 夏 Ningxia	44	10		42	2	
新 疆 Xinjiang	2620	1238	10	2144	460	6

学历、职称情况(农村)

Teachers by Educational Attainment (Rural)

单位:人

unit: person

	按职称分 By Rank				
高中阶段毕业以下 Below High School Graduate	中学高级 Senior Secondary	中学一级 1st Grade	中学二级 2nd Grade	中学三级 3rd Grade	未评职称 Rank Undecided
19	**17335**	**37773**	**39668**	**2111**	**8491**
	241	321	470	19	109
	499	833	448	4	14
	795	2433	2512	68	324
	331	800	1358	323	726
	112	102	69	4	16
	1008	1024	659	18	127
	91	354	145	22	53
	852	1025	1034	75	270
	7	18	14		1
	1413	3345	3249	29	444
	240	494	471	15	83
	1301	2056	2221	216	821
	455	1080	1301	43	108
	987	1395	1305	148	234
	562	1332	1296	20	67
	694	2654	2940	249	298
19	1594	3677	3084	225	572
	1404	3676	2728	68	167
	783	3096	2622	96	1364
	36	212	243	3	31
	103	152	161	6	33
	197	351	499	5	132
	335	747	642	10	129
	275	333	398	31	104
	201	411	746	9	128
	1957	3991	6505	316	1588
	200	732	1255	66	269
	118	261	322		21
	10	27	7		
	534	841	964	23	258

	学校占地面积 Areas Occupied	校舍建筑面积 Floor Space	教学及辅 Teaching & Assistant			
			计 Total	其中		
				普通教室 Classroom	实验室 Laboratory	图书室 Library
合　计 Total	**903418393**	**398218259**	**153212287**	**94500874**	**23229041**	**11615555**
北　京 Beijing	12554783	7406870	2452234	1280135	419586	202643
天　津 Tianjin	8115556	3929728	1469830	825591	246531	127806
河　北 Hebei	42967216	19451854	7773602	4541034	1442050	616469
山　西 Shanxi	29801648	13568264	4830811	3001396	742438	393759
内蒙古 Inner Mongolia	20228880	7177878	2898251	1816462	373184	204659
辽　宁 Liaoning	21143699	9323395	3505173	1999860	467100	310084
吉　林 Jilin	12377925	5283074	2118533	1272781	233512	132253
黑龙江 Heilongjiang	21008619	7197691	3340544	2060903	430545	196113
上　海 Shanghai	10035839	6261342	2469895	1167254	395329	242749
江　苏 Jiangsu	54624371	27044776	11007314	6368225	1774595	1090207
浙　江 Zhejiang	42381214	20182587	7693248	3707037	1399094	862096
安　徽 Anhui	49203792	18134633	7220327	4911047	1041932	465349
福　建 Fujian	35291698	15787911	6725987	3669295	1388503	730109
江　西 Jiangxi	33747357	12946144	5039947	3519414	639127	367239
山　东 Shandong	58675796	25740740	9209129	5615322	1395948	639871
河　南 Henan	58016904	24649863	8807375	5964179	1264388	678373
湖　北 Hubei	37184446	17395729	5668411	3731870	840797	383372
湖　南 Hunan	46182386	20980020	7659120	4817497	1102192	625902
广　东 Guangdong	78871303	38480228	15208365	8936605	2344871	1073711
广　西 Guangxi	28433250	11790732	3899360	2659862	525483	298813
海　南 Hainan	9123650	3595302	1209058	782381	156211	83991
重　庆 Chongqing	19238898	10897162	3888128	2549504	541959	209944
四　川 Sichuan	44916351	22459570	8608606	5829960	1086959	491055
贵　州 Guizhou	19618039	7213233	2948338	2043200	414996	175121
云　南 Yunnan	31223801	10869019	4533578	2964347	682889	307380
西　藏 Tibet	2266604	779630	223494	150095	35871	12057
陕　西 Shaanxi	22818974	11647712	4543680	3005359	687663	268540
甘　肃 Gansu	18449774	7521388	3547269	2358237	475048	169238
青　海 Qinghai	4340140	1363435	624452	406664	75992	24571
宁　夏 Ningxia	7014376	2317807	1050858	625211	211464	80125
新　疆 Xinjiang	23561104	6820542	3037370	1920147	392784	151956

条件(一)(总计)

Secondary Schools (1) (Regional Aggregates)

单位:平方米

unit: m^2

助用房 Buildings		行政办公用房 Administrative		生活用房 Residential and Welfare	其他用房 Rooms for Other Purposes	校舍面积中 of the Floor Space	
of Which							
微机室 PC-room	语音室 Linguistic	计 Total	其中:教师办公室 of Which: for Teachers			危房面积 Floor Space of Dilapidated Buildings	当年新增 Added in Current Year
5921921	**2551878**	**34302250**	**21757498**	**177922581**	**32781141**	**21542293**	**11038469**
114636	24900	819654	439526	2085177	2049805	6612	145365
66943	28256	439890	285909	1172520	847488	24249	64169
304247	135141	1698088	1257047	8754989	1225175	1059760	471803
188182	98389	1349965	889605	6170942	1216546	169031	791039
118019	75894	745271	556552	2980315	554041	1317182	503532
158037	72022	1100429	578185	3625093	1092700	106315	231807
84212	38842	632918	349069	1985837	545786	284234	148947
123772	65871	912018	591811	2302098	643031	421506	174634
99524	39158	625884	289826	1871717	1293846		29264
489176	162908	2518724	1565206	11192519	2326219		848421
252323	124214	1683940	1001210	8906484	1898915	11616	222511
297629	116458	1334326	857586	8706703	873277	869885	359970
241262	101903	1201944	677996	6474258	1385722	336518	342278
220928	112195	1027229	662904	6154560	724408	1391577	235156
328446	163230	2451279	1613402	12408856	1671476	136979	564461
341986	143518	2328965	1723420	12137631	1375892	647262	399395
202460	110433	1393873	861818	9188116	1145329	1086295	143912
271351	124834	1265565	770597	10451167	1604168	838905	371472
501648	224599	2848597	1583284	16133291	4289975	471735	807211
160030	63141	681947	503760	6494368	715057	1357735	214194
48521	20545	312184	118665	1732512	341548	121296	79519
149995	52439	762713	459389	5592150	654171	685022	240680
314412	143506	1490156	1008901	11305196	1055612	1957570	1168043
108167	37830	589440	367196	3125451	550004	63451	234767
172773	61794	718402	434109	5077999	539040	3493755	765908
4891	2893	96467	35847	383020	76649	4580	92554
193386	91334	1325218	868532	4896388	882426	207838	352195
145504	46019	809565	634580	2832028	332526	4040231	382078
30033	11206	169127	106868	468176	101680	305675	63457
61840	24794	287554	229281	847956	131439	6725	249163
127588	33612	680918	435417	2465064	637190	118754	340564

普通高中办学
Condition of School Buildings in Senior

	学校占地面积 Areas Occupied	校舍建筑面积 Floor Space	教学及辅 Teaching & Assistant			
			计 Total	其中		
				普通教室 Classroom	实验室 Laboratory	图书室 Library
合　计 Total	**317901081**	**162470736**	**65617364**	**37243957**	**10404306**	**5675239**
北　京 Beijing	9256313	6124077	2052728	1062736	334068	174744
天　津 Tianjin	3703330	2239623	851929	480575	130534	73142
河　北 Hebei	10448047	5808356	2633136	1400870	456797	221900
山　西 Shanxi	13331586	6948874	2537821	1466222	399632	226118
内蒙古 Inner Mongolia	8673079	3670842	1512788	925746	184865	118163
辽　宁 Liaoning	14464784	6722143	2607935	1418639	353772	248024
吉　林 Jilin	3612681	2016133	859969	483260	90477	70353
黑龙江 Heilongjiang	7910497	3254019	1577179	907397	200094	103170
上　海 Shanghai	4255102	3214703	1382330	609406	218334	137189
江　苏 Jiangsu	19322750	10598171	4497824	2357829	815205	496814
浙　江 Zhejiang	21994883	11249189	4346885	2030888	768923	484403
安　徽 Anhui	13170421	5488010	2500575	1578290	420370	211527
福　建 Fujian	12035119	6462669	2922817	1512978	627520	334631
江　西 Jiangxi	6637024	2810076	1203948	767494	163287	107438
山　东 Shandong	26445261	12134696	4622692	2697857	713373	379015
河　南 Henan	19863618	9034268	3497243	2208797	588757	326280
湖　北 Hubei	14343365	6885150	2519458	1556576	399195	187989
湖　南 Hunan	11384059	5983469	2499959	1541532	403970	203472
广　东 Guangdong	27016259	16486112	6634108	3379206	1115207	556838
广　西 Guangxi	8366989	4072260	1443351	924743	203516	135444
海　南 Hainan	2496247	1702709	487206	288890	68629	41583
重　庆 Chongqing	4533374	3422295	1230534	782111	174496	90186
四　川 Sichuan	14064020	7911330	3214352	2000474	409838	206571
贵　州 Guizhou	5435898	2384634	942944	601224	142322	73081
云　南 Yunnan	6755918	3149516	1340838	763617	212273	115942
西　藏 Tibet	932504	333639	101194	61213	12349	6228
陕　西 Shaanxi	6663744	4218499	1788234	1105616	259745	110212
甘　肃 Gansu	5216865	2636303	1338989	830869	193749	81753
青　海 Qinghai	1004412	401370	179048	105304	27317	8263
宁　夏 Ningxia	3678633	1340735	621099	351296	120083	54783
新　疆 Xinjiang	10884299	3766866	1668251	1042302	195609	89983

条件(一)(城市)
Secondary Schools (1) (Urban)

单位:平方米
unit: m^2

助用房 Buildings		行政办公用房 Administrative		生活用房 Residential and Welfare	其他用房 Rooms for Other Purposes	校舍面积中 of the Floor Space	
of Which							
微机室 PC-room	语音室 Linguistic	计 Total	其中:教师办公室 of Which: for Teachers			危房面积 Floor Space of Dilapidated Buildings	当年新增 Added in Current Year
2614426	**1074692**	**15981150**	**9609387**	**62242075**	**18630147**	**5120690**	**3398899**
95775	20902	687002	369780	1558797	1825550	5677	76666
36916	12989	272588	182110	499275	615831	22608	29215
112938	39108	582336	399933	2065638	527246	404432	62533
100272	53725	747855	463746	2856724	806474	67269	341418
61881	36622	374845	286109	1452289	330920	497772	248366
119459	50869	824335	408252	2453155	836718	60690	109087
32956	14441	252727	132798	619004	284433	24902	25720
58570	25542	457375	270559	860534	358931	212714	21595
51023	21055	324756	155894	744303	763314		599
208363	55044	1086778	655932	3750859	1262710		204826
145044	69460	904116	538482	4837463	1160725	3363	160840
118658	42773	521360	345543	2070993	395082	136872	50858
99448	36775	543104	315028	2269906	726842	94234	183927
54107	31176	276453	174134	1074551	255124	119015	20103
166986	89604	1287838	869071	5326856	897310	33956	61747
127318	50781	971753	654969	3910767	654505	166231	121110
96017	50210	621713	373480	3151521	592458	146208	44936
96975	41663	403807	243063	2479085	600618	66999	208937
234648	93258	1400227	703888	6048905	2402872	139896	333302
60198	24835	291491	198146	2040298	297120	114235	58328
18241	11351	216999	66337	750498	248006	10721	22233
53169	11698	283023	159424	1598758	309980	130459	101030
119633	57859	620199	395967	3499988	576791	373622	297694
39177	12654	235680	140389	918856	287154	14471	87566
56036	22330	280538	147707	1258630	269510	921377	69686
2273	1544	37911	9792	153303	41231	486	10700
79187	36025	502131	287087	1364341	563793	54438	120979
52881	24798	323392	239839	766826	207096	1206349	72909
9322	5010	75088	39050	91733	55501	54915	11668
37724	13124	180238	144808	454840	84558	6725	110149
69231	17467	393492	238070	1313379	391744	30054	130172

普通高中办学
Condition of School Buildings in Senior

	学校占地面积 Areas Occupied	校舍建筑面积 Floor Space	教学及辅 Teaching & Assistant			
			计 Total	其中 普通教室 Classroom	实验室 Laboratory	图书室 Library
合　计 Total	**504954775**	**206930380**	**77549412**	**50478926**	**11466261**	**5369074**
北　京 Beijing	1607170	701940	248762	123890	52739	19522
天　津 Tianjin	3512682	1386175	526436	290079	103677	48380
河　北 Hebei	28692551	12113929	4651184	2815503	904170	361682
山　西 Shanxi	13879919	5697988	2015173	1319261	312615	153219
内蒙古 Inner Mongolia	10702021	3282321	1324390	853769	175763	81875
辽　宁 Liaoning	5262425	2064410	718444	471410	89249	54386
吉　林 Jilin	8157772	3154047	1209118	756526	136383	60394
黑龙江 Heilongjiang	10111156	3147512	1422468	945693	187856	64948
上　海 Shanghai	5757504	3035448	1083761	555665	176310	104898
江　苏 Jiangsu	29624239	14123874	5615542	3477861	829790	528596
浙　江 Zhejiang	19371648	8510936	3203557	1604918	611800	351299
安　徽 Anhui	28605276	10172492	3869502	2769167	515533	216267
福　建 Fujian	20419880	8177685	3339433	1879944	674306	354831
江　西 Jiangxi	22572860	8546258	3357181	2375456	431450	232937
山　东 Shandong	29533517	12535783	4278517	2722390	633458	236318
河　南 Henan	34566288	14336996	4869709	3394842	636958	338891
湖　北 Hubei	18173890	8425036	2563907	1757201	375381	168242
湖　南 Hunan	29047453	12525561	4430796	2813048	606524	383711
广　东 Guangdong	45006363	19553478	7567123	4871829	1091930	460899
广　西 Guangxi	19462118	7568084	2418730	1705403	317802	162101
海　南 Hainan	5695696	1743565	668150	454369	79993	40064
重　庆 Chongqing	13837573	7050056	2525500	1678103	349960	117057
四　川 Sichuan	29756912	14114843	5251942	3725369	658206	278162
贵　州 Guizhou	12881784	4405865	1829682	1329114	244980	86281
云　南 Yunnan	22740916	7326964	3046362	2092679	451667	185069
西　藏 Tibet	1334100	445991	122300	88882	23522	5829
陕　西 Shaanxi	9261353	4522517	1725468	1159817	278580	111677
甘　肃 Gansu	11565339	4295472	1938870	1331958	253864	77652
青　海 Qinghai	2895009	838815	393335	262323	43872	14576
宁　夏 Ningxia	3279743	958844	422971	268075	90801	25260
新　疆 Xinjiang	7639618	2167495	911099	584382	127122	44051

条件(一)(县镇)
Secondary Schools (1) (County City & Towns)

单位:平方米
unit: m^2

助用房 Buildings of Which 微机室 PC-room	语音室 Linguistic	行政办公用房 Administrative 计 Total	其中:教师办公室 of Which: for Teachers	生活用房 Residential and Welfare	其他用房 Rooms for Other Purposes	校舍面积中 of the Floor Space 危房面积 Floor Space of Dilapidated Buildings	当年新增 Added in Current Year
2939436	**1308505**	**16107183**	**10698567**	**100983142**	**12290643**	**14294361**	**6627552**
12555	2844	64225	39067	267691	121262	935	56284
25831	11098	137307	85068	502339	220093	1641	34626
171116	85591	986606	771122	5866975	609164	588505	394888
79349	39387	511443	371652	2828989	342383	98042	406650
53227	37124	346430	254355	1438430	173071	795059	245160
32428	16414	232916	145343	930180	182870	31751	118559
49303	22829	367342	207878	1327143	250444	234047	123227
51597	30316	378799	271208	1127795	218450	200533	140189
48227	18103	300158	133292	1124372	527157		27953
247270	96193	1258030	792520	6266992	983310		484834
103161	53061	749083	441486	3877967	680329	7348	58408
145594	60042	683539	431264	5202056	417395	518435	220209
125763	59052	590877	328323	3637430	609945	211651	151739
150043	68983	647433	420061	4144316	397328	935295	157943
150924	67806	1083191	693201	6541403	632672	91019	268914
200746	85505	1251213	989684	7568499	647575	403068	275423
87286	51207	630824	407084	4778022	452283	769226	85336
153348	72219	736216	452367	6574193	784356	668999	154895
238375	116822	1270675	773374	9100338	1615342	281830	405331
98396	38042	384229	299782	4353439	411686	1185067	147614
27141	7692	89809	47312	902633	82973	98262	51841
93287	38563	458802	288400	3730080	335674	520188	113754
189218	83616	845772	592852	7549328	467801	1504495	856163
60052	21847	324016	206927	2029869	222298	41719	130134
111161	37172	422662	274701	3592127	265813	2365382	671880
2618	1349	58556	26055	229717	35418	4094	81854
72002	38560	484335	335301	2121114	191600	44674	120228
81309	19512	413049	333257	1823509	120044	2431996	289497
17712	5329	81768	58804	321357	42355	213973	51789
23946	11554	106255	83442	383950	45668		139014
36451	10673	211623	143385	840889	203884	47127	163216

	学校占地面积 Areas Occupied	校舍建筑面积 Floor Space	教学及辅 Teaching & Assistant			
			计 Total	其中		
				普通教室 Classroom	实验室 Laboratory	图书室 Library
合　计 Total	**80562537**	**28817143**	**10045511**	**6777991**	**1358474**	**571242**
北　京 Beijing	1691300	580853	150744	93509	32779	8377
天　津 Tianjin	899544	303930	91465	54937	12320	6284
河　北 Hebei	3826618	1529569	489282	324661	81083	32887
山　西 Shanxi	2590143	921402	277817	215913	30191	14422
内蒙古 Inner Mongolia	853780	224715	61073	36947	12556	4621
辽　宁 Liaoning	1416490	536842	178794	109811	24079	7674
吉　林 Jilin	607472	112894	49446	32995	6652	1506
黑龙江 Heilongjiang	2986966	796160	340897	207813	42595	27995
上　海 Shanghai	23233	11191	3804	2183	685	662
江　苏 Jiangsu	5677382	2322731	893948	532535	129600	64797
浙　江 Zhejiang	1014683	422462	142806	71231	18371	26394
安　徽 Anhui	7428095	2474131	850250	563590	106029	37555
福　建 Fujian	2836699	1147557	463737	276373	86677	40647
江　西 Jiangxi	4537473	1589810	478818	376464	44390	26864
山　东 Shandong	2697018	1070261	307920	195075	49117	24538
河　南 Henan	3586998	1278599	440423	360540	38673	13202
湖　北 Hubei	4667191	2085543	585046	418093	66221	27141
湖　南 Hunan	5750874	2470990	728365	462917	91698	38719
广　东 Guangdong	6848681	2440638	1007134	685570	137734	55974
广　西 Guangxi	604143	150388	37279	29716	4165	1268
海　南 Hainan	931707	149028	53702	39122	7589	2344
重　庆 Chongqing	867951	424811	132094	89290	17503	2701
四　川 Sichuan	1095419	433397	142312	104117	18915	6322
贵　州 Guizhou	1300357	422734	175712	112862	27694	15759
云　南 Yunnan	1726967	392539	146378	108051	18949	6369
西　藏 Tibet						
陕　西 Shaanxi	6893877	2906696	1029978	739926	149338	46651
甘　肃 Gansu	1667570	589613	269410	195410	27435	9833
青　海 Qinghai	440719	123250	52069	39037	4803	1732
宁　夏 Ningxia	56000	18228	6788	5840	580	82
新　疆 Xinjiang	5037187	886181	458020	293463	70053	17922

条件(一)(农村)
Secondary Schools (1) (Rural)

单位:平方米
unit: m^2

助用房 Buildings		行政办公用房 Administrative		生活用房 Residential and Welfare	其他用房 Rooms for Other Purposes	校舍面积中 of the Floor Space	
of Which							
微机室 PC-room	语音室 Linguistic	计 Total	其中:教师办公室 of Which: for Teachers			危房面积 Floor Space of Dilapidated Buildings	当年新增 Added in Current Year
368059	**168681**	**2213917**	**1449544**	**14697364**	**1860351**	**2127242**	**1012018**
6306	1154	68427	30679	258689	102993		12415
4196	4169	29995	18731	170906	11564		328
20193	10442	129146	85992	822376	88765	66823	14382
8561	5277	90667	54207	485229	67689	3720	42971
2911	2148	23996	16088	89596	50050	24351	10006
6150	4739	43178	24590	241758	73112	13874	4161
1953	1572	12849	8393	39690	10909	25285	
13605	10013	75844	50044	313769	65650	8259	12850
274		970	640	3042	3375		712
33543	11671	173916	116754	1174668	80199		158761
4118	1693	30741	21242	191054	57861	905	3263
33377	13643	129427	80779	1433654	60800	214578	88903
16051	6076	67963	34645	566922	48935	30633	6612
16778	12036	103343	68709	935693	71956	337267	57110
10536	5820	80250	51130	540597	141494	12004	233800
13922	7232	105999	78767	658365	73812	77963	2862
19157	9016	141336	81254	1258573	100588	170861	13640
21028	10952	125542	75167	1397889	219194	102907	7640
28625	14519	177695	106022	984048	271761	50009	68578
1436	264	6227	5832	100631	6251	58433	8252
3139	1502	5376	5016	79381	10569	12313	5445
3539	2178	20888	11565	263312	8517	34375	25896
5561	2031	24185	20082	255880	11020	79453	14186
8938	3329	29744	19880	176726	40552	7261	17067
5576	2292	15202	11701	227242	3717	206996	24342
42197	16749	338752	246144	1410933	127033	108726	110988
11314	1709	73124	61484	241693	5386	401886	19672
2999	867	12271	9014	55086	3824	36787	
170	116	1061	1031	9166	1213		
21906	5472	75803	53962	310796	41562	41573	47176

	体育运动场(馆)面 积(平方米)Sports Areas (m^2)	拥有教学用计算机 No. of Computers used for Instruction (Set)	图书藏量(册) Books & Magazines in Libraries (Volume)
合 计 Total	**196686238**	**2652586**	**627067721**
北 京 Beijing	3956873	105492	17109435
天 津 Tianjin	2306436	32669	7186256
河 北 Hebei	9707101	138175	26049549
山 西 Shanxi	6408960	83844	17151263
内蒙古 Inner Mongolia	4977505	42735	9147056
辽 宁 Liaoning	5793327	84128	14261520
吉 林 Jilin	3700510	41634	8430533
黑龙江 Heilongjiang	6161621	54356	7665700
上 海 Shanghai	2641495	84275	12445126
江 苏 Jiangsu	12760550	207760	48887078
浙 江 Zhejiang	9932020	144073	34258769
安 徽 Anhui	9487848	109998	26684560
福 建 Fujian	9242634	112564	37581030
江 西 Jiangxi	6324020	76696	19855656
山 东 Shandong	12556527	176341	36950964
河 南 Henan	10816800	110593	33016072
湖 北 Hubei	7280439	74674	19095943
湖 南 Hunan	8614510	111364	26596456
广 东 Guangdong	14972279	251020	72093770
广 西 Guangxi	5818285	62018	20007016
海 南 Hainan	1876103	18350	4132716
重 庆 Chongqing	3914317	55254	11671557
四 川 Sichuan	9851077	115975	33221537
贵 州 Guizhou	3905320	45578	15768976
云 南 Yunnan	5072047	68089	15556346
西 藏 Tibet	267063	2879	767439
陕 西 Shaanxi	6202982	96377	22238698
甘 肃 Gansu	4896285	59501	13591620
青 海 Qinghai	944534	13238	2392372
宁 夏 Ningxia	1298898	19602	3511508
新 疆 Xinjiang	4997872	53334	9741200

学条件(二)(总计)
Secondary Schools (2) (Regional Aggregates)

电子图书藏量 (GB) Electronic Books & Magazines in Libraries (GB)	固定资产总值(万元) Total Value of Fixed Asset (10,000 yuan)			
	合 计 Total	其中:仪器设备总值(万元) of Which: Total Value of Equip & Instru. (10,000 yuan)		
		计 Total	专业实验设备 for Prefession	专业实习设备 for Practice
14082068.96	**43699751.46**	**3893110.97**	**2213444.20**	**348667.88**
126349.28	1354426.87	140747.45	52764.53	4510.17
260690.21	435837.99	46722.23	22185.43	3354.81
254644.58	1789293.33	141898.83	86410.00	14975.39
31332.95	1347626.51	122273.65	72397.39	9536.37
450049.99	746523.79	58027.09	42475.51	3679.42
25488.00	1094414.00	110447.00	65427.00	9077.00
108697.88	647651.79	63028.09	38752.88	5312.72
24324.65	745781.33	86821.92	54435.91	10157.63
187443.95	1339765.68	198078.12	96155.81	10280.60
1593435.69	4081335.99	356648.20	186850.45	26648.80
489588.52	2752674.33	215307.97	90670.38	
926468.10	1938848.31	139959.16	93822.73	21205.54
687408.00	1601487.00	145974.00	126162.00	19812.00
837530.25	1085707.24	84195.73	49932.95	11810.80
95274.51	2889148.58	219995.26	107084.20	14964.99
1257153.33	1956108.25	125102.56	76104.24	20020.52
397940.76	1793518.69	168579.90	90497.08	10600.42
842402.30	2094474.69	185263.64	107648.34	24280.47
2829177.00	4432430.60	471041.40	272195.75	56414.09
1121346.26	776296.20	69092.04	47085.69	8772.72
70915.80	440177.11	31827.26	24536.70	2908.60
606404.84	1164612.42	88019.48	46061.50	9650.43
60965.35	2436269.63	197703.81	119170.40	16404.78
36499.67	616652.66	64635.40	42508.17	6115.47
89145.16	1124754.94	72003.13	36708.88	8917.63
50388.00	94938.54	4129.00	2554.84	677.81
209026.96	1153264.10	132830.29	83096.09	8798.87
280479.41	750605.36	70043.62	46553.24	5008.26
33327.09	106562.16	9626.64	6812.25	72.31
5448.37	249593.91	17935.39	9888.66	1294.63
92722.10	658969.46	55152.71	16495.20	3404.63

普通高中办
Condition of School Buildings in Senior

	体育运动场(馆)面积(平方米) Sports Areas (m^2)	拥有教学用计算机 No. of Computers used for Instruction (Set)	图书藏量(册) Books & Magazines in Libraries (Volume)
合　计 Total	**74582998**	**1268866**	**267648302**
北　京 Beijing	2956673	94337	14902796
天　津 Tianjin	1100148	20803	4650977
河　北 Hebei	2408356	48529	8069967
山　西 Shanxi	2955327	44371	9664502
内蒙古 Inner Mongolia	2279641	23279	4939161
辽　宁 Liaoning	3960607	64405	11004998
吉　林 Jilin	1095951	17377	3629142
黑龙江 Heilongjiang	2352103	27427	3682974
上　海 Shanghai	1223353	50682	8160211
江　苏 Jiangsu	4700532	85302	18727217
浙　江 Zhejiang	4795046	79007	17284890
安　徽 Anhui	2752718	40894	8357684
福　建 Fujian	3250488	54024	15608156
江　西 Jiangxi	1213789	23627	4131010
山　东 Shandong	6033146	93954	18491801
河　南 Henan	4033861	50594	14054344
湖　北 Hubei	3114850	34694	8946039
湖　南 Hunan	2295436	35489	7993913
广　东 Guangdong	5958047	130117	29562166
广　西 Guangxi	1823344	26214	7082448
海　南 Hainan	701443	7252	1535089
重　庆 Chongqing	1052167	19227	3544346
四　川 Sichuan	3198035	45370	10914530
贵　州 Guizhou	1095760	16293	4475139
云　南 Yunnan	1304915	23326	4827620
西　藏 Tibet	164861	1658	434255
陕　西 Shaanxi	2134758	40940	9435648
甘　肃 Gansu	1443029	23484	5651496
青　海 Qinghai	263429	4829	843624
宁　夏 Ningxia	719796	11106	1764679
新　疆 Xinjiang	2201389	30255	5277480

学条件(二)(城市)

Secondary Schools (2) (Urban)

电子图书藏量 (GB) Electronic Books & Magazines in Libraries(GB)	固定资产总值(万元) Total Value of Fixed Asset (10,000 yuan)			
	计 Total	其中:仪器设备总值(万元) of Which: Total Value of Equip & Instru. (10,000 yuan)		
		计 Total	专业实验设备 for Prefession	专业实习设备 for Practice
7124805. 98	**20462658. 30**	**1990933. 84**	**1109114. 12**	**137542. 73**
111036. 04	1139116. 85	120173. 56	45158. 43	4119. 57
155675. 85	216772. 52	26528. 61	10658. 09	1301. 70
189039. 58	575409. 15	56612. 19	37680. 81	4475. 57
16443. 42	718568. 71	82273. 53	45409. 58	5922. 26
236786. 40	375545. 24	28673. 43	23365. 38	874. 63
18816. 00	848204. 00	86871. 00	52067. 00	6273. 00
15553. 90	327262. 01	29255. 06	13740. 70	2024. 48
12259. 35	390533. 17	44876. 83	28200. 48	2192. 45
142412. 94	773700. 36	122944. 56	59810. 68	2050. 72
326704. 99	1890621. 76	169277. 57	86985. 05	8904. 61
241992. 09	1619916. 53	123417. 40	52183. 02	
245557. 30	683928. 67	55234. 62	37928. 59	6086. 66
444554. 00	793339. 00	80192. 00	69215. 00	10977. 00
418065. 90	347881. 48	23946. 44	16439. 97	2795. 98
53626. 93	1415159. 95	126926. 36	58215. 85	6520. 13
558162. 84	733827. 74	56411. 65	36132. 53	6445. 41
317166. 82	801735. 58	60493. 38	37333. 77	4678. 55
208271. 60	736234. 64	65025. 83	38944. 94	7744. 75
2398982. 00	2167124. 75	250738. 88	127398. 73	23382. 61
413683. 75	314945. 62	27016. 86	20007. 67	2810. 55
60124. 50	172215. 21	13739. 10	9371. 38	1067. 00
194648. 76	479798. 53	38376. 90	20570. 13	3437. 54
27496. 73	933030. 24	84190. 56	52977. 52	7143. 03
10606. 37	265271. 47	30282. 73	19940. 60	2331. 10
51234. 23	385059. 96	33344. 30	15967. 32	5331. 44
90. 00	40241. 56	2146. 55	1609. 20	140. 00
50325. 25	495790. 67	68336. 62	42910. 92	3662. 39
117311. 30	292200. 34	40606. 87	27795. 25	2072. 02
1769. 50	37272. 92	4594. 13	3809. 31	20. 00
2629. 54	117119. 11	11276. 51	6280. 15	767. 63
83778. 10	374830. 56	27149. 81	11006. 07	1989. 95

	体育运动场(馆)面积(平方米) Sports Areas (m^2)	计算机(台) PC (Set)	图书藏量(册) Books & Magazines in Libraries (Volume)
合　计 Total	**104771719**	**1220277**	**317770935**
北　京 Beijing	489059	6475	1510102
天　津 Tianjin	979984	10421	2321263
河　北 Hebei	6403685	79580	15971642
山　西 Shanxi	2881464	35336	6729308
内蒙古 Inner Mongolia	2444034	18940	3999841
辽　宁 Liaoning	1321281	15421	2646081
吉　林 Jilin	2368255	23515	4600523
黑龙江 Heilongjiang	3009263	21739	3156174
上　海 Shanghai	1411476	33187	4239823
江　苏 Jiangsu	6874356	106672	25818344
浙　江 Zhejiang	4833954	63090	16322684
安　徽 Anhui	5308535	57277	15480663
福　建 Fujian	5324320	52037	19374300
江　西 Jiangxi	4298015	45927	13221050
山　东 Shandong	6016045	76318	17297982
河　南 Henan	6151894	55228	17821194
湖　北 Hubei	3217322	32372	8135130
湖　南 Hunan	5314978	64291	15710713
广　东 Guangdong	7940373	105961	37966429
广　西 Guangxi	3806109	35209	12711533
海　南 Hainan	985911	9899	2346837
重　庆 Chongqing	2693646	34648	7632519
四　川 Sichuan	6474007	68927	21859809
贵　州 Guizhou	2572660	26499	10442374
云　南 Yunnan	3464606	42133	10146418
西　藏 Tibet	102202	1221	333184
陕　西 Shaanxi	2273465	35439	7239102
甘　肃 Gansu	2993798	31476	7003915
青　海 Qinghai	591942	7520	1341553
宁　夏 Ningxia	560502	8241	1734529
新　疆 Xinjiang	1664578	15278	2655916

学条件(二)(县镇)
Secondary Schools (2) (County City & Towns)

电子图书藏量 (GB) Electronic Books & Magazines in Libraries(GB)	固定资产总值(万元) Total Value of Fixed Asset (10,000 yuan)			
	计 Total	其中:仪器设备总值(万元) of Which: Total Value of Equip & Instru. (10,000 yuan)		
		计 Total	专业实验设备 for Prefession	专业实习设备 for Practice
6131310. 27	**20671808. 58**	**1667636. 09**	**977589. 87**	**187332. 49**
10129. 00	104905. 00	13766. 22	4742. 49	342. 00
104824. 96	192462. 76	18218. 90	10196. 01	1671. 93
60728. 30	1119765. 15	77917. 87	44212. 46	9876. 14
11827. 51	549053. 53	34229. 48	22566. 53	2763. 85
212743. 59	346197. 27	28349. 96	18455. 42	2708. 80
5950. 00	207223. 00	18645. 00	10524. 00	2181. 00
92430. 38	310601. 76	33452. 55	24813. 53	3217. 44
9891. 30	282809. 99	31908. 26	21157. 00	5816. 74
44740. 01	563063. 32	74652. 56	35864. 13	8229. 88
997544. 40	1922977. 26	167689. 22	88788. 39	16286. 81
165091. 93	1094808. 06	88884. 51	37088. 06	
516744. 90	1043963. 36	69870. 41	46688. 19	12231. 33
208016. 00	696952. 00	59792. 00	51825. 00	7967. 00
397208. 85	635320. 83	54193. 01	29600. 80	7977. 52
38341. 58	1325793. 27	84912. 89	46938. 96	8005. 40
670157. 00	1152143. 28	64937. 35	37423. 20	12999. 03
71614. 54	756207. 22	64234. 79	35321. 22	4852. 36
570824. 40	1199129. 84	102530. 51	58538. 63	14378. 12
389192. 00	1986080. 26	196807. 58	129796. 24	28899. 63
707551. 51	455520. 68	41779. 18	26807. 22	5947. 17
7719. 30	253710. 95	15771. 46	13531. 66	1668. 70
410265. 08	655604. 61	47381. 86	23820. 07	6191. 09
32992. 62	1470082. 89	107853. 52	62148. 90	8338. 95
23681. 90	321354. 07	31350. 46	20383. 82	3518. 96
37489. 33	705925. 60	36986. 73	20247. 19	3556. 19
50298. 00	54696. 98	1982. 45	945. 64	537. 81
93407. 50	456138. 61	45489. 72	27922. 58	3205. 33
157729. 21	415222. 52	27116. 70	17284. 77	2774. 78
24897. 59	61516. 21	4629. 44	2725. 83	52. 31
2818. 83	130952. 80	6479. 88	3429. 51	527. 00
4458. 75	201625. 50	15821. 62	3802. 42	609. 22

	体育运动场(馆)面 积(平方米) Sports Areas (m^2)	拥有教学用计算机 No. of Computers used for Instruction (Set)	图书藏量(册) Books & Magazines in Libraries (Volume)
合 计 Total	**17331521**	**163443**	**41648484**
北 京 Beijing	511141	4680	696537
天 津 Tianjin	226304	1445	214016
河 北 Hebei	895060	10066	2007940
山 西 Shanxi	572169	4137	757453
内蒙古 Inner Mongolia	253830	516	208054
辽 宁 Liaoning	511439	4302	610441
吉 林 Jilin	236304	742	200868
黑龙江 Heilongjiang	800255	5190	826552
上 海 Shanghai	6666	406	45092
江 苏 Jiangsu	1185662	15786	4341517
浙 江 Zhejiang	303020	1976	651195
安 徽 Anhui	1426595	11827	2846213
福 建 Fujian	667826	6503	2598574
江 西 Jiangxi	812216	7142	2503596
山 东 Shandong	507336	6069	1161181
河 南 Henan	631045	4771	1140534
湖 北 Hubei	948267	7608	2014774
湖 南 Hunan	1004096	11584	2891830
广 东 Guangdong	1073859	14942	4565175
广 西 Guangxi	188832	595	213035
海 南 Hainan	188749	1199	250790
重 庆 Chongqing	168504	1379	494692
四 川 Sichuan	179035	1678	447198
贵 州 Guizhou	236900	2786	851463
云 南 Yunnan	302526	2630	582308
西 藏 Tibet			
陕 西 Shaanxi	1794759	19998	5563948
甘 肃 Gansu	459458	4541	936209
青 海 Qinghai	89163	889	207195
宁 夏 Ningxia	18600	255	12300
新 疆 Xinjiang	1131905	7801	1807804

学条件(二)(农村)
Senior Secondary Schools (2) (Rural)

电子图书藏量 (GB) Electronic Books & Magazines in Libraries(GB)	固定资产总值(万元) Total Value of Fixed Asset (10,000 yuan)			
	计 Total	其中:仪器设备总值(万元) of Which: Total Value of Equip & Instru. (10,000 yuan)		
		计 Total	专业实验设备 for Prefession	专业实习设备 for Practice
825952.71	**2565284.58**	**234541.04**	**126740.21**	**23792.66**
5184.24	110405.02	6807.67	2863.61	48.60
189.40	26602.71	1974.72	1331.33	381.18
4876.70	94119.03	7368.77	4516.73	623.68
3062.02	80004.27	5770.64	4421.28	850.26
520.00	24781.28	1003.70	654.71	95.99
722.00	38987.00	4931.00	2836.00	623.00
713.60	9788.02	320.48	198.65	70.80
2174.00	72438.17	10036.83	5078.43	2148.44
291.00	3002.00	481.00	481.00	
269186.30	267736.97	19681.41	11077.01	1457.38
82504.50	37949.74	3006.06	1399.30	
164165.90	210956.28	14854.13	9205.95	2887.55
34838.00	111196.00	5990.00	5122.00	868.00
22255.50	102504.93	6056.28	3892.18	1037.30
3306.00	148195.36	8156.01	1929.39	439.46
28833.49	70137.23	3753.56	2548.51	576.08
9159.40	235575.89	43851.73	17842.09	1069.51
63306.30	159110.21	17707.30	10164.77	2157.60
41003.00	279225.59	23494.94	15000.78	4131.85
111.00	5829.90	296.00	270.80	15.00
3072.00	14250.95	2316.70	1633.66	172.90
1491.00	29209.28	2260.72	1671.30	21.80
476.00	33156.50	5659.73	4043.98	922.80
2211.40	30027.12	3002.21	2183.75	265.41
421.60	33769.38	1672.10	494.37	30.00
65294.21	201334.82	19003.95	12262.59	1931.15
5438.90	43182.50	2320.05	1473.22	161.46
6660.00	7773.03	403.07	277.11	
	1522.00	179.00	179.00	
4485.25	82513.40	12181.28	1686.71	805.46

中等职业学
Number of Secondary

地　区 Region	中等职业学校 Secondary Vocational Schools				普通中等专业学校 Reg. Specialized Sec. Schools			
	计 Total	中央部门 HEIs under Central Ministries & Agencies	地方部门 HEIs under Local Auth.	民　办 Non-state/ private	计 Total	中央部门 HEIs under Central Ministries & Agencies	地方部门 HEIs under Local Auth.	民　办 Non-state/ private
合　计 Total	**10864**	**41**	**7700**	**3123**	**3938**	**29**	**2846**	**1063**
北　京 Beijing	107	7	79	21	35	6	29	
天　津 Tianjin	97		89	8	43		42	1
河　北 Hebei	753	2	482	269	332	2	113	217
山　西 Shanxi	466		360	106	92		77	15
内蒙古 Inner Mongolia	285		208	77	86		44	42
辽　宁 Liaoning	339		243	96	124		114	10
吉　林 Jilin	318		240	78	50		48	2
黑龙江 Heilongjiang	410		338	72	72		42	30
上　海 Shanghai	117	3	108	6	65	2	60	3
江　苏 Jiangsu	350	1	309	40	160	1	141	18
浙　江 Zhejiang	411	2	296	113	45		41	4
安　徽 Anhui	523		363	160	108		96	12
福　建 Fujian	298	2	232	64	298	2	232	64
江　西 Jiangxi	473	1	279	193	66	1	55	10
山　东 Shandong	640		476	164	263		219	44
河　南 Henan	926	6	615	305	150	3	137	10
湖　北 Hubei	413	2	293	118	293	2	205	86
湖　南 Hunan	626		336	290	43		43	
广　东 Guangdong	566	2	408	156	419	2	297	120
广　西 Guangxi	357		226	131	357		226	131
海　南 Hainan	87		55	32	26		23	3
重　庆 Chongqing	168		134	34	23		22	1
四　川 Sichuan	558		301	257	279		85	194
贵　州 Guizhou	249		179	70	98		83	15
云　南 Yunnan	407	4	349	54	91	2	78	11
西　藏 Tibet	6		6		6		6	
陕　西 Shaanxi	382	3	226	153	49	2	46	1
甘　肃 Gansu	270	2	235	33	131	1	123	7
青　海 Qinghai	40		33	7	33		29	4
宁　夏 Ningxia	36		30	6	20		14	6
新　疆 Xinjiang	186	4	172	10	81	3	76	2

校(机构)数

Vocational Schools

单位:人
unit: person

成人中等专业学校 Specialized Sec. Schools for Adults				职业高中学校 Vocational High Schools			
计 Total	中央部门 HEIs under Central Ministries & Agencies	地方部门 HEIs under Local Auth.	民 办 Non-state/ private	计 Total	中央部门 HEIs under Central Ministries & Agencies	地方部门 HEIs under Local Auth.	民 办 Non-state/ private
1720	**9**	**1547**	**164**	**5206**	**3**	**3307**	**1896**
11	1	9	1	61		41	20
23		23		31		24	7
175		159	16	246		210	36
123		123		251		160	91
61		61		138		103	35
1		1		214		128	86
82		82		186		110	76
162		157	5	176		139	37
26	1	24	1	26		24	2
68		64	4	122		104	18
53	2	50	1	313		205	108
71		60	11	344		207	137
89		88	1	318		136	182
115		92	23	262		165	97
213	2	155	56	563	1	323	239
23		22	1	97		66	31
97		76	21	486		217	269
18		18		129		93	36
6		6		55		26	29
54		49	5	91		63	28
30		18	12	249		198	51
21		17	4	130		79	51
132	2	130		184		141	43
9		9		324	1	171	152
30	1	27	2	109		85	24
2		2		5		2	3
3		3		13		13	
22		22		83	1	74	8

地 区 Region	毕业生数 Graduates		招生数 Entrants		
	计 Total	其中：获得职业资格证书 of Which: Recipients of Vocational Qualifications	计 Total	其中：初中毕业 of Which: Junior Sec. School Graduates	
				计 Total	应届毕业生 Autumn Session
合 计 Total	**5436524**	**3420318**	**7113957**	**6272645**	**5387353**
北 京 Beijing	51325	27397	50586	41684	39191
天 津 Tianjin	51481	23892	38731	33216	31172
河 北 Hebei	348186	180608	409522	347659	295431
山 西 Shanxi	181814	102637	236507	185227	143871
内蒙古 Inner Mongolia	85296	47960	124227	100930	82169
辽 宁 Liaoning	142613	70382	144448	130182	115422
吉 林 Jilin	91836	41310	107251	95520	64196
黑龙江 Heilongjiang	121979	60449	115897	90771	70031
上 海 Shanghai	55530	42938	48914	46887	44491
江 苏 Jiangsu	281831	220945	362563	343163	323951
浙 江 Zhejiang	187361	155607	241528	234057	232205
安 徽 Anhui	292473	177682	349069	304187	278881
福 建 Fujian	155293	125254	201482	174067	146920
江 西 Jiangxi	188419	118078	219951	191974	173559
山 东 Shandong	439337	295311	426954	364120	320223
河 南 Henan	526333	296116	625601	548046	503784
湖 北 Hubei	335776	208282	283610	263684	251702
湖 南 Hunan	282883	179143	302889	250990	229378
广 东 Guangdong	331741	237823	741320	640810	523124
广 西 Guangxi	163557	108486	380908	330410	176430
海 南 Hainan	29692	14598	54732	50783	43907
重 庆 Chongqing	125018	84193	132467	128204	122451
四 川 Sichuan	314065	216459	511629	481864	436400
贵 州 Guizhou	100997	60332	155527	142299	116138
云 南 Yunnan	128904	73277	279015	248464	169557
西 藏 Tibet	7312	2261	7319	6313	6263
陕 西 Shaanxi	198308	128485	251820	227180	215278
甘 肃 Gansu	102515	58093	137362	120262	102782
青 海 Qinghai	19773	14290	30713	26751	20654
宁 夏 Ningxia	28493	13077	42521	36263	29874
新 疆 Xinjiang	66383	34953	98894	86678	77918

(机构)学生数
Vocational Schools (Institutions)

单位:人
unit: person

在校学生数 Enrolment					预计毕业生数 Graduates for Next Year
计 Total	一年级 Grade 1	二年级 Grade 2	三年级 Grade 3	四年级及以上 Grade 4 and Over	
18164447	**7125990**	**6099360**	**4826686**	**112411**	**5632128**
161806	50781	51724	44119	15182	53977
116107	38782	40716	35995	614	42968
1120517	409648	425077	281371	4421	356514
575210	236623	185651	151499	1437	194844
334720	124229	133750	74344	2397	92064
427773	144838	139937	134481	8517	147071
292359	107251	110880	73817	411	97149
360023	115982	148239	94823	979	129907
163878	49123	46355	48554	19846	51821
1020381	362705	314090	330215	13371	289869
642238	241619	218149	180979	1491	191698
872733	349378	272594	244626	6135	281925
536047	201673	188014	145154	1206	180382
618065	220366	225880	170765	1054	190642
1131621	427050	369792	325835	8944	394461
1636004	628755	558900	447183	1166	546943
903834	283671	323438	292064	4661	321618
764796	303215	276064	178664	6853	230053
1547785	741487	470231	333975	2092	430724
809508	382789	249410	176437	872	204167
136905	54842	51634	30123	306	34449
391601	132467	133818	123820	1496	123434
1236943	511973	394191	329543	1236	351305
375740	155570	124371	95623	176	108643
575301	279028	170131	125084	1058	130519
22613	7379	8793	6441		8812
628261	251840	210086	164498	1837	211998
347376	137643	119086	89269	1378	108545
79105	30713	26870	20356	1166	22989
101878	43320	33642	24890	26	32937
233319	101250	77847	52139	2083	69700

中等职业学校(机

Number of Female Students in

地区 Region	毕业生数 Graduates		招生数 Entrants		
	计 Total	其中:获得职业资格证书 of Which: Recipients of Vocational Qualifications	计 Total	其中:初中毕业 of Which: Junior Sec. School Graduates	
				计 Total	应届毕业生 Autumn Session
合　计 Total	**2671882**	**1638272**	**3439992**	**3070121**	**2668874**
北　京 Beijing	26988	14601	25921	19117	18123
天　津 Tianjin	23625	10880	16751	14973	14110
河　北 Hebei	178197	89868	196885	167803	140632
山　西 Shanxi	89951	53913	111841	97110	77262
内蒙古 Inner Mongolia	41079	22436	58664	47636	38708
辽　宁 Liaoning	66565	32521	68300	63526	57226
吉　林 Jilin	42763	18380	43980	40303	31444
黑龙江 Heilongjiang	57207	28497	53872	45000	36508
上　海 Shanghai	27229	20277	22857	21641	20339
江　苏 Jiangsu	138620	105966	176331	167729	159483
浙　江 Zhejiang	90595	74289	111227	108465	107386
安　徽 Anhui	139422	82495	167688	146984	136998
福　建 Fujian	72293	58637	93438	82810	70741
江　西 Jiangxi	94169	58076	112449	101104	92592
山　东 Shandong	200295	127109	201166	176889	154780
河　南 Henan	265265	146058	316924	278634	253938
湖　北 Hubei	158142	92907	137024	130993	125746
湖　南 Hunan	143855	90567	152618	128238	118976
广　东 Guangdong	172587	121830	360756	316885	259817
广　西 Guangxi	77387	48766	167395	145371	82749
海　南 Hainan	15365	7333	26826	25475	22823
重　庆 Chongqing	62359	40711	65631	63161	60770
四　川 Sichuan	154405	104226	251309	236940	213127
贵　州 Guizhou	48715	27976	77146	70485	59229
云　南 Yunnan	69592	37848	139031	120207	84566
西　藏 Tibet	3170	1054	3047	2606	2606
陕　西 Shaanxi	103229	63917	127548	116571	110925
甘　肃 Gansu	54579	29216	70967	62489	54442
青　海 Qinghai	7931	5668	13042	11264	9484
宁　夏 Ningxia	12791	6649	22765	18909	15258
新　疆 Xinjiang	33512	15601	46593	40803	38086

构)女学生数

Secondary Vocational Schools (Institutions)

单位:人

unit: person

在校学生数 Enrolment					预计毕业生数 Graduates for Next Year
计 Total	一年级 Grade 1	二年级 Grade 2	三年级 Grade 3	四年级及以上 Grade 4 and Over	
8969697	**3450108**	**3015711**	**2433989**	**69889**	**2693402**
82429	26030	25595	22452	8352	26176
52503	16794	18512	16833	364	19072
555345	197257	210354	145967	1767	175567
293634	112189	97199	83523	723	93022
157965	58688	61673	36216	1388	42854
210557	68555	67593	66769	7640	68984
133048	44048	52446	36203	351	44852
170543	53935	67644	48528	436	51411
76937	22904	21422	22561	10050	23918
498019	176525	152772	159596	9126	123464
306319	111271	106028	88311	709	92917
426472	167817	133958	121195	3502	134197
256295	93493	89477	72672	653	85261
318003	112999	116034	88414	556	94866
539782	201500	175807	157226	5249	177485
837279	318410	283217	234829	823	270947
442178	137071	156267	145090	3750	155108
393463	152821	142362	93591	4689	118239
778105	361413	245238	170014	1440	209618
367613	168520	113990	84670	433	91905
66476	26826	23028	16407	215	18020
192374	65632	65585	60481	676	60411
614333	251822	199961	161789	761	167974
184525	77245	60229	46962	89	51644
293435	139086	86569	66892	888	68232
10432	3047	3996	3389		4105
328366	127704	112274	86882	1506	107659
181155	71193	62289	46770	903	55946
36522	13042	12634	9739	1107	10432
50040	23417	14303	12301	19	15629
115550	48854	37255	27717	1724	33487

地　　区 Region	毕业生数 Graduates		招生数 Entrants		
	计 Total	其中：获得职业资格证书 of Which: Recipients of Vocational Qualifications	计 Total	其中：初中毕业 of Which: Junior Sec. School Graduates	
				计 Total	应届毕业生 Autumn Session
合　计 Total	**2646434**	**1627970**	**3166119**	**2895545**	**2638529**
北　京 Beijing	23609	11550	17620	16778	16688
天　津 Tianjin	32906	15160	24948	23372	22882
河　北 Hebei	157274	70116	200270	177723	156875
山　西 Shanxi	75255	42907	71680	61894	58072
内蒙古 Inner Mongolia	39018	16141	58909	43386	35224
辽　宁 Liaoning	61075	32110	68279	60987	54915
吉　林 Jilin	28462	12413	36304	31811	27559
黑龙江 Heilongjiang	30569	20139	40329	35618	29715
上　海 Shanghai	33413	27314	29870	29329	29249
江　苏 Jiangsu	167316	129500	227847	224542	217805
浙　江 Zhejiang	26982	22545	39757	39549	39519
安　徽 Anhui	96135	51113	104401	95575	91710
福　建 Fujian	130431	110248	148920	133253	122844
江　西 Jiangxi	70542	41157	85028	78283	69700
山　东 Shandong	203532	134534	214904	190260	173402
河　南 Henan	209148	108711	249671	219274	198686
湖　北 Hubei	241851	150491	205515	189365	181066
湖　南 Hunan	68068	39099	64803	59513	57021
广　东 Guangdong	258362	189209	349501	331521	308707
广　西 Guangxi	153839	105176	171471	164043	148176
海　南 Hainan	18941	7761	33258	30491	25358
重　庆 Chongqing	30875	17194	36883	35011	34010
四　川 Sichuan	167519	104312	225483	210897	194238
贵　州 Guizhou	57118	32921	75003	69702	58729
云　南 Yunnan	64548	34177	135696	125554	90374
西　藏 Tibet	7312	2261	7319	6313	6263
陕　西 Shaanxi	50448	18867	47491	41855	39176
甘　肃 Gansu	65718	35457	82051	71955	66232
青　海 Qinghai	17170	12147	25857	22455	18051
宁　夏 Ningxia	14520	7947	26633	25607	20001
新　疆 Xinjiang	44478	25293	60418	49629	46282

学校学生数
Specialized Sec. Schools

单位:人
unit: person

在校学生数 Enrolment					预计毕业生数 Graduates for Next Year
计 Total	一年级 Grade 1	二年级 Grade 2	三年级 Grade 3	四年级及以上 Grade 4 and Over	
8777141	**3169896**	**2932689**	**2574489**	**100067**	**2751484**
67154	17740	18935	17465	13014	18629
74802	24999	24719	24839	245	25346
505423	200346	176936	123810	4331	162668
213567	71683	72298	68163	1423	77491
168166	58911	69136	37722	2397	43027
203438	68292	65954	61639	7553	68198
92204	36304	27199	28463	238	30219
119002	40358	42289	35376	979	36883
109054	29999	29281	31470	18304	32628
683040	227989	204042	237815	13194	192736
106199	39770	36493	29149	787	29029
289306	104405	92223	87536	5142	95683
423379	149090	143273	129810	1206	141062
238744	85058	83277	69977	432	74188
572602	214940	179576	169945	8141	189671
678470	249671	236124	191545	1130	221086
658457	205576	234425	213845	4611	226474
184917	64838	65420	49016	5643	58396
936679	349666	316911	268010	2092	286417
501163	171575	159646	169070	872	174549
88355	33368	34277	20446	264	22554
103157	36883	32660	33145	469	33073
596175	225559	203652	165754	1210	173737
198770	75008	67065	56521	176	58410
289978	135709	85988	67640	641	70627
22613	7379	8793	6441		8812
144797	47491	50742	45105	1459	48644
219940	82135	75010	61469	1326	66460
68824	25857	24104	18184	679	19680
66539	26633	23857	16023	26	18475
152227	62664	48384	39096	2083	46632

	毕业生数 Graduates		招生数 Entrants		
	计 Total	其中：获得职业资格证书 of Which: Recipients of Vocational Qualifications	计 Total	其中：初中毕业 of Which: Junior Sec. School Graduates	
				计 Total	应届毕业生 Autumn Session
合　计 Total	**1364063**	**793740**	**1643615**	**1520619**	**1395254**
北　京 Beijing	12421	6889	8181	7590	7551
天　津 Tianjin	14791	6154	10627	10285	9940
河　北 Hebei	78713	33381	95740	84991	73335
山　西 Shanxi	43124	22561	41129	37030	35223
内蒙古 Inner Mongolia	18551	6660	28134	21096	16822
辽　宁 Liaoning	29643	14716	35243	32144	29545
吉　林 Jilin	14832	5079	18517	16908	15230
黑龙江 Heilongjiang	15492	9132	21063	19605	17268
上　海 Shanghai	17091	13481	13863	13576	13530
江　苏 Jiangsu	84427	63870	112940	112142	108927
浙　江 Zhejiang	14838	11926	21832	21638	21627
安　徽 Anhui	50780	24670	56838	52739	51810
福　建 Fujian	62718	52173	69720	64270	60126
江　西 Jiangxi	41465	23825	49511	46050	42184
山　东 Shandong	101595	61886	113186	102955	93392
河　南 Henan	115828	58240	136437	120260	108762
湖　北 Hubei	112710	65950	101792	97252	93275
湖　南 Hunan	38492	22170	41293	38423	37219
广　东 Guangdong	136825	96591	183678	175076	162713
广　西 Guangxi	75418	47844	81926	78584	72453
海　南 Hainan	10206	3936	16752	15977	14268
重　庆 Chongqing	16721	9102	20769	19370	18887
四　川 Sichuan	83524	50149	122632	114929	103663
贵　州 Guizhou	28736	15521	39062	36751	31808
云　南 Yunnan	39748	19733	71454	65103	50020
西　藏 Tibet	3170	1054	3047	2606	2606
陕　西 Shaanxi	28760	9324	27731	25678	24305
甘　肃 Gansu	36460	18298	44327	38702	35598
青　海 Qinghai	6613	4603	10771	9225	8112
宁　夏 Ningxia	6519	4093	13924	13399	10163
新　疆 Xinjiang	23852	10729	31496	26265	24892

学校女学生数

Reg. Specialized Sec. Schools

单位:人

unit: person

在校学生数 Enrolment					预计毕业生数 Graduates for Next Year
计 Total	一年级 Grade 1	二年级 Grade 2	三年级 Grade 3	四年级及以上 Grade 4 and Over	
4622553	**1648244**	**1547873**	**1363417**	**63019**	**1391910**
32377	8205	8794	8507	6871	8930
33803	10630	11788	11242	143	11329
252717	95989	88803	66220	1705	80854
126013	41336	42446	41517	714	44029
80739	28139	32673	18539	1388	20331
109602	35270	34532	32878	6922	33696
49410	18553	14992	15660	205	16006
63595	21082	22533	19544	436	19023
52008	13885	13782	15069	9272	15807
339626	113133	100599	116918	8976	77884
58508	21836	20447	15754	471	15720
163294	56879	53387	49935	3093	51306
206097	69771	70232	65441	653	68658
140389	49559	48885	41699	246	42262
303380	113448	95041	89838	5053	94707
382299	136437	133351	111713	798	119546
327435	101824	115100	106795	3716	110075
117082	41400	41773	29791	4118	34748
490843	184193	166730	138480	1440	146741
243860	82054	80674	80699	433	83037
43868	16752	15399	11529	188	12040
59231	20769	18827	19251	384	19364
319466	122771	110667	85290	738	86943
103566	39121	34950	29406	89	30209
162755	71474	50071	40717	493	41049
10432	3047	3996	3389		4105
85211	27768	29973	26222	1248	27626
119255	44444	40765	33183	863	34610
31240	10771	11198	8651	620	8890
31898	14057	9869	7953	19	8897
82554	33647	25596	21587	1724	23488

	毕业生数 Graduates		招生数 Entrants		
	计 Total	其中:获得职业资格证书 of Which: Recipients of Vocational Qualifications	计 Total	其中:初中毕业 of Which: Junior Sec. School Graduates	
				计 Total	应届毕业生 Autumn Session
合　计 Total	**488061**	**175334**	**1161091**	**798696**	**409455**
北　京 Beijing	6100	2869	11404	3897	2750
天　津 Tianjin	6959		3971	1037	257
河　北 Hebei	29278	11931	37922	20578	11148
山　西 Shanxi	22252	1165	30343	313	
内蒙古 Inner Mongolia	7254	6768	6886	2744	402
辽　宁 Liaoning	5509	485	11611	10823	6160
吉　林 Jilin	13736	669	20100	17336	1005
黑龙江 Heilongjiang	44550	7821	36875	19336	8345
上　海 Shanghai	8379	3509	6883	5397	3081
江　苏 Jiangsu	17225	8486	36535	26394	17760
浙　江 Zhejiang	14416	4430	15318	8169	6989
安　徽 Anhui	18856	5176	62885	37463	21663
福　建 Fujian	24862	15006	52562	40814	24076
江　西 Jiangxi	5214	887	5422	2380	1824
山　东 Shandong	35823	18115	51665	29191	17997
河　南 Henan	67898	28522	71902	45794	37834
湖　北 Hubei	21838	3823	16847	13756	11932
湖　南 Hunan	41913	12710	65036	33086	23189
广　东 Guangdong	18471	8143	298903	229981	141356
广　西 Guangxi	9718	3310	209437	166367	28254
海　南 Hainan			354		
重　庆 Chongqing	19333	11202	10019	8965	7925
四　川 Sichuan	19868	11701	44088	41551	24800
贵　州 Guizhou	4780	563	18325	13791	1523
云　南 Yunnan	1763		1680	259	39
西　藏 Tibet					
陕　西 Shaanxi	3960	654	8022	927	798
甘　肃 Gansu	6227	5027	11325	7116	3654
青　海 Qinghai	544	466	2463	2062	381
宁　夏 Ningxia	3872	1084	2599	350	
新　疆 Xinjiang	7463	812	9709	8819	4313

学校学生数

Sec. Schools for Adults

单位:人

unit: person

在校学生数 Enrolment					预计毕业生数 Graduates for Next Year
计 Total	一年级 Grade 1	二年级 Grade 2	三年级 Grade 3	四年级及以上 Grade 4 and Over	
2123974	**1165082**	**710121**	**247329**	**1442**	**623181**
27025	11413	10707	4617	288	13624
10413	3971	6264	178		6292
111128	37972	63214	9852	90	31558
51936	30343	14913	6680		28480
10315	6886	1907	1522		7827
26342	11611	9057	5516	158	7646
41618	20100	20878	640		18409
109464	36880	56931	15653		49189
17202	6888	5489	4753	72	6524
78551	36535	27238	14676	102	18943
35829	15318	14588	5923		15595
96901	62885	20458	13558		20121
112668	52583	44741	15344		39320
12907	5422	4749	2736		5819
109895	51707	42050	15943	195	37603
162883	73691	50644	38548		75693
52822	16847	24765	11160	50	24717
121063	65036	47558	8469		25605
396280	298903	86439	10938		80993
308345	211214	89764	7367		29618
541	354	187			
36904	10019	11511	15374		15499
84314	44115	20567	19632		24207
31117	18333	10477	2307		10410
5727	1680	1598	2449		3288
15956	8022	4212	3722		4656
24077	11473	8431	4173		8134
4953	2463	1258	745	487	1882
5299	2599	1949	751		4316
21499	9819	7577	4103		7213

成人中等专业

Number of Female Students in

	毕业生数 Graduates		招生数 Entrants		
	计 Total	其中:获得职业资格证书 of Which: Recipients of Vocational Qualifications	计 Total	其中:初中毕业 of Which:Junior Sec. School Graduates	
				计 Total	应届毕业生 Autumn Session
合　计 Total	**207916**	**78739**	**507805**	**350357**	**184824**
北　京 Beijing	4167	1274	7115	1329	927
天　津 Tianjin	2585		1355	425	184
河　北 Hebei	16157	7369	19223	10794	5915
山　西 Shanxi	2459	249	5524	190	
内蒙古 Inner Mongolia	3904	3631	2921	689	200
辽　宁 Liaoning	2443	195	4663	4353	2439
吉　林 Jilin	5088	265	4049	3372	380
黑龙江 Heilongjiang	19233	3647	15146	8854	4065
上　海 Shanghai	3805	1327	3330	2401	1145
江　苏 Jiangsu	8301	3493	18304	12979	9331
浙　江 Zhejiang	7328	2650	7365	4807	4043
安　徽 Anhui	8418	2426	29503	16982	10198
福　建 Fujian	9575	6464	23718	18540	10615
江　西 Jiangxi	2094	413	1672	1095	1021
山　东 Shandong	14687	7011	23079	12626	7794
河　南 Henan	28251	11140	35467	22659	18388
湖　北 Hubei	11659	1741	7417	6076	5286
湖　南 Hunan	18945	5536	29431	13691	9933
广　东 Guangdong	7495	4148	134508	104216	62167
广　西 Guangxi	1969	922	85469	66787	10296
海　南 Hainan			140		
重　庆 Chongqing	8712	5047	5051	4552	4251
四　川 Sichuan	10604	6366	21419	20411	11620
贵　州 Guizhou	2188	184	8684	5739	754
云　南 Yunnan	444		565	71	3
西　藏 Tibet					
陕　西 Shaanxi	1208	210	3115	426	350
甘　肃 Gansu	2621	1996	4481	2888	1689
青　海 Qinghai	311	255	1144	971	310
宁　夏 Ningxia	1535	576	1293	166	
新　疆 Xinjiang	1730	204	2654	2268	1520

学校女学生数
Specialized Sec. Schools for Adults

单位:人
unit: person

在校学生数 Enrolment					预计毕业生数 Graduates for Next Year
计 Total	一年级 Grade 1	二年级 Grade 2	三年级 Grade 3	四年级及以上 Grade 4 and Over	
943381	**509996**	**318632**	**113768**	**985**	**248420**
16127	7122	6139	2692	174	6494
3534	1355	2053	126		2049
55662	19253	31367	4980	62	15028
12868	5524	4988	2356		4617
4441	2921	1094	426		3148
10512	4663	3619	2172	58	2731
12336	4049	8017	270		7362
45861	15146	22785	7930		11305
7798	3330	2584	1849	35	2844
39165	18304	14090	6670	101	9124
18785	7365	7576	3844		8104
44720	29503	9188	6029		8875
50198	23722	19245	7231		16603
5567	1675	1926	1966		2451
50700	23086	20299	7281	34	17397
77800	36246	24745	16809		30923
24468	7417	11359	5658	34	10936
53593	29433	20041	4119		12346
184953	134589	46226	4138		34256
123753	86466	33316	3971		8868
165	140	25			
17413	5051	5458	6904		7029
40734	21560	9624	9550		11353
13759	8692	4044	1023		3918
1648	565	379	704		941
5375	3125	1160	1090		1096
9772	4522	3806	1444		3859
2929	1144	752	546	487	1000
1983	1293	428	262		1640
6762	2735	2299	1728		2123

职业高中学

Number of Students in

地 区 Region	毕业生数 Graduates		招生数 Entrants		
	计 Total	其中:获得职业资格证书 of Which: Recipients of Vocational Qualifications	计 Total	其中:初中毕业 of Which:Junior Sec. School Graduates	
				计 Total	应届毕业生 Autumn Session
合 计 Total	**2302029**	**1617014**	**2786747**	**2578404**	**2339369**
北 京 Beijing	21616	12978	21562	21009	19753
天 津 Tianjin	11616	8732	9812	8807	8033
河 北 Hebei	161634	98561	171330	149358	127408
山 西 Shanxi	84307	58565	134484	123020	85799
内蒙古 Inner Mongolia	39024	25051	58432	54800	46543
辽 宁 Liaoning	76029	37787	64558	58372	54347
吉 林 Jilin	49638	28228	50847	46373	35632
黑龙江 Heilongjiang	46860	32489	38693	35817	31971
上 海 Shanghai	13738	12115	12161	12161	12161
江 苏 Jiangsu	97290	82959	98181	92227	88386
浙 江 Zhejiang	145963	128632	186453	186339	185697
安 徽 Anhui	177482	121393	181783	171149	165508
福 建 Fujian					
江 西 Jiangxi	112663	76034	129501	111311	102035
山 东 Shandong	199982	142662	160385	144669	128824
河 南 Henan	249287	158883	304028	282978	267264
湖 北 Hubei	72087	53968	61248	60563	58704
湖 南 Hunan	172902	127334	173050	158391	149168
广 东 Guangdong	54908	40471	92916	79308	73061
广 西 Guangxi					
海 南 Hainan	10751	6837	21120	20292	18549
重 庆 Chongqing	74810	55797	85565	84228	80516
四 川 Sichuan	126678	100446	242058	229416	217362
贵 州 Guizhou	39099	26848	62199	58806	55886
云 南 Yunnan	62593	39100	141639	122651	79144
西 藏 Tibet					
陕 西 Shaanxi	143900	108964	196307	184398	175304
甘 肃 Gansu	30570	17609	43986	41191	32896
青 海 Qinghai	2059	1677	2393	2234	2222
宁 夏 Ningxia	10101	4046	13289	10306	9873
新 疆 Xinjiang	14442	8848	28767	28230	27323

校学生数

Vocational High Schools

单位：人

unit：person

在校学生数 Enrolment					预计毕业生数 Graduates for Next Year
计 Total	一年级 Grade 1	二年级 Grade 2	三年级 Grade 3	四年级及以上 Grade 4 and Over	
7263332	**2791012**	**2456550**	**2004868**	**10902**	**2257463**
67627	21628	22082	22037	1880	21724
30892	9812	9733	10978	369	11330
503966	171330	184927	147709		162288
309707	134597	98440	76656	14	88873
156239	58432	62707	35100		41210
197993	64935	64926	67326	806	71227
158537	50847	62803	44714	173	48521
131557	38744	49019	43794		43835
37622	12236	11585	12331	1470	12669
258790	98181	82810	77724	75	78190
500210	186531	167068	145907	704	147074
486526	182088	159913	143532	993	166121
366414	129886	137854	98052	622	110635
449124	160403	148166	139947	608	167187
794651	305393	272132	217090	36	250164
192555	61248	64248	67059		70427
458816	173341	163086	121179	1210	146052
214826	92918	66881	55027		63314
48009	21120	17170	9677	42	11895
251540	85565	89647	75301	1027	74862
556454	242299	169972	144157	26	153361
145853	62229	46829	36795		39823
279596	141639	82545	54995	417	56604
467508	196327	155132	115671	378	158698
103359	44035	35645	23627	52	33951
5328	2393	1508	1427		1427
30040	14088	7836	8116		10146
59593	28767	21886	8940		15855

职业高中学

Number of Female Students in

地　区 Region	毕业生数 Graduates		招生数 Entrants		
	计 Total	其中：获得职业资格证书 of Which: Recipients of Vocational Qualifications	计 Total	其中：初中毕业 of Which: Junior Sec. School Graduates	
				计 Total	应届毕业生 Autumn Session
合　计 Total	**1099903**	**765793**	**1288572**	**1199145**	**1088796**
北　京 Beijing	10400	6438	10625	10198	9645
天　津 Tianjin	6249	4726	4769	4263	3986
河　北 Hebei	83327	49118	81922	72018	61382
山　西 Shanxi	44368	31103	65188	59890	42039
内蒙古 Inner Mongolia	18624	12145	27609	25851	21686
辽　宁 Liaoning	34479	17610	28394	27029	25242
吉　林 Jilin	22843	13036	21414	20023	15834
黑龙江 Heilongjiang	22482	15718	17663	16541	15175
上　海 Shanghai	6333	5469	5664	5664	5664
江　苏 Jiangsu	45892	38603	45087	42608	41225
浙　江 Zhejiang	68429	59713	82030	82020	81716
安　徽 Anhui	80224	55399	81347	77263	74990
福　建 Fujian					
江　西 Jiangxi	50610	33838	61266	53959	49387
山　东 Shandong	84013	58212	64901	61308	53594
河　南 Henan	121186	76678	145020	135715	126788
湖　北 Hubei	33773	25216	27815	27665	27185
湖　南 Hunan	86418	62861	81894	76124	71824
广　东 Guangdong	28267	21091	42570	37593	34937
广　西 Guangxi					
海　南 Hainan	5159	3397	9934	9498	8555
重　庆 Chongqing	36926	26562	39811	39239	37632
四　川 Sichuan	60277	47711	107258	101600	97844
贵　州 Guizhou	17791	12271	29400	27995	26667
云　南 Yunnan	29400	18115	67012	55033	34543
西　藏 Tibet					
陕　西 Shaanxi	73261	54383	96702	90467	86270
甘　肃 Gansu	15498	8922	22159	20899	17155
青　海 Qinghai	1007	810	1127	1068	1062
宁　夏 Ningxia	4737	1980	7548	5344	5095
新　疆 Xinjiang	7930	4668	12443	12270	11674

校女学生数

Vocational High Schools

单位：人

unit：person

在校学生数 Enrolment					
计 Total	一年级 Grade 1	二年级 Grade 2	三年级 Grade 3	四年级及以上 Grade 4 and Over	预计毕业生数 Graduates for Next Year
3403763	**1291868**	**1149206**	**956804**	**5885**	**1053072**
33925	10703	10662	11253	1307	10752
15166	4809	4671	5465	221	5694
246966	82015	90184	74767		79685
154753	65329	49765	39650	9	44376
72785	27628	27906	17251		19375
90443	28622	29442	31719	660	32557
71302	21446	29437	20273	146	21484
61087	17707	22326	21054		21083
17131	5689	5056	5643	743	5267
119228	45088	38083	36008	49	36456
229026	82070	78005	68713	238	69093
218458	81435	71383	65231	409	74016
172047	61765	65223	44749	310	50153
185702	64966	60467	60107	162	65381
377180	145727	125121	106307	25	120478
90275	27830	29808	32637		34097
222788	81988	80548	59681	571	71145
102309	42631	32282	27396		28621
22443	9934	7604	4878	27	5980
115730	39812	41300	34326	292	34018
254133	107491	79670	66949	23	69678
67200	29432	21235	16533		17517
129032	67047	36119	25471	395	26242
237780	96811	81141	59570	258	78937
52128	22227	17718	12143	40	17477
2353	1127	684	542		542
16159	8067	4006	4086		5092
26234	12472	9360	4402		7876

地　区 Region	计 Total	14岁及以下 14 years and under	15岁 15 years	16岁 16 years	17岁 17 years
合　计 Total	**18164447**	**223176**	**2065366**	**4122908**	**4353811**
北　京 Beijing	161806	4184	20053	33465	38501
天　津 Tianjin	116107	310	5730	24562	35743
河　北 Hebei	1120517	5232	79552	209909	268160
山　西 Shanxi	575210	7256	76536	129960	133174
内蒙古 Inner Mongolia	334720	4361	18106	47616	60464
辽　宁 Liaoning	427773	8843	33670	90149	105344
吉　林 Jilin	292359	2085	10558	42844	57814
黑龙江 Heilongjiang	360023	1875	16722	54782	69062
上　海 Shanghai	163878	929	21775	41266	44444
江　苏 Jiangsu	1020381	5853	133028	247468	272193
浙　江 Zhejiang	642238	7337	102181	180375	185589
安　徽 Anhui	872733	10226	149194	235505	219712
福　建 Fujian	536047	3180	41269	103280	121204
江　西 Jiangxi	618065	18244	113611	164687	140570
山　东 Shandong	1131621	7924	109570	244953	267249
河　南 henan	1636004	27108	220199	380101	395582
湖　北 Hubei	903834	12596	131202	236120	236013
湖　南 Hunan	764796	13278	135800	194677	182814
广　东 Guangdong	1547785	24871	116049	353603	392239
广　西 Guangxi	809508	5810	41902	113059	142968
海　南 Hainan	136905	1216	9287	30009	31501
重　庆 Chongqing	391601	5567	56723	109907	106896
四　川 Sichuan	1236943	15719	198704	358509	314158
贵　州 Guizhou	375740	4477	42007	76989	80061
云　南 Yunnan	575301	5670	46310	110386	113402
西　藏 Tibet	22613	1947	2687	3729	3108
陕　西 Shaanxi	628261	5522	60657	142753	164079
甘　肃 Gansu	347376	4064	30004	72737	81752
青　海 Qinghai	79105	1967	6879	13427	14883
宁　夏 Ningxia	101878	920	11195	24275	26622
新　疆 Xinjiang	233319	4605	24206	51806	48510

构)分年龄学生数
Vocational Schools (Institutions)

单位:人
unit: person

18 岁 18 years	19 岁 19 years	20 岁 20years	21 岁 21 years	22 岁及以上 22 years and over
3104951	**1485967**	**720267**	**423991**	**1664010**
29591	15115	3120	1369	16408
27645	8980	4483	3569	5085
201214	104768	48119	28407	175156
83954	35792	15330	19585	73623
55450	31260	21665	13383	82415
90272	45015	21268	10236	22976
47927	34163	23580	18218	55170
63795	36070	19197	12638	85882
35962	13860	1565	561	3516
188569	73584	20834	5537	73315
109258	34093	5354	1682	16369
134798	61080	21943	11128	29147
99969	54270	26766	13921	72188
80555	35785	18603	11647	34363
210608	109015	65933	38580	77789
281227	134765	65683	35689	95650
154347	63449	21922	12129	36056
109109	48195	27632	13797	39494
282465	137476	70040	44208	126834
133567	80512	50856	35929	204905
22694	11769	7114	3313	20002
62986	21712	8958	4887	13965
188017	72734	31493	17220	40389
61177	33284	17447	10939	49359
91358	48294	26374	15966	117541
4775	2872	1531	1057	907
125155	64528	29922	12764	22881
62971	31533	18732	10217	35366
11971	10023	5571	3851	10533
15702	7652	3328	1466	10718
37863	24319	15904	10098	16008

	计 Total	14 岁及以下 14 years and under	15 岁 15 years	16 岁 16 years
合　计 Total	**8969697**	**118685**	**1062984**	**2095480**
北　京 Beijing	82429	2655	9872	16493
天　津 Tianjin	52503	144	2773	11415
河　北 Hebei	555345	2835	39952	106710
山　西 Shanxi	293634	3951	41011	72252
内蒙古 Inner Mongolia	157965	2357	9302	23846
辽　宁 Liaoning	210557	5431	16320	44956
吉　林 Jilin	133048	1122	4646	22632
黑龙江 Heilongjiang	170543	1023	9260	27552
上　海 Shanghai	76937	515	9596	18755
江　苏 Jiangsu	498019	3387	64363	121174
浙　江 Zhejiang	306319	3515	48580	84677
安　徽 Anhui	426472	5323	75239	116585
福　建 Fujian	256295	1647	20502	52201
江　西 Jiangxi	318003	9007	60477	86080
山　东 Shandong	539782	4145	55428	122479
河　南 henan	837279	13957	116705	196448
湖　北 Hubei	442178	6840	69284	118257
湖　南 Hunan	393463	7400	71309	104126
广　东 Guangdong	778105	13272	62363	184248
广　西 Guangxi	367613	2811	20451	55484
海　南 Hainan	66476	766	5552	15482
重　庆 Chongqing	192374	2911	30824	54206
四　川 Sichuan	614333	7792	102569	180094
贵　州 Guizhou	184525	2432	21208	39449
云　南 Yunnan	293435	3291	24573	57230
西　藏 Tibet	10432	1023	1122	1749
陕　西 Shaanxi	328366	2880	32404	76413
甘　肃 Gansu	181155	2175	16182	40734
青　海 Qinghai	36522	1293	3246	6108
宁　夏 Ningxia	50040	520	5893	12079
新　疆 Xinjiang	115550	2265	11978	25566

分年龄女学生数

Secondary Vocational Schools (Institutions)

单位:人

unit: person

17岁 17 years	18岁 18 years	19岁 19 years	20岁 20years	21岁 21 years	22岁及以上 22 years and over
2200845	**1548576**	**715623**	**334046**	**187979**	**705479**
18743	14401	7222	1578	800	10665
17077	12673	3752	1791	1213	1665
136090	102522	52780	22743	13613	78100
73712	45433	18453	6993	7192	24637
29912	27026	14423	10289	6059	34751
54066	44982	22032	9845	4518	8407
27120	23339	15940	10990	8400	18859
35810	32473	17770	9130	4797	32728
20434	17216	6966	886	314	2255
138181	94920	35634	9117	2289	28954
90151	53226	16659	2576	989	5946
109144	66498	28462	9785	5104	10332
60305	50140	25447	11945	5896	28212
72513	41112	17466	9861	5744	15743
130789	98291	48534	27491	15405	37220
204382	144563	67470	29754	17506	46494
115018	73475	28669	9351	5207	16077
94929	55598	24124	13721	6390	15866
199764	140108	64689	32971	19488	61202
69028	63695	37104	22966	15116	80958
16628	11779	5537	3458	1728	5546
52393	29872	9745	4437	2348	5638
156671	92243	34801	15103	7453	17607
40727	31947	16318	8226	4695	19523
60290	49023	24979	12205	7197	54647
1505	2273	1208	670	548	334
87638	64692	33674	15590	5884	9191
44441	32517	15422	8993	4324	16367
6457	6078	4784	2442	1495	4619
13033	7761	3221	1294	646	5593
23894	18700	12338	7845	5621	7343

中等职业学校(机

Data on Training Students in Graduation Secondary

地 区 Region	结业生数 计 Total	其中:女 of Which: Female	其中:少数民族 of Which: Minority	其中:资格证书培训 of Which: Vocational Qualifications Training	其中:岗位证书培训 of Which: Job Certificate Training	其中:外语 of Which: Foreign language
合 计 Total	**7340783**	**3299483**	**481461**	**2088540**	**1728991**	**164683**
北 京 Beijing	67471	37593	1543	30211	11920	5156
天 津 Tianjin	38118	18431	798	22087	5064	266
河 北 Hebei	407491	229975	15305	81804	88438	12857
山 西 Shanxi	255513	104184	113	61585	41926	16068
内蒙古 Inner Mongolia	102135	48440	25209	31705	26460	611
辽 宁 Liaoning	353439	103791	46341	69861	116369	1345
吉 林 Jilin	47255	17940	3550	18508	6645	251
黑龙江 Heilongjiang	123475	57336	1681	33566	43340	1006
上 海 Shanghai	110671	57825	17	33672	42031	17425
江 苏 Jiangsu	876977	428530	346	157700	149642	30579
浙 江 Zhejiang	314613	150305	631	135833	61537	4906
安 徽 Anhui	293540	138770	924	90422	86994	967
福 建 Fujian	215916	97141	1170	76997	54213	3050
江 西 Jiangxi	159553	74881	196	46340	44328	232
山 东 Shandong	373057	152421	1154	121000	112490	10165
河 南 henan	457266	225560	4445	138967	146357	5790
湖 北 Hubei	504370	140203	51986	84277	178744	4250
湖 南 Hunan	226331	109092	16195	91445	70834	8293
广 东 Guangdong	306819	157998	1424	129095	55601	15345
广 西 Guangxi	184337	84444	73265	61619	40064	1624
海 南 Hainan	30077	11212	3443	9824	7040	16
重 庆 Chongqing	163889	76486	10862	45890	45693	1846
四 川 Sichuan	463228	214135	8911	111807	75867	4134
贵 州 Guizhou	207611	78120	46603	43951	59996	441
云 南 Yunnan	485275	226898	106123	210598	59780	15057
西 藏 Tibet	5180	1967	2991	647	2063	
陕 西 Shaanxi	252997	104050	535	49155	28090	845
甘 肃 Gansu	142223	73188	8235	34775	35910	2123
青 海 Qinghai	21490	8913	3749	4220	5327	
宁 夏 Ningxia	60262	27794	18242	25966	7490	
新 疆 Xinjiang	90204	41860	25474	35013	18738	35

构)培训结业学生情况

Vocational Schools (Institutions)

Graduates

其中:会计 of Which: Accountant	其中:计算机 of Which: Computer	其中:农业技术 of Which: Agriculture Technology	一周至一个月以下 a week to one month under	一个月至半年以下 one month to half year under	半年以上 half year and over
504511	**992349**	**1258910**	**4069711**	**2237240**	**1033832**
3208	14258	6571	40475	22761	4235
2562	12173	555	12863	24032	1223
20830	53518	63448	193942	147397	66152
3729	51961	17082	117946	40518	97049
1156	23185	8268	75197	15596	11342
4645	17510	54696	199666	80098	73675
2602	5297	8329	27407	14399	5449
6195	14525	19456	70534	34069	18872
16684	19059	309	49737	44363	16571
121806	92482	21823	614600	153016	109361
24065	36104	3521	142787	98279	73547
32020	41111	31218	176787	88440	28313
19238	28398	40385	132976	57125	25815
3430	22016	9562	83794	49281	26478
75885	45777	34101	217654	105119	50284
10495	108073	47839	218636	159694	78936
4300	47392	188000	244596	151880	107894
9637	47140	27838	101715	88937	35679
41497	68960	7917	143031	124295	39493
18172	31833	29118	106505	66370	11462
1595	6082	1386	20036	8419	1622
8652	18216	11110	108601	39242	16046
7353	49193	217923	124234	285059	53935
9704	13731	112073	155507	47014	5090
10847	38666	111941	322574	127995	34706
2172		200	2602	1737	841
1574	37420	141520	150089	78646	24262
15072	29074	24580	92872	41613	7738
	88	1290	12848	5867	2775
13032	3079	9140	45688	12004	2570
12354	16028	7711	63812	23975	2417

中等职业学校(机
Data on Training Students in Enrolment Secondary

地 区 Region	注册生数					
	计 Total	其中:女 of Which: Female	其中:少数民族 of Which: Minority	其中:资格证书培训 of Which: Vocational Qualifications Training	其中:岗位证书培训 of Which: Job Certificate Training	其中:外语 of Which: Foreign language
合 计 Total	**3669083**	**1659298**	**265814**	**1051545**	**832142**	**106748**
北 京 Beijing	36408	16838	740	15385	7595	3561
天 津 Tianjin	20359	8976	142	15712	2366	579
河 北 Hebei	209110	118726	3588	59620	34110	8837
山 西 Shanxi	63961	30023	36	23325	11724	1785
内蒙古 Inner Mongolia	50503	22312	16628	10377	13162	7
辽 宁 Liaoning	95866	36328	15181	18320	13838	60
吉 林 Jilin	30959	13959	1286	6348	4493	334
黑龙江 Heilongjiang	50233	21105	1004	6323	20858	613
上 海 Shanghai	64255	34901	18	26633	14205	6216
江 苏 Jiangsu	266942	133410	302	83997	69370	21533
浙 江 Zhejiang	154177	83073	605	71392	25474	1999
安 徽 Anhui	113524	49709	246	26400	31450	187
福 建 Fujian	136337	61223	764	46090	16258	1754
江 西 Jiangxi	89448	46553	65	18299	29661	256
山 东 Shandong	120197	49616	435	34408	19022	6521
河 南 henan	321585	158108	1732	75200	90762	4423
湖 北 Hubei	459870	99788	50103	55120	177644	1118
湖 南 Hunan	93818	48380	7225	28888	15773	5908
广 东 Guangdong	241758	130752	1400	97442	27580	14839
广 西 Guangxi	120529	56959	42219	36520	31874	472
海 南 Hainan	13291	7378	2112	7932	4053	
重 庆 Chongqing	108097	52655	7416	38981	23663	2875
四 川 Sichuan	216753	103782	8137	75314	32606	4917
贵 州 Guizhou	139831	49879	41338	25015	50301	452
云 南 Yunnan	168766	83583	34566	62387	24685	14819
西 藏 Tibet	1419	369	1259		644	
陕 西 Shaanxi	127961	63053	503	33017	14765	1181
甘 肃 Gansu	69368	35386	4862	15723	13508	1366
青 海 Qinghai	14100	5282	2952	3644	700	
宁 夏 Ningxia	31136	16381	9693	17576	3175	101
新 疆 Xinjiang	38522	20811	9257	16157	6823	35

构)培训注册学生情况

Vocational Schools (Institutions)

Enrolment

其中:会计 of Which: Accountant	其中:计算机 of Which: Computer	其中:农业技术 of Which: Agriculture Technology	一周至一个月以下 a week to one month under	一个月至半年以下 one month to half year under	半年以上 half year and over
181496	**602538**	**536249**	**1520751**	**1122534**	**1025798**
1195	7956	150	16278	14471	5659
1119	6558	358	5390	12309	2660
8767	20165	20630	59210	58855	91045
359	19593	1581	35903	13552	14506
725	8966	4434	22138	12715	15650
1155	6659	22807	35578	16388	43900
1718	3182	837	16012	9740	5207
1170	6496	21556	33905	9169	7159
16203	12463	170	25552	22409	16294
14580	67299	14401	89661	93572	83709
14435	22867	1379	39611	58056	56510
5767	18328	11695	58841	28453	26230
10827	23175	29548	90503	23922	21912
1224	18435	4542	45419	26205	17824
8539	28642	4255	34983	27806	57408
4331	75563	30218	122389	90640	108556
4807	27475	194857	224915	126572	108383
4872	22851	6202	25266	25292	43260
33566	57121	4886	82579	98931	60248
13890	20338	16909	60185	44883	15461
1700	3586	457	4157	6729	2405
8125	13749	5968	50627	40971	16499
2496	27083	12999	50571	68235	97947
1745	11392	74307	89096	41813	8922
1420	15684	12409	88878	51727	28161
			86	907	426
1737	21327	26278	29257	56652	42052
12899	14362	6904	44122	19410	5836
		120	5721	2928	5451
2057	1579	4461	19148	7835	4153
68	19644	931	14770	11387	12365

	上学年初报表在校学生数 Total enrolment at beginning of previous academic year	增加学生数 Factors of Increase			
		计 Total	招生 No. of Students Admitted	复学 Students Resuming Studies	转入 Transfers from Other Inst.
合 计 Total	**17798473**	**8257038**	**7113957**	**17264**	**749262**
北 京 Beijing	161598	57401	50586	107	4372
天 津 Tianjin	130478	42778	38731	33	966
河 北 Hebei	1103881	460104	409522	213	32345
山 西 Shanxi	552169	252331	236507	80	4860
内蒙古 Inner Mongolia	326956	146759	124227	39	18174
辽 宁 Liaoning	443912	148691	144448	696	1877
吉 林 Jilin	322897	114533	107251	997	3838
黑龙江 Heilongjiang	389955	125740	115897	59	5984
上 海 Shanghai	176581	50834	48914	124	960
江 苏 Jiangsu	1048163	429163	362563	299	61425
浙 江 Zhejiang	627707	253656	241528	167	10167
安 徽 Anhui	862605	385736	349069	86	20624
福 建 Fujian	540020	220485	201482	470	4296
江 西 Jiangxi	639022	237579	219951	481	5282
山 东 Shandong	1165052	766180	426954	368	322181
河 南 henan	1637551	723326	625601	492	64434
湖 北 Hubei	1041759	383609	283610	584	43240
湖 南 Hunan	808731	339542	302889	1704	22860
广 东 Guangdong	1204622	845020	741320	972	35582
广 西 Guangxi	628888	416211	380908	2200	15412
海 南 Hainan	121591	60456	54732	54	2829
重 庆 Chongqing	425270	137301	132467	179	1602
四 川 Sichuan	1203150	568053	511629	4431	15840
贵 州 Guizhou	386865	163764	155527	611	2664
云 南 Yunnan	471930	296486	279015	122	10249
西 藏 Tibet	21357	9641	7319	762	1296
陕 西 Shaanxi	625507	265635	251820	527	7118
甘 肃 Gansu	339878	161990	137362	263	13887
青 海 Qinghai	76375	38249	30713	1	6897
宁 夏 Ningxia	96448	44049	42521	25	48
新 疆 Xinjiang	217555	111736	98894	118	7953

学生变动情况

Vocational Schools (Institutions)

单位:人

unit: person

	减少学生数 Factors of Decrease									本学年初报表在校学生数 Total enrolment at beginning of current academic year
其他 Others	计 Total	毕业 Graduates	结业 Completers of Courses without formal awards	休学 Suspended	退学 Quitting	开除 Expelled	死亡 Death	转出 Transfer to Other Inst.	其他 Others	
376555	**7891064**	**5436524**	**164659**	**39667**	**478912**	**10902**	**646**	**1123687**	**636067**	**18164447**
2336	57193	51325	457	159	3135	42	10	801	1264	161806
3048	57149	51481	9	311	3388	44	3	402	1511	116107
18024	443468	348186	6823	806	12127	156	5	42508	32857	1120517
10884	229290	181814	2495	217	10222	117	17	11183	23225	575210
4319	138995	85296	1471	551	8935	156	9	29741	12836	334720
1670	164830	142613	1519	845	9977	695	7	3059	6115	427773
2447	145071	91836	10189	514	25400	213	2	8929	7988	292359
3800	155672	121979	295	158	12309	43		18375	2513	360023
836	63537	55530	261	291	4689	7	19	1233	1507	163878
4876	456945	281831	9832	1008	15853	406	30	136043	11942	1020381
1794	239125	187361	1843	2064	17314	326	25	22867	7325	642238
15957	375608	292473	15291	701	13653	171	272	21334	31713	872733
14237	224458	155293	10291	3849	19268	404	12	9250	26091	536047
11865	258536	188419	4705	1219	9959	318	5	32501	21410	618065
16677	799611	439337	3405	612	14490	433	12	328496	12826	1131621
32799	724873	526333	18686	2273	23542	197	6	70779	83057	1636004
56175	521534	335776	6373	926	26989	332	21	77603	73514	903834
12089	383477	282883	16663	2223	20620	497	13	44008	16570	764796
67146	501857	331741	6958	2987	29719	558	22	45691	84181	1547785
17691	235591	163557	2866	2487	27729	577	20	16518	21837	809508
2841	45142	29692	184	132	3760	146	1	6199	5028	136905
3053	170970	125018	5399	1826	15543	305	13	4994	17872	391601
36153	534260	314065	20903	7008	50048	937	38	72712	68549	1236943
4962	174889	100997	2524	3377	35539	677	17	10496	21262	375740
7100	193115	128904	302	1141	24187	1741	20	27210	9610	575301
264	8385	7312	132		129	3		692	117	22613
6170	262881	198308	6064	765	14226	695	7	29355	13461	628261
10478	154492	102515	5279	592	9500	147	10	26844	9605	347376
638	35519	19773	97	57	4839	47	7	9625	1074	79105
1455	38619	28493	2248	216	1891	147	3	3541	2080	101878
4771	95972	66383	1095	352	9932	365	20	10698	7127	233319

	上学年初报表在校学生数 Total enrolment at beginning of previous academic year	增加学生数 Factors of Increase			
		计 Total	招 生 No. of Students Admitted	复 学 Students Resuming Studies	转 入 Transfers from Other Inst.
合 计 Total	**8794952**	**3954241**	**3439992**	**7115**	**350327**
北 京 Beijing	82659	29062	25921	23	2520
天 津 Tianjin	59577	18557	16751	16	531
河 北 Hebei	557338	222221	196885	93	15175
山 西 Shanxi	283995	119581	111841	18	2403
内蒙古 Inner Mongolia	153074	69026	58664	8	8944
辽 宁 Liaoning	217639	70071	68300	422	763
吉 林 Jilin	150329	46457	43980	222	1705
黑龙江 Heilongjiang	187176	58841	53872	41	3299
上 海 Shanghai	83902	23565	22857	46	360
江 苏 Jiangsu	513798	205776	176331	165	26829
浙 江 Zhejiang	300992	115500	111227	66	2955
安 徽 Anhui	422023	183848	167688	44	10209
福 建 Fujian	254529	103343	93438	245	3081
江 西 Jiangxi	326260	120510	112449	360	2432
山 东 Shandong	550072	361408	201166	57	154418
河 南 henan	828655	356332	316924	109	25710
湖 北 Hubei	497316	183175	137024	211	21008
湖 南 Hunan	409607	170771	152618	1091	12046
广 东 Guangdong	622214	405386	360756	183	16975
广 西 Guangxi	292376	182390	167395	663	6437
海 南 Hainan	62548	27961	26826	24	991
重 庆 Chongqing	211926	67012	65631	80	541
四 川 Sichuan	592210	274484	251309	1845	6483
贵 州 Guizhou	186657	80658	77146	254	1112
云 南 Yunnan	243919	147738	139031	42	6005
西 藏 Tibet	9904	4165	3047	354	587
陕 西 Shaanxi	327976	133905	127548	246	3794
甘 肃 Gansu	178972	81667	70967	144	7192
青 海 Qinghai	34228	15943	13042		2749
宁 夏 Ningxia	43164	23458	22765		2
新 疆 Xinjiang	109917	51430	46593	43	3071

女学生数变动情况

Vocational Schools (Institutions)

单位:人

unit: person

	减少学生数 Factors of Decrease									本学年初报表在校学生数 Total enrolment at beginning of current academic year
其他 Others	计 Total	毕业 Graduates	结业 Completers of Courses without formal awards	休学 Suspended	退学 Quitting	开除 Expelled	死亡 Death	转出 Transfer to Other Inst.	其他 Others	
156807	**3779496**	**2671882**	**71991**	**18070**	**210126**	**2916**	**109**	**528699**	**275703**	**8969697**
598	29292	26988	66	41	1338	6	1	400	452	82429
1259	25631	23625	7	52	1165	2	1	117	662	52503
10068	224214	178197	3101	320	6019	40	1	21840	14696	555345
5319	109942	89951	1413	41	5115	12	1	3426	9983	293634
1410	64135	41079	686	112	4377	56	2	12877	4946	157965
586	77153	66565	527	322	4528	330	1	1527	3353	210557
550	63738	42763	5029	358	8687	44	1	3362	3494	133048
1629	75474	57207	155	51	6466	11		10299	1285	170543
302	30530	27229	78	108	1828		10	522	755	76937
2451	221555	138620	4392	429	6397	73	12	66511	5121	498019
1252	110173	90595	416	860	6735	77	7	8334	3149	306319
5907	179399	139422	6852	389	6678	63	1	11765	14229	426472
6579	101577	72293	4337	1802	7748	105	3	3903	11386	256295
5269	128767	94169	1603	531	4252	77	2	18234	9899	318003
5767	371698	200295	266	193	7272	111	5	157390	6166	539782
13589	347708	265265	9842	915	10508	63	3	31182	29930	837279
24932	238313	158142	2572	364	10642	64	7	35184	31338	442178
5016	186915	143855	6143	1061	8680	123	1	19583	7469	393463
27472	249495	172587	2686	1775	13598	102	11	22369	36367	778105
7895	107153	77387	786	1095	11181	100	6	8366	8232	367613
120	24033	15365	91	60	1875	19		2816	3807	66476
760	86564	62359	3040	633	8562	47	2	2508	9413	192374
14847	252361	154405	9886	3505	22456	343	7	31470	30289	614333
2146	82790	48715	1365	1813	15510	250	5	4575	10557	184525
2660	98222	69592	171	479	9731	396	4	13631	4218	293435
177	3637	3170	47		76			279	65	10432
2317	133515	103229	2347	274	7643	207		13656	6159	328366
3364	79484	54579	2453	212	5059	39	3	13100	4039	181155
152	13649	7931	71	11	1405	6	1	3970	254	36522
691	16582	12791	985	107	786	27		917	969	50040
1723	45797	33512	578	157	3809	123	11	4586	3021	115550

中等职业学校(机

Information on International Students in

地　区 Region	结业生数 计 Total	其中:女 of Which: Female	分时间 一周至一个月以下 a week to one month under	一个月至半年以下 one month to half year under
合　计 Total	**928**	**386**	**563**	**28**
北　京 Beijing	620	217	510	10
天　津 Tianjin				
河　北 Hebei	28	7	10	
山　西 Shanxi				
内蒙古 Inner Mongolia				
辽　宁 Liaoning	15	11		2
吉　林 Jilin				
黑龙江 Heilongjiang				
上　海 Shanghai	26	23	26	
江　苏 Jiangsu				
浙　江 Zhejiang				
安　徽 Anhui				
福　建 Fujian	4			
江　西 Jiangxi				
山　东 Shandong				
河　南 henan				
湖　北 Hubei				
湖　南 Hunan				
广　东 Guangdong	78	66		
广　西 Guangxi	105	47	17	16
海　南 Hainan				
重　庆 Chongqing				
四　川 Sichuan				
贵　州 Guizhou				
云　南 Yunnan	29	6		
西　藏 Tibet				
陕　西 Shaanxi				
甘　肃 Gansu				
青　海 Qinghai				
宁　夏 Ningxia				
新　疆 Xinjiang	23	9		

构)外国留学生情况

Secondary Vocational Schools (Institutions)

Graduates						
by Time	分地区 by continent					
半年以上 half year and over	亚洲 Asia	非洲 Africa	欧洲 Europe	北美洲 North America	南美洲 South America	大洋洲 Oceania
337	**608**	**18**	**258**	**29**	**2**	**13**
100	354		222	29	2	13
18		18	10			
13	15					
			26			
4	4					
78	78					
72	105					
29	29					
23	23					

中等职业学校

Number of Teachers, Staff & Workers in

	教职工数 Teachers,		
		校本部教职工 Teacher,	
	计 Total	计 Total	专任教师 Full-time Teachers
合　计 Total	**956631**	**940070**	**680954**
北　京 Beijing	14625	14335	8390
天　津 Tianjin	11500	11378	7891
河　北 Hebei	67544	66903	49074
山　西 Shanxi	32882	32344	23333
内蒙古 Inner Mongolia	20626	20324	14653
辽　宁 Liaoning	32736	32314	21910
吉　林 Jilin	28434	28159	19339
黑龙江 Heilongjiang	26038	25750	18297
上　海 Shanghai	14060	13951	8094
江　苏 Jiangsu	57667	56995	44035
浙　江 Zhejiang	37491	37150	30548
安　徽 Anhui	34109	33105	24384
福　建 Fujian	23667	23030	17993
江　西 Jiangxi	27658	27070	20035
山　东 Shandong	78769	77275	55465
河　南 henan	83165	81125	60389
湖　北 Hubei	40985	40015	28476
湖　南 Hunan	41822	40655	28004
广　东 Guangdong	58754	58231	43533
广　西 Guangxi	31234	29582	20469
海　南 Hainan	5846	5635	3824
重　庆 Chongqing	19171	19042	13875
四　川 Sichuan	50376	49755	36215
贵　州 Guizhou	15789	15452	11291
云　南 Yunnan	27623	27539	20120
西　藏 Tibet	731	731	591
陕　西 Shaanxi	31571	30947	20892
甘　肃 Gansu	20225	20001	14862
青　海 Qinghai	3157	3061	2444
宁　夏 Ningxia	3388	3335	2444
新　疆 Xinjiang	14988	14881	10084

(机构)教职工数

Secondary Vocational Schools (Institutions)

单位:人

unit: person

Staff & Workers					
Staff & Workers in College or Uni. Proper			校办企业职工 Employees in School-run Factories & Farms	其他附设机构人员 Personnel in Other Subsidiary Units	聘请校外教师 Part-time Teachers
行政人员 Adm. Personnel	教辅人员 Supporting Staff	工勤人员 Workers			
103473	**68124**	**87519**	**8305**	**8256**	**101752**
2933	1202	1810	48	242	1522
1805	784	898	46	76	1080
7093	5238	5498	385	256	4674
3532	2546	2933	198	340	3745
2365	1450	1856	123	179	1447
4711	2411	3282	258	164	3257
3751	2855	2214	132	143	1740
3082	1844	2527	189	99	1597
2301	1565	1991	101	8	1394
3864	4244	4852	314	358	6067
2319	2039	2244	173	168	4033
3572	1959	3190	547	457	3566
2037	1353	1647	540	97	4500
3117	1391	2527	309	279	2956
8787	6613	6410	842	652	3361
8263	5679	6794	1013	1027	8706
4552	3127	3860	542	428	5812
5268	3159	4224	728	439	3702
6011	4101	4586	247	276	6138
3115	2307	3691	259	1393	4351
702	329	780	13	198	603
2125	1288	1754	80	49	3628
4729	3252	5559	236	385	5258
2139	747	1275	233	104	3682
2383	1560	3476	41	43	4774
45	30	65			109
4691	2475	2889	408	216	4308
1930	1238	1971	140	84	1358
255	122	240	81	15	444
331	215	345	39	14	489
1665	1001	2131	40	67	3451

中等职业学校(机

Number of Female Teachers, Staff & Workers

	教职工数 Teachers,		
	计 Total	校本部教职工 Teacher,	
		计 Total	专任教师 Full-time Teachers
合　计 Total	**442306**	**434664**	**336224**
北　京 Beijing	8510	8417	5670
天　津 Tianjin	6219	6166	4821
河　北 Hebei	36054	35809	29236
山　西 Shanxi	17283	17009	13381
内蒙古 Inner Mongolia	10249	10145	7974
辽　宁 Liaoning	18003	17752	13424
吉　林 Jilin	15097	15013	11380
黑龙江 Heilongjiang	13608	13533	10655
上　海 Shanghai	7215	7187	4825
江　苏 Jiangsu	27057	26765	21977
浙　江 Zhejiang	18845	18698	16010
安　徽 Anhui	12631	12154	9170
福　建 Fujian	10637	10178	8241
江　西 Jiangxi	10695	10480	8010
山　东 Shandong	33899	33160	26094
河　南 henan	37520	36463	29088
湖　北 Hubei	16597	16194	11679
湖　南 Hunan	17625	17162	12572
广　东 Guangdong	27377	27179	21016
广　西 Guangxi	13746	12757	9052
海　南 Hainan	2589	2511	1714
重　庆 Chongqing	8479	8433	6504
四　川 Sichuan	20940	20693	15680
贵　州 Guizhou	6564	6345	4746
云　南 Yunnan	12383	12359	9270
西　藏 Tibet	281	281	219
陕　西 Shaanxi	13959	13754	10027
甘　肃 Gansu	8061	7975	6077
青　海 Qinghai	1391	1360	1132
宁　夏 Ningxia	1474	1460	1135
新　疆 Xinjiang	7318	7272	5445

构)女教职工数

in Secondary Vocational Schools (Institutions)

单位:人

unit: person

Staff & Workers					
Staff & Workers in College or Uni. Proper			校办企业职工 Employees in School-run Factories & Farms	其他附设机构人员 Personnel in Other Subsidiary Units	聘请校外教师 Part-time Teachers
行政人员 Adm. Personnel	教辅人员 Supporting Staff	工勤人员 Workers			
35899	**33594**	**28947**	**3546**	**4096**	**41605**
1556	644	547	15	78	844
704	440	201	1	52	430
2228	2568	1777	140	105	2473
1169	1433	1026	67	207	1878
823	862	486	35	69	718
2035	1330	963	143	108	1597
1464	1563	606	36	48	827
1250	919	709	28	47	813
1101	776	485	26	2	655
1208	2063	1517	138	154	2474
761	1060	867	62	85	1584
1026	941	1017	238	239	1233
671	666	600	436	23	1533
960	546	964	130	85	1025
2589	2942	1535	336	403	1403
2628	2684	2063	519	538	3619
1659	1431	1425	173	230	2089
1485	1427	1678	322	141	1372
2140	2088	1935	86	112	2399
1086	1113	1506	73	916	1514
271	189	337	5	73	242
801	623	505	27	19	1445
1632	1485	1896	90	157	2179
822	342	435	176	43	1146
807	816	1466	6	18	1579
19	17	26			41
1614	1154	959	135	70	1617
540	702	656	54	32	589
85	68	75	28	3	189
99	120	106	9	5	226
666	582	579	12	34	1872

普通中等专业学

Number of Teachers, Staff & Workers

	教职工数 Teachers,			
		校本部教职工 Teacher, Staff & Workers		
	计 Total	计 Total	专任教师 Full-time Teachers	行政人员 Adm. Personnel
合 计 Total	**435046**	**425606**	**295029**	**54289**
北 京 Beijing	4831	4615	2439	1081
天 津 Tianjin	7229	7125	4814	1224
河 北 Hebei	25475	25104	16606	3669
山 西 Shanxi	11913	11616	7437	1965
内蒙古 Inner Mongolia	7667	7545	4806	1365
辽 宁 Liaoning	16096	16006	10546	2438
吉 林 Jilin	6577	6537	4428	973
黑龙江 Heilongjiang	7418	7256	4198	1218
上 海 Shanghai	9102	9047	4952	1776
江 苏 Jiangsu	31201	30935	24306	2277
浙 江 Zhejiang	5447	5400	4326	351
安 徽 Anhui	11627	11179	7746	1471
福 建 Fujian	23578	22941	17927	2029
江 西 Jiangxi	8542	8395	5830	1179
山 东 Shandong	35790	34870	24845	4391
河 南 henan	24171	23095	15856	3061
湖 北 Hubei	29509	28615	20027	3509
湖 南 Hunan	5375	5225	3291	1057
广 东 Guangdong	45596	45104	32977	5081
广 西 Guangxi	31172	29520	20454	3088
海 南 Hainan	2716	2527	1590	435
重 庆 Chongqing	3357	3356	2179	525
四 川 Sichuan	26903	26520	17116	3351
贵 州 Guizhou	7196	7163	5068	1118
云 南 Yunnan	11237	11200	7319	1299
西 藏 Tibet	731	731	591	45
陕 西 Shaanxi	6747	6536	3958	1270
甘 肃 Gansu	13577	13386	9822	1363
青 海 Qinghai	2848	2759	2208	222
宁 夏 Ningxia	1786	1737	1135	239
新 疆 Xinjiang	9632	9561	6232	1219

校教职工数
in Reg. Specialized Sec. Schools

单位:人
unit: person

Staff & Workers in College or Uni. Proper 教辅人员 Supporting Staff	工勤人员 Workers	校办企业职工 Employees in School-run Factories & Farms	其他附设机构人员 Personnel in Other Subsidiary Units	聘请校外教师 Part-time Teachers
31257	**45031**	**4166**	**5274**	**46107**
428	667		216	638
500	587	33	71	406
2169	2660	227	144	2390
927	1287	65	232	1326
564	810	23	99	975
1206	1816	54	36	1233
463	673		40	100
683	1157	95	67	918
887	1432	50	5	973
1809	2543	137	129	2814
398	325	22	25	615
695	1267	142	306	1321
1339	1646	540	97	4489
602	784	88	59	1321
2497	3137	428	492	1934
1815	2363	570	506	1579
2246	2833	530	364	3486
299	578	69	81	495
3235	3811	240	252	5367
2296	3682	259	1393	4351
152	350		189	370
284	368	1		727
2240	3813	117	266	2703
331	646	18	15	898
881	1701	27	10	1196
30	65			109
605	703	164	47	1252
720	1481	110	81	651
114	215	80	9	387
137	226	37	12	211
705	1405	40	31	872

普通中等专业学

Number of Teachers, Staff &

	教职工数 Teachers,			
		校本部教职工 Teacher, Staff &		
	计 Total	计 Total	专任教师 Full-time Teachers	行政人员 Adm. Personnel
合　计 Total	**200868**	**196245**	**145103**	**20308**
北　京 Beijing	2575	2511	1543	566
天　津 Tianjin	3746	3698	2829	443
河　北 Hebei	12855	12707	9318	1382
山　西 Shanxi	6115	5927	4261	744
内蒙古 Inner Mongolia	3920	3886	2709	573
辽　宁 Liaoning	8838	8791	6535	1084
吉　林 Jilin	3451	3432	2673	352
黑龙江 Heilongjiang	3747	3684	2460	512
上　海 Shanghai	4444	4433	2862	835
江　苏 Jiangsu	15367	15242	12636	797
浙　江 Zhejiang	2850	2834	2369	139
安　徽 Anhui	4720	4514	3342	474
福　建 Fujian	10608	10149	8214	671
江　西 Jiangxi	3593	3523	2576	419
山　东 Shandong	15463	15041	11714	1361
河　南 henan	11281	10664	7928	1094
湖　北 Hubei	11912	11546	8154	1317
湖　南 Hunan	2340	2271	1589	362
广　东 Guangdong	21212	21020	15867	1869
广　西 Guangxi	13717	12728	9045	1076
海　南 Hainan	1224	1155	776	162
重　庆 Chongqing	1481	1480	1010	227
四　川 Sichuan	11212	11039	7336	1231
贵　州 Guizhou	3260	3239	2347	521
云　南 Yunnan	5287	5282	3676	490
西　藏 Tibet	281	281	219	19
陕　西 Shaanxi	3011	2944	1935	504
甘　肃 Gansu	5526	5457	4188	418
青　海 Qinghai	1261	1233	1025	75
宁　夏 Ningxia	779	765	546	73
新　疆 Xinjiang	4792	4769	3421	518

校女教职工数

Workers in Specialized Sec. Schools

单位:人

unit: person

Staff & Workers				
Workers in College or Uni. Proper		校办企业职工 Employees in School-run Factories & Farms	其他附设机构人员 Personnel in Other Subsidiary Units	聘请校外教师 Part-time Teachers
教辅人员 Supporting Staff	工勤人员 Workers			
16246	**14588**	**1748**	**2875**	**20024**
224	178		64	378
301	125	1	47	205
1128	879	93	55	1272
538	384	28	160	735
373	231	9	25	502
695	477	35	12	700
281	126		19	38
376	336	27	36	491
399	337	11		476
956	853	51	74	1231
214	112	8	8	290
371	327	31	175	525
664	600	436	23	1530
268	260	46	24	514
1215	751	128	294	840
970	672	291	326	794
1046	1029	171	195	1436
164	156	30	39	233
1675	1609	86	106	2096
1106	1501	73	916	1514
96	121		69	159
154	89	1		396
1061	1411	45	128	1213
175	196	10	11	326
504	612	3	2	539
17	26			41
299	206	49	18	552
388	463	37	32	279
66	67	27	1	172
78	68	9	5	91
444	386	12	11	456

成人中等专业学校教

Number of Teachers, Staff & Workers

	教职工数 Teachers,			
		校本部教职工 Teacher, Staff &		
	计 Total	计 Total	专任教师 Full-time Teachers	行政人员 Adm. Personnel
合　计 Total	**85346**	**84361**	**56979**	**11135**
北　京 Beijing	669	667	341	161
天　津 Tianjin	879	874	552	167
河　北 Hebei	7481	7468	5519	876
山　西 Shanxi	4668	4631	3138	472
内蒙古 Inner Mongolia	2392	2318	1779	207
辽　宁 Liaoning	560	539	381	93
吉　林 Jilin	6279	6263	4398	778
黑龙江 Heilongjiang	7254	7208	5400	803
上　海 Shanghai	637	637	292	142
江　苏 Jiangsu	4377	4359	2421	508
浙　江 Zhejiang	1748	1738	1106	289
安　徽 Anhui	2537	2467	1515	449
福　建 Fujian				
江　西 Jiangxi	1876	1858	1505	174
山　东 Shandong	5700	5520	3691	759
河　南 henan	14936	14766	10010	1893
湖　北 Hubei	2178	2178	1182	382
湖　南 Hunan	4752	4549	2837	661
广　东 Guangdong	906	906	646	102
广　西 Guangxi				
海　南 Hainan	192	184	120	28
重　庆 Chongqing	2856	2845	1785	421
四　川 Sichuan	1885	1846	1304	245
贵　州 Guizhou	1775	1749	1190	314
云　南 Yunnan	3588	3588	2657	429
西　藏 Tibet				
陕　西 Shaanxi	1722	1722	962	344
甘　肃 Gansu	1651	1640	835	286
青　海 Qinghai	223	216	166	30
宁　夏 Ningxia	180	180	103	42
新　疆 Xinjiang	1445	1445	1144	80

职工数
in Specialized Sec. Schools for Adults

单位:人
unit: person

Staff & Workers				
Workers in College or Uni. Proper		校办企业职工 Employees in School-run Factories & Farms	其他附设机构人员 Personnel in Other Subsidiary Units	聘请校外教师 Part-time Teachers
教辅人员 Supporting Staff	工勤人员 Workers			
8521	**7726**	**465**	**520**	**23749**
81	84		2	436
71	84		5	560
495	578		13	339
584	437		37	1162
139	193	71	3	39
40	25	21		1009
769	318	2	14	37
524	481	36	10	257
118	85			238
795	635	13	5	2031
197	146	10		1424
276	227	38	32	620
77	102		18	63
486	584	120	60	532
1511	1352	3	167	4062
325	289			1456
561	490	113	90	612
47	111			136
13	23	8		20
358	281	11		949
120	177		39	371
101	144	7	19	1624
165	337			2308
238	178			1231
343	176	11		326
7	13	1	6	55
15	20			113
65	156			1739

成人中等专业学校女
Number of Female Teachers, Staff & Workers

	教职工数 Teachers,			
		校本部教职工 Teacher, Staff &		
	计 Total	计 Total	专任教师 Full-time Teachers	行政人员 Adm. Personnel
合　计 Total	**38856**	**38430**	**28090**	**3598**
北　京 Beijing	362	362	201	79
天　津 Tianjin	400	395	278	64
河　北 Hebei	4038	4035	3407	194
山　西 Shanxi	2515	2494	1808	154
内蒙古 Inner Mongolia	1120	1103	934	44
辽　宁 Liaoning	278	268	210	35
吉　林 Jilin	3268	3266	2531	250
黑龙江 Heilongjiang	3734	3732	3090	306
上　海 Shanghai	280	280	133	69
江　苏 Jiangsu	1710	1707	1075	165
浙　江 Zhejiang	799	794	534	123
安　徽 Anhui	952	940	585	140
福　建 Fujian				
江　西 Jiangxi	672	663	572	33
山　东 Shandong	2520	2368	1743	233
河　南 henan	6679	6596	4763	630
湖　北 Hubei	861	861	504	126
湖　南 Hunan	1745	1672	1059	164
广　东 Guangdong	300	300	211	39
广　西 Guangxi				
海　南 Hainan	69	67	45	6
重　庆 Chongqing	1219	1217	770	155
四　川 Sichuan	771	756	549	90
贵　州 Guizhou	684	682	468	120
云　南 Yunnan	1498	1498	1114	108
西　藏 Tibet				
陕　西 Shaanxi	764	764	446	134
甘　肃 Gansu	804	799	382	84
青　海 Qinghai	88	85	67	9
宁　夏 Ningxia	72	72	45	12
新　疆 Xinjiang	654	654	566	32

教职工数

in Specialized Sec. Schools for Adults

单位:人

unit: person

Staff & Workers				聘请校外教师 Part-time Teachers
Workers in College or Uni. Proper		校办企业职工 Employees in School-run Factories & Farms	其他附设机构人员 Personnel in Other Subsidiary Units	
教辅人员 Supporting Staff	工勤人员 Workers			
4171	**2571**	**221**	**205**	**8394**
48	34			230
37	16		5	156
207	227		3	189
352	180		21	476
86	39	17		20
19	4	10		413
401	84		2	11
239	97		2	104
50	28			113
343	124	3		832
87	50	5		412
141	74	10	2	153
30	28		9	27
222	170	97	55	212
734	469		83	1543
124	107			256
259	190	69	4	101
6	44			40
5	11	2		
205	87	2		263
47	70		15	156
41	53		2	390
95	181			621
101	83			299
253	80	5		178
2	7	1	2	16
9	6			36
28	28			1147

	教职工数 Teachers,			
		校本部教职工 Teacher, Staff &		
	计 Total	计 Total	专任教师 Full-time Teachers	行政人员 Adm. Personnel
合　计 Total	**403233**	**397743**	**306973**	**33577**
北　京 Beijing	8503	8469	5230	1561
天　津 Tianjin	3369	3356	2507	410
河　北 Hebei	29287	29205	23736	1780
山　西 Shanxi	15739	15535	12367	1048
内蒙古 Inner Mongolia	10453	10347	7982	782
辽　宁 Liaoning	16080	15769	10983	2180
吉　林 Jilin	13154	12946	8869	1650
黑龙江 Heilongjiang	11207	11127	8587	1042
上　海 Shanghai	4321	4267	2850	383
江　苏 Jiangsu	18490	18145	14728	746
浙　江 Zhejiang	28030	27747	23390	1419
安　徽 Anhui	17959	17705	13953	1333
福　建 Fujian				
江　西 Jiangxi	16352	15942	12077	1659
山　东 Shandong	33409	33079	24527	3080
河　南 henan	41490	40717	32461	3063
湖　北 Hubei	8134	8061	6405	568
湖　南 Hunan	29926	29122	20834	3237
广　东 Guangdong	10848	10819	8923	691
广　西 Guangxi				
海　南 Hainan	2903	2889	2084	236
重　庆 Chongqing	10967	10880	8804	726
四　川 Sichuan	21081	20882	17400	1084
贵　州 Guizhou	6594	6316	4883	652
云　南 Yunnan	12272	12226	9864	536
西　藏 Tibet				
陕　西 Shaanxi	22962	22549	15847	3069
甘　肃 Gansu	4823	4801	4061	265
青　海 Qinghai	86	86	70	3
宁　夏 Ningxia	1047	1045	931	28
新　疆 Xinjiang	3747	3711	2620	346

校教职工数

Workers in Vocational High Schools

单位：人

unit：person

Staff & Workers				
Workers in College or Uni. Proper		校办企业职工 Employees in School-run Factories & Farms	其他附设机构人员 Personnel in Other Subsidiary Units	聘请校外教师 Part-time Teachers
教辅人员 Supporting Staff	工勤人员 Workers			
25253	**31940**	**3324**	**2166**	**27695**
670	1008	27	7	359
212	227	13		114
1913	1776	69	13	1406
993	1127	133	71	1145
730	853	29	77	409
1165	1441	183	128	1015
1407	1020	130	78	1283
624	874	58	22	407
560	474	51	3	183
1311	1360	153	192	636
1290	1648	140	143	1588
864	1555	159	95	1352
626	1580	215	195	1526
3151	2321	294	36	796
2263	2930	440	333	2778
427	661	9	64	655
2083	2968	542	262	2460
659	546	6	23	455
164	405	5	9	213
473	877	62	25	1754
863	1535	119	80	1912
305	476	208	70	1027
477	1349	14	32	1194
1627	2006	244	169	1805
166	309	19	3	379
1	12			2
32	54	2		102
197	548		36	740

职业高中学校女

Number of Female Teachers, Staff &

	教职工数 Teachers,			
		校本部教职工 Teacher, Staff &		
	计 Total	计 Total	专任教师 Full-time Teachers	行政人员 Adm. Personnel
合　计 Total	**187373**	**185108**	**152206**	**10415**
北　京 Beijing	5254	5238	3707	843
天　津 Tianjin	2069	2069	1710	197
河　北 Hebei	16565	16530	14655	402
山　西 Shanxi	8405	8340	7125	262
内蒙古 Inner Mongolia	5156	5103	4286	205
辽　宁 Liaoning	8887	8693	6679	916
吉　林 Jilin	7009	6949	5139	711
黑龙江 Heilongjiang	6042	6032	5041	425
上　海 Shanghai	2491	2474	1830	197
江　苏 Jiangsu	8375	8222	7056	156
浙　江 Zhejiang	14101	13975	12241	422
安　徽 Anhui	6127	6039	4811	305
福　建 Fujian				
江　西 Jiangxi	6085	5953	4604	465
山　东 Shandong	14360	14237	11602	855
河　南 henan	18534	18184	15527	820
湖　北 Hubei	3239	3203	2573	172
湖　南 Hunan	12689	12372	9391	838
广　东 Guangdong	5214	5208	4448	198
广　西 Guangxi				
海　南 Hainan	1288	1281	887	103
重　庆 Chongqing	4863	4833	4220	205
四　川 Sichuan	8731	8672	7614	290
贵　州 Guizhou	2515	2319	1853	163
云　南 Yunnan	5339	5320	4344	145
西　藏 Tibet				
陕　西 Shaanxi	10119	9981	7585	974
甘　肃 Gansu	1667	1655	1454	35
青　海 Qinghai	42	42	40	1
宁　夏 Ningxia	416	416	383	4
新　疆 Xinjiang	1791	1768	1401	106

教职工数

Workers in Vocational High Schools

单位:人
unit: person

Staff & Workers in College or Uni. Proper 教辅人员 Supporting Staff	工勤人员 Workers	校办企业职工 Employees in School-run Factories & Farms	其他附设机构人员 Personnel in Other Subsidiary Units	聘请校外教师 Part-time Teachers
11646	**10841**	**1385**	**880**	**11285**
360	328	13	3	193
102	60			69
916	557	28	7	706
526	427	39	26	586
396	216	9	44	184
616	482	98	96	484
750	349	36	24	606
298	268	1	9	210
327	120	15	2	66
590	420	80	73	194
665	647	49	77	681
367	556	37	51	496
227	657	82	50	473
1269	511	111	12	320
948	889	228	122	1145
186	272	1	35	300
896	1247	222	95	975
322	240		6	191
88	203	3	4	83
191	217	21	9	694
363	405	45	14	708
120	183	166	30	359
204	627	3	16	385
753	669	86	52	760
56	110	12		131
	1			1
12	17			62
98	163		23	223

	教职工数 Teachers,			
		校本部教职工 Teacher, Staff & Workers		
	计 Total	计 Total	专任教师 Full-time Teachers	行政人员 Adm. Personnel
合　计 Total	**33006**	**32360**	**21973**	**4472**
北　京 Beijing	622	584	380	130
天　津 Tianjin	23	23	18	4
河　北 Hebei	5301	5126	3213	768
山　西 Shanxi	562	562	391	47
内蒙古 Inner Mongolia	114	114	86	11
辽　宁 Liaoning				
吉　林 Jilin	2424	2413	1644	350
黑龙江 Heilongjiang	159	159	112	19
上　海 Shanghai				
江　苏 Jiangsu	3599	3556	2580	333
浙　江 Zhejiang	2266	2265	1726	260
安　徽 Anhui	1986	1754	1170	319
福　建 Fujian	89	89	66	8
江　西 Jiangxi	888	875	623	105
山　东 Shandong	3870	3806	2402	557
河　南 henan	2568	2547	2062	246
湖　北 Hubei	1164	1161	862	93
湖　南 Hunan	1769	1759	1042	313
广　东 Guangdong	1404	1402	987	137
广　西 Guangxi	62	62	15	27
海　南 Hainan	35	35	30	3
重　庆 Chongqing	1991	1961	1107	453
四　川 Sichuan	507	507	395	49
贵　州 Guizhou	224	224	150	55
云　南 Yunnan	526	525	280	119
西　藏 Tibet				
陕　西 Shaanxi	140	140	125	8
甘　肃 Gansu	174	174	144	16
青　海 Qinghai				
宁　夏 Ningxia	375	373	275	22
新　疆 Xinjiang	164	164	88	20

教职工数

Workers in Other Institutions

单位:人

unit: person

Staff & Workers in College or Uni. Proper		校办企业职工 Employees in School-run Factories & Farms	其他附设机构人员 Personnel in Other Subsidiary Units	聘请校外教师 Part-time Teachers
教辅人员 Supporting Staff	工勤人员 Workers			
3093	**2822**	**350**	**296**	**4201**
23	51	21	17	89
1				
661	484	89	86	539
42	82			112
17				24
216	203		11	320
13	15			15
329	314	11	32	586
154	125	1		406
124	141	208	24	273
14	1			11
86	61	6	7	46
479	368		64	99
90	149		21	287
129	77	3		215
216	188	4	6	135
160	118	1	1	180
11	9			
	2			
173	228	6	24	198
29	34			272
10	9			133
37	89		1	76
5	2			20
9	5			2
31	45		2	63
34	22			100

其他机构女

Number of Female Teachers, Staff

地区 Region	教职工数 Teachers,			
	计 Total	校本部教职工 Teacher, Staff & Workers		
		计 Total	专任教师 Full-time Teachers	行政人员 Adm. Personnel
合计 Total	**15209**	**14881**	**10825**	**1578**
北京 Beijing	319	306	219	68
天津 Tianjin	4	4	4	
河北 Hebei	2596	2537	1856	250
山西 Shanxi	248	248	187	9
内蒙古 Inner Mongolia	53	53	45	1
辽宁 Liaoning				
吉林 Jilin	1369	1366	1037	151
黑龙江 Heilongjiang	85	85	64	7
上海 Shanghai				
江苏 Jiangsu	1605	1594	1210	90
浙江 Zhejiang	1095	1095	866	77
安徽 Anhui	832	661	432	107
福建 Fujian	29	29	27	
江西 Jiangxi	345	341	258	43
山东 Shandong	1556	1514	1035	140
河南 henan	1026	1019	870	84
湖北 Hubei	585	584	448	44
湖南 Hunan	851	847	533	121
广东 Guangdong	651	651	490	34
广西 Guangxi	29	29	7	10
海南 Hainan	8	8	6	
重庆 Chongqing	916	903	504	214
四川 Sichuan	226	226	181	21
贵州 Guizhou	105	105	78	18
云南 Yunnan	259	259	136	64
西藏 Tibet				
陕西 Shaanxi	65	65	61	2
甘肃 Gansu	64	64	53	3
青海 Qinghai				
宁夏 Ningxia	207	207	161	10
新疆 Xinjiang	81	81	57	10

教职工数

& Workers in Other Institutions

单位:人

unit: person

Staff & Workers in College or Uni. Proper		校办企业职工 Employees in School-run Factories & Farms	其他附设机构人员 Personnel in Other Subsidiary Units	聘请校外教师 Part-time Teachers
教辅人员 Supporting Staff	工勤人员 Workers			
1531	**947**	**192**	**136**	**1902**
12	7	2	11	43
317	114	19	40	306
17	35			81
7				12
131	47		3	172
6	8			8
174	120	4	7	217
94	58			201
62	60	160	11	59
2				3
21	19	2	2	11
236	103		42	31
32	33		7	137
75	17	1		97
108	85	1	3	63
85	42			72
7	5			
	2			
73	112	3	10	92
14	10			102
6	3			71
13	46			34
1	1			6
5	3			1
21	15			37
12	2			46

地　区 Region	计 Total	职称 Rank 正高级 Senior	副高级 Sub-Senior	中级 Middle
合　计 Total	**680954**	**4642**	**139673**	**275077**
北　京 Beijing	8390	91	1999	3561
天　津 Tianjin	7891	80	2895	2987
河　北 Hebei	49074	478	10011	21560
山　西 Shanxi	23333	145	3094	8364
内蒙古 Inner Mongolia	14653	67	3810	5695
辽　宁 Liaoning	21910	325	6785	7911
吉　林 Jilin	19339	248	5577	8371
黑龙江 Heilongjiang	18297	115	5690	7358
上　海 Shanghai	8094	26	1556	4358
江　苏 Jiangsu	44035	88	8796	18373
浙　江 Zhejiang	30548	34	5706	11947
安　徽 Anhui	24384	159	5732	8887
福　建 Fujian	17993	23	3631	7108
江　西 Jiangxi	20035	288	4669	7432
山　东 Shandong	55465	304	12676	20183
河　南 henan	60389	323	10699	25114
湖　北 Hubei	28476	237	6204	12935
湖　南 Hunan	28004	346	5322	12993
广　东 Guangdong	43533	53	6161	19232
广　西 Guangxi	20469	184	2468	8979
海　南 Hainan	3824	17	603	1110
重　庆 Chongqing	13875	97	2656	5303
四　川 Sichuan	36215	456	6609	13479
贵　州 Guizhou	11291	60	2065	4583
云　南 Yunnan	20120	50	4873	7812
西　藏 Tibet	591		26	193
陕　西 Shaanxi	20892	259	3336	7762
甘　肃 Gansu	14862	47	2465	5589
青　海 Qinghai	2444	10	697	898
宁　夏 Ningxia	2444	10	607	876
新　疆 Xinjiang	10084	22	2255	4124

任教师职称、学历情况

Teachers in Secondary Vocational Schools (Institutions)

单位:人
unit: person

初级 Junior	无职称 No Rank	学历 Academic Qualifications 博士 Doctor's Degree	硕士 Master's Degree	本科 Normal Courses	专科 Short-cycle Courses	高中阶段及以下 Below High School Graduate
201973	**59589**	**534**	**26807**	**539839**	**108218**	**5556**
2222	517	25	727	7015	535	88
1668	261	1	468	6517	807	98
13586	3439	20	1573	39428	7794	259
9415	2315	1	591	17765	4791	185
3963	1118	19	434	11422	2675	103
5361	1528	12	1044	18020	2692	142
4373	770	26	784	15591	2804	134
4057	1077	7	259	14732	3168	131
1888	266	16	838	6784	392	64
13764	3014	25	3188	37155	3480	187
9722	3139	6	930	27258	2211	143
6942	2664	5	584	19274	4419	102
5726	1505	12	541	14592	2646	202
5963	1683	50	637	14285	4860	203
18040	4262	83	2855	45078	7036	413
20061	4192	39	2332	47790	9857	371
7229	1871	22	1078	21872	5170	334
7074	2269	72	821	21541	5441	129
12147	5940	31	2479	34849	5670	504
6383	2455	7	732	15301	4153	276
1248	846		92	3051	644	37
4429	1390	3	363	11294	2148	67
10752	4919	17	876	26608	8273	441
3457	1126	3	323	8356	2454	155
5573	1812	4	678	16004	3167	267
302	70		22	489	74	6
7374	2161	21	668	14901	5107	195
5470	1291	3	426	11424	2836	173
516	323		30	1570	792	52
592	359	3	113	2013	292	23
2676	1007	1	321	7860	1830	72

普通中等专业学校专任

Data on Rank, Academic Qualifications of Full-

地　　区 Region	计 Total	职称 Rank 正高级 Senior	 副高级 Sub-Senior	 中级 Middle
合　计 Total	**295029**	**2127**	**66883**	**114002**
北　京 Beijing	2439	25	639	1036
天　津 Tianjin	4814	12	1734	1785
河　北 Hebei	16606	375	4076	5919
山　西 Shanxi	7437	37	1712	2493
内蒙古 Inner Mongolia	4806	62	1492	1630
辽　宁 Liaoning	10546	198	3404	3590
吉　林 Jilin	4428	17	1672	1604
黑龙江 Heilongjiang	4198	59	1387	1197
上　海 Shanghai	4952	23	1099	2553
江　苏 Jiangsu	24306	65	5109	9437
浙　江 Zhejiang	4326	11	969	1596
安　徽 Anhui	7746	58	2268	2446
福　建 Fujian	17927	21	3620	7083
江　西 Jiangxi	5830	58	1554	1918
山　东 Shandong	24845	150	6942	8959
河　南 henan	15856	63	4019	6185
湖　北 Hubei	20027	184	4413	8762
湖　南 Hunan	3291	11	1092	1319
广　东 Guangdong	32977	46	4505	14113
广　西 Guangxi	20454	184	2465	8968
海　南 Hainan	1590		316	474
重　庆 Chongqing	2179	10	574	826
四　川 Sichuan	17116	333	2929	6459
贵　州 Guizhou	5068	33	1263	1968
云　南 Yunnan	7319	18	2238	2529
西　藏 Tibet	591		26	193
陕　西 Shaanxi	3958	44	1097	1502
甘　肃 Gansu	9822	9	1961	3801
青　海 Qinghai	2208	9	650	792
宁　夏 Ningxia	1135	8	268	335
新　疆 Xinjiang	6232	4	1390	2530

教师职称、学历情况
time Teachers in Reg. Specialized Sec. Schools

单位：人
unit: person

		学历 Academic Qualifications				
初级 Junior	无职称 No Rank	博士 Doctor's Degree	硕士 Master's Degree	本科 Normal Courses	专科 Short-cycle Courses	高中阶段及以下 Below High School Graduate
83774	**28243**	**307**	**17273**	**233777**	**40737**	**2935**
606	133	20	428	1778	157	56
1096	187	1	355	3920	474	64
4419	1817	16	812	12322	3304	152
2397	798		478	5995	914	50
1180	442	19	321	3567	857	42
2804	550	10	772	8796	903	65
1046	89	4	231	3704	462	27
1040	515	4	157	3545	466	26
1126	151	14	686	3902	295	55
7852	1843	20	2468	20172	1542	104
1370	380	5	183	3909	200	29
2264	710	2	293	6327	1094	30
5698	1505	12	540	14540	2633	202
1898	402	6	324	4581	855	64
7259	1535	68	1611	19955	3022	189
4570	1019	17	1303	13103	1265	168
5062	1606	17	714	15422	3672	202
709	160	3	219	2773	279	17
9306	5007	29	2019	26069	4438	422
6382	2455	7	732	15286	4153	276
459	341		51	1406	116	17
555	214	1	92	1849	226	11
4435	2960	16	653	11828	4332	287
1399	405	2	232	4010	779	45
1737	797	4	526	6125	596	68
302	70		22	489	74	6
1023	292	5	314	3025	564	50
3417	634	2	377	7984	1351	108
451	306		30	1391	737	50
275	249	2	62	927	131	13
1637	671	1	268	5077	846	40

成人中等专业学校专任
Data on Rank, Academic Qualifications of Full-time

地　区 Region	计 Total	职称 Rank		
		正高级 Senior	副高级 Sub-Senior	中级 Middle
合　计 Total	**56979**	**413**	**14237**	**26807**
北　京 Beijing	341	4	93	149
天　津 Tianjin	552		218	210
河　北 Hebei	5519	17	1311	2876
山　西 Shanxi	3138	37	385	1649
内蒙古 Inner Mongolia	1779	1	718	704
辽　宁 Liaoning	381	19	95	190
吉　林 Jilin	4398	10	1395	2292
黑龙江 Heilongjiang	5400	30	2189	2327
上　海 Shanghai	292		41	197
江　苏 Jiangsu	2421	13	480	1036
浙　江 Zhejiang	1106	5	397	496
安　徽 Anhui	1515	18	346	721
福　建 Fujian				
江　西 Jiangxi	1505		659	623
山　东 Shandong	3691	51	1053	1291
河　南 henan	10010	121	1669	4817
湖　北 Hubei	1182	6	198	704
湖　南 Hunan	2837	20	670	1467
广　东 Guangdong	646		83	322
广　西 Guangxi				
海　南 Hainan	120		53	49
重　庆 Chongqing	1785	31	555	727
四　川 Sichuan	1304	12	124	398
贵　州 Guizhou	1190	5	133	684
云　南 Yunnan	2657	2	690	1354
西　藏 Tibet				
陕　西 Shaanxi	962	4	120	435
甘　肃 Gansu	835	2	144	416
青　海 Qinghai	166	1	31	87
宁　夏 Ningxia	103		26	52
新　疆 Xinjiang	1144	4	361	534

教师职称、学历情况

Teachers in Specialized Sec. Schools for Adults

单位：人
unit: person

		学历 Academic Qualifications				
初级 Junior	无职称 No Rank	博士 Doctor's Degree	硕士 Master's Degree	本科 Normal Courses	专科 Short-cycle Courses	高中阶段及以下 Below High School Graduate
13016	**2506**	**29**	**1353**	**41482**	**13537**	**578**
80	15	2	18	293	28	
107	17		13	440	93	6
1179	136	1	88	4124	1273	33
1024	43		27	1970	1111	30
345	11		24	1325	412	18
63	14		8	256	114	3
655	46		56	3280	997	65
738	116	3	37	4009	1297	54
47	7	1	25	234	30	2
678	214	1	103	1936	364	17
185	23	1	53	949	101	2
354	76		46	1083	381	5
192	31		19	1040	406	40
969	327		230	2864	549	48
2751	652	14	261	7366	2313	56
259	15		44	753	331	54
487	193	4	68	1895	853	17
198	43		14	479	139	14
18			1	112	7	
351	121	1	81	1408	283	12
521	249		24	841	408	31
356	12		21	879	278	12
571	40		34	1798	774	51
349	54		12	499	451	
249	24		22	529	281	3
47				121	45	
16	9	1	7	68	26	1
227	18		17	931	192	4

地 区 Region	计 Total	职称 Rank		
		正高级 Senior	副高级 Sub-Senior	中级 Middle
合 计 Total	**306973**	**1883**	**53547**	**125095**
北 京 Beijing	5230	61	1180	2203
天 津 Tianjin	2507	66	934	986
河 北 Hebei	23736	23	3719	11488
山 西 Shanxi	12367	71	924	4083
内蒙古 Inner Mongolia	7982	4	1591	3325
辽 宁 Liaoning	10983	108	3286	4131
吉 林 Jilin	8869	193	1954	3860
黑龙江 Heilongjiang	8587	22	2085	3785
上 海 Shanghai	2850	3	416	1608
江 苏 Jiangsu	14728	10	2617	6668
浙 江 Zhejiang	23390	17	4102	9146
安 徽 Anhui	13953	83	2903	5219
福 建 Fujian				
江 西 Jiangxi	12077	223	2298	4624
山 东 Shandong	24527	84	4113	8985
河 南 henan	32461	131	4662	13162
湖 北 Hubei	6405	41	1255	3118
湖 南 Hunan	20834	271	3318	9829
广 东 Guangdong	8923	3	1405	4272
广 西 Guangxi				
海 南 Hainan	2084	17	227	576
重 庆 Chongqing	8804	40	1336	3346
四 川 Sichuan	17400	104	3497	6456
贵 州 Guizhou	4883	22	639	1861
云 南 Yunnan	9864	26	1903	3861
西 藏 Tibet				
陕 西 Shaanxi	15847	211	2112	5776
甘 肃 Gansu	4061	35	338	1307
青 海 Qinghai	70		16	19
宁 夏 Ningxia	931		225	388
新 疆 Xinjiang	2620	14	492	1013

师职称、学历情况

time Teachers in Vocational High Schools

单位：人

unit：person

		学历 Academic Qualifications				
初级 Junior	无职称 No Rank	博士 Doctor's Degree	硕士 Master's Degree	本科 Normal Courses	专科 Short-cycle Courses	高中阶段及以下 Below High School Graduate
99290	**27158**	**182**	**6520**	**247224**	**51117**	**1930**
1445	341	1	239	4653	314	23
464	57		99	2144	236	28
7275	1231		324	20396	2951	65
5865	1424	1	85	9518	2666	97
2400	662		88	6466	1385	43
2494	964	2	264	8968	1675	74
2251	611	21	352	7253	1206	37
2258	437		65	7097	1377	48
715	108	1	127	2648	67	7
4587	846	4	433	13022	1210	59
7624	2501		637	20957	1693	103
3982	1766	3	143	11039	2708	60
3737	1195	44	235	8243	3462	93
9097	2248	14	840	20359	3148	166
12078	2428	8	688	25565	6054	146
1755	236	1	138	5088	1119	59
5576	1840	62	476	16051	4152	93
2452	791	1	357	7520	984	61
759	505		40	1522	502	20
3178	904		126	7181	1453	44
5671	1672	1	191	13626	3462	120
1660	701	1	43	3363	1378	98
3231	843		109	7844	1764	147
5936	1812	16	341	11256	4089	145
1766	615	1	27	2808	1168	57
18	17			58	10	2
227	91		20	794	110	7
789	312		33	1785	774	28

其他机构专任教师

Data on Rank, Academic Qualifications of

地　区 Region	计 Total	职称 Rank 正高级 Senior	副高级 Sub-Senior	中级 Middle
合　计 Total	**21973**	**219**	**5006**	**9173**
北　京 Beijing	380	1	87	173
天　津 Tianjin	18	2	9	6
河　北 Hebei	3213	63	905	1277
山　西 Shanxi	391		73	139
内蒙古 Inner Mongolia	86		9	36
辽　宁 Liaoning				
吉　林 Jilin	1644	28	556	615
黑龙江 Heilongjiang	112	4	29	49
上　海 Shanghai				
江　苏 Jiangsu	2580		590	1232
浙　江 Zhejiang	1726	1	238	709
安　徽 Anhui	1170		215	501
福　建 Fujian	66	2	11	25
江　西 Jiangxi	623	7	158	267
山　东 Shandong	2402	19	568	948
河　南 henan	2062	8	349	950
湖　北 Hubei	862	6	338	351
湖　南 Hunan	1042	44	242	378
广　东 Guangdong	987	4	168	525
广　西 Guangxi	15		3	11
海　南 Hainan	30		7	11
重　庆 Chongqing	1107	16	191	404
四　川 Sichuan	395	7	59	166
贵　州 Guizhou	150		30	70
云　南 Yunnan	280	4	42	68
西　藏 Tibet				
陕　西 Shaanxi	125		7	49
甘　肃 Gansu	144	1	22	65
青　海 Qinghai				
宁　夏 Ningxia	275	2	88	101
新　疆 Xinjiang	88		12	47

职称、学历情况
Full-time Teachers in Other Institutions

单位:人
unit: person

		学历 Academic Qualifications				
初级 Junior	无职称 No Rank	博士 Doctor's Degree	硕士 Master's Degree	本科 Normal Courses	专科 Short-cycle Courses	高中阶段及以下 Below High School Graduate
5893	**1682**	**16**	**1661**	**17356**	**2827**	**113**
91	28	2	42	291	36	9
1			1	13	4	
713	255	3	349	2586	266	9
129	50		1	282	100	8
38	3		1	64	21	
421	24	1	145	1354	139	5
21	9			81	28	3
647	111		184	2025	364	7
543	235		57	1443	217	9
342	112		102	825	236	7
28			1	52	13	
136	55		59	421	137	6
715	152	1	174	1900	317	10
662	93		80	1756	225	1
153	14	4	182	609	48	19
302	76	3	58	822	157	2
191	99	1	89	781	109	7
1				15		
12				11	19	
345	151	1	64	856	186	
125	38		8	313	71	3
42	8		27	104	19	
34	132		9	237	33	1
66	3		1	121	3	
38	18			103	36	5
74	10		24	224	25	2
23	6		3	67	18	

中等职业学校(机构)

Condition of Fixed Assets and Teaching Resources in Secondary

地 区 Region	学校占地面积(平方米) Area of School Sites (m^2)			图书音像资料情况 Audio-visual ed. Resources		
	计 Total	其中:绿化用地面积 of Which: Green Areas	其中:运动场地面积 of Which: Sports Areas	一般图书(万册) Books & Magazines in Libraries(10,000 Volume)		电子图书(GB) Electronic Books & Magazines in Libraries (GB)
				计 Total	当年新增 Added in Current Year	
合 计 Total	**515133818**	**110658172**	**76596498**	**343022910**	**22132275**	**8678273.60**
北 京 Beijing	5613106	963313	1079022	5393054	113933	38296.66
天 津 Tianjin	3861667	400315	640383	4491236	103696	17010.75
河 北 Hebei	26005631	4253348	5012927	20130030	1327142	55108.08
山 西 Shanxi	12155065	1602921	1724417	8542220	415191	38346.50
内蒙古 Inner Mongolia	12040534	1700556	1818099	5370443	506371	326002.70
辽 宁 Liaoning	11499561	1674869	2838406	9902783	245642	14744.47
吉 林 Jilin	7696336	1392561	1749282	6886688	206391	26392.90
黑龙江 Heilongjiang	10443799	1585823	1882809	5564813	289231	24045.69
上 海 Shanghai	3438086	1079425	743130	6345508	189723	81754.31
江 苏 Jiangsu	34105897	8660469	4840646	24161716	1821277	475664.22
浙 江 Zhejiang	20162450	5772034	3799943	14570851	522653	421761.50
安 徽 Anhui	32010661	6779268	4307960	14532332	992250	1091604.27
福 建 Fujian	12655685	3385392	2312122	10164762	712075	334712.84
江 西 Jiangxi	23513811	7489048	2611359	12990273	775408	617457.30
山 东 Shandong	47117691	10554822	6781089	26460863	1928064	117716.68
河 南 henan	41864696	7606125	5877487	33454411	2223761	1450315.51
湖 北 Hubei	22667886	4897317	2939475	17893817	1096129	341634.89
湖 南 Hunan	27297051	5620032	3189260	14976381	941461	411382.14
广 东 Guangdong	29685794	9016069	5306044	24666178	1341083	974738.00
广 西 Guangxi	24425651	4937604	2440422	13415805	1460967	505158.90
海 南 Hainan	3027717	744599	535752	1559879	58457	42771.04
重 庆 Chongqing	10419088	2547422	1650184	6389781	518467	393890.17
四 川 Sichuan	24722045	4778554	3947254	16746588	1360271	43503.04
贵 州 Guizhou	7970323	1916475	1157502	5142056	422769	318023.80
云 南 Yunnan	15136552	3146897	1682268	9596894	484894	18736.33
西 藏 Tibet	794965	115060	30834	124562	1000	100.00
陕 西 Shaanxi	15496445	2222158	2089921	9860341	853205	256853.01
甘 肃 Gansu	11414942	1866860	1533270	6456087	386345	147421.96
青 海 Qinghai	2085417	294677	304819	829629	40461	1171.00
宁 夏 Ningxia	4271296	1168001	351620	1142943	316605	6459.00
新 疆 Xinjiang	11533970	2486158	1418792	5259986	477353	85495.94

资产情况(学校产权)
Vocational Schools (Institutions) (Owned by SVSs)

拥有教学用计算机(台) No. of Computers Used for Instruction	语音实验室座位数(个) No. of Seats in Audio-Labs	多媒体教室座位数(个) No. of Seats in Multi-media Class rooms	上网课程数(门) No. of Web-Based Courses	固定资产值(万元) Fixed Assets (10,000 yuan)		
				合 计 Total	其中:教学、科研仪器设备资产 of Which:Teaching Equipment & Instruments	
					计 Total	当年新增 Added in Current Year
2322847	**532021**	**3371941**	**74744**	**21585342.05**	**4076383.55**	**627142.58**
43162	4827	107392	787	423493.27	124702.56	22767.40
25363	3215	28650	738	219345.13	54793.47	7283.56
140581	37408	235524	1157	982165.89	195664.05	40120.04
53909	15673	77686	920	413075.66	78974.24	12586.59
32388	9453	46737	2389	281007.09	48273.98	12681.97
73916	15759	74887	1133	626019.29	140621.84	16293.48
34144	10701	51393	863	326603.38	64346.64	11723.84
38926	10592	44088	2928	306977.57	64137.54	8680.01
53386	7545	42139	186	629735.62	150313.79	17042.44
164586	35651	285206	3515	2226111.57	370115.67	44171.56
116413	15567	210689	3724	1226837.96	239270.57	32829.87
93247	23386	122481	5973	887174.01	157768.30	31011.50
75099	13295	134629	1860	603413.44	127046.99	15419.16
76852	19627	94410	1746	675592.10	111963.89	19152.83
147675	47189	239474	4512	1831099.32	274028.02	36970.53
170551	45314	249791	8659	1288521.39	240739.31	40426.22
104444	25134	119832	9177	891173.84	145806.98	21487.36
119693	33706	127511	7642	957306.80	163210.56	22462.10
211621	38103	409262	2422	2209084.00	442158.00	62813.00
90587	18020	116238	2708	634046.40	172440.50	32840.91
12847	3885	26987	879	180525.15	27537.75	5932.89
57683	10333	90086	1290	569017.33	97414.75	12200.54
131702	28745	132350	4196	994342.35	178552.19	32699.94
41657	8209	55746	730	298069.08	69180.14	19841.99
62926	12499	75388	122	525436.07	75801.79	13866.69
918	140	2310	5	19517.48	2159.45	237.94
65149	17472	70752	2177	524425.81	105284.04	11517.63
42408	9366	46461	1415	345329.83	72154.27	9785.3
9503	1530	5843	555	56535.45	13377.2	1398.59
8007	1864	6063	109	100078.07	15162.7	3401.04
23504	7813	41936	227	333281.7	53382.37	7495.66

中等职业学校(机构)资产情况

Condition of Fixed Assets and Teaching Resources in Secondary

地　区 Region	学校占地面积(平方米) Area of School Sites (m^2)			图书音像资料情况 Audio-visual ed. Resources		
	计 Total	其中:绿化用地面积 of Which: Green Areas	其中:运动场地面积 of Which: Sports Areas	一般图书(万册) Books & Magazines in Libraries(10,000 Volume) 计 Total	一般图书(万册) Books & Magazines in Libraries(10,000 Volume) 当年新增 Added in Current Year	电子图书(GB) Electronic Books & Magazines in Libraries (GB)
合　计 Total	**51893306**	**10232071**	**8352188**	**7077093**	**644445**	
北　京 Beijing	281189	71079	49592	134920	3314	
天　津 Tianjin	1152921	36567	72706	177926		
河　北 Hebei	3534831	330166	563972	612646	51418	
山　西 Shanxi	1489342	158985	195318	81000	2000	
内蒙古 Inner Mongolia	1814699	250575	221828	138841	16031	
辽　宁 Liaoning	920944	148383	236276	67216	2216	
吉　林 Jilin	891906	134778	206781	226815	191300	
黑龙江 Heilongjiang	691058	80754	189867	144987	2089	
上　海 Shanghai	186459	48128	38442	43799	1220	
江　苏 Jiangsu	909478	218249	132600	40080	735	
浙　江 Zhejiang	1529127	377815	279666	94063	1980	
安　徽 Anhui	799507	133211	132572	104861	27010	
福　建 Fujian	1197422	358963	222694	62877	1769	
江　西 Jiangxi	2114521	701781	296247	158016	17100	
山　东 Shandong	4243943	1262564	542016	407761	22610	
河　南 henan	3852314	582745	781988	639465	71616	
湖　北 Hubei	2185593	394928	373144	270230	8300	
湖　南 Hunan	2452017	561224	398022	459478	49550	
广　东 Guangdong	3475997	749462	649526	473571	66948	
广　西 Guangxi	3942109	683986	332228	610940	16000	
海　南 Hainan	302876	8828	35176	6900	300	
重　庆 Chongqing	718621	168225	104190	363550	12239	
四　川 Sichuan	5354948	1145762	876997	823118	31786	
贵　州 Guizhou	1182715	228425	212654	209010	1188	
云　南 Yunnan	2517979	665455	269409	70840	16000	
西　藏 Tibet						
陕　西 Shaanxi	2476946	361951	447679	489846	13313	
甘　肃 Gansu	1025627	127289	382167	74100	16413	
青　海 Qinghai	39310	1860	13018	33126		
宁　夏 Ningxia	25474	9725	1756			
新　疆 Xinjiang	583433	230208	93657	57111		

（非学校产权中独立使用）

Vocational Schools (Institutions) (Not Owned by SVSs)

拥有教学用计算机（台） No. of Computers Used for Instruction	语音实验室座位数（个） No. of Seats in Audio-Labs	多媒体教室座位数（个） No. of Seats in Multi-media Class rooms	上网课程数（门） No. of Web-Based Courses	固定资产值（万元） Fixed Assets (10,000 yuan)		
				合　计 Total	其中：教学、科研仪器设备资产 of Which: Teaching Equipment & Instruments	
					计 Total	当年新增 Added in Current Year
71694	**20510**	**75072**		**669041.74**	**157996.36**	**19344.26**
771	184	2385		10766.29	1652.10	655.61
1468	288	2245		5177.00	1007.00	94.00
6240	2553	8288		38757.70	3470.30	1212.60
1603	300	698		26977.17	1158.00	118.00
795	543	1580		4217.55	478.77	55.47
430	123	1719		21830.46	1815.26	606.00
3541	1132	2104		5132.36	2588.04	773.53
1479	607	1273		23100.20	6039.10	1174.60
992	207	1134		1298.27	451.00	
807	203	296		16280.71	479.00	20.00
1366	177	1591		10415.99	587.47	45.38
1256	341	671		17250.00	4512.00	842.00
564	31	1107		10239.25	765.15	61.78
2170	386	2255		16882.40	1620.38	156.05
2859	1133	3765		43152.45	75046.38	1473.65
17291	2837	10946		66825.71	8167.41	2595.00
2138	574	5709		23488.85	3417.00	671.50
4965	2278	4557		40160.64	6000.67	607.32
7332	1504	9152		70825.00	8271.00	1556.00
1924	379	1070		18529.54	4834.33	1381.32
446	178	948		8307.00	1924.00	
662	204	1422		22499.79	1082.78	672.15
3218	1076	2623		87388.6	13404.94	2722.6
1538	650	2060		10898.3	1293.2	309.6
1041	444	703		5132.28	1100.14	538.03
3190	1588	3616		23503.12	3552.37	545.99
714	500	305		8064.18	1359.44	356.08
180		80		2394	235	100
714	90	770		29546.93	1684.13	

普通中专学校资产情
Condition of Fixed Assets and Teaching

地 区 Region	学校占地面积(平方米) Area of School Sites (m^2)			图书音像资料情况 Audio-visual ed. Resources		
	计 Total	其中:绿化用地面积 of Which: Green Areas	其中:运动场地面积 of Which: Sports Areas	一般图书(万册) Books & Magazines in Libraries(10,000 Volume) 计 Total	当年新增 Added in Current Year	电子图书(GB) Electronic Books & Magazines in Libraries (GB)
合 计 Total	**251146927**	**56186548**	**35153378**	**180090541**	**10557301**	**4652354.78**
北 京 Beijing	1706099	425387	399214	1961218	41773	22568.07
天 津 Tianjin	3073478	315028	449633	2949143	32995	11626.00
河 北 Hebei	9315996	1680801	1805539	8738608	709524	18466.09
山 西 Shanxi	5199548	709370	578731	4630859	238979	25204.20
内蒙古 Inner Mongolia	5496322	793218	596126	2571689	210216	181005.50
辽 宁 Liaoning	5433737	1023693	1348434	5621350	97830	8286.39
吉 林 Jilin	2289518	477290	478116	1942120	17110	3117.90
黑龙江 Heilongjiang	2754776	454510	420468	2608994	141707	11148.65
上 海 Shanghai	2096086	721452	438346	4054130	121198	67908.81
江 苏 Jiangsu	19491287	5393343	2671140	13820739	1092613	310747.47
浙 江 Zhejiang	3130679	888021	461635	1980526	104709	6654.10
安 徽 Anhui	12066797	2441363	1444220	5835723	317351	525721.40
福 建 Fujian	12591682	3375406	2297780	10127750	712075	334712.84
江 西 Jiangxi	6202939	1996128	757947	3806789	172187	96701.50
山 东 Shandong	23482518	4401525	3078247	13474366	570819	85159.00
河 南 henan	16183384	3491302	2024012	13949554	833175	662905.03
湖 北 Hubei	16482158	3658191	2140119	13035736	602625	257431.19
湖 南 Hunan	2636609	800182	472478	2640057	31892	167608.00
广 东 Guangdong	22652037	7234853	3970028	19564115	1083465	665163.00
广 西 Guangxi	24424261	4936904	2439732	13409305	1460967	505158.90
海 南 Hainan	1441963	332588	208799	838815	21139	19835.04
重 庆 Chongqing	1941405	573136	262085	1346884	49900	25243.70
四 川 Sichuan	12841231	2566724	1940493	9865436	634185	23664.76
贵 州 Guizhou	4235142	1131652	654533	2900889	204606	244286.70
云 南 Yunnan	6708558	1446208	746934	5872274	201228	11723.79
西 藏 Tibet	794965	115060	30834	124562	1000	100.00
陕 西 Shaanxi	5782723	698320	490819	2793530	224125	177606.05
甘 肃 Gansu	9016888	1572901	1062072	5102818	288990	120572.08
青 海 Qinghai	1908186	292717	287752	704946	36416	1141.00
宁 夏 Ningxia	2132438	562198	183920	649862	165575	5132.00
新 疆 Xinjiang	7633517	1677077	1013192	3167754	136927	55755.62

况(学校产权)
Resources in SSSs (Owned by SVSs)

拥有教学用计算机(台) No. of Computers Used for Instruction	语音实验室座位数(个) No. of Seats in Audio-Labs	多媒体教室座位数(个) No. of Seats in Multi-media Class rooms	上网课程数(门) No. of Web-Based Courses	固定资产值(万元) Fixed Assets (10,000 yuan)		
				合计 Total	其中:教学、科研仪器设备资产 of Which:Teaching Equipment & Instruments	
					计 Total	当年新增 Added in Current Year
1148210	**251751**	**1862809**	**31112**	**11612322.09**	**2255519.27**	**324653.73**
14784	1696	46355	363	194827.44	59147.84	7249.07
16453	2190	24020	245	179317.22	39915.75	6218.98
60884	18041	103129	572	416631.63	93336.62	21036.03
21862	6724	38164	374	230843.85	44676.78	7395.59
12971	2951	22360	965	111628.98	20041.01	5839.39
36878	5994	47155	477	340658.71	75105.37	7267.76
9535	3149	12842	311	96461.00	16296.68	1890.51
13255	3771	20637	286	124559.58	26052.68	3516.42
30897	4811	24773	91	415442.36	94795.38	8271.68
98432	19822	184508	1692	1518437.94	247893.61	31425.83
15998	1595	32172	512	231036.74	41746.52	7191.78
33514	6984	47314	3214	319689.69	62618.39	11014.19
74913	13239	134467	1860	599620.72	126965.99	15419.16
25497	5986	36614	294	310845.31	54148.61	7758.68
70229	24986	133830	1747	964212.43	143835.02	18462.28
58127	12878	111203	1376	551412.29	102958.89	14087.16
79479	18438	88616	6195	676775.15	108763.48	13748.76
11992	3134	18380	207	155722.60	25574.61	2567.16
165269	30391	334983	1833	1643997.00	341934.00	48012.00
90587	18020	116238	2708	633997.40	172440.50	32840.91
6935	1751	11321	580	71201.16	12451.58	2688.40
9940	803	19176	182	106404.76	19098.67	1414.19
68329	17235	81505	2288	515320.79	94494.82	15596.82
21178	5299	33328	438	163674.48	39768.91	11508.63
27312	6190	40579	57	292942.83	40182.8	4347.66
918	140	2310	5	19517.48	2159.45	237.94
15206	2618	23915	861	175963.45	33181.13	3056.42
28481	6032	32902	638	256104.84	52616.63	6965.42
9271	965	5394	554	51499.85	13029.4	1167.19
3707	1475	4497	70	72543.16	11781.04	2344.55
15377	4443	30122	117	171031.25	38507.11	4113.17

普通中专学校资产情况(非
Condition of Fixed Assets and Teaching

地　区 Region	学校占地面积(平方米) Area of School Sites (m^2)			图书音像资料情况 Audio-visual ed. Resources		
	计 Total	其中:绿化用地面积 of Which: Green Areas	其中:运动场地面积 of Which: Sports Areas	一般图书(万册) Books & Magazines in Libraries(10,000 Volume) 计 Total	当年新增 Added in Current Year	电子图书(GB) Electronic Books & Magazines in Libraries (GB)
合　计 Total	**26125543**	**4458811**	**3903857**	**2996431**	**164014**	
北　京 Beijing	72065	11250	19740	13527		
天　津 Tianjin	892738	28290	19900	67784		
河　北 Hebei	2071454	210738	330692	190996	28198	
山　西 Shanxi	686972	69180	67687			
内蒙古 Inner Mongolia	1605077	191604	171530	126641	15831	
辽　宁 Liaoning	217029	27544	52585	31250		
吉　林 Jilin	114700	16000	37800	200		
黑龙江 Heilongjiang	306633	38850	63640	23000		
上　海 Shanghai	180719	47868	37495	32299	1220	
江　苏 Jiangsu	494286	105700	92159	37530	735	
浙　江 Zhejiang	363905	113383	114933	7500	500	
安　徽 Anhui	30869	5850	7200			
福　建 Fujian	1197422	358963	222694	62877	1769	
江　西 Jiangxi	296864	81969	41925			
山　东 Shandong	1459198	324786	224858	83356	20000	
河　南 henan	311468	32758	71120	61200	200	
湖　北 Hubei	1997233	362027	324529	222630	4200	
湖　南 Hunan						
广　东 Guangdong	2972880	538818	570288	442971	59198	
广　西 Guangxi	3942109	683986	332228	610940	16000	
海　南 Hainan	212296	1860	17576	4200.00	300.00	
重　庆 Chongqing	63698	20439	18168	237166		
四　川 Sichuan	4325545	853381	676544	626019	12863	
贵　州 Guizhou	295807	60394	79760	10500		
云　南 Yunnan	534956	89150	88028	15000		
西　藏 Tibet						
陕　西 Shaanxi	804137	64042	106916			
甘　肃 Gansu	400692	67500	84090	50000	3000	
青　海 Qinghai	32650	860	11018	1126		
宁　夏 Ningxia	21960	7245	1256			
新　疆 Xinjiang	220181	44376	17498	37719		

学校产权中独立使用）

Resources in SSSs (Not Owned by SVSs)

拥有教学用计算机（台）No. of Computers Used for Instruction	语音实验室座位数（个）No. of Seats in Audio-Labs	多媒体教室座位数（个）No. of Seats in Multi-media Class rooms	上网课程数（门）No. of Web-Based Courses	固定资产值（万元）Fixed Assets (10,000 yuan)		
				合计 Total	其中：教学、科研仪器设备资产 of Which: Teaching Equipment & Instruments	
					计 Total	当年新增 Added in Current Year
23746	**6976**	**31027**		**315251.65**	**39469.52**	**9893.67**
40	54	640		5720.00		
355	48			1223.00	154.00	
3668	1765	5233		17576.84	1580.10	1072.60
291		100		16211.31	392.00	29.00
555	542	1389		1869.92	358.54	55.47
82		1556		8487.20	591.00	591.00
355	400	811		6855.00	1139.00	439.00
672	207	424		1298.27	451.00	
222	98	176		2805.76	80.00	20.00
46	170	210				
164						
564	31	1107		10239.25	765.15	61.78
260	50	70		3642.05	1659.05	879.75
1250	130	170		6147.64	265.00	
1735	384	5588		21022.85	2826.00	242.00
				273.90	273.90	
6605	1342	8298		66362.00	7878.00	1511.00
1924	379	1070		18529.54	4834.33	1381.32
366	128	888		360.00		
120	50	500		13329.79	832.78	662.15
2180	660	1457		73843.8	12422.94	2668.6
460	208	330		5380	450	100
465	120	120		450	95	20
390	50	90		2100		
280	70	80		3842.6	1000	160
120				70	35	
577	90	720		27610.93	1386.73	

地　区 Region	学校占地面积(平方米) Area of School Sites (m^2)			图书音像资料情况 Audio-visual ed. Resources		
	计 Total	其中:绿化用地面积 of Which: Green Areas	其中:运动场地面积 of Which: Sports Areas	一般图书(万册) Books & Magazines in Libraries(10,000 Volume) 计 Total	当年新增 Added in Current Year	电子图书(GB) Electronic Books & Magazines in Libraries (GB)
合　计 Total	**25247848**	**4617363**	**3713393**	**24611332**	**1257300**	**420068.49**
北　京 Beijing	131912	10290	15076	92044	4689	1211.50
天　津 Tianjin	78157	4480	6300	253849	2160	560.00
河　北 Hebei	1508110	161178	272931	1731135	64132	4123.79
山　西 Shanxi	436709	54410	53536	638345	16441	1277.50
内蒙古 Inner Mongolia	734460	138128	110734	790863	59346	21931.00
辽　宁 Liaoning	41457	3230	12177	183350	28045	560.00
吉　林 Jilin	653673	93296	115783	1623137	21859	6388.00
黑龙江 Heilongjiang	2003159	291907	302230	1127008	43609	3278.45
上　海 Shanghai	123806	33508	14337	293338	1329	27.00
江　苏 Jiangsu	2085702	323167	170449	1310901	58357	4345.21
浙　江 Zhejiang	555374	101618	90279	838982	17702	1304.24
安　徽 Anhui	825916	197589	148021	1102949	123335	105119.50
福　建 Fujian						
江　西 Jiangxi	655609	120116	78098	1088497	7929	25024.00
山　东 Shandong	2685616	521498	551352	1661970	68754	2293.70
河　南 henan	4562436	670114	674266	5182725	341954	44919.38
湖　北 Hubei	1394316	280351	199002	648789	131935	69309.70
湖　南 Hunan	2244850	617191	295327	1472721	79080	5041.00
广　东 Guangdong	616233	301231	115513	363918	799	962.00
广　西 Guangxi						
海　南 Hainan	51552	7303	4182	31205	300	
重　庆 Chongqing	989056	211094	153732	1053313	44909	53491.00
四　川 Sichuan	485042	61095	74988	555786	26083	2051.82
贵　州 Guizhou	293857	54093	43809	584625	27500	26530.00
云　南 Yunnan	921104	152480	86037	847204	21714	890.00
西　藏 Tibet						
陕　西 Shaanxi	270756	40844	34052	350128	11206	9103.70
甘　肃 Gansu	285471	77788	31473	213482	22421	1900.00
青　海 Qinghai	23563	910	1200	111287		
宁　夏 Ningxia	44770	5435	9390	60486	3100	
新　疆 Xinjiang	545182	83019	49119	399295	28612	28426.00

况(学校产权)

Resources in Adult SSSs(Owned by SVSs)

拥有教学用计算机(台) No. of Computers Used for Instruction	语音实验室座位数(个) No. of Seats in Audio-Labs	多媒体教室座位数(个) No. of Seats in Multi-media Class rooms	上网课程数(门) No. of Web-Based Courses	固定资产值(万元) Fixed Assets (10,000 yuan)		
				合计 Total	其中:教学、科研仪器设备资产 of Which:Teaching Equipment & Instruments	
					计 Total	当年新增 Added in Current Year
150079	**45974**	**218394**	**10391**	**1078761.67**	**186230.81**	**23582.47**
1387	276	3087	30	9794.92	3540.40	334.12
2412	238	1580	449	7328.15	2055.95	115.18
14354	6392	28276	111	67405.99	11284.49	1184.47
4481	927	4744	294	15487.50	2958.26	242.80
3530	1702	3870	925	15873.04	2924.71	491.70
913	144	588	5	5266.10	1238.00	56.30
3282	2014	8846	176	32675.80	7174.22	1561.26
7465	1808	8031	555	53927.77	12533.68	1276.23
2706	468	4282	50	15402.00	4277.20	226.65
7548	1793	15590	79	71881.24	10841.79	918.88
5853	1846	16149	728	45937.06	7029.00	688.74
6508	1870	7056	1516	49023.55	7278.55	1206.78
2677	1183	4483	416	14705.32	2568.50	250.90
10201	3540	18214	453	140923.79	17841.70	1390.06
26624	8400	37307	853	185698.67	32240.95	3716.67
3676	869	4332	2103	41379.43	7531.04	2140.32
12153	4576	11092	532	67600.26	9291.18	1252.28
2896	627	4202	57	27456.00	6645.00	948.00
381	400	1210	250	3787.00	661.00	7.00
8996	1867	12874	188	79467.9	9723.93	841.69
4932	1204	4001	91	28203.45	4089.17	674.17
2494	360	3198	27	21198.98	6109.7	1347
6684	1752	9155	2	29993.31	5231.25	1134.74
2377	648	2457	338	15001.84	5204.04	294
1814	220	1664	101	10968.37	3223.23	777.82
80	540	55		2157		
1103		280		901.22	223.82	43.22
2552	310	1771	62	19316.01	2510.05	461.49

成人中专学校资产情况(非
Condition of Fixed Assets and Teaching

地 区 Region	学校占地面积(平方米) Area of School Sites (m^2)			图书音像资料情况 Audio-visual ed. Resources		
	计 Total	其中:绿化用地面积 of Which: Green Areas	其中:运动场地面积 of Which: Sports Areas	一般图书(万册) Books & Magazines in Libraries(10,000 Volume)		电子图书(GB) Electronic Books & Magazines in Libraries (GB)
				计 Total	当年新增 Added in Current Year	
合 计 Total	**4045041**	**723462**	**787083**	**993345**	**145295**	
北 京 Beijing	8252	1000	1500	30000	500	
天 津 Tianjin	6794	5	1480			
河 北 Hebei	394151	52280	28893	59800	1020	
山 西 Shanxi	9175	675	3825	9000		
内蒙古 Inner Mongolia	6970	2340	4630			
辽 宁 Liaoning	1410			12000	1000	
吉 林 Jilin	40179	21246	5273	25555	23000	
黑龙江 Heilongjiang	125488	11896	45970	47714	1689	
上 海 Shanghai	1240			1500		
江 苏 Jiangsu	76391	21650	1800			
浙 江 Zhejiang	6150	120				
安 徽 Anhui	107140	18060	19635	40000	23000	
福 建 Fujian						
江 西 Jiangxi	22509	2300	1270	17150		
山 东 Shandong	543341	53750	68643	63370	50	
河 南 henan	1232382	145203	181145	298285	51136	
湖 北 Hubei	13935	1001	1315	2000		
湖 南 Hunan	293438	63910	70258	107300	31800	
广 东 Guangdong	17500	1210	5500	500		
广 西 Guangxi						
海 南 Hainan						
重 庆 Chongqing	156886	65550	26675	101567	1100	
四 川 Sichuan	607613	209666	105602	78334	10000	
贵 州 Guizhou	91903	31100	13700	8500		
云 南 Yunnan	17667	300	2599	2020	1000	
西 藏 Tibet						
陕 西 Shaanxi	56862	11000	6000	56750		
甘 肃 Gansu	200471	8200	189370			
青 海 Qinghai	6660	1000	2000	32000		
宁 夏 Ningxia	534					
新 疆 Xinjiang						

学校产权中独立使用）
Resources in Adult SSSs (Not Owned by SVSs)

拥有教学用计算机(台) No. of Computers Used for Instruction	语音实验室座位数(个) No. of Seats in Audio-Labs	多媒体教室座位数(个) No. of Seats in Multi-media Class rooms	上网课程数(门) No. of Web-Based Courses	固定资产值(万元) Fixed Assets (10,000 yuan)		
				合 计 Total	其中:教学、科研仪器设备资产 of Which:Teaching Equipment & Instruments	
					计 Total	当年新增 Added in Current Year
17106	**2932**	**16255**		**91376.90**	**15087.88**	**3012.95**
260	130	395		1164.00	364.00	304.00
		2080		470.00	305.00	
1192	258	1285		13437.00	1337.60	60.00
73				1115.80	508.00	30.00
				200.00	40.00	5.00
104		41		722.40	20.00	
418	1	35		13639.30	4333.00	643.00
250		690				
130				6465.00	65.00	
118		50		3359.00	706.00	620.00
74	1	48		1116.40	298.00	
384	312	580		5440.20	1206.90	28.90
11564	1146	7857		26836.10	3196.21	802.20
60				941.00		
940	178	1116		2018.74	809.67	139.82
				1091.00	170.00	10.00
283	46	722		3790	170	10
838	246	1016		2888	461	1
110	50	50		1006		
242	54	160		956.04	125.9	109.03
6	80	50		2272.92	676.6	150
	430			95	95	
60		80		2324	200	100
				29		

职业高中学校资产情

Condition of Fixed Assets and Teaching Resources

地　区 Region	学校占地面积(平方米) Area of School Sites (m^2)			图书音像资料情况 Audio-visual ed. Resources		
	计 Total	其中:绿化用地面积 of Which: Green Areas	其中:运动场地面积 of Which: Sports Areas	一般图书(万册) Books & Magazines in Libraries(10,000 Volume)		电子图书(GB) Electronic Books & Magazines in Libraries (GB)
				计 Total	当年新增 Added in Current Year	
合　计 Total	**222123468**	**46077957**	**35458705**	**122737368**	**9632954**	**3535021.23**
北　京 Beijing	3541770	497336	628152	3123187	60046	13790.49
天　津 Tianjin	710032	80807	184450	1288244	68541	4824.75
河　北 Hebei	13913538	2199204	2743534	8191677	458781	26651.70
山　西 Shanxi	6405905	813967	1087450	3176004	158771	11864.80
内蒙古 Inner Mongolia	5779872	766010	1103639	2005491	234809	123066.20
辽　宁 Liaoning	6024367	647946	1477795	4098083	119767	5898.08
吉　林 Jilin	4211299	649147	1008693	2384968	159146	16525.00
黑龙江 Heilongjiang	5570864	827928	1151289	1784836	103915	9618.59
上　海 Shanghai	1218194	324465	290447	1998040	67196	13818.50
江　苏 Jiangsu	10717725	2620877	1666627	7362616	633215	150564.54
浙　江 Zhejiang	14988562	4433739	2987645	11030486	383366	411711.16
安　徽 Anhui	17630530	3693333	2526198	6060638	436464	450536.37
福　建 Fujian						
江　西 Jiangxi	16197481	5291332	1689278	6639815	562279	473511.80
山　东 Shandong	18006649	5151958	2946606	10209680	1269243	27658.98
河　南 henan	20114393	3219784	3079394	13733591	1028514	741480.10
湖　北 Hubei	4037564	683140	522806	2108597	277587	11988.00
湖　南 Hunan	21449079	3952980	2333815	10143753	810868	238279.14
广　东 Guangdong	5694876	1287903	1061512	3980576	234984	303775.00
广　西 Guangxi						
海　南 Hainan	1521832	404708	322391	688859	37018	22936.00
重　庆 Chongqing	6235040	1396589	1065167	3002356	387635	312225.47
四　川 Sichuan	10745571	2019208	1855833	5861845	615423	16463.96
贵　州 Guizhou	3335703	704010	429142	1559832	176013	45197.10
云　南 Yunnan	7359101	1500155	830029	2640062	196202	6012.54
西　藏 Tibet						
陕　西 Shaanxi	9410249	1477294	1554600	6670843	617874	70122.76
甘　肃 Gansu	2104177	214036	437541	1122261	72508	24849.88
青　海 Qinghai	153668	1050	15867	13396	4045	30.00
宁　夏 Ningxia	1729356	502277	107040	284695	146930	306.00
新　疆 Xinjiang	3316071	716774	351765	1572937	311814	1314.32

况(学校产权)

Resources in Vocational High Schools (Owned by SVSs)

拥有教学用计算机(台) No. of Computers Used for Instruction	语音实验室座位数(个) No. of Seats in Audio-Labs	多媒体教室座位数(个) No. of Seats in Multi-media Class rooms	上网课程数(门) No. of Web-Based Courses	固定资产值(万元) Fixed Assets (10,000 yuan)		
				合计 Total	其中:教学、科研仪器设备资产 of Which: Teaching Equipment & Instruments	
					计 Total	当年新增 Added in Current Year
955001	**213303**	**1138189**	**30622**	**8034033.16**	**1499701.74**	**255533.30**
25546	2659	51144	280	186947.47	51965.49	11156.13
6498	787	3050	44	32699.76	12821.77	949.40
59187	11110	82129	435	418723.02	81046.82	14447.72
27325	7922	34408	251	162062.91	30521.26	4898.20
15834	4800	20347	487	153262.37	25274.26	6316.88
36125	9621	27144	651	280094.48	64278.47	8969.42
19168	4464	24949	366	158597.57	33573.37	8082.35
17788	4933	15030	2086	124222.29	24928.68	3847.36
19783	2266	13084	45	198891.26	51241.21	8544.11
48223	11783	63369	1065	511596.84	96841.58	10576.43
88519	10981	152066	2061	885122.20	182054.50	24039.58
46676	10734	49039	1117	437840.13	72944.55	15172.69
45970	11638	51534	1024	317764.90	51659.78	10716.25
62620	17005	78260	2004	647888.93	101522.89	16100.53
83659	23018	97903	6244	515359.34	98562.43	22081.54
17849	4985	19272	853	135399.59	22084.46	4190.09
90171	25077	92590	6573	681533.04	118049.17	17249.66
37826	5672	56839	407	463255.00	84730.00	12527.00
5491	1734	14388	49	103771.99	13830.17	3237.49
32262	6168	39685	862	315540.44	56395.4	8316.16
55749	9292	43022	1753	431178.81	77684.93	16129.04
17245	2150	18264	195	110277.96	22688.55	6959.36
27973	4061	23653	63	188456.35	28071.53	6914.39
47437	14134	44158	967	332658.51	66733.87	8162.19
11974	3114	11679	661	77078.62	15838.91	2042.06
152	25	394	1	2878.6	347.8	231.4
2426	165	956	31	19177.32	1939.92	754.87
5525	3005	9833	47	141753.46	12069.97	2921

职业高中学校资产情况(非
Condition of Fixed Assets and Teaching Resources

地　区 Region	学校占地面积(平方米) Area of School Sites (m^2)			图书音像资料情况 Audio-visual ed. Resources		
	计 Total	其中:绿化用地面积 of Which: Green Areas	其中:运动场地面积 of Which: Sports Areas	一般图书(万册) Books & Magazines in Libraries(10,000 Volume)		电子图书(GB) Electronic Books & Magazines in Libraries (GB)
				计 Total	当年新增 Added in Current Year	
合　计 Total	**19863949**	**4280673**	**3430956**	**2888682**	**334326**	
北　京 Beijing	200872	58829	28352	91393	2814	
天　津 Tianjin	253389	8272	51326	110142		
河　北 Hebei	792176	66848	163454	361850	22200	
山　西 Shanxi	763235	79130	115926	69600	2000	
内蒙古 Inner Mongolia	202652	56631	45668	12200	200	
辽　宁 Liaoning	702505	120839	183691	23966	1216	
吉　林 Jilin	732027	97532	163708	201060	168300	
黑龙江 Heilongjiang	258937	30008	80257	74273	400	
上　海 Shanghai	4500	260	947	10000		
江　苏 Jiangsu	290179	83099	25651			
浙　江 Zhejiang	1084892	259606	147383	86003	920	
安　徽 Anhui	649469	108761	101935	64661	3960	
福　建 Fujian						
江　西 Jiangxi	1781548	616612	249152	140866	17100	
山　东 Shandong	1492403	328124	216401	79110	2560	
河　南 henan	2235097	382184	497223	278980	20280	
湖　北 Hubei	174425	31900	47300	45600	4100	
湖　南 Hunan	2148589	495316	327098	352178	17750	
广　东 Guangdong	458272	192957	72738	30100	7750	
广　西 Guangxi						
海　南 Hainan	90580	6968	17600	2700		
重　庆 Chongqing	240437	24192	29597	24817	11139	
四　川 Sichuan	421530	82715	94851	118765	8923	
贵　州 Guizhou	765932	135607	110929	190010	1188	
云　南 Yunnan	1718040	490953	140540	43820	14800	
西　藏 Tibet						
陕　西 Shaanxi	1615947	286909	334763	433096	13313	
甘　肃 Gansu	423064	50589	108307	24100	13413	
青　海 Qinghai						
宁　夏 Ningxia						
新　疆 Xinjiang	363252	185832	76159	19392		

学校产权中独立使用）
in Vocational High Schools (Not Owned by SVSs)

拥有教学用计算机(台) No. of Computers Used for Instruction	语音实验室座位数(个) No. of Seats in Audio-Labs	多媒体教室座位数(个) No. of Seats in Multi-media Class rooms	上网课程数(门) No. of Web-Based Courses	固定资产值(万元) Fixed Assets (10,000 yuan)		
				合　计 Total	其中:教学、科研仪器设备资产 of Which: Teaching Equipment & Instruments	
					计 Total	当年新增 Added in Current Year
29240	**10256**	**26511**		**243654.19**	**31943.13**	**6317.64**
471		1350		3882.29	1288.10	351.61
1113	240	165		3484.00	548.00	94.00
1380	530	1770		7743.86	552.60	80.00
1082	140	530		9454.06	215.00	59.00
240	1	191		2347.63	120.23	
348	123	163		13143.26	1184.26	10.00
3437	1132	2063		4409.96	2568.04	773.53
636	206	357		2515.90	527.10	52.60
70		20				
150		60		6082.95		
1125	6	1280		10406.99	583.47	45.38
969	341	621		13361.00	3351.00	147.00
2096	385	2207		15616.00	1282.38	151.05
1545	691	2135		18636.20	1966.60	565.00
4427	1561	2919		33739.97	4670.20	1792.80
343	190	121		1475.00	576.00	429.50
4025	2100	3441		37868.00	4917.10	467.50
727	162	854		3323.00	223.00	35.00
80	50	60		7947.00	1924.00	
259	108	200		5380	80	
200	170	150		10644.8	516	53
968	392	1680		4512.3	843.2	209.6
334	270	423		3116.24	569.24	409
2794	1458	3476		19130.2	2875.77	395.99
284		225		3526.58	264.44	196.08
137		50		1907	297.4	

地区 Region	学校占地面积(平方米) Area of School Sites (m^2)			图书音像资料情况 Audio-visual ed. Resources		
	计 Total	其中:绿化用地面积 of Which: Green Areas	其中:运动场地面积 of Which: Sports Areas	一般图书(万册) Books & Magazines in Libraries(10,000 Volume)		电子图书(GB) Electronic Books & Magazines in Libraries (GB)
				计 Total	当年新增 Added in Current Year	
合 计 Total	**16615575**	**3776304**	**2271022**	**15583669**	**684720**	**70829.10**
北 京 Beijing	233325	30300	36580	216605	7425	726.60
天 津 Tianjin						
河 北 Hebei	1267987	212165	190923	1468610	94705	5866.50
山 西 Shanxi	112903	25174	4700	97012	1000	
内蒙古 Inner Mongolia	29880	3200	7600	2400	2000	
辽 宁 Liaoning						
吉 林 Jilin	541846	172828	146690	936463	8276	362.00
黑龙江 Heilongjiang	115000	11478	8822	43975		
上 海 Shanghai						
江 苏 Jiangsu	1811183	323082	332430	1667460	37092	10007.00
浙 江 Zhejiang	1487835	348656	260384	720857	16876	2092.00
安 徽 Anhui	1487418	446983	189521	1533022	115100	10227.00
福 建 Fujian	64003	9986	14342	37012		
江 西 Jiangxi	457782	81472	86036	1455172	33013	22220.00
山 东 Shandong	2942908	479841	204884	1114847	19248	2605.00
河 南 henan	1004483	224925	99815	588541	20118	1011.00
湖 北 Hubei	753848	275635	77548	2100695	83982	2906.00
湖 南 Hunan	966513	249679	87640	719850	19621	454.00
广 东 Guangdong	722648	192082	158991	757569	21835	4838.00
广 西 Guangxi	1390	700	690	6500		
海 南 Hainan	12370		380	1000		
重 庆 Chongqing	1253587	366603	169200	987228	36023	2930.00
四 川 Sichuan	650201	131527	75940	463521	84580	1322.50
贵 州 Guizhou	105621	26720	30018	96710	14650	2010.00
云 南 Yunnan	147789	48054	19268	237354	65750	110.00
西 藏 Tibet						
陕 西 Shaanxi	32717	5700	10450	45840		20.50
甘 肃 Gansu	8406	2135	2184	17526	2426	100.00
青 海 Qinghai						
宁 夏 Ningxia	364732	98091	51270	147900	1000	1021.00
新 疆 Xinjiang	39200	9288	4716	120000		

况(学校产权)
in Other Institutions(Owned by SVSs)

拥有教学用计算机(台) No. of Computers Used for Instruction	语音实验室座位数(个) No. of Seats in Audio-Labs	多媒体教室座位数(个) No. of Seats in Multi-media Class rooms	上网课程数(门) No. of Web-Based Courses	固定资产值(万元) Fixed Assets (10,000 yuan)		
				合 计 Total	其中:教学、科研仪器设备资产 of Which:Teaching Equipment & Instruments	
					计 Total	当年新增 Added in Current Year
69557	**20993**	**152549**	**2619**	**860225.13**	**134931.73**	**23373.08**
1445	196	6806	114	31923.44	10048.83	4028.08
6156	1865	21990	39	79405.25	9996.12	3451.82
241	100	370	1	4681.40	817.94	50.00
53		160	12	242.70	34.00	34.00
2159	1074	4756	10	38869.01	7302.37	189.72
418	80	390	1	4267.93	622.50	40.00
10383	2253	21739	679	124195.55	14538.69	1250.42
6043	1145	10302	423	64741.96	8440.55	909.77
6549	3798	19072	126	80620.64	14926.81	3617.84
186	56	162		3792.72	81.00	
2708	820	1779	12	32276.57	3587.00	427.00
4625	1658	9170	308	78074.17	10828.41	1017.66
2141	1018	3378	186	36051.09	6977.04	540.85
3440	842	7612	26	37619.67	7428.00	1408.19
5377	919	5449	330	52450.90	10295.60	1393.00
5630	1413	13238	125	74376.00	8849.00	1326.00
				49.00		
40		68		1765.00	595.00	
6485	1495	18351	58	67604.23	12196.75	1628.5
2692	1014	3822	64	19639.3	2283.27	299.91
740	400	956	70	2917.66	612.98	27
957	496	2001		14043.58	2316.21	1469.9
129	72	222	11	802.01	165	5.02
139		216	15	1178	475.5	
771	224	330	8	7456.37	1217.92	258.4
50	55	210	1	1180.98	295.24	

其他机构资产情况(非学

Condition of Fixed Assets and Teaching Resources

地区 Region	学校占地面积(平方米) Area of School Sites (m^2)			图书音像资料情况 Audio-visual ed. Resources		
	计 Total	其中:绿化用地面积 of Which: Green Areas	其中:运动场地面积 of Which: Sports Areas	一般图书(万册) Books & Magazines in Libraries(10,000 Volume) 计 Total	一般图书(万册) 当年新增 Added in Current Year	电子图书(GB) Electronic Books & Magazines in Libraries (GB)
合　计 Total	**1858773**	**769125**	**230292**	**198635**	**810**	
北　京 Beijing						
天　津 Tianjin						
河　北 Hebei	277050	300	40933			
山　西 Shanxi	29960	10000	7880	2400		
内蒙古 Inner Mongolia						
辽　宁 Liaoning						
吉　林 Jilin	5000					
黑龙江 Heilongjiang						
上　海 Shanghai						
江　苏 Jiangsu	48622	7800	12990	2550		
浙　江 Zhejiang	74180	4706	17350	560	560	
安　徽 Anhui	12029	540	3802	200	50	
福　建 Fujian						
江　西 Jiangxi	13600	900	3900			
山　东 Shandong	749001	555904	32114	181925		
河　南 henan	73367	22600	32500	1000		
湖　北 Hubei						
湖　南 Hunan	9990	1998	666			
广　东 Guangdong	27345	16477	1000			
广　西 Guangxi						
海　南 Hainan						
重　庆 Chongqing	257600	58044	29750			
四　川 Sichuan	260					
贵　州 Guizhou	29073	1324	8265			
云　南 Yunnan	247316	85052	38242	10000	200	
西　藏 Tibet						
陕　西 Shaanxi						
甘　肃 Gansu	1400	1000	400			
青　海 Qinghai						
宁　夏 Ningxia	2980	2480	500			
新　疆 Xinjiang						

校产权中独立使用)
in Other Institutions (Not Owned by SVSs)

拥有教学用计算机(台) No. of Computers Used for Instruction	语音实验室座位数(个) No. of Seats in Audio-Labs	多媒体教室座位数(个) No. of Seats in Multi-media Class rooms	上网课程数(门) No. of Web-Based Courses	固定资产值(万元) Fixed Assets (10,000 yuan)		
				合 计 Total	其中:教学、科研仪器设备资产 of Which: Teaching Equipment & Instruments	
					计 Total	当年新增 Added in Current Year
1602	**346**	**1279**		**18759.00**	**71495.83**	**120.00**
157	160	68		196.00	43.00	
70		70		90.00	40.00	40.00
305	105	60		927.00	334.00	
195	1	101		9.00	4.00	
5				530.00	455.00	75.00
				150.00	40.00	5.00
670	80	980		15434.00	70213.83	
50				102.00	36.00	
				50.00	15.00	
				49.00		
				12	5	
				610	310	
150				600		

中等职业学校（机构）校舍情况（总计）
Conditions of School Buildings in Secondary Vocational Schools（Regional Aggregates）

单位：平方米

unit：m^2

	学校产权建筑面积 Floor Area of School Building Owned by HEIs				正在施工面积 Floor Area Under Construction	独立使用非学校产权建筑面积 Floor Area of School Building Not Owned by HEIs
	计 Total	其中：危房 of Which：Dilapidated Buildings	其中：当年新增 of Which：Added in Current Year	其中：被外单位借用 of Which：Floor Space Hired by Other Schools or Units		
合　计 Total	**196506862**	**6335297**	**8373438**	**432324**	**7701785**	**20793423**
北　京 Beijing	2462184	9980	58100	21207	62705	285599
天　津 Tianjin	1889314	8550	18495	1002	42733	367434
河　北 Hebei	11013571	358676	326573	26563	253979	1244914
山　西 Shanxi	5382238	118769	262907	8447	155954	530342
内蒙古 Inner Mongolia	2958374	478740	229510	312	246135	494818
辽　宁 Liaoning	5247533	18650	35937	2297	153092	574597
吉　林 Jilin	3036696	129889	34944	3246	63910	612229
黑龙江 Heilongjiang	3071299	97951	40723		112375	452266
上　海 Shanghai	2629818		25157	25682	76287	247471
江　苏 Jiangsu	15349054	4653	450272	35582	477399	273670
浙　江 Zhejiang	9258277	17103	365829	18294	238450	798102
安　徽 Anhui	8945411	352890	525154	110056	467158	312219
福　建 Fujian	5150005	49905	226941	2030	286174	651528
江　西 Jiangxi	6891534	185656	156659	9579	158571	660647
山　东 Shandong	16669036	94563	500929	26664	526934	1100341
河　南 henan	16636293	412561	409034	10277	553435	1635689
湖　北 Hubei	9520234	195403	349751	6992	166781	875928
湖　南 Hunan	9664636	226152	232949	3769	245623	1222625
广　东 Guangdong	13943074	130260	392721	7427	495826	1757740
广　西 Guangxi	7631870	166632	508799	24581	325801	1100699
海　南 Hainan	1403256	38198	57685	6734	100658	124827
重　庆 Chongqing	4819273	36754	155473	108	261674	491475
四　川 Sichuan	9533732	573005	1718301	13632	675409	2697902
贵　州 Guizhou	3324415	35944	164202	10972	162121	450723
云　南 Yunnan	4762529	1199265	289058	26258	246352	600423
西　藏 Tibet	194655	739	17046		5111	
陕　西 Shaanxi	6380055	116870	198497	21990	299195	846254
甘　肃 Gansu	3887413	1031537	289398	1193	207868	291477
青　海 Qinghai	647778	93326	105659		15665	30535
宁　夏 Ningxia	774922		74296		197088	16795
新　疆 Xinjiang	3428383	152676	152439	7430	421322	44154

普通中专学校校舍情况

Conditions of School Buildings in Specialized Sec. Schools

单位:平方米

unit: m^2

	学校产权建筑面积 Floor Area of School Building Owned by HEIs				正在施工面积 Floor Area Under Construction	独立使用非学校产权建筑面积 Floor Area of School Building Not Owned by SVSs
	计 Total	其中:危房 of Which: Dilapidated Buildings	其中:当年新增 of Which: Added in Current Year	其中:被外单位借用 of Which: Floor Space Hired by Other Schools or Units		
合 计 Total	**102736474**	**2910735**	**4325074**	**159399**	**4724417**	**9797147**
北 京 Beijing	954675	3897	8514	715	43599	89346
天 津 Tianjin	1428660		17695		42733	134865
河 北 Hebei	4940467	117359	190382	2071	105340	938420
山 西 Shanxi	2717293	34278	126020	4722	54521	161543
内蒙古 Inner Mongolia	1212834	246238	78013		135400	386699
辽 宁 Liaoning	2758863	10325	6949	40	128266	184958
吉 林 Jilin	961976	41041	2775			14206
黑龙江 Heilongjiang	1147420	1854	17359		97253	197758
上 海 Shanghai	1633740		25157	5767	71547	239871
江 苏 Jiangsu	9697567	820	385893	21718	375300	145994
浙 江 Zhejiang	1435333		51151		8431	142377
安 徽 Anhui	3532959	151514	209406	36038	232099	13115
福 建 Fujian	5133349	49905	226941	2030	286174	651528
江 西 Jiangxi	2804693	51429	42913	1880	103462	43553
山 东 Shandong	8399674	75983	316024	15900	432587	407679
河 南 henan	6894785	132318	113090	2668	355844	139901
湖 北 Hubei	7137272	119900	240244	3792	163781	718094
湖 南 Hunan	1693832	32364	62027	37	104966	22000
广 东 Guangdong	11021230	100697	288054	7134	431219	1570848
广 西 Guangxi	7589678	166632	508799	24581	325801	1100699
海 南 Hainan	766372	13154	14818	6734	65188	27530
重 庆 Chongqing	928373	5025	1000		66616	44450
四 川 Sichuan	4743465	155207	662724	4800	426052	2029861
贵 州 Guizhou	2005736	6939	91876	6726	49259	58459
云 南 Yunnan	2417263	472141	144169	294	179333	106887
西 藏 Tibet	194655	739	17046		5111	
陕 西 Shaanxi	2158248	26673	38919	6960	78756	75037
甘 肃 Gansu	3037923	700297	219596		169203	113994
青 海 Qinghai	603344	85294	92800		15665	21577
宁 夏 Ningxia	475311		19872			13823
新 疆 Xinjiang	2309484	108712	104848	4792	170911	2075

成人中专学校校舍情况

Conditions of School Buildings in Specialized Sec. Schools for Adults

单位:平方米

unit: m^2

	学校产权建筑面积 Floor Area of School Building Owned by HEIs				正在施工面积 Floor Area Under Construction	独立使用非学校产权建筑面积 Floor Area of School Building Not Owned by SVSs
	计 Total	其中:危房 of Which: Dilapidated Buildings	其中:当年新增 of Which: Added in Current Year	其中:被外单位借用 of Which: Floor Space Hired by Other Schools or Units		
合　计 Total	**11576971**	**389445**	**194281**	**56880**	**166714**	**2095998**
北　京 Beijing	97723		5331	18492	3106	8520
天　津 Tianjin	48290					15653
河　北 Hebei	587108	19755	6588	3200		112881
山　西 Shanxi	197317	7220	4606		480	47712
内蒙古 Inner Mongolia	184196	28160	4113	312		2126
辽　宁 Liaoning	26093			1665		14050
吉　林 Jilin	345840	16917		3246		32346
黑龙江 Heilongjiang	538382	9139	8537			88776
上　海 Shanghai	110077					2800
江　苏 Jiangsu	807258		1000		47382	21543
浙　江 Zhejiang	372793		735	3504		7330
安　徽 Anhui	393534	8619	14115	8855		74096
福　建 Fujian						
江　西 Jiangxi	269183	17354	5224	270		10726
山　东 Shandong	1186441	9755	17591	3700	5860	197878
河　南 henan	2302975	67301	94103	6749	50323	741025
湖　北 Hubei	291937	2221	5504	2200		13315
湖　南 Hunan	944256	25814	5444			85271
广　东 Guangdong	234262		2548			6336
广　西 Guangxi						
海　南 Hainan	45181	11409			2250	
重　庆 Chongqing	672059	5464	350	108	25300	101099
四　川 Sichuan	217695	160	13011		10940	373139
贵　州 Guizhou	335544	2092		1246		20804
云　南 Yunnan	382805	130659	2569	3333		67603
西　藏 Tibet						
陕　西 Shaanxi	590511	960				12354
甘　肃 Gansu	140319	22924	2912		5268	28880
青　海 Qinghai	7008					8758
宁　夏 Ningxia	17390					492
新　疆 Xinjiang	230794	3522			15805	485

职业高中学校校舍情况

Conditions of School Buildings in Vocational High Schools

单位：平方米

unit：m^2

	学校产权建筑面积 Floor Area of School Building Owned by HEIs				正在施工面积 Floor Area Under Construction	独立使用非学校产权建筑面积 Floor Area of School Building Not Owned by SVSs
	计 Total	其中：危房 of Which：Dilapidated Buildings	其中：当年新增 of Which：Added in Current Year	其中：被外单位借用 of Which：Floor Space Hired by Other Schools or Units		
合　计 Total	**74764617**	**2962538**	**3767894**	**203521**	**2738383**	**8280628**
北　京 Beijing	1261738	2100	20003	2000	16000	187733
天　津 Tianjin	412364	8550	800	1002		216916
河　北 Hebei	4664488	215562	129603	17200	143979	183340
山　西 Shanxi	2424220	77271	132281	3725	87843	295714
内蒙古 Inner Mongolia	1558142	202533	147384		110735	105993
辽　宁 Liaoning	2462577	8325	28988	592	24826	375589
吉　林 Jilin	1440917	61748	32169		63910	564047
黑龙江 Heilongjiang	1338349	86958	14827		15122	131432
上　海 Shanghai	886001			19915	4740	4800
江　苏 Jiangsu	3914608	3833	63379	12625	54717	70265
浙　江 Zhejiang	6858576	13764	308925	14790	213026	592275
安　徽 Anhui	4297613	189659	280306	64163	209059	217130
福　建 Fujian						
江　西 Jiangxi	3607324	116873	108522	7429	55109	595068
山　东 Shandong	6118555	8698	163314	7064	88487	446008
河　南 henan	7185123	210291	201841	860	147268	750563
湖　北 Hubei	1588424	73282	104003	1000	3000	144519
湖　南 Hunan	6479693	167448	163778	3732	140657	1113814
广　东 Guangdong	2225520	27137	102119	293	64607	169981
广　西 Guangxi						
海　南 Hainan	589325	13635	42867		33220	97297
重　庆 Chongqing	2766206	24637	154123		159558	98235
四　川 Sichuan	4421084	407114	1017514	8832	238417	293522
贵　州 Guizhou	968004	26913	72326	3000	112862	354560
云　南 Yunnan	1907674	595812	142320	17631	67019	331915
西　藏 Tibet						
陕　西 Shaanxi	3616559	86216	159578	15030	220439	758863
甘　肃 Gansu	694821	304630	66890		33397	140289
青　海 Qinghai	37426	8032	12859			200
宁　夏 Ningxia	178083		49584		195780	
新　疆 Xinjiang	861203	21517	47591	2638	234606	40560

	学校产权 Floor Area of School	
	计 Total	其中:危房 of Which: Dilapidated Buildings
合　计 Total	**7428800**	**72579**
北　京 Beijing	148048	3983
天　津 Tianjin		
河　北 Hebei	821508	6000
山　西 Shanxi	43408	
内蒙古 Inner Mongolia	3202	1809
辽　宁 Liaoning		
吉　林 Jilin	287963	10183
黑龙江 Heilongjiang	47148	
上　海 Shanghai		
江　苏 Jiangsu	929621	
浙　江 Zhejiang	591575	3339
安　徽 Anhui	721305	3098
福　建 Fujian	16656	
江　西 Jiangxi	210334	
山　东 Shandong	964366	127
河　南 henan	253410	2651
湖　北 Hubei	502601	
湖　南 Hunan	546855	526
广　东 Guangdong	462062	2426
广　西 Guangxi	42192	
海　南 Hainan	2378	
重　庆 Chongqing	452635	1628
四　川 Sichuan	151488	10524
贵　州 Guizhou	15131	
云　南 Yunnan	54787	653
西　藏 Tibet		
陕　西 Shaanxi	14737	3021
甘　肃 Gansu	14350	3686
青　海 Qinghai		
宁　夏 Ningxia	104138	
新　疆 Xinjiang	26902	18925

校舍情况
in Other Institutions

单位:平方米
unit: m^2

建筑面积 Buiding Owned by HEIs		正在施工面积 Floor Area Under Construction	独立使用非学校产权建筑面积 Floor Area of School Building Not Owned by SVSs
其中:当年新增 of Which:Newly Added in Current Year	其中:被外单位借用 of Which:Floor Space Hired by Other Schools or Units		
86189	**12524**	**72271**	**619650**
24252			
	4092	4660	10273
		13110	25373
			1630
			34300
	1239		35868
5018		16993	56120
21327	1000	26000	7878
			11300
4000			48776
			4200
1700			1540
			10575
		10200	247691
25052			1380
			16900
	5000		94018
	1193		8314
4840		1308	2480
			1034

职业技术培训

Basic Statistics of Vocational

地　区 Region	学校数(所) Schools	教学班(点)(个) External Teaching Sites (Classes)	结业生数 Graduates	
			计 Total	其中:女 of Which: Female
合　计 Total	**129447**	**532983**	**52522921**	**24648799**
北　京 Beijing	3561	23159	2871849	1358551
天　津 Tianjin	3057	20062	1125594	584895
河　北 Hebei	9417	27906	2474825	1144971
山　西 Shanxi	4806	23916	1874445	726225
内蒙古 Inner Mongolia	2516	5596	454163	197500
辽　宁 Liaoning	5893	38157	1957314	898096
吉　林 Jilin	2339	6292	561974	267955
黑龙江 Heilongjiang	1916	6454	520653	239573
上　海 Shanghai	787	37185	1802675	1074375
江　苏 Jiangsu	7001	53126	6579227	2966334
浙　江 Zhejiang	4226	45830	3601797	1706086
安　徽 Anhui	317	1956	286723	131421
福　建 Fujian	2531	9847	1083253	524780
江　西 Jiangxi	468	1615	103756	49359
山　东 Shandong	10516	26879	3597881	1709150
河　南 henan	18007	31952	4535052	2000524
湖　北 Hubei	2446	5532	759487	324847
湖　南 Hunan	339	1637	84989	41903
广　东 Guangdong	2440	31661	2309248	1063113
广　西 Guangxi	2412	12909	954555	425571
海　南 Hainan	315	2306	126434	57137
重　庆 Chongqing	3929	13544	1489698	685942
四　川 Sichuan	4902	17273	2327260	1071959
贵　州 Guizhou	7711	15051	2065482	1002369
云　南 Yunnan	10671	32861	5039918	2554302
西　藏 Tibet				
陕　西 Shaanxi	9182	19546	1387827	672268
甘　肃 Gansu	4505	9876	645497	321578
青　海 Qinghai	1299	1324	348541	165153
宁　夏 Ningxia	200	772	83561	35569
新　疆 Xinjiang	1738	8759	1469243	647293

机构基本情况(总计)
Technical Training Institutions (Total)

单位:人次
unit: person

注册学生数 Enrolment		教职工数 Teachers, Staff & Workers		聘请校外教师 Part-time Teachers
计 Total	其中:女 of Which:Female	计 Total	其中:专任教师 of Which:Full-time Teacher	
49250045	**23237839**	**473108**	**242299**	**323258**
3114554	1451608	38062	14664	20778
880660	450914	15839	6344	9958
2306604	1098066	34369	12343	20964
2090605	844902	21685	9436	11432
545368	234792	6918	4082	2811
2140278	996324	42407	24588	11525
646233	289195	11407	6669	2776
490591	226609	9827	7505	2115
1874261	1098640	14471	6468	15381
5769154	2669876	32842	21111	32192
3265911	1567197	23172	12708	31502
264932	116575	1626	1065	4298
1018468	489067	15623	6087	8994
100491	47695	1012	421	638
2551258	1175335	33393	23090	15968
4172797	1910135	26855	18263	25050
780787	325785	9417	6527	3716
74256	35524	2445	1641	735
2277291	1055788	27836	16344	14858
967624	427940	5129	2052	4979
48188	33503	1320	263	1520
1430438	652245	7005	2985	5848
2076051	973344	12910	7774	10614
2058138	1001219	23160	3983	11577
3973724	2012875	6647	1104	23050
1480804	710400	25438	12083	15506
686115	342735	17641	10847	7403
329087	154823	399	171	723
80058	33849	582	442	91
1755319	810879	3671	1239	6256

	学校数(所) Schools	教学班(点)(个) External Teaching Sites (Classes)	结业生数 Graduates	
			计 Total	其中:女 of Which: Female
合　计 Total	**2543**	**39315**	**3067011**	**1377558**
北　京 Beijing	192	4922	188863	91390
天　津 Tianjin	22	519	24688	13782
河　北 Hebei	172	1211	66827	31625
山　西 Shanxi	100	10301	727527	224587
内蒙古 Inner Mongolia	105	354	34552	16268
辽　宁 Liaoning	42	318	45632	17728
吉　林 Jilin	57	371	11975	4095
黑龙江 Heilongjiang	69	383	19986	9960
上　海 Shanghai	22	1628	97197	65479
江　苏 Jiangsu	445	7195	471222	227529
浙　江 Zhejiang	256	2992	215765	100292
安　徽 Anhui				
福　建 Fujian	85	925	146196	81980
江　西 Jiangxi	16	14	882	369
山　东 Shandong	56	257	146468	62412
河　南 henan	218	1073	176928	90340
湖　北 Hubei	51	626	122863	58827
湖　南 Hunan	20	43	4387	2443
广　东 Guangdong	36	362	63035	39084
广　西 Guangxi	50	217	11233	5624
海　南 Hainan	29	181	8796	6452
重　庆 Chongqing	27	309	53929	21783
四　川 Sichuan	187	2691	195235	90560
贵　州 Guizhou	9	11	15645	5923
云　南 Yunnan	5	29	6028	2556
西　藏 Tibet				
陕　西 Shaanxi	97	910	83273	47349
甘　肃 Gansu	125	1064	75568	33973
青　海 Qinghai	6	57	2685	1420
宁　夏 Ningxia	20	66	18252	7671
新　疆 Xinjiang	24	286	31374	16057

学校基本情况
Technical Training Schools

单位：人次
unit: person

注册学生数 Enrolment 计 Total	其中：女 of Which: Female	教职工数 Teachers, Staff & Workers 计 Total	其中：专任教师 of Which: Full-time Teacher	聘请校外教师 Part-time Teachers
3082107	**1369461**	**46924**	**30896**	**16898**
184910	91958	3732	1082	1802
9725	5134	599	549	162
72547	31743	1557	993	303
731764	226890	3489	2171	1229
40638	19923	870	636	57
48923	20234	1231	742	89
47616	19308	768	496	81
20950	10212	1081	799	90
95077	62020	1440	1027	580
463400	218526	6784	5025	4335
222940	102997	2669	2032	2449
117152	65175	6095	3434	737
888	363	32	19	8
138796	43637	869	651	221
166011	85718	2166	1770	1138
131053	63892	1843	1393	552
4051	2128	207	130	4
63899	39164	692	311	433
11242	5105	378	243	33
8256	6102	206	173	30
56628	23645	597	341	209
201820	101294	4336	3274	804
17387	6705	100	68	50
6028	2556	280	57	26
89434	51512	2367	1635	708
86752	40172	1971	1434	508
3296	1390	48	28	25
14939	6253	115	96	18
25985	15705	402	287	217

农村成人文化技术
Basic Statistics of Technical

地　区 Region	学校数(所) Schools	教学班(点)(个) External Teaching Sites (Classes)	结业生数 Graduates	
			计 Total	其中:女 of Which: Female
合　计 Total	**106689**	**314563**	**38130624**	**17618209**
北　京 Beijing	1878	9040	811775	395382
天　津 Tianjin	2291	6729	614004	329084
河　北 Hebei	8173	22923	2212214	1012020
山　西 Shanxi	4155	8547	993491	419729
内蒙古 Inner Mongolia	2211	4440	388312	166567
辽　宁 Liaoning	1832	5307	1140204	474244
吉　林 Jilin	1345	2486	463278	219103
黑龙江 Heilongjiang	1032	1511	218222	94174
上　海 Shanghai	118	8022	597152	363824
江　苏 Jiangsu	4959	33277	4361849	1837123
浙　江 Zhejiang	2792	30565	2692952	1242651
安　徽 Anhui	245	1621	258688	118214
福　建 Fujian	2135	6918	776287	351796
江　西 Jiangxi	445	1589	102420	48760
山　东 Shandong	8640	20231	2436794	1148232
河　南 henan	17250	29028	4023186	1750519
湖　北 Hubei	2245	3686	566549	231951
湖　南 Hunan	228	897	44995	20819
广　东 Guangdong	794	7026	829494	414327
广　西 Guangxi	2271	11843	900642	400572
海　南 Hainan	286	2125	117638	50685
重　庆 Chongqing	3650	11319	1326242	607239
四　川 Sichuan	4598	13727	2051786	939926
贵　州 Guizhou	7224	12585	1894446	921459
云　南 Yunnan	10610	32608	4991938	2532410
西　藏 Tibet				
陕　西 Shaanxi	8144	10270	1042289	492201
甘　肃 Gansu	4105	6886	484219	241904
青　海 Qinghai	1268	1242	344355	163090
宁　夏 Ningxia	125	370	35897	15668
新　疆 Xinjiang	1640	7745	1409306	614536

培训学校基本情况
Training Schools for Peasants

单位:人次
unit: person

注册学生数 Enrolment		教职工数 Teachers, Staff & Workers		聘请校外教师 Part-time Teachers
计 Total	其中:女 of Which: Female	计 Total	其中:专任教师 of Which: Full-time Teacher	
34242222	**15894425**	**190160**	**91966**	**196711**
738790	369733	2319	797	2870
348465	165508	2726	824	3510
2007733	947790	9898	5485	11267
1174112	516566	11020	3499	7261
467480	197296	4648	2720	2486
1190938	500941	3979	2292	2397
424713	184378	4675	2599	1907
211267	95747	3064	2317	1088
545757	330746	857	602	1993
3491298	1528834	9582	5978	17040
2425380	1122301	8497	4646	20584
239499	105123	563	366	3653
741934	336775	4183	709	6801
99127	47142	951	378	623
1596906	732196	18699	13816	9467
3703122	1658623	20646	13858	22235
575089	225855	5285	3465	2617
46739	21135	933	615	470
772196	381647	5511	3315	3687
915869	402081	3965	1270	4496
39932	27401	1114	90	1490
1272880	576084	4364	1523	4820
1781958	824111	6551	3202	9318
1889986	921153	20366	2840	10365
3931429	1995171	6367	1047	22587
1055334	486765	13000	5172	9235
496660	247687	13170	7595	6001
324090	152690	350	143	697
34231	14569	269	199	38
1699308	778377	2608	604	5708

	学校数(所) Schools	教学班(点)(个) External Teaching Sites (Classes)	结业生数 Graduates	
			计 Total	其中:女 of Which: Female
合　计 Total	**20215**	**179105**	**11325286**	**5653032**
北　京 Beijing	1491	9197	1871211	871779
天　津 Tianjin	744	12814	486902	242029
河　北 Hebei	1072	3772	195784	101326
山　西 Shanxi	551	5068	153427	81909
内蒙古 Inner Mongolia	200	802	31299	14665
辽　宁 Liaoning	4019	32532	771478	406124
吉　林 Jilin	937	3435	86721	44757
黑龙江 Heilongjiang	815	4560	282445	135439
上　海 Shanghai	647	27535	1108326	645072
江　苏 Jiangsu	1597	12654	1746156	901682
浙　江 Zhejiang	1178	12273	693080	363143
安　徽 Anhui	72	335	28035	13207
福　建 Fujian	311	2004	160770	91004
江　西 Jiangxi	7	12	454	230
山　东 Shandong	1820	6391	1014619	498506
河　南 henan	539	1851	334938	159665
湖　北 Hubei	150	1220	70075	34069
湖　南 Hunan	91	697	35607	18641
广　东 Guangdong	1610	24273	1416719	609702
广　西 Guangxi	91	849	42680	19375
海　南 Hainan				
重　庆 Chongqing	252	1916	109527	56920
四　川 Sichuan	117	855	80239	41473
贵　州 Guizhou	478	2455	155391	74987
云　南 Yunnan	56	224	41952	19336
西　藏 Tibet				
陕　西 Shaanxi	941	8366	262265	132718
甘　肃 Gansu	275	1926	85710	45701
青　海 Qinghai	25	25	1501	643
宁　夏 Ningxia	55	336	29412	12230
新　疆 Xinjiang	74	728	28563	16700

构基本情况
of Others

单位:人次
unit: person

注册学生数 Enrolment		教职工数 Teachers, Staff & Workers		聘请校外教师 Part-time Teachers
计 Total	其中:女 of Which: Female	计 Total	其中:专任教师 of Which: Full-time Teacher	
11925716	**5973953**	**236024**	**119437**	**109649**
2190854	989917	32011	12785	16106
522470	280272	12514	4971	6286
226324	118533	22914	5865	9394
184729	101446	7176	3766	2942
37250	17573	1400	726	268
900417	475149	37197	21554	9039
173904	85509	5964	3574	788
258374	120650	5682	4389	937
1233427	705874	12174	4839	12808
1814456	922516	16476	10108	10817
617591	341899	12006	6030	8469
25433	11452	1063	699	645
159382	87117	5345	1944	1456
476	190	29	24	7
815556	399502	13825	8623	6280
303664	165794	4043	2635	1677
74645	36038	2289	1669	547
23466	12261	1305	896	261
1441196	634977	21633	12718	10738
40513	20754	786	539	450
100930	52516	2044	1121	819
92273	47939	2023	1298	492
150765	73361	2694	1075	1162
36267	15148			437
336036	172123	10071	5276	5563
102703	54876	2500	1818	894
1701	743	1		1
30888	13027	198	147	35
30026	16797	661	348	331

职业技术培训机
Condition of Fixed Assets and Teaching Resources

地　区 Region	占地面积(平方米) Area of School Sites (m^2)	教学行政用房 建筑面积(平方米) Administrative (m^2)	图书藏量(册) Books (Volume)
合　计 Total	**130628061**	**44831151**	**111190493**
北　京 Beijing	4523414	1555944	21123570
天　津 Tianjin	1732454	709727	3714994
河　北 Hebei	8669546	1765033	4446601
山　西 Shanxi	3972519	1379267	5141360
内蒙古 Inner Mongolia	1686344	540964	1224043
辽　宁 Liaoning	7050392	2819865	5222081
吉　林 Jilin	5214954	577941	856623
黑龙江 Heilongjiang	1880302	491610	976632
上　海 Shanghai	1804323	956922	3116330
江　苏 Jiangsu	10587859	5108058	15453493
浙　江 Zhejiang	7240290	3027869	6860690
安　徽 Anhui	1262480	237660	282098
福　建 Fujian	846821	634393	1815965
江　西 Jiangxi	84347	31892	249625
山　东 Shandong	13408213	2125754	5128371
河　南 henan	9639944	2548447	7241970
湖　北 Hubei	25212177	10883556	2511767
湖　南 Hunan	714983	183780	396624
广　东 Guangdong	5044584	2357826	8730646
广　西 Guangxi	840501	345121	981547
海　南 Hainan	120440	79868	113425
重　庆 Chongqing	767263	475171	868790
四　川 Sichuan	1503181	912289	2034099
贵　州 Guizhou	3174117	638012	2241320
云　南 Yunnan	1499471	1413875	1100955
西　藏 Tibet			
陕　西 Shaanxi	3328765	1267048	3059029
甘　肃 Gansu	5187403	1274500	1533136
青　海 Qinghai	360300	57374	162625
宁　夏 Ningxia	88908	26075	102120
新　疆 Xinjiang	3181766	405310	4499964

构资产情况

in Vocational-Technical Training Institutions

教学用计算机（台） No. of Computers Used for Instruction	语音实验室座位数（个） No. of Seats in Audio-Labs	多媒体教室座位数（个） No. of Seats in Multi-media Class rooms	固定资产总值（万元） Fixed Assets（10,000 yuan）	
			计 Total	其中：教学、实习仪器设备资产值 of Which: Teaching Equipment & Instruments
668915	**341045**	**1008835**	**4327494.5**	**1703041.99**
45569	17528	82203	276684.47	102684.64
27827	4266	16485	34072.18	14336.8
32409	12137	65642	117352.86	36444.72
25938	11960	38481	133044.67	26522.33
5525	3688	7511	88377.01	6717.08
73967	52946	85319	250755.72	87533.72
6968	5777	9698	59334.27	12694.32
10801	13526	16856	40561.28	13256.52
27586	14212	62150	194924.85	40572.77
87627	12472	78470	834958.29	204362.86
52236	19243	88298	279390.32	59264.87
3184	1837	6551	16720.59	4941.92
14444	6506	36198	53138.75	11879.21
778	133	1390	2173.3	519.2
31054	14416	45335	1031424.61	864454.81
25662	22024	34548	145791.04	31201.41
24899	6895	23214	72352.46	17117.15
2917	2660	5265	15431.71	3052.53
75749	55582	145922	218380.13	70345.82
5201	744	18366	23247.06	6300.18
335	340	670	2306.7	345
7270	7228	13499	49832.37	6161.24
16920	6729	16222	91587.4	15848.15
10386	16566	39083	53411.07	7047.99
3182	1807	4695	23346.72	2825.19
31067	10752	20706	100465.04	34412.15
9664	3386	13964	85250.31	14546.65
666	198	1443	4647.68	923.03
497	1415	1725	2586.82	946.5
8587	14072	28926	25944.82	5783.23

地　　区 Region	占地面积(平方米) Area of School Sites (m^2)	教学行政用房建筑面积(平方米) Administrative (m^2)	图书藏量(册) Books (Volume)
合　计 Total	**13379563**	**4726228**	**12608189**
北　京 Beijing	211593	60248	1808747
天　津 Tianjin	367678	88604	136868
河　北 Hebei	687277	155821	500466
山　西 Shanxi	1023982	647335	1384575
内蒙古 Inner Mongolia	573014	98144	287988
辽　宁 Liaoning	521978	151960	270370
吉　林 Jilin	259794	133068	113250
黑龙江 Heilongjiang	368534	60247	60460
上　海 Shanghai	163269	136663	689336
江　苏 Jiangsu	2154245	709008	1544380
浙　江 Zhejiang	1291337	530455	759883
安　徽 Anhui	14600	20154	15605
福　建 Fujian	302229	199353	824005
江　西 Jiangxi	1360	960	309
山　东 Shandong	285324	107335	162695
河　南 henan	1760225	419282	741323
湖　北 Hubei	1064154	260078	627791
湖　南 Hunan	66147	19246	71150
广　东 Guangdong	63162	37897	146528
广　西 Guangxi	111672	21699	73700
海　南 Hainan	31756	31058	52165
重　庆 Chongqing	28552	31445	50431
四　川 Sichuan	455666	300012	875095
贵　州 Guizhou	78828	19064	14315
云　南 Yunnan	66562	14146	60384
西　藏 Tibet			
陕　西 Shaanxi	591014	256615	784893
甘　肃 Gansu	525942	113508	270845
青　海 Qinghai	62158	14575	51500
宁　夏 Ningxia	1640	840	51000
新　疆 Xinjiang	245871	87408	178132

校资产情况

Resources in Technical Training Schools

教学用计算机（台）No. of Computers Used for Instruction	语音实验室座位数(个) No. of Seats in Audio-Labs	多媒体教室座位数(个) No. of Seats in Multi-media Class rooms	固定资产总值(万元) Fixed Assets (10,000 yuan)	
			计 Total	其中:教学、实习仪器设备资产值 of Which: Teaching Equipment & Instruments
90768	**31791**	**116200**	**693622.37**	**155201.28**
5738	1215	8130	11494.76	4405.3
1034	380	300	9940	1954
2938	1824	1917	21907.9	6116.1
6326	3179	13786	90545.76	14127.91
1829	833	1859	28106.36	3370.68
2492	547	2123	22724.23	8431
1007	220	850	3809.34	1105.4
1343	650	787	8870.88	2811.1
4060	579	6210	41853.46	12929.99
15116	2481	11542	172583.52	35465.1
10269	3693	10317	71107.34	16520.25
163	60	263	929.6	301.6
5573	1913	13870	24727.28	4848.98
80			25	12
2262	926	1650	10274.38	1871.93
5183	3884	5577	35609.3	11943.6
5477	1811	7899	22266.6	6616.89
680	168	785	3382.3	763.8
1906	568	3384	5097.48	1338.7
1053	20	2337	6176.32	1564.82
235	330	660	605	130
1105	481	1415	3851.9	1251.8
4858	2292	7882	34263.76	5324.14
262	287	307	1095.2	214.7
227	200	260	1031.82	179.9
5203	1711	5712	36929.89	7398.72
2202	1176	3084	15176.98	2182.77
431	78	978	2914.71	832.86
40		80	150	100
1676	285	2236	6171.3	1087.24

农村成人文化技术培

Condition of Fixed Assets and Teaching Resources

地　区 Region	占地面积(平方米) Area of School Sites (m^2)	教学行政用房 建筑面积(平方米) Administrative (m^2)	图书藏量(册) Books (Volume)
合　计 Total	**89283798**	**26087263**	**43175104**
北　京 Beijing	1560092	323326	1742772
天　津 Tianjin	573545	142729	465384
河　北 Hebei	6274623	947482	3002722
山　西 Shanxi	2396902	438085	2360954
内蒙古 Inner Mongolia	961683	353723	717094
辽　宁 Liaoning	3091818	1077999	1349127
吉　林 Jilin	4680914	232241	460384
黑龙江 Heilongjiang	1006806	165831	514320
上　海 Shanghai	402656	190116	416001
江　苏 Jiangsu	4808746	1231100	3313210
浙　江 Zhejiang	4601535	1673916	3379735
安　徽 Anhui	1112565	164431	171893
福　建 Fujian	240365	177243	370245
江　西 Jiangxi	53553	15610	60116
山　东 Shandong	10039740	1196777	2648955
河　南 henan	6873504	1824117	6029245
湖　北 Hubei	23522190	10359554	1501346
湖　南 Hunan	242208	70127	189234
广　东 Guangdong	2189871	721963	2657475
广　西 Guangxi	649022	291134	819546
海　南 Hainan	88684	48810	61260
重　庆 Chongqing	614704	344139	690236
四　川 Sichuan	587014	351383	538587
贵　州 Guizhou	2673487	537382	1977352
云　南 Yunnan	1382599	1365903	967740
西　藏 Tibet			
陕　西 Shaanxi	1609530	559322	1649622
甘　肃 Gansu	4179018	959092	1105244
青　海 Qinghai	297742	42739	110905
宁　夏 Ningxia	44780	15646	37000
新　疆 Xinjiang	2523902	265343	3867400

训学校资产情况
in Technical Training Schools for Peasants

教学用计算机（台）No. of Computers Used for Instruction	语音实验室座位数(个) No. of Seats in Audio-Labs	多媒体教室座位数(个) No. of Seats in Multimedia Class rooms	固定资产总值(万元) Fixed Assets (10,000 yuan)	
			计 Total	其中:教学、实习仪器设备资产值 of Which: Teaching Equipment & Instruments
201158	**102577**	**385128**	**1089513.36**	**183340.37**
7209	1033	20712	32032.3	8738.23
2109	334	1508	7746.49	1289.85
11437	6737	55304	47329.15	7744.81
10097	4921	9232	28184.58	5741.56
1624	1276	4471	52898.45	1561.1
10947	2516	8827	51372.19	13107.59
2490	1919	4002	20808.4	2303.44
2327	4416	4666	8263.37	1798.12
4581	358	7217	15669.5	4334.69
28534	2362	29292	171711.33	26153.8
23391	5891	50511	120036.33	19260.15
335	113	2130	5730.23	403.82
2953	2619	8325	11557.71	2116.96
119	80	80	533.3	40.2
10373	4073	9628	105714.97	18808.71
12135	13612	19955	83249.14	13979.41
9269	2524	8606	29572.36	4885.53
656	554	778	4041.91	587.33
20918	13511	50522	63307.23	16651.33
3127	402	14904	14863.15	3847.12
100	10	10	1701.7	215
2517	4925	7819	36829.91	2157.5
5679	837	2451	19237.13	5371.07
8138	15209	33807	44268.32	4290.01
2262	1523	3732	20944.7	1977.89
7487	903	2607	16363.21	2824.55
5091	330	7908	57144.73	9693.36
234	120	465	1731.97	90.17
137	80	194	128.62	36.3
4882	9389	15465	16540.98	3330.77

其他培训机构

Condition of Fixed Assets and

地 区 Region	占地面积(平方米) Area of School Sites (m^2)	教学行政用房建筑面积(平方米) Administrative (m^2)	图书藏量(册) Books (Volume)
合 计 Total	**27964700**	**14017660**	**55407200**
北 京 Beijing	2751729	1172370	17572051
天 津 Tianjin	791231	478394	3112742
河 北 Hebei	1707646	661730	943413
山 西 Shanxi	551635	293847	1395831
内蒙古 Inner Mongolia	151647	89097	218961
辽 宁 Liaoning	3436596	1589906	3602584
吉 林 Jilin	274246	212632	282989
黑龙江 Heilongjiang	504962	265532	401852
上 海 Shanghai	1238398	630143	2010993
江 苏 Jiangsu	3624868	3167950	10595903
浙 江 Zhejiang	1347418	823498	2721072
安 徽 Anhui	135315	53075	94600
福 建 Fujian	304227	257797	621715
江 西 Jiangxi	29434	15322	189200
山 东 Shandong	3083149	821642	2316721
河 南 henan	1006215	305048	471402
湖 北 Hubei	625833	263924	382630
湖 南 Hunan	406628	94407	136240
广 东 Guangdong	2791551	1597966	5926643
广 西 Guangxi	79807	32288	88301
海 南 Hainan			
重 庆 Chongqing	124007	99587	128123
四 川 Sichuan	460501	260894	620417
贵 州 Guizhou	421802	81566	249653
云 南 Yunnan	50310	33826	72831
西 藏 Tibet			
陕 西 Shaanxi	1128221	451111	624514
甘 肃 Gansu	482443	201900	157047
青 海 Qinghai	400	60	220
宁 夏 Ningxia	42488	9589	14120
新 疆 Xinjiang	411993	52559	454432

资产情况
Teaching Resources in Others

教学用计算机（台）No. of Computers Used for Instruction	语音实验室座位数（个）No. of Seats in Audio-Labs	多媒体教室座位数（个）No. of Seats in Multimedia Class rooms	固定资产总值（万元）Fixed Assets（10,000 yuan）	
			计 Total	其中：教学、实习仪器设备资产值 of Which：Teaching Equipment & Instruments
376989	**206677**	**507507**	**2544358.77**	**1364500.34**
32622	15280	53361	233157.41	89541.11
24684	3552	14677	16385.69	11092.95
18034	3576	8421	48115.81	22583.81
9515	3860	15463	14314.33	6652.86
2072	1579	1181	7372.2	1785.3
60528	49883	74369	176659.3	65995.13
3471	3638	4846	34716.53	9285.48
7131	8460	11403	23427.03	8647.3
18945	13275	48723	137401.89	23308.09
43977	7629	37636	490663.44	142743.96
18576	9659	27470	88246.65	23484.47
2686	1664	4158	10060.76	4236.5
5918	1974	14003	16853.76	4913.27
579	53	1310	1615	467
18419	9417	34057	915435.26	843774.17
8344	4528	9016	26932.6	5278.4
10153	2560	6709	20513.5	5614.73
1581	1938	3702	8007.5	1701.4
52925	41503	92016	149975.42	52355.79
1021	322	1125	2207.59	888.24
3648	1822	4265	9150.56	2751.94
6383	3600	5889	38086.51	5152.94
1986	1070	4969	8047.55	2543.28
693	84	703	1370.2	667.4
18377	8138	12387	47171.94	24188.88
2371	1880	2972	12928.6	2670.52
1			1	
320	1335	1451	2308.2	810.2
2029	4398	11225	3232.54	1365.22

初中阶段校数、班数(总计)
Number of Junior Secondary Schools and Classes (Regional Aggregates)

	学校数(所) Schools	班数(个) Classes				
		计 Total	一年级 Grade 1	二年级 Grade 2	三年级 Grade 3	四年级 Grade 4
合　计 Total	**54890**	**997975**	**329019**	**330830**	**326720**	**11406**
北　京 Beijing	345	9286	3062	3099	3099	26
天　津 Tianjin	332	7145	2218	2245	2291	391
河　北 Hebei	2650	43029	14197	14305	14527	
山　西 Shanxi	2221	31569	10576	10785	10208	
内蒙古 Inner Mongolia	834	16845	5667	5694	5205	279
辽　宁 Liaoning	1657	27240	8820	9137	9040	243
吉　林 Jilin	1221	17544	5680	5854	5946	64
黑龙江 Heilongjiang	1762	27917	8088	8469	8183	3177
上　海 Shanghai	494	12084	3029	3108	3027	2920
江　苏 Jiangsu	2123	49414	15693	16327	17390	4
浙　江 Zhejiang	1745	37447	12212	12328	12874	33
安　徽 Anhui	2996	49378	16154	16823	16374	27
福　建 Fujian	1328	27122	8447	8974	9701	
江　西 Jiangxi	2108	36805	12697	12593	11515	
山　东 Shandong	3053	66432	21332	20932	20258	3910
河　南 Henan	4616	77631	26538	25539	25289	265
湖　北 Hubei	2184	38172	12078	12676	13383	35
湖　南 Hunan	3311	39994	13628	13321	13045	
广　东 Guangdong	3308	87679	29717	29605	28355	2
广　西 Guangxi	1974	34417	11900	11494	11023	
海　南 Hainan	424	7528	2593	2558	2377	
重　庆 Chongqing	1005	24193	7856	8116	8217	4
四　川 Sichuan	3994	62403	20563	20880	20951	9
贵　州 Guizhou	2170	37914	13275	12763	11876	
云　南 Yunnan	1746	36991	12679	12351	11954	7
西　藏 Tibet	93	2681	908	902	871	
陕　西 Shaanxi	1867	30610	9712	10299	10599	
甘　肃 Gansu	1587	25085	8415	8453	8209	8
青　海 Qinghai	315	4457	1576	1543	1338	
宁　夏 Ningxia	267	5479	1869	1838	1772	
新　疆 Xinjiang	1160	23484	7840	7819	7823	2

普通初中校数、班数(总计)

Number of Junior Schools and Classes (Regional Aggregates)

	学校数(所) Schools			班数(个) Classes				
	合计 Total	初级中学 Junior Sec. Schools	九年一贯制学校 9-Year Sec. Schools	计 Total	一年级 Grade 1	二年级 Grade 2	三年级 Grade 3	四年级 Grade 4
合计 Total	**54823**	**42121**	**12702**	**997272**	**328787**	**330621**	**326464**	**11400**
北京 Beijing	345	276	69	9286	3062	3099	3099	26
天津 Tianjin	332	297	35	7145	2218	2245	2291	391
河北 Hebei	2649	2300	349	43024	14195	14303	14526	
山西 Shanxi	2213	1807	406	31544	10568	10777	10199	
内蒙古 Inner Mongolia	834	605	229	16845	5667	5694	5205	279
辽宁 Liaoning	1657	1051	606	27240	8820	9137	9040	243
吉林 Jilin	1209	924	285	17394	5630	5804	5896	64
黑龙江 Heilongjiang	1758	1372	386	27880	8079	8460	8170	3171
上海 Shanghai	494	347	147	12072	3025	3104	3023	2920
江苏 Jiangsu	2123	1792	331	49414	15693	16327	17390	4
浙江 Zhejiang	1745	1377	368	37447	12212	12328	12874	33
安徽 Anhui	2995	2450	545	49372	16152	16821	16372	27
福建 Fujian	1328	1177	151	27122	8447	8974	9701	
江西 Jiangxi	2107	1622	485	36794	12692	12590	11512	
山东 Shandong	3053	2613	440	66432	21332	20932	20258	3910
河南 Henan	4616	4167	449	77631	26538	25539	25289	265
湖北 Hubei	2184	1827	357	38172	12078	12676	13383	35
湖南 Hunan	3311	2364	947	39994	13628	13321	13045	
广东 Guangdong	3308	2440	868	87679	29717	29605	28355	2
广西 Guangxi	1974	1774	200	34417	11900	11494	11023	
海南 Hainan	424	249	175	7528	2593	2558	2377	
重庆 Chongqing	1005	801	204	24193	7856	8116	8217	4
四川 Sichuan	3991	1942	2049	62305	20515	20873	20908	9
贵州 Guizhou	2148	1617	531	37702	13203	12692	11807	
云南 Yunnan	1732	1558	174	36863	12651	12302	11903	7
西藏 Tibet	93	89	4	2681	908	902	871	
陕西 Shaanxi	1867	1477	390	30610	9712	10299	10599	
甘肃 Gansu	1586	1064	522	25079	8413	8451	8207	8
青海 Qinghai	315	105	210	4457	1576	1543	1338	
宁夏 Ningxia	267	187	80	5466	1867	1836	1763	
新疆 Xinjiang	1160	450	710	23484	7840	7819	7823	2

普通初中校数、班数(城市)
Number of Junior Schools and Classes (Urban)

	学校数(所) Schools			班数(个) Classes				
	合　计 Total	初级中学 Junior Sec. Schools	九年一贯制学校 9-Year Sec. Schools	计 Total	一年级 Grade 1	二年级 Grade 2	三年级 Grade 3	四年级 Grade 4
合　计 Total	**7279**	**5010**	**2269**	**209542**	**69203**	**68428**	**67030**	**4881**
北　京 Beijing	177	135	42	6696	2236	2227	2207	26
天　津 Tianjin	82	67	15	2680	870	862	843	105
河　北 Hebei	193	146	47	6902	2363	2301	2238	
山　西 Shanxi	273	195	78	7950	2691	2702	2557	
内蒙古 Inner Mongolia	190	150	40	5474	1863	1835	1761	15
辽　宁 Liaoning	484	407	77	10976	3465	3662	3609	240
吉　林 Jilin	150	124	26	3882	1246	1259	1338	39
黑龙江 Heilongjiang	330	271	59	7236	1972	2096	2041	1127
上　海 Shanghai	244	192	52	6136	1525	1556	1528	1527
江　苏 Jiangsu	405	336	69	13056	4294	4316	4442	4
浙　江 Zhejiang	413	311	102	12134	4045	4023	4033	33
安　徽 Anhui	293	196	97	8275	2770	2768	2735	2
福　建 Fujian	219	170	49	8179	2665	2728	2786	
江　西 Jiangxi	116	61	55	4029	1375	1337	1317	
山　东 Shandong	510	370	140	15411	4775	4608	4481	1547
河　南 Henan	477	386	91	12132	4212	3974	3765	181
湖　北 Hubei	362	268	94	7967	2598	2657	2704	8
湖　南 Hunan	173	110	63	5725	2011	1902	1812	
广　东 Guangdong	819	433	386	23014	7927	7729	7356	2
广　西 Guangxi	180	84	96	3932	1350	1308	1274	
海　南 Hainan	52	14	38	1476	496	507	473	
重　庆 Chongqing	74	48	26	3201	1101	1057	1039	4
四　川 Sichuan	261	119	142	9611	3326	3187	3089	9
贵　州 Guizhou	182	91	91	3708	1289	1235	1184	
云　南 Yunnan	100	52	48	2851	986	958	905	2
西　藏 Tibet	11	10	1	303	100	100	103	
陕　西 Shaanxi	163	99	64	5668	1916	1893	1859	
甘　肃 Gansu	97	54	43	3289	1110	1083	1088	8
青　海 Qinghai	28	14	14	825	292	274	259	
宁　夏 Ningxia	47	43	4	1554	537	526	491	
新　疆 Xinjiang	174	54	120	5270	1797	1758	1713	2

普通初中校数、班数(县镇)

Number of Junior Schools and Classes (County City & Towns)

	学校数(所) Schools			班数(个) Classes				
	合　计 Total	初级中学 Junior Sec. Schools	九年一贯制学校 9-Year Sec. Schools	计 Total	一年级 Grade 1	二年级 Grade 2	三年级 Grade 3	四年级 Grade 4
合　计 Total	**18874**	**15800**	**3074**	**440061**	**145947**	**145968**	**144365**	**3781**
北　京 Beijing	68	58	10	1218	391	413	414	
天　津 Tianjin	115	105	10	2521	839	832	849	1
河　北 Hebei	1067	911	156	21596	7155	7172	7269	
山　西 Shanxi	541	453	88	10996	3707	3688	3601	
内蒙古 Inner Mongolia	373	300	73	8845	2963	2991	2673	218
辽　宁 Liaoning	148	104	44	3018	1007	1009	999	3
吉　林 Jilin	448	382	66	8098	2617	2720	2736	25
黑龙江 Heilongjiang	383	321	62	8363	2611	2691	2557	504
上　海 Shanghai	250	155	95	5921	1496	1545	1491	1389
江　苏 Jiangsu	880	752	128	22373	7111	7379	7883	
浙　江 Zhejiang	969	844	125	21021	6784	6888	7349	
安　徽 Anhui	781	674	107	19248	6458	6535	6255	
福　建 Fujian	492	466	26	12353	3841	4089	4423	
江　西 Jiangxi	441	324	117	13310	4671	4498	4141	
山　东 Shandong	1261	1137	124	29952	9697	9493	9198	1564
河　南 Henan	1368	1209	159	28621	9870	9376	9330	45
湖　北 Hubei	671	597	74	14076	4373	4701	4975	27
湖　南 Hunan	1112	868	244	18098	6194	6027	5877	
广　东 Guangdong	1562	1254	308	46310	15558	15623	15129	
广　西 Guangxi	1179	1115	64	23876	8302	7974	7600	
海　南 Hainan	205	147	58	4377	1511	1480	1386	
重　庆 Chongqing	554	491	63	16181	5255	5422	5504	
四　川 Sichuan	1609	1062	547	34660	11319	11653	11688	
贵　州 Guizhou	751	691	60	18876	6595	6311	5970	
云　南 Yunnan	681	636	45	19127	6571	6347	6204	5
西　藏 Tibet	81	78	3	2351	799	793	759	
陕　西 Shaanxi	246	204	42	6556	2132	2195	2229	
甘　肃 Gansu	339	285	54	9051	3035	3079	2937	
青　海 Qinghai	90	46	44	2094	711	716	667	
宁　夏 Ningxia	78	59	19	2289	782	771	736	
新　疆 Xinjiang	131	72	59	4685	1592	1557	1536	

普通初中校数、班数(农村)
Number of Junior Schools and Classes (Rural)

	学校数(所) Schools			班数(个) Classes				
	合计 Total	初级中学 Junior Sec. Schools	九年一贯制学校 9-Year Sec. Schools	计 Total	一年级 Grade 1	二年级 Grade 2	三年级 Grade 3	四年级 Grade 4
合　计 Total	**28670**	**21311**	**7359**	**347669**	**113637**	**116225**	**115069**	**2738**
北　京 Beijing	100	83	17	1372	435	459	478	
天　津 Tianjin	135	125	10	1944	509	551	599	285
河　北 Hebei	1389	1243	146	14526	4677	4830	5019	
山　西 Shanxi	1399	1159	240	12598	4170	4387	4041	
内蒙古 Inner Mongolia	271	155	116	2526	841	868	771	46
辽　宁 Liaoning	1025	540	485	13246	4348	4466	4432	
吉　林 Jilin	611	418	193	5414	1767	1825	1822	
黑龙江 Heilongjiang	1045	780	265	12281	3496	3673	3572	1540
上　海 Shanghai				15	4	3	4	4
江　苏 Jiangsu	838	704	134	13985	4288	4632	5065	
浙　江 Zhejiang	363	222	141	4292	1383	1417	1492	
安　徽 Anhui	1921	1580	341	21849	6924	7518	7382	25
福　建 Fujian	617	541	76	6590	1941	2157	2492	
江　西 Jiangxi	1550	1237	313	19455	6646	6755	6054	
山　东 Shandong	1282	1106	176	21069	6860	6831	6579	799
河　南 Henan	2771	2572	199	36878	12456	12189	12194	39
湖　北 Hubei	1151	962	189	16129	5107	5318	5704	
湖　南 Hunan	2026	1386	640	16171	5423	5392	5356	
广　东 Guangdong	927	753	174	18355	6232	6253	5870	
广　西 Guangxi	615	575	40	6609	2248	2212	2149	
海　南 Hainan	167	88	79	1675	586	571	518	
重　庆 Chongqing	377	262	115	4811	1500	1637	1674	
四　川 Sichuan	2121	761	1360	18034	5870	6033	6131	
贵　州 Guizhou	1215	835	380	15118	5319	5146	4653	
云　南 Yunnan	951	870	81	14885	5094	4997	4794	
西　藏 Tibet	1	1		27	9	9	9	
陕　西 Shaanxi	1458	1174	284	18386	5664	6211	6511	
甘　肃 Gansu	1150	725	425	12739	4268	4289	4182	
青　海 Qinghai	197	45	152	1538	573	553	412	
宁　夏 Ningxia	142	85	57	1623	548	539	536	
新　疆 Xinjiang	855	324	531	13529	4451	4504	4574	

职业初中校数、班数(总计)

Number of Schools, Classes Admitted in Vocational Schools (Regional Aggregates)

	学校数(所) Schools	班数(个) Classes				
		计 Total	一年级 Grade 1	二年级 Grade 2	三年级 Grade 3	四年级 Grade 4
合　计 Total	**67**	**703**	**232**	**209**	**256**	**6**
北　京 Beijing						
天　津 Tianjin						
河　北 Hebei	1	5	2	2	1	
山　西 Shanxi	8	25	8	8	9	
内蒙古 Inner Mongolia						
辽　宁 Liaoning						
吉　林 Jilin	12	150	50	50	50	
黑龙江 Heilongjiang	4	37	9	9	13	6
上　海 Shanghai		12	4	4	4	
江　苏 Jiangsu						
浙　江 Zhejiang						
安　徽 Anhui	1	6	2	2	2	
福　建 Fujian						
江　西 Jiangxi	1	11	5	3	3	
山　东 Shandong						
河　南 Henan						
湖　北 Hubei						
湖　南 Hunan						
广　东 Guangdong						
广　西 Guangxi						
海　南 Hainan						
重　庆 Chongqing						
四　川 Sichuan	3	98	48	7	43	
贵　州 Guizhou	22	212	72	71	69	
云　南 Yunnan	14	128	28	49	51	
西　藏 Tibet						
陕　西 Shaanxi						
甘　肃 Gansu	1	6	2	2	2	
青　海 Qinghai						
宁　夏 Ningxia		13	2	2	9	
新　疆 Xinjiang						

职业初中校数、班数(城市)
Number of Schools, Classes Admitted in Vocational Schools (Urban)

	学校数(所) Schools	班数(个) Classes				
		计 Total	一年级 Grade 1	二年级 Grade 2	三年级 Grade 3	四年级 Grade 4
合　计 Total	**4**	**25**	**8**	**7**	**10**	
北　京 Beijing						
天　津 Tianjin						
河　北 Hebei						
山　西 Shanxi	1					
内蒙古 Inner Mongolia						
辽　宁 Liaoning						
吉　林 Jilin	3	14	5	4	5	
黑龙江 Heilongjiang						
上　海 Shanghai		10	3	3	4	
江　苏 Jiangsu						
浙　江 Zhejiang						
安　徽 Anhui						
福　建 Fujian						
江　西 Jiangxi						
山　东 Shandong						
河　南 Henan						
湖　北 Hubei						
湖　南 Hunan						
广　东 Guangdong						
广　西 Guangxi						
海　南 Hainan						
重　庆 Chongqing						
四　川 Sichuan		1			1	
贵　州 Guizhou						
云　南 Yunnan						
西　藏 Tibet						
陕　西 Shaanxi						
甘　肃 Gansu						
青　海 Qinghai						
宁　夏 Ningxia						
新　疆 Xinjiang						

职业初中校数、班数(县镇)

Number of Schools, Classes Admitted in Vocational Schools (County City & Towns)

	学校数 (所) Schools	班数(个) Classes				
		计 Total	一年级 Grade 1	二年级 Grade 2	三年级 Grade 3	四年级 Grade 4
合　计 Total	**26**	**256**	**85**	**74**	**97**	
北　京 Beijing						
天　津 Tianjin						
河　北 Hebei						
山　西 Shanxi	4	5	2	2	1	
内蒙古 Inner Mongolia						
辽　宁 Liaoning						
吉　林 Jilin	5	85	29	29	27	
黑龙江 Heilongjiang	1	7	1	2	4	
上　海 Shanghai		2	1	1		
江　苏 Jiangsu						
浙　江 Zhejiang						
安　徽 Anhui						
福　建 Fujian						
江　西 Jiangxi						
山　东 Shandong						
河　南 Henan						
湖　北 Hubei						
湖　南 Hunan						
广　东 Guangdong						
广　西 Guangxi						
海　南 Hainan						
重　庆 Chongqing						
四　川 Sichuan	1	53	26	2	25	
贵　州 Guizhou	6	52	17	20	15	
云　南 Yunnan	8	33	5	14	14	
西　藏 Tibet						
陕　西 Shaanxi						
甘　肃 Gansu	1	6	2	2	2	
青　海 Qinghai						
宁　夏 Ningxia		13	2	2	9	
新　疆 Xinjiang						

职业初中校数、班数(农村)
Number of Schools, Classes Admitted in Vocational Schools (Rural)

	学校数(所) Schools	班数(个) Classes				
		计 Total	一年级 Grade 1	二年级 Grade 2	三年级 Grade 3	四年级 Grade 4
合　计 Total	**37**	**422**	**139**	**128**	**149**	**6**
北　京 Beijing						
天　津 Tianjin						
河　北 Hebei	1	5	2	2	1	
山　西 Shanxi	3	20	6	6	8	
内蒙古 Inner Mongolia						
辽　宁 Liaoning						
吉　林 Jilin	4	51	16	17	18	
黑龙江 Heilongjiang	3	30	8	7	9	6
上　海 Shanghai						
江　苏 Jiangsu						
浙　江 Zhejiang						
安　徽 Anhui	1	6	2	2	2	
福　建 Fujian						
江　西 Jiangxi	1	11	5	3	3	
山　东 Shandong						
河　南 Henan						
湖　北 Hubei						
湖　南 Hunan						
广　东 Guangdong						
广　西 Guangxi						
海　南 Hainan						
重　庆 Chongqing						
四　川 Sichuan	2	44	22	5	17	
贵　州 Guizhou	16	160	55	51	54	
云　南 Yunnan	6	95	23	35	37	
西　藏 Tibet						
陕　西 Shaanxi						
甘　肃 Gansu						
青　海 Qinghai						
宁　夏 Ningxia						
新　疆 Xinjiang						

初中阶段学生数(总计)

Number of Students in Junior Schools (Regional Aggregates)

单位:人

unit: person

	毕业生数 Graduates	招生数 Students Admitted	在校学生数 Enrolment 合计 Total	其中:女 of Which: Female	一年级 Grade 1	二年级 Grade 2	三年级 Grade 3	四年级 Grade 4	毕业班学生数 Graduates for Next Year
合　计 Total	**17503508**	**17165815**	**52793300**	**24924796**	**17202342**	**17580458**	**17493789**	**516711**	**17514759**
北　京 Beijing	101045	102360	309912	146704	102561	104864	101695	792	101517
天　津 Tianjin	93464	83891	273408	130248	83995	85829	89101	14483	90923
河　北 Hebei	876888	721622	2212505	1078709	721728	731103	759674		759674
山　西 Shanxi	578248	571990	1714971	835294	572990	589285	552696		552696
内蒙古 Inner Mongolia	271116	270361	814686	392468	270361	278167	254013	12145	262207
辽　宁 Liaoning	455348	397158	1272295	605654	397750	422889	440563	11093	440284
吉　林 Jilin	297406	253369	824992	399116	253433	276919	291132	3508	292482
黑龙江 Heilongjiang	405435	363545	1292208	627687	363545	391400	386147	151116	399288
上　海 Shanghai	98961	109472	425606	202089	109739	111624	106377	97866	97917
江　苏 Jiangsu	913974	710443	2329518	1060029	710582	771038	847731	167	847745
浙　江 Zhejiang	585993	532022	1671286	779178	532160	550611	587224	1291	587393
安　徽 Anhui	922004	873395	2790166	1298061	875999	954372	958077	1718	957847
福　建 Fujian	478531	383157	1275763	578616	383433	419449	472881		472881
江　西 Jiangxi	537048	683921	2000471	913057	686569	686775	627127		627127
山　东 Shandong	1022090	1112964	3485570	1652322	1113148	1096950	1070097	205375	1076998
河　南 Henan	1549170	1588071	4694044	2226831	1591267	1526515	1562468	13794	1560808
湖　北 Hubei	855066	657947	2180937	989247	658368	730776	790013	1780	790256
湖　南 Hunan	697470	734373	2149204	1009390	734499	719655	695050		695050
广　东 Guangdong	1534663	1663662	5001040	2333061	1664182	1705790	1630967	101	1630967
广　西 Guangxi	626644	701548	2003911	954072	706869	671093	625949		625949
海　南 Hainan	146277	133509	421593	194723	142004	145924	133665		133665
重　庆 Chongqing	416604	408525	1281724	615473	408817	435651	437093	163	437059
四　川 Sichuan	1138601	1118539	3443234	1649192	1120689	1159748	1162364	433	1162402
贵　州 Guizhou	639965	768398	2147282	1025256	768451	724047	654784		654784
云　南 Yunnan	644499	708084	2080408	984161	711271	697684	671068	385	671061
西　藏 Tibet	46093	47361	138992	65890	47361	46934	44697		44697
陕　西 Shaanxi	627356	493463	1643225	768786	494653	557940	590632		590632
甘　肃 Gansu	454596	453790	1384072	662785	456242	472425	454959	446	454919
青　海 Qinghai	66211	78875	219463	104901	79223	75498	64742		64742
宁　夏 Ningxia	85232	103882	307536	150614	104164	103176	100196		100196
新　疆 Xinjiang	337510	336118	1003278	491182	336289	336327	330607	55	330593

普通初中学生数(总计)

Number of Students in Junior Secondary Schools (Regional Aggregates)

单位:人

unit: person

	毕业生数 Graduates	招生数 Students Admitted	在校学生数 Enrolment						毕业班学生数 Graduates for Next Year
			合　计 Total	其中:女 of Which: Female	一年级 Grade 1	二年级 Grade 2	三年级 Grade 3	四年级 Grade 4	
合　计 Total	**17485714**	**17154930**	**52759127**	**24908523**	**17191451**	**17570301**	**17480852**	**516523**	**17502357**
北　京 Beijing	101045	102360	309912	146704	102561	104864	101695	792	101517
天　津 Tianjin	93464	83891	273408	130248	83995	85829	89101	14483	90923
河　北 Hebei	876820	721556	2212343	1078642	721662	731046	759635		759635
山　西 Shanxi	575396	571651	1713779	834698	572651	588872	552256		552256
内蒙古 Inner Mongolia	268978	270361	814686	392468	270361	278167	254013	12145	262207
辽　宁 Liaoning	455348	397158	1272295	605654	397750	422889	440563	11093	440284
吉　林 Jilin	294438	251194	817462	395519	251258	274437	288259	3508	289985
黑龙江 Heilongjiang	405225	363236	1290892	627047	363236	391107	385621	150928	398921
上　海 Shanghai	98913	109424	425463	202038	109691	111580	106326	97866	97866
江　苏 Jiangsu	913974	710443	2329518	1060029	710582	771038	847731	167	847745
浙　江 Zhejiang	585993	532022	1671286	779178	532160	550611	587224	1291	587393
安　徽 Anhui	921877	873302	2789866	1297906	875906	954279	957963	1718	957733
福　建 Fujian	478531	383157	1275763	578616	383433	419449	472881		472881
江　西 Jiangxi	536759	683676	1999946	912786	686324	686633	626989		626989
山　东 Shandong	1022090	1112964	3485570	1652322	1113148	1096950	1070097	205375	1076998
河　南 Henan	1549170	1588071	4694044	2226831	1591267	1526515	1562468	13794	1560808
湖　北 Hubei	854395	657947	2180937	989247	658368	730776	790013	1780	790256
湖　南 Hunan	697470	734373	2149204	1009390	734499	719655	695050		695050
广　东 Guangdong	1534663	1663662	5001040	2333061	1664182	1705790	1630967	101	1630967
广　西 Guangxi	626644	701548	2003911	954072	706869	671093	625949		625949
海　南 Hainan	146277	133509	421593	194723	142004	145924	133665		133665
重　庆 Chongqing	416604	408525	1281724	615473	408817	435651	437093	163	437059
四　川 Sichuan	1137612	1116229	3438646	1647002	1118378	1159352	1160483	433	1160521
贵　州 Guizhou	635811	764740	2136599	1020016	764793	720490	651316		651316
云　南 Yunnan	641624	706567	2073500	981135	709749	695099	668267	385	668260
西　藏 Tibet	46093	47361	138992	65890	47361	46934	44697		44697
陕　西 Shaanxi	627356	493463	1643225	768786	494653	557940	590632		590632
甘　肃 Gansu	454586	453780	1384027	662764	456232	472410	454939	446	454899
青　海 Qinghai	66211	78875	219463	104901	79223	75498	64742		64742
宁　夏 Ningxia	84837	103767	306755	150195	104049	103096	99610		99610
新　疆 Xinjiang	337510	336118	1003278	491182	336289	336327	330607	55	330593

普通初中学生数(城市)

Number of Students in Junior Secondary Schools (Urban)

单位:人

unit: person

	毕业生数 Graduates	招生数 Students Admitted	在校学生数 Enrolment						毕业班学生数 Graduates for Next Year
			合计 Total	其中:女 of Which: Female	一年级 Grade 1	二年级 Grade 2	三年级 Grade 3	四年级 Grade 4	
合 计 Total	**3326336**	**3481265**	**10590217**	**4943380**	**3483324**	**3484595**	**3402984**	**219314**	**3399369**
北 京 Beijing	72290	77345	230546	109329	77428	78009	74317	792	74139
天 津 Tianjin	32661	32198	99988	48409	32201	32376	31433	3978	31725
河 北 Hebei	130025	125203	369627	178821	125206	124084	120337		120337
山 西 Shanxi	150344	157244	465577	226530	157465	158954	149158		149158
内蒙古 Inner Mongolia	91145	96875	291173	140291	96875	98703	94937	658	92605
辽 宁 Liaoning	176748	159069	511268	243216	159185	169849	171273	10961	171023
吉 林 Jilin	70355	64071	206210	99870	64071	67422	72210	2507	73994
黑龙江 Heilongjiang	105977	92795	350369	168549	92795	101074	102339	54161	102331
上 海 Shanghai	50328	52331	207872	99687	52488	53800	52263	49321	49321
江 苏 Jiangsu	206760	190444	588547	270279	190457	195332	202591	167	202605
浙 江 Zhejiang	179235	181434	552136	254462	181472	182788	186585	1291	186754
安 徽 Anhui	148813	146779	454688	205736	146826	151820	155959	83	155949
福 建 Fujian	127272	124722	386073	171125	124827	128991	132255		132255
江 西 Jiangxi	56462	72321	213863	95138	72640	71825	69398		69398
山 东 Shandong	221471	252981	817899	383843	253159	245328	235262	84150	236055
河 南 Henan	214654	245284	697439	325047	245337	227630	215032	9440	213622
湖 北 Hubei	149922	132571	413930	184517	132683	138469	142280	498	142778
湖 南 Hunan	95981	112511	318860	147456	112514	106403	99943		99943
广 东 Guangdong	354360	398240	1168478	525147	398362	396045	373970	101	373970
广 西 Guangxi	64068	69873	202602	91900	69877	67923	64802		64802
海 南 Hainan	25367	26446	80832	34122	26746	27893	26193		26193
重 庆 Chongqing	47095	54114	158344	75828	54127	52907	51147	163	51113
四 川 Sichuan	160247	179999	527362	253103	180014	175668	171247	433	171285
贵 州 Guizhou	61739	75360	213156	102104	75363	71755	66038		66038
云 南 Yunnan	47193	56182	159589	77714	56182	54240	49058	109	49073
西 藏 Tibet	4963	5275	15532	7461	5275	5092	5165		5165
陕 西 Shaanxi	99713	101900	307926	142653	102047	104378	101501		101501
甘 肃 Gansu	60910	62065	185663	86835	62065	62751	60401	446	60361
青 海 Qinghai	12255	15529	42935	20821	15529	14359	13047		13047
宁 夏 Ningxia	27326	31467	93116	45325	31467	31999	29650		29650
新 疆 Xinjiang	80657	88637	258617	128062	88641	86728	83193	55	83179

普通初中学生数(县镇)

Number of Students in Junior Secondary Schools (County City & Towns)

单位:人

unit: person

	毕业生数 Graduates	招生数 Students Admitted	在校学生数 Enrolment 合计 Total	其中:女 of Which: Female	一年级 Grade 1	二年级 Grade 2	三年级 Grade 3	四年级 Grade 4	毕业班学生数 Graduates for Next Year
合计 Total	**7989595**	**7962857**	**24324161**	**11459949**	**7980318**	**8105762**	**8067813**	**170268**	**8078913**
北京 Beijing	13783	12157	38881	18477	12222	13444	13215		13215
天津 Tianjin	35454	33309	102456	49258	33374	33625	35444	13	35295
河北 Hebei	450728	384705	1173029	572898	384787	386712	401530		401530
山西 Shanxi	206867	210978	629766	306209	211577	212257	205932		205932
内蒙古 Inner Mongolia	144379	141310	425288	205231	141310	144863	129159	9956	138273
辽宁 Liaoning	55684	49633	156395	74641	49729	51997	54537	132	54508
吉林 Jilin	141747	120874	396162	191723	120931	133858	140372	1001	140314
黑龙江 Heilongjiang	131908	130292	420782	204341	130292	135204	129316	25970	130885
上海 Shanghai	48399	56973	217046	102076	57082	57663	53923	48378	48378
江苏 Jiangsu	430034	330973	1084727	485777	330990	358642	395095		395095
浙江 Zhejiang	343131	294164	941316	442020	294218	309103	337995		337995
安徽 Anhui	365135	369790	1144048	521112	370414	389619	384015		384015
福建 Fujian	226255	177082	593515	270234	177198	193510	222807		222807
江西 Jiangxi	210359	265071	758905	335027	265774	258331	234800		234800
山东 Shandong	481433	513720	1589835	749923	513725	502135	493164	80811	499696
河南 Henan	576729	611110	1800891	842012	611913	583618	602911	2449	602854
湖北 Hubei	326945	251823	848967	382347	251962	285394	310329	1282	310074
湖南 Hunan	328877	347428	1018990	477187	347504	340663	330823		330823
广东 Guangdong	849765	901097	2735066	1284048	901134	932907	901025		901025
广西 Guangxi	445745	515315	1454846	696420	517280	486844	450722		450722
海南 Hainan	90498	81387	259597	121377	87860	89506	82231		82231
重庆 Chongqing	284908	278806	876669	420668	278975	297473	300221		300221
四川 Sichuan	657599	634135	1970678	947412	635859	665593	669226		669226
贵州 Guizhou	329235	393682	1104397	524260	393724	371242	339431		339431
云南 Yunnan	333448	373521	1095418	522724	374851	366648	353643	276	353621
西藏 Tibet	40685	41607	122054	57839	41607	41363	39084		39084
陕西 Shaanxi	139838	120991	394156	185005	121029	133056	140071		140071
甘肃 Gansu	166257	167696	518099	247783	169428	178936	169735		169735
青海 Qinghai	30898	36265	106184	51042	36393	35897	33894		33894
宁夏 Ningxia	35929	44330	131397	64271	44492	43990	42915		42915
新疆 Xinjiang	66943	72633	214601	106607	72684	71669	70248		70248

普通初中学生数(农村)

Number of Students in Junior Secondary Schools (Rural)

单位:人

unit: person

	毕业生数 Graduates	招生数 Students Admitted	在校学生数 Enrolment						毕业班学生数 Graduates for Next Year
			合　计 Total	其中:女 of Which: Female	一年级 Grade 1	二年级 Grade 2	三年级 Grade 3	四年级 Grade 4	
合　计 Total	**6169783**	**5710808**	**17844749**	**8505194**	**5727809**	**5979944**	**6010055**	**126941**	**6024075**
北　京 Beijing	14972	12858	40485	18898	12911	13411	14163		14163
天　津 Tianjin	25349	18384	70964	32581	18420	19828	22224	10492	23903
河　北 Hebei	296067	211648	669687	326923	211669	220250	237768		237768
山　西 Shanxi	218185	203429	618436	301959	203609	217661	197166		197166
内蒙古 Inner Mongolia	33454	32176	98225	46946	32176	34601	29917	1531	31329
辽　宁 Liaoning	222916	188456	604632	287797	188836	201043	214753		214753
吉　林 Jilin	82336	66249	215090	103926	66256	73157	75677		75677
黑龙江 Heilongjiang	167340	140149	519741	254157	140149	154829	153966	70797	165705
上　海 Shanghai	186	120	545	275	121	117	140	167	167
江　苏 Jiangsu	277180	189026	656244	303973	189135	217064	250045		250045
浙　江 Zhejiang	63627	56424	177834	82696	56470	58720	62644		62644
安　徽 Anhui	407929	356733	1191130	571058	358666	412840	417989	1635	417769
福　建 Fujian	125004	81353	296175	137257	81408	96948	117819		117819
江　西 Jiangxi	269938	346284	1027178	482621	347910	356477	322791		322791
山　东 Shandong	319186	346263	1077836	518556	346264	349487	341671	40414	341247
河　南 Henan	757787	731677	2195714	1059772	734017	715267	744525	1905	744332
湖　北 Hubei	377528	273553	918040	422383	273723	306913	337404		337404
湖　南 Hunan	272612	274434	811354	384747	274481	272589	264284		264284
广　东 Guangdong	330538	364325	1097496	523866	364686	376838	355972		355972
广　西 Guangxi	116831	116360	346463	165752	119712	116326	110425		110425
海　南 Hainan	30412	25676	81164	39224	27398	28525	25241		25241
重　庆 Chongqing	84601	75605	246711	118977	75715	85271	85725		85725
四　川 Sichuan	319766	302095	940606	446487	302505	318091	320010		320010
贵　州 Guizhou	244837	295698	819046	393652	295706	277493	245847		245847
云　南 Yunnan	260983	276864	818493	380697	278716	274211	265566		265566
西　藏 Tibet	445	479	1406	590	479	479	448		448
陕　西 Shaanxi	387805	270572	941143	441128	271577	320506	349060		349060
甘　肃 Gansu	227419	224019	680265	328146	224739	230723	224803		224803
青　海 Qinghai	23058	27081	70344	33038	27301	25242	17801		17801
宁　夏 Ningxia	21582	27970	82242	40599	28090	27107	27045		27045
新　疆 Xinjiang	189910	174848	530060	256513	174964	177930	177166		177166

普通初中女学生数

Number of Female Students in Junior Secondary Schools

单位:人
unit: person

	毕业生数 Graduates	招生数 Students Admitted	在校学生数 Enrolment					毕业班学生数 Graduates for Next Year
			合计 Total	一年级 Grade 1	二年级 Grade 2	三年级 Grade 3	四年级 Grade 4	
合 计 Total	**8355714**	**8050374**	**24908523**	**8064825**	**8287885**	**8305608**	**250205**	**8198715**
北 京 Beijing	48726	48045	146704	48099	49730	48493	382	48434
天 津 Tianjin	45610	39598	130248	39651	40578	43060	6959	43111
河 北 Hebei	431020	350632	1078642	350658	355864	372120		368846
山 西 Shanxi	281633	279256	834698	279715	286566	268417		268147
内蒙古 Inner Mongolia	132044	129694	392468	129694	133668	123315	5791	126069
辽 宁 Liaoning	221501	187781	605654	187986	200667	211594	5407	211549
吉 林 Jilin	142264	121857	395519	121885	132705	139062	1867	139499
黑龙江 Heilongjiang	198248	175248	627047	175248	189432	188647	73720	192689
上 海 Shanghai	48563	51281	202038	51336	52606	50494	47602	47602
江 苏 Jiangsu	421027	324244	1060029	324299	350740	384895	95	383928
浙 江 Zhejiang	277288	247032	779178	247068	255457	276032	621	276121
安 徽 Anhui	433837	400922	1297906	401908	446414	448753	831	448485
福 建 Fujian	224472	173492	578616	173521	188861	216234		216234
江 西 Jiangxi	242514	311912	912786	312749	314225	285812		271950
山 东 Shandong	485221	525741	1652322	525827	520522	507040	98933	510271
河 南 Henan	743520	747856	2226831	749275	725755	745451	6350	744655
湖 北 Hubei	393238	298101	989247	298276	331710	358397	864	347935
湖 南 Hunan	332629	344445	1009390	344494	337860	327036		327036
广 东 Guangdong	734727	763260	2333061	763443	798503	771053	62	702035
广 西 Guangxi	307417	327535	954072	329877	318396	305799		304808
海 南 Hainan	69188	60193	194723	63795	67555	63373		63373
重 庆 Chongqing	204371	194217	615473	194315	208431	212631	96	203101
四 川 Sichuan	550535	531548	1647002	532361	552685	561743	213	561692
贵 州 Guizhou	302784	362479	1020016	362490	343641	313885		313885
云 南 Yunnan	305866	333754	981135	334865	328417	317685	168	317644
西 藏 Tibet	21471	22237	65890	22237	22414	21239		20962
陕 西 Shaanxi	297281	229878	768786	230274	258677	279835		279835
甘 肃 Gansu	219468	216295	662764	217322	225406	219823	213	215930
青 海 Qinghai	31448	37733	104901	37872	35896	31133		31133
宁 夏 Ningxia	41767	50279	150195	50374	50299	49522		49049
新 疆 Xinjiang	166036	163829	491182	163911	164205	163035	31	162707

职业初中学生数(总计)

Number of Students in Vocational Junior Secondary Schools (Regional Aggregates)

单位:人

unit: person

	毕业生数 Graduates	招生数 Students Admitted	在校学生数 Enrolment						毕业班学生数 Graduates for Next Year
			合　计 Total	其中:女 of Which: Female	一年级 Grade 1	二年级 Grade 2	三年级 Grade 3	四年级 Grade 4	
合　计 Total	**17794**	**10885**	**34173**	**16273**	**10891**	**10157**	**12937**	**188**	**12402**
北　京 Beijing									
天　津 Tianjin									
河　北 Hebei	68	66	162	67	66	57	39		39
山　西 Shanxi	2852	339	1192	596	339	413	440		440
内蒙古 Inner Mongolia	2138								
辽　宁 Liaoning									
吉　林 Jilin	2968	2175	7530	3597	2175	2482	2873		2497
黑龙江 Heilongjiang	210	309	1316	640	309	293	526	188	367
上　海 Shanghai	48	48	143	51	48	44	51		51
江　苏 Jiangsu									
浙　江 Zhejiang									
安　徽 Anhui	127	93	300	155	93	93	114		114
福　建 Fujian									
江　西 Jiangxi	289	245	525	271	245	142	138		138
山　东 Shandong									
河　南 Henan									
湖　北 Hubei	671								
湖　南 Hunan									
广　东 Guangdong									
广　西 Guangxi									
海　南 Hainan									
重　庆 Chongqing									
四　川 Sichuan	989	2310	4588	2190	2311	396	1881		1881
贵　州 Guizhou	4154	3658	10683	5240	3658	3557	3468		3468
云　南 Yunnan	2875	1517	6908	3026	1522	2585	2801		2801
西　藏 Tibet									
陕　西 Shaanxi									
甘　肃 Gansu	10	10	45	21	10	15	20		20
青　海 Qinghai									
宁　夏 Ningxia	395	115	781	419	115	80	586		586
新　疆 Xinjiang									

职业初中学生数（城市）

Number of Students in Vocational Junior Secondary Schools (Urban)

单位：人

unit: person

	毕业生数 Graduates	招生数 Students Admitted	在校学生数 Enrolment						毕业班学生数 Graduates for Next Year
			合计 Total	其中：女 of Which: Female	一年级 Grade 1	二年级 Grade 2	三年级 Grade 3	四年级 Grade 4	
合计 Total	**690**	**136**	**549**	**214**	**136**	**134**	**279**		**279**
北京 Beijing									
天津 Tianjin									
河北 Hebei									
山西 Shanxi	487								
内蒙古 Inner Mongolia									
辽宁 Liaoning									
吉林 Jilin	144	102	414	173	102	101	211		211
黑龙江 Heilongjiang									
上海 Shanghai	35	34	118	41	34	33	51		51
江苏 Jiangsu									
浙江 Zhejiang									
安徽 Anhui									
福建 Fujian									
江西 Jiangxi									
山东 Shandong									
河南 Henan									
湖北 Hubei	18								
湖南 Hunan									
广东 Guangdong									
广西 Guangxi									
海南 Hainan									
重庆 Chongqing									
四川 Sichuan	6		17				17		17
贵州 Guizhou									
云南 Yunnan									
西藏 Tibet									
陕西 Shaanxi									
甘肃 Gansu									
青海 Qinghai									
宁夏 Ningxia									
新疆 Xinjiang									

职业初中学生数(县镇)

Number of Students in Vocational Junior Secondary Schools (County City & Towns)

单位:人
unit: person

	毕业生数 Graduates	招生数 Students Admitted	在校学生数 Enrolment						毕业班学生数 Graduates for Next Year
			合 计 Total	其中:女 of Which: Female	一年级 Grade 1	二年级 Grade 2	三年级 Grade 3	四年级 Grade 4	
合 计 Total	**7792**	**4140**	**13156**	**6392**	**4140**	**3616**	**5400**		**5400**
北 京 Beijing									
天 津 Tianjin									
河 北 Hebei									
山 西 Shanxi	744	74	211	100	74	100	37		37
内蒙古 Inner Mongolia	1458								
辽 宁 Liaoning									
吉 林 Jilin	1830	1517	4921	2350	1517	1607	1797		1797
黑龙江 Heilongjiang		43	312	167	43	90	179		179
上 海 Shanghai	13	14	25	10	14	11			
江 苏 Jiangsu									
浙 江 Zhejiang									
安 徽 Anhui									
福 建 Fujian									
江 西 Jiangxi									
山 东 Shandong									
河 南 Henan									
湖 北 Hubei									
湖 南 Hunan									
广 东 Guangdong									
广 西 Guangxi									
海 南 Hainan									
重 庆 Chongqing									
四 川 Sichuan	755	1368	2800	1404	1368	110	1322		1322
贵 州 Guizhou	1637	772	2371	1149	772	872	727		727
云 南 Yunnan	950	227	1690	772	227	731	732		732
西 藏 Tibet									
陕 西 Shaanxi									
甘 肃 Gansu	10	10	45	21	10	15	20		20
青 海 Qinghai									
宁 夏 Ningxia	395	115	781	419	115	80	586		586
新 疆 Xinjiang									

职业初中学生数(农村)

Number of Students in Vocational Junior Secondary Schools (Rural)

单位:人

unit: person

	毕业生数 Graduates	招生数 Students Admitted	在校学生数 Enrolment 合计 Total	其中:女 of Which: Female	一年级 Grade 1	二年级 Grade 2	三年级 Grade 3	四年级 Grade 4	毕业班学生数 Graduates for Next Year
合　计 Total	**9312**	**6609**	**20468**	**9667**	**6615**	**6407**	**7258**	**188**	**6723**
北　京 Beijing									
天　津 Tianjin									
河　北 Hebei	68	66	162	67	66	57	39		39
山　西 Shanxi	1621	265	981	496	265	313	403		403
内蒙古 Inner Mongolia	680								
辽　宁 Liaoning									
吉　林 Jilin	994	556	2195	1074	556	774	865		489
黑龙江 Heilongjiang	210	266	1004	473	266	203	347	188	188
上　海 Shanghai									
江　苏 Jiangsu									
浙　江 Zhejiang									
安　徽 Anhui	127	93	300	155	93	93	114		114
福　建 Fujian									
江　西 Jiangxi	289	245	525	271	245	142	138		138
山　东 Shandong									
河　南 Henan									
湖　北 Hubei	653								
湖　南 Hunan									
广　东 Guangdong									
广　西 Guangxi									
海　南 Hainan									
重　庆 Chongqing									
四　川 Sichuan	228	942	1771	786	943	286	542		542
贵　州 Guizhou	2517	2886	8312	4091	2886	2685	2741		2741
云　南 Yunnan	1925	1290	5218	2254	1295	1854	2069		2069
西　藏 Tibet									
陕　西 Shaanxi									
甘　肃 Gansu									
青　海 Qinghai									
宁　夏 Ningxia									
新　疆 Xinjiang									

职业初中女学生数

Number of Female Students in Vocational Junior Secondary Schools

单位:人

unit: person

	毕业生数 Graduates	招生数 Students Admitted	在校学生数 Enrolment 合计 Total	一年级 Grade 1	二年级 Grade 2	三年级 Grade 3	四年级 Grade 4	毕业班学生数 Graduates for Next Year
合　计 Total	**8454**	**5105**	**16273**	**5107**	**4855**	**6220**	**91**	**5968**
北　京 Beijing								
天　津 Tianjin								
河　北 Hebei	23	26	67	26	22	19		19
山　西 Shanxi	1464	179	596	179	197	220		220
内蒙古 Inner Mongolia	1039							
辽　宁 Liaoning								
吉　林 Jilin	1364	1036	3597	1036	1192	1369		1194
黑龙江 Heilongjiang	99	142	640	142	144	263	91	186
上　海 Shanghai	15	22	51	22	13	16		16
江　苏 Jiangsu								
浙　江 Zhejiang								
安　徽 Anhui	59	53	155	53	50	52		52
福　建 Fujian								
江　西 Jiangxi	141	103	271	103	63	105		105
山　东 Shandong								
河　南 Henan								
湖　北 Hubei	303							
湖　南 Hunan								
广　东 Guangdong								
广　西 Guangxi								
海　南 Hainan								
重　庆 Chongqing								
四　川 Sichuan	471	1093	2190	1093	168	929		929
贵　州 Guizhou	2019	1771	5240	1771	1747	1722		1722
云　南 Yunnan	1319	614	3026	616	1206	1204		1204
西　藏 Tibet								
陕　西 Shaanxi								
甘　肃 Gansu	6	5	21	5	8	8		8
青　海 Qinghai								
宁　夏 Ningxia	132	61	419	61	45	313		313
新　疆 Xinjiang								

职业初中教职工数(总计)
Number of Teachers, Staff & Workers in Vocational Schools (Regional Aggregates)

单位:人
unit: person

	教职工数 Teachers, Staff & Workers						代课教师 Substitute Teachers	兼任教师 Part-time Teachers
	合 计 Total	专任教师 Full-time Teachers	行政人员 Adm. Personnel	教辅人员 Supporting Staff	工勤人员 Workers	校办工厂、农(林)场职工 Employees in School-run by Factories & Farms		
合 计 Total	**2187**	**1975**	**111**	**68**	**33**		**24**	**108**
北 京 Beijing								
天 津 Tianjin								
河 北 Hebei	20	14	3	3			10	
山 西 Shanxi	107	94	5	6	2		6	
内蒙古 Inner Mongolia								
辽 宁 Liaoning								
吉 林 Jilin	721	617	61	34	9			
黑龙江 Heilongjiang	120	107	7	5	1			
上 海 Shanghai	18	18						
江 苏 Jiangsu								
浙 江 Zhejiang								
安 徽 Anhui	27	25	2					
福 建 Fujian								
江 西 Jiangxi	44	44						
山 东 Shandong								
河 南 Henan								
湖 北 Hubei								
湖 南 Hunan								
广 东 Guangdong								
广 西 Guangxi								
海 南 Hainan								
重 庆 Chongqing								
四 川 Sichuan	83	80	1	2			1	42
贵 州 Guizhou	650	620	21	5	4		2	
云 南 Yunnan	364	332	9	8	15		5	66
西 藏 Tibet								
陕 西 Shaanxi								
甘 肃 Gansu	8	6			2			
青 海 Qinghai								
宁 夏 Ningxia	25	18	2	5				
新 疆 Xinjiang								

职业初中教职工数(城市)

Number of Teachers, Staff & Workers in Vocational Schools (Urban)

单位:人

unit: person

	教职工数 Teachers, Staff & Workers						代课教师 Substitute Teachers	兼任教师 Part-time Teachers
	合 计 Total	专任教师 Full-time Teachers	行政人员 Adm. Personnel	教辅人员 Supporting Staff	工勤人员 Workers	校办工厂、农(林)场职工 Employees in School-run by Factories & Farms		
合 计 Total	**110**	**82**	**17**	**7**	**4**			
北 京 Beijing								
天 津 Tianjin								
河 北 Hebei								
山 西 Shanxi								
内蒙古 Inner Mongolia								
辽 宁 Liaoning								
吉 林 Jilin	82	54	17	7	4			
黑龙江 Heilongjiang								
上 海 Shanghai	18	18						
江 苏 Jiangsu								
浙 江 Zhejiang								
安 徽 Anhui								
福 建 Fujian								
江 西 Jiangxi								
山 东 Shandong								
河 南 Henan								
湖 北 Hubei								
湖 南 Hunan								
广 东 Guangdong								
广 西 Guangxi								
海 南 Hainan								
重 庆 Chongqing								
四 川 Sichuan	10	10						
贵 州 Guizhou								
云 南 Yunnan								
西 藏 Tibet								
陕 西 Shaanxi								
甘 肃 Gansu								
青 海 Qinghai								
宁 夏 Ningxia								
新 疆 Xinjiang								

职业初中教职工数(县镇)

Number of Teachers, Staff & Workers in Vocational Schools (County City & Towns)

单位:人
unit: person

	教职工数 Teachers, Staff & Workers						代课教师 Substitute Teachers	兼任教师 Part-time Teachers
	合计 Total	专任教师 Full-time Teachers	行政人员 Adm. Personnel	教辅人员 Supporting Staff	工勤人员 Workers	校办工厂、农(林)场职工 Employees in School-run by Factories & Farms		
合　计 Total	**810**	**731**	**37**	**28**	**14**		**6**	**30**
北　京 Beijing								
天　津 Tianjin								
河　北 Hebei								
山　西 Shanxi	36	27	2	5	2		6	
内蒙古 Inner Mongolia								
辽　宁 Liaoning								
吉　林 Jilin	390	360	21	7	2			
黑龙江 Heilongjiang	12	12						
上　海 Shanghai								
江　苏 Jiangsu								
浙　江 Zhejiang								
安　徽 Anhui								
福　建 Fujian								
江　西 Jiangxi								
山　东 Shandong								
河　南 Henan								
湖　北 Hubei								
湖　南 Hunan								
广　东 Guangdong								
广　西 Guangxi								
海　南 Hainan								
重　庆 Chongqing								
四　川 Sichuan	36	33	1	2				20
贵　州 Guizhou	182	169	7	4	2			
云　南 Yunnan	121	106	4	5	6			10
西　藏 Tibet								
陕　西 Shaanxi								
甘　肃 Gansu	8	6			2			
青　海 Qinghai								
宁　夏 Ningxia	25	18	2	5				
新　疆 Xinjiang								

职业初中教职工数(农村)

Number of Teachers, Staff & Workers in Vocational Schools (Rural)

单位:人
unit: person

	教职工数 Teachers, Staff & Workers						代课教师 Substitute Teachers	兼任教师 Part-time Teachers
	合计 Total	专任教师 Full-time Teachers	行政人员 Adm. Personnel	教辅人员 Supporting Staff	工勤人员 Workers	校办工厂、农(林)场职工 Employees in School-run by Factories & Farms		
合 计 Total	**1267**	**1162**	**57**	**33**	**15**		**18**	**78**
北 京 Beijing								
天 津 Tianjin								
河 北 Hebei	20	14	3	3			10	
山 西 Shanxi	71	67	3	1				
内蒙古 Inner Mongolia								
辽 宁 Liaoning								
吉 林 Jilin	249	203	23	20	3			
黑龙江 Heilongjiang	108	95	7	5	1			
上 海 Shanghai								
江 苏 Jiangsu								
浙 江 Zhejiang								
安 徽 Anhui	27	25	2					
福 建 Fujian								
江 西 Jiangxi	44	44						
山 东 Shandong								
河 南 Henan								
湖 北 Hubei								
湖 南 Hunan								
广 东 Guangdong								
广 西 Guangxi								
海 南 Hainan								
重 庆 Chongqing								
四 川 Sichuan	37	37					1	22
贵 州 Guizhou	468	451	14	1	2		2	
云 南 Yunnan	243	226	5	3	9		5	56
西 藏 Tibet								
陕 西 Shaanxi								
甘 肃 Gansu								
青 海 Qinghai								
宁 夏 Ningxia								
新 疆 Xinjiang								

Number of Female Teachers, Staff & Workers

	教职工数 Teachers, Staff & Workers		
	合　计 Total	专任教师 Full-time Teachers	行政人员 Adm. Personnel
合　计 Total	**897**	**863**	**13**
北　京 Beijing			
天　津 Tianjin			
河　北 Hebei	10	10	
山　西 Shanxi	37	37	
内蒙古 Inner Mongolia			
辽　宁 Liaoning			
吉　林 Jilin	366	349	12
黑龙江 Heilongjiang	42	40	
上　海 Shanghai	14	14	
江　苏 Jiangsu			
浙　江 Zhejiang			
安　徽 Anhui	2	2	
福　建 Fujian			
江　西 Jiangxi	16	16	
山　东 Shandong			
河　南 Henan			
湖　北 Hubei			
湖　南 Hunan			
广　东 Guangdong			
广　西 Guangxi			
海　南 Hainan			
重　庆 Chongqing			
四　川 Sichuan	36	35	
贵　州 Guizhou	221	220	
云　南 Yunnan	146	135	1
西　藏 Tibet			
陕　西 Shaanxi			
甘　肃 Gansu			
青　海 Qinghai			
宁　夏 Ningxia	7	5	
新　疆 Xinjiang			

女教职工数

in Vocational Schools

单位:人

unit: person

教辅人员 Supporting Staff	工勤人员 Workers	校办工厂、农(林)场职工 Employees in School-run by Factories & Farms	代课教师 Substitute Teachers	兼任教师 Part-time Teachers
14	**7**		**15**	**38**
			8	
			5	
5				
2				
1				12
1			2	
3	7			26
2				

	合 计 Total	其中:女 of Which: Female	按学历分 By Educational Attainment			
			研究生毕业 Graduate	本科毕业 Under-graduate	专科毕业 Associate Bachelor	高中阶段毕业 High School Graduate
合 计 Total	**3523382**	**1743360**	**22681**	**2234092**	**1219068**	**46577**
北 京 Beijing	30255	22561	1595	26937	1652	67
天 津 Tianjin	25899	16785	574	21451	3416	449
河 北 Hebei	177693	113049	612	116104	59082	1858
山 西 Shanxi	119221	74130	419	67121	49904	1749
内蒙古 Inner Mongolia	63983	39240	409	44328	18505	727
辽 宁 Liaoning	100674	64932	861	69058	29790	888
吉 林 Jilin	67038	42340	903	49845	15918	366
黑龙江 Heilongjiang	101430	62659	238	68035	31818	1299
上 海 Shanghai	34012	23931	965	31172	1841	31
江 苏 Jiangsu	186397	88271	1722	140573	42350	1716
浙 江 Zhejiang	120521	65638	956	100039	18849	671
安 徽 Anhui	163173	56010	668	98194	62495	1790
福 建 Fujian	99333	42624	509	73692	24202	909
江 西 Jiangxi	120425	42988	491	64164	53389	2340
山 东 Shandong	260681	126358	1873	182485	73516	2767
河 南 Henan	276650	144038	1203	139188	132516	3716
湖 北 Hubei	156836	58378	1026	83032	68048	4659
湖 南 Hunan	172664	74231	720	96927	71986	2965
广 东 Guangdong	266445	138173	2851	159342	100798	3348
广 西 Guangxi	118720	55351	583	72907	43277	1929
海 南 Hainan	25061	10613	58	14683	9954	364
重 庆 Chongqing	77089	34839	332	56067	19755	916
四 川 Sichuan	204644	87755	668	121145	79353	3402
贵 州 Guizhou	109436	39250	214	58004	49891	1289
云 南 Yunnan	119818	53768	308	79005	38978	1481
西 藏 Tibet	8873	4117	58	6666	2002	137
陕 西 Shaanxi	116532	61847	1137	74147	39331	1868
甘 肃 Gansu	83172	32423	275	48300	32544	2031
青 海 Qinghai	14325	7059	163	9003	5007	150
宁 夏 Ningxia	18623	8832	112	14623	3736	152
新 疆 Xinjiang	83759	51170	178	47855	35165	543

历、职称情况(总计)
by Educational Attainment (Regional Aggregates)

单位:人
unit: person

	按职称分 By Rank				
高中阶段毕业以下 Below High School Graduate	中学高级 Senior Secondary	中学一级 1st Grade	中学二级 2nd Grade	中学三级 3rd Grade	未评职称 Rank Undecided
964	**439621**	**1491067**	**1247776**	**111222**	**233696**
4	5079	12679	10709	66	1722
9	7469	12437	5450	48	495
37	19079	81787	64156	3725	8946
28	7576	38971	53340	7698	11636
14	15344	26515	17158	1238	3728
77	36103	40125	18410	1710	4326
6	7691	33624	21769	1085	2869
40	19412	48611	29346	1694	2367
3	3797	18560	10285	57	1313
36	27457	89909	58283	2099	8649
6	17283	56357	38515	1349	7017
26	22461	64126	53895	7368	15323
21	13707	42515	36810	2176	4125
41	23625	45114	39451	3778	8457
40	34622	117706	93200	4249	10904
27	34017	103933	110760	10725	17215
71	21836	87034	39717	3909	4340
66	14606	93764	53861	2422	8011
106	17281	126591	75440	9831	37302
24	7509	57553	44390	3965	5303
2	2757	8918	9846	869	2671
19	6918	28462	33679	2384	5646
76	21677	79794	86230	3835	13108
38	7239	32371	52256	8019	9551
46	14031	43380	47276	6907	8224
10	171	2045	4980	306	1371
49	8642	34998	56666	7485	8741
22	4249	24874	38720	6646	8683
2	2975	6419	4066	152	713
	3151	6720	5637	404	2711
18	11857	25175	33475	5023	8229

Breakdown of Junior Secondary Schools Full-time Teachers

	合计 Total	其中:女 of Which: Female	按学历分 By Educational Attainment			
			研究生毕业 Graduate	本科毕业 Under-graduate	专科毕业 Associate Bachelor	高中阶段毕业 High School Graduate
合　计 Total	**705956**	**454691**	**14861**	**568778**	**119061**	**3175**
北　京 Beijing	20878	16323	1412	18278	1146	38
天　津 Tianjin	9510	7322	460	8003	972	74
河　北 Hebei	26424	19457	323	22116	3909	74
山　西 Shanxi	28763	20308	293	21463	6861	145
内蒙古 Inner Mongolia	19178	13483	331	14550	4228	69
辽　宁 Liaoning	40951	30848	768	33158	6893	126
吉　林 Jilin	14226	10706	718	11917	1579	12
黑龙江 Heilongjiang	28065	20391	174	22515	5271	104
上　海 Shanghai	16725	12465	470	15410	842	3
江　苏 Jiangsu	46340	27956	1013	39314	5726	277
浙　江 Zhejiang	38156	23764	566	33322	4165	101
安　徽 Anhui	26738	12977	299	19196	7085	154
福　建 Fujian	26862	15644	394	22148	4199	115
江　西 Jiangxi	13404	7580	221	9686	3370	125
山　东 Shandong	54467	34557	1025	46386	6847	201
河　南 Henan	41792	26577	777	30912	9932	170
湖　北 Hubei	30409	16062	717	23020	6264	397
湖　南 Hunan	19546	11698	387	15069	4007	82
广　东 Guangdong	68851	42297	2138	55782	10710	215
广　西 Guangxi	12555	7947	323	9476	2708	48
海　南 Hainan	4532	2741	32	3737	742	21
重　庆 Chongqing	11106	7058	216	9931	913	45
四　川 Sichuan	30702	17859	402	24040	6037	210
贵　州 Guizhou	11581	6881	82	8370	3026	103
云　南 Yunnan	8899	5651	184	7342	1338	35
西　藏 Tibet	1152	628	16	885	232	19
陕　西 Shaanxi	17243	11438	701	13777	2711	53
甘　肃 Gansu	10935	6209	152	8329	2395	59
青　海 Qinghai	2810	1821	41	2105	636	28
宁　夏 Ningxia	4962	3026	75	4188	677	22
新　疆 Xinjiang	18194	13017	151	14353	3640	50

历、职称情况(城市)
by Educational Attainment (Urban)

单位:人
unit: person

	按职称分 By Rank				
高中阶段毕业以下 Below High School Graduate	中学高级 Senior Secondary	中学一级 1st Grade	中学二级 2nd Grade	中学三级 3rd Grade	未评职称 Rank Undecided
81	**155017**	**301126**	**199592**	**9564**	**40657**
4	3949	8830	6875	30	1194
1	3095	4156	2000	17	242
2	6040	11994	6668	399	1323
1	4185	10637	10390	992	2559
	6361	6799	4306	214	1498
6	14536	17031	7351	363	1670
	2963	6749	3839	184	491
1	8244	12289	6738	263	531
	1984	9945	4249	32	515
10	11156	20469	13065	189	1461
2	8514	17202	10099	183	2158
4	5348	10253	8158	757	2222
6	5381	10805	8882	351	1443
2	3983	5025	3502	270	624
8	10724	23867	17052	414	2410
1	9610	16372	12793	811	2206
11	8833	13892	6531	314	839
1	4024	9780	4675	242	825
6	9926	30611	19023	1524	7767
	2417	5904	3209	267	758
	778	1674	1635	60	385
1	1856	4577	3904	67	702
13	5593	13121	10127	305	1556
	2220	4215	3714	281	1151
	1867	3766	2511	151	604
	89	530	426	11	96
1	3174	6207	6539	343	980
	1693	4698	3801	189	554
	782	1160	620	44	204
	1347	2208	1118	52	237
	4345	6360	5792	245	1452

普通初中专任教师学

Breakdown of Junior Secondary Schools Full-time Teachers

	合 计 Total	其中:女 of Which: Female	按学历分 By Educational Attainment			
			研究生毕业 Graduate	本科毕业 Under-graduate	专科毕业 Associate Bachelor	高中阶段毕业 High School Graduate
合 计 Total	**1545884**	**746400**	**5278**	**970821**	**550301**	**19104**
北 京 Beijing	4433	3064	70	4107	245	11
天 津 Tianjin	8754	5639	89	7311	1191	160
河 北 Hebei	87812	57080	176	56315	30435	855
山 西 Shanxi	40646	25705	55	21576	18536	471
内蒙古 Inner Mongolia	34005	20303	60	23177	10348	412
辽 宁 Liaoning	11329	7290	33	7058	4124	107
吉 林 Jilin	31217	20127	133	22842	8068	171
黑龙江 Heilongjiang	29954	19772	28	19087	10478	354
上 海 Shanghai	17230	11442	495	15718	987	27
江 苏 Jiangsu	84923	37581	554	63738	19796	833
浙 江 Zhejiang	68173	34867	345	55598	11787	439
安 徽 Anhui	62262	21739	204	37626	23830	587
福 建 Fujian	46322	18398	88	33547	12217	462
江 西 Jiangxi	40794	16075	184	23020	16956	625
山 东 Shandong	120046	56220	571	80866	37164	1432
河 南 Henan	101799	55521	195	50693	49647	1259
湖 北 Hubei	59014	20801	97	28533	28677	1685
湖 南 Hunan	78695	34249	183	43894	33676	925
广 东 Guangdong	143803	69267	548	78851	62421	1904
广 西 Guangxi	83265	38791	240	50409	31212	1389
海 南 Hainan	14653	5765	21	8321	6098	211
重 庆 Chongqing	50554	21841	79	36799	13078	582
四 川 Sichuan	115474	48668	223	69150	44237	1825
贵 州 Guizhou	55144	19139	87	29446	25027	572
云 南 Yunnan	63330	29049	94	43907	18634	675
西 藏 Tibet	7663	3470	42	5738	1755	118
陕 西 Shaanxi	23385	14174	172	15691	7234	277
甘 肃 Gansu	30371	12629	92	17769	11952	551
青 海 Qinghai	6221	3171	78	3807	2274	61
宁 夏 Ningxia	7668	3544	27	6053	1547	41
新 疆 Xinjiang	16945	11019	15	10174	6670	83

历、职称情况(县镇)
by Educational Attainment (County City & Towns)

单位:人
unit: person

	按职称分 By Rank				
高中阶段毕业以下 Below High School Graduate	中学高级 Senior Secondary	中学一级 1st Grade	中学二级 2nd Grade	中学三级 3rd Grade	未评职称 Rank Undecided
380	**171154**	**681123**	**553335**	**44955**	**95317**
	534	1821	1808	24	246
3	2627	4155	1751	19	202
31	8790	41553	31128	1883	4458
8	2141	13402	18644	2531	3928
8	7159	14850	9768	718	1510
7	4169	4471	1920	228	541
3	3453	15892	10149	449	1274
7	5713	15259	7769	427	786
3	1810	8572	6026	25	797
2	11539	42206	26149	1029	4000
4	7816	32796	22983	940	3638
15	8869	24517	19821	3016	6039
8	5743	20588	17414	1006	1571
9	8874	16258	12594	941	2127
13	15303	54178	43447	2216	4902
5	11730	38278	41251	3887	6653
22	7374	34137	14299	1736	1468
17	6295	42690	25321	1197	3192
79	6393	72594	40217	5839	18760
15	4556	40826	31553	2865	3465
2	1515	5052	5808	533	1745
16	4352	18946	22518	1371	3367
39	12774	45973	48866	1971	5890
12	3896	17258	26657	3867	3466
20	8716	24851	24198	2345	3220
10	82	1506	4512	294	1269
11	1987	7821	11273	1001	1303
7	1417	9224	15075	1858	2797
1	1378	2774	1733	64	272
	1092	2851	2584	146	995
3	3057	5824	6099	529	1436

普通初中专任教师学
Breakdown of Junior Secondary Schools Full-time Teachers

	合计 Total	其中:女 of Which: Female	按学历分 By Educational Attainment			
			研究生毕业 Graduate	本科毕业 Under-graduate	专科毕业 Associate Bachelor	高中阶段毕业 High School Graduate
合　计 Total	**1271542**	**542269**	**2542**	**694493**	**549706**	**24298**
北　京 Beijing	4944	3174	113	4552	261	18
天　津 Tianjin	7635	3824	25	6137	1253	215
河　北 Hebei	63457	36512	113	37673	24738	929
山　西 Shanxi	49812	28117	71	24082	24507	1133
内蒙古 Inner Mongolia	10800	5454	18	6601	3929	246
辽　宁 Liaoning	48394	26794	60	28842	18773	655
吉　林 Jilin	21595	11507	52	15086	6271	183
黑龙江 Heilongjiang	43411	22496	36	26433	16069	841
上　海 Shanghai	57	24		44	12	1
江　苏 Jiangsu	55134	22734	155	37521	16828	606
浙　江 Zhejiang	14192	7007	45	11119	2897	131
安　徽 Anhui	74173	21294	165	41372	31580	1049
福　建 Fujian	26149	8582	27	17997	7786	332
江　西 Jiangxi	66227	19333	86	31458	33063	1590
山　东 Shandong	86168	35581	277	55233	29505	1134
河　南 Henan	133059	61940	231	57583	72937	2287
湖　北 Hubei	67413	21515	212	31479	33107	2577
湖　南 Hunan	74423	28284	150	37964	34303	1958
广　东 Guangdong	53791	26609	165	24709	27667	1229
广　西 Guangxi	22900	8613	20	13022	9357	492
海　南 Hainan	5876	2107	5	2625	3114	132
重　庆 Chongqing	15429	5940	37	9337	5764	289
四　川 Sichuan	58468	21228	43	27955	29079	1367
贵　州 Guizhou	42711	13230	45	20188	21838	614
云　南 Yunnan	47589	19068	30	27756	19006	771
西　藏 Tibet	58	19		43	15	
陕　西 Shaanxi	75904	36235	264	44679	29386	1538
甘　肃 Gansu	41866	13585	31	22202	18197	1421
青　海 Qinghai	5294	2067	44	3091	2097	61
宁　夏 Ningxia	5993	2262	10	4382	1512	89
新　疆 Xinjiang	48620	27134	12	23328	24855	410

历、职称情况(农村)

by Educational Attainment (Rural)

单位:人

unit: person

	按职称分 By Rank				
高中阶段毕业以下 Below High School Graduate	中学高级 Senior Secondary	中学一级 1st Grade	中学二级 2nd Grade	中学三级 3rd Grade	未评职称 Rank Undecided
503	**113450**	**508818**	**494849**	**56703**	**97722**
	596	2028	2026	12	282
5	1747	4126	1699	12	51
4	4249	28240	26360	1443	3165
19	1250	14932	24306	4175	5149
6	1824	4866	3084	306	720
64	17398	18623	9139	1119	2115
3	1275	10983	7781	452	1104
32	5455	21063	14839	1004	1050
	3	43	10		1
24	4762	27234	19069	881	3188
	953	6359	5433	226	1221
7	8244	29356	25916	3595	7062
7	2583	11122	10514	819	1111
30	10768	23831	23355	2567	5706
19	8595	39661	32701	1619	3592
21	12677	49283	56716	6027	8356
38	5629	39005	18887	1859	2033
48	4287	41294	23865	983	3994
21	962	23386	16200	2468	10775
9	536	10823	9628	833	1080
	464	2192	2403	276	541
2	710	4939	7257	946	1577
24	3310	20700	27237	1559	5662
26	1123	10898	21885	3871	4934
26	3448	14763	20567	4411	4400
		9	42	1	6
37	3481	20970	38854	6141	6458
15	1139	10952	19844	4599	5332
1	815	2485	1713	44	237
	712	1661	1935	206	1479
15	4455	12991	21584	4249	5341

职业初中专任教师学

Breakdown of Vocational Junior Secondary Schools Full-time Teachers

	合　计 Total	其中:女 of Which: Female	按学历分 By Educational Attainment			
			研究生毕业 Graduate	本科毕业 Under-graduate	专科毕业 Associate Bachelor	高中阶段毕业 High School Graduate
合　计 Total	**1975**	**863**	**6**	**1011**	**933**	**25**
北　京 Beijing						
天　津 Tianjin						
河　北 Hebei	14	10		9	5	
山　西 Shanxi	94	37		39	52	3
内蒙古 Inner Mongolia						
辽　宁 Liaoning						
吉　林 Jilin	617	349		378	235	4
黑龙江 Heilongjiang	107	40	6	36	65	
上　海 Shanghai	18	14		11	7	
江　苏 Jiangsu						
浙　江 Zhejiang						
安　徽 Anhui	25	2		5	19	1
福　建 Fujian						
江　西 Jiangxi	44	16		30	13	1
山　东 Shandong						
河　南 Henan						
湖　北 Hubei						
湖　南 Hunan						
广　东 Guangdong						
广　西 Guangxi						
海　南 Hainan						
重　庆 Chongqing						
四　川 Sichuan	80	35		49	30	1
贵　州 Guizhou	620	220		252	360	8
云　南 Yunnan	332	135		185	140	7
西　藏 Tibet						
陕　西 Shaanxi						
甘　肃 Gansu	6			2	4	
青　海 Qinghai						
宁　夏 Ningxia	18	5		15	3	
新　疆 Xinjiang						

历、职称情况(总计)

by Educational Attainment (Regional Aggregates)

单位:人

unit: person

	按职称分 By Rank				
高中阶段毕业以下 Below High School Graduate	中学高级 Senior Secondary	中学一级 1st Grade	中学二级 2nd Grade	中学三级 3rd Grade	未评职称 Rank Undecided
	74	**626**	**1057**	**126**	**92**
	1	3	10		
		21	44	16	13
	26	207	354	1	29
	9	60	35	2	1
		9	9		
	5	10	10		
	4	23	16	1	
	5	23	47	2	3
	1	156	363	79	21
	21	102	159	25	25
	1	4	1		
	1	8	9		

Breakdown of Vocational Junior Secondary Schools Full-time Teachers

	合 计 Total	其中:女 of Which: Female	按学历分 By Educational Attainment			
			研究生毕业 Graduate	本科毕业 Under-graduate	专科毕业 Associate Bachelor	高中阶段毕业 High School Graduate
合 计 Total	**82**	**53**		**67**	**15**	
北 京 Beijing						
天 津 Tianjin						
河 北 Hebei						
山 西 Shanxi						
内蒙古 Inner Mongolia						
辽 宁 Liaoning						
吉 林 Jilin	54	36		46	8	
黑龙江 Heilongjiang						
上 海 Shanghai	18	14		11	7	
江 苏 Jiangsu						
浙 江 Zhejiang						
安 徽 Anhui						
福 建 Fujian						
江 西 Jiangxi						
山 东 Shandong						
河 南 Henan						
湖 北 Hubei						
湖 南 Hunan						
广 东 Guangdong						
广 西 Guangxi						
海 南 Hainan						
重 庆 Chongqing						
四 川 Sichuan	10	3		10		
贵 州 Guizhou						
云 南 Yunnan						
西 藏 Tibet						
陕 西 Shaanxi						
甘 肃 Gansu						
青 海 Qinghai						
宁 夏 Ningxia						
新 疆 Xinjiang						

历、职称情况（城市）

by Educational Attainment（Urban）

单位：人

unit：person

高中阶段毕业以下 Below High School Graduate	按职称分 By Rank				
	中学高级 Senior Secondary	中学一级 1st Grade	中学二级 2nd Grade	中学三级 3rd Grade	未评职称 Rank Undecided
	18	**29**	**34**	**1**	
	18	20	15	1	
		9	9		
			10		

Breakdown of Vocational Junior Secondary Schools Full-time Teachers

	合 计 Total	其中:女 of Which: Female	按学历分 By Educational Attainment			
			研究生毕业 Graduate	本科毕业 Under-graduate	专科毕业 Associate Bachelor	高中阶段毕业 High School Graduate
合 计 Total	**731**	**318**		**383**	**342**	**6**
北 京 Beijing						
天 津 Tianjin						
河 北 Hebei						
山 西 Shanxi	27	11		13	14	
内蒙古 Inner Mongolia						
辽 宁 Liaoning						
吉 林 Jilin	360	188		185	173	2
黑龙江 Heilongjiang	12	5		4	8	
上 海 Shanghai						
江 苏 Jiangsu						
浙 江 Zhejiang						
安 徽 Anhui						
福 建 Fujian						
江 西 Jiangxi						
山 东 Shandong						
河 南 Henan						
湖 北 Hubei						
湖 南 Hunan						
广 东 Guangdong						
广 西 Guangxi						
海 南 Hainan						
重 庆 Chongqing						
四 川 Sichuan	33	15		14	19	
贵 州 Guizhou	169	47		78	89	2
云 南 Yunnan	106	47		72	32	2
西 藏 Tibet						
陕 西 Shaanxi						
甘 肃 Gansu	6			2	4	
青 海 Qinghai						
宁 夏 Ningxia	18	5		15	3	
新 疆 Xinjiang						

历、职称情况(县镇)

by Educational Attainment (County City & Towns)

单位:人

unit: person

	按职称分 By Rank				
高中阶段毕业以下 Below High School Graduate	中学高级 Senior Secondary	中学一级 1st Grade	中学二级 2nd Grade	中学三级 3rd Grade	未评职称 Rank Undecided
	22	**223**	**430**	**28**	**28**
		13	10	4	
	7	112	218		23
	2	5	5		
	2	9	22		
		34	114	19	2
	9	38	51	5	3
	1	4	1		
	1	8	9		

职业初中专任教师学

Breakdown of Vocational Junior Secondary Schools Full-time Teachers

	合 计 Total	其中:女 of Which: Female	按学历分 By Educational Attainment			
			研究生毕业 Graduate	本科毕业 Under-graduate	专科毕业 Associate Bachelor	高中阶段毕业 High School Graduate
合 计 Total	**1162**	**492**	**6**	**561**	**576**	**19**
北 京 Beijing						
天 津 Tianjin						
河 北 Hebei	14	10		9	5	
山 西 Shanxi	67	26		26	38	3
内蒙古 Inner Mongolia						
辽 宁 Liaoning						
吉 林 Jilin	203	125		147	54	2
黑龙江 Heilongjiang	95	35	6	32	57	
上 海 Shanghai						
江 苏 Jiangsu						
浙 江 Zhejiang						
安 徽 Anhui	25	2		5	19	1
福 建 Fujian						
江 西 Jiangxi	44	16		30	13	1
山 东 Shandong						
河 南 Henan						
湖 北 Hubei						
湖 南 Hunan						
广 东 Guangdong						
广 西 Guangxi						
海 南 Hainan						
重 庆 Chongqing						
四 川 Sichuan	37	17		25	11	1
贵 州 Guizhou	451	173		174	271	6
云 南 Yunnan	226	88		113	108	5
西 藏 Tibet						
陕 西 Shaanxi						
甘 肃 Gansu						
青 海 Qinghai						
宁 夏 Ningxia						
新 疆 Xinjiang						

历、职称情况（农村）
by Educational Attainment (Rural)

单位：人
unit: person

	按职称分 By Rank				
高中阶段毕业以下 Below High School Graduate	中学高级 Senior Secondary	中学一级 1st Grade	中学二级 2nd Grade	中学三级 3rd Grade	未评职称 Rank Undecided
	34	374	593	97	64
	1	3	10		
		8	34	12	13
	1	75	121		6
	7	55	30	2	1
	5	10	10		
	4	23	16	1	
	3	14	15	2	3
	1	122	249	60	19
	12	64	108	20	22

普通初中办

Condition of School Buildings in Junior Secondary

	学校占地面积 Areas Occupied	校舍建筑面积 Floor Space	教学及辅 Teaching & Assistant			
			计 Total	其中 普通教室 Classroom	实验室 Laboratory	图书室 Library
合　计 Total	**1451095997**	**433185486**	**184698339**	**125281619**	**24119549**	**8262311**
北　京 Beijing	9420200	3237464	1305069	663716	225424	73488
天　津 Tianjin	7679626	2045711	1084202	695410	153021	48730
河　北 Hebei	74701664	19443536	9241118	5892120	1604617	446831
山　西 Shanxi	42382648	12932923	5161141	3612685	540904	238986
内蒙古 Inner Mongolia	37562253	7005322	3052827	2095521	379883	140955
辽　宁 Liaoning	47853962	12229303	6145497	3843418	803129	264580
吉　林 Jilin	32521825	6180841	3161710	1908707	402539	119512
黑龙江 Heilongjiang	48051859	9374043	4991268	3436050	576528	173315
上　海 Shanghai	10403429	5682069	2616538	1372223	468828	186906
江　苏 Jiangsu	84074318	27828682	12254850	7898905	1902097	753005
浙　江 Zhejiang	53290583	21603963	9265592	5077791	1355751	535366
安　徽 Anhui	76518576	17626106	7826419	5781178	852173	309111
福　建 Fujian	30657089	10154516	4227706	2598753	675825	247371
江　西 Jiangxi	52240349	15159149	6020018	4502126	609865	255612
山　东 Shandong	129243464	32900134	14434631	9462148	2144016	631143
河　南 Henan	110966645	33281665	13677102	10054963	1680262	574468
湖　北 Hubei	63171073	22613016	7848247	5629406	977973	330333
湖　南 Hunan	79846598	24561152	9913216	7091612	1091546	408369
广　东 Guangdong	101611514	37463545	16022904	10534642	2122741	768943
广　西 Guangxi	53310626	17398306	5764683	4164435	626283	212292
海　南 Hainan	16304594	2984990	1109174	786345	106519	47223
重　庆 Chongqing	19970190	9059760	3466350	2496233	366753	111676
四　川 Sichuan	60073938	25132656	10782575	7789372	1108672	378139
贵　州 Guizhou	36446969	11223856	5110072	3683862	640465	209417
云　南 Yunnan	46641988	14067282	5422086	3921799	739918	209784
西　藏 Tibet	5859958	1749713	518040	392165	64244	15712
陕　西 Shaanxi	36226814	12299661	5474212	3771243	808295	213788
甘　肃 Gansu	28466742	7363446	3676490	2745706	317448	125045
青　海 Qinghai	5975446	1506511	761322	570528	65184	25345
宁　夏 Ningxia	9065668	2279289	1089176	717566	188914	53689
新　疆 Xinjiang	40555389	6796876	3274104	2090991	519732	153177

学条件(一)(总计)

Schools (1) (Regional Aggregates)

单位:平方米

unit: m^2

助用房 Buildings		行政办公用房 Administrative		生活用房 Residential and Welfare	其他用房 Rooms for Other Purposes	校舍面积中 of the Floor Space	
of Which							
微机室 PC-room	语音室 Linguistic	计 Total	其中:教师办公室 of Which: for Teachers			危房面积 Floor Space of Dilapidated Buildings	当年新增 Added in Current Year
7879376	**2826693**	**41084743**	**28357351**	**172564284**	**34838120**	**44736767**	**15044304**
59450	13351	433502	226292	713125	785768	9814	75664
45661	20243	316696	217857	303807	341006	19831	54300
396120	204585	2070682	1597115	6819226	1312510	2368283	530278
234187	101522	1584085	1203959	5018795	1168902	363922	558398
130658	68478	879583	678420	2514763	558149	1724855	575492
286392	139737	1741720	1127867	2596197	1745889	317451	191803
180812	83454	960757	651230	1543472	514902	861794	196299
204896	108584	1309968	969032	2056774	1016033	1137281	200377
117005	43001	678896	350219	957443	1429192		174376
556128	144036	2785680	1705545	10165678	2622474		850146
360646	136660	1915167	1171282	7936357	2486847	69989	412962
419900	95368	1607329	1200551	7292563	899795	1828489	509146
160397	47660	827473	455695	4204399	894938	419194	209653
241633	105592	1103978	722017	7179406	855747	3574379	450318
549522	262327	3897248	2490070	11790609	2777646	983343	606253
586153	160066	4031723	3235041	13589282	1983558	3575725	619778
333804	117723	1697593	1147411	11482059	1585117	3787764	414314
359548	151840	1803086	1323445	11096645	1748205	3071847	488523
551664	268672	2843994	1704146	14030730	4565917	635352	448954
251802	48028	825471	593853	9964429	843723	3328342	525570
53783	16769	153158	92413	1546945	175713	199418	84268
127664	30902	644164	397454	4448730	500516	1179112	313582
448434	125014	1712740	1125364	11596009	1041332	3260091	2535300
235603	51003	703520	471367	4839713	570551	45403	447250
231646	57748	677063	436785	7580765	387368	6463068	1730064
14698	7595	95930	81098	1045232	90511	8412	68024
266914	96982	1755697	1403312	4396370	673382	588169	590199
187458	40602	857315	750190	2636966	192675	4459917	635869
36637	9156	115125	95712	560593	69471	297459	168472
67296	23013	285944	234915	691601	212568	39898	118939
182865	46982	769456	497694	1965601	787715	118165	259733

普通初中办

Condition of School Buildings in Junior

	学校占地面积 Areas Occupied	校舍建筑面积 Floor Space	教学及辅 Teaching & Assistant			
			计 Total	其中		
				普通教室 Classroom	实验室 Laboratory	图书室 Library
合 计 Total	**178554741**	**80686575**	**38749167**	**23432229**	**5461171**	**2099552**
北 京 Beijing	3978374	1834611	750803	382883	114375	46389
天 津 Tianjin	1321976	517266	273759	179678	40997	13689
河 北 Hebei	4864698	2012291	1115025	706305	161690	59143
山 西 Shanxi	5048384	2257608	1090967	675712	134030	56830
内蒙古 Inner Mongolia	6045654	1737456	863633	578463	105987	44171
辽 宁 Liaoning	9966468	4142276	2169049	1232938	285358	107836
吉 林 Jilin	3263617	1506044	843589	464898	82260	26752
黑龙江 Heilongjiang	7108177	2502530	1291240	816168	155930	48100
上 海 Shanghai	3475345	2724435	1265347	669359	197889	100434
江 苏 Jiangsu	14411358	6957334	3268059	1901305	543864	239030
浙 江 Zhejiang	14064551	6898912	3181953	1606943	472710	218887
安 徽 Anhui	7118539	2631187	1415055	924083	199694	59238
福 建 Fujian	5082647	2243057	1094117	598828	169018	77649
江 西 Jiangxi	2461582	1184944	527650	395493	49169	24108
山 东 Shandong	18149387	7179344	3435896	2067620	491465	165505
河 南 Henan	11391923	5048936	2458107	1632424	390717	113565
湖 北 Hubei	7656476	3815511	1741752	1149638	258007	82858
湖 南 Hunan	5234931	2099053	975226	638857	126180	47027
广 东 Guangdong	20433616	11452270	5176984	3009582	743404	294672
广 西 Guangxi	3486558	1378276	694050	428973	87153	29350
海 南 Hainan	1080666	431694	163917	106033	17331	5983
重 庆 Chongqing	1684414	1018263	475770	305304	48158	20421
四 川 Sichuan	5345784	2807361	1363675	918366	165137	61876
贵 州 Guizhou	1967295	981748	487281	351613	62285	23038
云 南 Yunnan	1507798	659438	348542	229169	51265	23319
西 藏 Tibet	503618	143089	51620	27902	6898	3236
陕 西 Shaanxi	2565585	1426362	659577	431246	90701	31447
甘 肃 Gansu	1863464	701931	419419	296535	38164	17316
青 海 Qinghai	690917	209729	127949	86203	15784	4588
宁 夏 Ningxia	1859053	561504	268689	162384	48243	16509
新 疆 Xinjiang	4921886	1622115	750467	457324	107308	36586

学条件(一)(城市)
Secondary Schools (1) (Urban)

单位:平方米
unit: m^2

助用房 Buildings		行政办公用房 Administrative		生活用房 Residential and Welfare	其他用房 Rooms for Other Purposes	校舍面积中 of the Floor Space	
of Which							
微机室 PC-room	语音室 Linguistic	计 Total	其中:教师办公室 of Which: for Teachers			危房面积 Floor Space of Dilapidated Buildings	当年新增 Added in Current Year
1549342	**641062**	**9885098**	**6140944**	**19636992**	**12415318**	**2843609**	**2153330**
31648	7686	247952	124572	335942	499914		52059
12798	4848	78181	52471	45842	119484	3796	927
41471	18124	265017	181573	425917	206332	225320	47907
40594	23558	343842	228594	571082	251717	52973	48709
35523	16689	270713	198769	365081	238029	302714	114677
94412	43471	635419	375126	543623	794185	38357	60106
44181	19451	260463	161041	243595	158397	181614	31464
49024	28363	394997	264255	284922	531371	330748	18914
53485	23380	341592	177679	397514	719982		25099
146136	34255	820951	495561	1846594	1021730		275415
115051	46190	673695	411818	2014798	1028466	4579	189686
64355	22010	330031	231823	567571	318530	68514	75594
40968	17171	235363	125701	591450	322127	74125	46147
19369	12534	128463	85770	305857	222974	67827	29967
134045	63187	1054278	607627	1776541	912629	27406	106942
89345	37642	707600	531499	1443290	439939	216584	117194
70317	28585	445551	283987	1001240	626968	161541	85399
32008	20124	190838	117105	719588	213401	28041	34552
188627	82764	1053449	546739	2951493	2270344	34014	188915
26949	7065	133283	91015	401556	149387	115596	91998
5318	2438	24541	16524	188228	55008	16363	11414
18377	5080	116997	67124	252458	173038	6349	6312
50567	24940	274756	178739	907201	261729	112704	190999
22483	7159	117815	76626	257455	119197	10001	27544
15148	5440	51602	38094	188965	70329	285623	59651
3760	529	14430	12058	68732	8307		1684
28882	12365	214625	145022	388354	163806	24562	66038
16279	7985	130217	96507	92206	60089	394721	11069
7517	3051	28812	24185	26547	26421	28514	11069
14655	5970	74198	53987	110424	108193	9673	79213
36050	9008	225427	139353	322926	323295	21350	57735

普通初中办

Condition of School Buildings in Junior Secondary

	学校占地面积 Areas Occupied	校舍建筑面积 Floor Space	教学及辅 Teaching & Assistant			
			计 Total	其中 普通教室 Classroom	实验室 Laboratory	图书室 Library
合　计 Total	**596487124**	**186428370**	**76577492**	**52647468**	**9930471**	**3302664**
北　京 Beijing	2247829	640740	238592	122654	49699	12146
天　津 Tianjin	3086599	907948	452384	269619	60057	21833
河　北 Hebei	35230937	10081554	4534058	2945656	758314	218924
山　西 Shanxi	12580966	4503936	1733299	1232188	164593	76040
内蒙古 Inner Mongolia	19173982	3787641	1576731	1076635	198028	69304
辽　宁 Liaoning	4386779	1373321	698975	434693	89227	29385
吉　林 Jilin	12816712	2657357	1288568	815168	162360	46782
黑龙江 Heilongjiang	10558031	2419438	1369950	982289	153118	40629
上　海 Shanghai	6928084	2957634	1351191	702864	270939	86472
江　苏 Jiangsu	38299872	12439562	5535509	3648977	838831	338157
浙　江 Zhejiang	31583889	12077306	5005642	2827159	740887	266327
安　徽 Anhui	23557497	6036498	2539327	1926304	266322	95474
福　建 Fujian	12976460	4262878	1739887	1096056	286875	95432
江　西 Jiangxi	14037875	4706387	1994475	1477317	198020	88888
山　东 Shandong	59582214	14664312	6196800	4089765	932264	256101
河　南 Henan	36014082	11683718	4692879	3547048	529272	182018
湖　北 Hubei	22127581	7907971	2652560	1946305	301627	104715
湖　南 Hunan	34624617	10531781	4121995	2905112	484631	179567
广　东 Guangdong	55278197	18476347	7652485	5274627	987140	338194
广　西 Guangxi	36956457	12028032	3792729	2825549	388942	129931
海　南 Hainan	8104858	1507214	542038	403414	45951	22242
重　庆 Chongqing	13019620	5756078	2156332	1585743	242615	63972
四　川 Sichuan	31164334	12836637	5345663	3792592	580464	191527
贵　州 Guizhou	17784820	5410127	2347749	1705603	289453	89746
云　南 Yunnan	23347678	7327073	2821289	2044729	370810	101743
西　藏 Tibet	5329660	1587916	460566	359645	57022	12260
陕　西 Shaanxi	5833677	2623072	1226191	839766	175042	47860
甘　肃 Gansu	7927840	2314885	1186282	862609	119340	36078
青　海 Qinghai	2429279	649773	314291	233404	23980	10939
宁　夏 Ningxia	3536641	954138	456642	304568	84952	22731
新　疆 Xinjiang	5960057	1317096	552413	369410	79696	27247

学条件(一)(县镇)

Schools (1) (County City & Towns)

单位:平方米
unit: m²

助用房 Buildings		行政办公用房 Administrative		生活用房 Residential and Welfare	其他用房 Rooms for Other Purposes	校舍面积中 of the Floor Space	
of Which							
微机室 PC-room	语音室 Linguistic	计 Total	其中:教师办公室 of Which: for Teachers			危房面积 Floor Space of Dilapidated Buildings	当年新增 Added in Current Year
3108810	**1180762**	**16109746**	**11074121**	**81207523**	**12533609**	**18496180**	**7222369**
12983	2019	88069	48869	164872	149207	6792	4425
19784	8817	138793	89455	161391	155380	13891	50573
191850	95616	1024995	787640	3890364	632137	1006052	340680
73945	34390	530689	409777	1817701	422247	150138	201700
67063	39145	436698	338805	1566856	207356	1000474	347694
27611	14244	187557	115672	375327	111462	45792	6851
72641	36694	395717	270667	769401	203671	347894	97403
49553	29623	366603	274499	519216	163669	280937	85644
63520	19621	337304	172540	559929	709210		149277
245683	62094	1212153	750670	4669359	1022541		345385
199830	74320	1033250	625731	4819884	1218530	51852	198960
127064	33007	531213	398452	2719120	246838	594860	184349
63181	19232	328410	178336	1877550	317031	196025	90585
70313	38005	377739	244167	2107371	226802	751076	129537
228990	121612	1624075	1048970	5708262	1135175	375384	286465
187047	51456	1371042	1061242	5008282	611515	1148631	164026
110433	46845	553050	383839	4300859	401502	1292588	124793
147600	71291	744167	550131	4993501	672118	1408070	257500
260899	138014	1232966	800656	8012667	1578229	435120	196726
162797	32272	526452	390247	7186719	522132	2388814	349692
28388	6721	73176	40546	831596	60404	119103	33556
76025	19185	388812	248530	2966624	244310	762003	220167
223983	64978	892116	575059	6084746	514112	1444799	1663742
101080	26420	324748	214994	2479410	258220	20119	253341
111444	31905	388718	247660	3911653	205413	3259621	826582
10554	6754	80906	68446	964240	82204	8412	66340
49428	18321	346380	275580	903266	147235	54779	123640
56644	15572	262981	229240	800261	65361	1184881	269860
11013	3014	42353	32616	270955	22174	123943	92333
29233	10428	135321	111943	306024	56151	13259	18614
28231	9147	133293	89142	460117	171273	10871	41929

普通初中办

Condition of School Buildings in Junior

	学校占地面积 Areas Occupied	校舍建筑面积 Floor Space	教学及辅 Teaching & Assistant			
			计 Total	其中		
				普通教室 Classroom	实验室 Laboratory	图书室 Library
合　计 Total	**676054132**	**166070541**	**69371680**	**49201922**	**8727907**	**2860095**
北　京 Beijing	3193997	762113	315674	158179	61350	14953
天　津 Tianjin	3271051	620497	358059	246113	51967	13208
河　北 Hebei	34606029	7349691	3592035	2240159	684613	168764
山　西 Shanxi	24753298	6171379	2336875	1704785	242281	106116
内蒙古 Inner Mongolia	12342617	1480225	612463	440423	75868	27480
辽　宁 Liaoning	33500715	6713706	3277473	2175787	428544	127359
吉　林 Jilin	16441496	2017440	1029553	628641	157919	45978
黑龙江 Heilongjiang	30385651	4452075	2330078	1637593	267480	84586
上　海 Shanghai						
江　苏 Jiangsu	31363088	8431786	3451282	2348623	519402	175818
浙　江 Zhejiang	7642143	2627745	1077997	643689	142154	50152
安　徽 Anhui	45842540	8958421	3872037	2930791	386157	154399
福　建 Fujian	12597982	3648581	1393702	903869	219932	74290
江　西 Jiangxi	35740892	9267818	3497893	2629316	362676	142616
山　东 Shandong	51511863	11056478	4801935	3304763	720287	209537
河　南 Henan	63560640	16549011	6526116	4875491	760273	278885
湖　北 Hubei	33387016	10889534	3453935	2533463	418339	142760
湖　南 Hunan	39987050	11930318	4815995	3547643	480735	181775
广　东 Guangdong	25899701	7534928	3193435	2250433	392197	136077
广　西 Guangxi	12867611	3991998	1277904	909913	150188	53011
海　南 Hainan	7119070	1046082	403219	276898	43237	18998
重　庆 Chongqing	5266156	2285419	834248	605186	75980	27283
四　川 Sichuan	23563820	9488658	4073237	3078414	363071	124736
贵　州 Guizhou	16694854	4831981	2275042	1626646	288727	96633
云　南 Yunnan	21786512	6080771	2252255	1647901	317843	84722
西　藏 Tibet	26680	18708	5854	4618	324	216
陕　西 Shaanxi	27827552	8250227	3588444	2500231	542552	134481
甘　肃 Gansu	18675438	4346630	2070789	1586562	159944	71651
青　海 Qinghai	2855250	647009	319082	250921	25420	9818
宁　夏 Ningxia	3669974	763647	363845	250614	55719	14449
新　疆 Xinjiang	29673446	3857665	1971224	1264257	332728	89344

学条件(一)(农村)

Secondary Schools (1) (Rural)

单位:平方米

unit: m^2

助用房 Buildings		行政办公用房 Administrative		生活用房 Residential and Welfare	其他用房 Rooms for Other Purposes	校舍面积中 of the Floor Space	
of Which							
微机室 PC-room	语音室 Linguistic	计 Total	其中:教师办公室 of Which: for Teachers			危房面积 Floor Space of Dilapidated Buildings	当年新增 Added in Current Year
3221224	**1004869**	**15089899**	**11142286**	**71719769**	**9889193**	**23396978**	**5668605**
14819	3646	97481	52851	212311	136647	3022	19180
13079	6578	99722	75931	96574	66142	2144	2800
162799	90845	780670	627902	2502945	474041	1136911	141691
119648	43574	709554	565588	2630012	494938	160811	307989
28072	12644	172172	140846	582826	112764	421667	113121
164369	82022	918744	637069	1677247	840242	233302	124846
63990	27309	304577	219522	530476	152834	332286	67432
106319	50598	548368	430278	1252636	320993	525596	95819
164309	47687	752576	459314	3649725	578203		229346
45765	16150	208222	133733	1101675	239851	13558	24316
228481	40351	746085	570276	4005872	334427	1165115	249203
56248	11257	263700	151658	1735399	255780	149044	72921
151951	55053	597776	392080	4766178	405971	2755476	290814
186487	77528	1218895	833473	4305806	729842	580553	212846
309761	70968	1953081	1642300	7137710	932104	2210510	338558
153054	42293	698992	479585	6179960	556647	2333635	204122
179940	60425	868081	656209	5383556	862686	1635736	196471
102138	47894	557579	356751	3066570	717344	166218	63313
62056	8691	165736	112591	2376154	172204	823932	83880
20077	7610	55441	35343	527121	60301	63952	39298
33262	6637	138355	81800	1229648	83168	410760	87103
173884	35096	545868	371566	4604062	265491	1702588	680559
112040	17424	260957	179747	2102848	193134	15283	166365
105054	20403	236743	151031	3480147	111626	2917824	843831
384	312	594	594	12260			
188604	66296	1194692	982710	3104750	362341	508828	400521
114535	17045	464117	424443	1744499	67225	2880315	366009
18107	3091	43960	38911	263091	20876	145002	65070
23408	6615	76425	68985	275153	48224	16966	21112
118584	28827	410736	269199	1182558	293147	85944	160069

职业初中办

Condition of School Buildings in Vocational Junior

	学校占地面积 Areas Occupied	校舍建筑面积 Floor Space	教学及辅 Teaching & Assistant			
			计 Total	其中 普通教室 Classroom	实验室 Laboratory	图书室 Library
合　计 Total	**1131936**	**229417**	**97352**	**70672**	**12599**	**3905**
北　京 Beijing						
天　津 Tianjin						
河　北 Hebei	6670	1555	1255	690	330	85
山　西 Shanxi	37325	10615	3516	2589	524	259
内蒙古 Inner Mongolia						
辽　宁 Liaoning						
吉　林 Jilin	224633	44360	20716	13482	3777	1056
黑龙江 Heilongjiang	73500	8381	6115	4770	265	566
上　海 Shanghai						
江　苏 Jiangsu						
浙　江 Zhejiang						
安　徽 Anhui	14319	1988	942	594	148	52
福　建 Fujian						
江　西 Jiangxi	8138	1960	1110	930	60	60
山　东 Shandong						
河　南 Henan						
湖　北 Hubei						
湖　南 Hunan						
广　东 Guangdong						
广　西 Guangxi						
海　南 Hainan						
重　庆 Chongqing						
四　川 Sichuan	69362	18608	5616	4474		
贵　州 Guizhou	446118	89270	38208	26802	5213	1534
云　南 Yunnan	239558	50125	18160	14729	2282	265
西　藏 Tibet						
陕　西 Shaanxi						
甘　肃 Gansu	12313	2555	1714	1612		28
青　海 Qinghai						
宁　夏 Ningxia						
新　疆 Xinjiang						

学条件(一)(总计)
Secondary Schools (1) (Regional Aggregates)

单位:平方米
unit: m^2

助用房 Buildings		行政办公用房 Administrative		生活用房 Residential and Welfare	其他用房 Rooms for Other Purposes	校舍面积中 of the Floor Space		
of Which								
微机室 PC-room	语音室 Linguistic	计 Total	其中:教师办公室 of Which: for Teachers			危房面积 Floor Space of Dilapidated Buildings	当年新增 Added in Current Year	实习工厂(农场)面积
3827	**1307**	**14524**	**12400**	**108965**	**8576**	**26363**	**7550**	**221**
75	75	100	60	200				
144		1188	1188	4841	1070	1730	1042	
1024	738	7224	6512	13017	3403	2359		
514		964	964	1238	64			
74	74	325	186	721				
60		120	120	730				
				12144	848	3714	4944	
1396	340	3168	2313	46657	1237		606	
540	80	1338	1017	28673	1954	18560	958	221
		97	40	744				

职业初中办
Condition of School Buildings in Vocational

	学校占地面积 Areas Occupied	校舍建筑面积 Floor Space	教学及辅 Teaching & Assistant			
			计 Total	其中		
				普通教室 Classroom	实验室 Laboratory	图书室 Library
合　计 Total	**35690**	**14434**	**3649**	**2927**	**324**	**348**
北　京 Beijing						
天　津 Tianjin						
河　北 Hebei						
山　西 Shanxi						
内蒙古 Inner Mongolia						
辽　宁 Liaoning						
吉　林 Jilin	35690	14434	3649	2927	324	348
黑龙江 Heilongjiang						
上　海 Shanghai						
江　苏 Jiangsu						
浙　江 Zhejiang						
安　徽 Anhui						
福　建 Fujian						
江　西 Jiangxi						
山　东 Shandong						
河　南 Henan						
湖　北 Hubei						
湖　南 Hunan						
广　东 Guangdong						
广　西 Guangxi						
海　南 Hainan						
重　庆 Chongqing						
四　川 Sichuan						
贵　州 Guizhou						
云　南 Yunnan						
西　藏 Tibet						
陕　西 Shaanxi						
甘　肃 Gansu						
青　海 Qinghai						
宁　夏 Ningxia						
新　疆 Xinjiang						

学条件(一)(城市)

Junior Secondary Schools (1) (Urban)

单位:平方米

unit: m^2

助用房 Buildings of Which 微机室 PC-room	语音室 Linguistic	行政办公用房 Administrative 计 Total	其中:教师办公室 of Which: for Teachers	生活用房 Residential and Welfare	其他用房 Rooms for Other Purposes	校舍面积中 of the Floor Space 危房面积 Floor Space of Dilapidated Buildings	当年新增 Added in Current Year	实习工厂(农场)面积
50		**2576**	**2492**	**6812**	**1397**	**259**		
50		2576	2492	6812	1397	259		

职业初中办

Condition of School Buildings in Vocational Junior

	学校占地面积 Areas Occupied	校舍建筑面积 Floor Space	教学及辅 Teaching & Assistant 计 Total	其中 普通教室 Classroom	实验室 Laboratory	图书室 Library
合　计 Total	**438708**	**81051**	**36342**	**23618**	**4905**	**1356**
北　京 Beijing						
天　津 Tianjin						
河　北 Hebei						
山　西 Shanxi	21000	4232	1042	697	230	115
内蒙古 Inner Mongolia						
辽　宁 Liaoning						
吉　林 Jilin	114010	19317	11096	6712	2350	468
黑龙江 Heilongjiang	3000	700	526	216	120	120
上　海 Shanghai						
江　苏 Jiangsu						
浙　江 Zhejiang						
安　徽 Anhui						
福　建 Fujian						
江　西 Jiangxi						
山　东 Shandong						
河　南 Henan						
湖　北 Hubei						
湖　南 Hunan						
广　东 Guangdong						
广　西 Guangxi						
海　南 Hainan						
重　庆 Chongqing						
四　川 Sichuan	3500	3450	1142			
贵　州 Guizhou	194169	30003	12902	7418	1743	498
云　南 Yunnan	90716	20794	7920	6963	462	127
西　藏 Tibet						
陕　西 Shaanxi						
甘　肃 Gansu	12313	2555	1714	1612		28
青　海 Qinghai						
宁　夏 Ningxia						
新　疆 Xinjiang						

学条件(一)(县镇)

Secondary Schools (1) (County City & Towns)

单位:平方米
unit: m^2

助用房 Buildings		行政办公用房 Administrative		生活用房 Residential and Welfare	其他用房 Rooms for Other Purposes	校舍面积中 of the Floor Space		
of Which		计 Total	其中:教师办公室 of Which: for Teachers			危房面积 Floor Space of Dilapidated Buildings	当年新增 Added in Current Year	实习工厂(农场)面积
微机室 PC-room	语音室 Linguistic							
1402	**868**	**4630**	**3284**	**37035**	**3044**	**10198**	**2000**	
				2710	480		1042	
744	668	2834	2282	3945	1442	2100		
70		124	124	50				
				2308				
300	120	1128	637	15973				
288	80	447	201	11305	1122	8098	958	
		97	40	744				

职业初中办

Condition of School Buildings in Vocational

	学校占地面积 Areas Occupied	校舍建筑面积 Floor Space	教学及辅 Teaching & Assistant			
			计 Total	其中 普通教室 Classroom	实验室 Laboratory	图书室 Library
合　计 Total	**657538**	**133932**	**57361**	**44127**	**7370**	**2201**
北　京 Beijing						
天　津 Tianjin						
河　北 Hebei	6670	1555	1255	690	330	85
山　西 Shanxi	16325	6383	2474	1892	294	144
内蒙古 Inner Mongolia						
辽　宁 Liaoning						
吉　林 Jilin	74933	10609	5971	3843	1103	240
黑龙江 Heilongjiang	70500	7681	5589	4554	145	446
上　海 Shanghai						
江　苏 Jiangsu						
浙　江 Zhejiang						
安　徽 Anhui	14319	1988	942	594	148	52
福　建 Fujian						
江　西 Jiangxi	8138	1960	1110	930	60	60
山　东 Shandong						
河　南 Henan						
湖　北 Hubei						
湖　南 Hunan						
广　东 Guangdong						
广　西 Guangxi						
海　南 Hainan						
重　庆 Chongqing						
四　川 Sichuan	65862	15158	4474	4474		
贵　州 Guizhou	251949	59267	25306	19384	3470	1036
云　南 Yunnan	148842	29331	10240	7766	1820	138
西　藏 Tibet						
陕　西 Shaanxi						
甘　肃 Gansu						
青　海 Qinghai						
宁　夏 Ningxia						
新　疆 Xinjiang						

学条件(一)(农村)
Junior Secondary Schools (1) (Rural)

单位:平方米
unit: m²

助用房 Buildings		行政办公用房 Administrative		生活用房 Residential and Welfare	其他用房 Rooms for Other Purposes	校舍面积中 of the Floor Space		
of Which								
微机室 PC-room	语音室 Linguistic	计 Total	其中:教师办公室 of Which: for Teachers			危房面积 Floor Space of Dilapidated Buildings	当年新增 Added in Current Year	实习工厂(农场)面积
2375	**439**	**7318**	**6624**	**65118**	**4135**	**15906**	**5550**	**221**
75	75	100	60	200				
144		1188	1188	2131	590	1730		
230	70	1814	1738	2260	564			
444		840	840	1188	64			
74	74	325	186	721				
60		120	120	730				
				9836	848	3714	4944	
1096	220	2040	1676	30684	1237		606	
252		891	816	17368	832	10462		221

普通初中办

Condition of School Buildings in Junior

	体育运动场(馆)面 积(平方米) Sports Areas (m^2)	拥有教学用计算机 No. of Computers used for Instruction (Set)	图书藏量(册) Books & Magazines in Libraries (Volume)
合 计 Total	**381515755**	**3350241**	**987003030**
北 京 Beijing	3582314	47034	9336938
天 津 Tianjin	3016435	20846	5926287
河 北 Hebei	23872206	167125	65416276
山 西 Shanxi	11407862	100114	27111087
内蒙古 Inner Mongolia	11095955	41569	15465634
辽 宁 Liaoning	19408625	160165	35045335
吉 林 Jilin	11823446	63236	14763573
黑龙江 Heilongjiang	19397961	87484	17099138
上 海 Shanghai	3403178	102393	15745730
江 苏 Jiangsu	22573204	263448	64236107
浙 江 Zhejiang	15806295	209362	51160823
安 徽 Anhui	16613235	144571	37091128
福 建 Fujian	9125966	73810	24621036
江 西 Jiangxi	11447689	82526	30488728
山 东 Shandong	38372354	291244	73604185
河 南 Henan	25419328	189623	87154353
湖 北 Hubei	15017932	107927	37190207
湖 南 Hunan	16216191	135525	57945314
广 东 Guangdong	23898762	285427	87840148
广 西 Guangxi	9408579	88545	31047188
海 南 Hainan	2954286	19461	5704509
重 庆 Chongqing	4693877	51900	11517599
四 川 Sichuan	15257023	159474	43159983
贵 州 Guizhou	7849397	74209	33460391
云 南 Yunnan	7566335	87915	25659026
西 藏 Tibet	594386	5204	2332700
陕 西 Shaanxi	9991773	113114	36861556
甘 肃 Gansu	7420733	72760	14987786
青 海 Qinghai	1584958	15692	3466286
宁 夏 Ningxia	2597996	25727	4847585
新 疆 Xinjiang	10097474	62811	16716394

学条件(二)(总计)
Secondary Schools (2) (Regional Aggregates)

电子图书藏量(GB) Electronic Books & Magazines in Libraries(GB)	固定资产总值(万元) Total Value of Fixed Asset (10,000 yuan)			
	计 Total	其中:仪器设备总值(万元) of Which: Total Value of Equip & Instru. (10,000 yuan)		
		计 Subtotal	专业实验设备 for Prefession	专业实习设备 for Practice
9472465.77	**35915890.51**	**3183281.80**	**1828402.62**	**302483.56**
39926.45	492294.72	74535.47	24850.88	1091.60
20695.93	196476.43	28128.24	15612.06	1762.83
187748.50	1489527.19	153156.54	102477.92	18276.40
73441.66	944426.19	71987.41	48888.88	7801.19
121027.58	610738.57	41407.19	26649.50	3089.78
79887.00	994830.00	116252.00	70088.00	11732.00
93278.25	503866.21	57356.80	33790.55	7792.59
61865.24	731141.75	72231.15	44867.50	6729.08
282628.60	943282.52	184129.01	90395.33	10892.45
1448057.98	3077016.57	277113.39	151215.10	18150.89
380293.97	2363716.10	185724.00	85395.35	
796647.16	1508358.37	82840.67	51065.45	10491.76
121790.00	837622.00	90758.00	71930.00	18828.00
120773.10	920682.19	57379.26	35080.34	7046.48
198227.04	2806512.65	246631.24	129849.82	8421.91
1804812.41	2133904.88	150310.01	95408.27	28265.03
441059.65	1423002.95	106949.97	67248.26	10426.70
435769.36	1476923.52	133859.96	81124.71	13365.83
843234.80	3785780.97	382212.79	233988.38	58268.79
264601.32	998016.21	74245.26	52754.45	9306.55
288046.40	270797.10	21577.55	14656.46	3090.32
268932.93	587296.38	53694.36	28042.73	3585.81
192202.98	2150466.21	162446.35	72048.63	12512.82
91244.96	752168.64	64753.45	41629.97	5512.98
50577.08	1075871.60	48256.31	26433.15	4632.56
98.00	204918.08	6326.04	3027.46	718.45
299500.00	969121.91	99778.13	66739.02	9862.99
221605.16	672710.68	40400.85	26319.47	5717.60
145128.31	151212.24	8725.29	4923.15	11.07
21306.30	225430.51	20299.54	10454.49	1684.61
78057.65	617777.17	69815.57	21447.34	3414.49

普通初中办

Condition of School Buildings in Junior

	体育运动场(馆)面 积(平方米) Sports Areas (m^2)	拥有教学用计算机 No. of Computers used for Instruction (Set)	图书藏量(册) Books & Magazines in Libraries (Volume)
合 计 Total	**54141589**	**824831**	**175759924**
北 京 Beijing	1655114	27575	5239997
天 津 Tianjin	519716	5899	1678498
河 北 Hebei	1599176	20402	5306516
山 西 Shanxi	1555260	17845	5086034
内蒙古 Inner Mongolia	2001035	13948	4567282
辽 宁 Liaoning	4396740	65297	13291163
吉 林 Jilin	1322746	17756	3023001
黑龙江 Heilongjiang	2862840	26450	3682988
上 海 Shanghai	1188656	52566	8183435
江 苏 Jiangsu	4138046	66926	14732742
浙 江 Zhejiang	3750538	69718	13222139
安 徽 Anhui	1709067	23393	4441770
福 建 Fujian	1582077	21362	5646010
江 西 Jiangxi	586934	9729	2236813
山 东 Shandong	5615825	84550	15384966
河 南 Henan	3148483	35516	10412474
湖 北 Hubei	2215791	25136	7255874
湖 南 Hunan	1084882	14230	3756589
广 东 Guangdong	5628466	116485	23834740
广 西 Guangxi	941816	11133	2793822
海 南 Hainan	172947	2748	743475
重 庆 Chongqing	437157	8528	1365442
四 川 Sichuan	1389690	22170	4468122
贵 州 Guizhou	546314	9456	3233897
云 南 Yunnan	410011	6329	1530140
西 藏 Tibet	42815	350	157422
陕 西 Shaanxi	845422	14072	3603552
甘 肃 Gansu	618645	7740	1336731
青 海 Qinghai	242759	3201	680048
宁 夏 Ningxia	541779	7412	1171175
新 疆 Xinjiang	1390842	16909	3693067

学条件(二)(城市)
Secondary Schools (2) (Urban)

电子图书藏量 (GB) Electronic Books & Magazines in Libraries(GB)	固定资产总值(万元) Total Value of Fixed Asset (10,000 yuan)			
	计 Total	其中:仪器设备总值(万元) of Which: Total Value of Equip & Instru. (10,000 yuan)		
		计 Subtotal	专业实验设备 for Prefession	专业实习设备 for Practice
2535360.86	**9203980.69**	**955357.40**	**529290.89**	**64147.41**
21966.10	266874.43	36640.62	11719.49	958.05
3439.67	40330.60	9234.44	3991.29	191.55
20083.00	158938.36	20910.95	12533.54	2161.76
10577.40	174868.24	20357.96	13863.18	1625.27
50221.39	152789.97	13332.09	8433.67	1126.85
25591.00	388752.00	51457.00	30301.00	3799.00
10316.30	172354.79	19433.59	10869.67	3140.84
11951.00	203142.68	23742.59	14898.19	1265.78
167899.49	457529.27	95360.01	45829.01	3423.82
577321.17	981836.72	83776.34	46114.05	3332.01
124232.05	888618.43	60661.12	27402.11	
162300.64	453023.44	22321.25	14043.48	2373.24
48687.00	230716.00	17684.00	14873.00	2811.00
9064.70	130838.62	9240.33	4526.75	315.32
38405.14	853408.12	87421.75	38571.11	2338.34
383958.65	504117.73	33157.17	22204.80	3585.12
35962.20	350514.60	30503.97	20679.32	2091.52
14166.60	231780.33	19472.44	12628.44	1053.64
511266.60	1356043.11	183743.13	110766.57	23077.95
16627.10	115278.06	10148.96	8352.91	332.92
103426.00	33973.45	2536.29	1783.03	260.06
29839.60	114307.09	13121.24	7928.61	468.31
14227.81	305255.05	29292.01	13840.38	1878.85
5715.08	102434.41	10077.21	4970.99	580.57
3263.20	47813.76	4520.14	2387.79	602.01
20.00	15372.47	293.59	244.07	19.97
67454.93	164728.45	16249.38	9465.85	448.40
19211.31	61226.75	6130.64	4304.31	251.75
4570.48	31265.61	1909.42	1189.92	
3810.20	60277.92	5975.70	4231.65	164.51
39785.05	155570.23	16652.07	6342.71	469.00

	体育运动场(馆)面积(平方米) Sports Areas (m^2)	拥有教学用计算机 No. of Computers used for Instruction (Set)	图书藏量(册) Books & Magazines in Libraries (Volume)
合 计 Total	**150724208**	**1310165**	**414759070**
北 京 Beijing	814143	8957	1916589
天 津 Tianjin	1210866	8693	2489101
河 北 Hebei	10895187	84368	30726008
山 西 Shanxi	3220355	31128	8604918
内蒙古 Inner Mongolia	5711893	19728	7721546
辽 宁 Liaoning	1722025	14837	3444189
吉 林 Jilin	4730603	23830	6363344
黑龙江 Heilongjiang	4587408	21753	4418501
上 海 Shanghai	2214522	49827	7562295
江 苏 Jiangsu	10023655	116085	28932924
浙 江 Zhejiang	9515357	115007	30385547
安 徽 Anhui	5163891	46179	12244846
福 建 Fujian	3854841	27983	10393176
江 西 Jiangxi	3138405	24449	9881344
山 东 Shandong	17508702	124509	33450766
河 南 Henan	8398481	63659	30851200
湖 北 Hubei	4890257	36262	12445982
湖 南 Hunan	6782788	53928	23977404
广 东 Guangdong	12403122	118226	46396725
广 西 Guangxi	6445458	55805	21151375
海 南 Hainan	1531821	10165	3077674
重 庆 Chongqing	2940524	30720	7177538
四 川 Sichuan	7936270	76458	22140406
贵 州 Guizhou	3753854	31490	16418256
云 南 Yunnan	3958181	43078	13527250
西 藏 Tibet	549975	4758	2158777
陕 西 Shaanxi	1572800	22968	6465700
甘 肃 Gansu	2093565	20691	4521402
青 海 Qinghai	653059	5365	1073877
宁 夏 Ningxia	1063176	9437	1815993
新 疆 Xinjiang	1439024	9822	3024417

学条件(二)(县镇)

Secondary Schools (2) (County City & Towns)

电子图书藏量(GB) Electronic Books & Magazines in Libraries(GB)	固定资产总值(万元) Total Value of Fixed Asset (10,000 yuan)			
	计 Total	其中:仪器设备总值(万元) of Which: Total Value of Equip & Instru. (10,000 yuan)		
		计 Subtotal	专业实验设备 for Prefession	专业实习设备 for Practice
3347735.95	**15742044.93**	**1301135.10**	**751139.13**	**132739.81**
8634.56	98395.79	15750.81	6597.35	35.00
4476.22	109528.67	11970.77	7004.53	858.91
95873.56	845805.43	75448.60	49390.08	8618.54
17659.91	353878.23	23289.71	15525.78	2197.45
57080.75	346139.13	19614.61	12805.62	1193.39
5867.00	102492.00	10398.00	6395.00	1267.00
62937.20	196519.39	23646.17	14833.05	2501.04
15172.80	191944.88	18169.01	11144.10	1666.33
114729.11	485753.25	88769.00	44566.32	7468.63
584404.58	1421165.05	121825.85	64791.32	9019.92
196389.39	1252085.66	104958.52	48622.29	
300200.37	496987.03	28001.84	17246.21	3104.61
31458.00	378870.00	56694.00	43482.00	13212.00
45210.83	382225.61	18979.95	11809.95	2436.82
89238.84	1219378.03	100720.95	54883.53	3578.99
475052.52	776631.78	51912.34	32085.97	11046.74
187784.90	458223.68	37143.05	23147.83	4264.67
180486.00	654644.18	59493.89	33970.62	6435.81
166456.20	1721850.76	146670.50	92331.19	24560.35
222591.92	677103.12	46339.21	31542.49	7316.20
63638.20	125374.73	9873.68	7127.07	1427.97
175582.44	337469.93	30011.88	15363.87	2233.56
98206.59	1203531.29	84087.49	36939.64	6476.38
40536.13	357642.19	27549.29	18696.41	2701.71
25010.90	592567.42	23845.29	12639.30	2317.98
78.00	186874.53	5693.05	2619.69	633.68
29284.15	247969.31	24809.54	18282.25	2828.16
36439.68	231024.47	11576.95	7925.87	1698.33
6650.10	65931.86	3088.95	2071.48	11.07
6980.30	106345.47	9056.33	3661.57	1136.15
3624.80	117692.06	11745.87	3636.75	492.42

普通初中办

Condition of School Buildings in Junior

	体育运动场(馆)面积(平方米) Sports Areas (m^2)	拥有教学用计算机 No. of Computers used for Instruction (Set)	图书藏量(册) Books & Magazines in Libraries (Volume)
合　计 Total	**176649958**	**1215245**	**396484036**
北　京 Beijing	1113057	10502	2180352
天　津 Tianjin	1285853	6254	1758688
河　北 Hebei	11377843	62355	29383752
山　西 Shanxi	6632247	51141	13420135
内蒙古 Inner Mongolia	3383027	7893	3176806
辽　宁 Liaoning	13289860	80031	18309983
吉　林 Jilin	5770097	21650	5377228
黑龙江 Heilongjiang	11947713	39281	8997649
上　海 Shanghai			
江　苏 Jiangsu	8411503	80437	20570441
浙　江 Zhejiang	2540400	24637	7553137
安　徽 Anhui	9740277	74999	20404512
福　建 Fujian	3689048	24465	8581850
江　西 Jiangxi	7722350	48348	18370571
山　东 Shandong	15247827	82185	24768453
河　南 Henan	13872364	90448	45890679
湖　北 Hubei	7911884	46529	17488351
湖　南 Hunan	8348521	67367	30211321
广　东 Guangdong	5867174	50716	17608683
广　西 Guangxi	2021305	21607	7101991
海　南 Hainan	1249518	6548	1883360
重　庆 Chongqing	1316196	12652	2974619
四　川 Sichuan	5931063	60846	16551455
贵　州 Guizhou	3549229	33263	13808238
云　南 Yunnan	3198143	38508	10601636
西　藏 Tibet	1596	96	16501
陕　西 Shaanxi	7573551	76074	26792304
甘　肃 Gansu	4708523	44329	9129653
青　海 Qinghai	689140	7126	1712361
宁　夏 Ningxia	993041	8878	1860417
新　疆 Xinjiang	7267608	36080	9998910

学条件(二)(农村)
Secondary Schools (2) (Rural)

电子图书藏量 (GB) Electronic Books & Magazines in Libraries (GB)	固定资产总值(万元) Total Value of Fixed Asset (10,000 yuan)			
	计 Total	其中:仪器设备总值(万元) of Which: Total Value of Equip & Instru. (10,000 yuan)		
		计 Subtotal	专业实验设备 for Prefession	专业实习设备 for Practice
3589368.96	**10969864.89**	**926789.30**	**547972.60**	**105596.34**
9325.79	127024.50	22144.04	6534.04	98.55
12780.04	46617.16	6923.03	4616.24	712.37
71791.94	484783.40	56796.99	40554.30	7496.10
45204.35	415679.72	28339.74	19499.92	3978.47
13725.44	111809.47	8460.49	5410.21	769.54
48429.00	503586.00	54397.00	33392.00	6666.00
20024.75	134992.03	14277.04	8087.83	2150.71
34741.44	336054.19	30319.55	18825.21	3796.97
286332.23	674014.80	71511.20	40309.73	5798.96
59672.53	223012.01	20104.36	9370.95	
334146.15	558347.90	32517.58	19775.76	5013.91
41645.00	228036.00	16380.00	13575.00	2805.00
66497.57	407617.96	29158.98	18743.64	4294.34
70583.06	733726.50	58488.54	36395.18	2504.58
945801.24	853155.37	65240.50	41117.50	13633.17
217312.55	614264.67	39302.95	23421.11	4070.51
241116.76	590499.01	54893.63	34525.65	5876.38
165512.00	707887.10	51799.16	30890.62	10630.49
25382.30	205635.03	17757.09	12859.05	1657.43
120982.20	111448.92	9167.58	5746.36	1402.29
63510.89	135519.36	10561.24	4750.25	883.94
79768.58	641679.87	49066.85	21268.61	4157.59
44993.75	292092.04	27126.95	17962.57	2230.70
22302.98	435490.42	19890.88	11406.06	1712.57
	2671.08	339.40	163.70	64.80
202760.92	556424.15	58719.21	38990.92	6586.43
165954.17	380459.46	22693.26	14089.29	3767.52
133907.73	54014.77	3726.92	1661.75	
10515.80	58807.12	5267.51	2561.27	383.95
34647.80	344514.88	41417.63	11467.88	2453.07

职业初中办

Condition of School Buildings in Vocational Junior

	体育运动场(馆) 面　积 (平方米) Sports Areas (m^2)	拥有教学 用计算机 No. of Computers used for Instruction (Set)	图书藏量 (册) Books & Magazines in Libraries (Volume)
合　计 Total	**231211**	**1440**	**520919**
北　京 Beijing			
天　津 Tianjin			
河　北 Hebei	4250	32	10444
山　西 Shanxi	9100	99	23630
内蒙古 Inner Mongolia			
辽　宁 Liaoning			
吉　林 Jilin	90996	298	101426
黑龙江 Heilongjiang	31600	25	38700
上　海 Shanghai			
江　苏 Jiangsu			
浙　江 Zhejiang			
安　徽 Anhui	3210	54	5547
福　建 Fujian			
江　西 Jiangxi	500	30	9000
山　东 Shandong			
河　南 Henan			
湖　北 Hubei			
湖　南 Hunan			
广　东 Guangdong			
广　西 Guangxi			
海　南 Hainan			
重　庆 Chongqing			
四　川 Sichuan	13679	116	13980
贵　州 Guizhou	48269	580	261928
云　南 Yunnan	23107	206	56264
西　藏 Tibet			
陕　西 Shaanxi			
甘　肃 Gansu	6500		
青　海 Qinghai			
宁　夏 Ningxia			
新　疆 Xinjiang			

学条件(二)(总计)

Secondary Schools (2) (Regional Aggregates)

电子图书藏量 (GB) Electronic Books & Magazines in Libraries (GB)	固定资产总值(万元) Total Value of Fixed Asset (10,000 yuan)			
	计 Total	其中:仪器设备总值(万元) of Which: Total Value of Equip & Instru. (10,000 yuan)		
		计 Subtotal	专业实验设备 for Prefession	专业实习设备 for Practice
404.00	**12326.78**	**1185.23**	**635.18**	**121.77**
	108.70	39.00	28.00	
200.00	533.60	48.00	39.00	9.00
30.00	1989.04	305.74	112.40	32.34
	220.05	24.55	9.55	15.00
	75.24	29.40	3.40	
3.00	88.50	1.50	1.50	
	1868.00	21.16		
156.00	5151.98	571.61	370.89	23.60
15.00	2090.67	143.66	69.88	41.78
	201.00	0.61	0.56	0.05

	体育运动场(馆)面 积(平方米) Sports Areas (m^2)	拥有教学用计算机 No. of Computers used for Instruction (Set)	图书藏量(册) Books & Magazines in Libraries (Volume)
合　计 Total	**20210**	**36**	**668**
北　京 Beijing			
天　津 Tianjin			
河　北 Hebei			
山　西 Shanxi			
内蒙古 Inner Mongolia			
辽　宁 Liaoning			
吉　林 Jilin	20210	36	668
黑龙江 Heilongjiang			
上　海 Shanghai			
江　苏 Jiangsu			
浙　江 Zhejiang			
安　徽 Anhui			
福　建 Fujian			
江　西 Jiangxi			
山　东 Shandong			
河　南 Henan			
湖　北 Hubei			
湖　南 Hunan			
广　东 Guangdong			
广　西 Guangxi			
海　南 Hainan			
重　庆 Chongqing			
四　川 Sichuan			
贵　州 Guizhou			
云　南 Yunnan			
西　藏 Tibet			
陕　西 Shaanxi			
甘　肃 Gansu			
青　海 Qinghai			
宁　夏 Ningxia			
新　疆 Xinjiang			

学条件(二)(城市)

Junior Secondary Schools (2) (Urban)

电子图书藏量 (GB) Electronic Books & Magazines in Libraries(GB)	固定资产总值(万元) Total Value of Fixed Asset (10,000 yuan)			
	计 Total	其中:仪器设备总值(万元) of Which: Total Value of Equip & Instru. (10,000 yuan)		
		计 Subtotal	专业实验设备 for Prefession	专业实习设备 for Practice
	229.04	**59.54**		**2.34**
	229.04	59.54		2.34

职业初中办

Condition of School Buildings in Vocational Junior

	体育运动场(馆)面积(平方米) Sports Areas (m^2)	拥有教学用计算机 No. of Computers used for Instruction (Set)	图书藏量(册) Books & Magazines in Libraries (Volume)
合　计 Total	**83631**	**404**	**202686**
北　京 Beijing			
天　津 Tianjin			
河　北 Hebei			
山　西 Shanxi	5000	31	9030
内蒙古 Inner Mongolia			
辽　宁 Liaoning			
吉　林 Jilin	47486	152	83508
黑龙江 Heilongjiang	2000	2	20000
上　海 Shanghai			
江　苏 Jiangsu			
浙　江 Zhejiang			
安　徽 Anhui			
福　建 Fujian			
江　西 Jiangxi			
山　东 Shandong			
河　南 Henan			
湖　北 Hubei			
湖　南 Hunan			
广　东 Guangdong			
广　西 Guangxi			
海　南 Hainan			
重　庆 Chongqing			
四　川 Sichuan			
贵　州 Guizhou	19682	144	76833
云　南 Yunnan	2963	75	13315
西　藏 Tibet			
陕　西 Shaanxi			
甘　肃 Gansu	6500		
青　海 Qinghai			
宁　夏 Ningxia			
新　疆 Xinjiang			

电子图书藏量(GB) Electronic Books & Magazines in Libraries(GB)	固定资产总值(万元) Total Value of Fixed Asset (10,000 yuan)			
	计 Total	其中:仪器设备总值(万元) of Which: Total Value of Equip & Instru. (10,000 yuan)		
		计 Subtotal	专业实验设备 for Prefession	专业实习设备 for Practice
168.00	**4036.09**	**366.74**	**159.11**	**86.63**
	158.00	2.00	2.00	
	1260.00	155.20	51.40	29.80
	21.00	9.00	6.00	3.00
	420.00			
153.00	1343.80	129.12	69.12	13.00
15.00	632.29	70.81	30.03	40.78
	201.00	0.61	0.56	0.05

职业初中办
Condition of School Buildings in Vocational

	体育运动场(馆) 面　积 (平方米) Sports Areas (m^2)	拥有教学 用计算机 No. of Computers used for Instruction (Set)	图书藏量 (册) Books & Magazines in Libraries (Volume)
合　计 Total	**127370**	**1000**	**317565**
北　京 Beijing			
天　津 Tianjin			
河　北 Hebei	4250	32	10444
山　西 Shanxi	4100	68	14600
内蒙古 Inner Mongolia			
辽　宁 Liaoning			
吉　林 Jilin	23300	110	17250
黑龙江 Heilongjiang	29600	23	18700
上　海 Shanghai			
江　苏 Jiangsu			
浙　江 Zhejiang			
安　徽 Anhui	3210	54	5547
福　建 Fujian			
江　西 Jiangxi	500	30	9000
山　东 Shandong			
河　南 Henan			
湖　北 Hubei			
湖　南 Hunan			
广　东 Guangdong			
广　西 Guangxi			
海　南 Hainan			
重　庆 Chongqing			
四　川 Sichuan	13679	116	13980
贵　州 Guizhou	28587	436	185095
云　南 Yunnan	20144	131	42949
西　藏 Tibet			
陕　西 Shaanxi			
甘　肃 Gansu			
青　海 Qinghai			
宁　夏 Ningxia			
新　疆 Xinjiang			

学条件(二)(农村)

Junior Secondary Schools (2) (Rural)

电子图书藏量 (GB) Electronic Books & Magazines in Libraries (GB)	固定资产总值(万元) Total Value of Fixed Asset (10,000 yuan)			
	计 Total	其中:仪器设备总值(万元) of Which: Total Value of Equip & Instru. (10,000 yuan)		
		计 Subtotal	专业实验设备 for Prefession	专业实习设备 for Practice
236.00	**8061.65**	**758.95**	**476.07**	**32.80**
	108.70	39.00	28.00	
200.00	375.60	46.00	37.00	9.00
30.00	500.00	91.00	61.00	0.20
	199.05	15.55	3.55	12.00
	75.24	29.40	3.40	
3.00	88.50	1.50	1.50	
	1448.00	21.16		
3.00	3808.18	442.49	301.77	10.60
	1458.38	72.85	39.85	1.00

小学校数、教

Number of Schools, External Teaching Sites & Classes

	学校数(所) Schools	教学点数(个) External Teaching Sites	班数(个) 计 Total	一年级 Grade 1
合　计 Total	**257410**	**66941**	**2616407**	**473836**
北　京 Beijing	1104		20772	3568
天　津 Tianjin	956		14694	2530
河　北 Hebei	13563	3802	142871	27032
山　西 Shanxi	12776	889	86934	13934
内蒙古 Inner Mongolia	2767	466	38455	6713
辽　宁 Liaoning	5523	295	63553	10676
吉　林 Jilin	5837	140	50959	8869
黑龙江 Heilongjiang	6490	316	59467	10783
上　海 Shanghai	766	4	18914	3910
江　苏 Jiangsu	4498	1341	92486	17059
浙　江 Zhejiang	3989	571	78595	13943
安　徽 Anhui	13997	2860	122770	23083
福　建 Fujian	6974	2516	67798	12663
江　西 Jiangxi	12772	3645	111092	22314
山　东 Shandong	12405	926	153566	28033
河　南 Henan	28603	5025	251001	46885
湖　北 Hubei	7749	1832	83568	16120
湖　南 Hunan	12692	3480	111065	21786
广　东 Guangdong	16806	2184	210956	35995
广　西 Guangxi	13942	9587	129172	24265
海　南 Hainan	2313	555	23221	4303
重　庆 Chongqing	5544	869	50264	8751
四　川 Sichuan	9282	8820	141721	25181
贵　州 Guizhou	12422	3648	112731	19021
云　南 Yunnan	14059	7238	125423	21940
西　藏 Tibet	872	688	8984	1826
陕　西 Shaanxi	9710	896	75923	13044
甘　肃 Gansu	11582	3142	81750	14366
青　海 Qinghai	1792	95	14430	2631
宁　夏 Ningxia	2027	283	17044	3170
新　疆 Xinjiang	3598	828	56228	9442

学点数及班数(总计)
in Primary Schools (Regional Aggregates)

Classes

二年级 Grade 2	三年级 Grade 3	四年级 Grade 4	五年级 Grade 5	六年级 Grade 6	复式班 Multiple-grade Classes
448904	**434407**	**426636**	**413768**	**392942**	**25914**
3354	3531	3511	3524	3284	
2471	2562	2550	2531	2049	1
25403	24438	23308	21390	20138	1162
13369	13583	13700	13867	13993	4488
6436	6385	6349	6279	6218	75
10420	10932	10765	10507	10247	6
8510	8716	8659	8249	7942	14
10420	10552	10443	10330	6805	134
3739	3751	3661	3621	232	
15804	15087	14924	14770	14791	51
13101	13156	13067	12897	12378	53
21214	19982	19283	18942	18377	1889
11673	11013	10990	10753	10295	411
20020	18734	17463	15943	14613	2005
26163	26021	26426	25641	21282	
44682	42782	40794	39016	35789	1053
14853	13719	13334	12635	12408	499
20666	18554	17748	16145	15031	1135
34022	33531	34525	35554	37072	257
22299	20932	20369	19148	18859	3300
4032	3847	3749	3652	3635	3
8486	8292	8262	8067	8363	43
24142	23511	22969	22651	22447	820
18824	18344	18641	18352	18233	1316
21820	20960	20455	19466	19093	1689
1796	1589	1259	1243	1252	19
12520	12156	12182	12049	12120	1852
13639	13033	12769	12505	12197	3241
2584	2422	2394	2236	2010	153
3050	2829	2726	2629	2522	118
9392	9463	9361	9176	9267	127

小学校数、教

Number of Schools, External Teaching Sites

	学校数(所) Schools	教学点数(个) External Teaching Sites	班数(个) 计 Total	一年级 Grade 1
合　计 Total	**16400**	**205**	**381666**	**67299**
北　京 Beijing	634		15132	2620
天　津 Tianjin	236		5426	890
河　北 Hebei	572	5	11404	1978
山　西 Shanxi	594	6	13246	2217
内蒙古 Inner Mongolia	397	1	9666	1607
辽　宁 Liaoning	943	2	19783	3351
吉　林 Jilin	280		6519	1105
黑龙江 Heilongjiang	503	1	9561	1788
上　海 Shanghai	349		8211	1641
江　苏 Jiangsu	829	34	23969	4228
浙　江 Zhejiang	791	66	23856	4292
安　徽 Anhui	772	13	13848	2455
福　建 Fujian	1029	14	16968	3137
江　西 Jiangxi	225		6619	1178
山　东 Shandong	1027	7	24954	4709
河　南 Henan	1019	6	22029	3800
湖　北 Hubei	685	20	14812	2616
湖　南 Hunan	485	5	10862	1986
广　东 Guangdong	1904	2	50358	8879
广　西 Guangxi	387		8208	1486
海　南 Hainan	93		2607	454
重　庆 Chongqing	225	4	5483	938
四　川 Sichuan	542	11	15784	2755
贵　州 Guizhou	351	1	6979	1183
云　南 Yunnan	274	1	5884	1033
西　藏 Tibet	22		557	99
陕　西 Shaanxi	511	4	10039	1717
甘　肃 Gansu	260		5611	922
青　海 Qinghai	70		1588	261
宁　夏 Ningxia	127		2660	468
新　疆 Xinjiang	264	2	9043	1506

学点数及班数(城市)

& Classes in Primary Schools (Urban)

Classes

二年级 Grade 2	三年级 Grade 3	四年级 Grade 4	五年级 Grade 5	六年级 Grade 6	复式班 Multiple-grade Classes
63141	**64282**	**64604**	**64389**	**57924**	**27**
2455	2591	2559	2561	2346	
886	929	951	955	815	
1809	1954	1914	1887	1861	1
2076	2213	2231	2246	2263	
1601	1648	1651	1615	1544	
3100	3427	3357	3344	3204	
991	1118	1106	1111	1088	
1641	1790	1787	1781	771	3
1596	1637	1655	1678	4	
4009	4002	3982	3935	3813	
4057	4053	3950	3861	3638	5
2310	2265	2263	2291	2264	
2873	2802	2829	2758	2565	4
1092	1094	1111	1104	1040	
4277	4432	4429	4361	2746	
3663	3688	3724	3751	3401	2
2475	2434	2450	2440	2397	
1826	1798	1814	1770	1668	
8245	8154	8349	8414	8317	
1371	1360	1399	1331	1261	
424	430	437	439	423	
894	905	922	924	900	
2527	2538	2623	2723	2618	
1141	1147	1176	1184	1148	
1021	997	995	943	895	
95	94	90	88	91	
1614	1647	1685	1709	1656	11
894	941	949	944	960	1
265	261	268	268	265	
436	440	435	440	441	
1477	1493	1513	1533	1521	

Number of Schools, External Teaching Sites & Classes

	学校数(所) Schools	教学点数(个) External Teaching Sites	班数(个) 计 Total	一年级 Grade 1
合　计 Total	**30116**	**1289**	**566749**	**97511**
北　京 Beijing	124		2109	353
天　津 Tianjin	334		5432	921
河　北 Hebei	1907	84	30066	5472
山　西 Shanxi	822	7	14189	2265
内蒙古 Inner Mongolia	618		13145	2155
辽　宁 Liaoning	180		4405	734
吉　林 Jilin	603	20	12902	2253
黑龙江 Heilongjiang	574	3	12228	2216
上　海 Shanghai	383	4	10308	2187
江　苏 Jiangsu	1122	63	31277	5665
浙　江 Zhejiang	1362	138	33083	5846
安　徽 Anhui	1275	22	20657	3606
福　建 Fujian	1678	92	20951	3662
江　西 Jiangxi	786	15	18748	3371
山　东 Shandong	1767	33	32747	5884
河　南 Henan	2028	77	34735	5785
湖　北 Hubei	937	39	17475	3212
湖　南 Hunan	1939	166	30229	5327
广　东 Guangdong	2509	28	55602	9220
广　西 Guangxi	1530	187	23729	4034
海　南 Hainan	287	1	5784	945
重　庆 Chongqing	903	10	19313	3269
四　川 Sichuan	1856	45	42985	7096
贵　州 Guizhou	1167	34	19052	2925
云　南 Yunnan	1224	80	19459	3167
西　藏 Tibet	108	18	1711	275
陕　西 Shaanxi	517	11	8925	1459
甘　肃 Gansu	985	85	11811	1924
青　海 Qinghai	168		3237	511
宁　夏 Ningxia	164	3	3135	531
新　疆 Xinjiang	259	24	7320	1241

学点数及班数(县镇)
in Primary Schools (County City & Towns)

Classes

二年级 Grade 2	三年级 Grade 3	四年级 Grade 4	五年级 Grade 5	六年级 Grade 6	复式班 Multiple-grade Classes
91853	**92249**	**94326**	**95640**	**94806**	**364**
331	356	356	361	352	
893	928	929	910	851	
4908	5113	5052	4813	4678	30
2166	2288	2389	2516	2543	22
2114	2195	2189	2213	2270	9
716	750	745	737	723	
2100	2212	2200	2100	2036	1
2062	2099	2093	2053	1704	1
2074	2045	1941	1883	178	
5211	5082	5072	5091	5156	
5473	5519	5529	5464	5246	6
3369	3250	3325	3446	3640	21
3427	3395	3541	3499	3425	2
3006	2989	2977	3099	3296	10
5414	5450	5632	5604	4763	
5588	5672	5711	5900	6062	17
3007	2772	2833	2798	2843	10
5074	5026	5092	4931	4764	15
8526	8482	9054	9713	10607	
3790	3768	3876	3975	4204	82
882	897	972	1012	1076	
3053	3103	3175	3260	3452	1
6764	6833	7068	7433	7787	4
2977	3016	3284	3384	3461	5
3150	3166	3271	3331	3373	1
287	273	283	290	303	
1407	1431	1480	1529	1599	20
1825	1874	1936	2006	2139	107
520	532	582	558	534	
512	504	515	523	550	
1227	1229	1224	1208	1191	

小学校数、教

Number of Schools, External Teaching Sites

	学校数(所) Schools	教学点数(个) External Teaching Sites	班数(个)	
			计 Total	一年级 Grade 1
合　计 Total	**210894**	**65447**	**1667992**	**309026**
北　京 Beijing	346		3531	595
天　津 Tianjin	386		3836	719
河　北 Hebei	11084	3713	101401	19582
山　西 Shanxi	11360	876	59499	9452
内蒙古 Inner Mongolia	1752	465	15644	2951
辽　宁 Liaoning	4400	293	39365	6591
吉　林 Jilin	4954	120	31538	5511
黑龙江 Heilongjiang	5413	312	37678	6779
上　海 Shanghai	34		395	82
江　苏 Jiangsu	2547	1244	37240	7166
浙　江 Zhejiang	1836	367	21656	3805
安　徽 Anhui	11950	2825	88265	17022
福　建 Fujian	4267	2410	29879	5864
江　西 Jiangxi	11761	3630	85725	17765
山　东 Shandong	9611	886	95865	17440
河　南 Henan	25556	4942	194237	37300
湖　北 Hubei	6127	1773	51281	10292
湖　南 Hunan	10268	3309	69974	14473
广　东 Guangdong	12393	2154	104996	17896
广　西 Guangxi	12025	9400	97235	18745
海　南 Hainan	1933	554	14830	2904
重　庆 Chongqing	4416	855	25468	4544
四　川 Sichuan	6884	8764	82952	15330
贵　州 Guizhou	10904	3613	86700	14913
云　南 Yunnan	12561	7157	100080	17740
西　藏 Tibet	742	670	6716	1452
陕　西 Shaanxi	8682	881	56959	9868
甘　肃 Gansu	10337	3057	64328	11520
青　海 Qinghai	1554	95	9605	1859
宁　夏 Ningxia	1736	280	11249	2171
新　疆 Xinjiang	3075	802	39865	6695

学点数及班数(农村)

& Classes in Primary Schools (Rural)

Classes

二年级 Grade 2	三年级 Grade 3	四年级 Grade 4	五年级 Grade 5	六年级 Grade 6	复式班 Multiple-grade Classes
293910	**277876**	**267706**	**253739**	**240212**	**25523**
568	584	596	602	586	
692	705	670	666	383	1
18686	17371	16342	14690	13599	1131
9127	9082	9080	9105	9187	4466
2721	2542	2509	2451	2404	66
6604	6755	6663	6426	6320	6
5419	5386	5353	5038	4818	13
6717	6663	6563	6496	4330	130
69	69	65	60	50	
6584	6003	5870	5744	5822	51
3571	3584	3588	3572	3494	42
15535	14467	13695	13205	12473	1868
5373	4816	4620	4496	4305	405
15922	14651	13375	11740	10277	1995
16472	16139	16365	15676	13773	
35431	33422	31359	29365	26326	1034
9371	8513	8051	7397	7168	489
13766	11730	10842	9444	8599	1120
17251	16895	17122	17427	18148	257
17138	15804	15094	13842	13394	3218
2726	2520	2340	2201	2136	3
4539	4284	4165	3883	4011	42
14851	14140	13278	12495	12042	816
14706	14181	14181	13784	13624	1311
17649	16797	16189	15192	14825	1688
1414	1222	886	865	858	19
9499	9078	9017	8811	8865	1821
10920	10218	9884	9555	9098	3133
1799	1629	1544	1410	1211	153
2102	1885	1776	1666	1531	118
6688	6741	6624	6435	6555	127

小学学生

Number of Students in Primary

	毕业生数 Graduates	招生数 Entrants		在校学生数	
		计 Total	其中:受过学前教育 of Which:received the pre-school education	合　计 Total	其中:女 of Which:Female
合　计 Total	**17396364**	**16917007**	**15537706**	**99407043**	**45952696**
北　京 Beijing	102971	113728	110185	653255	302719
天　津 Tianjin	87178	82550	79690	505895	234274
河　北 Hebei	721755	955960	948677	5115923	2406721
山　西 Shanxi	573473	451390	440685	2910606	1388171
内蒙古 Inner Mongolia	269753	221764	213856	1430751	678066
辽　宁 Liaoning	397516	348465	335981	2182522	1022636
吉　林 Jilin	252667	249724	244135	1444633	685672
黑龙江 Heilongjiang	363943	341438	334216	1879609	899817
上　海 Shanghai	124353	150465	146977	701578	319892
江　苏 Jiangsu	705776	731257	722632	3987821	1807432
浙　江 Zhejiang	541309	602117	588245	3333274	1527895
安　徽 Anhui	874103	819015	671603	4604351	2095255
福　建 Fujian	396060	426005	382291	2388917	1086938
江　西 Jiangxi	678534	748368	681099	4260215	1916535
山　东 Shandong	1102552	1113005	1093252	6292476	2952285
河　南 Henan	1653451	1877552	1816460	10705303	4920310
湖　北 Hubei	611620	680166	634784	3655512	1646233
湖　南 Hunan	728144	863796	850586	4791601	2205136
广　东 Guangdong	1741881	1359159	1268918	8485498	3764846
广　西 Guangxi	718164	741123	686123	4300598	1991591
海　南 Hainan	146903	103591	85043	780535	337565
重　庆 Chongqing	398349	329739	315051	1999407	939747
四　川 Sichuan	1113444	964894	840749	5921080	2799856
贵　州 Guizhou	798173	656919	480785	4334971	2038362
云　南 Yunnan	736946	669300	524987	4352084	2045004
西　藏 Tibet	50642	50747	12410	299408	144820
陕　西 Shaanxi	505889	408618	396816	2610355	1189988
甘　肃 Gansu	474328	361331	238624	2370406	1111875
青　海 Qinghai	82467	81464	49469	518992	247922
宁　夏 Ningxia	109658	101496	84082	653669	312837
新　疆 Xinjiang	334362	311861	259295	1935798	932296

数(总计)

Schools(Regional Aggregates)

单位:人

unit: person

Enrolment						毕业班学生数 Graduates for Next Year
一年级 Grade 1	二年级 Grade 2	三年级 Grade 3	四年级 Grade 4	五年级 Grade 5	六年级 Grade 6	
17145249	**16110621**	**16466550**	**16779493**	**16743091**	**16162039**	**16607108**
113998	103190	111973	110696	112210	101188	102194
82621	82302	89853	89313	88077	73729	85656
956135	863252	901290	869229	796066	729951	730015
453958	429252	466492	500395	526535	533974	533974
221764	222280	240434	246665	248306	251302	253313
350128	331267	380488	378455	374337	367847	371597
250132	229148	252272	250376	237081	225624	226568
341438	311361	335965	338869	331762	220214	335517
150766	138848	138607	132883	129088	11386	127547
731273	662074	646319	649682	649316	649157	649170
602305	543160	558297	558421	551542	519549	520459
823809	759736	744335	746337	763738	766396	767624
429736	394624	387755	405177	398251	373374	373374
808589	712289	706862	697884	673433	661158	661370
1113025	1017633	1051400	1113748	1092623	904047	1076176
1897544	1838371	1823195	1767503	1744345	1634345	1649384
683086	628242	598242	592878	576889	576175	578096
865507	812292	813711	811535	765329	723227	723227
1359159	1258488	1298185	1409638	1528951	1631077	1631077
768802	707343	704316	720537	696777	702823	702823
136250	122311	125413	130944	132827	132790	132790
330740	314272	321682	330211	339270	363232	363242
989821	923253	955199	988163	1023750	1040894	1040894
657020	665051	701493	763285	774286	773836	773836
679711	705952	735197	756250	742591	732383	732762
50747	52502	50041	48826	48500	48792	48792
412761	407336	425422	442292	457431	465113	465113
376457	364222	383303	400151	419055	427218	427709
84831	86202	89125	93003	86014	79817	81371
106925	109895	106362	107353	109102	114032	114032
316211	314473	323322	328794	325609	327389	327406

	毕业生数 Graduates	招生数 Entrants		在校学生数	
		计 Total	其中:受过学前教育 of Which:received the pre-school education	合 计 Total	其中:女 of Which:Female
合 计 Total	**3044307**	**3139526**	**3033503**	**18204675**	**8318520**
北 京 Beijing	76117	86231	83119	494749	228443
天 津 Tianjin	32415	29788	27533	184419	86506
河 北 Hebei	96019	100361	100023	585473	275447
山 西 Shanxi	126042	113471	113195	699507	331279
内蒙古 Inner Mongolia	84635	69991	68608	471253	223720
辽 宁 Liaoning	147966	136807	131467	840986	395572
吉 林 Jilin	56609	48297	46711	293878	139029
黑龙江 Heilongjiang	83306	76593	75972	415424	196361
上 海 Shanghai	51590	53528	53192	262410	122760
江 苏 Jiangsu	166942	182792	180799	1033629	468720
浙 江 Zhejiang	160617	191144	186891	1051626	476255
安 徽 Anhui	122781	118155	116235	694608	311365
福 建 Fujian	117816	151405	135932	807053	359393
江 西 Jiangxi	57115	60203	54940	350931	155293
山 东 Shandong	213291	227592	227480	1220684	570431
河 南 Henan	194112	216944	215382	1266181	571638
湖 北 Hubei	120208	126070	122532	713491	318428
湖 南 Hunan	92859	107910	105347	613139	276214
广 东 Guangdong	403007	415228	383951	2378958	1035639
广 西 Guangxi	59043	73512	69844	406095	182198
海 南 Hainan	21107	18148	17356	135664	56086
重 庆 Chongqing	41757	40500	38717	247881	117257
四 川 Sichuan	147696	130546	127373	815767	386713
贵 州 Guizhou	62612	62524	61033	384189	176279
云 南 Yunnan	48738	55007	54762	319430	150746
西 藏 Tibet	4013	4977	4086	27123	12956
陕 西 Shaanxi	88358	85615	85411	518168	235697
甘 肃 Gansu	53002	49317	47944	306398	141974
青 海 Qinghai	14068	13806	11019	86541	41130
宁 夏 Ningxia	25793	23892	23612	148498	70309
新 疆 Xinjiang	74673	69172	63037	430522	204682

数(城市)
Primary Schools(Urban)

单位:人
unit: person

Enrolment 一年级 Grade 1	二年级 Grade 2	三年级 Grade 3	四年级 Grade 4	五年级 Grade 5	六年级 Grade 6	毕业班学生数 Graduates for Next Year
3146567	**2886617**	**3067994**	**3131696**	**3139610**	**2832191**	**3028285**
86310	78508	85279	84194	84914	75544	76550
29790	29194	32051	32382	32370	28632	32379
100363	87647	102931	101293	98629	94610	94674
113507	101016	117192	122922	121213	123657	123657
69991	72047	81687	83714	83395	80419	82430
136987	119009	149351	146850	147762	141027	144777
48298	41397	51341	51858	51351	49633	50577
76593	66604	78556	80402	77335	35934	79348
53543	50256	52440	52721	53274	176	53147
182792	169811	172316	173331	171342	164037	164050
191169	174371	179320	175911	171922	158933	159843
118170	109660	113486	115466	118885	118941	118973
151558	136369	133322	137029	131361	117414	117414
60324	54727	57878	59173	60839	57990	58146
227593	201236	216332	219581	219442	136500	213683
217040	206000	213226	215618	220043	194254	203858
126145	114660	117387	118359	120200	116740	116740
107910	99220	101613	104479	103360	96557	96557
415228	378937	381962	398673	405708	398450	398450
73542	67159	67444	70079	66026	61845	61845
23640	21572	22541	23278	23282	21351	21351
40513	38104	40460	42233	43348	43223	43223
131025	121428	129108	140420	149459	144327	144327
62532	59032	63451	66842	67622	64710	64710
55071	53368	55540	55691	52114	47646	47646
4977	4641	4615	4442	4366	4082	4082
85616	79773	85875	88445	90830	87629	87629
49347	46426	51338	52520	53262	53505	53777
13806	13956	14730	14859	14834	14356	14356
23900	22446	24601	25330	25872	26349	26349
69287	68043	70621	73601	75250	73720	73737

小学学生

Number of Students in Primary

	毕业生数 Graduates	招生数 Entrants		在校学生数	
		计 Total	其中:受过学前教育 of Which:received the pre-school education	合 计 Total	其中:女 of Which:Female
合 计 Total	**4924676**	**4625978**	**4451694**	**27700170**	**12602041**
北 京 Beijing	10914	11248	11204	66106	31323
天 津 Tianjin	32813	32727	32178	207401	96381
河 北 Hebei	210411	266233	265474	1432438	661974
山 西 Shanxi	130945	107337	106450	700301	328044
内蒙古 Inner Mongolia	108341	86097	83326	571471	270712
辽 宁 Liaoning	36234	33832	31687	208872	95995
吉 林 Jilin	93226	96426	95076	562032	265501
黑龙江 Heilongjiang	102616	108889	106445	583053	276914
上 海 Shanghai	70626	92876	89796	420732	188990
江 苏 Jiangsu	254331	272166	268652	1482695	661482
浙 江 Zhejiang	242337	264360	258856	1470860	673421
安 徽 Anhui	207639	176087	168344	1074982	471685
福 建 Fujian	144979	150857	137380	872037	393690
江 西 Jiangxi	179804	175242	168222	1017575	438299
山 东 Shandong	281663	272116	269648	1540033	711853
河 南 Henan	329491	305710	304823	1958949	869728
湖 北 Hubei	160359	176073	167001	974019	434807
湖 南 Hunan	264871	275653	273622	1636660	751044
广 东 Guangdong	541331	434335	414111	2675087	1148664
广 西 Guangxi	191545	186253	181879	1123999	503406
海 南 Hainan	55006	34474	31434	287515	118199
重 庆 Chongqing	184296	155499	151073	938449	439406
四 川 Sichuan	451877	358396	337844	2263514	1077211
贵 州 Guizhou	180826	146741	132335	1007220	462326
云 南 Yunnan	155121	141228	136385	902530	428634
西 藏 Tibet	12635	10844	3661	72282	35046
陕 西 Shaanxi	84960	74532	73608	485135	220229
甘 肃 Gansu	101005	78715	66495	526086	242620
青 海 Qinghai	25138	23370	11970	156784	74799
宁 夏 Ningxia	27432	26730	25288	167391	78540
新 疆 Xinjiang	51904	50932	47427	313962	151118

数(县镇)

Schools(County City & Towns)

单位:人

unit: person

Enrolment						毕业班学生数 Graduates for Next Year
一年级 Grade 1	二年级 Grade 2	三年级 Grade 3	四年级 Grade 4	五年级 Grade 5	六年级 Grade 6	
4665188	**4344035**	**4508443**	**4677151**	**4780015**	**4725338**	**4855025**
11321	10079	11125	11041	11587	10953	10953
32754	33250	36552	36601	35452	32792	33041
266251	225051	249769	245863	229055	216449	216449
107908	100224	112269	119123	133290	127487	127487
86097	88258	95646	98191	99474	103805	103805
33902	32316	35811	36071	35696	35076	35076
96567	88223	98111	97502	92972	88657	88657
108889	94796	101307	101673	98519	77869	97046
93162	85472	82981	77150	73147	8820	71876
272178	241889	240119	242169	242850	243490	243490
264456	238766	245027	247160	244668	230783	230783
176634	168131	168438	175887	188983	196909	196909
152045	141114	141634	149993	147274	139977	139977
179661	159181	162016	165269	170702	180746	180802
272120	246326	253002	268397	269122	231066	274057
309449	308003	323121	328535	341420	348421	350252
176543	168949	155462	158333	156441	158291	160006
276319	258959	274074	283768	276950	266590	266590
434335	393077	402838	440323	479685	524829	524829
191025	178026	180051	186126	189634	199137	199137
46368	42333	44941	49171	51793	52909	52909
155726	144081	149355	153954	161995	173338	173340
362569	337159	354732	377357	405730	425967	425967
146772	149987	159266	177914	185731	187550	187550
141974	141490	148902	156170	157742	156252	156631
10844	12009	11749	12122	12511	13047	13047
74543	75161	79743	82043	85743	87902	87902
81357	79091	84562	89007	93327	98742	98834
24489	25019	25962	28485	27161	25668	25807
27226	26449	27370	28012	28379	29955	29955
51704	51166	52508	53741	52982	51861	51861

小学学生

Number of Students in

	毕业生数 Graduates	招生数 Entrants		在校学生数	
		计 Total	其中:受过学前教育 of Which:received the pre-school education	合 计 Total	其中:女 of Which:Female
合 计 Total	**9427381**	**9151503**	**8052509**	**53502198**	**25032135**
北 京 Beijing	15940	16249	15862	92400	42953
天 津 Tianjin	21950	20035	19979	114075	51387
河 北 Hebei	415325	589366	583180	3098012	1469300
山 西 Shanxi	316486	230582	221040	1510798	728848
内蒙古 Inner Mongolia	76777	65676	61922	388027	183634
辽 宁 Liaoning	213316	177826	172827	1132664	531069
吉 林 Jilin	102832	105001	102348	588723	281142
黑龙江 Heilongjiang	178021	155956	151799	881132	426542
上 海 Shanghai	2137	4061	3989	18436	8142
江 苏 Jiangsu	284503	276299	273181	1471497	677230
浙 江 Zhejiang	138355	146613	142498	810788	378219
安 徽 Anhui	543683	524773	387024	2834761	1312205
福 建 Fujian	133265	123743	108979	709827	333855
江 西 Jiangxi	441615	512923	457937	2891709	1322943
山 东 Shandong	607598	613297	596124	3531759	1670001
河 南 Henan	1129848	1354898	1296255	7480173	3478944
湖 北 Hubei	331053	378023	345251	1968002	892998
湖 南 Hunan	370414	480233	471617	2541802	1177878
广 东 Guangdong	797543	509596	470856	3431453	1580543
广 西 Guangxi	467576	481358	434400	2770504	1305987
海 南 Hainan	70790	50969	36253	357356	163280
重 庆 Chongqing	172296	133740	125261	813077	383084
四 川 Sichuan	513871	475952	375532	2841799	1335932
贵 州 Guizhou	554735	447654	287417	2943562	1399757
云 南 Yunnan	533087	473065	333840	3130124	1465624
西 藏 Tibet	33994	34926	4663	200003	96818
陕 西 Shaanxi	332571	248471	237797	1607052	734062
甘 肃 Gansu	320321	233299	124185	1537922	727281
青 海 Qinghai	43261	44288	26480	275667	131993
宁 夏 Ningxia	56433	50874	35182	337780	163988
新 疆 Xinjiang	207785	191757	148831	1191314	576496

数(农村)
Primary Schools(Rural)

单位:人
unit: person

Enrolment						毕业班学生数 Graduates for Next Year
一年级 Grade 1	二年级 Grade 2	三年级 Grade 3	四年级 Grade 4	五年级 Grade 5	六年级 Grade 6	
9333494	**8879969**	**8890113**	**8970646**	**8823466**	**8604510**	**8723798**
16367	14603	15569	15461	15709	14691	14691
20077	19858	21250	20330	20255	12305	20236
589521	550554	548590	522073	468382	418892	418892
232543	228012	237031	258350	272032	282830	282830
65676	61975	63101	64760	65437	67078	67078
179239	179942	195326	195534	190879	191744	191744
105267	99528	102820	101016	92758	87334	87334
155956	149961	156102	156794	155908	106411	159123
4061	3120	3186	3012	2667	2390	2524
276303	250374	233884	234182	235124	241630	241630
146680	130023	133950	135350	134952	129833	129833
529005	481945	462411	454984	455870	450546	451742
126133	117141	112799	118155	119616	115983	115983
568604	498381	486968	473442	441892	422422	422422
613312	570071	582066	625770	604059	536481	588436
1371055	1324368	1286848	1223350	1182882	1091670	1095274
380398	344633	325393	316186	300248	301144	301350
481278	454113	438024	423288	385019	360080	360080
509596	486474	513385	570642	643558	707798	707798
504235	462158	456821	464332	441117	441841	441841
66242	58406	57931	58495	57752	58530	58530
134501	132087	131867	134024	133927	146671	146679
496227	464666	471359	470386	468561	470600	470600
447716	456032	478776	518529	520933	521576	521576
482666	511094	530755	544389	532735	528485	528485
34926	35852	33677	32262	31623	31663	31663
252602	252402	259804	271804	280858	289582	289582
245753	238705	247403	258624	272466	274971	275098
46536	47227	48433	49659	44019	39793	41208
55799	61000	54391	54011	54851	57728	57728
195220	195264	200193	201452	197377	201808	201808

五年制小

Number of Students in

	招生数 Entrants		在校学生数	
	计 Total	其中:受过学前教育 of Which:received the pre-school education	合 计 Total	其中:女 of Which:Female
合 计 Total	**445749**	**440361**	**2215619**	**1041735**
北 京 Beijing	865	865	4589	2131
天 津 Tianjin	10444	10367	57528	26497
河 北 Hebei	66	66	318	134
山 西 Shanxi				
内蒙古 Inner Mongolia	1942	1942	9509	4632
辽 宁 Liaoning	3753	3751	18576	8890
吉 林 Jilin	287	287	3587	1693
黑龙江 Heilongjiang	115072	114112	569655	269911
上 海 Shanghai	132280	129969	613736	282437
江 苏 Jiangsu	16	16	74	33
浙 江 Zhejiang	1803	1803	6687	3086
安 徽 Anhui	939	772	5359	2401
福 建 Fujian				
江 西 Jiangxi	5	3	1098	467
山 东 Shandong	160757	160753	832394	397583
河 南 Henan	13565	13431	70990	31888
湖 北 Hubei	1463	1458	7498	3371
湖 南 Hunan				
广 东 Guangdong				
广 西 Guangxi				
海 南 Hainan				
重 庆 Chongqing				
四 川 Sichuan			100	51
贵 州 Guizhou				
云 南 Yunnan	351	351	2012	938
西 藏 Tibet	35		160	87
陕 西 Shaanxi	10	10	10	9
甘 肃 Gansu	249	247	1541	651
青 海 Qinghai	1833	144	10087	4797
宁 夏 Ningxia				
新 疆 Xinjiang	14	14	111	48

学学生数

5-year Primary Schools

单位:人

unit: person

Enrolment

一年级 Grade 1	二年级 Grade 2	三年级 Grade 3	四年级 Grade 4	五年级 Grade 5
449623	**423429**	**446969**	**450539**	**445059**
957	802	935	889	1006
11260	10722	11807	11812	11927
66	66	62	60	64
1942	1656	1966	1934	2011
3753	3219	3969	3885	3750
287	274	1022	1060	944
116998	105446	114743	117165	115303
132372	122862	123459	118882	116161
16	13	11	21	13
2026	1338	1483	930	910
1065	1013	1052	1001	1228
235	241	217	193	212
160762	158134	167649	173720	172129
13582	13312	14243	14814	15039
1463	1368	1333	1413	1921
	59	41		
351	395	445	442	379
35	35	90		
10				
249	230	305	266	491
2164	2225	2115	2029	1554
30	19	22	23	17

小学女
Number of Female Students

	毕业生数 Graduates	招生数 Entrants		在校学生数
		计 Total	其中:受过学前教育 of Which:received the pre-school education	合　计 Total
合　计 Total	**8105082**	**7847717**	**7148928**	**45952696**
北　京 Beijing	48415	52558	50934	302719
天　津 Tianjin	40950	38299	36697	234274
河　北 Hebei	341845	451363	448084	2406721
山　西 Shanxi	274200	216640	211498	1388171
内蒙古 Inner Mongolia	127666	106447	102085	678066
辽　宁 Liaoning	187008	165052	160330	1022636
吉　林 Jilin	119554	119054	115268	685672
黑龙江 Heilongjiang	174907	164134	159501	899817
上　海 Shanghai	57720	68387	67037	319892
江　苏 Jiangsu	319009	333905	327135	1807432
浙　江 Zhejiang	249838	275976	268030	1527895
安　徽 Anhui	404068	373130	300144	2095255
福　建 Fujian	178664	194410	173074	1086938
江　西 Jiangxi	307675	337385	303351	1916535
山　东 Shandong	517715	524089	509887	2952285
河　南 Henan	767314	864577	832091	4920310
湖　北 Hubei	274216	308694	282469	1646233
湖　南 Hunan	337880	399742	390038	2205136
广　东 Guangdong	795772	607030	555325	3764846
广　西 Guangxi	332101	344002	315795	1991591
海　南 Hainan	66548	46446	36841	337565
重　庆 Chongqing	189555	154694	145559	939747
四　川 Sichuan	527552	459525	400339	2799856
贵　州 Guizhou	383803	303710	220844	2038362
云　南 Yunnan	346581	314706	247419	2045004
西　藏 Tibet	23981	24609	5654	144820
陕　西 Shaanxi	231159	189994	184169	1189988
甘　肃 Gansu	225244	170881	110543	1111875
青　海 Qinghai	39395	39196	23579	247922
宁　夏 Ningxia	52891	48412	40023	312837
新　疆 Xinjiang	161856	150670	125185	932296

学生数
in Primary Schools

单位:人
unit: person

Enrolment						毕业班学生数 Graduates for Next Year
一年级 Grade 1	二年级 Grade 2	三年级 Grade 3	四年级 Grade 4	五年级 Grade 5	六年级 Grade 6	
7944172	**7408268**	**7596280**	**7747543**	**7755386**	**7501047**	**7712462**
52661	46880	51850	50986	52695	47647	48164
38319	37511	41513	41498	40965	34468	39898
451421	402697	423459	406829	376361	345954	345982
217700	204481	224028	240138	247448	254376	254376
106447	104205	113835	116508	117857	119214	120222
165723	151899	179265	177220	176684	171845	173673
119227	108016	119916	119147	112915	106451	106920
164134	146968	161772	161583	159092	106268	161244
68484	62698	63260	60924	59606	4920	59039
333911	296516	292699	294452	295232	294622	294629
276043	248032	255548	255895	253412	238965	239312
375247	344578	338821	339021	347250	350338	350890
195975	179556	175869	183892	182413	169233	169233
362810	317157	316505	314460	305319	300284	300751
524099	476143	493053	523120	512687	423183	505556
873236	842039	836010	808721	803358	756946	763694
309866	283986	268922	265443	259044	258972	260021
400453	372040	371167	373475	353583	334418	334418
607030	555755	569635	620836	679424	732166	732166
356147	327636	325218	333992	323306	325292	325383
59987	52549	53875	56349	56810	57995	57995
155106	146953	151199	154991	160095	171403	171568
469508	436010	450108	466538	483785	493907	493907
303751	308865	328516	359693	367941	369596	369596
319339	330596	345239	355246	349251	345333	345517
24609	25411	24306	23448	23400	23646	23646
191527	184739	193923	201505	207868	210426	210426
177550	169645	178121	187472	196595	202492	202833
40673	41394	42532	44673	40903	37747	38453
50874	52258	50739	51306	52731	54929	54929
152315	151055	155377	158182	157356	158011	158021

小学教职工

Number of Teachers, Staff &Workers in

	教职工数		
	合　计 Total	专任教师 Full-time Teachers	行政人员 Adm. Personnel
合　计 Total	**6109847**	**5617091**	**227198**
北　京 Beijing	60038	49480	5327
天　津 Tianjin	43990	37317	4213
河　北 Hebei	342373	319037	11820
山　西 Shanxi	206423	190538	5163
内蒙古 Inner Mongolia	138473	113564	6388
辽　宁 Liaoning	167199	146922	17719
吉　林 Jilin	147790	124502	11158
黑龙江 Heilongjiang	172707	151344	9523
上　海 Shanghai	55843	45239	4061
江　苏 Jiangsu	275678	249586	8264
浙　江 Zhejiang	186081	171908	5783
安　徽 Anhui	256209	245726	5241
福　建 Fujian	166290	156601	5616
江　西 Jiangxi	209950	202897	2459
山　东 Shandong	417504	387453	10750
河　南 Henan	518191	490413	10930
湖　北 Hubei	211247	196078	5166
湖　南 Hunan	266854	250039	5804
广　东 Guangdong	487773	430735	34173
广　西 Guangxi	244647	220183	15872
海　南 Hainan	57085	52056	1344
重　庆 Chongqing	125859	116057	5821
四　川 Sichuan	329690	305741	10468
贵　州 Guizhou	207209	197913	6303
云　南 Yunnan	250114	237537	4433
西　藏 Tibet	19289	18901	115
陕　西 Shaanxi	190545	175184	7898
甘　肃 Gansu	144568	140381	1946
青　海 Qinghai	27516	26584	186
宁　夏 Ningxia	33849	33212	190
新　疆 Xinjiang	148863	133963	3064

数(总计)
Primary Schools (Regional Aggregates)

单位：人
unit: person

Teachers, Staff & Workers			代课教师 Substitute Teachers	兼任教师 Part-time Teachers
教辅人员 Teaching Auxiliary	工勤人员 Workers	校办工厂、农场职工 Employees in School-run by Factories & Farms		
107901	**155778**	**1879**	**203802**	**16084**
3100	2122	9	417	263
1149	1289	22	101	90
5612	5884	20	15208	517
4279	6410	33	17251	1157
7986	9970	565	3469	183
961	1548	49	1806	483
8198	3929	3	1204	265
5891	5906	43	563	366
3213	3251	79	423	201
10773	6936	119	3387	195
2899	5427	64		1221
1507	3733	2	7916	470
1844	2227	2	5160	218
1638	2903	53	9425	534
10565	8672	64	4596	722
5400	11399	49	13517	2533
3954	5935	114	13105	308
4281	6693	37	6135	312
5136	17414	315	20179	817
3380	5148	64	14449	1100
654	2998	33	1079	90
917	3037	27	960	1008
3030	10416	35	16482	903
1207	1783	3	8017	299
2300	5835	9	8183	198
23	250		389	15
3181	4254	28	5483	350
641	1587	13	11957	451
108	625	13	3703	88
191	255	1	1497	324
3883	7942	11	7741	403

小学教职工

Number of Teachers, Staff &Workers

	教职工数		
	合　计 Total	专任教师 Full-time Teachers	行政人员 Adm. Personnel
合　计 Total	**1065400**	**947337**	**53465**
北　京 Beijing	41351	35109	3518
天　津 Tianjin	18242	14927	1937
河　北 Hebei	34154	30869	1511
山　西 Shanxi	41833	37162	1546
内蒙古 Inner Mongolia	29276	26082	1701
辽　宁 Liaoning	58088	49077	7637
吉　林 Jilin	22514	19282	1569
黑龙江 Heilongjiang	32736	27736	2296
上　海 Shanghai	24680	19838	1861
江　苏 Jiangsu	66537	61706	2002
浙　江 Zhejiang	57339	52424	1615
安　徽 Anhui	37341	35205	932
福　建 Fujian	41956	39301	1225
江　西 Jiangxi	17024	15984	513
山　东 Shandong	71714	64461	3031
河　南 Henan	63533	57654	2347
湖　北 Hubei	42100	37873	1961
湖　南 Hunan	30973	27816	993
广　东 Guangdong	132904	112835	7676
广　西 Guangxi	20598	18280	984
海　南 Hainan	7362	6001	262
重　庆 Chongqing	15168	13804	620
四　川 Sichuan	44126	39300	1691
贵　州 Guizhou	16757	15607	556
云　南 Yunnan	14992	13635	484
西　藏 Tibet	1824	1724	44
陕　西 Shaanxi	27827	24537	1714
甘　肃 Gansu	15751	14808	519
青　海 Qinghai	4054	3925	33
宁　夏 Ningxia	7161	7035	21
新　疆 Xinjiang	25485	23340	666

数(城市)
in Primary Schools (Urban)

单位:人
unit: person

Teachers, Staff & Workers			代课教师 Substitute Teachers	兼任教师 Part-time Teachers
教辅人员 Teaching Auxiliary	工勤人员 Workers	校办工厂、农场职工 Employees in School-run Factories & Farms		
24656	**39524**	**418**	**28513**	**4332**
1592	1123	9	376	214
591	782	5	27	88
827	941	6	1328	57
1171	1944	10	2566	449
827	653	13	1146	130
523	823	28	192	130
1151	512		377	134
1414	1284	6	199	152
1882	1065	34	169	93
1625	1180	24	945	68
1095	2178	27		522
340	863	1	1238	164
388	1042		2273	47
127	400		378	159
2213	1977	32	645	358
1221	2305	6	1912	85
948	1301	17	2074	123
640	1514	10	1481	37
2891	9411	91	5035	271
427	868	39	450	276
224	854	21	71	18
241	488	15	125	293
731	2393	11	1386	156
184	407	3	317	115
204	669		7	2
4	52			13
458	1118		931	46
81	338	5	200	55
17	79		553	
18	87		225	
601	873	5	1887	77

小学教职

Number of Teachers, Staff & Workers in

	教职工数		
	合　计 Total	专任教师 Full-time Teachers	行政人员 Adm. Personnel
合　计 Total	**1637381**	**1479228**	**65224**
北　京 Beijing	7306	5385	764
天　津 Tianjin	15864	13611	1340
河　北 Hebei	87994	79766	3152
山　西 Shanxi	42431	38220	1028
内蒙古 Inner Mongolia	50061	41200	2397
辽　宁 Liaoning	14207	12444	1405
吉　林 Jilin	47122	36832	4282
黑龙江 Heilongjiang	41339	35518	2516
上　海 Shanghai	30037	24593	2082
江　苏 Jiangsu	98597	88486	3439
浙　江 Zhejiang	81795	75521	2808
安　徽 Anhui	55040	51646	1538
福　建 Fujian	60002	55717	2658
江　西 Jiangxi	45636	43279	721
山　东 Shandong	101599	93119	3005
河　南 Henan	92685	83758	2661
湖　北 Hubei	51059	47480	945
湖　南 Hunan	89790	83005	2240
广　东 Guangdong	152376	134978	10315
广　西 Guangxi	66197	58471	3782
海　南 Hainan	18160	16197	374
重　庆 Chongqing	53581	49013	2712
四　川 Sichuan	127667	117854	4158
贵　州 Guizhou	49009	46271	1508
云　南 Yunnan	54563	50393	1327
西　藏 Tibet	5212	5055	27
陕　西 Shaanxi	28582	26005	877
甘　肃 Gansu	31245	29813	616
青　海 Qinghai	8038	7692	99
宁　夏 Ningxia	8382	8165	54
新　疆 Xinjiang	21805	19741	394

工数(县镇)

Primary Schools (County City & Towns)

单位:人

unit: person

Teachers, Staff & Workers			代课教师 Substitute Teachers	兼任教师 Part-time Teachers
教辅人员 Teaching Auxiliary	工勤人员 Workers	校办工厂、农场职工 Employees in School-run Factories & Farms		
38328	**53888**	**713**	**28603**	**3238**
779	378		1	5
500	401	12	40	2
2184	2881	11	2276	183
1187	1975	21	3023	168
2949	3369	146	953	27
99	243	16	118	27
4030	1975	3	242	86
1406	1891	8	120	24
1308	2009	45	224	105
3860	2752	60	1283	87
1205	2235	26		359
551	1304	1	1269	71
881	744	2	1109	139
552	1084		1173	73
2759	2704	12	1043	169
1975	4274	17	3430	413
1041	1566	27	1904	51
1972	2559	14	714	63
1663	5222	198	2330	179
1811	2114	19	964	165
278	1299	12	242	33
499	1346	11	259	321
1558	4083	14	2602	262
565	665		364	43
945	1889	9	316	13
6	124		31	
719	961	20	359	20
256	558	2	918	31
41	204	2	671	32
63	99	1	192	38
686	980	4	433	49

小学教职工

Number of Teachers, Staff &

	教职工数		
	合　计 Total	专任教师 Full-time Teachers	行政人员 Adm. Personnel
合　计 Total	**3407066**	**3190526**	**108509**
北　京 Beijing	11381	8986	1045
天　津 Tianjin	9884	8779	936
河　北 Hebei	220225	208402	7157
山　西 Shanxi	122159	115156	2589
内蒙古 Inner Mongolia	59136	46282	2290
辽　宁 Liaoning	94904	85401	8677
吉　林 Jilin	78154	68388	5307
黑龙江 Heilongjiang	98632	88090	4711
上　海 Shanghai	1126	808	118
江　苏 Jiangsu	110544	99394	2823
浙　江 Zhejiang	46947	43963	1360
安　徽 Anhui	163828	158875	2771
福　建 Fujian	64332	61583	1733
江　西 Jiangxi	147290	143634	1225
山　东 Shandong	244191	229873	4714
河　南 Henan	361973	349001	5922
湖　北 Hubei	118088	110725	2260
湖　南 Hunan	146091	139218	2571
广　东 Guangdong	202493	182922	16182
广　西 Guangxi	157852	143432	11106
海　南 Hainan	31563	29858	708
重　庆 Chongqing	57110	53240	2489
四　川 Sichuan	157897	148587	4619
贵　州 Guizhou	141443	136035	4239
云　南 Yunnan	180559	173509	2622
西　藏 Tibet	12253	12122	44
陕　西 Shaanxi	134136	124642	5307
甘　肃 Gansu	97572	95760	811
青　海 Qinghai	15424	14967	54
宁　夏 Ningxia	18306	18012	115
新　疆 Xinjiang	101573	90882	2004

数(农村)

Workers in Primary Schools(Rural)

单位:人

unit: person

Teachers, Staff & Workers			代课教师 Substitute Teachers	兼任教师 Part-time Teachers
教辅人员 Teaching Auxiliary	工勤人员 Workers	校办工厂、农场职工 Employees in School-run Factories & Farms		
44917	**62366**	**748**	**146686**	**8514**
729	621		40	44
58	106	5	34	
2601	2062	3	11604	277
1921	2491	2	11662	540
4210	5948	406	1370	26
339	482	5	1496	326
3017	1442		585	45
3071	2731	29	244	190
23	177		30	3
5288	3004	35	1159	40
599	1014	11		340
616	1566		5409	235
575	441		1778	32
959	1419	53	7874	302
5593	3991	20	2908	195
2204	4820	26	8175	2035
1965	3068	70	9127	134
1669	2620	13	3940	212
582	2781	26	12814	367
1142	2166	6	13035	659
152	845		766	39
177	1203	1	576	394
741	3940	10	12494	485
458	711		7336	141
1151	3277		7860	183
13	74		358	2
2004	2175	8	4193	284
304	691	6	10839	365
50	342	11	2479	56
110	69		1080	286
2596	6089	2	5421	277

小学教职工总数中

Number of Primary Schools Teachers, Staff &

	教职工数		
	合 计 Total	专任教师 Full-time Teachers	行政人员 Adm. Personnel
合 计 Total	**313927**	**229480**	**17025**
北 京 Beijing	2295	1567	233
天 津 Tianjin	527	351	45
河 北 Hebei	16189	11350	887
山 西 Shanxi	15694	11039	607
内蒙古 Inner Mongolia	2981	2182	215
辽 宁 Liaoning	1436	1297	89
吉 林 Jilin	2284	1760	127
黑龙江 Heilongjiang	1455	1148	89
上 海 Shanghai	9469	7181	688
江 苏 Jiangsu	12472	10110	330
浙 江 Zhejiang	16636	12318	700
安 徽 Anhui	10308	7398	496
福 建 Fujian	5470	4002	293
江 西 Jiangxi	6176	4270	348
山 东 Shandong	15626	11147	861
河 南 Henan	44205	32206	2276
湖 北 Hubei	5749	3960	286
湖 南 Hunan	9439	6099	455
广 东 Guangdong	81159	60116	4796
广 西 Guangxi	6711	4875	490
海 南 Hainan	5964	3887	331
重 庆 Chongqing	2927	2094	201
四 川 Sichuan	14351	10691	660
贵 州 Guizhou	7456	6146	452
云 南 Yunnan	4885	3868	320
西 藏 Tibet	62	34	10
陕 西 Shaanxi	9333	6383	605
甘 肃 Gansu	619	491	39
青 海 Qinghai	162	102	7
宁 夏 Ningxia	320	208	7
新 疆 Xinjiang	1567	1200	82

民办教职工数

Workers Maintained by Communities

单位:人

unit: person

Teachers, Staff & Workers			代课教师 Substitute Teachers	兼任教师 Part-time Teachers
教辅人员 Teaching Auxiliary	工勤人员 Workers	校办工厂、农场职工 Employees in School-run Factories & Farms		
14359	**52651**	**412**	**16810**	**3003**
290	205		4	11
70	61		22	26
1126	2826		662	103
906	3132	10	1765	494
155	429		219	25
25	25		17	2
89	306	2	146	20
68	150		9	4
393	1207		127	98
558	1474		124	10
881	2735	2		843
423	1991		626	116
216	959		761	17
310	1245	3	69	31
933	2681	4	1593	267
1944	7752	27	6302	230
306	1197		395	22
730	2148	7	222	24
2636	13340	271	2186	154
308	992	46	268	120
175	1543	28	1	8
166	461	5	28	24
596	2402	2	380	194
228	630		189	31
158	539		25	16
	18			
545	1799	1	534	100
14	71	4	58	8
3	50		17	
37	68		5	
70	215		56	5

小学女教
Number of Female Teachers,

	教职工数		
	合　计 Total	专任教师 Full-time Teachers	行政人员 Adm. Personnel
合　计 Total	**3433906**	**3254965**	**62291**
北　京 Beijing	44620	38857	2921
天　津 Tianjin	29746	26493	1987
河　北 Hebei	232217	223638	3207
山　西 Shanxi	147063	139743	1667
内蒙古 Inner Mongolia	79628	72122	2006
辽　宁 Liaoning	112757	103069	8617
吉　林 Jilin	92741	83238	4156
黑龙江 Heilongjiang	105227	96155	4058
上　海 Shanghai	41774	35752	2375
江　苏 Jiangsu	155591	147708	1890
浙　江 Zhejiang	122239	116124	1337
安　徽 Anhui	110108	107088	699
福　建 Fujian	95483	92815	863
江　西 Jiangxi	101348	98720	550
山　东 Shandong	206514	197170	2650
河　南 Henan	292957	281800	2895
湖　北 Hubei	102378	97049	1422
湖　南 Hunan	138546	132841	1117
广　东 Guangdong	307862	288640	6910
广　西 Guangxi	131673	125780	2320
海　南 Hainan	27944	25542	240
重　庆 Chongqing	63994	61673	1006
四　川 Sichuan	166009	158241	2411
贵　州 Guizhou	92333	90208	862
云　南 Yunnan	116952	112909	676
西　藏 Tibet	9691	9556	35
陕　西 Shaanxi	110721	105353	1885
甘　肃 Gansu	64011	62757	334
青　海 Qinghai	14236	13829	62
宁　夏 Ningxia	17381	17178	26
新　疆 Xinjiang	100162	92917	1107

职工数

Staff &Workers in Primary Schools

单位:人

unit: person

Teachers, Staff & Workers			代课教师 Substitute Teachers	兼任教师 Part-time Teachers
教辅人员 Teaching Auxiliary	工勤人员 Workers	校办工厂、农场职工 Employees in School-run Factories & Farms		
49470	**66547**	**633**	**138958**	**9222**
1967	871	4	321	211
741	521	4	97	73
2881	2487	4	12899	353
2221	3414	18	14346	776
2848	2501	151	2580	119
595	458	18	1458	290
4086	1261		933	187
2817	2175	22	394	214
2198	1412	37	314	149
3544	2427	22	2819	134
1739	3020	19		823
545	1776		5237	252
742	1063		4099	101
676	1375	27	6743	321
3831	2849	14	3446	468
2812	5436	14	10410	1280
1654	2214	39	7162	140
1810	2770	8	4509	163
3308	8851	153	15587	352
1189	2356	28	9181	753
332	1813	17	611	41
416	891	8	665	505
1514	3834	9	9294	417
391	871	1	3136	152
541	2824	2	4185	63
5	95		127	11
1502	1975	6	3637	161
201	715	4	5488	233
50	295		2247	40
69	108		1047	169
2245	3889	4	5986	271

小学专任教师学历、

Breakdown of Primary Schools Full-time Teachers

	合　计 Total	其中：女 of Which: Female	按学历分 研究生毕业 Graduate	本科毕业 Under-graduate	专科毕业 Associate Bachelor	高中阶段毕业 High School Graduate
合　计 Total	**5617091**	**3254965**	**6407**	**1325247**	**3065721**	**1192735**
北　京 Beijing	49480	38857	424	36807	9893	2296
天　津 Tianjin	37317	26493	120	18428	13136	5551
河　北 Hebei	319037	223638	164	75816	186509	56031
山　西 Shanxi	190538	139743	80	41909	112900	35096
内蒙古 Inner Mongolia	113564	72122	87	39283	57605	16205
辽　宁 Liaoning	146922	103069	344	39882	79896	26498
吉　林 Jilin	124502	83238	379	46125	59923	17666
黑龙江 Heilongjiang	151344	96155	50	37540	85577	27633
上　海 Shanghai	45239	35752	319	25783	16130	2915
江　苏 Jiangsu	249586	147708	474	98167	111862	38608
浙　江 Zhejiang	171908	116124	310	80674	68320	22228
安　徽 Anhui	245726	107088	104	41519	133319	70524
福　建 Fujian	156601	92815	70	28913	87159	39708
江　西 Jiangxi	202897	98720	88	35169	98290	67304
山　东 Shandong	387453	197170	629	122161	170477	93419
河　南 Henan	490413	281800	449	82458	289385	116369
湖　北 Hubei	196078	97049	252	38246	105588	50723
湖　南 Hunan	250039	132841	186	43685	141677	63488
广　东 Guangdong	430735	288640	744	100330	258640	69881
广　西 Guangxi	220183	125780	127	31915	130337	55949
海　南 Hainan	52056	25542	34	4682	33533	13542
重　庆 Chongqing	116057	61673	92	26129	68612	20696
四　川 Sichuan	305741	158241	195	49469	186596	68339
贵　州 Guizhou	197913	90208	38	20377	125044	48580
云　南 Yunnan	237537	112909	120	41277	139990	52929
西　藏 Tibet	18901	9556	17	2102	13603	2881
陕　西 Shaanxi	175184	105353	287	42450	99032	32627
甘　肃 Gansu	140381	62757	91	29008	70921	38818
青　海 Qinghai	26584	13829	64	7263	15663	3497
宁　夏 Ningxia	33212	17178	13	8161	17234	7621
新　疆 Xinjiang	133963	92917	56	29519	78870	25113

职称情况(总计)

by Educational Attainment (Regional Aggregates)

单位:人
unit: person

By Educational Attainment	按职称分 By Rank					
高中阶段毕业以下 Below High School Graduate	中学高级 Senior Secondary	小学高级 Senior Primary	小学一级 1st Grade Primary	小学二级 2nd Grade Primary	小学三级 3rd Grade Primary	未评职称 Rank Undecided
26981	**64653**	**2917267**	**2030389**	**218075**	**17953**	**368754**
60	280	27606	18147	267	58	3122
82	703	29353	6177	110	7	967
517	1894	163074	131929	6394	726	15020
553	584	69680	92543	11474	1358	14899
384	14683	62204	27643	1718	164	7152
302	4311	108441	26158	2393	139	5480
409	1077	67959	49093	2582	214	3577
544	5771	83437	56414	2101	331	3290
92	689	24645	14176	388	90	5251
475	4783	154791	73874	3168	166	12804
376	2753	91000	60323	2519	255	15058
260	775	146248	77001	6742	291	14669
751	879	89781	53479	5395	188	6879
2046	1412	101708	69983	12519	1391	15884
767	7551	210060	140419	8528	675	20220
1752	4180	219205	213205	20682	1914	31227
1269	2776	133967	51432	3058	352	4493
1003	1570	164001	68647	3547	332	11942
1140	1166	257388	89804	16302	4376	61699
1855	684	115714	81948	11033	874	9930
265	134	22049	20940	5959	103	2871
528	416	45606	57497	5301	231	7006
1142	1999	138370	139565	5966	300	19541
3874	205	77589	80881	21409	1141	16688
3221	260	110920	92343	17845	1089	15080
298	83	4172	8830	2391	45	3380
788	552	58946	91053	13641	575	10417
1543	581	52841	59845	13055	252	13807
97	574	16764	7081	794	24	1347
183	251	17227	12828	466	32	2408
405	1077	52521	57131	10328	260	12646

小学专任教师学历、

Breakdown of Primary Schools Full-time Teachers

	合计 Total	其中:女 of Which: Female	按学历分 研究生毕业 Graduate	本科毕业 Under-graduate	专科毕业 Associate Bachelor	高中阶段毕业 High School Graduate
合　计 Total	**947337**	**751464**	**4397**	**456547**	**414753**	**70716**
北　京 Beijing	35109	29272	377	27235	6266	1202
天　津 Tianjin	14927	12341	85	7763	5594	1451
河　北 Hebei	30869	26376	66	14667	13842	2267
山　西 Shanxi	37162	32119	44	14414	19751	2933
内蒙古 Inner Mongolia	26082	21035	66	14033	10248	1719
辽　宁 Liaoning	49077	41093	308	21669	23572	3499
吉　林 Jilin	19282	16548	270	11757	6163	1087
黑龙江 Heilongjiang	27736	22706	42	13554	12100	2023
上　海 Shanghai	19838	17448	121	12465	6408	840
江　苏 Jiangsu	61706	46867	366	33734	22623	4932
浙　江 Zhejiang	52424	40701	232	30972	17601	3591
安　徽 Anhui	35205	24349	63	11882	18707	4535
福　建 Fujian	39301	30536	65	14572	19851	4752
江　西 Jiangxi	15984	12554	29	6733	7580	1613
山　东 Shandong	64461	49174	288	38713	21522	3880
河　南 Henan	57654	47163	308	23053	30711	3560
湖　北 Hubei	37873	28644	204	16660	17228	3696
湖　南 Hunan	27816	22361	112	12346	13365	1973
广　东 Guangdong	112835	87366	645	54863	51840	5429
广　西 Guangxi	18280	14946	78	6966	9430	1758
海　南 Hainan	6001	4375	30	1963	3573	423
重　庆 Chongqing	13804	10553	57	7949	4943	843
四　川 Sichuan	39300	29654	130	15721	20215	3195
贵　州 Guizhou	15607	12273	19	4282	9152	2060
云　南 Yunnan	13635	10452	81	6305	5770	1465
西　藏 Tibet	1724	1154	3	403	1113	192
陕　西 Shaanxi	24537	19952	193	11544	11235	1554
甘　肃 Gansu	14808	11257	52	5517	7880	1331
青　海 Qinghai	3925	3025	15	1590	1793	513
宁　夏 Ningxia	7035	5530	6	3283	3101	640
新　疆 Xinjiang	23340	19640	42	9939	11576	1760

职称情况(城市)

by Educational Attainment (Urban)

单位:人

unit: person

By Educational Attainment	按职称分 By Rank					
高中阶段毕业以下 Below High School Graduate	中学高级 Senior Secondary	小学高级 Senior Primary	小学一级 1st Grade Primary	小学二级 2nd Grade Primary	小学三级 3rd Grade Primary	未评职称 Rank Undecided
924	**19410**	**530154**	**298795**	**25030**	**3724**	**70224**
29	249	19752	12933	149	17	2009
34	240	11782	2325	78	3	499
27	270	18243	9333	1021	63	1939
20	139	15343	16006	2199	237	3238
16	4024	12893	6346	396	89	2334
29	1242	35868	9433	533	38	1963
5	346	10692	7280	415	19	530
17	1979	16359	8527	315	59	497
4	315	12336	6544	83		560
51	1962	38857	17586	490	15	2796
28	1595	27347	17469	591	55	5367
18	237	21844	10351	774	65	1934
61	408	21943	12633	1541	70	2706
29	254	7753	5844	857	37	1239
58	1701	32418	24869	1321	144	4008
22	822	29526	20998	2150	162	3996
85	938	25430	9752	392	14	1347
20	478	18197	7205	359	42	1535
58	554	62093	26413	5735	1795	16245
48	189	11038	3978	794	257	2024
12	60	2278	2410	731		522
12	144	6059	6567	262	24	748
39	483	19553	16481	565	67	2151
94	43	7120	5171	673	101	2499
14	31	6801	4072	643	214	1874
13	19	777	777	26		125
11	160	11126	10590	996	45	1620
28	152	7826	5557	258	14	1001
14	69	2574	938	61		283
5	66	4154	2300	119		396
23	241	12172	8107	503	78	2239

小学专任教师学历、

Breakdown of Primary Schools Full-time Teachers

	合 计 Total	其中：女 of Which: Female	按学历分			
			研究生毕业 Graduate	本科毕业 Under-graduate	专科毕业 Associate Bachelor	高中阶段毕业 High School Graduate
合 计 Total	**1479228**	**1008435**	**1055**	**384019**	**866419**	**224791**
北 京 Beijing	5385	3876	21	3719	1305	324
天 津 Tianjin	13611	9645	30	7032	4379	2145
河 北 Hebei	79766	64754	21	22928	47457	9305
山 西 Shanxi	38220	32793	15	9679	24173	4338
内蒙古 Inner Mongolia	41200	28999	10	14276	22045	4708
辽 宁 Liaoning	12444	9396	20	2794	7593	2017
吉 林 Jilin	36832	28381	69	16057	16488	4145
黑龙江 Heilongjiang	35518	27525	2	8785	22300	4384
上 海 Shanghai	24593	17804	196	13182	9195	1943
江 苏 Jiangsu	88486	56041	70	37639	39827	10899
浙 江 Zhejiang	75521	50375	65	33815	31520	9923
安 徽 Anhui	51646	30012	25	9844	31617	10123
福 建 Fujian	55717	35878	4	8494	34998	12123
江 西 Jiangxi	43279	30073	25	10781	24939	7453
山 东 Shandong	93119	57622	145	34737	42582	15549
河 南 Henan	83758	64775	25	16489	56572	10595
湖 北 Hubei	47480	29090	11	9510	28725	9076
湖 南 Hunan	83005	52976	33	14394	52848	15536
广 东 Guangdong	134978	96532	72	27387	89588	17671
广 西 Guangxi	58471	42899	26	10792	38235	9309
海 南 Hainan	16197	9315	4	1331	11599	3184
重 庆 Chongqing	49013	29601	26	11604	30692	6609
四 川 Sichuan	117854	68369	45	19382	75591	22617
贵 州 Guizhou	46271	29002	6	4627	32349	9066
云 南 Yunnan	50393	33285	24	11626	30414	8089
西 藏 Tibet	5055	2986	1	603	3593	800
陕 西 Shaanxi	26005	21308	30	6797	16417	2730
甘 肃 Gansu	29813	18614	8	6773	17184	5745
青 海 Qinghai	7692	5029	22	2125	4857	678
宁 夏 Ningxia	8165	5518	2	2327	4682	1150
新 疆 Xinjiang	19741	15962	2	4490	12655	2557

职称情况(县镇)

by Educational Attainment (County City & Towns)

单位:人

unit: person

By Educational Attainment	按职称分 By Rank					
高中阶段毕业以下 Below High School Graduate	中学高级 Senior Secondary	小学高级 Senior Primary	小学一级 1st Grade Primary	小学二级 2nd Grade Primary	小学三级 3rd Grade Primary	未评职称 Rank Undecided
2944	**21194**	**810865**	**512442**	**42088**	**4363**	**88276**
16	18	2928	1909	45	18	467
25	309	10497	2442	13	3	347
55	547	43321	29265	1691	227	4715
15	70	13681	18684	1955	255	3575
161	5570	22195	10819	666	42	1908
20	474	9160	2173	196	17	424
73	440	20328	14349	574	78	1063
47	1663	20166	11981	532	61	1115
77	366	12172	7552	254	75	4174
51	1959	55317	25381	1263	38	4528
198	1009	41762	26311	1006	139	5294
37	215	30947	16058	1172	75	3179
98	345	32942	18974	1502	56	1898
81	561	23286	15273	1883	252	2024
106	2283	46536	35980	2589	237	5494
77	815	34617	36191	4361	547	7227
158	1045	32736	11558	1027	171	943
194	575	53986	23801	1119	149	3375
260	262	85740	25635	4343	1244	17754
109	280	36938	17068	1806	214	2165
79	42	7582	5881	1580	13	1099
82	216	20929	24982	1011	71	1804
219	1102	57709	53076	1304	80	4583
223	71	23974	17610	2692	109	1815
240	74	30229	16754	1759	65	1512
58	60	1733	2138	526	11	587
31	74	9012	13770	1900	71	1178
103	168	11678	13933	2334	27	1673
10	266	5084	1826	206	5	305
4	82	4142	3337	77	5	522
37	233	9538	7731	702	8	1529

小学专任教师学历、

Breakdown of Primary Schools Full-time Teachers

	合 计 Total	其中:女 of Which: Female	按学历分 研究生毕业 Graduate	本科毕业 Under-graduate	专科毕业 Associate Bachelor	高中阶段毕业 High School Graduate
合 计 Total	**3190526**	**1495066**	**955**	**484681**	**1784549**	**897228**
北 京 Beijing	8986	5709	26	5853	2322	770
天 津 Tianjin	8779	4507	5	3633	3163	1955
河 北 Hebei	208402	132508	77	38221	125210	44459
山 西 Shanxi	115156	74831	21	17816	68976	27825
内蒙古 Inner Mongolia	46282	22088	11	10974	25312	9778
辽 宁 Liaoning	85401	52580	16	15419	48731	20982
吉 林 Jilin	68388	38309	40	18311	37272	12434
黑龙江 Heilongjiang	88090	45924	6	15201	51177	21226
上 海 Shanghai	808	500	2	136	527	132
江 苏 Jiangsu	99394	44800	38	26794	49412	22777
浙 江 Zhejiang	43963	25048	13	15887	19199	8714
安 徽 Anhui	158875	52727	16	19793	82995	55866
福 建 Fujian	61583	26401	1	5847	32310	22833
江 西 Jiangxi	143634	56093	34	17655	65771	58238
山 东 Shandong	229873	90374	196	48711	106373	73990
河 南 Henan	349001	169862	116	42916	202102	102214
湖 北 Hubei	110725	39315	37	12076	59635	37951
湖 南 Hunan	139218	57504	41	16945	75464	45979
广 东 Guangdong	182922	104742	27	18080	117212	46781
广 西 Guangxi	143432	67935	23	14157	82672	44882
海 南 Hainan	29858	11852		1388	18361	9935
重 庆 Chongqing	53240	21519	9	6576	32977	13244
四 川 Sichuan	148587	60218	20	14366	90790	42527
贵 州 Guizhou	136035	48933	13	11468	83543	37454
云 南 Yunnan	173509	69172	15	23346	103806	43375
西 藏 Tibet	12122	5416	13	1096	8897	1889
陕 西 Shaanxi	124642	64093	64	24109	71380	28343
甘 肃 Gansu	95760	32886	31	16718	45857	31742
青 海 Qinghai	14967	5775	27	3548	9013	2306
宁 夏 Ningxia	18012	6130	5	2551	9451	5831
新 疆 Xinjiang	90882	57315	12	15090	54639	20796

职称情况(农村)
by Educational Attainment (Rural)

单位:人
unit: person

By Educational Attainment	按职称分 By Rank					
高中阶段毕业以下 Below High School Graduate	中学高级 Senior Secondary	小学高级 Senior Primary	小学一级 1st Grade Primary	小学二级 2nd Grade Primary	小学三级 3rd Grade Primary	未评职称 Rank Undecided
23113	**24049**	**1576248**	**1219152**	**150957**	**9866**	**210254**
15	13	4926	3305	73	23	646
23	154	7074	1410	19	1	121
435	1077	101510	93331	3682	436	8366
518	375	40656	57853	7320	866	8086
207	5089	27116	10478	656	33	2910
253	2595	63413	14552	1664	84	3093
331	291	36939	27464	1593	117	1984
480	2129	46912	35906	1254	211	1678
11	8	137	80	51	15	517
373	862	60617	30907	1415	113	5480
150	149	21891	16543	922	61	4397
205	323	93457	50592	4796	151	9556
592	126	34896	21872	2352	62	2275
1936	597	70669	48866	9779	1102	12621
603	3567	131106	79570	4618	294	10718
1653	2543	155062	156016	14171	1205	20004
1026	793	75801	30122	1639	167	2203
789	517	91818	37641	2069	141	7032
822	350	109555	37756	6224	1337	27700
1698	215	67738	60902	8433	403	5741
174	32	12189	12649	3648	90	1250
434	56	18618	25948	4028	136	4454
884	414	61108	70008	4097	153	12807
3557	91	46495	58100	18044	931	12374
2967	155	73890	71517	15443	810	11694
227	4	1662	5915	1839	34	2668
746	318	38808	66693	10745	459	7619
1412	261	33337	40355	10463	211	11133
73	239	9106	4317	527	19	759
174	103	8931	7191	270	27	1490
345	603	30811	41293	9123	174	8878

小学办学
Condition of School Buildings in

	学校占地面积 Areas Occupied	校舍建筑面积 Floor Space	教学及辅 Teaching & Assistant			
			计 Total	其中		
				普通教室 Classroom	实验室 Laboratory	图书室 Library
合　计 Total	**2364213407**	**586106625**	**339503934**	**272764147**	**14303630**	**12913383**
北　京 Beijing	13858094	5666114	2584773	1776848	145948	114735
天　津 Tianjin	12168590	3633009	2020107	1482405	80485	77333
河　北 Hebei	146518623	28705690	18237433	13761737	1138555	906103
山　西 Shanxi	68519809	17616805	9433148	7721471	394868	420604
内蒙古 Inner Mongolia	64586270	9369724	4791967	3741901	254216	206379
辽　宁 Liaoning	56961562	11394710	6863424	4918824	396513	305028
吉　林 Jilin	68529729	8474947	5361731	4031491	281207	197486
黑龙江 Heilongjiang	82923461	11093080	7087331	5518192	394805	264584
上　海 Shanghai	8733958	4786909	2332327	1378802	210722	134976
江　苏 Jiangsu	103830475	28140093	16333122	12243144	778849	726217
浙　江 Zhejiang	58088407	22978046	11689128	7767925	598619	471954
安　徽 Anhui	118683043	23675638	15386555	13360429	320663	532883
福　建 Fujian	53050517	19661464	11092609	8539695	474048	503092
江　西 Jiangxi	77114479	22383924	13823692	12011022	416994	421823
山　东 Shandong	160974389	31523635	19210979	14674581	1085404	815313
河　南 Henan	198264668	48536164	30183646	25457230	1124973	1248433
湖　北 Hubei	97712766	26411347	13277877	10865644	708824	543792
湖　南 Hunan	99802207	30962575	17135041	14148840	654192	549350
广　东 Guangdong	171116739	58695816	31963702	24441738	1244530	1192428
广　西 Guangxi	105280465	28006528	16646748	14585868	413499	520681
海　南 Hainan	40835229	5144273	2680048	2285644	80010	108872
重　庆 Chongqing	42786757	16188419	9255237	7686538	283796	229854
四　川 Sichuan	83437589	31471870	17835576	14836373	641779	521345
贵　州 Guizhou	62175227	17503003	11910750	9986612	541206	474088
云　南 Yunnan	90951379	25595232	14398553	12460852	583978	444862
西　藏 Tibet	14204719	2392559	806857	711947	18628	33040
陕　西 Shaanxi	65951414	17256093	9740374	8066377	402349	326073
甘　肃 Gansu	72825231	13206089	8315963	7224802	136090	209047
青　海 Qinghai	14964365	2736331	1557245	1332011	30161	52374
宁　夏 Ningxia	20433254	3129892	1915522	1571837	82964	82796
新　疆 Xinjiang	88929992	9766646	5632469	4173367	384755	277838

条件(一)(总计)
Primary Schools (1) (Regional Aggregates)

单位:平方米
unit: m^2

助用房 Buildings		行政办公用房 Administrative		生活用房 Residential and Welfare	其他用房 Rooms for Other Purposes	校舍面积中 of the Floor Space	
of Which		计 Total	其中:教师办公室 of Which: for Teachers			危房面积 Floor Space of Dilapidated Buildings	当年新增 Added in Current Year
微机室 PC-room	语音室 Linguistic						
10565365	**2931024**	**58449842**	**44270842**	**131138330**	**57014519**	**82886954**	**22859402**
118838	20583	676478	393649	907427	1497436	4552	171058
85593	39462	475532	353307	438862	698508	5204	64512
803139	294739	3212535	2620098	4428295	2827427	4881147	1592918
356023	106801	2496090	2069172	3781339	1906228	590603	1671036
180423	85250	1285847	1050624	2513646	778264	2759157	800974
308096	90795	1461667	968260	1158365	1911254	579526	100861
236819	72481	1249565	872006	1039371	824280	1459415	254761
255393	88241	1419357	1082623	1429842	1156550	1688035	175491
103873	34135	575622	314869	703348	1175612		162376
679419	130944	2971023	1804636	5129911	3706037		955228
441780	143051	2132636	1332959	5585616	3570666	105090	430329
476251	77766	2478437	2039133	4306601	1504045	2753737	388841
346770	79595	1438241	987101	4748799	2381815	915823	440582
273542	95949	1775971	1338389	5352821	1431440	6630497	419826
753084	241325	3915549	2867334	4876634	3520473	1122839	818303
960035	156529	6832579	5834932	8212192	3307747	6770107	706747
431624	97919	2022253	1468699	9119049	1992168	6164894	358443
345060	105554	2632466	2110868	8406855	2788213	4826332	461398
705935	404127	4642595	3169443	12776391	9313128	1169889	505996
271965	42910	1696896	1435448	7375579	2287305	6519984	643809
65279	19202	328392	244691	1786372	349461	403732	124885
223612	48828	1278413	847878	4381290	1273479	2229670	478375
486783	129809	2310267	1664144	9577556	1748471	5303428	4288992
333502	44905	1403562	1070018	3132373	1056318	120028	599945
318293	65667	1238595	904691	9153072	805012	14054736	4094311
18700	6045	165922	137815	1331049	88731	83745	134969
348108	86836	2743963	2335838	3658868	1112888	985515	759348
233935	33587	1786508	1618712	2833927	269691	9460702	545225
65169	16677	218785	183702	801919	158382	899971	144734
96903	20528	411711	347125	500306	302353	131068	163667
241419	50784	1172385	802678	1690655	1271137	267528	401462

小学办学条
Condition of School Buildings in

	学校占地面积 Areas Occupied	校舍建筑面积 Floor Space	教学及辅 Teaching & Assistant			
			计 Total	其中 普通教室 Classroom	实验室 Laboratory	图书室 Library
合　计 Total	**204458032**	**100771427**	**55372470**	**39122246**	**2605110**	**2179206**
北　京 Beijing	7090287	4107573	1845826	1256096	97091	82050
天　津 Tianjin	2420201	1348942	673866	490113	25488	23746
河　北 Hebei	6681456	2947547	1714807	1223290	80315	75352
山　西 Shanxi	6934345	3028504	1697344	1329083	58649	57853
内蒙古 Inner Mongolia	6903913	2374274	1305350	1001456	50864	47650
辽　宁 Liaoning	11298783	4777004	2711363	1804747	120861	103672
吉　林 Jilin	3134324	1708124	1000340	684433	31921	32412
黑龙江 Heilongjiang	6402540	2487912	1460252	1043380	62780	45478
上　海 Shanghai	3133282	2285604	1090858	603228	95790	62928
江　苏 Jiangsu	15341147	7826672	4401354	3078242	230522	203011
浙　江 Zhejiang	13673713	7043145	3644953	2221254	191709	160554
安　徽 Anhui	8519172	3374650	2042162	1588028	78030	78431
福　建 Fujian	9121998	4566853	2535878	1706499	106457	123366
江　西 Jiangxi	2542792	1405334	786671	608059	30293	26368
山　东 Shandong	14315447	6083042	3547008	2443530	152585	120424
河　南 Henan	11684324	5685165	3078296	2476876	107809	97340
湖　北 Hubei	8022136	3909413	2154998	1717589	107765	76515
湖　南 Hunan	5737600	3057888	1706917	1300237	70746	61077
广　东 Guangdong	25272129	14983904	7687427	4885041	470770	320959
广　西 Guangxi	3935704	1932446	1045094	783684	40305	41668
海　南 Hainan	1027979	605151	295660	240379	10470	11008
重　庆 Chongqing	3411055	2200959	1252376	944983	51461	43449
四　川 Sichuan	6324804	3883536	2283141	1701758	110908	92993
贵　州 Guizhou	2480014	1317452	766121	571076	35568	27772
云　南 Yunnan	2171067	1210289	778480	585351	35074	25310
西　藏 Tibet	492969	165407	79868	71432	945	1588
陕　西 Shaanxi	4874713	2320938	1335482	1000562	51985	44953
甘　肃 Gansu	2477977	1143211	775374	586883	17662	21553
青　海 Qinghai	1009325	363732	218361	151849	7713	8303
宁　夏 Ningxia	2326331	674162	385807	303841	17921	16593
新　疆 Xinjiang	5696505	1952594	1071036	719267	54653	44830

件(一)(城市)
Primary Schools (1) (Urban)

单位:平方米
unit: m^2

助用房 Buildings		行政办公用房 Administrative		生活用房 Residential and Welfare	其他用房 Rooms for Other Purposes	校舍面积中 of the Floor Space	
of Which		计 Total	其中:教师办公室 of Which: for Teachers			危房面积 Floor Space of Dilapidated Buildings	当年新增 Added in Current Year
微机室 PC-room	语音室 Linguistic						
2097272	**750380**	**11362808**	**7404155**	**15668234**	**18367915**	**4069859**	**3291048**
79874	15357	471462	281601	598684	1191601	3661	74735
28157	10526	169178	121534	178514	327384	36	19327
64092	37003	413691	275990	371785	447264	447356	167082
55748	24487	451608	327197	400137	479415	42733	252171
50792	23730	390351	283718	371019	307554	377056	173975
109189	45414	652636	380373	422999	990006	59990	52198
51303	18443	245175	143897	207483	255126	184393	54190
51745	27507	366531	245832	225474	435655	377794	25272
48316	15154	268398	148557	305907	620441		55731
171845	30950	825473	477755	1100823	1499022		382816
131518	44742	690373	422210	1394036	1313783	16322	127716
93764	22626	443387	312571	422361	466740	94774	62229
99018	30605	380414	253890	728630	921931	83870	129260
28987	16971	144723	105370	234632	239308	83747	21943
112008	55796	810102	509675	811357	914575	33973	194063
104861	36009	803120	560899	1043311	760438	239039	116478
76918	18955	421760	287454	742803	589852	240043	69931
50940	24237	260304	190404	615578	475089	150955	102955
279176	111965	1091600	661145	2590583	3614294	146026	204067
46170	9298	172072	130978	445801	269479	90484	63003
11944	4070	46875	29706	184441	78175	13935	3697
41642	13880	226952	145339	347358	374273	14436	89587
85304	30699	424165	293301	704211	472019	177201	509746
29182	10457	131105	90805	221250	198976	2517	53291
29847	11511	115675	74139	199658	116476	554736	87691
1858	1222	27738	17088	40361	17440	2910	4501
49681	19164	308311	208411	353737	323408	46421	57332
29322	10551	168115	127912	109501	90221	525742	30403
12793	6256	51366	34304	42272	51733	41447	497
21360	8630	113922	84594	42380	132053	8114	46846
49918	14165	276226	177506	211148	394184	10148	58315

小学办学条

Condition of School Buildings in

	学校占地面积 Areas Occupied	校舍建筑面积 Floor Space	教学及辅 Teaching & Assistant			
			计 Total	其中 普通教室 Classroom	实验室 Laboratory	图书室 Library
合　计 Total	**448079131**	**143547953**	**79637708**	**62563559**	**3276604**	**2784875**
北　京 Beijing	1960284	555204	269371	192650	15895	10077
天　津 Tianjin	4830852	1378613	753818	531353	28250	28651
河　北 Hebei	26625084	6471578	3849433	2884918	217908	165838
山　西 Shanxi	8474805	2960910	1555868	1275644	61412	59366
内蒙古 Inner Mongolia	16687450	3300506	1705606	1329464	81570	67765
辽　宁 Liaoning	2735707	817552	515911	384182	22562	14822
吉　林 Jilin	10141873	2352487	1427163	1051501	60996	48138
黑龙江 Heilongjiang	9936294	2440652	1573940	1252098	56242	43707
上　海 Shanghai	5408726	2428800	1198533	742841	113172	69886
江　苏 Jiangsu	31043519	9651230	5505014	4108424	250809	230396
浙　江 Zhejiang	25246181	9673066	4990699	3357888	245798	191593
安　徽 Anhui	16133983	4330300	2717522	2301355	73147	87038
福　建 Fujian	15316818	5975229	3272515	2557803	135150	141528
江　西 Jiangxi	10658172	3902274	2413921	2035324	75686	64616
山　东 Shandong	33160653	7607757	4262776	3236590	223968	160914
河　南 Henan	21694989	7540739	4300658	3602062	146863	141214
湖　北 Hubei	14954466	5217448	2506447	2071007	110284	84527
湖　南 Hunan	25787970	8632629	4590272	3667597	192729	153452
广　东 Guangdong	44296968	17234262	9055795	6706747	343601	322413
广　西 Guangxi	18679650	6208135	3265785	2805351	98973	99920
海　南 Hainan	7350342	1499968	684867	563409	20099	23075
重　庆 Chongqing	14937378	6157924	3552366	2924826	101881	84166
四　川 Sichuan	25068240	10781472	5959505	4921091	218915	184487
贵　州 Guizhou	11404482	3683168	2340769	1954392	106325	81658
云　南 Yunnan	13975177	4836792	2796290	2352524	111785	85930
西　藏 Tibet	2872271	572340	195307	174849	4022	5848
陕　西 Shaanxi	5308792	2003156	1166985	952532	50511	35726
甘　肃 Gansu	9002698	2394061	1542186	1286632	35600	39305
青　海 Qinghai	3706563	743144	405015	347874	9614	13621
宁　夏 Ningxia	3518979	698277	439769	366276	20546	14543
新　疆 Xinjiang	7159765	1498280	823602	624355	42291	30655

件(一)(县镇)
Primary Schools (1) (County City & Towns)

单位:平方米
unit: m²

助用房 Buildings		行政办公用房 Administrative		生活用房 Residential and Welfare	其他用房 Rooms for Other Purposes	校舍面积中 of the Floor Space	
of Which		计 Total	其中:教师办公室 of Which: for Teachers			危房面积 Floor Space of Dilapidated Buildings	当年新增 Added in Current Year
微机室 PC-room	语音室 Linguistic						
2700455	**988120**	**14539894**	**10323043**	**34740859**	**14629492**	**14793406**	**7129794**
12461	1838	73632	38702	102997	109204		31885
31320	16987	185796	133784	176618	262381	3710	33272
161653	73212	745818	592294	1193688	682639	804994	450514
56900	26893	441172	355974	625112	338758	85640	300982
67077	37949	416623	343777	960783	217494	902119	338339
18082	7646	108894	77351	101125	91622	43466	1630
67459	31135	381292	252709	311583	232449	328385	101510
56940	29128	343204	258204	285176	238332	262308	40677
53427	18406	301371	162752	383614	545282		104725
219898	49679	1064936	628210	1910309	1170971		268490
190011	67222	925412	567913	2296048	1460907	42828	228831
102487	23729	466114	353756	866043	280621	414806	92992
110317	28354	487013	309504	1532700	683001	324553	168275
64885	35762	379046	267275	828911	280396	684277	125021
169706	75962	951700	659363	1406382	986899	154559	251083
138338	34441	1004753	828901	1761492	473836	728299	155327
77052	27503	406405	288206	1995403	309193	1037601	91565
118438	41243	710300	546529	2623342	708715	1210264	157265
251686	160671	1384657	884793	4127861	2665949	305565	104843
88418	15442	430580	344167	1963735	548035	1284102	185062
23070	8437	93689	64264	617640	103772	108302	55230
88276	22744	529344	346692	1579450	496764	616689	247950
196061	58843	857669	595089	3340579	623719	1389678	1900619
79455	18765	356910	244251	708894	276595	16479	188210
85006	25828	402080	278242	1411172	227250	2318763	888942
4992	2141	45072	37440	312927	19034	15440	29098
42081	14078	332858	279669	348097	155216	52355	105831
47357	9161	354695	304376	432900	64280	1463666	190046
17964	7108	60338	54782	232603	45188	166650	92571
21471	6792	114917	96208	83206	60385	13872	65882
38167	11021	183604	127866	220469	270605	14036	133127

小学办学条

Condition of School Buildings in

	学校占地面积 Areas Occupied	校舍建筑面积 Floor Space	教学及辅 Teaching & Assistant			
			计 Total	其中		
				普通教室 Classroom	实验室 Laboratory	图书室 Library
合　计 Total	**1711676244**	**341787245**	**204493756**	**171078342**	**8421916**	**7949302**
北　京 Beijing	4807523	1003337	469576	328102	32962	22608
天　津 Tianjin	4917537	905454	592423	460939	26747	24936
河　北 Hebei	113212083	19286565	12673193	9653529	840332	664913
山　西 Shanxi	53110659	11627391	6179936	5116744	274807	303385
内蒙古 Inner Mongolia	40994907	3694944	1781011	1410981	121782	90964
辽　宁 Liaoning	42927072	5800154	3636150	2729895	253090	186534
吉　林 Jilin	55253532	4414336	2934228	2295557	188290	116936
黑龙江 Heilongjiang	66584627	6164516	4053139	3222714	275783	175399
上　海 Shanghai	191950	72505	42936	32733	1760	2162
江　苏 Jiangsu	57445809	10662191	6426754	5056478	297518	292810
浙　江 Zhejiang	19168513	6261835	3053476	2188783	161112	119807
安　徽 Anhui	94029888	15970688	10626871	9471046	169486	367414
福　建 Fujian	28611701	9119382	5284216	4275393	232441	238198
江　西 Jiangxi	63913515	17076316	10623100	9367639	311015	330839
山　东 Shandong	113498289	17832836	11401195	8994461	708851	533975
河　南 Henan	164885355	35310260	22804692	19378292	870301	1009879
湖　北 Hubei	74736164	17284486	8616432	7077048	490775	382750
湖　南 Hunan	68276637	19272058	10837852	9181006	390717	334821
广　东 Guangdong	101547642	26477650	15220480	12849950	430159	549056
广　西 Guangxi	82665111	19865947	12335869	10996833	274221	379093
海　南 Hainan	32456908	3039154	1699521	1481856	49441	74789
重　庆 Chongqing	24438324	7829536	4450495	3816729	130454	102239
四　川 Sichuan	52044545	16806862	9592930	8213524	311956	243865
贵　州 Guizhou	48290731	12502383	8803860	7461144	399313	364658
云　南 Yunnan	74805135	19548151	10823783	9522977	437119	333622
西　藏 Tibet	10839479	1654812	531682	465666	13661	25604
陕　西 Shaanxi	55767909	12931999	7237907	6113283	299853	245394
甘　肃 Gansu	61344556	9668817	5998403	5351287	82828	148189
青　海 Qinghai	10248477	1629455	933869	832288	12834	30450
宁　夏 Ningxia	14587944	1757453	1089946	901720	44497	51660
新　疆 Xinjiang	76073722	6315772	3737831	2829745	287811	202353

件(一)(农村)
Primary Schools (1) (Rural)

单位:平方米
unit: m^2

助用房 Buildings		行政办公用房 Administrative		生活用房 Residential and Welfare	其他用房 Rooms for Other Purposes	校舍面积中 of the Floor Space	
of Which							
微机室 PC-room	语音室 Linguistic	计 Total	其中:教师办公室 of Which: for Teachers			危房面积 Floor Space of Dilapidated Buildings	当年新增 Added in Current Year
5767638	**1192524**	**32547140**	**26543644**	**80729237**	**24017112**	**64023689**	**12438560**
26503	3388	131384	73346	205746	196631	891	64438
26116	11949	120558	97989	83730	108743	1458	11913
577394	184524	2053026	1751814	2862822	1697524	3628797	975322
243375	55421	1603310	1386001	2756090	1088055	462230	1117883
62554	23571	478873	423129	1181844	253216	1479982	288660
180825	37735	700137	510536	634241	829626	476070	47033
118057	22903	623098	475400	520305	336705	946637	99061
146708	31606	709622	578587	919192	482563	1047933	109542
2130	575	5853	3560	13827	9889		1920
287676	50315	1080614	698671	2118779	1036044		303922
120251	31087	516851	342836	1895532	795976	45940	73782
280000	31411	1568936	1372806	3018197	756684	2244157	233620
137435	20636	570814	423707	2487469	776883	507400	143047
179670	43216	1252202	965744	4289278	911736	5862473	272862
471370	109567	2153747	1698296	2658895	1618999	934307	373157
716836	86079	5024706	4445132	5407389	2073473	5802769	434942
277654	51461	1194088	893039	6380843	1093123	4887250	196947
175682	40074	1661862	1373935	5167935	1604409	3465113	201178
175073	131491	2166338	1623505	6057947	3032885	718298	197086
137377	18170	1094244	960303	4966043	1469791	5145398	395744
30265	6695	187828	150721	984291	167514	281495	65958
93694	12204	522117	355847	2454482	402442	1598545	140838
205418	40267	1028433	775754	5532766	652733	3736549	1878627
224865	15683	915547	734962	2202229	580747	101032	358444
203440	28328	720840	552310	7542242	461286	11181237	3117678
11850	2682	93112	83287	977761	52257	65395	101370
256346	53594	2102794	1847758	2957034	634264	886739	596185
157256	13875	1263698	1186424	2291526	115190	7471294	324776
34412	3313	107081	94616	527044	61461	691874	51666
54072	5106	182872	166323	374720	109915	109082	50939
153334	25598	712555	497306	1259038	606348	243344	210020

	体育运动场(馆)面　积(平方米) Sports Areas (m^2)	拥有教学用计算机 No. of Computers used for Instruction (Set)	图书藏量(册) Books & Magazines in Libraries (Volume)
合　计 Total	**684345038**	**4110713**	**1507410628**
北　京 Beijing	5522603	115670	23993306
天　津 Tianjin	4735066	45273	10634939
河　北 Hebei	48876793	275576	108073513
山　西 Shanxi	20064582	119392	43272898
内蒙古 Inner Mongolia	19502153	55638	21948721
辽　宁 Liaoning	28387707	173349	39032151
吉　林 Jilin	28309637	74712	24271014
黑龙江 Heilongjiang	39899220	97462	22478926
上　海 Shanghai	2963271	100508	17458958
江　苏 Jiangsu	29571231	364574	85713756
浙　江 Zhejiang	20398456	276839	75277131
安　徽 Anhui	29676178	118328	54568154
福　建 Fujian	19163606	163658	49759554
江　西 Jiangxi	24370534	84097	46682864
山　东 Shandong	54746941	361364	90946910
河　南 Henan	45847904	162110	136961665
湖　北 Hubei	26208245	94122	48130569
湖　南 Hunan	23130926	131257	75214578
广　东 Guangdong	50197365	429503	162122636
广　西 Guangxi	21282466	66154	49457029
海　南 Hainan	7672185	21198	9919716
重　庆 Chongqing	11725581	80655	24806236
四　川 Sichuan	23432519	182502	65398106
贵　州 Guizhou	15952296	64241	43817606
云　南 Yunnan	14017697	102433	49179697
西　藏 Tibet	1389197	11477	4175950
陕　西 Shaanxi	19689463	127304	54626645
甘　肃 Gansu	19163750	72980	29538953
青　海 Qinghai	2767189	22470	6412868
宁　夏 Ningxia	5176745	37599	9386979
新　疆 Xinjiang	20503532	78268	24148600

件(二)(总计)
Primary Schools (2) (Regional Aggregates)

电子图书藏量(GB) Electronic Books & Magazines in Libraries(GB)	固定资产总值(万元) Total Value of Fixed Asset (10,000 yuan)			
	计 Total	其中:仪器设备总值(万元) of Which: Total Value of Equip & Instru. (10,000 yuan)		
		计 Subtotal	专业实验设备 for Prefession	专业实习设备 for Practice
18174231.00	**49314058.77**	**3820749.63**	**1901061.78**	**285678.66**
70535.01	890402.40	129862.12	32149.79	2380.17
53434.00	339694.45	46059.54	21951.77	1979.43
369131.73	1965075.69	186687.52	122335.42	20977.73
116080.22	1271250.59	86919.80	56223.96	8348.96
235407.74	758116.47	50927.80	28803.43	2884.47
145466.00	832831.00	101640.00	55610.00	10266.00
194229.83	659789.78	59938.36	34737.58	5848.44
107890.72	775909.25	71953.98	42387.97	6268.35
168250.16	772381.61	171927.11	78548.45	7428.79
1154652.05	3184945.95	334247.06	148522.98	19920.33
361971.88	2363689.86	231941.16	95303.08	
1186837.32	1565832.42	78991.21	40164.20	94.26
353796.00	1260870.00	102052.00	86619.00	15433.00
324461.56	1479977.74	64445.65	38259.59	7169.75
256052.06	2656656.43	233774.30	102871.08	849.30
4081658.84	3189924.55	171303.09	98294.17	27098.25
579199.89	6192987.86	107986.27	63731.25	7311.55
241861.57	1599173.75	123814.64	72092.14	11334.27
4230045.00	5495871.00	593935.00	300772.00	69155.00
411854.09	1370685.47	84155.17	51752.46	7890.78
181161.20	544686.35	48047.87	13943.72	3222.93
421074.59	1090349.76	98699.39	34310.97	4781.53
199899.27	2597649.26	200743.75	81625.95	12322.15
304722.98	1011296.86	72414.70	40292.76	5418.06
259867.32	1773463.95	79044.99	37399.95	5080.67
15.00	328546.32	9676.74	2684.08	955.12
612959.13	1232091.94	110642.91	54387.10	7567.13
1191635.42	790340.19	55859.05	31761.86	7107.33
108697.08	216966.10	12074.99	4101.96	
87370.23	259055.63	22935.12	10294.87	2499.91
164013.11	843546.14	78048.34	19128.24	4085.00

小学办学条
Condition of School Buildings

	体育运动场(馆)面积(平方米) Sports Areas (m^2)	拥有教学用计算机 No. of Computers used for Instruction (Set)	图书藏量(册) Books & Magazines in Libraries (Volume)
合　计 Total	**68251819**	**1308478**	**317834093**
北　京 Beijing	2681179	84289	17101708
天　津 Tianjin	840065	16484	3835131
河　北 Hebei	2169208	38297	12181161
山　西 Shanxi	2069946	30243	9493855
内蒙古 Inner Mongolia	2483384	19805	7216555
辽　宁 Liaoning	5578056	90230	20405869
吉　林 Jilin	1469180	22111	5464828
黑龙江 Heilongjiang	2875891	33311	5534177
上　海 Shanghai	1001288	53315	8580183
江　苏 Jiangsu	4731613	109831	22415447
浙　江 Zhejiang	4351115	90578	20761809
安　徽 Anhui	2514974	40976	8916545
福　建 Fujian	3425440	58125	15299879
江　西 Jiangxi	760228	15124	3875839
山　东 Shandong	5125690	92808	19146933
河　南 Henan	3245556	42035	16806284
湖　北 Hubei	2566079	36121	10148886
湖　南 Hunan	1546692	28765	9717796
广　东 Guangdong	7936893	196060	48295786
广　西 Guangxi	1200373	21198	5605467
海　南 Hainan	261921	5144	1517803
重　庆 Chongqing	834331	22073	3783035
四　川 Sichuan	1889911	42790	8348194
贵　州 Guizhou	862876	13335	5159804
云　南 Yunnan	662342	15241	4584653
西　藏 Tibet	87983	1499	294218
陕　西 Shaanxi	1531434	30912	9448879
甘　肃 Gansu	887846	14333	3619191
青　海 Qinghai	308266	6744	1335397
宁　夏 Ningxia	733865	10939	2524853
新　疆 Xinjiang	1618194	25762	6413928

件(二)(城市)
in Primary Schools (2) (Urban)

电子图书藏量(GB) Electronic Books & Magazines in Libraries(GB)	固定资产总值(万元) Total Value of Fixed Asset (10,000 yuan)			
	计 Total	其中:仪器设备总值(万元) of Which: Total Value of Equip & Instru. (10,000 yuan)		
		计 Subtotal	专业实验设备 for Prefession	专业实习设备 for Practice
5613501.88	**11517861.38**	**1346097.17**	**633008.96**	**78211.75**
55886.21	663421.16	87754.77	25045.27	1964.01
29264.39	90753.87	19536.43	5740.02	552.53
78009.12	264436.17	30567.71	18099.07	2443.06
15375.37	244414.06	26399.30	15940.65	1896.43
82138.81	205806.07	15895.54	7737.11	488.72
48947.00	414763.00	52179.00	28580.00	3670.00
55721.35	185161.37	19705.26	12481.19	1302.35
11588.19	206428.97	25146.54	16018.18	1221.35
85643.01	377916.65	93379.49	42486.78	2021.88
392904.97	1087850.50	119897.42	53540.93	6456.78
149955.20	852554.92	82096.07	37783.32	
364355.30	390834.19	26155.62	13430.34	62.17
129217.00	446794.00	40561.00	32901.00	7660.00
135664.17	243881.54	11381.31	6261.09	820.68
45854.24	795028.69	86095.53	26673.29	627.82
719197.73	523891.06	40643.69	22057.25	4671.34
165861.69	379833.33	40838.88	23498.05	2009.20
138615.40	332886.60	32422.57	20126.68	3113.59
2338231.00	1874124.00	285416.00	134998.00	26165.00
78168.28	140598.44	17585.95	11856.98	794.34
73009.10	92448.18	7157.10	3248.66	379.40
107633.69	258490.75	30382.90	7790.02	1439.61
24056.77	460776.28	50965.75	22712.91	2549.03
13626.08	139937.15	13248.06	5630.69	752.47
10979.95	140017.45	14175.68	6707.56	1247.30
	20176.84	2211.07	666.64	85.00
64226.55	259988.41	35642.40	13834.48	1638.85
90936.62	107913.82	12719.51	7408.42	1860.00
17161.50	39629.70	4076.71	1839.75	
21860.70	75801.79	6872.35	3431.20	306.41
69412.49	201302.42	14987.56	4483.43	12.43

	体育运动场(馆)面　积(平方米) Sports Areas (m^2)	拥有教学用计算机 No. of Computers used for Instruction (Set)	图书藏量(册) Books & Magazines in Libraries (Volume)
合　计 Total	**131133756**	**1226036**	**415352431**
北　京 Beijing	785128	10587	2215390
天　津 Tianjin	1906678	17918	4626410
河　北 Hebei	8654562	68549	25860291
山　西 Shanxi	2414622	24255	8339450
内蒙古 Inner Mongolia	5363399	19281	7865560
辽　宁 Liaoning	1251188	12462	3241738
吉　林 Jilin	4364861	26014	7892975
黑龙江 Heilongjiang	4866395	25815	5537187
上　海 Shanghai	1884210	46126	8543786
江　苏 Jiangsu	8805787	124416	29663358
浙　江 Zhejiang	8842172	119250	34739097
安　徽 Anhui	4223205	35966	12910604
福　建 Fujian	6044690	52492	18002326
江　西 Jiangxi	3169749	28261	11333072
山　东 Shandong	10894281	96201	23320111
河　南 Henan	5159533	42508	23825018
湖　北 Hubei	3996825	23447	10518429
湖　南 Hunan	6074194	44648	24388249
广　东 Guangdong	12830510	139504	50540606
广　西 Guangxi	4048096	25396	14659282
海　南 Hainan	1444860	8127	3351303
重　庆 Chongqing	3944574	34041	10348666
四　川 Sichuan	7142976	75609	26157584
贵　州 Guizhou	2961703	20627	11739605
云　南 Yunnan	2536598	31301	12433794
西　藏 Tibet	307693	3388	1096705
陕　西 Shaanxi	1510809	22023	7656789
甘　肃 Gansu	2561551	18568	6191125
青　海 Qinghai	617002	5743	1612894
宁　夏 Ningxia	901190	10000	1837210
新　疆 Xinjiang	1624715	13513	4903817

条件(二)(县镇)
Primary Schools (2) (County City & Towns)

电子图书藏量(GB) Electronic Books & Magazines in Libraries(GB)	固定资产总值(万元) Total Value of Fixed Asset (10,000 yuan)			
	计 Total	其中:仪器设备总值(万元) of Which: Total Value of Equip & Instru. (10,000 yuan)		
		计 Subtotal	专业实验设备 for Prefession	专业实习设备 for Practice
3870178.50	**14355671.64**	**1153125.56**	**571446.95**	**97982.82**
9277.53	84468.77	15299.44	3068.33	153.16
9388.31	175707.98	16163.88	10053.25	483.54
82519.33	537479.28	47864.21	31203.19	4893.02
12749.13	283684.11	16815.37	9921.97	2133.10
31112.06	301318.23	18554.33	11146.13	1137.60
6032.00	66308.00	8783.00	4702.00	1007.00
83629.14	244599.97	22816.92	11408.43	2156.99
18014.60	188483.47	18765.85	9358.97	2181.58
82047.15	384197.59	75344.04	35853.37	5406.91
438977.83	1198818.63	120907.03	54591.65	7288.67
143224.72	1023445.50	101089.48	38157.12	
206576.84	334120.30	20239.90	10025.46	0.14
91901.00	392432.00	33340.00	29126.00	4214.00
61873.97	509372.09	22095.20	12561.78	2667.08
61113.16	713864.32	63281.04	29992.50	129.58
581579.47	659003.74	33450.08	18840.77	6665.47
191154.80	1665830.35	22092.64	13728.44	1754.87
68477.14	502309.97	40141.08	21985.72	4289.20
838052.00	1727465.00	190951.00	106080.00	30412.00
81543.46	351784.28	27379.57	15934.87	3660.89
56286.90	207682.38	31968.77	5454.10	1556.92
228110.17	469271.52	39371.97	16097.25	1930.28
72764.61	965971.10	80077.77	32169.74	5326.53
57926.01	237216.78	17528.77	10034.87	1790.44
39040.88	386663.01	19648.00	8834.29	1609.96
15.00	117441.61	2455.67	838.25	244.39
99165.59	187290.11	15520.16	8260.77	1474.33
161956.36	174070.40	11633.08	6285.51	2035.27
20812.57	65865.96	3004.14	813.12	
14928.67	68074.19	5413.27	2253.05	1048.12
19928.10	131431.00	11129.90	2666.05	331.78

小学办学条
Condition of School Buildings in

	体育运动场(馆)面积(平方米) Sports Areas (m^2)	拥有教学用计算机 No. of Computers used for Instruction (Set)	图书藏量(册) Books & Magazines in Libraries (Volume)
合　计 Total	**484959463**	**1576199**	**774224104**
北　京 Beijing	2056296	20794	4676208
天　津 Tianjin	1988323	10871	2173398
河　北 Hebei	38053023	168730	70032061
山　西 Shanxi	15580014	64894	25439593
内蒙古 Inner Mongolia	11655370	16552	6866606
辽　宁 Liaoning	21558463	70657	15384544
吉　林 Jilin	22475596	26587	10913211
黑龙江 Heilongjiang	32156934	38336	11407562
上　海 Shanghai	77773	1067	334989
江　苏 Jiangsu	16033831	130327	33634951
浙　江 Zhejiang	7205169	67011	19776225
安　徽 Anhui	22937999	41386	32741005
福　建 Fujian	9693476	53041	16457349
江　西 Jiangxi	20440557	40712	31473953
山　东 Shandong	38726970	172355	48479866
河　南 Henan	37442815	77567	96330363
湖　北 Hubei	19645341	34554	27463254
湖　南 Hunan	15510040	57844	41108533
广　东 Guangdong	29429962	93939	63286244
广　西 Guangxi	16033997	19560	29192280
海　南 Hainan	5965404	7927	5050610
重　庆 Chongqing	6946676	24541	10674535
四　川 Sichuan	14399632	64103	30892328
贵　州 Guizhou	12127717	30279	26918197
云　南 Yunnan	10818757	55891	32161250
西　藏 Tibet	993521	6590	2785027
陕　西 Shaanxi	16647220	74369	37520977
甘　肃 Gansu	15714353	40079	19728637
青　海 Qinghai	1841921	9983	3464577
宁　夏 Ningxia	3541690	16660	5024916
新　疆 Xinjiang	17260623	38993	12830855

件(二)(农村)
Primary Schools (2) (Rural)

电子图书藏量 (GB) Electronic Books & Magazines in Libraries(GB)	固定资产总值(万元) Total Value of Fixed Asset (10,000 yuan)			
	计 Total	其中:仪器设备总值(万元) of Which: Total Value of Equip & Instru. (10,000 yuan)		
		计 Subtotal	专业实验设备 for Prefession	专业实习设备 for Practice
8690550.62	**23440525.75**	**1321526.90**	**696605.87**	**109484.09**
5371.27	142512.47	26807.91	4036.19	263.00
14781.30	73232.60	10359.23	6158.50	943.36
208603.28	1163160.24	108255.60	73033.16	13641.65
87955.72	743152.42	43705.13	30361.34	4319.43
122156.87	250992.17	16477.93	9920.19	1258.15
90487.00	351760.00	40678.00	22328.00	5589.00
54879.34	230028.44	17416.18	10847.96	2389.10
78287.93	380996.81	28041.59	17010.82	2865.42
560.00	10267.37	3203.58	208.30	
322769.25	898276.82	93442.61	40390.40	6174.88
68791.96	487689.44	48755.61	19362.64	
615905.18	840877.93	32595.69	16708.40	31.95
132678.00	421644.00	28151.00	24592.00	3559.00
126923.42	726724.11	30969.14	19436.72	3681.99
149084.66	1147763.42	84397.73	46205.29	91.90
2780881.64	2007029.75	97209.32	57396.15	15761.44
222183.40	4147324.18	45054.75	26504.76	3547.48
34769.03	763977.18	51250.99	29979.74	3931.48
1053762.00	1894282.00	117568.00	59694.00	12578.00
252142.35	878302.75	39189.65	23960.61	3435.55
51865.20	244555.79	8922.00	5240.96	1286.61
85330.73	362587.49	28944.52	10423.70	1411.64
103077.89	1170901.88	69700.23	26743.30	4446.59
233170.89	634142.93	41637.87	24627.20	2875.15
209846.49	1246783.49	45221.31	21858.10	2223.41
	190927.87	5010.00	1179.19	625.73
449566.99	784813.42	59480.35	32291.85	4453.95
938742.44	508355.97	31506.46	18067.93	3212.06
70723.01	111470.44	4994.14	1449.09	
50580.86	115179.65	10649.50	4610.62	1145.38
74672.52	510812.72	51930.88	11978.76	3740.79

工读学校

Basic Statistics of Correctional

	学校数(所) Schools	班数(个) Classes	离校人数 School Leavers
合　计 Total	**77**	**445**	**3894**
北　京 Beijing	6	40	255
天　津 Tianjin	3		
河　北 Hebei			
山　西 Shanxi	2	10	76
内蒙古 Inner Mongolia			
辽　宁 Liaoning	10	82	869
吉　林 Jilin	4	11	212
黑龙江 Heilongjiang	1	1	4
上　海 Shanghai	13	130	770
江　苏 Jiangsu			
浙　江 Zhejiang	1	11	60
安　徽 Anhui	3	3	2
福　建 Fujian			
江　西 Jiangxi	1		
山　东 Shandong			
河　南 Henan	3	11	145
湖　北 Hubei	2	8	168
湖　南 Hunan	1	6	58
广　东 Guangdong	2	12	154
广　西 Guangxi	3	4	19
海　南 Hainan			
重　庆 Chongqing	5	10	67
四　川 Sichuan	6	37	168
贵　州 Guizhou	4	11	393
云　南 Yunnan	1	6	65
西　藏 Tibet			
陕　西 Shaanxi	1	4	25
甘　肃 Gansu			
青　海 Qinghai			
宁　夏 Ningxia			
新　疆 Xinjiang	5	48	384

基本情况
Work-study Schools

单位:人
unit: person

入校人数 No. of persons Entered	在校生数 Enrolment	教职工数 Teachers, Staff & Workers	
		计 Total	其中:专任教师 of Which: Full-time Teachers
4047	**10735**	**2576**	**1737**
331	764	344	223
		129	31
83	347	88	67
906	2359	350	245
47	314	126	101
2	7	25	21
994	2742	554	406
59	140	52	42
7	20	76	33
		4	
41	206	64	52
214	101	52	40
72	230	57	43
115	208	67	51
25	32	37	28
64	111	75	54
189	880	138	96
432	233	106	76
35	112	49	40
23	86	44	7
408	1843	139	81

特殊教育基本
Basic Statistics of Special Education

	学校数(所) Schools	班数(个) Classes	毕业生数 Graduates	招生数 Entrants	在校学生数			
					合 计 Total	小学阶段		
						一年级 Grade 1	二年级 Grade 2	三年级 Grade 3
合 计 Total	**1706**	**16263**	**58941**	**64869**	**425613**	**48570**	**48388**	**51008**
北 京 Beijing	21	316	1914	967	7981	445	576	758
天 津 Tianjin	20	160	393	359	2570	349	231	307
河 北 Hebei	149	1028	831	1715	12415	2166	1894	1806
山 西 Shanxi	45	482	895	1088	8167	1032	1047	1061
内蒙古 Inner Mongolia	30	317	362	564	3976	600	493	494
辽 宁 Liaoning	74	726	906	688	8921	1011	874	1021
吉 林 Jilin	45	444	783	1059	6884	904	813	839
黑龙江 Heilongjiang	74	804	931	1233	8326	1105	934	962
上 海 Shanghai	29	472	1936	1203	8811	371	453	718
江 苏 Jiangsu	112	1342	5228	4763	29742	3161	2905	3193
浙 江 Zhejiang	67	704	1718	1904	13010	1454	1349	1601
安 徽 Anhui	62	542	1558	2203	13985	1662	1693	1717
福 建 Fujian	71	733	5993	4575	32048	2924	3663	3833
江 西 Jiangxi	70	476	2476	3609	23741	3147	3259	3225
山 东 Shandong	145	1583	2794	3610	21987	2723	2357	2612
河 南 Henan	120	1030	2283	3234	21853	3107	2904	2809
湖 北 Hubei	76	664	2261	2047	15349	1771	1875	1654
湖 南 Hunan	54	499	1378	2174	13209	2158	1796	1744
广 东 Guangdong	75	841	4165	3666	26064	2536	2721	2964
广 西 Guangxi	59	469	1638	2435	15756	2401	2156	2303
海 南 Hainan	3	55	567	652	3175	341	351	342
重 庆 Chongqing	36	310	2426	2348	14618	1374	1381	1657
四 川 Sichuan	100	741	5817	6684	41839	4037	4802	4960
贵 州 Guizhou	53	368	1350	2755	16231	2124	2069	2280
云 南 Yunnan	26	299	3149	3407	21432	1801	2255	2548
西 藏 Tibet	2	21	6	42	258	67	19	21
陕 西 Shaanxi	40	338	1199	1419	7837	972	821	888
甘 肃 Gansu	17	185	1850	2071	13350	1547	1533	1505
青 海 Qinghai	11	86	167	255	2505	362	398	362
宁 夏 Ningxia	7	70	177	242	1516	203	208	143
新 疆 Xinjiang	13	158	1790	1898	8057	715	558	681

情况(总计)
(Regional Aggregates)

单位:人
unit: person

Enrolment									
Primary			初中阶段 Junior				高中阶段 Senior		
四年级 Grade 4	五年级 Grade 5	六年级 Grade 6	一年级 Grade 1	二年级 Grade 2	三年级 Grade 3	四年级 Grade 4	一年级 Grade 1	二年级 Grade 2	三年级及以上 Over Grade 3
51936	**51731**	**49165**	**36632**	**38553**	**37430**	**2579**	**3681**	**2951**	**2989**
914	975	1243	695	898	990	37	171	124	155
366	363	347	187	166	157	41	35	21	
1549	1478	1562	639	551	468	16	108	70	108
1120	1016	1000	623	527	526	39	62	74	40
420	396	441	300	350	267	19	84	73	39
963	932	856	872	854	760	159	293	161	165
868	852	814	543	479	480	11	119	104	58
926	940	865	720	740	587	193	116	141	97
891	1069	10	930	1201	1318	1311	227	189	123
3268	3358	3460	2998	3036	3007	108	455	342	451
1394	1653	1541	1148	1229	1225		139	114	163
1703	1761	1744	955	1129	1073	30	190	154	174
4113	4198	4192	2695	2894	3010		197	185	144
3090	3000	2542	1737	1805	1623	6	124	58	125
2456	2347	2105	2045	2026	1952	430	295	305	334
2525	2434	2265	1755	1868	1820	31	154	114	67
1705	1603	1773	1342	1647	1597	82	124	98	78
1675	1440	1260	969	1008	966	10	53	98	32
3206	3479	3521	2336	2396	2212	35	218	206	234
2277	2105	2015	869	792	737		40	42	19
317	322	303	366	405	370		24	16	18
1477	1636	1480	1726	1740	2015	2	54	27	49
5652	5317	5193	3794	4069	3833	18	84	30	50
2501	2402	2163	895	839	832		63	51	12
2757	2695	2777	1909	2379	2173	1	53	43	41
20	22	22	22	14	33		11	7	
902	950	921	775	763	755		79	11	
1631	1707	1508	1253	1366	1223		41	18	18
336	281	214	184	147	99		31	58	33
199	182	196	123	126	98		15	7	16
715	818	832	1227	1109	1224		22	10	146

特殊教育基本

Basic Statistics of Special Education

	学校数(所) Schools	班数(个) Classes	毕业生数 Graduates	招生数 Entrants	在校学生数			
					合 计 Total	小学阶段		
						一年级 Grade 1	二年级 Grade 2	三年级 Grade 3
合 计 Total	**750**	**8974**	**18139**	**19329**	**130981**	**15067**	**13531**	**14242**
北 京 Beijing	17	290	1480	746	6166	375	443	598
天 津 Tianjin	11	105	217	219	1319	192	120	114
河 北 Hebei	26	312	341	489	3599	558	392	420
山 西 Shanxi	22	298	444	573	4737	537	536	607
内蒙古 Inner Mongolia	17	221	188	290	2261	347	277	219
辽 宁 Liaoning	49	530	656	471	6376	616	571	733
吉 林 Jilin	20	207	226	335	2322	243	243	279
黑龙江 Heilongjiang	27	330	343	496	3544	488	338	367
上 海 Shanghai	21	342	1203	768	5411	250	293	392
江 苏 Jiangsu	55	663	1407	1296	8435	936	752	825
浙 江 Zhejiang	47	551	782	1134	7616	980	773	944
安 徽 Anhui	21	270	480	674	4021	449	418	396
福 建 Fujian	38	448	1615	1071	8118	725	918	940
江 西 Jiangxi	17	177	430	600	3165	379	347	343
山 东 Shandong	82	913	1296	1455	10355	1125	1096	1116
河 南 Henan	49	496	665	778	6217	715	787	739
湖 北 Hubei	28	281	487	622	4210	542	539	427
湖 南 Hunan	18	254	363	644	3856	692	491	447
广 东 Guangdong	37	651	1710	1560	10906	1124	1108	1187
广 西 Guangxi	19	220	297	610	3218	597	448	442
海 南 Hainan	1	42	171	205	782	102	84	91
重 庆 Chongqing	8	84	299	264	1503	150	188	203
四 川 Sichuan	37	284	525	691	5542	695	648	709
贵 州 Guizhou	18	162	212	455	2325	375	260	256
云 南 Yunnan	15	238	506	683	4036	532	495	477
西 藏 Tibet	2	21	4	40	228	65	13	16
陕 西 Shaanxi	17	183	298	468	2633	333	295	272
甘 肃 Gansu	10	138	198	261	2357	305	268	299
青 海 Qinghai	2	39	59	60	727	83	72	106
宁 夏 Ningxia	6	69	112	122	881	125	117	52
新 疆 Xinjiang	13	155	1125	1249	4115	432	201	226

情况(城市)
(Urban)

单位:人
unit: person

Enrolment									
Primary			初中阶段 Junior				高中阶段 Senior		
四年级 Grade 4	五年级 Grade 5	六年级 Grade 6	一年级 Grade 1	二年级 Grade 2	三年级 Grade 3	四年级 Grade 4	一年级 Grade 1	二年级 Grade 2	三年级及以上 Over Grade 3
14058	**13918**	**13581**	**12137**	**12184**	**11844**	**1718**	**3330**	**2625**	**2746**
689	685	913	511	695	770	37	171	124	155
135	148	157	127	128	113	39	25	21	
350	352	365	308	279	289	7	108	66	105
606	566	523	453	348	352	33	62	74	40
232	194	242	174	204	164	12	84	73	39
692	668	633	628	608	570	101	230	161	165
235	258	295	207	180	173		103	77	29
331	345	332	344	348	265	71	100	118	97
470	562		540	718	786	886	213	178	123
872	858	833	709	756	704	100	408	296	386
761	874	804	671	731	662		139	114	163
416	430	447	316	338	342		165	130	174
1006	992	957	689	715	684		187	171	134
295	386	324	243	275	266		124	58	125
1088	1085	866	1010	1008	964	330	223	200	244
676	672	674	534	554	519	28	138	114	67
464	432	473	319	369	289	56	124	98	78
417	386	332	305	341	282		50	84	29
1202	1118	1255	1084	1098	1119	12	188	177	234
395	350	351	218	126	190		40	42	19
82	61	76	82	83	63		24	16	18
206	137	176	100	104	109		54	27	49
761	623	749	456	400	392	6	55	30	18
238	217	280	261	169	143		63	51	12
501	440	431	401	347	304		53	25	30
16	15	18	20	14	33		11	7	
285	394	378	223	190	173		79	11	
273	283	273	223	192	164		41	18	18
75	65	73	62	48	32		31	47	33
114	103	124	74	70	64		15	7	16
175	219	227	845	748	864		22	10	146

特殊教育基本
Basic Statistics of Special Education

	学校数(所) Schools	班数(个) Classes	毕业生数 Graduates	招生数 Entrants	在校学生数			
					合 计 Total	小学阶段		
						一年级 Grade 1	二年级 Grade 2	三年级 Grade 3
合 计 Total	**867**	**6621**	**22321**	**23984**	**146377**	**17340**	**16055**	**16403**
北 京 Beijing	2	17	193	91	771	35	60	52
天 津 Tianjin	9	55	142	124	1041	134	85	160
河 北 Hebei	105	624	362	835	5796	1155	983	875
山 西 Shanxi	19	148	241	296	1781	327	304	245
内蒙古 Inner Mongolia	12	88	143	203	1245	194	143	207
辽 宁 Liaoning	22	159	166	128	1445	258	142	140
吉 林 Jilin	25	237	317	418	2910	424	324	319
黑龙江 Heilongjiang	47	474	538	673	4274	569	546	524
上 海 Shanghai	8	130	722	427	3358	115	159	323
江 苏 Jiangsu	47	583	1988	1896	12485	1397	1231	1392
浙 江 Zhejiang	15	133	647	613	3693	350	377	406
安 徽 Anhui	38	244	452	633	4011	605	505	514
福 建 Fujian	30	263	2515	2119	13139	1245	1438	1452
江 西 Jiangxi	53	298	642	1050	6060	959	841	759
山 东 Shandong	59	604	997	1387	7813	1166	860	1015
河 南 Henan	64	482	849	1274	7648	1283	1009	854
湖 北 Hubei	44	358	1084	857	6794	713	765	677
湖 南 Hunan	32	220	453	694	4313	722	600	560
广 东 Guangdong	36	179	1360	1285	7456	714	698	725
广 西 Guangxi	40	243	698	901	5246	744	561	645
海 南 Hainan	2	13	131	150	693	48	62	57
重 庆 Chongqing	28	223	1423	1468	8165	808	633	821
四 川 Sichuan	58	422	3262	3282	18807	1589	1938	1853
贵 州 Guizhou	34	197	436	805	4291	575	540	576
云 南 Yunnan	7	49	1128	1068	5749	280	356	432
西 藏 Tibet			1	2	8		1	1
陕 西 Shaanxi	16	101	373	218	1328	204	153	157
甘 肃 Gansu	5	28	726	694	3518	371	356	334
青 海 Qinghai	9	45	54	90	921	156	194	105
宁 夏 Ningxia	1	1	44	84	290	43	30	25
新 疆 Xinjiang		3	234	219	1328	157	161	198

情况(县镇)

(County City & Towns)

单位:人

unit: person

Enrolment

			初中阶段				高中阶段		
四年级 Grade 4	五年级 Grade 5	六年级 Grade 6	一年级 Grade 1	二年级 Grade 2	三年级 Grade 3	四年级 Grade 4	一年级 Grade 1	二年级 Grade 2	三年级及以上 Over Grade 3
16589	**16355**	**15645**	**14928**	**15913**	**15559**	**769**	**302**	**288**	**231**
93	124	114	86	95	112				
187	169	166	53	38	39		10		
629	665	785	300	235	153	9		4	3
247	189	205	103	88	67	6			
120	126	128	106	126	90	5			
120	134	105	167	142	116	58	63		
382	340	297	265	235	241	11	16	27	29
512	519	463	348	351	289	114	16	23	
408	501	9	387	480	529	422	14	11	
1376	1433	1525	1353	1346	1266	8	47	46	65
404	447	399	420	420	470				
484	488	432	313	352	318				
1600	1617	1675	1300	1306	1472		10	14	10
778	651	594	484	489	499	6			
866	782	858	680	634	676	59	48	91	78
762	688	715	725	854	740	2	16		
682	632	717	745	910	927	26			
544	454	405	327	326	345	10	3	14	3
822	874	920	898	907	818	21	30	29	
695	627	585	505	476	408				
51	79	66	122	93	115				
596	779	618	1266	1179	1463	2			
2227	2138	2154	2169	2403	2266	9	29		32
652	540	465	309	302	332				
495	535	524	794	1247	1056	1		18	11
1	3		2						
153	142	123	125	141	130				
352	353	313	396	550	493				
124	88	63	76	66	38			11	
34	23	19	41	48	27				
193	215	203	63	74	64				

特殊教育基本
Basic Statistics of Special Education

	学校数(所) Schools	班数(个) Classes	毕业生数 Graduates	招生数 Entrants	在校学生数 合计 Total	小学阶段 一年级 Grade 1	二年级 Grade 2	三年级 Grade 3
合　计 Total	**89**	**668**	**18481**	**21556**	**148255**	**16163**	**18802**	**20363**
北　京 Beijing	2	9	241	130	1044	35	73	108
天　津 Tianjin			34	16	210	23	26	33
河　北 Hebei	18	92	128	391	3020	453	519	511
山　西 Shanxi	4	36	210	219	1649	168	207	209
内蒙古 Inner Mongolia	1	8	31	71	470	59	73	68
辽　宁 Liaoning	3	37	84	89	1100	137	161	148
吉　林 Jilin			240	306	1652	237	246	241
黑龙江 Heilongjiang			50	64	508	48	50	71
上　海 Shanghai			11	8	42	6	1	3
江　苏 Jiangsu	10	96	1833	1571	8822	828	922	976
浙　江 Zhejiang	5	20	289	157	1701	124	199	251
安　徽 Anhui	3	28	626	896	5953	608	770	807
福　建 Fujian	3	22	1863	1385	10791	954	1307	1441
江　西 Jiangxi		1	1404	1959	14516	1809	2071	2123
山　东 Shandong	4	66	501	768	3819	432	401	481
河　南 Henan	7	52	769	1182	7988	1109	1108	1216
湖　北 Hubei	4	25	690	568	4345	516	571	550
湖　南 Hunan	4	25	562	836	5040	744	705	737
广　东 Guangdong	2	11	1095	821	7702	698	915	1052
广　西 Guangxi		6	643	924	7292	1060	1147	1216
海　南 Hainan			265	297	1700	191	205	194
重　庆 Chongqing		3	704	616	4950	416	560	633
四　川 Sichuan	5	35	2030	2711	17490	1753	2216	2398
贵　州 Guizhou	1	9	702	1495	9615	1174	1269	1448
云　南 Yunnan	4	12	1515	1656	11647	989	1404	1639
西　藏 Tibet			1		22	2	5	4
陕　西 Shaanxi	7	54	528	733	3876	435	373	459
甘　肃 Gansu	2	19	926	1116	7475	871	909	872
青　海 Qinghai		2	54	105	857	123	132	151
宁　夏 Ningxia			21	36	345	35	61	66
新　疆 Xinjiang			431	430	2614	126	196	257

情况(农村)
(Rural)

单位:人
unit: person

Enrolment									
			初中阶段				高中阶段		
四年级 Grade 4	五年级 Grade 5	六年级 Grade 6	一年级 Grade 1	二年级 Grade 2	三年级 Grade 3	四年级 Grade 4	一年级 Grade 1	二年级 Grade 2	三年级及以上 Over Grade 3
21289	**21458**	**19939**	**9567**	**10456**	**10027**	**92**	**49**	**38**	**12**
132	166	216	98	108	108				
44	46	24	7		5	2			
570	461	412	31	37	26				
267	261	272	67	91	107				
68	76	71	20	20	13	2			
151	130	118	77	104	74				
251	254	222	71	64	66				
83	76	70	28	41	33	8			
13	6	1	3	3	3	3			
1020	1067	1102	936	934	1037				
229	332	338	57	78	93				
803	843	865	326	439	413	30	25	24	
1507	1589	1560	706	873	854				
2017	1963	1624	1010	1041	858				
502	480	381	355	384	312	41	24	14	12
1087	1074	876	496	460	561	1			
559	539	583	278	368	381				
714	600	523	337	341	339				
1182	1487	1346	354	391	275	2			
1187	1128	1079	146	190	139				
184	182	161	162	229	192				
675	720	686	360	457	443				
2664	2556	2290	1169	1266	1175	3			
1611	1645	1418	325	368	357				
1761	1720	1822	714	785	813				
3	4	4							
464	414	420	427	432	452				
1006	1071	922	634	624	566				
137	128	78	46	33	29				
51	56	53	8	8	7				
347	384	402	319	287	296				

	毕业生数 Graduates	招生数 Entrants	在校学生数				
			合 计 Total	小学阶段			
				一年级 Grade 1	二年级 Grade 2	三年级 Grade 3	四年级 Grade 4
合 计 Total	**20982**	**22495**	**147257**	**16683**	**16257**	**17251**	**17406**
北 京 Beijing	728	361	2934	146	200	263	327
天 津 Tianjin	166	113	875	112	77	101	139
河 北 Hebei	359	656	4619	798	713	693	540
山 西 Shanxi	337	471	3319	448	445	443	421
内蒙古 Inner Mongolia	140	220	1403	216	173	188	146
辽 宁 Liaoning	339	238	3254	361	314	367	331
吉 林 Jilin	307	405	2677	339	294	362	335
黑龙江 Heilongjiang	363	467	3261	410	383	387	356
上 海 Shanghai	763	447	3202	138	154	247	296
江 苏 Jiangsu	1869	1678	10491	1064	968	1058	1163
浙 江 Zhejiang	637	655	4667	504	442	560	483
安 徽 Anhui	529	769	4867	606	606	590	575
福 建 Fujian	1956	1445	10644	939	1235	1250	1388
江 西 Jiangxi	726	1169	7179	975	985	947	907
山 东 Shandong	1067	1209	7772	987	842	900	839
河 南 Henan	845	1141	7527	1056	987	945	787
湖 北 Hubei	903	718	5432	624	618	546	592
湖 南 Hunan	479	764	4315	761	600	579	535
广 东 Guangdong	1307	1048	7890	704	788	870	945
广 西 Guangxi	512	863	4972	787	673	730	712
海 南 Hainan	201	233	979	111	113	97	92
重 庆 Chongqing	890	880	5501	493	451	574	521
四 川 Sichuan	2025	2185	14002	1303	1556	1609	1856
贵 州 Guizhou	514	944	5775	747	671	793	894
云 南 Yunnan	1077	1243	7637	688	776	918	950
西 藏 Tibet	1	19	129	31	8	10	7
陕 西 Shaanxi	351	458	2596	317	287	274	292
甘 肃 Gansu	637	660	4269	482	467	468	511
青 海 Qinghai	64	80	946	147	134	145	119
宁 夏 Ningxia	71	104	630	86	83	57	69
新 疆 Xinjiang	819	852	3493	303	214	280	278

女学生数
in Special Education

单位:人
unit: person

Enrolment

		初中阶段				高中阶段		
五年级 Grade 5	六年级 Grade 6	一年级 Grade 1	二年级 Grade 2	三年级 Grade 3	四年级 Grade 4	一年级 Grade 1	二年级 Grade 2	三年级及以上 Over Grade 3
17499	**16702**	**13075**	**13649**	**13720**	**1069**	**1503**	**1154**	**1289**
365	448	270	325	372	18	77	52	71
130	110	69	55	52	10	13	7	
538	571	244	217	189	5	50	24	37
393	378	262	216	213	22	32	29	17
133	156	111	121	90	11	23	21	14
294	314	319	359	297	67	112	48	71
320	300	204	184	199	6	59	50	25
372	338	308	277	212	72	49	52	45
359	2	322	445	474	543	96	66	60
1172	1181	1037	1018	1188	44	193	158	247
591	573	404	468	469		57	46	70
609	601	357	365	342	15	76	60	65
1455	1400	853	934	981		84	72	53
889	758	560	547	485	3	39	21	63
778	713	742	733	716	181	96	120	125
766	757	716	667	694	12	68	47	25
536	596	479	582	683	37	57	45	37
396	393	339	306	327	3	26	36	14
1037	1045	732	753	769	8	76	77	86
688	636	275	231	195		18	19	8
75	72	145	136	115		6	9	8
552	541	685	689	941	1	28	5	20
1847	1746	1288	1409	1309	11	37	12	19
878	817	325	308	298		20	19	5
967	980	671	869	752		27	20	19
15	16	8	4	24		4	2	
312	325	263	255	245		21	5	
526	460	403	505	421		20	4	2
101	89	63	57	37		17	22	15
75	70	63	60	49		10	1	7
330	316	558	554	582		12	5	61

特殊教育学校教职工数(总计)

Number of Teachers, Staff and Workers in Special Education Schools (Regional Aggregates)

单位:人

unit: person

	教职工数 Teachers, Staff & Workers					代课教师 Substitute Teachers	兼任教师 Part-time Teachers
	合　计 Total	专任教师 Full-time Teachers	行政人员 Adm. Personnel	教辅人员 Teaching Auxiliary	工勤人员 Workers		
合　计 Total	**49249**	**39650**	**3474**	**2282**	**3843**	**1037**	**298**
北　京 Beijing	1201	906	142	73	80	2	1
天　津 Tianjin	607	450	89	30	38		
河　北 Hebei	3308	2660	273	131	244	48	2
山　西 Shanxi	1474	1214	75	59	126	199	13
内蒙古 Inner Mongolia	1104	916	66	70	52	56	3
辽　宁 Liaoning	2682	2147	292	84	159	16	
吉　林 Jilin	1736	1309	215	95	117	4	
黑龙江 Heilongjiang	2312	1873	173	90	176	15	5
上　海 Shanghai	1596	1143	167	119	167	2	
江　苏 Jiangsu	3802	2988	198	231	385	59	34
浙　江 Zhejiang	1837	1586	80	38	133		38
安　徽 Anhui	1393	1174	72	44	103	48	10
福　建 Fujian	1815	1599	80	29	107	107	13
江　西 Jiangxi	944	843	39	22	40	8	15
山　东 Shandong	5742	4486	363	397	496	42	45
河　南 Henan	3401	2874	184	154	189	32	2
湖　北 Hubei	1744	1477	82	64	121	54	9
湖　南 Hunan	1531	1168	147	97	119	16	
广　东 Guangdong	2719	2026	202	228	263	78	13
广　西 Guangxi	1160	919	79	39	123	63	23
海　南 Hainan	145	109	13	12	11	15	
重　庆 Chongqing	846	715	59	25	47	7	11
四　川 Sichuan	1989	1711	114	34	130	66	27
贵　州 Guizhou	928	796	63	19	50	18	10
云　南 Yunnan	854	685	30	29	110		11
西　藏 Tibet	62	52	4	1	5		
陕　西 Shaanxi	967	748	100	28	91	43	1
甘　肃 Gansu	525	418	25	13	69	4	4
青　海 Qinghai	174	137	8	9	20	7	
宁　夏 Ningxia	190	174	9		7	8	
新　疆 Xinjiang	461	347	31	18	65	20	8

特殊教育学校女教职工数

Number of Female Teachers, Staff and Workers in Special Education Schools

单位:人

unit: person

	教职工数 Teachers, Staff & Workers					代课教师 Substitute Teachers	兼任教师 Part-time Teachers
	合 计 Total	专任教师 Full-time Teachers	行政人员 Adm. Personnel	教辅人员 Teaching Auxiliary	工勤人员 Workers		
合 计 Total	**33328**	**28660**	**1671**	**1339**	**1658**	**724**	**171**
北 京 Beijing	858	709	81	44	24	1	1
天 津 Tianjin	411	337	48	17	9		
河 北 Hebei	2463	2138	126	84	115	35	2
山 西 Shanxi	1075	929	42	42	62	165	4
内蒙古 Inner Mongolia	698	641	22	30	5	34	2
辽 宁 Liaoning	1975	1691	194	48	42	9	
吉 林 Jilin	1216	1007	114	64	31	3	
黑龙江 Heilongjiang	1459	1291	86	48	34	10	3
上 海 Shanghai	1187	924	114	77	72	2	
江 苏 Jiangsu	2416	2074	70	130	142	43	19
浙 江 Zhejiang	1294	1169	33	26	66		27
安 徽 Anhui	851	759	19	20	53	27	3
福 建 Fujian	1337	1205	38	22	72	62	12
江 西 Jiangxi	668	614	15	14	25	5	11
山 东 Shandong	3357	2895	129	185	148	25	17
河 南 Henan	2382	2122	80	90	90	17	2
湖 北 Hubei	1065	953	36	25	51	34	7
湖 南 Hunan	986	809	54	57	66	5	
广 东 Guangdong	1982	1516	126	171	169	64	9
广 西 Guangxi	889	727	46	25	91	51	14
海 南 Hainan	97	70	9	11	7	10	
重 庆 Chongqing	556	510	19	10	17	4	7
四 川 Sichuan	1298	1166	53	26	53	56	15
贵 州 Guizhou	647	584	25	13	25	2	1
云 南 Yunnan	593	483	17	22	71		7
西 藏 Tibet	33	30	1	1	1		
陕 西 Shaanxi	637	540	44	13	40	33	
甘 肃 Gansu	328	281	7	5	35	3	3
青 海 Qinghai	111	93	2	4	12	2	
宁 夏 Ningxia	132	130	2			7	
新 疆 Xinjiang	327	263	19	15	30	15	5

特殊教育学校专任教师
Full-time Teachers in Special Education

	合 计 Total	其中:女 of Which: Female	按学历分 Brokendown by Educational			
			研究生毕业 Graduate	本科毕业 Under-graduate	专科毕业 Associate Bachelor	高中阶段毕业 High School Graduate
合 计 Total	**39650**	**28660**	**405**	**17479**	**17612**	**4029**
北 京 Beijing	906	709	39	632	182	52
天 津 Tianjin	450	337	5	252	145	45
河 北 Hebei	2660	2138	11	1192	1245	210
山 西 Shanxi	1214	929		531	545	138
内蒙古 Inner Mongolia	916	641	7	417	356	131
辽 宁 Liaoning	2147	1691	18	1107	887	134
吉 林 Jilin	1309	1007	7	666	495	137
黑龙江 Heilongjiang	1873	1291	3	706	922	230
上 海 Shanghai	1143	924	47	747	280	69
江 苏 Jiangsu	2988	2074	20	1290	1332	337
浙 江 Zhejiang	1586	1169	23	755	604	188
安 徽 Anhui	1174	759	5	513	564	92
福 建 Fujian	1599	1205	7	507	831	243
江 西 Jiangxi	843	614	3	302	431	103
山 东 Shandong	4486	2895	57	2483	1552	372
河 南 Henan	2874	2122	6	960	1624	279
湖 北 Hubei	1477	953	7	592	676	192
湖 南 Hunan	1168	809	3	378	648	139
广 东 Guangdong	2026	1516	97	1003	754	168
广 西 Guangxi	919	727	1	279	515	121
海 南 Hainan	109	70		46	50	13
重 庆 Chongqing	715	510	2	269	380	64
四 川 Sichuan	1711	1166	18	508	977	204
贵 州 Guizhou	796	584	2	230	456	106
云 南 Yunnan	685	483	3	354	280	46
西 藏 Tibet	52	30	2	20	26	4
陕 西 Shaanxi	748	540	9	277	357	103
甘 肃 Gansu	418	281	1	170	192	53
青 海 Qinghai	137	93	1	58	67	11
宁 夏 Ningxia	174	130		84	74	16
新 疆 Xinjiang	347	263	1	151	165	29

学历、职称情况

Schools Broken Down by Rank and Age

单位：人

unit：person

Attainment	按职称分 Brokendown by Rank					
高中阶段毕业以下 Below High School Graduate	中学高级 Senior Secondary	小学高级 Senior Primary	小学一级 1st Grade Primary	小学二级 2nd Grade Primary	小学三级 3rd Grade Primary	未评职称 Rank Undecided
125	**2628**	**20421**	**12424**	**1274**	**58**	**2845**
1	45	440	311	6		104
3	51	332	47	3		17
2	141	1437	897	56	3	126
	20	480	462	102		150
5	134	384	262	41	3	92
1	198	1442	386	41		80
4	87	754	402	35		31
12	235	1040	537	20	2	39
	40	652	390	5		56
9	168	1690	870	53	4	203
16	106	723	476	51	3	227
	60	578	352	50	5	129
11	15	904	447	137	1	95
4	79	337	277	47	1	102
22	450	2186	1421	162	5	262
5	254	1399	988	97	3	133
10	106	925	367	36	3	40
	96	639	314	20	5	94
4	63	940	626	56	17	324
3	8	492	296	43	3	77
	7	46	38	9		9
	14	363	278	21		39
4	71	799	725	25		91
2	24	345	338	49		40
2	38	315	243	33		56
	1	12	23	1		15
2	29	279	284	27		129
2	16	186	158	27		31
	23	72	29	4		9
	2	99	51	14		8
1	47	131	129	3		37

特殊教育学
Condition of School Buildings in

	学校占地面积 Areas Occupied	校舍建筑面积 Floor Space	教学及辅助用房 Teaching & Assistant Buildings					
			计 Total	其中 of Which				
				普通教室 Classroom	实验室 Laboratory	图书室 Library	微机室 PC-room	专用教室
合　计 Total	**12572031**	**5376985**	**2419332**	**1389466**	**97643**	**100159**	**95960**	**520525**
北　京 Beijing	168405	126357	44718	23455	1140	1881	2259	12995
天　津 Tianjin	202352	73013	32786	19889	730	1712	1345	7031
河　北 Hebei	846761	285261	138401	77272	6515	6985	7955	31202
山　西 Shanxi	252987	123141	38363	25872	990	1926	1805	7030
内蒙古 Inner Mongolia	302098	101128	46862	30473	1626	1768	1597	8708
辽　宁 Liaoning	491066	206814	104318	43972	4231	4292	4695	26244
吉　林 Jilin	491511	134764	62022	36568	1516	1829	1950	11563
黑龙江 Heilongjiang	477331	165473	79594	46321	2826	3577	3661	17098
上　海 Shanghai	223476	148328	63129	24071	1556	3183	2401	28777
江　苏 Jiangsu	1046022	472198	196413	95818	13254	9205	8241	60405
浙　江 Zhejiang	635817	281304	118064	62847	4291	4372	4091	28034
安　徽 Anhui	620164	292022	161964	81009	12666	9777	8743	41712
福　建 Fujian	537119	233972	98793	66428	3178	4869	3454	20864
江　西 Jiangxi	315958	136040	60692	35791	2864	3217	2987	12208
山　东 Shandong	1576657	531648	228579	112918	12110	8895	7950	47585
河　南 Henan	655522	275469	117823	79836	2831	5026	4395	21841
湖　北 Hubei	633577	246931	107832	72461	3188	3544	3315	12510
湖　南 Hunan	440220	198221	80433	54263	2296	3045	2788	13309
广　东 Guangdong	573134	334708	140032	79397	3970	5313	6426	30901
广　西 Guangxi	281194	134086	65547	39544	2407	1919	1748	15311
海　南 Hainan	52236	12557	3946	2636		198	226	232
重　庆 Chongqing	206041	108632	59269	38016	1491	1729	2140	9039
四　川 Sichuan	415660	234382	108637	62391	3024	4117	4075	18190
贵　州 Guizhou	230575	112958	56672	35549	1788	1970	1878	6598
云　南 Yunnan	208842	119110	55904	39952	2135	1345	1420	8329
西　藏 Tibet	46584	10385	3958	2700	55	119	119	655
陕　西 Shaanxi	195401	97475	48166	37549	1980	2041	1432	4072
甘　肃 Gansu	140148	70494	41580	23842	1639	895	959	7136
青　海 Qinghai	63938	23186	18062	14030	240	130	346	3313
宁　夏 Ningxia	84223	20893	11378	9410	386	328	584	637
新　疆 Xinjiang	157012	66035	25395	15186	720	952	975	6996

校办学条件
Special Education Schools

单位:平方米
unit: m^2

行政办公用房 Administrative		生活用房 Residential and Welfare	其他用房 Rooms for Other Purposes	校舍面积中 of the Floor Space		图书(册) Books & Magazines in Libraries (Volume)	教学用录像录音带(盘) Tapes for Teaching
计 Total	其中:教师办公室 of Which: for Teachers			危房面积 Floor Space of Dilapidated Buildings	当年新增 Added in Current Year		
617514	**380279**	**1493928**	**846211**	**283501**	**207662**	**4824100**	**106531**
11982	6157	26511	43146	186	7261	188737	3572
9569	7076	15975	14683			39863	742
36428	24372	66189	44243	30840	22430	271535	4254
18380	11429	37995	28403	1260	1125	81060	4608
10129	7861	33919	10218	17910	7079	32110	836
24859	16677	38177	39460	1400	2730	273401	8692
15981	11222	37687	19074	10013	3218	71505	1047
27360	18358	42352	16167	18067	4680	78715	1448
17121	9450	26787	41291		2264	238179	6346
51710	28201	134582	89493	1798	15275	532073	11490
24039	15100	87389	51812	1650		188873	5396
30971	20232	70844	28243	4434	2735	183519	2663
28066	17859	74616	32497	3276	4772	241311	2322
14832	8442	41738	18778	13283	11767	79389	1770
78999	37942	145413	78657	15361	4949	529383	9297
44467	32134	74952	38227	18416	3808	244754	4216
22862	15619	82641	33596	42240	11888	122746	1540
20142	16029	59470	38176	16699	8072	464326	4599
32486	15066	97341	64849	2457	5120	237777	13542
12461	6107	37256	18822	3402	8079	100734	1889
637	447	5537	2437			13850	120
9459	6163	32038	7866	2311	5746	49707	621
19997	12850	80134	25614	16071	23095	160097	3401
10797	8552	34083	11406	318	9498	86751	1527
9439	4459	38610	15157	30362	9943	121089	1571
530	236	5698	199			5450	376
15200	8930	25475	8634	1088	7600	68097	1232
8194	5164	13109	7611	23938	8798	72950	855
1811	1538	2038	1275	6027	49	9034	
3209	2460	4915	1391		3175	7062	364
5397	4147	20457	14786	694	12506	30023	6195

幼儿园基本
Basic Statistics of Kindergartens

	园数(所) Kindergartens		班数(个) Classes	
	计 Total	其中:少数民族幼儿园 of Which: Minorities	计 Total	其中:学前班 of Which: Pre-primary
合　计 Total	**150420**	**2270**	**971525**	**139832**
北　京 Beijing	1245	9	9883	167
天　津 Tianjin	1607	4	7408	21
河　北 Hebei	7368	17	59659	5580
山　西 Shanxi	4352		28419	2057
内蒙古 Inner Mongolia	2039	172	13809	2103
辽　宁 Liaoning	8613	57	35613	1093
吉　林 Jilin	2729	41	14493	2468
黑龙江 Heilongjiang	3942	21	18243	3376
上　海 Shanghai	1252	2	13421	
江　苏 Jiangsu	3944		55767	1646
浙　江 Zhejiang	9863		60856	
安　徽 Anhui	4018	4	31050	8333
福　建 Fujian	6179	14	37553	2895
江　西 Jiangxi	8518		41635	7144
山　东 Shandong	17751	22	76158	669
河　南 Henan	7698	35	61002	12719
湖　北 Hubei	4395	3	32410	5774
湖　南 Hunan	7829	114	45426	7867
广　东 Guangdong	11161	1	89182	11917
广　西 Guangxi	5349	36	39477	14377
海　南 Hainan	1005	18	6021	1013
重　庆 Chongqing	4105	2	20523	2940
四　川 Sichuan	9483	320	53946	9290
贵　州 Guizhou	2196	10	22176	10159
云　南 Yunnan	3790	14	32283	11009
西　藏 Tibet	119		787	177
陕　西 Shaanxi	3928	4	24778	3785
甘　肃 Gansu	2407	12	14364	4082
青　海 Qinghai	599	123	3901	1176
宁　夏 Ningxia	373	18	4064	1587
新　疆 Xinjiang	2563	1197	17218	4408

情况(总计)
(Regional Aggregates)

入园(班)人数(人) Enrolment		在园(班)人数(人) Retained		离园(班)人数(人) Leavers	
计 Total	其中:学前班 of Which: Pre-primary	计 Total	其中:学前班 of Which: Pre-primary	计 Total	其中:学前班 of Which: Pre-primary
17003851	**4189063**	**29766695**	**4366957**	**10575502**	**2998954**
105048	4731	276994	5072	68135	3410
85902	657	217866	657	68721	160
1065829	151791	1680319	151791	489256	73253
377135	39080	710297	39106	233281	22202
218259	48406	380756	53022	149087	47388
352199	25408	834469	32258	250929	14888
237210	55396	342897	57201	158601	34405
327285	104695	491647	112866	332670	168979
144540		400314		104562	
833130	38677	2057187	60300	659276	28538
599221		1830533		573712	
665969	237543	1008170	240134	388910	153914
529106	50941	1166278	72679	393157	42716
812046	199503	1235056	216241	369099	119070
1085062	21002	2193898	21313	705840	14385
1119617	447821	1966745	448962	713392	336603
761044	202926	1118360	209971	307544	103727
1001644	247856	1419053	258292	474351	165259
1420443	352193	2772293	362777	1036468	288235
864455	459158	1185337	476828	538677	351655
111223	30648	181592	31590	54733	16195
455958	98137	708711	110547	242987	71588
1231433	300044	1887545	315432	799787	243860
627154	367288	769144	367288	328152	220774
725145	324005	986908	324005	449165	244684
12747	2646	23414	3634	5384	892
438577	88200	704761	88804	224013	56471
233494	74993	387338	77570	146294	44502
76486	26093	111950	27614	55447	31843
88485	46574	137856	50642	56717	26216
398005	142651	579007	150361	197155	73142

幼儿园基本

Basic Statistics of

	园数(所) Kindergartens		班数(个) Classes	
	计 Total	其中:少数民族幼儿园 of Which: Minorities	计 Total	其中:学前班 of Which: Pre-primary
合　计 Total	**35845**	**121**	**254172**	**4488**
北　京 Beijing	796	8	7646	68
天　津 Tianjin	275	2	2296	2
河　北 Hebei	813	5	6579	118
山　西 Shanxi	758		6384	60
内蒙古 Inner Mongolia	649	20	4477	86
辽　宁 Liaoning	3629	26	17412	21
吉　林 Jilin	813	4	4295	212
黑龙江 Heilongjiang	1118	5	5682	242
上　海 Shanghai	647	2	6392	
江　苏 Jiangsu	1295		15502	36
浙　江 Zhejiang	2511		20414	
安　徽 Anhui	1002	1	7121	250
福　建 Fujian	1988	1	13718	70
江　西 Jiangxi	776		4470	16
山　东 Shandong	2696	5	17840	3
河　南 Henan	1736	12	14079	312
湖　北 Hubei	1196		8963	430
湖　南 Hunan	1873	1	9932	107
广　东 Guangdong	4421		33350	85
广　西 Guangxi	854		5856	373
海　南 Hainan	323		1814	18
重　庆 Chongqing	709		3959	202
四　川 Sichuan	1587		10783	377
贵　州 Guizhou	557		3904	304
云　南 Yunnan	560	2	4644	235
西　藏 Tibet	34		318	40
陕　西 Shaanxi	822	3	6472	138
甘　肃 Gansu	512	6	3419	65
青　海 Qinghai	158	3	1004	37
宁　夏 Ningxia	168	4	1292	125
新　疆 Xinjiang	569	11	4155	456

情况(城市)
Kindergartens (Urban)

入园(班)人数(人) Enrolment		在园(班)人数(人) Retained		离园(班)人数(人) Leavers	
计 Total	其中:学前班 of Which: Pre-primary	计 Total	其中:学前班 of Which: Pre-primary	计 Total	其中:学前班 of Which: Pre-primary
3151663	**187695**	**7525759**	**195282**	**2229902**	**126658**
77536	2337	216235	2480	50493	1866
22948	34	69261	34	17146	
89845	4991	199135	4991	48827	2431
88701	2466	188456	2466	53566	923
59986	3607	129947	3686	37131	2239
120072	766	367093	924	96792	876
55183	7097	91453	7106	39710	4513
69022	9014	138942	10477	77114	18461
59242		181362		46825	
195906	807	517312	1146	157083	241
194095		591222		174582	
103434	8787	222035	8846	78799	7071
181134	1248	433045	2055	133394	1348
53347	838	127765	838	37078	32
212191	226	530003	226	158881	
163520	12700	414887	12700	106450	7461
154079	20038	293211	20552	81252	7579
145470	4893	278947	4921	76693	2041
355878	3504	1003418	3652	293155	2149
83344	17410	178689	17410	50727	13954
21402	631	48758	659	13544	56
66401	7849	117405	8060	33548	3562
173009	18253	361737	18375	109322	14913
72755	15029	127972	15029	33493	6271
76531	11082	156807	11082	46238	7009
5365	939	11713	1843	3821	850
90258	5524	200007	5771	60982	2536
49598	3134	112659	3332	36947	1091
18714	1708	32106	1712	11277	1619
21798	5755	46592	5825	17565	3819
70899	17028	137585	19084	47467	11747

幼儿园基本
Basic Statistics of Kindergartens

	园数(所) Kindergartens		班数(个) Classes	
	计 Total	其中:少数民族幼儿园 of Which: Minorities	计 Total	其中:学前班 of Which: Pre-primary
合　计 Total	**42987**	**357**	**297586**	**19638**
北　京 Beijing	176	1	1178	27
天　津 Tianjin	813	2	3499	11
河　北 Hebei	1532	7	13749	733
山　西 Shanxi	655		6074	154
内蒙古 Inner Mongolia	833	72	5190	548
辽　宁 Liaoning	949	6	4182	92
吉　林 Jilin	1253	30	6101	524
黑龙江 Heilongjiang	1429	4	6100	837
上　海 Shanghai	598		6985	
江　苏 Jiangsu	1381		22870	251
浙　江 Zhejiang	3390		24804	
安　徽 Anhui	1463	1	9246	762
福　建 Fujian	2243		13088	359
江　西 Jiangxi	2379		13534	450
山　东 Shandong	2977	2	16579	27
河　南 Henan	1865	13	14235	925
湖　北 Hubei	1177	3	9082	1054
湖　南 Hunan	2777	79	16254	1745
广　东 Guangdong	3749		28670	2044
广　西 Guangxi	2240	4	13809	2336
海　南 Hainan	454	13	2490	203
重　庆 Chongqing	1602		9354	782
四　川 Sichuan	2863	32	20133	2002
贵　州 Guizhou	1042	5	7128	1302
云　南 Yunnan	1330	1	9760	955
西　藏 Tibet	79		318	13
陕　西 Shaanxi	668	1	4948	297
甘　肃 Gansu	506	5	3371	334
青　海 Qinghai	123	12	850	119
宁　夏 Ningxia	132	6	1262	271
新　疆 Xinjiang	309	58	2743	481

情况(县镇)
(County City & Towns)

入园(班)人数(人) Enrolment		在园(班)人数(人) Retained		离园(班)人数(人) Leavers	
计 Total	其中:学前班 of Which: Pre-primary	计 Total	其中:学前班 of Which: Pre-primary	计 Total	其中:学前班 of Which: Pre-primary
5594599	**842450**	**10100646**	**881021**	**3495206**	**646916**
16313	646	35040	700	10148	530
43320	429	100988	429	35248	
274074	28829	433810	28829	132600	16071
103236	5302	189454	5302	63555	3242
95164	19891	158843	21144	67251	19615
47533	3350	105823	4364	33518	2392
111908	17843	161187	18673	74488	10994
125252	35650	178405	37973	118691	61333
84423		217432		57432	
355281	7792	875985	10470	279530	5086
243412		778264		247557	
212571	31519	343660	31676	118988	21097
191499	8552	435811	11544	145598	8320
242527	18160	422077	20008	106763	8187
248549	1241	526881	1241	160156	1092
239803	44549	492631	44733	159736	31002
239802	49530	344435	51872	95403	31014
390682	71109	552415	74268	185973	50262
515777	83638	968426	86893	352540	67908
310039	114331	465704	117634	185408	84197
52219	9655	84490	10019	24211	5202
222767	35566	354371	40658	123643	28352
509563	92089	789348	97218	334790	77083
202873	65189	269020	65189	96768	40514
209396	37402	333437	37402	121804	31855
5683	364	9959	405	1548	27
109410	12233	166352	12238	49335	7936
73458	12201	123894	12617	43257	6771
18593	4655	30739	4866	16114	8132
30488	11193	48179	12196	19602	6551
68984	19542	103586	20460	33551	12151

幼儿园基本
Basic Statistics of

	园数(所) Kindergartens		班数(个) Classes	
	计 Total	其中:少数民族幼儿园 of Which: Minorities	计 Total	其中:学前班 of Which: Pre-primary
合　计 Total	**71588**	**1792**	**419767**	**115706**
北　京 Beijing	273		1059	72
天　津 Tianjin	519		1613	8
河　北 Hebei	5023	5	39331	4729
山　西 Shanxi	2939		15961	1843
内蒙古 Inner Mongolia	557	80	4142	1469
辽　宁 Liaoning	4035	25	14019	980
吉　林 Jilin	663	7	4097	1732
黑龙江 Heilongjiang	1395	12	6461	2297
上　海 Shanghai	7		44	
江　苏 Jiangsu	1268		17395	1359
浙　江 Zhejiang	3962		15638	
安　徽 Anhui	1553	2	14683	7321
福　建 Fujian	1948	13	10747	2466
江　西 Jiangxi	5363		23631	6678
山　东 Shandong	12078	15	41739	639
河　南 Henan	4097	10	32688	11482
湖　北 Hubei	2022		14365	4290
湖　南 Hunan	3179	34	19240	6015
广　东 Guangdong	2991	1	27162	9788
广　西 Guangxi	2255	32	19812	11668
海　南 Hainan	228	5	1717	792
重　庆 Chongqing	1794	2	7210	1956
四　川 Sichuan	5033	288	23030	6911
贵　州 Guizhou	597	5	11144	8553
云　南 Yunnan	1900	11	17879	9819
西　藏 Tibet	6		151	124
陕　西 Shaanxi	2438		13358	3350
甘　肃 Gansu	1389	1	7574	3683
青　海 Qinghai	318	108	2047	1020
宁　夏 Ningxia	73	8	1510	1191
新　疆 Xinjiang	1685	1128	10320	3471

情况(农村)
Kindergartens (Rural)

入园(班)人数(人) Enrolment		在园(班)人数(人) Retained		离园(班)人数(人) Leavers	
计 Total	其中:学前班 of Which: Pre-primary	计 Total	其中:学前班 of Which: Pre-primary	计 Total	其中:学前班 of Which: Pre-primary
8257589	**3158918**	**12140290**	**3290654**	**4850394**	**2225380**
11199	1748	25719	1892	7494	1014
19634	194	47617	194	16327	160
701910	117971	1047374	117971	307829	54751
185198	31312	332387	31338	116160	18037
63109	24908	91966	28192	44705	25534
184594	21292	361553	26970	120619	11620
70119	30456	90257	31422	44403	18898
133011	60031	174300	64416	136865	89185
875		1520		305	
281943	30078	663890	48684	222663	23211
161714		461047		151573	
349964	197237	442475	199612	191123	125746
156473	41141	297422	59080	114165	33048
516172	180505	685214	195395	225258	110851
624322	19535	1137014	19846	386803	13293
716294	390572	1059227	391529	447206	298140
367163	133358	480714	137547	130889	65134
465492	171854	587691	179103	211685	112956
548788	265051	800449	272232	390773	218178
471072	327417	540944	341784	302542	253504
37602	20362	48344	20912	16978	10937
166790	54722	236935	61829	85796	39674
548861	189702	736460	199839	355675	151864
351526	287070	372152	287070	197891	173989
439218	275521	496664	275521	281123	205820
1699	1343	1742	1386	15	15
238909	70443	338402	70795	113696	45999
110438	59658	150785	61621	66090	36640
39179	19730	49105	21036	28056	22092
36199	29626	43085	32621	19550	15846
258122	106081	337836	110817	116137	49244

幼儿教育中女儿童数
Number of Female Children in Kindergartens

	入园(班)人数(人) Enrolment		在园(班)人数(人) Retained		离园(班)人数(人) Leavers	
	计 Total	其中:学前班 of Which: Pre-primary	计 Total	其中:学前班 of Which: Pre-primary	计 Total	其中:学前班 of Which: Pre-primary
合　计 Total	**7680325**	**1884186**	**13526031**	**1965683**	**4701478**	**1359942**
北　京 Beijing	48123	2173	128943	2314	30037	1659
天　津 Tianjin	38951	287	99668	287	30778	78
河　北 Hebei	488456	69013	769844	69013	218353	34130
山　西 Shanxi	174223	17750	328009	17761	104878	10388
内蒙古 Inner Mongolia	100254	22368	177095	24650	67779	21917
辽　宁 Liaoning	158214	11208	374501	14193	115742	6786
吉　林 Jilin	106665	25102	154345	25942	70966	16095
黑龙江 Heilongjiang	151632	48937	226786	52738	155419	80009
上　海 Shanghai	67239		188079		46402	
江　苏 Jiangsu	373926	17358	937293	27611	287664	12241
浙　江 Zhejiang	271826		837581		254511	
安　徽 Anhui	288964	103320	442396	104475	167475	67472
福　建 Fujian	237062	22230	526646	32447	172704	18951
江　西 Jiangxi	346238	85101	531400	92476	152156	52037
山　东 Shandong	504240	9301	1029351	9440	321454	6244
河　南 Henan	492817	198766	876543	199388	311282	149942
湖　北 Hubei	327913	85864	488502	88975	131082	44760
湖　南 Hunan	455758	112564	648547	117175	207327	74009
广　东 Guangdong	647505	163201	1256732	167772	469749	132383
广　西 Guangxi	383302	203965	527308	212069	236900	157886
海　南 Hainan	47180	13113	76791	13534	22822	7037
重　庆 Chongqing	207431	44015	325928	49635	106813	31731
四　川 Sichuan	569123	137380	876797	144467	363078	111279
贵　州 Guizhou	282522	166930	346818	166930	146499	100523
云　南 Yunnan	337824	149610	457395	149610	203720	114053
西　藏 Tibet	6032	1199	11029	1650	2436	463
陕　西 Shaanxi	196442	38078	318090	38304	94973	24887
甘　肃 Gansu	103405	33471	172570	34710	63724	20220
青　海 Qinghai	35244	12222	51550	12925	25368	15065
宁　夏 Ningxia	41520	21905	64081	23708	26411	12473
新　疆 Xinjiang	190294	67755	275413	71484	92976	35224

幼儿园教职工数(总计)
Number of Teachers, Staff & Workers in Kindergarten (Regional Aggregates)

单位:人
unit: person

	教职工数 Teachers, Staff & Workers					代课教师 Substitute Teachers	兼任教师 Part-time Teachers
	合计 Total	园长 Kindergarten Heads	专任教师 Full-time Teachers	保健员 Health Nurses	其他 Other		
合　计 Total	**1849301**	**161086**	**1144225**	**160330**	**383660**	**125348**	**16227**
北　京 Beijing	37227	1710	21677	1672	12168	886	422
天　津 Tianjin	16586	1312	10838	766	3670	1957	240
河　北 Hebei	76333	7084	53683	5382	10184	7682	721
山　西 Shanxi	42782	3587	28509	2459	8227	7998	706
内蒙古 Inner Mongolia	27487	2365	18108	2000	5014	2101	350
辽　宁 Liaoning	78647	9577	45437	12424	11209	2240	
吉　林 Jilin	26619	2965	16980	2416	4258	660	184
黑龙江 Heilongjiang	29803	3953	17559	2855	5436	686	263
上　海 Shanghai	40855	1745	26724	1898	10488	987	136
江　苏 Jiangsu	120981	6855	81140	8035	24951	15658	1216
浙　江 Zhejiang	157174	9958	95101	8166	43949		400
安　徽 Anhui	45571	4628	29591	4433	6919	4473	463
福　建 Fujian	63743	5032	38913	3746	16052	15703	337
江　西 Jiangxi	69186	9101	43349	7410	9326	1425	362
山　东 Shandong	142146	15625	98763	7376	20382	15898	688
河　南 Henan	110616	9260	71984	10869	18503	8581	1146
湖　北 Hubei	66202	5711	38494	7944	14053	5680	528
湖　南 Hunan	88538	8770	47964	15617	16187	2165	738
广　东 Guangdong	236760	15667	136321	20070	64702	5410	1010
广　西 Guangxi	53380	6220	31109	2804	13247	2459	643
海　南 Hainan	13473	1340	7426	1774	2933	89	50
重　庆 Chongqing	35701	3807	19966	4021	7907	2099	966
四　川 Sichuan	87198	9007	51909	10628	15654	3633	1443
贵　州 Guizhou	24780	2366	14623	2810	4981	1801	209
云　南 Yunnan	47001	4085	29203	4429	9284	1426	426
西　藏 Tibet	1576	141	1042	171	222	40	14
陕　西 Shaanxi	52548	4576	32088	4330	11554	4241	1285
甘　肃 Gansu	19672	1806	13668	1144	3054	2832	901
青　海 Qinghai	6202	612	3544	524	1522	508	54
宁　夏 Ningxia	7029	502	4613	426	1488	920	35
新　疆 Xinjiang	23485	1719	13899	1731	6136	5110	291

幼儿园教职工数(城市)

Number of Teachers, Staff & Workers in Kindergarten(Urban)

单位:人

unit: person

	教职工数 Teachers, Staff & Workers					代课教师 Substitute Teachers	兼任教师 Part-time Teachers
	合计 Total	园长 Kindergarten Heads	专任教师 Full-time Teachers	保健员 Health Nurses	其他 Other		
合 计 Total	**796127**	**53129**	**462844**	**67188**	**212966**	**28713**	**5041**
北 京 Beijing	31518	1313	17984	1419	10802	797	281
天 津 Tianjin	8636	542	5198	321	2575	137	117
河 北 Hebei	21877	1382	13609	1630	5256	1240	82
山 西 Shanxi	20161	1215	12383	1117	5446	1261	348
内蒙古 Inner Mongolia	13647	1018	8565	1118	2946	955	181
辽 宁 Liaoning	47741	4487	26189	9086	7979	641	
吉 林 Jilin	11192	1091	6708	1123	2270	249	84
黑龙江 Heilongjiang	13808	1365	7539	1300	3604	348	86
上 海 Shanghai	19841	935	12525	1007	5374	483	72
江 苏 Jiangsu	50239	2678	30323	3012	14226	1914	344
浙 江 Zhejiang	62421	3064	36553	3145	19659		100
安 徽 Anhui	18986	1514	11894	1803	3775	1765	178
福 建 Fujian	33891	2371	19449	2209	9862	5562	74
江 西 Jiangxi	12802	1189	7395	1634	2584	271	75
山 东 Shandong	54010	4017	35018	3163	11812	1967	168
河 南 Henan	44313	2752	27801	3708	10052	2703	385
湖 北 Hubei	28124	2086	15945	2539	7554	1369	146
湖 南 Hunan	32089	2646	15842	5897	7704	200	343
广 东 Guangdong	127546	7130	70107	10050	40259	1732	478
广 西 Guangxi	15416	1249	8878	566	4723	640	137
海 南 Hainan	5629	489	3146	663	1331	17	16
重 庆 Chongqing	13237	1025	6791	1369	4052	134	337
四 川 Sichuan	32597	2409	17956	3579	8653	609	162
贵 州 Guizhou	10725	797	5689	1314	2925	230	60
云 南 Yunnan	14158	870	8627	1108	3553	177	71
西 藏 Tibet	863	75	450	143	195	37	13
陕 西 Shaanxi	21046	1322	12522	1191	6011	1545	217
甘 肃 Gansu	10130	752	6531	606	2241	605	402
青 海 Qinghai	2855	234	1619	220	782	143	12
宁 夏 Ningxia	3835	263	2385	232	955	492	12
新 疆 Xinjiang	12794	849	7223	916	3806	490	60

幼儿园教职工数(县镇)
Number of Teachers, Staff & Workers in Kindergarten (County City & Towns)

单位：人
unit: person

	教职工数 Teachers, Staff & Workers					代课教师 Substitute Teachers	兼任教师 Part-time Teachers
	合计 Total	园长 Kindergarten Heads	专任教师 Full-time Teachers	保健员 Health Nurses	其他 Other		
合计 Total	**620669**	**50416**	**405535**	**53871**	**110847**	**47935**	**5684**
北京 Beijing	3240	203	2128	143	766	64	120
天津 Tianjin	6541	620	4440	416	1065	1007	104
河北 Hebei	25698	1919	18438	2068	3273	2005	184
山西 Shanxi	11876	804	8735	668	1669	2745	176
内蒙古 Inner Mongolia	10841	964	7591	677	1609	922	110
辽宁 Liaoning	9039	1156	5511	1236	1136	300	
吉林 Jilin	11620	1353	7623	1002	1642	332	81
黑龙江 Heilongjiang	10215	1446	6440	1066	1263	147	95
上海 Shanghai	20866	802	14112	884	5068	504	64
江苏 Jiangsu	43794	2453	31659	2709	6973	7179	581
浙江 Zhejiang	63732	3801	39584	3136	17211		192
安徽 Anhui	16804	1714	11649	1491	1950	1769	120
福建 Fujian	22439	1878	14448	1195	4918	6719	208
江西 Jiangxi	29626	3053	19487	3205	3881	566	156
山东 Shandong	34406	3280	24861	1955	4310	3973	181
河南 Henan	30170	2348	21195	2890	3737	3558	340
湖北 Hubei	19719	1598	11982	2686	3453	2092	134
湖南 Hunan	32826	3041	18864	5779	5142	1158	229
广东 Guangdong	74707	5185	45762	6944	16816	2431	359
广西 Guangxi	25770	2642	15638	1319	6171	1221	301
海南 Hainan	5854	596	3252	791	1215	52	31
重庆 Chongqing	16188	1736	9439	2021	2992	1269	421
四川 Sichuan	33282	3187	21169	4326	4600	2535	465
贵州 Guizhou	10711	1074	7071	1111	1455	1024	68
云南 Yunnan	22189	1500	14421	2032	4236	548	219
西藏 Tibet	710	66	589	28	27	2	1
陕西 Shaanxi	12649	896	8676	1117	1960	1181	427
甘肃 Gansu	5816	453	4686	265	412	1012	228
青海 Qinghai	1802	149	1102	131	420	127	33
宁夏 Ningxia	2684	173	1926	146	439	321	9
新疆 Xinjiang	4855	326	3057	434	1038	1172	47

幼儿园教职工数(农村)
Number of Teachers, Staff & Workers in Kindergarten (Rural)

单位:人
unit: person

	教职工数 Teachers, Staff & Workers					代课教师 Substitute Teachers	兼任教师 Part-time Teachers
	合计 Total	园长 Kindergarten Heads	专任教师 Full-time Teachers	保健员 Health Nurses	其他 Other		
合计 Total	**432505**	**57541**	**275846**	**39271**	**59847**	**48700**	**5502**
北京 Beijing	2469	194	1565	110	600	25	21
天津 Tianjin	1409	150	1200	29	30	813	19
河北 Hebei	28758	3783	21636	1684	1655	4437	455
山西 Shanxi	10745	1568	7391	674	1112	3992	182
内蒙古 Inner Mongolia	2999	383	1952	205	459	224	59
辽宁 Liaoning	21867	3934	13737	2102	2094	1299	
吉林 Jilin	3807	521	2649	291	346	79	19
黑龙江 Heilongjiang	5780	1142	3580	489	569	191	82
上海 Shanghai	148	8	87	7	46		
江苏 Jiangsu	26948	1724	19158	2314	3752	6565	291
浙江 Zhejiang	31021	3093	18964	1885	7079		108
安徽 Anhui	9781	1400	6048	1139	1194	939	165
福建 Fujian	7413	783	5016	342	1272	3422	55
江西 Jiangxi	26758	4859	16467	2571	2861	588	131
山东 Shandong	53730	8328	38884	2258	4260	9958	339
河南 Henan	36133	4160	22988	4271	4714	2320	421
湖北 Hubei	18359	2027	10567	2719	3046	2219	248
湖南 Hunan	23623	3083	13258	3941	3341	807	166
广东 Guangdong	34507	3352	20452	3076	7627	1247	173
广西 Guangxi	12194	2329	6593	919	2353	598	205
海南 Hainan	1990	255	1028	320	387	20	3
重庆 Chongqing	6276	1046	3736	631	863	696	208
四川 Sichuan	21319	3411	12784	2723	2401	489	816
贵州 Guizhou	3344	495	1863	385	601	547	81
云南 Yunnan	10654	1715	6155	1289	1495	701	136
西藏 Tibet	3		3			1	
陕西 Shaanxi	18853	2358	10890	2022	3583	1515	641
甘肃 Gansu	3726	601	2451	273	401	1215	271
青海 Qinghai	1545	229	823	173	320	238	9
宁夏 Ningxia	510	66	302	48	94	107	14
新疆 Xinjiang	5836	544	3619	381	1292	3448	184

幼儿园女教职工数

Number of Female Teachers, Staff & Workers in Kindergarten

单位:人

unit: person

	教职工数 Teachers, Staff & Workers					代课教师 Substitute Teachers	兼任教师 Part-time Teachers
	合 计 Total	园 长 Kindergarten Heads	专任教师 Full-time Teachers	保健员 Health Nurses	其 他 Other		
合 计 Total	**1689346**	**146302**	**1120836**	**150236**	**271972**	**114309**	**12472**
北 京 Beijing	34282	1632	21302	1650	9698	819	354
天 津 Tianjin	14712	1109	10067	698	2838	1887	204
河 北 Hebei	68150	5299	50896	4943	7012	7099	570
山 西 Shanxi	39971	3265	28267	2310	6129	7457	608
内蒙古 Inner Mongolia	24781	2130	17335	1831	3485	1837	279
辽 宁 Liaoning	70462	8280	43944	11469	6769	1949	
吉 林 Jilin	24539	2769	16588	2275	2907	560	151
黑龙江 Heilongjiang	27512	3640	16998	2654	4220	610	202
上 海 Shanghai	38794	1725	26412	1885	8772	921	113
江 苏 Jiangsu	114541	6608	80204	7761	19968	14947	1096
浙 江 Zhejiang	145611	9558	94414	7625	34014		324
安 徽 Anhui	41839	4192	28938	4131	4578	3921	311
福 建 Fujian	59176	4980	38578	3580	12038	14797	251
江 西 Jiangxi	63237	8412	42274	6820	5731	1246	276
山 东 Shandong	130028	13821	96786	6787	12634	14514	491
河 南 Henan	98951	7815	70112	9862	11162	7585	866
湖 北 Hubei	59557	5068	37829	7484	9176	4932	353
湖 南 Hunan	79099	7957	46976	14768	9398	1899	420
广 东 Guangdong	215448	15092	134406	19260	46690	4777	625
广 西 Guangxi	49439	5867	30623	2629	10320	2339	506
海 南 Hainan	12358	1299	7356	1722	1981	55	27
重 庆 Chongqing	32086	3485	19665	3779	5157	1935	718
四 川 Sichuan	79680	8455	51024	9877	10324	3420	1095
贵 州 Guizhou	22840	2134	14342	2700	3664	1591	152
云 南 Yunnan	42727	3611	28344	4074	6698	1278	326
西 藏 Tibet	1353	118	962	162	111	29	5
陕 西 Shaanxi	46961	3991	31457	3866	7647	3523	1021
甘 肃 Gansu	18061	1494	13264	1075	2228	2457	797
青 海 Qinghai	5392	489	3403	493	1007	433	45
宁 夏 Ningxia	6298	430	4485	406	977	825	30
新 疆 Xinjiang	21461	1577	13585	1660	4639	4667	256

幼儿园园长、专任教师

Breakdown of Kindergarten Heads and Teachers by

	合 计 Total	按学历分 Brokendown by Educational Attainment				
		研究生毕业 Graduate	本科毕业 Under-graduate	专科毕业 Associate Bachelor	高中阶段毕业 High School Graduate	高中阶段以下毕业 Below High School Graduate
合　计 Total	**1305311**	**2472**	**167371**	**632554**	**459356**	**43558**
北　京 Beijing	23387	218	6498	11720	4596	355
天　津 Tianjin	12150	88	3811	5147	2728	376
河　北 Hebei	60767	58	8820	33753	17021	1115
山　西 Shanxi	32096	34	5281	16644	9194	943
内蒙古 Inner Mongolia	20473	38	4715	10880	4509	331
辽　宁 Liaoning	55014	307	7061	29346	15516	2784
吉　林 Jilin	19945	115	4926	9496	5064	344
黑龙江 Heilongjiang	21512	36	3280	11277	6184	735
上　海 Shanghai	28469	128	13387	13194	1693	67
江　苏 Jiangsu	87995	177	17428	48177	20842	1371
浙　江 Zhejiang	105059	82	12376	49469	41551	1581
安　徽 Anhui	34219	62	3531	20290	9529	807
福　建 Fujian	43945	13	4729	17283	20078	1842
江　西 Jiangxi	52450	63	3320	19596	24653	4818
山　东 Shandong	114388	205	12807	46451	50284	4641
河　南 Henan	81244	131	7913	42110	28412	2678
湖　北 Hubei	44205	74	4697	20240	17494	1700
湖　南 Hunan	56734	63	4517	31334	19572	1248
广　东 Guangdong	151988	237	9766	64407	70879	6699
广　西 Guangxi	37329	35	2911	17542	15081	1760
海　南 Hainan	8766	1	431	3909	4017	408
重　庆 Chongqing	23773	28	2655	10754	9615	721
四　川 Sichuan	60916	58	4662	28671	25246	2279
贵　州 Guizhou	16989	10	1803	9420	5265	491
云　南 Yunnan	33288	37	5150	15780	10847	1474
西　藏 Tibet	1183		98	625	416	44
陕　西 Shaanxi	36664	76	4504	21036	9955	1093
甘　肃 Gansu	15474	41	2583	8315	4075	460
青　海 Qinghai	4156	10	535	2255	1215	141
宁　夏 Ningxia	5115	13	775	3191	1071	65
新　疆 Xinjiang	15618	34	2401	10242	2754	187

学历、职称情况(总计)

Educational Attainment and Rank (Regional Aggregates)

单位:人

unit: person

按职称分 Brokendown by Rank					
中学高级 Senior Secondary	小学高级 Senior Primary	小学一级 1st Grade Primary	小学二级 2nd Grade Primary	小学三级 3rd Grade Primary	未评职称 Rank Undecided
9478	**183089**	**196423**	**64632**	**12974**	**838715**
197	4960	5083	1745	243	11159
415	5265	1645	196	55	4574
210	17247	16148	2023	354	24785
55	5245	7212	2351	400	16833
1031	4585	3560	570	100	10627
1227	9560	4543	1637	549	37498
274	5032	3732	567	194	10146
446	3551	3274	851	402	12988
399	8911	9130	2199	206	7624
825	15823	18635	4720	498	47494
461	7768	17842	6770	819	71399
117	6241	4416	1401	281	21763
207	7492	5211	1805	152	29078
267	2982	3595	1755	476	43375
708	11199	14543	3535	936	83467
505	9145	11605	4455	1096	54438
285	7151	7032	2803	513	26421
236	3910	6489	3114	700	42285
674	11622	13537	9097	2901	114157
124	4143	3954	2946	674	25488
19	573	718	715	44	6697
165	2267	3018	678	137	17508
173	7167	8858	2018	347	42353
8	2814	3205	740	110	10112
42	6844	5337	1654	152	19259
10	188	243	188	33	521
104	3553	5702	2128	265	24912
117	3176	3888	945	127	7221
39	752	499	168	30	2668
33	1063	899	179	30	2911
105	2860	2870	679	150	8954

幼儿园园长、专任教师

Breakdown of Kindergarten Heads and Teachers

	合　计 Total	按学历分 Brokendown by Educational Attainment				
		研究生毕业 Graduate	本科毕业 Under-graduate	专科毕业 Associate Bachelor	高中阶段毕业 High School Graduate	高中阶段以下毕业 Below High School Graduate
合　计 Total	**515973**	**1915**	**90094**	**283456**	**132764**	**7744**
北　京 Beijing	19297	206	5149	10224	3464	254
天　津 Tianjin	5740	51	2400	2788	472	29
河　北 Hebei	14991	44	2825	8719	3272	131
山　西 Shanxi	13598	29	2779	7625	2996	169
内蒙古 Inner Mongolia	9583	29	2355	5477	1644	78
辽　宁 Liaoning	30676	274	5111	18379	6372	540
吉　林 Jilin	7799	94	2323	3774	1561	47
黑龙江 Heilongjiang	8904	30	2011	5059	1717	87
上　海 Shanghai	13460	70	5823	6692	844	31
江　苏 Jiangsu	33001	140	8496	19836	4332	197
浙　江 Zhejiang	39617	64	6952	20633	11803	165
安　徽 Anhui	13408	55	1942	8829	2480	102
福　建 Fujian	21820	12	2913	9339	9033	523
江　西 Jiangxi	8584	13	1303	4753	2362	153
山　东 Shandong	39035	156	6790	20410	10950	729
河　南 Henan	30553	97	4355	17650	8041	410
湖　北 Hubei	18031	60	3120	9714	4860	277
湖　南 Hunan	18488	45	2214	12078	3987	164
广　东 Guangdong	77237	183	7012	37576	30067	2399
广　西 Guangxi	10127	24	1388	5723	2879	113
海　南 Hainan	3635	1	261	1800	1487	86
重　庆 Chongqing	7816	13	1360	4229	2127	87
四　川 Sichuan	20365	41	2329	11840	5952	203
贵　州 Guizhou	6486	6	900	3853	1609	118
云　南 Yunnan	9497	30	2166	4998	2127	176
西　藏 Tibet	525		63	262	164	36
陕　西 Shaanxi	13844	64	2358	8778	2444	200
甘　肃 Gansu	7283	33	1327	4233	1554	136
青　海 Qinghai	1853	6	233	1133	463	18
宁　夏 Ningxia	2648	12	449	1646	511	30
新　疆 Xinjiang	8072	33	1387	5406	1190	56

学历、职称情况(城市)

by Educational Attainment and Rank (Urban)

单位:人

unit: person

按职称分 Brokendown by Rank					
中学高级 Senior Secondary	小学高级 Senior Primary	小学一级 1st Grade Primary	小学二级 2nd Grade Primary	小学三级 3rd Grade Primary	未评职称 Rank Undecided
5147	**79348**	**81959**	**31993**	**7044**	**310482**
171	3913	4269	1529	221	9194
266	2960	1132	127	48	1207
103	3132	2510	588	123	8535
43	2351	2726	1264	219	6995
420	1692	1582	265	50	5574
565	5005	3122	1228	410	20346
129	1525	1200	311	149	4485
254	1628	1239	468	183	5132
226	5143	4026	887	137	3041
426	6753	8777	1972	229	14844
308	4403	8736	2398	276	23496
77	2582	1847	910	217	7775
173	3035	2264	1278	97	14973
161	1095	1267	620	106	5335
389	4849	4457	1532	370	27438
259	4401	4168	2170	553	19002
170	3712	3323	1527	172	9127
165	1391	2043	1138	413	13338
361	6237	8860	5751	1957	54071
47	1455	1459	1031	264	5871
9	227	246	367	29	2757
87	734	827	360	64	5744
74	2738	3705	948	235	12665
4	881	932	340	67	4262
37	2217	1534	734	68	4907
7	74	91	24		329
64	1553	2129	1074	142	8882
54	1525	1506	471	98	3629
10	209	263	132	25	1214
30	448	335	120	2	1713
58	1480	1384	429	120	4601

幼儿园园长、专任教师

Breakdown of Kindergarten Heads and Teachers by

	合 计 Total	按学历分 Brokendown by Educational Attainment				
		研究生毕业 Graduate	本科毕业 Under-graduate	专科毕业 Associate Bachelor	高中阶段毕业 High School Graduate	高中阶段以下毕业 Below High School Graduate
合 计 Total	**455951**	**457**	**58287**	**221316**	**163344**	**12547**
北 京 Beijing	2331	10	777	947	568	29
天 津 Tianjin	5060	37	1190	1993	1585	255
河 北 Hebei	20357	9	3402	11324	5165	457
山 西 Shanxi	9539	5	1941	5305	2143	145
内蒙古 Inner Mongolia	8555	9	2077	4238	2075	156
辽 宁 Liaoning	6667	15	767	3609	1999	277
吉 林 Jilin	8976	15	1928	4191	2653	189
黑龙江 Heilongjiang	7886	5	972	4119	2479	311
上 海 Shanghai	14914	58	7539	6465	821	31
江 苏 Jiangsu	34112	28	6673	17557	9167	687
浙 江 Zhejiang	43385	18	4369	20368	18029	601
安 徽 Anhui	13363	6	1238	7959	3921	239
福 建 Fujian	16326		1660	6314	7606	746
江 西 Jiangxi	22540	46	1625	9657	10094	1118
山 东 Shandong	28141	47	3634	12523	11210	727
河 南 Henan	23543	22	2392	13005	7597	527
湖 北 Hubei	13580	5	1008	5851	6187	529
湖 南 Hunan	21905	13	1567	11733	8107	485
广 东 Guangdong	50947	43	2230	20136	26648	1890
广 西 Guangxi	18280	11	1309	9073	7115	772
海 南 Hainan	3848		149	1673	1810	216
重 庆 Chongqing	11175	15	1147	4989	4754	270
四 川 Sichuan	24356	16	1969	12398	9268	705
贵 州 Guizhou	8145	3	741	4418	2716	267
云 南 Yunnan	15921	6	2631	8157	4616	511
西 藏 Tibet	655		34	362	251	8
陕 西 Shaanxi	9572	6	1322	5752	2259	233
甘 肃 Gansu	5139	4	944	2832	1251	108
青 海 Qinghai	1251	4	233	725	270	19
宁 夏 Ningxia	2099	1	302	1370	411	15
新 疆 Xinjiang	3383		517	2273	569	24

学历、职称情况(县镇)
Educational Attainment and Rank (County City & Towns)

单位:人
unit: person

按职称分 Brokendown by Rank					
中学高级 Senior Secondary	小学高级 Senior Primary	小学一级 1st Grade Primary	小学二级 2nd Grade Primary	小学三级 3rd Grade Primary	未评职称 Rank Undecided
3042	**72719**	**76127**	**21938**	**3651**	**278474**
17	611	476	132	13	1082
108	1513	434	68	7	2930
68	5474	4810	652	153	9200
8	2197	3023	666	100	3545
514	2263	1653	268	40	3817
171	1335	416	136	66	4543
108	2312	1900	179	39	4438
133	1216	1225	182	133	4997
172	3754	5089	1305	69	4525
342	6817	6962	2064	175	17752
141	2799	6550	2952	401	30542
31	3001	1877	339	61	8054
31	3604	2324	388	40	9939
78	1622	1734	775	233	18098
202	3333	5073	1039	144	18350
198	3431	4793	1432	252	13437
87	2146	2051	795	268	8233
53	1794	2614	1155	148	16141
195	4671	3694	2432	707	39248
70	2493	2092	1240	261	12124
4	316	391	277	5	2855
65	1235	1638	255	52	7930
97	4027	4142	843	65	15182
3	1689	1873	301	32	4247
5	4142	3194	707	50	7823
3	114	151	163	33	191
31	1556	2624	617	53	4691
59	1278	1824	382	14	1582
20	479	206	32	1	513
3	563	505	54	23	951
25	934	789	108	13	1514

幼儿园园长、专任教师学历、
Breakdown of Kindergarten Heads and Teachers by

	合计 Total	按学历分 Brokendown by Educational Attainment				
		研究生毕业 Graduate	本科毕业 Undergraduate	专科毕业 Associate Bachelor	高中阶段毕业 High School Graduate	高中阶段以下毕业 Below High School Graduate
合 计 Total	**333387**	**100**	**18990**	**127782**	**163248**	**23267**
北 京 Beijing	1759	2	572	549	564	72
天 津 Tianjin	1350		221	366	671	92
河 北 Hebei	25419	5	2593	13710	8584	527
山 西 Shanxi	8959		561	3714	4055	629
内蒙古 Inner Mongolia	2335		283	1165	790	97
辽 宁 Liaoning	17671	18	1183	7358	7145	1967
吉 林 Jilin	3170	6	675	1531	850	108
黑龙江 Heilongjiang	4722	1	297	2099	1988	337
上 海 Shanghai	95		25	37	28	5
江 苏 Jiangsu	20882	9	2259	10784	7343	487
浙 江 Zhejiang	22057		1055	8468	11719	815
安 徽 Anhui	7448	1	351	3502	3128	466
福 建 Fujian	5799	1	156	1630	3439	573
江 西 Jiangxi	21326	4	392	5186	12197	3547
山 东 Shandong	47212	2	2383	13518	28124	3185
河 南 Henan	27148	12	1166	11455	12774	1741
湖 北 Hubei	12594	9	569	4675	6447	894
湖 南 Hunan	16341	5	736	7523	7478	599
广 东 Guangdong	23804	11	524	6695	14164	2410
广 西 Guangxi	8922		214	2746	5087	875
海 南 Hainan	1283		21	436	720	106
重 庆 Chongqing	4782		148	1536	2734	364
四 川 Sichuan	16195	1	364	4433	10026	1371
贵 州 Guizhou	2358	1	162	1149	940	106
云 南 Yunnan	7870	1	353	2625	4104	787
西 藏 Tibet	3		1	1	1	
陕 西 Shaanxi	13248	6	824	6506	5252	660
甘 肃 Gansu	3052	4	312	1250	1270	216
青 海 Qinghai	1052		69	397	482	104
宁 夏 Ningxia	368		24	175	149	20
新 疆 Xinjiang	4163	1	497	2563	995	107

职称情况(农村)

Educational Attainment and Rank (Rural)

单位:人
unit: person

按职称分 Brokendown by Rank					
中学高级 Senior Secondary	小学高级 Senior Primary	小学一级 1st Grade Primary	小学二级 2nd Grade Primary	小学三级 3rd Grade Primary	未评职称 Rank Undecided
1289	**31022**	**38337**	**10701**	**2279**	**249759**
9	436	338	84	9	883
41	792	79	1		437
39	8641	8828	783	78	7050
4	697	1463	421	81	6293
97	630	325	37	10	1236
491	3220	1005	273	73	12609
37	1195	632	77	6	1223
59	707	810	201	86	2859
1	14	15	7		58
57	2253	2896	684	94	14898
12	566	2556	1420	142	17361
9	658	692	152	3	5934
3	853	623	139	15	4166
28	265	594	360	137	19942
117	3017	5013	964	422	37679
48	1313	2644	853	291	21999
28	1293	1658	481	73	9061
18	725	1832	821	139	12806
118	714	983	914	237	20838
7	195	403	675	149	7493
6	30	81	71	10	1085
13	298	553	63	21	3834
2	402	1011	227	47	14506
1	244	400	99	11	1603
	485	609	213	34	6529
		1	1		1
9	444	949	437	70	11339
4	373	558	92	15	2010
9	64	30	4	4	941
	52	59	5	5	247
22	446	697	142	17	2839

幼儿园校舍及
Statistics of Kindergarten Buildings

	学校占地面积 Areas Occupied	校舍建筑面积 Floor Space	教学及辅助用房 Teaching & Assistant Buildings				
			计 Total	其中 of Which			
				活动室 Recreational	睡眠室 Bedroom	保健室 Health Care Room	图书室 Picture Books
合　计 Total	**254173324**	**133858419**	**88837227**	**52198658**	**23919020**	**3163521**	**3377548**
北　京 Beijing	4243095	2592801	1458570	798800	490840	36068	45037
天　津 Tianjin	2063603	1055896	670779	414446	175116	21052	20151
河　北 Hebei	16495677	5274238	3548118	2168942	838363	167859	161552
山　西 Shanxi	6740564	3092184	1970275	1264735	422582	74742	85339
内蒙古 Inner Mongolia	4889788	1798333	1137393	652228	335373	36002	40387
辽　宁 Liaoning	6954445	3233351	2385913	1344911	539081	71387	73826
吉　林 Jilin	3012658	1370165	942566	506348	280413	35475	36875
黑龙江 Heilongjiang	4044064	1783606	1218830	647733	344954	60722	53674
上　海 Shanghai	6526425	4297320	2376958	1506325	525200	54621	55946
江　苏 Jiangsu	22427464	11889389	7833880	4757847	1913475	200298	267104
浙　江 Zhejiang	16548237	10985088	7062965	4180076	2133870	174627	231057
安　徽 Anhui	6182041	2967853	2065373	1284285	470205	85057	87729
福　建 Fujian	7413290	5180965	3478167	2214894	828418	88069	91846
江　西 Jiangxi	7257927	4668933	3366619	1830053	978892	147535	141670
山　东 Shandong	31186795	10949720	7317033	4749279	1598761	244548	301466
河　南 Henan	15158060	7048142	4925500	2839665	1335209	218394	222164
湖　北 Hubei	8389427	4716359	3189947	1734611	985526	156382	136203
湖　南 Hunan	11121187	6627132	4553715	2358063	1419172	264583	225436
广　东 Guangdong	23399773	18023265	11501971	6879457	3131406	339085	448112
广　西 Guangxi	5336467	3755138	2585544	1554437	830337	106301	94469
海　南 Hainan	1461268	851421	543261	303440	149863	24758	25900
重　庆 Chongqing	4085821	2525988	1761614	918154	449654	70424	68268
四　川 Sichuan	9876722	6066112	4277681	2408676	1125087	159914	158017
贵　州 Guizhou	2594112	1586165	1098354	606221	339158	44858	42229
云　南 Yunnan	5799210	3389254	2262974	1285897	703892	86621	80277
西　藏 Tibet	341801	145780	85868	38434	22337	4832	2891
陕　西 Shaanxi	5753291	3092218	2056372	1180307	596685	85878	89572
甘　肃 Gansu	3456169	1419191	931658	579589	204578	33436	34671
青　海 Qinghai	1840816	441607	275791	154513	79554	8821	6795
宁　夏 Ningxia	1166755	502453	328750	190682	100885	10286	9464
新　疆 Xinjiang	8406372	2528352	1624788	845610	570134	50886	39421

其他情况（总计）

and Others（Regional Aggregates）

单位：平方米

unit：m²

行政办公用房 Administrative		生活用房 Residential and Welfare	其他用房 for other Purposes	校舍面积中 of Floor Space：		幼儿园中户外活动场 Areas for Out-door Activities	图书（册） Picture Books	教学用录像录音带（盘） Tapes for Teaching
计 Total	其中：教师办公室 of Which：Office			危房面积 Floor Space of Dilapidated Buildings	当年新增 Added in Current Year			
10638910	**6627858**	**14735570**	**19646712**	**1547160**	**4177352**	**100002348**	**115060623**	**16073543**
234411	104907	336671	563149	2705	84084	1719038	2489753	323449
86786	51895	121039	177292	160	10563	919568	823396	115491
523665	380929	472983	729472	122912	177521	7005433	6598443	620413
366530	257466	326980	428399	48651	144898	2828228	3323049	450118
170091	110338	217499	273350	161082	37011	1787018	1053900	184810
218205	135112	307178	322055	8973	12590	3164691	2658493	420647
104361	64665	147946	175292	13634	20571	1266814	1001525	148544
145468	85151	192128	227180	12185	16900	1611745	1152513	194861
332879	145109	570852	1016631		290469	1926443	2147518	166439
853193	489128	1167084	2035232	1102	481300	8993675	14009569	1140369
788620	466755	1200380	1933123		277532	7170463	11031715	1519678
267623	174194	313050	321807	44443	57768	2343795	2525117	420142
370744	236462	520887	811167	18804	90691	3082830	2291910	486622
347502	227326	470459	484353	40920	56291	2427540	2367253	485927
1012389	714111	1010792	1609506	20374	206437	14270113	9262614	1194441
707765	470228	641513	773364	30827	113064	5729156	5738766	928917
361993	221480	606994	557425	97585	97465	2998716	2848850	481407
585844	374874	760771	726802	43870	81297	3538006	5204754	862391
1050845	604354	2145069	3325380	12331	145091	9825215	16474079	2645260
240000	152425	479085	450509	22550	168563	2068883	2093788	434357
65272	33294	129224	113664	2034	5901	565528	563385	101004
190387	115140	278210	295777	35084	20948	1460547	1778210	287478
428272	261531	699066	661093	83136	748324	3695273	6825979	809364
128488	78781	176608	182715	9952	48533	882900	1412557	168371
258909	144579	513796	353575	471172	277549	2011974	3139590	460371
12278	8653	22169	25465		3224	52740	37515	8128
347342	233594	321112	367392	13674	79114	2126261	2964560	513843
156515	113126	160174	170844	172498	35178	1095302	1545656	221254
37494	25889	63914	64408	36027	15100	500568	207994	33535
51384	34561	46433	75886	2126	24965	444391	407896	48652
193655	111801	315504	394405	18349	348410	2489494	1080276	197260

	学校占地面积 Areas Occupied	校舍建筑面积 Floor Space	教学及辅助用房 Teaching & Assistant Buildings				
			计 Total	其中 of Which			
				活动室 Recreational	睡眠室 Bedroom	保健室 Health Care Room	图书室 Picture Books
合　计 Total	**77132973**	**52849344**	**34332095**	**19990011**	**10259053**	**880444**	**1102455**
北　京 Beijing	3134709	2104586	1197772	648703	413103	29053	35635
天　津 Tianjin	805392	532538	316661	193433	96300	6772	8595
河　北 Hebei	2378817	1338769	879875	489067	300355	20914	25718
山　西 Shanxi	1945052	1239539	781275	439581	241954	22652	24333
内蒙古 Inner Mongolia	1555013	867429	546018	304556	176250	15122	19185
辽　宁 Liaoning	3082240	1842611	1323621	736736	316272	34457	33515
吉　林 Jilin	1022009	590470	394935	210546	128781	14858	15303
黑龙江 Heilongjiang	1531670	864248	557926	291327	168322	24310	21421
上　海 Shanghai	2723888	1881191	1043318	680935	213552	25925	26315
江　苏 Jiangsu	5980490	4173147	2683875	1601322	730780	45112	71933
浙　江 Zhejiang	5567511	4197618	2686423	1592704	818525	55077	85895
安　徽 Anhui	1976196	1248405	851739	506888	250710	24867	30102
福　建 Fujian	3177658	2540803	1689923	1074784	458301	35018	41177
江　西 Jiangxi	1123018	857057	605427	326505	206493	17371	20503
山　东 Shandong	7193962	3829478	2494913	1453932	753075	66338	91840
河　南 Henan	4469068	2787139	1921490	1068734	652695	53744	62656
湖　北 Hubei	2584851	1798729	1207407	693134	386164	38998	41989
湖　南 Hunan	3061175	2143673	1481262	780793	500105	58658	61178
广　东 Guangdong	10403558	8872675	5550039	3429643	1475347	126916	192050
广　西 Guangxi	1471671	1052235	680340	426292	218719	16553	18776
海　南 Hainan	534593	377577	238790	126693	66512	9202	11214
重　庆 Chongqing	1000196	740206	497650	275264	163062	13339	16904
四　川 Sichuan	2881025	2084774	1457142	808405	455754	38208	45161
贵　州 Guizhou	890166	645749	446739	248170	153192	13749	16170
云　南 Yunnan	1326359	960168	627287	369251	203781	14638	17337
西　藏 Tibet	132591	76808	43114	18620	11423	2020	1415
陕　西 Shaanxi	1746635	1204673	831102	481421	266777	20556	25026
甘　肃 Gansu	1042301	653320	432787	247518	133482	12857	14990
青　海 Qinghai	322920	192129	125386	68629	44755	3646	3147
宁　夏 Ningxia	425006	243191	162491	93045	52514	4834	4096
新　疆 Xinjiang	1643233	908409	575368	303380	201998	14680	18876

其他情况(城市)
Buildings and Others(Urban)

单位:平方米
unit: m^2

行政办公用房 Administrative		生活用房 Residential and Welfare	其他用房 for other Purposes	校舍面积中 of Floor Space:		幼儿园中户外活动场 Areas for Out-door Activities	图书(册) Picture Books	教学用录像录音带(盘) Tapes for Teaching
计 Total	其中:教师办公室 of Which: Office			危房面积 Floor Space of Dilapidated Buildings	当年新增 Added in Current Year			
3872339	**2013995**	**5656676**	**8988234**	**248848**	**1027453**	**31159412**	**48088124**	**7166456**
187303	78865	275731	443780	2406	46759	1252059	2079426	280706
43586	20385	72957	99334	160	4195	336076	325132	67235
110048	62912	116657	232189	4095	40081	921328	1453457	192724
118342	60985	143296	196626	2813	34143	785075	1101819	178112
79788	45594	104194	137429	35547	12762	665684	632475	108658
108333	60493	186104	224553	1283	3346	1354910	1525982	255412
43469	23740	60093	91973	1478	5509	399161	416070	60490
65479	30448	93348	147495	2776	3179	578514	448103	90160
150072	66296	244227	443574		49712	847886	870535	82090
271408	130824	413026	804838	170	95919	2470171	4626601	499582
289757	165619	429500	791938		71515	2248545	4333236	574607
103029	56606	131680	161957	9676	7358	750100	1201978	178734
178053	100464	239817	433010	1684	47011	1387413	1261352	264666
52600	27083	64654	134376	649	4184	451060	485247	100667
310895	175172	363834	659836	372	69416	3020610	3579728	481577
247019	130114	234810	383820	8826	32588	1792513	2496325	381297
138143	69157	198556	254623	10875	45246	960095	1331561	222453
171316	94500	207129	283966	1866	24574	1069621	1988399	335137
513319	262781	1021126	1788191	8292	53700	4685585	8838257	1538017
67187	33235	143098	161610	3786	57335	651952	696889	130639
26643	11629	58347	53797	425	1050	199682	310723	44834
52241	25826	72642	117673	1202	5928	356180	572993	97525
144210	68795	217309	266113	10819	175260	1099505	2412476	298706
51807	26635	63570	83633	1055	16436	337075	715645	78767
64721	33245	158350	109810	107128	43186	446321	1321367	169103
5945	3505	8233	19516			21865	27547	7466
105163	55082	120133	148275	4995	15544	673838	1279366	194712
59730	35445	70697	90106	11242	15683	405967	789138	106356
16194	9538	19634	30915	7217	7763	117038	130306	17777
22391	12992	21632	36677		12240	190045	215576	29358
74148	36030	102292	156601	8011	25831	683538	620415	98889

幼儿园校舍及
Statistics of Kindergarten Buildings

	学校占地面积 Areas Occupied	校舍建筑面积 Floor Space	教学及辅助用房 Teaching & Assistant Buildings				
			计 Total	其中 of Which			
				活动室 Recreational	睡眠室 Bedroom	保健室 Health Care Room	图书室 Picture Books
合　计 Total	**83168086**	**47192046**	**31598865**	**18470157**	**8522143**	**1123956**	**1169759**
北　京 Beijing	629801	309039	169219	97232	52250	4292	6769
天　津 Tianjin	890871	425321	286356	169425	74006	10402	8709
河　北 Hebei	3610998	1566648	1067654	622121	293701	39957	40921
山　西 Shanxi	1453233	813789	511179	356740	90923	16601	19444
内蒙古 Inner Mongolia	1880686	728036	458156	267351	130742	15783	15410
辽　宁 Liaoning	713857	386514	304726	170929	64802	7461	7847
吉　林 Jilin	1264750	595877	414902	225201	113503	14001	15828
黑龙江 Heilongjiang	1160942	547233	394402	210345	112644	20727	19216
上　海 Shanghai	3782317	2405575	1328177	822513	310036	28435	29433
江　苏 Jiangsu	9653883	4903487	3277766	1976023	765847	94515	120961
浙　江 Zhejiang	6690335	4466474	2843300	1684060	852537	70229	90342
安　徽 Anhui	2315146	1100940	777458	502069	146168	32354	33332
福　建 Fujian	2784550	1871513	1268207	810026	274702	35975	34669
江　西 Jiangxi	2751906	1920966	1415178	777716	431526	55265	54519
山　东 Shandong	7316089	2606601	1730110	1111678	393135	59293	67591
河　南 Henan	4205976	2002489	1438531	862252	352598	62625	66208
湖　北 Hubei	2582329	1502222	1029300	549228	326628	51728	41787
湖　南 Hunan	4081432	2511396	1760148	913268	553234	103596	84213
广　东 Guangdong	8379777	6349650	4092831	2356435	1188809	130268	163725
广　西 Guangxi	2440664	1832427	1297073	779121	418693	52545	46714
海　南 Hainan	651599	345411	227132	133173	62074	11102	10206
重　庆 Chongqing	1986606	1267186	899805	468801	229471	36016	35225
四　川 Sichuan	3877892	2479938	1752377	971147	436351	68341	62524
贵　州 Guizhou	1161123	688641	489192	266294	142888	23226	19208
云　南 Yunnan	2474412	1552945	1061721	597340	344032	34468	31062
西　藏 Tibet	206187	68260	42357	19526	10805	2812	1476
陕　西 Shaanxi	1264061	748128	484979	281653	142187	18625	19670
甘　肃 Gansu	886198	403911	264813	180879	39218	9003	10098
青　海 Qinghai	317200	114710	70205	42282	19671	2310	1437
宁　夏 Ningxia	468398	201723	135094	80118	40353	3829	4079
新　疆 Xinjiang	1284868	474996	306517	165211	108609	8172	7136

其他情况(县镇)

and Others (County City & Towns)

单位:平方米
unit: m^2

行政办公用房 Administrative		生活用房 Residential and Welfare	其他用房 for other Purposes	校舍面积中 of Floor Space:		幼儿园中户外活动场 Areas for Out-door Activities	图书(册) Picture Books	教学用录像录音带(盘) Tapes for Teaching
计 Total	其中:教师办公室 of Which: Office			危房面积 Floor Space of Dilapidated Buildings	当年新增 Added in Current Year			
3655058	**2327265**	**5294679**	**6643444**	**758122**	**1828784**	**31897958**	**39438799**	**5198170**
28859	15918	36410	74551		23767	271305	269179	29307
33050	22469	40582	65333		3416	378433	325146	38014
150639	100111	145044	203311	19480	67170	1551675	1854601	203731
101305	72498	86803	114502	21726	58781	623636	923600	113087
67405	47353	85360	117115	82163	20760	725266	334405	62867
23948	17220	33021	24819	3876	1944	330672	314387	48474
46129	30306	69919	64927	10515	10476	549719	458413	69701
50718	32598	56125	45988	5955	9482	482967	423070	70242
181967	78324	325019	570412		240757	1072771	1270903	83758
359152	224374	478940	787629		212251	3783026	5655155	402016
328759	188740	485758	808657		142931	2965275	4559378	620789
105356	71204	110816	107310	20810	30880	901337	794953	146612
134108	91487	189099	280099	11214	27610	1134950	785985	178164
140962	90002	183511	181315	20030	31644	877302	1068819	197525
229146	162635	250827	396518	7594	41203	3220034	2321279	282950
201565	145316	180252	182141	15092	36636	1558385	1625149	258557
111537	70335	197100	164285	46478	21138	894129	797443	132628
217257	140839	293115	240876	19811	31882	1300507	2054133	327345
359684	219494	812330	1084805	3342	61918	3272259	5212050	761955
111467	73640	224247	199640	15649	72760	924347	1052976	210995
24557	15595	52615	41107	1334	4448	260133	190233	42748
95558	56403	139215	132608	24025	11578	709365	888232	137074
164430	105501	292101	271030	54182	389698	1426845	2921361	308777
52271	35252	78197	68981	7183	23671	358587	522291	67764
116558	61857	223885	150781	255244	118265	876747	1190721	181180
6273	5148	13746	5884		3224	29694	9901	662
95980	71273	78535	88634	6800	37484	415339	735758	112005
44900	35001	45749	48449	90302	16434	279087	460595	53215
8865	6127	15536	20104	10242	5551	121195	49326	9538
23151	16796	17914	25564	856	10391	177099	173772	16119
39502	23449	52908	76069	4219	60634	425872	195585	30371

幼儿园校舍及

Statistics of Kindergarten

	学校占地面积 Areas Occupied	校舍建筑面积 Floor Space	教学及辅助用房 Teaching & Assistant Buildings				
			计 Total	其中 of Which			
				活动室 Recreational	睡眠室 Bedroom	保健室 Health Care Room	图书室 Picture Books
合　计 Total	**93872265**	**33817029**	**22906267**	**13738490**	**5137824**	**1159121**	**1105334**
北　京 Beijing	478585	179176	91579	52865	25487	2723	2633
天　津 Tianjin	367340	98037	67762	51588	4810	3878	2847
河　北 Hebei	10505862	2368821	1600589	1057754	244307	106988	94913
山　西 Shanxi	3342279	1038856	677821	468414	89705	35489	41562
内蒙古 Inner Mongolia	1454089	202868	133219	80321	28381	5097	5792
辽　宁 Liaoning	3158348	1004226	757566	437246	158007	29469	32464
吉　林 Jilin	725899	183818	132729	70601	38129	6616	5744
黑龙江 Heilongjiang	1351452	372125	266502	146061	63988	15685	13037
上　海 Shanghai	20220	10554	5463	2877	1612	261	198
江　苏 Jiangsu	6793091	2812755	1872239	1180502	416848	60671	74210
浙　江 Zhejiang	4290391	2320996	1533242	903312	462808	49321	54820
安　徽 Anhui	1890699	618508	436176	275328	73327	27836	24295
福　建 Fujian	1451082	768649	520037	330084	95415	17076	16000
江　西 Jiangxi	3383003	1890910	1346014	725832	340873	74899	66648
山　东 Shandong	16676744	4513641	3092010	2183669	452551	118917	142035
河　南 Henan	6483016	2258514	1565479	908679	329916	102025	93300
湖　北 Hubei	3222247	1415408	953240	492249	272734	65656	52427
湖　南 Hunan	3978580	1972063	1312305	664002	365833	102329	80045
广　东 Guangdong	4616438	2800940	1859101	1093379	467250	81901	92337
广　西 Guangxi	1424132	870476	608131	349024	192925	37203	28979
海　南 Hainan	275076	128433	77339	43574	21277	4454	4480
重　庆 Chongqing	1099019	518596	364159	174089	57121	21069	16139
四　川 Sichuan	3117805	1501400	1068162	629124	232982	53365	50332
贵　州 Guizhou	542823	251775	162423	91757	43078	7883	6851
云　南 Yunnan	1998439	876141	573966	319306	156079	37515	31878
西　藏 Tibet	3023	712	397	288	109		
陕　西 Shaanxi	2742595	1139417	740291	417233	187721	46697	44876
甘　肃 Gansu	1527670	361960	234058	151192	31878	11576	9583
青　海 Qinghai	1200696	134768	80200	43602	15128	2865	2211
宁　夏 Ningxia	273351	57539	31165	17519	8018	1623	1289
新　疆 Xinjiang	5478271	1144947	742903	377019	259527	28034	13409

其他情况(农村)

Buildings and Others (Rural)

单位:平方米
unit: m^2

行政办公用房 Administrative		生活用房 Residential and Welfare	其他用房 for other Purposes	校舍面积中 of Floor Space:		幼儿园中户外活动场 Areas for Out-door Activities	图书(册) Picture Books	教学用录像录音带(盒) Tapes for Teaching
计 Total	其中:教师办公室 of Which: Office			危房面积 Floor Space of Dilapidated Buildings	当年新增 Added in Current Year			
3111513	**2286598**	**3784215**	**4015034**	**540190**	**1321115**	**36944978**	**27533700**	**3708917**
18249	10124	24530	44818	299	13558	195674	141148	13436
10150	9041	7500	12625		2952	205059	173118	10242
262978	217906	211282	293972	99337	70270	4532430	3290385	223958
146883	123983	96881	117271	24112	51974	1419517	1297630	158919
22898	17391	27945	18806	43372	3489	396068	87020	13285
85924	57399	88053	72683	3814	7300	1479109	818124	116761
14763	10619	17934	18392	1641	4586	317934	127042	18353
29271	22105	42655	33697	3454	4239	550264	281340	34459
840	489	1606	2645			5786	6080	591
222633	133930	275118	442765	932	173130	2740478	3727813	238771
170104	112396	285122	332528		63086	1956643	2139101	324282
59238	46384	70554	52540	13957	19530	692358	528186	94796
58583	44511	91971	98058	5906	16070	560467	244573	43792
153940	110241	222294	168662	20241	20463	1099178	813187	187735
472348	376304	396131	553152	12408	95818	8029469	3361607	429914
259181	194798	226451	207403	6909	43840	2378258	1617292	289063
112313	81988	211338	138517	40232	31081	1144492	719846	126326
197271	139535	260527	201960	22193	24841	1167878	1162222	199909
177842	122079	311613	452384	697	29473	1867371	2423772	345288
61346	45550	111740	89259	3115	38468	492584	343923	92723
14072	6070	18262	18760	275	403	105713	62429	13422
42588	32911	66353	45496	9857	3442	395002	316985	52879
119632	87235	189656	123950	18135	183366	1168923	1492142	201881
24410	16894	34841	30101	1714	8426	187238	174621	21840
77630	49477	131561	92984	108800	116098	688906	627502	110088
60		190	65			1181	67	
146199	107239	122444	130483	1879	26086	1037084	949436	207126
51885	42680	43728	32289	70954	3061	410248	295923	61683
12435	10224	28744	13389	18568	1786	262335	28362	6220
5842	4773	6887	13645	1270	2334	77247	18548	3175
80005	52322	160304	161735	6119	261945	1380084	264276	68000

第二部分
Part Ⅱ

办 学 条 件
PHYSICAL FACILITIES

一、教育经费
Public Expenditure on Education

全国教育经费来源和支出情况

Sources of Educational Funds and Expenditure for Education

单位：万元

unit：10,000 yuan

年份 Year	合计 Total	国家财政性教育经费 Government Appropriation for Education	#预算内教育经费 Budgetary Educational Funds	民办学校办学经费 School funding for private Schools	社会捐赠经费 Donor funding for the community	事业收入 Income from Teaching Research and Other Auxiliary Activity	学杂费 Tuition	其他教育经费 Other Educational Funds
1992	8670490. 5	7287505. 8	5387381. 7		696285. 2		439319. 3	
1993	10599374. 4	8677618. 3	6443914. 0	33322. 7	701856. 1		871476. 9	
1994	14887812. 6	11747395. 6	8839794. 7	107795. 2	974487. 1		1469228. 1	
1995	18779501. 1	14115233. 3	10283930. 0	203671. 5	1628414. 0		2012422. 5	
1996	22623393. 5	16717045. 5	12119133. 6	261998. 9	1884189. 5		2610361. 2	
1997	25317325. 7	18625416. 3	13577262. 1	301746. 4	1706587. 6		3260792. 0	
1998	29490592. 0	20324526. 0	15655917. 0	480314. 0	1418537. 0	6091514. 9	3697474. 0	1175699. 9
1999	33490416. 4	22871756. 1	18157597. 3	628957. 1	1258694. 2	7497173. 7	4636107. 9	1233835. 3
2000	38490805. 8	25626055. 7	20856792. 0	858537. 2	1139556. 9	9382716. 7	5948304. 3	1483939. 3
2001	46376626. 2	30570099. 5	25823761. 9	1280895. 2	1128851. 8	11575137. 1	7456013. 5	1821642. 6
2002	54800277. 6	34914047. 5	31142383. 3	1725548. 7	1272791. 0	14609168. 8	9227791. 7	2278721. 6
2003	62082653. 0	38506236. 6	34538582. 6	2590147. 8	1045926. 9	17218399. 1	11214984. 7	2721942. 6
2004	72425989. 2	44658574. 8	40278158. 0	3478528. 8	934203. 8	20114268. 0	13465517. 3	3240413. 8
2005	84188390. 5	51610759. 3	46656939. 0	4522185. 0	931612. 9	23399990. 9	15530544. 6	3723842. 4
2006	98153086. 5	63483647. 5	57956138. 0	5490583. 0	899077. 6	24073042. 2	15523301. 0	4206736. 2
2007	121480663. 0	82802142. 1	76549081. 9	809337. 4	930583. 9	31772357. 3	21309082. 2	5166242. 3
2008	145007374. 2	104496295. 6	96855601. 9	698479. 3	1026663. 3	33670710. 7	23492982. 8	5115225. 3
2009	165027065. 0	122310935. 4	114193032. 4	749829. 1	1254990. 5	35275939. 1	25155982. 6	5435370. 9

注：2007 年对部分教育经费统计指标进行了修订，表中 1992－2006 年“民办学校办学经费”是指社会团体和公民个人办学总经费，2007 年及以后年份是指民办学校中举办者投入。

各地区教育经费来源
Sources of Educational Fund and Expenditure

地区 Region	合　计 Total	国家财政性教育经费 Government Appropriation for Education	#预算内教育经费 Budgetary Educational Funds
中 央 Central Government	18106108.5	11917748.2	11716869.3
地 方 Local Government	146920956.5	110393187.2	102476163.1
北 京 Beijing	5289432.0	4332697.6	4006230.4
天 津 Tianjin	2381672.0	1803943.0	1677781.0
河 北 Hebei	6145260.6	4692123.2	4345827.8
山 西 Shanxi	3809096.2	2977295.0	2694752.0
内蒙古 Inner Mongolia	3187732.6	2692815.7	2498568.0
辽 宁 Liaoning	5349184.1	4143771.8	3790891.4
吉 林 Jilin	3006987.5	2375057.7	2275201.8
黑龙江 Heilongjiang	3486162.9	2761967.0	2596720.3
上 海 Shanghai	4937339.4	3825304.6	3395283.3
江 苏 Jiangsu	11054889.8	7402067.3	6548469.9
浙 江 Zhejiang	8911506.9	5947215.5	4998282.5
安 徽 Anhui	4873315.8	3596934.8	3387146.5
福 建 Fujian	4479126.3	3255727.7	3014544.9
江 西 Jiangxi	3776515.8	2706434.0	2589591.7
山 东 Shandong	8397428.9	6364782.0	5676782.7
河 南 Henan	7633496.3	5869144.6	5626470.0
湖 北 Hubei	5194495.2	3407312.6	3180673.6
湖 南 Hunan	5660684.2	4031175.5	3779430.5
广 东 Guangdong	12843085.2	9071028.6	8554350.2
广 西 Guangxi	3873253.1	3051449.4	2921497.8
海 南 Hainan	1175474.1	905860.3	811612.3
重 庆 Chongqing	3309977.1	2324549.3	2195528.0
四 川 Sichuan	8088478.8	6105390.5	5820461.3
贵 州 Guizhou	3094112.6	2680258.1	2557255.2
云 南 Yunnan	4408080.7	3723686.0	3596526.7
西 藏 Tibet	597447.7	577398.7	576051.1
陕 西 Shaanxi	4637456.8	3410574.4	3250003.3
甘 肃 Gansu	2761109.7	2359726.1	2286210.4
青 海 Qinghai	785820.0	727965.9	705758.3
宁 夏 Ningxia	813070.5	677505.4	648254.9
新 疆 Xinjiang	2959263.7	2592024.9	2470005.3

和支出情况(2009 年)

for Education by Region(2009)

单位：万元

unit：10,000 yuan

民办学校办学经费 School funding for private Schools	社会捐赠经费 Donor funding for the community	事业收入 Income from Teaching Research and Other Auxiliary Activity		其他教育经费 Other Educational Funds
			学杂费 Tuition	
0.0	138719.3	4991192.1	2535276.7	1058448.9
749829.1	1116271.2	30284747.0	22620705.9	4376922.0
5207.8	53681.9	757151.0	503558.5	140693.7
3786.1	7209.9	505972.4	359735.6	60760.6
29486.9	9451.3	1250708.4	1030696.9	163490.8
20794.2	8154.0	751428.3	602479.4	51424.7
2279.7	3201.5	429547.2	334691.1	59888.5
20242.3	2147.7	1030190.0	837912.1	152832.3
4152.5	4748.8	591920.1	468580.4	31108.4
8576.0	1284.9	701669.2	598105.4	12665.8
4592.1	9402.2	824592.7	688344.8	273447.8
20569.9	148646.8	2852163.2	1946809.8	631442.6
10892.3	176134.1	2133499.3	1544936.0	643765.7
48278.5	22545.6	1101214.9	833179.2	104342.0
85541.7	30471.3	1007402.6	734334.0	99983.0
14659.7	13475.3	919366.8	747261.6	122580.0
25512.1	28233.3	1816673.2	1379027.4	162228.3
59991.4	4946.8	1555510.5	1194809.7	143903.0
42267.5	15608.3	1515402.7	1127650.3	213904.1
20527.7	13569.4	1402601.2	1068198.9	192810.4
140274.6	112401.8	3223522.0	2394394.8	295858.2
10366.4	13681.9	739499.7	570102.3	58255.7
21374.0	7033.4	213024.2	159035.0	28182.2
50352.4	32999.0	672950.4	463283.2	229126.0
39844.2	295130.7	1510992.9	897782.8	137120.5
7787.0	5667.4	358393.0	260951.4	42007.1
17428.0	16917.0	563674.5	429140.7	86375.2
28.8	4639.9	15086.8	11790.2	293.5
30454.7	20737.9	1054917.7	844400.3	120772.1
2361.4	26764.0	351007.4	282441.4	21250.8
696.7	2278.4	45218.5	30158.7	9660.5
605.0	21209.4	90061.4	68689.0	23689.3
897.5	3897.3	299384.8	208225.0	63059.2

各类学校教育经费

Sources of Educational Fund and Expenditure

学校类别 Type of Schools	合计 Total	国家财政性教育经费 Government Appropriation for Education	#预算内教育经费 Budgetary Educational Funds
全国总计 National Total	**165027065. 0**	**122310935. 4**	**114193032. 4**
中央 Central Government	18106108. 5	11917748. 2	11716869. 3
地方 Local Government	146920956. 5	110393187. 2	102476163. 1
按学校类别分组 Grouped by Type of Schools			
高等学校 Institutions of Higher Education	47827759. 8	23273842. 4	22493468. 9
普通高等学校 Regular Institutions of Higher Education	46450089. 4	22645082. 6	21912629. 4
成人高等学校 Adult Institutions of Higher Education	1377670. 4	628759. 8	580839. 5
中等职业学校 Secondary Vocational Schools	11988674. 6	8141848. 0	7086184. 9
中等专业学校 Regular Specialized Secondary Schools	5134365. 3	3307110. 0	2968623. 7
职业高中 Vocational High Schools	4708236. 5	3465887. 1	2859537. 0
技工学校 Technical Schools	1462059. 0	878353. 5	801627. 4
成人中专学校 Adult Specialized Secondary Schools	684013. 8	490497. 4	456396. 8
中学 Secondary Schools	47680922. 8	38343766. 6	35350376. 3
普通中学 Regular Secondary Schools	47634303. 5	38311849. 5	35326168. 7
普通高中 Regular Senior Secondary Schools	17794434. 6	11093407. 0	9853695. 7
普通初中 Regular Junior Secondary Schools	29839868. 9	27218442. 5	25472473. 0
#农村 Rural	16975026. 6	16313520. 3	15497859. 3
成人中学 Adult Secondary Schools	46619. 3	31917. 1	24207. 6
小学 Primary Schools	42173871. 5	39730250. 7	37701029. 1
普通小学 Regular Primary Schools	42169241. 0	39725714. 8	37696574. 0
#农 村 Rural	27230002. 2	26425549. 3	25449024. 9
成人小学 Adult Primary Schools	4630. 5	4535. 9	4455. 1
特殊教育学校 Schools of Special Education	482850. 8	454816. 1	406914. 7
幼儿园 Kindergartens	2447892. 0	1662739. 2	1524543. 3
教育行政单位 Education Administrative Department	2463587. 0	2140293. 6	1808729. 2
教育事业单位	5733982. 2	4639215. 8	3911935. 1
其 它 Others	4227524. 3	3924163. 0	3909850. 9

来源和支出情况(2009年)

Education in Various School(2009)

单位：万元

unit：10,000 yuan

民办学校办学经费 School funding for private Schools	社会捐赠经费 Donor funding for the community	事业收入 Income from Teaching Research and Other Auxiliary Activity		其他教育经费 Other Educational Funds
			学杂费 Tuition	
749829. 1	**1254990. 5**	**35275939. 1**	**25155982. 6**	**5435370. 9**
	138719. 3	4991192. 1	2535276. 7	1058448. 9
749829. 1	1116271. 2	30284747. 0	22620705. 9	4376922. 0
330962. 2	263894. 9	20836561. 5	15939086. 5	3122498. 8
330962. 2	261761. 3	20188914. 8	15403469. 1	3023368. 5
	2133. 6	647646. 7	535617. 4	99130. 3
127870. 7	38949. 7	3351543. 6	2778155. 9	328462. 6
57842. 4	9787. 1	1602826. 6	1357866. 3	156799. 2
56968. 9	26181. 8	1059045. 1	892281. 8	100153. 6
7639. 0	2678. 0	524512. 4	428558. 2	48876. 1
5420. 4	302. 8	165159. 5	99449. 6	22633. 7
178383. 5	529659. 9	7694347. 2	4971680. 6	934765. 6
178383. 5	529597. 4	7683629. 5	4969428. 2	930843. 6
70572. 0	241977. 8	5898235. 5	4071947. 9	490242. 3
107811. 5	287619. 6	1785394. 0	897480. 3	440601. 3
22313. 8	118134. 4	354648. 8	142379. 6	166409. 3
	62. 5	10717. 7	2252. 4	3922. 0
112522. 3	344857. 0	1473223. 3	760280. 3	513018. 2
112522. 3	344857. 0	1473140. 9	760280. 3	513006. 0
28365. 6	169536. 7	374285. 2	158898. 1	232265. 4
		82. 4		12. 2
90. 4	4899. 3	11721. 9	300. 8	11323. 1
	18364. 5	724637. 0	635669. 9	42151. 3
	22305. 8	178525. 0		122462. 6
	29954. 1	761165. 5		303646. 8
	2105. 3	244214. 1	70808. 6	57041. 9

二、教育基本建设投资
Capital Construction Investment in the Educational Sector

教育基本建设
Data on the Completion of Capital Construction

学校类别 Type of School	投资合计 Total Investment Completed in the Curent year（10 Thousand Yuan）	本年完成投资按 Investment by source of			
		国家预算内 Budgetary Allocation			
		计 Sub-total	中 央 Central	省级 Local	计 Sub-total
总 计 Total	**24355949**	**14962272**	**2840174**	**12122098**	**7939992**
普通高等学校 Regular Institutions of Higher Education	7599446	2071838	244678	1827160	5250775
中等师范学校 Teacher Teaining Schools	1911197	1254800	157296	1097503	501769
普通中学 Regular Secondary Schools	8351956	6367020	1234605	5132415	1414894
职业中学 Vocational Schools	14733	13133	888	12245	1152
小学 primary Schools	5157614	4157718	929187	3228531	578076
幼儿园 Kindergartens	168222	157519	84275	73244	6920
特殊教育学校 Special Education Schools	537992	387098	133677	253422	128203
其他 Other	614789	553146	55568	497578	58203

投资完成情况(总计)

Investment in the Educational Sector(Regional Aggregates)

资金来源分(万元) Fund (10 Thousand Yuan)			本年竣工建筑面积(平方米) Building Floor Area Completed (m^2)			
自筹资金及其他 Self-raised Fund And Others Sources						
其中 of Which:						
学校自筹 Raised by School	个人捐资 Individual Donations	其　他 Other Sources	合　计 Total	教学及辅助用房 Teaching & Administrative	行政办公用房 Adm. Building Rooms for other purposes	其他用房 Others
7747031	**192961**	**1453686**	**125574371**	**79899890**	**5551289**	**40123192**
5107042	143733	276834	24807479	12447602	959137	11400740
497283	4486	154629	9395278	5653601	429067	3312610
1383145	31748	570042	48861408	29065462	2334133	17461813
1152	0	448	106491	63328	4646	38517
571699	6377	421820	35793400	27454716	1485927	6852757
6660	260	3783	956057	686247	32189	237621
122571	5633	22691	2504035	1937831	153708	412496
57478	725	3440	3150223	2591103	152482	406638

地方所属各级学校
Data on the Completion of Capital Construction

学校类别 Type of School	投资合计(万元) Total Investment Completed in the Curent year (10 Thousand Yuan)	本年完成投资按 Investment by source of			
		国家预算内 Budgetary Allocation			
		计 Sub-total	中　央 Central	省级 Local	计 Sub-total
合　计 Total	**24355949**	**14962272**	**2840174**	**12122098**	**7939992**
北　京 Beijing	761358	739553	0	739553	21805
天　津 Tianjin	197738	46582	0	46582	132361
河　北 Hebei	847841	542343	115732	426611	260944
山　西 Shanxi	623789	437470	44754	392716	115531
内蒙古 Inner Mongolia	1342729	736818	52971	683847	382939
辽　宁 Liaoning	535708	276539	13022	263517	211841
大　连 Dalian	88901	83024	0	83024	730
吉　林 Jilin	430717	359005	27310	331695	57034
黑龙江 Heilongjiang	321784	199758	50223	149535	118675
上　海 Shanghai	532313	207629	0	207629	324684
江　苏 Jiangsu	1844855	1190016	4970	1185046	553648
浙　江 Zhejiang	915058	725561	1035	724526	171699
宁　波 Ningbo	237065	220119	800	219319	16646
安　徽 Anhui	1022087	680323	143405	536918	314099
福　建 Fujian	421935	139204	15244	123960	135065
厦　门 Xiamen	53194	32637	600	32037	20482
江　西 Jiangxi	471215	296036	87369	208667	154271
山　东 Shandong	958183	467344	32908	434437	318546
青　岛 Qingdao	141415	125350	570	124780	16065
河　南 henan	1183461	396746	144010	252737	707748
湖　北 Hubei	664945	282435	73131	209303	330514
湖　南 Hunan	580390	385055	64663	320392	170650
广　东 Guangdong	1768230	1289057	3861	1285197	420269
深　圳 Shenzhen	333297	331905	1960	329945	1392
广　西 Guangxi	949017	525248	114692	410555	406366
海　南 Hainan	247250	118695	46202	72493	115812
重　庆 Chongqing	696025	377921	60899	317023	295352
四　川 Sichuan	2232897	1249390	709405	539985	850095
贵　州 guizhou	401821	310246	87566	222680	76209
云　南 Yunnan	1285719	607937	175018	432919	591593
西　藏 Tibet	111370	107560	77984	29576	3500
陕　西 Shaanxi	490931	204868	48651	156217	276911
甘　肃 Gansu	633468	433130	231630	201500	187377
青　海 Qinghai	157358	119909	41916	77993	37449
宁　夏 Ningxia	260494	174482	79056	95426	85571
新　疆 Xinjiang	519823	459850	224442	235409	49106
新疆生产建设兵团 Xinjiang Construction Corps	91573	82528	64176	18352	7014

投资完成情况
Investment in the Educational Sector

资金来源分(万元) Fund (10 Thousand Yuan) 自筹资金及其他 Self-raised Fund And Others Sources 其中 of Which:			本年竣工建筑面积(平方米) Building Floor Area Completed (m^2)			
学校自筹 Raised by School	个人捐资 Individual Donations	其 他 Other Sources	合 计 Total	教学及辅助用房 Teaching & Administrative	行政办公用房 Adm. Building Rooms for other purposes	其他用房 Others
7747031	**192961**	**1453686**	**125574371**	**79899890**	**5551289**	**40123192**
21805	0	0	2600352	2268362	110226	221764
132361	0	18795	368884	279596	20940	68348
252598	8347	44554	4802980	3169507	236628	1396845
112526	3005	70788	4385468	3202482	312225	870761
378091	4848	222972	7297763	4463487	635285	2198991
209591	2250	47329	2632276	1955594	70746	605936
730	0	5147	797848	631457	25173	141218
57034	0	14678	1918714	1449576	104435	364703
118675	0	3351	1945286	1389030	72439	483817
324684	0	0	1304972	970021	218290	116661
550147	3501	101191	7451669	4768896	375466	2307307
170899	800	17798	3808789	2393719	163230	1251840
15846	800	300	567829	341695	39010	187124
305476	8623	27665	8574594	5883688	185584	2505322
134765	300	147666	2529907	1534117	59287	936503
20482	0	75	473911	356803	26540	90568
149393	4878	20909	3224429	2056622	113054	1054753
303751	14795	172292	6090971	3741549	374579	1974843
16065	0	0	670924	499837	48326	122761
654421	53327	78966	7366051	4469735	383290	2513026
326613	3901	51996	3622082	1918085	111865	1592132
169890	760	24685	4096465	2679168	119694	1297603
412266	8003	58904	6642425	3946301	318285	2377839
1392	0	0	386859	251824	26162	108873
383302	23064	17403	6858551	4613546	136103	2108902
115782	30	12743	1573391	889538	50378	633475
287969	7383	22752	3185031	1653212	155878	1375941
841791	8304	133412	9567606	5464495	434747	3668364
76189	20	15366	2194140	1416334	51679	726127
590442	1151	86189	6228747	3287546	122876	2818325
3500	0	310	557093	251219	20407	285467
259612	17299	9152	2059895	985412	61535	1012948
173900	13477	12961	3474504	2199723	115281	1159500
37449	0	0	602750	423456	23259	156035
85571	0	441	1074906	788127	39825	246954
45011	4095	10866	3787607	2645735	160235	981637
7014	0	2031	848702	660396	28327	159979

第三部分
Part Ⅲ

科学研究活动及其他
Scientific Research Activites & Other

一、自然科学与技术
Natural Science and Technology

普通高等学校
Scientific and Technical Manpower

	教学与科研人员 Personnel Engaged in S&T Activities		研究与发展人员 R & D Personnel	
	计 Total	其中:科学家和工程师 of Which: Scientists & Engineers	计 Total	其中:科学家和工程师 of Which: Scientists & Engineers
合　计: Total	**812650**	**776526**	**331016**	**322901**
按学校规格分 Breakdown by category of HEIs				
"211"及省部共建高等学校 Key HEIs	290834	275618	151491	146626
其他本科院校 Ordinary Degree Level HEIs	456923	438637	170262	167094
高等专科学校 Short-cycle HEIs	64893	62271	9263	9181
按学校隶属分 Breakdown by Control				
部委院校 HEIs under Other Central Ministries	30417	29084	18871	18475
教育部直属院校 HEIs Under Ministry of Education	209622	198094	109123	105382
地方院校 HEIs Under Local Govermments	572611	549348	203022	199044
按学校类型分 Breakdown by Type of HEIs				
综合大学 Comprehensive Universities	248197	235405	109783	106176
工科院校 Engineering	260933	252808	113488	111708
农林院校 Agriculture	46576	44172	19412	18916
医药院校 Medicine & Pharmacy	187400	176422	59741	57957
师范院校 Teachers Training	56308	54955	23476	23084
其他院校 Others	13236	12764	5116	5060

科技人力情况
in Regular HEIs

单位:人
unit: person

研究与发展全时人员 R & D FTEs (Full-time Equivalents)		R&D 成果应用及科技服务人员 R & D Personnel		R&D 成果应用及科技服务全时人员 R & D FTEs(Full-time Equivalents)	
计 Total	其中:科学家和工程师 of Which: Scientists & Engineers	计 Total	其中:科学家和工程师 of Which: Scientists & Engineers	计 Total	其中:科学家和工程师 of Which: Scientists & Engineers
198570	**193713**	**43995**	**42874**	**26395**	**25725**
90886	87967	22566	21684	13539	13015
102136	100249	20499	20284	12298	12166
5548	5497	930	906	558	544
11321	11084	1747	1686	1048	1011
65468	63225	17280	16582	10365	9953
121781	119404	24968	24606	14982	14761
65858	63689	15559	14943	9342	8971
68079	67018	21420	21083	12854	12649
11646	11352	3627	3536	2172	2118
35835	34770	1250	1223	748	735
14083	13850	1738	1689	1039	1013
3069	3034	401	400	240	239

	拨入 Revenues			
	合计 Total	政府资金 Government Funds	企事业单位委托 Contract Research Fund	其他 Others
合计 Total	**94027840**	**56554340**	**31888076**	**5585424**
按学校规格分 Breakdown by category of HEIs				
"211"及省部共建高等学校 Key HEIs	67934656	43046750	22139966	2747940
其他本科院校 Ordinary Degree Level HEIs	25524977	13193694	9607296	2723987
高等专科学校 Short - cycle HEIs	568207	313896	140814	113497
按学校隶属分 Breakdown by Control				
部委院校 HEIs under Other Central Ministries	10567846	6626484	3709739	231623
教育部直属院校 HEIs Under Ministry of Education	52192467	33252323	16749492	2190652
地方院校 HEIs Under Local Govermments	31267527	16675533	11428845	3163149
按学校类型分 Breakdown by Type of HEIs				
综合大学 Comprehensive Universities	32169635	21391026	9025010	1753599
工科院校 Engineering	46703880	23264330	21095519	2344031
农林院校 Agriculture	6922237	5702329	810540	409368
医药院校 Medicine & Pharmacy	4153275	3507127	188814	457334
师范院校 Teachers Training	3499828	2321348	641397	537083
其他院校 Others	578985	368180	126796	84009

科技经费情况
Regular HEIs

单位:千元
unit: 1,000 yuan

支　出 Expenditures				
合　计 Total	劳 务 费 Personnel Costs	业 务 费 Non-Personnel Expenses	转拨外单位经费 Expenses on Extermal Services	其　他 Others
81847617	**2511873**	**2216297**	**8452982**	**66172684**
58087952	2164850	1664272	7088735	45660488
23256982	345638	544332	1348684	20071514
502683	1385	7693	15563	440682
9063398	129191	191472	1000802	7269620
44416143	1917516	1430991	5819133	34301969
28368076	465166	593834	1633047	24601095
27287692	957676	427424	2895950	21807451
41252521	990626	1548251	4000194	33381641
6169041	349654	180897	1052904	4735754
3448450	140925	28876	300030	2956296
3154372	70020	27804	195826	2792197
535541	2972	3045	8078	499345

普通高等学校研究与
Statistics of R & D Projects and

	科技课题 R&D Projects			出版科技专著（部） No. of Mono-graphs Published
	课题数(项) No. of projects	投入人数 No. of Input of S&T Manpower	实际支出 Actual Exp.	
合　计 Total	**376729**	**250014**	**58814289**	**11871**
按学校规格分 Breakdown by category of HEIs				
"211"及省部共建高等学校 Key HEIs	195671	116025	42783961	3291
其他本科院校 Ordinary Degree Level HEIs	172981	127130	15768079	6121
高等专科学校 Short – cycle HEIs	8077	6859	262249	2459
按学校隶属分 Breakdown by Control				
部委院校 HEIs under Other Central Ministries	24582	13743	6352920	426
教育部直属院校 HEIs Under Ministry of Education	145227	84262	33141024	2239
地方院校 HEIs Under Local Govermments	206920	152010	19320345	9206
按学校类型分 Breakdown by Type of HEIs				
综合大学 Comprehensive Universities	116755	83548	19827753	2493
工科院校 Engineering	158512	89922	30625982	4747
农林院校 Agriculture	28371	15354	4532318	1170
医药院校 Medicine & Pharmacy	39704	40680	1713344	2433
师范院校 Teachers Training	28692	16800	1896231	766
其他院校 Others	4695	3711	218661	262

发展课题、成果情况
Achievements in Regular HEIs

单位:千元
unit: 1,000 yuan

发表学术论文(篇) No. of Papers Published	成果获奖 Achieverments Awards		技术转让 Technological Transfer		知识产权授权数 No. of Awarded	专利出售 Income from License Arrangements	
	合计 Total	其中:国家奖 of Which: National Awards	合同数 No. of Contracts	收入 Actual Revenues		项数 No. of Items	实现金额 Income
744474	**4888**	**329**	**9159**	**2082073**	**35098**	**1745**	**721016**
354367	2431	253	5265	1363220	20317	1007	505388
360015	2389	75	3854	656590	14043	731	215135
30092	68	1	40	62263	738	7	493
44316	304	22	570	94933	2797	111	57792
262078	1798	219	4077	1153266	15733	788	426262
438080	2786	88	4512	833874	16568	846	236962
240029	1508	114	3092	719103	11293	637	237372
290774	1951	162	4683	1028510	19945	869	334379
45305	416	36	800	171677	1536	83	29097
101799	775	12	198	114222	705	27	75748
54681	180	5	309	37279	1402	70	32284
11886	58		77	11282	217	59	12136

二、社会科学
Social Science

普通高等学校人文、

Professional Manpower in Regular HEIs in the

		学校数(所) No. of HEIs	社科活动人员(人) Personnel Engaged in Social Science Research (Person)				
			合 计 Total	高 级 Senior	中 级 Middle	初级 Junior	其他人员 Others
	合计: Total	963	440506	165735	186578	83050	5143
按学校隶属关系分 Breakdown by Control	教育部直属院校 HEIs Under Ministry of Education	73	60925	31673	23644	5167	441
	其他部委院校 HEIs under Other Central Ministries	31	14267	6208	5866	2049	144
	地方院校 HEIs Under Local Governments	859	365314	127854	157068	75834	4558
按学校规格分 Breakdown by category of HEIs	本科院校 Regular HEIs	721	395419	152848	168521	70093	3957
	专科院校 Short-cycle HEIs	242	45087	12887	18057	12957	1186
按学校类型分 Breakdown by Type of HEIs	综合大学 Comprehensive Universities	189	121647	49440	49321	21442	1444
	理工农医院校 HEIs Science and Technology, Agriculture and Medicine	403	128581	43902	58342	24644	1693
	师范院校 Teachers Training	159	92170	34165	38438	18706	861
	语文院校 Languages	22	12421	4461	5473	2376	111
	财经院校 Finance and Economics	87	47275	18530	19531	8755	459
	政法院校 Political Science & Law	39	12391	5197	5092	1914	188
	体育院校 Physical Culture	18	6002	2390	2386	1110	116
	艺术院校 Art	33	12075	4406	4844	2636	189
	民族院校 Minorities	13	7944	3244	3151	1467	82

社会科学人力情况

Fields of the Humanities and Social Science

研究与发展人员(人) R & D Personnel (Person)						研究与发展人员(人年) R & D Personnel (Man/Year)					
合计 Total	高级 Senior	中级 Middle	初级 Junior	其他人员 Others	研究生 Postgraduates	合计 Total	高级 Senior	中级 Middle	初级 Junior	其他人员 Others	研究生 Postgraduates
262377	112596	85180	25525	2463	36613	68971.4	33095	21422.1	5722.8	476.2	8255.3
55470	23463	11276	1626	485	18620	17013.5	8462.4	3516.9	431.1	98.7	4504.4
8309	3846	2524	527	105	1307	2532	1277.6	703.6	119.9	27.3	403.6
198598	85287	71380	23372	1873	16686	49425.9	23355	17201.6	5171.8	350.2	3347.3
246036	105768	78700	22732	2227	36609	65391.4	31463.7	20064.8	5178.1	430.2	8254.6
16341	6828	6480	2793	236	4	3580	1631.3	1357.3	544.7	46	0.7
76909	34239	22404	6300	785	13181	21703.4	11051.6	5940.2	1454.2	149.9	3107.5
73807	29085	25920	7199	466	11137	18282.8	7865.5	6177.6	1564.7	93.1	2581.9
55911	23890	18207	6513	582	6719	14483.8	6830.6	4627	1529	121.3	1375.9
7702	3457	2710	689	68	778	1979.5	1040.7	622.2	126.4	11.2	179
29609	13385	10195	3020	318	2691	7672.5	3796.5	2601.6	660.9	45.7	567.8
7340	3579	2324	618	134	685	1841.7	990.8	553.7	124.8	30.7	141.7
3549	1516	1108	325	33	567	987.7	501.3	292.7	76.3	6	111.4
3862	1636	1202	538	56	430	1062.8	514.3	332.4	119.4	14.3	82.4
3688	1809	1110	323	21	425	957.2	503.7	274.7	67.1	4	107.7

		学校数（所）No. of HEIs	拨入 Revenues						
			合计 Total	科研活动经费	科技活动人员工资 Personnel Costs	科研基建费 Capital Constr-uction Funds for R&D	企事业单位委托项目经费 Contract Research Funds Provided by Ent. & Inst.	金融机构贷款 Loans Provided by Financial Inst.	自筹经费 Self-raised Fubds
	合计：Total	963	72126556.91	27791902.03	11893443.9	422796.48	19591942.53	2890	9387915.42
按学校规格分 Breakdown by category of HEIs	教育部直属院校 HEIs Under Ministry of Education	73	32306079.37	13044219.91	2719451.05	0	10892880.74	0	3418438.52
	其他部委院校 HEIs under Other Central Ministries	31	3023210.94	1453602.42	447657.88	71200	686149.67	0	308711.64
	地方院校 HEIs Under Local Govermments	859	36797266.6	13294079.7	8726334.97	351596.48	8012912.12	2890	5660765.26
按学校规格分 Breakdown by category of HEIs	本科院校 Regular HEIs	721	70628660.18	27384678.37	11238360.41	394038.87	19523913.29	2890	9072073.91
	专科院校 Short-cycle HEIs	242	1497896.73	407223.66	655083.49	28757.61	68029.24	0	315841.51
按学校类型分 Breakdown by Type of HEIs	综合大学 Comprehensive Universities	189	27442531.46	10391720.95	3764118.89	38400	8414996.54	2890	3433214.2
	理工农医院校 HEIs Science and Technology, Agriculture and Medicine	403	17184658.06	6129498.55	2995671.38	3170	6130261.11	0	1304829.16
	师范院校 Teachers Training	159	12166017.45	4859055.83	2552962.36	16568	2100219.94	0	2003073.96
	语文院校 Languages	22	1949877.76	705829.51	324120.96	12500	177454.29	0	664271.45
	财经院校 Finance and Economics	87	7570209.38	3046703.77	1329101.52	95587	1722337.84	0	1228643.11
	政法院校 Political Science & Law	39	1635026.37	685977.8	342064.87	44810	157671.96	0	307956.7
	体育院校 Physical Culture	18	1213219.75	767314.4	212299.81	74382.61	69540.44	0	77273
	艺术院校 Art	33	2076714.87	836374.9	193700.71	137378.87	632700.03	0	221397.13
	民族院校 Minorities	13	888301.81	369426.32	179403.4	0	186760.38	0	147256.71

学研究与发展经费情况
Expenditure in Regular HEIs

单位:百元
unit: 100 yuan

		支出 Expenditures									
			内部支出 Intramural Expenditures								
国外资金 Foreign Funds	其他收入 Others Revenues	合计 Total	小计 Subtotal	科研人员费 Personnel Costs	业务费 Non-Personnel Expenses	科研基建费 Capital Constr-uction Funds for R&D	仪器设备费 Instruments and Equipment	图书资料费 Books and Infor-mation	管理费 Manage-ment	其他 Others	转拨给外单位经费 Extra-mural Exp.
1355898.55	1679768	64358574.59	63338844	16037716.49	27609578.71	413875.8	4717188.87	6650555.77	2322212.7	5587715.66	1019730.59
1143301.57	1087787.58	28398178.47	27789751.7	4401571.83	14070742.86	951.64	1918033.7	2935685.12	1241357.23	3221409.32	608426.77
23713.52	32175.81	2644636.74	2473314.64	501915.98	1298713.41	76780	134981.53	205291.19	111007.86	144624.67	171322.1
188883.46	559804.61	33315759.38	33075777.66	11134228.68	12240122.44	336144.16	2664173.64	3509579.46	969847.61	2221681.67	239981.72
1354265.55	1658439.78	62922060.93	61923595.72	15249458.68	27285421.45	381268.19	4649271.02	6544375.76	2288242.23	5525558.39	998465.21
1633	21328.22	1436513.66	1415248.28	788257.81	324157.26	32607.61	67917.85	106180.01	33970.47	62157.27	21265.38
637121.99	760068.89	24125555.23	23800172.42	5408572.95	10290773.39	39910	1620789.61	2494523.98	960809.19	2984793.3	325382.81
411542.38	209685.48	15207012.36	14937132.9	3823553.25	7046280.12	5906	991962.4	3763252.38	1670213.2	4076092.02	269879.46
149599.91	484537.45	11362945.93	11201111.15	3067566.87	4214252.97	45183	1155024.89	5535274.44	1962285.46	4731081.12	161834.78
18526.73	47174.82	1777349.19	1762921.19	566446.17	708524.32	11718	160610.2	5732033.04	1997272.52	4814957.96	14428
54877.14	92959	6774779.94	6725621.9	1991570.28	3056469.58	42395	464068.1	6324704.89	2184035.8	5206641.77	49158.04
75167.36	21377.68	1499266.19	1482957.19	430302.31	750511.69	44770	63193.47	6429270.07	2208534.11	5271758	16309
3591	8818.49	1072651.22	1046796.82	245063.81	410843.64	79040.61	93520.64	6501989.9	2235665.94	5390234.46	25854.4
817.04	54346.19	1756925.51	1753025.51	299242.95	826840.92	139353.19	137767.92	6601138.54	2304205.51	5572366.78	3900
4655	800	782089.02	629104.92	205397.9	305082.08	5600	30251.64	6650555.77	2322212.7	5587715.66	152984.1

		课题数（项）No. of Projects	当年投入人数(人年) Input of Man-year	其中:研究生 of Which: Graduate Students	当年拨入经费（百元）Revenues (100 Yuan)	当年支出经费（百元）Expenditures (100 Yuan)
按学校规格分 Breakdown by category of HEIs	合计: Total	226226	68240.5	8243.4	45498539.88	36601929.63
	教育部直属院校 HEIs Under Ministry of Education	63126	16949.1	4503	23788408.4	18588100.12
	其他部委院校 HEIs under Other Central Ministries	7674	2523.4	403.8	2313121.06	1943694.16
	地方院校 HEIs Under Local Govermments	155426	48768	3336.6	19397010.42	16070135.35
按学校规格分 Breakdown by category of HEIs	本科院校 Regular HEIs	215995	64684.2	8242.7	45069579.9	36256032.62
	专科院校 Short-cycle HEIs	10231	3556.3	0.7	428959.98	345897.01
按学校类型分 Breakdown by Type of HEIs	综合大学 Comprehensive Universities	75087	21146.7	3089.5	18957853.82	14514887.5
	理工农医院校 HEIs Science and Technology, Agriculture and Medicine	58218	18200.9	2580.1	12769223.06	10754021.51
	师范院校 Teachers Training	46605	14454.8	1375.9	6160203.19	5193201.41
	语文院校 Languages	5554	1975	180.9	690894.28	566273.44
	财经院校 Finance and Economics	24158	7627	567.8	3909881.72	3138501.85
	政法院校 Political Science & Law	6534	1834.3	141.7	753039.8	555337.13
	体育院校 Physical Culture	2823	984.1	111.4	619137.33	605992.51
	艺术院校 Art	3979	1059.5	88.4	1040808.27	786085.8
	民族院校 Minorities	3268	958.2	107.7	597498.41	487628.48

究与发展课题、成果情况
R & D and Achievements in Regular HEIs

出版专著（部）Monographs Published (Titles)	发表论文(篇) No. of Papers Published				研究与咨询报告	
	合 计 Total	国内学术刊物 In Domestic Journals	国外学术刊物 In Domestic Journals	港澳台刊物	合计 Total	其中:被采纳数
11124	318038	310183	7082	773	6464	3545
4031	73253	69684	3244	325	2314	1708
474	12504	11969	456	79	139	72
6619	232281	228530	3382	369	4011	1765
10892	296261	288556	6959	746	6096	3386
232	21777	21627	123	27	368	159
3991	97956	94901	2719	336	2408	1526
1908	81256	79018	2131	107	1457	828
2505	70859	69987	727	145	1018	548
392	9791	9408	336	47	171	83
1223	34267	33426	785	56	1045	440
409	10583	10353	189	41	148	32
98	3628	3491	117	20	76	6
286	4468	4434	25	9	55	49
312	5230	5165	53	12	86	33

普通高等学校
Applicants of Student for Regular

地　区 Region	报名总数 Total	性　别 Gender 男 Male	女 Female	政治面貌 Political Party 中共党员 Member of C. P. C	共青团员 Member of C. Y. L	25周岁以上 Over 25 years of age
合　计 Total	**9333221**	**4723895**	**4609326**	**33607**	**8760402**	**4483**
北　京 Beijing	81828	37784	44044	577	73264	73
天津 Tianjin	76500	36834	39666	30	72564	37
河　北 Hebei	486253	218829	267424	1236	454523	263
山　西 Shanxi	375274	179884	195390	732	346658	176
内蒙古 Inner Mongolia	207064	99434	107630	544	200399	53
辽　宁 Liaoning	248010	119724	128286	449	243535	96
吉　林 Jilin	165676	79288	86388	148	163166	75
黑龙江 Heilongjiang	213990	100946	113044	216	211624	119
上　海 Shanghai	83056	40215	42841	89	74455	40
江　苏 Jiangsu	500720	273288	227432	787	478278	57
浙　江 Zhejiang	334218	163548	170670	993	318921	33
安　徽 Anhui	557239	303755	253484	799	525275	157
福　建 Fujian	267197	138634	128563	102	246792	42
江　西 Jiangxi	289575	171687	117888	82	254967	74
山　东 Shandong	585677	297541	288136	943	575194	545
河　南 Henan	855462	419976	435486	13482	809514	365
湖　北 Hubei	484693	261121	223572	1053	464688	44
湖　南 Hunan	378199	191900	186299	1226	363149	970
广　东 Guangdong	656741	338718	318023	1683	599792	83
广　西 Guangxi	292465	142649	149816	1172	263629	143
海　南 Hainan	54075	30087	23988	594	46117	26
重　庆 Chongqing	216403	102819	113584	279	203091	40
四　川 Sichuan	514360	253460	260900	941	492679	88
贵　州 Guizhou	235564	126429	109135	1163	190483	364
云　南 Yunnan	224188	109638	114550	855	205366	55
西　藏 Tibet	18455	8800	9655	304	17515	121
陕　西 Shaanxi	383936	195859	188077	1274	360706	122
甘　肃 Gansu	297457	164349	133108	976	273306	105
青　海 Qinghai	40945	20274	20671	212	36268	33
宁　夏 Ningxia	60240	29661	30579	341	54355	15
新　疆 Xinjiang	147761	66764	80997	325	140129	69

招生报名情况

Higher Educational Institutions

单位:人

unit: person

考试类型 Examinations Participated by Applicants								
全国统考 National Exam.	保送生 For Recommended Students	小语种 Non-English Foreign Languages	二学位 Second Beachelor Degree	实践青年 Practising Younth	职教师资 Teachers in the Vocational School	民族体育运动训练 Nation Sport Training	高职班 Class in Tertiary Vocational Education	其他 Others
8927659	**1354**	**34**	**3681**	**263**	**46036**	**13286**	**222730**	**108372**
70870	0	0	0	0	0	177	5149	5632
64698	0	0	0	0	0	4612	0	400
458263	0	0	0	0	8	576	26785	621
342864	0	0	0	0	31515	867	0	28
192948	0	0	3644	0	87	198	10145	42
245470	0	0	0	0	76	1990	0	474
161460	0	0	0	0	4216	0	0	0
206127	0	1	0	0	0	0	5947	1915
60912	257	0	0	0	0	0	8465	10406
499000	0	0	0	0	213	1338	0	169
299623	287	0	0	0	81	258	33939	30
539769	0	0	0	0	0	0	0	17470
255159	0	0	0	0	0	0	12038	0
284222	0	0	0	261	0	0	4624	468
547353	456	0	0	0	0	0	0	37868
855462	0	0	0	0	0	0	0	0
461997	0	0	0	0	0	0	22696	0
351631	0	0	0	0	0	1779	24636	153
623221	128	33	1	2	10	1287	28033	4026
285852	1	0	0	0	0	156	6333	123
54075	0	0	0	0	0	0	0	0
198737	186	0	36	0	0	48	8337	9059
497456	0	0	0	0	0	0	15722	1182
226471	0	0	0	0	0	0	7454	1639
224188	0	0	0	0	0	0	0	0
18455	0	0	0	0	0	0	0	0
375685	0	0	0	0	0	0	0	8251
287596	0	0	0	0	9830	0	0	31
38518	0	0	0	0	0	0	2427	0
58572	0	0	0	0	0	0	0	1668
141005	39	0	0	0	0	0	0	6717

普通高等学校
Applicants of Student for Regular

地区 Region	考生类别 Categories of Applicants							
	城市应届 Urban Sec. Schools Graduates in Current Year		农村应届 Rural Sec. Schools Graduates in Current Year		城市往届 Urban Sec. Schools Graduates	农村往届 Rural Sec. Schools Graduates	英语 English	俄语 Russian
	小计 Total	其中:普通高中应届毕业生 of which: General Senion Sec. Schools Graduates	小计 Total	其中:普通高中应届毕业生 of which: General Senion Sec. Schools Graduates				
合计 Total	**3094933**	**2856795**	**4615154**	**4309468**	**546095**	**1077039**	**8850040**	**9706**
北　京 Beijing	56985	46699	18036	16100	4785	2022	70745	0
天　津 Tianjin	42171	38273	28445	25160	3356	2528	64656	0
河　北 Hebei	109224	101943	276849	251712	25352	74828	457911	101
山　西 Shanxi	115742	93580	174347	148351	31679	53506	342716	28
内蒙古 Inner Mongolia	88072	81769	91237	82791	10877	16878	180308	742
辽　宁 Liaoning	121939	119656	103289	102705	11078	11704	243406	184
吉　林 Jilin	101707	97772	43184	40899	14292	6493	160616	41
黑龙江 Heilongjiang	119929	114891	73995	71431	11136	8930	202382	3179
上　海 Shanghai	64927	51350	9932	8837	6728	1469	60774	3
江　苏 Jiangsu	179318	178132	269805	268505	18214	33383	498354	99
浙　江 Zhejiang	97420	89282	220787	189343	5517	10494	299523	0
安　徽 Anhui	201617	193972	220956	204070	67985	66681	539566	111
福　建 Fujian	78765	71996	150484	141479	10508	27440	255010	0
江　西 Jiangxi	124567	122253	115144	111713	27458	22406	284218	1
山　东 Shandong	137983	127082	342104	312455	26107	79483	542010	4495
河　南 Henan	223920	160989	431430	389662	53778	146334	849515	230
湖　北 Hubei	140347	132101	268387	251668	23823	52136	461685	36
湖　南 Hunan	103649	99222	211996	200441	19905	42649	351120	195
广　东 Guangdong	288680	270268	308316	296843	21772	37973	623040	0
广　西 Guangxi	66595	63017	169495	164788	14859	41516	285834	0
海　南 Hainan	38243	38243	11675	11675	3187	970	54075	0
重　庆 Chongqing	68277	63753	115314	109979	11875	20937	198701	5
四　川 Sichuan	138986	136026	278095	265088	27392	69887	497369	83
贵　州 Guizhou	63371	59406	112362	107349	15904	43927	226214	150
云　南 Yunnan	48780	45376	133993	124859	8307	33108	224183	0
西　藏 Tibet	4748	4593	10956	7495	1131	1620	18455	0
陕　西 Shaanxi	102569	97488	185666	178861	32658	63043	375643	0
甘　肃 Gansu	51718	49339	144675	135442	20553	80511	287553	19
青　海 Qinghai	14614	13509	19080	18545	2252	4999	38518	0
宁　夏 Ningxia	19596	19138	24899	23623	5117	10628	58565	1
新　疆 Xinjiang	80474	75677	50221	47599	8510	8556	97375	3

招生报名情况(续)
Higher Educational Institutions (Continue)

单位:人
unit: person

应试外语语种 Foreign Languages to be Tested					民 族 Nationalities					
日语 Japanese	德语 German	法语 France	西班牙语 Spanish	不应试 Non-tested	汉族 Han	蒙古族 Mongol	维吾尔族 Uygur	朝鲜族 Korean	藏族 Tibetan	其他民族 Others
7107	**11052**	**366**	**105**	**5658**	**8621320**	**66948**	**41238**	**11853**	**35507**	**556355**
95	0	18	12	0	74846	518	431	136	305	5592
15	8	9	10	0	73104	186	178	78	180	2774
251	0	0	0	0	460142	2003	21	109	92	23886
38	35	47	0	0	374004	85	1	10	63	1111
927	10888	0	83	0	150777	46920	3	213	23	9128
1880	0	0	0	0	197431	7701	86	1650	52	41090
803	0	0	0	0	145049	1914	67	7030	0	11616
566	0	0	0	0	202425	1453	60	2078	2	7972
118	6	11	0	0	81500	75	464	46	25	946
519	15	13	0	0	497911	64	468	37	134	2106
80	20	0	0	0	331299	49	304	23	25	2518
92	0	0	0	0	552579	16	1	2	20	4621
127	7	15	0	0	262165	33	68	13	20	4898
2	0	1	0	0	288447	29	2	1	21	1075
813	7	28	0	0	580365	391	308	218	32	4363
80	1	0	0	5636	843102	880	49	30	23	11378
104	49	123	0	0	462786	95	64	20	147	21581
314	0	2	0	0	337430	46	50	7	181	40485
70	13	93	0	5	652615	100	535	75	23	3393
18	0	0	0	0	182390	23	0	6	0	110046
0	0	0	0	0	47468	19	0	6	0	6582
31	0	0	0	0	198413	369	67	8	173	17373
4	0	0	0	0	496696	240	0	2	6110	11312
107	0	0	0	0	141993	494	2	4	5	93066
5	0	0	0	0	159015	201	2	8	954	64008
0	0	0	0	0	2856	6	0	0	15330	263
33	3	6	0	0	382083	64	4	14	30	1741
7	0	0	0	17	284031	116	7	9	3984	9310
0	0	0	0	0	25101	964	1	2	7465	7412
6	0	0	0	0	44506	152	1	1	7	15573
2	0	0	0	0	88791	1742	37994	17	81	19136

普通高等学校
Applicants of Student for Regular

地　区 Region	统　考　科　类 Categories of Major Fields									
	文理综合 Comprehensive	文史 Literature and History	外语（文） Foreign Languages	艺术（文） Arts	体育（文） Physical Education	理工 Science and Engineering	外语（理） Foreign Languages	艺术（理） Arts	体育（理） Physical Education	单独考试 Others
合　计 Total	**40350**	**3145841**	**155214**	**532170**	**83815**	**4420894**	**265394**	**125979**	**85257**	**72745**
北　京 Beijing	0	25426	0	0	0	45444	0	0	0	0
天　津 Tianjin	0	18087	0	2288	450	42526	0	773	574	0
河　北 Hebei	0	133353	0	51309	7093	248649	0	10450	7409	0
山　西 Shanxi	0	106619	0	40770	6626	171441	0	11690	5718	0
内蒙古 Inner Mongolia	0	60645	0	14138	2654	110947	0	3363	1201	0
辽　宁 Liaoning	0	58108	0	19263	1792	158635	0	4366	3306	0
吉　林 Jilin	0	49579	0	0	0	111881	0	0	0	0
黑龙江 Heilongjiang	0	59611	0	16463	2954	121647	0	3025	2427	0
上　海 Shanghai	0	21731	0	0	0	39181	0	0	0	0
江　苏 Jiangsu	0	170386	0	48208	3620	249808	0	21524	5454	0
浙　江 Zhejiang	0	79790	0	23278	1913	184972	0	7231	2439	0
安　徽 Anhui	0	205791	0	37628	11432	272913	0	5448	5203	1354
福　建 Fujian	0	255159	0	0	0	0	0	0	0	0
江　西 Jiangxi	0	121593	0	0	0	162629	0	0	0	0
山　东 Shandong	0	146698	0	70389	14478	299839	0	15949	0	0
河　南 Henan	40150	343827	0	0	0	418736	0	0	0	52749
湖　北 Hubei	200	139731	0	37515	8106	260104	0	9472	6869	0
湖　南 Hunan	0	161490	0	0	0	190141	0	0	0	0
广　东 Guangdong	0	280533	0	47608	0	280190	0	0	14882	8
广　西 Guangxi	0	102850	0	20145	0	150877	0	4914	7066	0
海　南 Hainan	0	19489	0	1122	0	32312	0	0	1152	0
重　庆 Chongqing	0	59416	0	11785	3753	113643	0	3546	2233	4361
四　川 Sichuan	0	4567	155214	38329	12570	3692	265394	12016	5674	0
贵　州 Guizhou	0	86284	0	14222	3039	116963	0	3346	2599	18
云　南 Yunnan	0	96166	0	0	0	115827	0	0	0	12195
西　藏 Tibet	0	8413	0	0	0	7982	0	0	0	2060
陕　西 Shaanxi	0	108810	0	19941	0	232621	0	6363	7950	0
甘　肃 Gansu	0	101882	0	16817	3242	160259	0	2382	3014	0
青　海 Qinghai	0	13079	0	0	0	25439	0	0	0	0
宁　夏 Ningxia	0	58572	0	0	0	0	0	0	0	0
新　疆 Xinjiang	0	48156	0	952	93	91596	0	121	87	0

招生报名情况(续)
Higher Educational Institutions (Continue)

单位:人
unit: person

毕业类别 Categories of Graduates							
高中 General Senior Sec. School Graduates	中等师范 Teachers Training School Graduates	其他中专 Specialized Sec. School Graduates	职业高中 Vacational Senior Sec. School Graduates	技工学校 Skilled Worker School Graduates	其他中等学历教育 Others	专科学历 Short-cycle Courses Graduates	本科以上学历 Normal Courses and above Graduates
8720543	**14907**	**184191**	**299592**	**7314**	**52047**	**54428**	**199**
68773	56	3898	3045	315	147	5594	0
68824	23	4792	2454	195	212	0	0
447713	178	10514	24639	453	2756	0	0
321789	2818	15979	27004	685	6949	47	3
191769	251	3732	10278	265	769	0	0
242954	58	3044	916	236	762	31	9
158215	437	3074	3472	161	316	1	0
205084	96	2537	5789	110	374	0	0
67549	29	13316	1226	157	757	15	7
497883	12	1052	1593	20	160	0	0
293500	28	3962	35809	522	309	55	33
529625	4695	805	20673	110	796	524	11
249680	1838	5971	2268	258	7182	0	0
282670	112	1794	4831	81	66	14	7
541924	214	31475	10727	269	893	166	9
735766	612	23017	27676	920	19578	47831	62
456820	79	11076	15970	177	490	77	4
354598	0	0	22588	1013	0	0	0
625742	406	8076	21557	595	344	21	0
283488	562	6007	1980	221	207	0	0
54075	0	0	0	0	0	0	0
203666	879	3869	5957	26	1967	1	38
496510	155	2363	15139	28	122	34	9
225023	654	5377	3730	75	705	0	0
210950	146	3188	9724	50	112	13	5
14557	8	0	1535	20	2335	0	0
370743	68	4693	8016	81	335	0	0
283809	246	2841	8560	85	1916	0	0
39200	0	1189	29	14	513	0	0
58340	19	453	1396	3	23	4	2
139304	228	6097	1011	169	952	0	0

附　　表

Appendixes

（摘自国家统计局《2010 年中国统计年鉴》）

Data from “2010 China Statisical Yearbook”

国内生产总值

Gross Domestic Product

本表按当年价格计算　　　　单位:亿元

The data in Value terms in this table are calculated at current prices　　　　unit: 100 million yuan

年 份 Year	国民生产总值 Gross National Product	国内生产总值 Gross Domestic Product								人均国内生产总值(元) Per Capita GDP (Yuan)
		合 计 Total	第一产业 Primary Industry	第二产业 Secondary Industry			第三产业 Tertiary Industry			
				小 计 Subtotal	工 业 Industry	建筑业 Construction	小 计 Subtotal	交通运输仓储邮电通信业 Transportation, Post and Telecommunications	批发和零售贸易餐饮业 Wholesale, Retail & Catering Trade	
1952	679.0	679.0	342.9	141.8	119.8	22.0	194.3	29.0	80.3	119
1953	824.0	824.0	378.0	192.5	163.5	29.0	253.5	35.0	115.5	142
1954	859.0	859.0	392.0	211.7	184.7	27.0	255.3	38.0	120.3	144
1955	910.0	910.0	421.0	222.2	191.2	31.0	266.8	39.0	119.8	150
1956	1028.0	1028.0	443.9	280.7	224.7	56.0	303.4	46.0	131.4	165
1957	1068.0	1068.0	430.0	317.0	271.0	46.0	321.0	49.0	133.0	168
1958	1307.0	1307.0	445.9	483.5	414.5	69.0	377.6	71.0	136.6	200
1959	1439.0	1439.0	383.8	615.5	538.5	77.0	439.7	94.0	145.7	216
1960	1457.0	1457.0	340.7	648.2	568.2	80.0	468.1	104.0	133.1	218
1961	1220.0	1220.0	441.1	388.9	362.1	26.8	390.0	69.2	110.8	185
1962	1149.3	1149.3	453.1	359.3	325.4	33.9	336.9	57.4	80.5	173
1963	1233.3	1233.3	497.5	407.6	365.6	42.0	328.2	55.0	76.1	181
1964	1454.0	1454.0	559.0	513.5	161.1	52.4	381.5	58.4	94.0	208
1965	1716.1	1716.1	651.1	602.2	546.5	55.7	462.8	77.4	118.3	240
1966	1868.0	1868.0	702.2	709.5	648.6	60.9	456.3	85.1	148.1	254
1967	1773.9	1773.9	714.2	602.8	544.9	57.9	456.9	72.3	153.5	235
1968	1723.1	1723.1	726.3	537.3	190.3	47.0	459.5	70.5	138.9	222
1969	1937.9	1937.9	736.2	689.1	626.1	63.0	512.6	84.9	163.6	243
1970	2252.7	2252.7	793.3	912.2	828.1	84.1	547.2	100.2	178.1	275
1971	2426.4	2426.4	826.3	1022.8	926.6	96.2	577.3	108.4	178.3	288
1972	2518.1	2518.1	827.4	1084.2	989.9	94.3	606.5	118.0	194.3	292
1973	2720.9	2720.9	907.5	1173.0	1072.5	100.5	640.4	125.5	211.0	309
1974	2789.9	2789.9	945.2	1192.0	1083.6	108.4	652.7	126.1	206.6	310
1975	2997.3	2997.3	971.1	1370.5	1244.9	125.6	655.7	141.6	175.8	327
1976	2943.7	2943.7	967.0	1337.2	1204.6	132.6	639.5	139.6	147.2	316
1977	3201.9	3201.9	942.1	1509.1	1372.4	136.7	750.7	156.9	213.8	339
1978	3645.2	3645.2	1027.5	1745.2	1607.0	138.2	872.5	182.0	242.3	381
1979	4062.6	4062.6	1270.2	1913.5	1769.7	143.8	878.9	193.7	200.9	419
1980	4545.6	4545.6	1371.6	2192.0	1996.5	195.5	982.0	213.4	193.8	463
1981	4889.5	4891.6	1559.5	2255.5	2048.4	207.1	1076.6	220.7	231.1	492
1982	5330.5	5323.4	1777.4	2383.0	2162.3	220.7	1163.0	246.9	171.4	528
1983	5985.6	5962.7	1978.4	2646.2	2375.6	270.6	1338.1	274.9	198.7	583
1984	7243.8	7208.1	2316.1	3105.7	2789.0	316.7	1786.3	338.5	363.5	695
1985	9040.7	9016.0	2564.4	3866.6	3448.7	417.9	2585.0	421.7	802.4	858
1986	10274.4	10275.2	2788.7	4492.7	3967.0	525.7	2993.8	498.8	852.6	963
1987	12050.6	12058.6	3233.0	5251.6	4585.8	665.8	3574.0	568.3	1059.6	1112
1988	15036.8	15042.8	3865.4	6587.2	5777.2	810.0	4590.3	685.7	1483.4	1366
1989	17000.9	16992.3	4265.9	7278.0	6484.0	794.0	5448.4	812.7	1536.2	1519
1990	18718.3	18667.8	5062.0	7717.4	6858.0	859.4	5888.4	1167.0	1268.9	1644
1991	21826.2	21781.5	5342.2	9102.2	8087.1	1015.1	7337.1	1420.3	1834.6	1893
1992	26937.3	26923.5	5866.6	11699.5	10284.5	1415.0	9357.4	1689.0	2405.0	2311
1993	35260.0	35333.9	6963.8	16454.4	14188.0	2266.5	11915.7	2174.0	2816.6	2998
1994	48108.5	48197.9	9572.7	22445.4	19480.7	2964.7	16179.8	2787.9	3773.4	4044
1995	59810.5	60793.7	12135.8	28679.5	24950.6	3728.8	19978.5	3244.3	4778.6	5046
1996	70142.5	71176.6	14015.4	33835.0	29447.6	4387.4	23326.2	3782.2	5599.7	5846
1997	78060.8	78973.0	14441.9	37543.0	32921.4	4621.6	26988.1	4148.6	6327.4	6420
1998	83024.3	84402.3	14817.6	39004.2	34018.4	4985.8	30580.5	4660.9	6913.2	6796
1999	88479.2	89677.1	14770.0	41033.6	35861.5	5172.1	33873.4	5175.2	7491.1	7159
2000	98000.5	99214.6	14944.7	45555.9	40033.6	5522.3	38714.0	6161.0	8158.6	7858
2001	108068.2	109655.2	15781.3	49512.3	43580.6	5931.7	44361.6	6870.3	9119.4	8622
2002	119095.7	120332.7	16537.0	53896.8	47431.3	6465.5	49898.9	7492.9	9995.4	9398
2003	135174.0	135822.8	17381.7	62436.3	54945.5	7490.8	56004.7	7913.2	11169.5	10542
2004	159586.7	159878.3	21412.7	73904.3	65210.0	8694.3	64561.3	9304.4	12453.8	12336
2005	184088.6	183217.4	22420.0	87364.6	77230.8	10133.8	73432.9	10835.7	13534.5	14053
2006	213131.7	211923.5	24040.0	103162.0	91310.9	11851.1	84721.4	12481.1	15471.1	16165
2007	251483.2	249529.9	28095.0	121381.3	107367.2	14014.1	100053.5	14604.1	18169.5	18934
2008	302853.4	300670.0	34000.0	146183.4	129112.0	17071.4	120486.6	16589.8	23100.7	22698
2009	343464.7	340506.9	35226.0	157638.8	135239.9	22398.8	147642.1	17057.7	28984.5	25575

数据来源:摘自国家统计局《2010 中国统计年鉴》。

各地区国内生产总值(2009年)

Gross Domestic Product by Region (2009)

本表绝对数按当年价格计算,指数按可比价格计算

Absolute figures in this table are calculated at current prices while indices are calculated at comparable prices.

单位:亿元

unit: 100 million yuan

地　区 Region	国内生产总值 Gross Domestic Product						人均国内生产总值(元) Per Capita GDP (Yuan)
	合　计 Total	第一产业 Primary Industry	第二产业 Secondary Industry			第三产业 Tertiary Industry	
			小　计 Subtotal	工　业 Industry	建筑业 Construction		
北　京 Beijing	12153.03	118.29	2855.55	2303.08	552.47	9179.19	70452
天　津 Tianjin	7521.85	128.85	3987.84	3622.11	365.73	3405.16	62574
河　北 Hebei	17235.48	2207.34	8959.83	7983.86	975.97	6068.31	24581
山　西 Shanxi	7358.31	477.59	3993.80	3518.88	474.92	2886.92	21522
内蒙古 Inner Mongolia	9740.25	929.60	5114.00	4503.33	610.67	3696.65	40282
辽　宁 Liaoning	15212.49	1414.90	7906.34	6925.63	980.71	5891.25	35239
吉　林 Jilin	7278.75	980.57	3541.92	3054.60	487.32	2756.26	26595
黑龙江 Heilongjiang	8587.00	1154.33	4060.72	3549.73	510.99	3371.95	22447
上　海 Shanghai	15046.45	113.82	6001.78	5408.75	593.03	8930.85	78989
江　苏 Jiangsu	34457.30	2261.86	18566.37	16464.94	2101.43	13629.07	44744
浙　江 Zhejiang	22990.35	1163.08	11908.49	10518.21	1390.28	9918.78	44641
安　徽 Anhui	10062.82	1495.45	4905.22	4064.72	840.50	3662.15	16408
福　建 Fujian	12236.53	1182.74	6005.30	5106.38	898.92	5048.49	33840
江　西 Jiangxi	7655.18	1098.66	3919.45	3196.56	722.89	2637.07	17335
山　东 Shandong	33896.65	3226.64	18901.83	16896.14	2005.69	11768.18	35894
河　南 Henan	19480.46	2769.05	11010.50	9900.27	1110.23	5700.91	20597
湖　北 Hubei	12961.10	1795.90	6038.08	5183.68	854.40	5127.12	22677
湖　南 Hunan	13059.69	1969.69	5687.19	4819.40	867.79	5402.81	20428
广　东 Guangdong	39482.56	2010.27	19419.70	18091.56	1328.14	18052.59	41166
广　西 Guangxi	7759.16	1458.49	3381.54	2863.84	517.70	2919.13	16045
海　南 Hainan	1654.21	462.19	443.43	300.63	142.80	748.59	19254
重　庆 Chongqing	6530.01	606.80	3448.77	2917.40	531.37	2474.44	22920
四　川 Sichuan	14151.28	2240.61	6711.87	5678.24	1033.63	5198.80	17339
贵　州 Guizhou	3912.68	550.27	1476.62	1252.67	223.95	1885.79	10309
云　南 Yunnan	6169.75	1067.60	2582.53	2088.17	494.36	2519.62	13539
西　藏 Tibet	441.36	63.88	136.63	33.11	103.52	240.85	15295
陕　西 Shaanxi	8169.80	789.64	4236.42	3501.25	735.17	3143.74	21688
甘　肃 Gansu	3387.56	497.05	1527.24	1203.70	323.54	1363.27	12872
青　海 Qinghai	1081.27	107.40	575.33	470.33	105.00	398.54	19454
宁　夏 Ningxia	1353.31	127.25	662.32	520.38	141.94	563.74	21777
新　疆 Xinjiang	4277.05	759.74	1929.59	1555.84	373.75	1587.72	19942

数据来源:摘自国家统计局《2010中国统计年鉴》。

国家财政收支总额及增长速度

Total Government Revenue and Expenditures and Their Increase Rate

年　份 Year	财政收入 (亿元) Total Revenue (100 million Yuan)	财政支出 (亿元) Total Expenditures (100 million Yuan)	收支差额 (亿元) Balance (100 million Yuan)	增长速度 Increase Rate (%) 财政收入 Total Revenue	增长速度 Increase Rate (%) 财政支出 Total Expenditures
1970	662. 90	649. 41	13. 49	25. 8	23. 5
1971 - 1975	3919. 71	3917. 94	1. 77	4. 2	4. 8
1971	744. 73	732. 17	12. 56	12. 3	12. 7
1972	766. 56	765. 86	0. 70	2. 9	4. 6
1973	809. 67	808. 78	0. 89	5. 6	5. 6
1974	783. 14	790. 25	-7. 11	-3. 3	-2. 3
1975	815. 61	820. 88	-5. 27	4. 1	3. 8
1976 - 1980	5089. 61	5282. 44	-192. 83	7. 3	8. 4
1976	776. 58	806. 20	-29. 62	-4. 8	-1. 8
1977	874. 46	843. 53	30. 93	12. 6	4. 6
1978	1132. 26	1122. 09	10. 17	29. 5	33. 0
1979	1146. 38	1281. 79	-135. 41	1. 2	14. 2
1980	1159. 93	1228. 83	-68. 90	1. 2	-4. 1
1981 - 1985	7402. 75	7483. 18	-80. 43	11. 6	10. 3
1981	1175. 79	1138. 41	37. 38	1. 4	-7. 5
1982	1212. 33	1229. 98	-17. 65	3. 1	8. 0
1983	1366. 95	1409. 52	-42. 57	12. 8	14. 6
1984	1642. 86	1701. 02	-58. 16	20. 2	20. 7
1985	2004. 82	2004. 25	0. 57	22. 0	17. 8
1986 - 1990	12280. 60	12865. 67	-585. 07	7. 9	9. 0
1986	2122. 01	2204. 91	-82. 90	5. 8	10. 0
1987	2199. 35	2262. 18	-62. 83	3. 6	2. 6
1988	2357. 24	2491. 21	-133. 97	7. 2	10. 1
1989	2664. 90	2823. 78	-158. 88	13. 1	13. 3
1990	2937. 10	3083. 59	-146. 49	10. 2	9. 2
1991 - 1995	22442. 10	24387. 46	-1945. 36	16. 3	17. 2
1991	3149. 48	3386. 62	-237. 14	7. 2	9. 8
1992	3483. 37	3742. 20	-258. 83	10. 6	10. 5
1993	4348. 95	4642. 30	-293. 35	24. 8	24. 1
1994	5218. 10	5792. 62	-574. 52	20. 0	24. 8
1995	6242. 20	6823. 72	-581. 52	19. 6	17. 8
1996	7407. 99	7937. 55	-529. 56	18. 7	16. 3
1997	8651. 14	9233. 56	-582. 42	16. 8	16. 3
1998	9875. 95	10798. 18	-922. 23	14. 2	16. 9
1999	11444. 08	13187. 67	-1743. 59	15. 9	22. 1
2000	13395. 23	15886. 50	-2491. 27	17. 0	20. 5
2001	16386. 04	18902. 58	-2516. 54	22. 3	19. 0
2002	18903. 64	22053. 15	-3149. 51	15. 4	16. 7
2003	21715. 25	24649. 95	-2934. 70	14. 9	11. 8
2004	26396. 47	28486. 89	-2090. 42	21. 6	15. 6
2005	31649. 29	33930. 28	-2280. 99	19. 9	19. 1
2006	38760. 20	40422. 73	-2162. 53	22. 5	19. 1
2007	51321. 78	49781. 35	1540. 43	32. 4	23. 2
2008	61330. 35	62592. 66	-1262. 31	19. 5	25. 7
2009	68518. 30	76299. 93	-7781. 63	11. 7	21. 9

数据来源:摘自国家统计局《2010 中国统计年鉴》。

中央财政和地方财政收支总额

Total Revenue and Expenditures of Central and Local Governments

单位:亿元

unit: 100 million yuan

年　份 Year	财政收入 Total Revenue			财政支出 Total Expenditures		
	合计 Total	中央 Central Government	地方 Local Government	合计 Total	中央 Central Government	地方 Local Government
1970	662.90	182.95	479.95	649.41	382.37	267.04
1971－1975	3919.71	576.43	3343.28	3919.44	2125.14	1794.30
1975	815.61	96.63	718.98	820.88	409.40	411.48
1976－1980	5089.61	904.32	4185.29	5282.44	2625.34	2657.10
1976	776.58	98.91	677.67	806.20	377.63	428.57
1977	874.46	113.85	760.61	843.53	393.70	449.83
1978	1132.26	175.77	956.49	1122.09	532.12	589.97
1979	1146.38	231.34	915.04	1281.79	655.08	626.71
1980	1159.93	284.45	875.48	1228.83	666.81	562.02
1981－1985	7402.75	2583.02	4819.73	7483.18	3725.64	3757.54
1981	1175.79	311.07	864.72	1138.41	625.65	512.76
1982	1212.33	346.84	865.49	1229.98	651.81	578.17
1983	1366.95	490.01	876.94	1409.52	759.60	649.92
1984	1642.86	665.47	977.39	1701.02	893.33	807.69
1985	2004.82	769.63	1235.19	2004.25	795.25	1209.00
1986－1990	12280.60	4104.41	8176.19	12865.67	4420.27	8445.40
1986	2122.01	778.42	1343.59	2204.91	836.36	1368.55
1987	2199.35	736.29	1463.06	2262.18	845.63	1416.55
1988	2357.24	774.76	1582.48	2491.21	845.04	1646.17
1989	2664.90	822.52	1842.38	2823.78	888.77	1935.01
1990	2937.10	992.42	1944.68	3083.59	1004.47	2079.12
1991－1995	22442.10	9038.39	13403.71	24387.46	7323.13	17064.33
1991	3149.48	938.25	2211.23	3386.62	1090.81	2295.81
1992	3483.37	979.51	2503.86	3742.20	1170.44	2571.76
1993	4348.95	957.51	3391.44	4642.30	1312.06	3330.24
1994	5218.10	2906.50	2311.60	5792.62	1754.43	4038.19
1995	6242.20	3256.62	2985.58	6823.72	1995.39	4828.33
1996	7407.99	3661.07	3746.92	7937.55	2151.27	5786.28
1997	8651.14	4226.92	4424.22	9233.56	2532.50	7672.58
1998	9875.95	4892.00	4983.95	10798.18	3125.60	7672.58
1999	11444.08	5849.21	5594.87	13187.67	4152.33	9035.34
2000	13395.23	6989.17	6406.06	15886.50	5519.85	10366.65
2001	16386.04	8582.74	7803.30	18902.58	5768.02	13134.56
2002	18903.64	10388.64	8515.00	22053.15	6771.70	15281.45
2003	21715.25	11865.27	9849.98	24649.95	7420.10	17229.85
2004	26396.47	14503.10	11893.37	28486.89	7894.08	20592.81
2005	31649.29	16548.53	15100.76	33930.28	8775.97	25154.31
2006	38760.20	20456.62	18303.58	40422.73	9991.40	30431.33
2007	51321.78	27749.16	23572.62	49781.35	11442.06	38339.29
2008	61330.35	32680.56	28649.79	62592.66	13344.17	49248.49
2009	68518.30	35915.71	32602.59	76299.93	15255.79	61044.14

数据来源:摘自国家统计局《2010 中国统计年鉴》。

人口数及构成

Population and Its Composition

单位:万人

unit: 10 thousand persons

年 份 Year	年底总人口 Total Population (year-end)	按性别分 By Sex				按城乡分 By Residence			
		男 Male		女 Female		城镇总人口 Urban		农村总人口 Rural	
		人口数 Population	比重(%) Proportion	人口数 Population	比重(%) Proportion	人口数 Population	比重(%) Proportion	人口数 Population	比重(%) Proportion
1978	96259	49567	51.49	46692	48.51	17245	17.92	79014	82.08
1979	97542	50192	51.46	47350	48.54	18495	18.96	79047	81.04
1980	98705	50785	51.45	47920	48.55	19140	19.39	79565	80.61
1981	100072	51519	51.48	48553	48.52	20171	20.16	79901	79.84
1982	101654	52352	51.50	49302	48.50	21480	21.13	80174	78.87
1983	103008	53152	51.60	49856	48.40	22274	21.62	80734	78.38
1984	104357	53848	51.60	50509	48.40	24017	23.01	80340	76.99
1985	105851	54725	51.70	51126	48.30	25094	23.71	80757	76.29
1986	107507	55581	51.70	51926	48.30	26366	24.52	81141	75.48
1987	109300	56290	51.50	53010	48.50	27674	25.32	81626	74.68
1988	111026	57201	51.52	53825	48.48	28661	25.81	82365	74.19
1989	112704	58099	51.55	54605	48.45	29540	26.21	83164	73.79
1990	114333	58904	51.52	55429	48.48	30191	26.41	84142	73.59
1991	115823	59466	51.34	56357	48.66	30543	26.37	85280	73.63
1992	117171	59811	51.05	57360	48.95	32372	27.63	84799	72.37
1993	118517	60472	51.02	58045	48.98	33351	28.14	85166	71.86
1994	119850	61246	51.10	58604	48.90	34301	28.62	85549	71.38
1995	121121	61808	51.03	59313	48.97	35174	29.04	85947	70.96
1996	122389	62200	50.82	60189	49.18	35950	29.37	86439	70.63
1997	123626	63131	51.07	60495	48.93	36989	29.92	86637	70.08
1998	124810	63629	50.98	61181	49.02	37942	30.40	86868	69.60
1999	125909	64189	50.98	61720	49.02	38892	30.89	87017	69.11
2000	126583	65355	51.63	61228	48.37	45844	36.22	80739	63.78
2001	127627	65672	51.46	61955	48.54	48064	37.66	79563	62.34
2002	128453	66115	51.47	62338	48.53	50212	39.09	78241	60.91
2003	129227	66556	51.50	62671	48.50	52376	40.53	76851	59.47
2004	129988	66976	51.52	63012	48.48	54283	41.76	75705	58.24
2005	130756	67375	51.53	63381	48.47	56212	42.99	74544	57.01
2006	131448	67728	51.52	63720	48.48	57706	43.90	73742	56.10
2007	132129	68048	51.50	64081	48.50	59379	44.94	72750	55.06
2008	132802	68357	51.47	64445	48.53	60667	45.68	72135	54.32
2009	133474	68652	51.44	64822	48.56	62186	46.59	71288	53.41

注:总人口和城镇人口中包括中国人民解放军现役军人。

Urban Population include the military personnel of Chinese People's Liberation Army.

各地区分性别的15岁及15岁以上文盲半文盲人口

Illterate and Semi-Literate Population Aged 15 and Over by Sex and Region

本表是2009年全国人口变动情况抽样调查样本数据，抽样比为0.873‰。

单位：人，%（person，%）

地　区 Region	15岁及15岁以上人口 Population Aged 15 & Over			文盲、半文盲人口 Illiterate and Semi-literate			文盲半文盲占15岁及以上人口比例 Percentage to total Population Aged 15 & Over（%）		
	合　计 Total	男 Male	女 Female	合　计 Total	男 Male	女 Female	合　计 Total	男 Male	女 Female
合计 Total	**968469**	**484277**	**484192**	**68795**	**18202**	**50593**	**7.10**	**3.76**	**10.45**
北京 Beijing	13599	6907	6692	374	71	303	2.75	1.03	4.53
天津 Tianjin	9419	4738	4681	289	57	232	3.07	1.20	4.96
河北 Hebei	51969	26120	25849	2538	672	1867	4.88	2.57	7.22
山西 Shanxi	25137	12773	12364	1027	286	740	4.08	2.24	5.99
内蒙古 Inner Mongolia	18440	9394	9045	1382	398	984	7.49	4.24	10.88
辽宁 Liaoning	34186	17054	17132	1094	298	796	3.20	1.75	4.65
吉林 Jilin	21386	10902	10484	733	237	496	3.43	2.17	4.73
黑龙江 Heilongjiang	29864	15076	14788	1328	376	952	4.45	2.49	6.44
上海 Shanghai	15544	7674	7869	592	104	487	3.81	1.36	6.19
江苏 Jiangsu	59013	28572	30442	4275	919	3356	7.24	3.22	11.03
浙江 Zhejiang	39175	19636	19539	3156	715	2440	8.06	3.64	12.49
安徽 Anhui	44116	22139	21977	5889	1649	4240	13.35	7.45	19.29
福建 Fujian	26616	13105	13510	2255	513	1743	8.47	3.91	12.90
江西 Jiangxi	30564	15095	15469	1515	318	1197	4.96	2.11	7.74
山东 Shandong	70735	35197	35538	5302	1301	4001	7.50	3.70	11.26
河南 Henan	67885	33335	34550	4475	1315	3159	6.59	3.95	9.14
湖北 Hubei	43505	21951	21554	3399	944	2455	7.81	4.30	11.39
湖南 Hunan	47036	23660	23376	2372	593	1779	5.04	2.50	7.61
广东 Guangdong	70246	34811	35435	2548	490	2058	3.63	1.41	5.81
广西 Guangxi	33769	17446	16324	1708	401	1307	5.06	2.30	8.01
海南 Hainan	6053	3182	2871	472	105	367	7.80	3.30	12.78
重庆 Chongqing	20635	10170	10465	1471	434	1036	7.13	4.27	9.90
四川 Sichuan	59999	29753	30246	5503	1463	4040	9.17	4.92	13.36
贵州 Guizhou	25403	12941	12462	3357	826	2530	13.21	6.39	20.30
云南 Yunnan	31760	16375	15385	4363	1335	3028	13.74	8.15	19.68
西藏 Tibet	2051	1002	1049	812	316	496	39.60	31.58	47.26
陕西 Shaanxi	28199	14063	14136	2030	632	1398	7.20	4.49	9.89
甘肃 Gansu	18985	9520	9465	3026	955	2071	15.94	10.03	21.88
青海 Qinghai	3899	1944	1955	575	151	423	14.73	7.79	21.63
宁夏 Ningxia	4328	2188	2140	428	128	300	9.89	5.86	14.01
新疆 Xinjiang	14954	7555	7399	509	199	311	3.40	2.63	4.20

注：本表"文盲、半文盲人口"指15岁及15岁以上不识字及识字很少人口。

Illiterate and semi-illiterate population in this table refers to the population aged 15 and over, who are unable or very difficult to read.

各地区按性别和受

Population by Sex, Educational

本表是2009年全国人口变动情况抽样调查样本数据,抽样比为0.873‰。

地　　区 Region	6岁及6岁以上人口 Population Aged 6 and Over			不识字或识字很少 Illterate		
	合　计 Total	男 Male	女 Female	合　计 Total	男 Male	女 Female
全国 National Total	**1091868**	**551512**	**540356**	**77716**	**22304**	**55412**
北京 Beijing	14406	7344	7062	440	96	344
天津 Tianjin	10068	5085	4983	381	90	291
河北 Hebei	57559	29163	28396	2971	850	2122
山西 Shanxi	28680	14646	14034	1234	383	851
内蒙古 Inner Mongolia	20356	10398	9958	1557	484	1073
辽宁 Liaoning	36994	18564	18430	1345	426	919
吉林 Jilin	23274	11915	11359	978	346	633
黑龙江 Heilongjiang	32556	16502	16055	1553	490	1063
上海 Shanghai	16296	8085	8212	663	130	533
江苏 Jiangsu	64329	31436	32893	4473	1000	3473
浙江 Zhejiang	43157	21728	21430	3470	876	2594
安徽 Anhui	50649	25842	24807	6181	1774	4407
福建 Fujian	29789	14828	14961	2466	599	1867
江西 Jiangxi	35686	17979	17707	1836	490	1347
山东 Shandong	78686	39510	39176	5917	1563	4354
河南 Henan	77706	38878	38828	5278	1685	3593
湖北 Hubei	47978	24475	23503	3764	1096	2667
湖南 Hunan	53010	27023	25987	2886	832	2054
广东 Guangdong	80247	40267	39980	2954	634	2320
广西 Guangxi	39345	20565	18780	2094	589	1506
海南 Hainan	7008	3715	3294	510	130	381
重庆 Chongqing	23672	11830	11843	1654	521	1133
四川 Sichuan	68373	34206	34167	6276	1811	4465
贵州 Guizhou	31262	16059	15203	3731	1014	2717
云南 Yunnan	37602	19477	18125	4849	1582	3267
西藏 Tibet	2375	1163	1211	885	351	535
陕西 Shaanxi	31717	15992	15726	2283	740	1543
甘肃 Gansu	22002	11145	10857	3300	1100	2200
青海 Qinghai	4561	2289	2272	632	179	453
宁夏 Ningxia	5083	2585	2497	476	151	325
新疆 Xinjiang	17442	8822	8620	678	294	383

注:本表数据摘自《2010中国统计年鉴》

教育程度分的人口
Level and Region

单位:人
unit: person

小学 Primary School			初中 Junior Secondary School			高中 Senior Secondary School			大专以上 College and Higher Level		
合计 Total	男 Male	女 Female	合计 Total	男 Male	女 Female	合计 Total	男 Male	女 Female	合计 Total	男 Male	女 Female
328934	**155939**	**172995**	**455002**	**244280**	**210722**	**150648**	**84827**	**65821**	**79567**	**44163**	**35404**
1878	874	1004	4364	2338	2026	3290	1696	1594	4433	2339	2094
1759	824	936	3785	2047	1739	2431	1261	1169	1713	863	849
16223	7472	8751	28577	15433	13144	6556	3717	2839	3233	1692	1541
7052	3256	3795	13756	7309	6446	4441	2518	1923	2198	1181	1018
5577	2648	2929	8562	4744	3818	3041	1665	1376	1619	858	762
8485	3910	4574	17546	9178	8368	5247	2728	2519	4371	2320	2050
6028	2780	3248	10607	5706	4901	3747	2044	1703	1913	1039	873
8081	3708	4372	15787	8497	7290	5005	2634	2371	2131	1172	959
2166	955	1211	5506	2783	2723	4106	2127	1979	3855	2089	1765
17778	7710	10068	27275	14034	13241	9808	5650	4157	4995	3041	1954
14001	6793	7208	15624	8470	7154	5727	3202	2525	4335	2386	1949
15505	7507	7997	21334	11725	9610	5268	3252	2016	2360	1584	776
10092	4581	5511	10122	5876	4246	4191	2236	1955	2918	1536	1382
11817	5297	6520	13650	7213	6437	5937	3523	2413	2447	1456	990
21705	9909	11796	35933	19124	16809	10402	6201	4201	4728	2714	2016
19769	9119	10650	38264	20059	18205	10389	5880	4509	4006	2134	1870
13274	6351	6924	19438	10509	8929	7841	4395	3446	3662	2125	1537
16228	7887	8341	22800	12032	10768	7843	4433	3410	3254	1838	1413
22200	10201	11998	34816	17975	16840	14766	8346	6420	5512	3110	2401
13612	6624	6988	17756	9889	7867	4270	2540	1729	1613	924	690
1859	898	961	3208	1767	1441	949	612	337	482	308	175
9303	4636	4668	8594	4594	4001	2821	1401	1420	1300	678	622
27099	13540	13558	23962	12787	11175	7192	4018	3174	3844	2050	1794
13391	6758	6633	10924	6380	4545	2180	1291	889	1035	617	420
17080	8714	8366	11841	6985	4856	2681	1557	1124	1152	640	512
1052	568	484	305	176	129	92	49	43	40	19	19
8917	4134	4783	12998	6945	6053	4636	2617	2019	2885	1556	1329
7697	3765	3932	7345	4119	3226	2607	1541	1066	1053	620	432
1874	940	934	1186	693	493	467	258	208	403	217	185
1558	731	827	1957	1096	861	667	374	293	425	233	192
5875	2847	3028	7179	3799	3380	2052	1060	992	1658	822	837